LA PRATIQUE DU DÉVELOPPEMENT DURABLE

Collection « Prospective du développement »

Cette collection s'adresse aux publications centrées sur la problématique du développement et du développement durable. Au moment où les pays émergents se développent à grande vitesse, au moment où les frontières entre le Nord et le Sud sont de moins en moins pertinentes, où les inégalités se creusent entre pays, où la prise en compte de l'environnement oblige tous les pays à revoir leur modèle, il devient de plus en plus urgent d'envisager, de rechercher, d'essayer de proposer un avenir durable pour notre humanité. Bien entendu, on pourrait se contenter de mettre en exergue les antagonismes et d'affirmer haut et fort que le développement pour tous n'est qu'une utopie, n'est qu'un leurre manipulé par les plus riches. Ce n'est pas l'axe principal de cette collection qui entend valoriser les dynamiques positives bien qu'elle puisse accueillir également des analyses prospectives qui envisagent les scenarii les plus pessimistes. Cette collection entend plutôt privilégier la recherche de trajectoires sociales, économiques, environnementales permettant à tous un développement équilibré, synonyme de bien-être pour le plus grand nombre.

Cette collection est donc ouverte à tous ceux qui cherchent à décrypter ce que sera le monde de demain en se donnant les moyens d'une réflexion prospective et indépendante proposant des solutions d'avenir.

Cette collection est dirigée par ***Stéphane Madaule***, docteur en économie, auteur de plusieurs livres sur le développement et le développement durable, professeur d'économie et consultant international. Stéphane Madaule mène par ailleurs une activité de publiciste dans la presse nationale (Le Monde, La Croix, Libération). Il tient par ailleurs deux blogs hébergés dans les éditions numériques d'Alternatives économiques et du journal La Croix. Il est par ailleurs chroniqueur à Alternatives économiques.

STÉPHANE MADAULE

LA PRATIQUE DU DÉVELOPPEMENT DURABLE

Le Manuel du développement durable

Tome 2

L'Harmattan

Du même auteur

Commerce et développement : le cas des céréales,
Editions l'Harmattan, 1990.
Chronique d'un citoyen ordinaire,
Editions l'Harmattan, 2000.
Relations internationales : penser autrement,
Editions l'Harmattan, 2003.
Le développement en projet : conception-réalisation-études de cas,
Editions l'Harmattan, 2006.
Scènes de voyage à Amsterdam,
Editions l'Harmattan, 2006.
Aide publique au développement : l'abécédaire de la réforme,
Editions l'Harmattan, 2008.
L'éditorialiste,
Editions l'Harmattan, 2009.
Nouvelles chroniques d'un citoyen ordinaire,
Editions l'Harmattan, 2010.
Plaidoyer pour une nouvelle modernité : théorie du partage
par le socle d'indépendance
Editions l'Harmattan, 2014.
Le manuel du développement : nouvelle version augmentée
Editions l'Harmattan, 2017.
Questions d'Europe, quatrième édition,
Editions l'Harmattan, 2019.
Regards croisés sur l'actualité (1950-2020)
Editions l'Harmattan, 2019
Une autre voie est possible pour l'Europe et la France
Editions l'Harmattan 2021

5-7, rue de l'Ecole-Polytechnique, 75005 Paris
http://www.editions-harmattan.fr
ISBN : 978-2-14-033508-2
EAN : 9782140335082

Avertissement

Les observations, appréciations et recommandations exprimées dans ce livre le sont sous la seule responsabilité de l'auteur. Elles ne sauraient engager en aucune manière l'opinion du ou des bailleurs de fonds respectifs qui sont cités ou qui ont financé les projets ou programmes étudiés et, d'une manière générale, de l'ensemble des intervenants qui ont participé à ces opérations.

Remerciements

Je tiens également à remercier tous ceux qui ont inspiré cet ouvrage, en ont parlé avec moi ou ont relu certains passages et notamment : Yovan Grouitch, Philippe Dierickx, François Rivière, Eulalie Rodriguez, Yves Terracol, Nicolas Fornage, Louis l'Aot, Yves Boudot, François Dallier, Alain Seznec, André Pouilles-Duplaix, Yves Jorlin, Céline Ambrosetti, Yves Guicquero, Luc Mogenet, Olivier Gilard, Diane Jegam, Ophélie Risler, Philippe Percheron, Edouard Danjoy, Sandrine Boucher, Ping Zou, Hong Sui, Yan Tang, Vannina Pomonti, Olivier Ratheaux ; Michel Prom, Paul Coustère, Serge Tomasi, Jean-Marc Pradelle, Claude Raymond, Rémi Genevey, Jean-Loup Feltz, Dominique Rojat, Aurélien Babingui, Alain Mpoué, Jean-Yves Grosclaude, Jean-Noël Roulleau, Pierre Forestier, Denis Loyer, Gael Giraud, Christophe Du Castel, Bernard Chabot, Ernest Barbot, Michel Lescanne, Paul Ginies, Bernard Esnouf, Armand Rioust de Largentaye, Dov Zérah, Philippe Michaud, Jocelyn Leveneur, Jean-René Cuzon, Jean-François Almanza, Nathalie Bougnoux, Jocelyne Vauquelin, Christian Barrier, , Véronique Sauvat Jacquet, Philippe Etienne, Alain Henry, Jean-Michel Sevérino, Jean-Michel Debrat, Rémy Rioux, Hélène Thiollet, Philippe Mignaval, Olivier Sudrie, Xavier Bellocq, Xavier Hoang, Jean-François Richard, Hubert de Milly, Philippe Bassery, François Tirot, Jean-Christophe Deberre, Jean-Bernard Veron, Monique Barbut, John Baude, Emilienne Raoul, Claude Hartmann, Adrien Absolu, Edwige Avice, Bettina Laville, Catherine Lamoulen-Madaule.

La pratique du développement durable
Le Manuel du développement durable tome 2

Introduction

Pour qui s'intéresse au développement durable partout dans le monde, il est légitime de vouloir trouver un livre qui puisse vous accompagner dans la réflexion, mais aussi dans l'action sur le terrain. *La pratique du développement,* essaie de relever ce défi.

Il s'agit du tome 2 du *Manuel du développement durabl*e qui complète le tome I ayant pour titre *Du développement au développement durable.*

La pratique du développement durable s'applique à proposer des conseils opérationnels dans la manière d'accompagner le développement durable des pays à faible revenu et des pays à revenu intermédiaire.

Cet ouvrage propose au lecteur une immersion complète dans 32 études de cas de projets ou de programmes de développement durable que l'auteur a lui-même évaluées ou auditées sur le terrain. Il s'agit de restituer et de partager l'expérience acquise par la pratique de nombreux projets, programmes ou politiques de développement durable et d'essayer d'en tirer les enseignements et les recommandations les plus utiles.

On emprunte ainsi la même approche qu'Esther Duflo en privilégiant la voie de l'expérimentation, de préférence à celle de la modélisation. Cependant, il s'agit là d'expériences de terrain et non d'expérimentations. De plus, on en reste à une approche expérimentale spécifique mise en œuvre en fonction de chaque contexte particulier, préférant ainsi l'exigence du *sur-mesure* à construire, projet par projet, politique par politique, au prêt *à porter* qui permettrait théoriquement, après une expérimentation réussie d'envisager une généralisation, et donc un passage à l'échelle.

Ces études de cas couvrent pratiquement l'ensemble du spectre sectoriel du développement durable : changement climatique, biodiversité, développement rural, agro-industrie, développement urbain, eau, électricité, collectivités locales, secteur privé, santé, éducation. Pour chaque étude de cas, on présente sa finalité et ses spécificités, ses études préalables, son exécution technique et financière, son impact et sa durabilité, les enseignements que l'on peut tirer de cette expérience de terrain.

Chaque étude de cas fait l'objet d'un deuxième regard, quelques années, ce qui est inédit. Cette approche permet de mesurer la réelle durabilité de certaines opérations, leurs capacités à apporter dans la durée, au-delà de l'intervention d'un bailleur de fonds.

À l'issue de chaque étude de cas, un exercice est proposé au lecteur, ce qui est une première, afin de mieux se former à la conduite d'une opération réelle, dans un contexte particulier.

Les études de cas permettent de se familiariser avec les notions de base d'une pratique du développement durable à savoir : le cycle des opérations dans toutes ses phases, les études environnementales et sociales, l'aide programme, les financements en subvention ou en prêt, les fonds de contrepartie à apporter par la partie locale (État, service public, collectivité locale, secteur privé), le calcul du Taux de Rentabilité Interne (TRI) et du Taux de Rentabilité Economique (TRE), les appels d'offres, les conventions de financement, le risque de change, les avis de non-objection, les conditions suspensives de versement des fonds, la mesure de la durabilité, le temps de l'évaluation ex-ante et ex-post…

Un corrigé succinct de l'exercice proposé pour chaque étude de cas est mis à disposition du lecteur, ce qui est à nouveau inédit. Le lecteur peut ainsi travailler et progresser dans son expertise de la conduite d'opérations de développement durable.

Le lecteur peut ainsi se reporter à ces études de cas pour guider sa réflexion ou l'aider à construire et réaliser lui-même sur le terrain une opération de développement durable qui rencontrerait des conditions similaires. Il est ainsi plongé dans la réalité du terrain, dans les pays aussi divers que le Burkina- Faso, le Maroc, la Tunisie, le Congo Brazzaville, le Laos, le Bénin, le Cameroun, le Sénégal, le Gabon, le Laos, le Vietnam ou la Chine tout en navigant dans de nombreux secteurs d'intervention : développent urbain, développement durable, secteur de l'eau et de l'électricité, secteur privé, agro-industrie, environnement, éducation, formation, santé, protection sociale.

La pratique du développement durable a été conçue pour être accessible à tous. Les termes techniques employés sont souvent explicités dans le texte.

Une liste des acronymes et un glossaire des définitions des principales expressions employées dans le domaine du développement durable terminent cet ouvrage.

Partie 1. Les notions de base du développement durable

1. Le cycle du projet ; l'aide programme en appui aux politiques

Cette partie essaie de donner aux lecteurs quelques conseils de terrain. Comment réaliser un projet de développement ? Comment réussir un programme de développement ? Comment mettre en place une assistance technique ? Comment intervenir dans tel ou tel secteur d'intervention ? Ce sont les principales questions auxquelles entendent répondre les paragraphes qui suivent.

L'aide-projet : les différentes phases du cycle du projet

La phase d'instruction du projet

Le cycle d'instruction du projet

Pour qu'un projet ait le maximum de chance de réussir, il convient de respecter certaines règles à l'instruction qu'il n'est pas inutile de détailler :

- La requête. Premièrement, il est préférable que l'idée de projet, même faiblement formulée, soit à l'initiative du pays receveur (maîtrise d'ouvrage locale et donc administration publique, société publique, société privée, entreprise, association, etc.). Dans la mesure où l'aide doit répondre à un besoin ou à un objectif, il convient que ce besoin ou cet objectif soit exprimé au préalable par ceux qui souhaiteraient le combler. La requête de projet doit donc appartenir à la partie locale. Souvent pour certains projets, ce sont les bailleurs de fonds ou les coopérations internationales qui suscitent la requête de la population locale. Les bailleurs souhaitent financer un type de projet précis et font tout pour recevoir une demande dans ce sens. Les autorités locales y répondent parfois afin de ne pas courir le risque de rater ce financement. Toutefois, il peut s'avérer que ce besoin à couvrir ne fasse pas réellement partie des priorités du gouvernement local, de la société publique ou encore de l'association. Afin d'éviter ce type d'influence, le bailleur de fonds peut mettre à la disposition du gouvernement local des financements d'études lui permettant d'affiner ses requêtes sous forme d'avant-projet simplifié. On permet ainsi au gouvernement local, à la société locale de dépasser l'idée de projet en lui donnant les moyens de défendre ses priorités.

- La programmation. Deuxièmement, un accord doit être trouvé entre la maîtrise d'ouvrage locale et le bailleur de fonds sur l'idée de projet (la requête) sur la base d'un avant-projet sommaire ou simplifié (APS). L'avant-projet sommaire est souvent la première étape de l'étude de faisabilité. La programmation du projet - la description la plus détaillée qui soit du projet souhaité par la maîtrise d'ouvrage avec ses grandes caractéristiques techniques, financières et de calendrier - doit être réalisée par la maîtrise d'ouvrage, c'est-à-dire celui qui sera le propriétaire ou l'utilisateur exclusif du projet. Un premier accord doit intervenir entre le bailleur et la maîtrise d'ouvrage sur les grandes lignes de cette programmation préalable et sommaire.
- Les études préalables. Troisièmement, les études préalables sont à réaliser selon le format le plus détaillé possible. Il est recommandé de faire appel à un bureau d'études spécialisé pour faire ces études préalables avec le plus grand soin et la plus grande rigueur possible. L'étude de faisabilité doit répondre point par point aux exigences de la programmation réalisée par la maîtrise d'ouvrage. La maîtrise d'ouvrage ou le bailleur de fonds procède à l'élaboration des termes de référence de l'étude de faisabilité. On définit ainsi l'ensemble des questions qui doivent être traitées dans l'étude. Ces termes de références peuvent être à la base d'une mise en concurrence des consultants ou bureaux d'études souhaitant réaliser cette prestation. L'étude de faisabilité, comme son nom l'indique, a pour mission de connaître la faisabilité de la programmation. Elle se décompose en général en deux phases : un avant-projet sommaire (APS) et un avant-projet détaillé (APD). La programmation est-elle faisable ? Si oui, comment peut-on y répondre le mieux possible même si quelques obstacles sont à franchir ou quelques modifications à introduire dès le retour de la faisabilité ? L'étude de faisabilité confirme donc ou infirme la possibilité de réaliser la programmation souhaitée par la maîtrise d'ouvrage. Au besoin, elle amende cette programmation sur plusieurs points pour la rendre plus réaliste. L'étude de faisabilité doit décrire avec précision le schéma de réalisation technique du projet : (1) Exécution technique avec les réalisations attendues selon un calendrier précis, (2) exécution financière avec le budget global du projet par grands points d'application, le plan de financement avec les différentes sources de financement du projet par composante, les conditions de décaissement des financements, (3) structure institutionnelle du projet à savoir qui fait quoi et avec quelle responsabilité. Il s'agit de définir le rôle de chacun des principaux partenaires dans l'opération : la maîtrise d'ouvrage (la structure qui héritera du projet et qui en sera le propriétaire ou le principal gestionnaire), la maîtrise d'œuvre (la structure qui conduira au mieux les actions prévues par le projet ou encore parfois appelée structure projet), les populations ou opérateurs directement influencés par le projet, le ou les bailleurs de fonds, les intervenants externes qui viendront appuyer la bonne exécution du projet (auditeurs externes, appui à la maîtrise d'ouvrage, évaluation ex post du projet, reporting de l'exécution du projet). La future maîtrise

d'ouvrage doit être associée le mieux possible à ce travail de faisabilité (participation à des réunions avec l'équipe qui réalise la faisabilité, participation aux visites de terrain organisées par le bailleur de fonds) sans pour autant conclure trop en amont à la faisabilité du projet. Un équilibre est à trouver entre la nécessaire appropriation du projet par la future maîtrise d'ouvrage et le caractère non encore totalement conclusif du travail de faisabilité qui doit être ensuite discutée entre la future maîtrise d'ouvrage et le bailleur de fonds qui finance l'étude.

- L'évaluation financière et technique. Quatrièmement, le bailleur de fonds réalise une évaluation sur la base de l'étude de faisabilité, de concert avec la maîtrise d'ouvrage. Cette association dans la durée de la maîtrise d'ouvrage au travail d'évaluation du bailleur de fonds est absolument nécessaire car il y va de l'appropriation effective et future du projet par la maîtrise d'ouvrage. C'est à ce niveau que l'on mesure si le projet sera réellement un projet piloté et donc géré par la maîtrise d'ouvrage ou restera, quoi qu'on en dise, le projet commencé et évalué par le bailleur de fonds et donc d'une certaine manière le projet du bailleur de fonds uniquement, plus ou moins imposé à la maîtrise d'ouvrage. Pour aboutir à cette nécessaire appropriation, la mission d'évaluation du bailleur de fonds ne doit pas être trop courte (3 jours, c'est trop court, dix jours sont le minimum) et doit associer au maximum la maîtrise d'ouvrage du projet. Le bailleur de fonds, avec la maîtrise d'ouvrage, valide ou modifie les propositions de l'étude de faisabilité qui doit clairement faire apparaître les grandes lignes du projet afin de répondre à la programmation préalable. L'étude de faisabilité doit se prononcer sur les points suivants : les points d'affectation du projet, le coût des différentes composantes du projet, la gestion du projet.
- Le projet de convention. Cinquièmement, le bailleur de fonds et la maîtrise d'ouvrage négocient avant la décision de financement la traduction juridique de leur accord sur le projet à financer. Le projet de convention précise notamment le montant du projet, sa durée, les responsabilités des différents intervenants, les modes de décaissements et de paiements, les points d'affection du projet, les processus de contrôle (évaluation, audit interne ou externe, reporting).

La pertinence des objectifs du projet

La fixation d'objectifs réalistes pour un projet demeure un des exercices les plus difficiles qui soit. Avant de se lancer dans une opération de développement, il est primordial d'avoir une vision relativement claire de l'action que l'on entend mener. Les risques inhérents au processus d'élaboration des objectifs sont très nombreux :

- Les objectifs peuvent être fixés de manière très globale : l'amélioration des conditions de vie et des revenus des populations potentiellement bénéficiaires est effectivement un objectif auquel tout le monde accepte de souscrire, mais qui se calcule difficilement. Considère-t-on que dépenser des fonds pour créer une infrastructure qui sert aux populations dans leur vie quotidienne est suffisant pour conclure à l'amélioration de leurs conditions de vie ? Dans ce cadre, les projets qui apportent une infrastructure complémentaire aux populations bénéficiaires peuvent être appréciés comme des succès. C'est une manière comme une autre de rassurer son monde. Le bailleur de fonds, l'ONG et l'opinion publique, les généreux donateurs de l'association considèrent alors le projet comme pertinent. Les fonds ont, semble-t-il, été bien utilisés. On peut arguer à bon compte d'un mieux-être, et pourquoi pas des effets de lutte contre la pauvreté. En réalité, rien n'est moins sûr. D'abord, des indicateurs de niveau de vie et d'élévation de revenus ont-ils été mesurés, permettant des comparaisons objectives ? Le plus souvent non. Or, il existe des projets qui apportent l'usage d'une infrastructure complémentaire à des populations mais qui ne sont pas adaptés à leurs besoins. Il est donc conseillé de fixer des objectifs mesurables.

- Les objectifs peuvent ne pas être pertinents. En effet, il arrive que les priorités du bailleur de fonds soient différentes des priorités de la maîtrise d'ouvrage. Le degré de pertinence est une notion finalement très relative : pertinent par rapport à qui ? Par rapport à quoi ? Par rapport à quel groupe cible ? La nécessité d'initier un processus de développement doit constituer l'instrument essentiel de mesure de la pertinence d'un projet. On peut pour cela se référer aux objectifs de développement communément admis par la communauté internationale. Le Comité d'aide au développement de l'OCDE a défini en 1996 des critères quantifiés auxquels il est relativement facile de se référer pour juger de la pertinence des objectifs d'un projet :

« - Bien-être économique : la proportion de personnes vivant dans une situation d'extrême pauvreté devra être réduite au moins d'ici 2015.

- Développement social pour :

(a) Assurer une éducation primaire à tous les habitants de tous les pays d'ici 2015.

(b) Supprimer toute discrimination entre les sexes dans l'enseignement primaire et secondaire d'ici 2015.

(c) D'ici 2015, faire chuter des deux tiers par rapport à leur niveau de 1990, le taux de mortalité des nouveau-nés et celui des enfants de moins de 5 ans.

(d) Offrir à tous les individus en âge de procréer un accès au plus tard en 2015, à la santé génésique, et notamment à des méthodes sûres et fiables de planification familiale.

- Inverser avant 2015 la tendance actuelle à la déperdition des ressources environnementales et à l'accumulation des substances dangereuses.

Si un projet n'arrive pas à s'inscrire dans cette logique au moins sur un point cité précédemment, alors ses objectifs ne sont peut-être pas pertinents.

- Les objectifs peuvent être trop nombreux. Ils deviennent difficilement mesurables et très ardus à poursuivre simultanément. Le projet embrasse trop de composantes à la fois. C'est d'ailleurs souvent la marque d'une tentative parfois inconsciente ou « paresseuse sur le plan intellectuel » visant à essayer de recréer des conditions qui ressemblent à celles dans lesquelles évolue le bailleur de fonds ou le concepteur du projet exemple : projets de développement intégré qui auraient à la fois pour ambition d'améliorer les conditions de production d'une culture locale, les conditions sociales par la construction de dispensaires, les conditions environnementales par des plantations, les conditions de crédit par du microcrédit, les infrastructures de transport par la construction de pistes, l'éducation par la construction d'école… Bref, des projets qui tenteraient de changer l'ensemble des paramètres qui définissent le contexte local sans véritablement dégager de priorités). S'il convient de tout changer pour que le projet fonctionne, cette tentative s'avère dans les faits impossibles. Le projet est alors peu maîtrisable. Ses résultats sont tellement disparates que l'on peut difficilement leur trouver un fil conducteur.

- Les objectifs peuvent être trop précis par rapport à l'appareil statistique censé les mesurer. La nécessité de faire une enquête pour situer l'écart réel entre une situation de référence (le calcul des indicateurs avant-projet) et une situation après projet, afin de déterminer comment ces indicateurs évolueront véritablement dans le temps, devient alors très coûteuse. On peut se permettre cette dépense lorsqu'il s'agit d'un projet avec un budget relativement conséquent (3 m€ et plus). C'est beaucoup moins le cas pour des petits projets inférieurs à 3 m€. La démarche popularisée par Esther Duflo pour évaluer la portée réelle d'une action de développement avec son groupe cible et son groupe de référence est néanmoins la seule crédible pour tenter de mesurer avec une bonne efficacité l'impact d'un projet. Les objectifs d'un projet, pour être suivis convenablement, doivent être mesurables par des indicateurs à la portée des systèmes statistiques locaux, ou à défaut par un suivi évaluation dimensionné par rapport au projet.
- Les objectifs peuvent ne pas tenir compte du contexte du projet. La fixation d'objectifs réalistes impose que l'on tienne compte du milieu dans lequel le projet va se dérouler de même que de son environnement immédiat. Si le contexte est très difficile (population pauvre, présence de nombreux bailleurs de fonds, maîtrise d'ouvrage faible, etc.), mieux vaut ne pas être trop ambitieux sur les résultats à atteindre. Si le contexte est très favorable, mieux vaut ne pas hésiter à fixer la barre relativement haut. Le projet peut avoir pour objectif premier de bien s'insérer dans un milieu puis de le faire évoluer et pourquoi pas d'en modifier quelques traits. Ces différentes étapes du projet, bonne insertion dans un milieu donné, évolution de ce dernier, effets sur le milieu lui-même, doivent chacune être qualifiables par un indicateur de mesure précis. Il est certain que plus le milieu est difficile, plus les stratégies du projet devront tenir compte de cette complexité. Dans ce cas, l'erreur à ne pas commettre serait de fixer des objectifs trop ambitieux. La complexité

du milieu d'intervention, quel qu'il soit, est une donnée incontournable. Cette difficulté toujours présente doit plutôt engager à construire un projet simple afin de ne pas ajouter de la complexité à la complexité. Les modèles occidentaux trop autocentrés sont souvent des modèles complexes qu'une certaine paresse intellectuelle conduit à essayer de transférer tels quels, sans retouches ni adaptations. En revanche, il est beaucoup plus difficile de s'adapter à un milieu spécifique et de construire pour lui une réponse simple, facilement appropriable localement par le plus grand nombre.

- Les objectifs du projet peuvent être trop ambitieux par rapport aux moyens mis en œuvre. C'est souvent le cas de projets qui ont des visées de transformation institutionnelle (nouvelle politique) mais ne constituent pas des bras de levier suffisants pour faire éclore cette nouvelle politique.
- Les objectifs du projet peuvent être fixés de l'extérieur (bailleurs de fonds, ONG, associations) et ne pas correspondre aux attentes véritables des populations censées partager ces mêmes objectifs. L'étude du milieu et de ses attentes n'a peut-être pas été le préalable d'une stratégie d'intervention. Il s'agit alors d'un projet de bailleurs de fonds ou d'ONG qui essaient d'imposer leur vision du développement, leurs objectifs sans les avoir confrontés à un contexte local.
- Les objectifs du projet peuvent être fixés sans référence explicite au temps, à la durée. Il convient pourtant de disposer d'un calendrier relativement précis pour mesurer les avancées d'un projet. Des échéances précises et réalistes doivent être définies afin d'éviter la multiplication de phases d'une même opération poursuivant au total toujours les mêmes cibles, dont on ne sait quand elles seront véritablement atteintes.

La fixation des objectifs d'un projet est donc une phase très difficile à finaliser : comment ne pas viser trop haut ? Comment ne pas viser trop bas ? Comment tenir compte au mieux des attentes du milieu ? Comment garder l'ambition d'apporter un autre regard, une autre démarche, tout en tenant compte du milieu ? Comment se donner des repères qui soient mesurables, pertinents et permettent ainsi d'avancer dans la durée ? C'est tout l'enjeu d'une bonne programmation de projet.

Cette difficulté inhérente à la fixation d'objectifs opérationnels renvoie donc à la complexité de l'élaboration même du projet. On comprend aisément qu'une maîtrise d'ouvrage dont le rôle principal est normalement de fixer les objectifs du projet ne soit pas obligatoirement capable de tenir compte d'emblée de tous les paramètres. La maîtrise d'ouvrage doit pouvoir s'appuyer sur une étude de faisabilité qui au besoin modifie, amende ou même récuse quelques objectifs qu'elle avait fixés au préalable. Il convient qu'un dialogue constructif s'engage autour des objectifs du projet. Toutefois, il ne faut pas tomber dans l'excès inverse : l'étude de faisabilité ne peut se résumer comme trop souvent à la recherche de la meilleure exécution possible des idées finalement énoncées par l'entité qui rémunère ce travail, c'est-à-dire le bailleur de fonds, l'association ou l'ONG, et non la maîtrise d'ouvrage locale.

Conseils généraux par rapport à la définition des objectifs du projet

- Se limiter à une finalité précise, de préférence mesurable, en gardant en tête que le milieu dans lequel l'intervention se produira est nécessairement très complexe et qu'on ne peut prétendre ajouter de la complexité à la complexité.
- Ne pas hésiter à affiner les objectifs du projet lors des principales phases préparatoires (termes de référence, faisabilité, évaluation).
- Chercher à ce que les objectifs du projet soient véritablement les objectifs du maître d'ouvrage et ne soient pas en réalité les objectifs du bailleur de fonds ou de l'association.
- Fixer des objectifs qui soient en rapport avec le temps et les moyens dont dispose le projet.
- Tenir compte du milieu et des interventions des autres financeurs de projets dans la zone.

Les acteurs en présence, la structure projet, le contexte

Un projet de développement qui s'adresse à une entreprise, une association, une collectivité locale ou à l'État rassemble plusieurs intervenants autour d'une problématique commune. Le nombre de participants dépend parfois de la complexité du projet et des moyens mis en œuvre. Le montage d'un projet est donc plus ou moins sophistiqué.

Qu'il s'agisse d'un petit ou d'un grand projet avec un ou de multiples partenaires, le projet de développement doit répondre aux mêmes exigences. La programmation du projet doit être la plus précise possible, il faut en effet définir le cadre. Est-ce un projet relativement fermé avec des actions déjà bien identifiées ? Est-ce un projet plutôt ouvert qui laisse une grande place au dialogue et se veut avant tout itératif ? La zone d'intervention du projet est-elle bien délimitée en matière géographique ou de secteur d'intervention ?

Idéalement, cette programmation du projet devrait être réalisée par le maître d'ouvrage du projet. Le maître d'ouvrage est celui qui définit les grandes orientations du projet et qui met en place une structure projet chargée d'organiser sa réalisation[1]. Le maître d'ouvrage, le programmateur qui deviendra le gestionnaire de l'ouvrage est en quelque sorte le client qui définit le plus précisément possible ses besoins. Ceux-ci seront ensuite pris en compte par un fournisseur du projet, le maître d'œuvre qui assure la conduite du projet[2]. Le programmateur du projet peut bien entendu être le financeur du projet. C'est le schéma que l'on retrouve le plus souvent dans les pays développés. Le programmateur du projet est également celui qui le finance.

1 / Voir une définition plus précise de la maîtrise d'ouvrage dans le glossaire à la fin du livre.
2 / Voir également la définition précise de la maîtrise d'œuvre dans le glossaire.

Dans les pays en développement, ces rôles sont souvent dissociés. Le pays en développement reçoit les financements d'un bailleur de fonds ou d'un organisme d'aide extérieure. L'exercice de programmation - normalement dévolu à la maîtrise d'ouvrage locale - devient l'enjeu de nombreuses pressions de l'extérieur. Souvent, le bailleur de fonds ne résiste pas à faire valoir ses exigences. Parfois, ce dernier se trouve en concurrence avec d'autres bailleurs de fonds qui n'ont pas le même niveau d'exigence. Il n'octroie ou ne prête ses fonds que sous certaines conditions. L'État receveur a également ses exigences et ses priorités. Les populations potentiellement bénéficiaires devraient également faire valoir leur point de vue. Il convient alors d'obtenir un consensus véritable sur le programme final du projet afin qu'il soit étudié et réalisé sur des bases solides acceptées par tous.

Dans un monde idéal, la programmation devrait être réalisée par les bénéficiaires directs du projet. Dans la plupart des cas, hélas, c'est le bailleur de fonds, celui qui finance, qui définit les critères d'utilisation de ses fonds. Les bénéficiaires directs et l'État récipiendaire s'adaptent au mieux pour satisfaire les exigences « du » et parfois même « des » bailleurs de fonds.

Le maître d'ouvrage doit conserver la pleine maîtrise du projet qu'il aura ensuite à gérer au quotidien. Cette prérogative ne s'avère bien évidemment bénéfique que dans la mesure où le maître d'ouvrage agit en fonction de l'intérêt bien compris de la collectivité. Elle peut s'avérer très dangereuse si c'est un moyen de s'exonérer à bon compte des contraintes nécessaires à tout bon fonctionnement d'un projet.

Lorsque la maîtrise d'ouvrage est trop faible et donc incapable de définir avec précision ses besoins, incapable de s'assurer avec le soin nécessaire que les prestations demandées sont bien en cours d'exécution, on peut lui adjoindre un appui ou maîtrise d'ouvrage déléguée ou ingénieur Conseil. Cette structure représentera la maîtrise d'ouvrage parfois mal armée pour assumer ce genre de mission. C'est la situation dans laquelle se trouvent le plus souvent les opérateurs dans les pays les moins avancés ou encore dans les États fragiles. Souvent, ils ne sont pas véritablement en situation d'assurer le rôle de maîtrise d'ouvrage. La définition du projet, sa réalisation se résument alors à un dialogue entre un bailleur de fonds occidental et une maîtrise d'ouvrage déléguée ou même parfois une maîtrise d'œuvre largement occidentalisée (assistance technique). Les préoccupations du pays receveur risquent de passer au second plan. Or, la maîtrise d'ouvrage ne devrait pas être totalement dépossédée, même dans les situations d'urgence ou d'États fragiles, de la programmation du projet ou des actions de développement. Il en va de la bonne intégration du projet au milieu dans lequel il entend se dérouler. Après le tremblement de terre de janvier 2010 en Haïti, l'organisation des secours et de la première phase de reconstruction illustrent cette relative dépossession. Durant les deux à trois mois après le séisme, les agences d'aide sont intervenues sans grande coordination et indépendamment de l'État haïtien. Un temps précieux aurait pu être gagné si ces opérations utiles avaient répondu à une planification plus précise, à une stratégie d'ensemble mieux définie que le gouvernement en place devrait être le seul à pouvoir valider, à défaut d'en être à l'initiative.

La réalisation effective du projet, une fois les études terminées, est en général menée par un professionnel du secteur d'intervention qui n'est ni le maître d'ouvrage, ni le bailleur de fonds. C'est le maître d'œuvre, celui qui conduit le projet et assure la coordination des fournisseurs. Il convient dans la mesure du possible d'éviter une mise en œuvre directe du projet, c'est-à-dire une réalisation par celui qui programme ou finance. Il s'agit de s'assurer que l'argent investi dans une opération le sera de la manière la plus efficiente qui soit. Le maître d'œuvre doit tenir ce rôle. Il doit être capable de définir le cahier des charges des fournisseurs du projet ou les dossiers d'appel d'offres. Il doit organiser la bonne coordination des prestations et des travaux, de contrôler leur bonne exécution.

De même, le ou les fournisseurs du projet (prestations intellectuelles, prestations physiques, fournisseurs de matériels) doivent être désignés après une mise en concurrence sur des critères bien définis et équitables. Ces critères ne tiennent pas uniquement au coût d'un produit ou d'une prestation mais également à sa qualité, à sa facilité d'appropriation par les populations bénéficiaires, à sa facilité d'entretien en adaptation avec le milieu dans lequel il devra fonctionner. En cas d'appel d'offres, le mieux-disant est toujours préférable au moins-disant dans le cas où il s'agit de la fourniture d'un bien ou d'un service complexe ou spécifique.

Conseils généraux

- Soigner particulièrement la programmation du projet en veillant à ce que les bénéficiaires (États, associations, collectivités, autres) participent effectivement à cette programmation.
- Éviter d'imposer de l'extérieur et sans connaître véritablement les contraintes du milieu un projet conçu en chambre et que le bénéficiaire accepte sans y avoir réellement adhéré.
- Éviter la mise en œuvre directe du projet, c'est-à-dire lorsque le bailleur de fonds se substitue à la maîtrise d'œuvre et gère le projet sur le plan technique et financier indépendamment de la maîtrise d'ouvrage. Il s'agit bien souvent de la plus grosse faiblesse des projets d'ONG ou de la coopération française.
- Veiller également à ce que le maître d'ouvrage ne fasse pas la mise en œuvre directe du projet car il n'a pas le plus souvent le savoir-faire technique pour gérer financièrement le projet. Le maître d'ouvrage doit rester un client ayant ses exigences et qui juge de la qualité d'une opération qui lui sera remise, et doit se préparer à assurer ensuite le bon fonctionnement du bien ou du service qu'il a commandé.
- Veiller à ce que les fournisseurs du projet répondent à un certain cahier des charges (références dans le secteur d'intervention, coûts comparés, techniques proposées).

Stéphane Madaule *La pratique du développement durable*

Les études préalables : étude de faisabilité, étude d'impact environnemental
L'étude de faisabilité

Tout projet de développement doit être préparé soigneusement pour espérer obtenir de bonnes chances de réussite. Cette préparation sérieuse passe par la réalisation en amont d'une étude de faisabilité suffisamment précise pour traduire sur le plan technique, financier et de calendrier la manière dont pourrait être réalisé le projet arrêté au préalable par la maîtrise d'ouvrage dans l'exercice de programmation. Cette étude de faisabilité peut être conduite en deux temps successifs : (1) un avant-projet sommaire ou simplifié (APS) qui apporte les premières réponses sur la faisabilité de la programmation prévue, (2) un avant-projet détaillé (APD) qui doit répondre avec exhaustivité à toutes les questions posées par la programmation. Idéalement, cette étude de faisabilité doit être déconnectée du commencement effectif du projet. C'est une étude préalable qui permet de savoir si oui ou non le projet est faisable. Elle doit être financée avant le démarrage du projet et donc ne pas préjuger de l'engagement ou non du projet. Parfois, cette étude est déjà financée par la maîtrise d'ouvrage. Le rôle du bailleur de fonds est alors de s'assurer que cette étude est valable. Cette situation se produit souvent lorsque la maîtrise d'ouvrage est suffisamment bien organisée et dotée financièrement pour anticiper cette phase du projet.

Si l'étude de faisabilité n'est pas réalisée, le bailleur de fonds doit impérativement la financer. Le financement du projet ne devrait être décidé qu'après, et sur la base notamment, de cette étude préalable.

Certains spécialistes de l'aide proposent parfois une autre approche : les projets appelés « projets processus » ou encore « projets bénéficiant d'une approche programme ». Ils se veulent beaucoup plus flexibles. Il s'agit d'anticiper le démarrage d'une opération et de considérer que les études détaillées du projet seront réalisées postérieurement au démarrage du projet. On se contente alors d'un avant-projet simplifié ou sommaire (APS) au lieu d'un avant-projet détaillé (APD ou étude de faisabilité). Il convient également de permettre de réorienter le projet en cours d'exécution. Par la réduction des contraintes d'utilisation, on vise à une meilleure appropriation par la maîtrise d'ouvrage. C'est donc au stade de l'idée de projet que l'opération de développement est finalement financée, et non au stade du projet clairement étudié. On anticipe la décision de financement du projet en se basant sur la réalisation d'études sommaires. Cette méthode poursuit plusieurs objectifs : pouvoir adopter plus rapidement des projets, se rendre plus réactif par rapport à des contextes mouvants, sacrifier à la mode de l'approche programme en se calant sur les préconisations du CAD de l'OCDE qui y voit une meilleure façon pour la maîtrise d'ouvrage de s'approprier l'opération et recommande que 66 % des financements des bailleurs de fonds se réalisent selon cette approche. Toutefois, les inconvénients d'une telle approche (projet processus ou approche programme) sont nombreux :

- La finalité du projet n'est plus clairement définie et testée avant le démarrage du projet. On ne sait plus exactement ce que l'on va financer.

- Les points d'affection du projet peuvent grandement varier dans le temps, sans que l'on mesure vraiment les conséquences de telles évolutions.
- L'impact du projet n'est plus mesurable par rapport à des objectifs précis définis dès le départ.
- Le projet insuffisamment préparé peut s'avérer une impasse. C'est d'ailleurs souvent le problème que rencontrent certains projets européens qui intègrent la réalisation de l'étude de faisabilité au financement du projet.
- Les membres du conseil d'administration du bailleur de fonds qui ont octroyé le financement ne savent plus exactement à quoi il va servir. On vote une enveloppe de financement mais l'utilisation des fonds n'est plus véritablement cadrée, cela pouvant entraîner des dérapages : détournement, réaffectation de fonds, financement d'actions non prévues au départ au gré des demandes de la maîtrise d'ouvrage, évaluation du projet rendue impossible, etc.

Ce type d'approche, très complexe à gérer et susceptible de dérapages importants, n'est pas recommandé par cet ouvrage. Il est beaucoup moins risqué de commencer un projet sur la base d'une étude de faisabilité solide définissant exactement les objectifs à atteindre et les moyens préconisés pour y parvenir.

Les facteurs nécessaires à l'adoption de termes de référence de l'étude de faisabilité (les termes de référence ou programmation de l'étude ou encore le cadre de l'étude avec la définition de ses objectifs) sont des plusieurs ordres. L'existence d'une requête officielle de la part d'un opérateur, d'un groupe de population, d'une collectivité décentralisée ou de l'État constitue une première étape indispensable. Cette requête doit être la plus argumentée possible. Elle devrait s'approcher d'un programme déjà élaboré où le maître d'ouvrage définit les données fondamentales de l'opération qu'il entend mener grâce notamment à l'appui du bailleur de fonds (budget, durée, objectifs à atteindre). Cette requête ne devrait pas être suscitée de l'extérieur mais répondre à un besoin déjà clairement identifié mais auquel le pays en développement peut difficilement répondre avec ses seuls moyens financiers et humains.

Face à cette demande, le bailleur de fonds potentiel du projet doit alors clairement se positionner : a-t-il le savoir-faire pour répondre à cette demande ? Cette demande fait-elle partie des priorités d'intervention qu'il a choisies ?

Il est important de s'arrêter un instant sur cet aspect. De nombreuses théories privilégient tour à tour « l'offre de projet » (souvent avancée de l'extérieur) ou à l'inverse « la demande de projet » (souvent locale) pour lancer une opération de développement. Plutôt que de prendre position dans ce débat, offre ou demande à l'origine de la décision d'engager un projet, le montage d'un projet de développement doit être en priorité une rencontre, un dialogue, une coopération dans le plein sens du terme. De même qu'il serait illusoire de vouloir répondre à toutes les priorités fixées par un État ou par les populations à aider (répondre à toutes les demandes), de même il serait illusoire de décider de l'extérieur sans concertation préalable (offre) ce qui est bon pour un milieu.

Les termes de référence de l'étude de faisabilité (fixation du cadre d'analyse) peuvent constituer le lieu de rencontre entre les besoins exprimés dans la requête de financement et les possibilités réelles d'appui qu'envisage le bailleur de fonds face à la demande du maître d'ouvrage.

Dans un premier temps, l'élément clé de l'étude de faisabilité est donc l'analyse du milieu, de ses grandes caractéristiques physiques, humaines, socio-économiques et environnementales. Il faut donc être capable d'établir ce qu'on appelle parfois « la situation de référence ». C'est-à-dire choisir quelques indicateurs significatifs qui décrivent une situation de départ sans projet et qui sont peut-être susceptibles d'évoluer dans le bon sens avec l'exécution du projet.

Pour une entreprise, il est donc nécessaire de connaître ses grands paramètres d'activités, son organisation interne et ses résultats financiers.

Pour des populations, il convient de bien connaître le(s) revenu(s) et quelques indicateurs sociaux significatifs.

Le choix des indicateurs de la situation de référence est particulièrement important. Il doit permettre de mesurer en partie l'impact du projet. Cependant, les indicateurs ne doivent pas être trop nombreux et difficilement mesurables. Il convient de pouvoir en faire un suivi régulier à peu de frais. Les paramètres utilisés pour le suivi du projet doivent être choisis en fonction de leurs possibilités réelles de mesure (exemple : il ne sert à rien de choisir comme indicateur l'évolution du revenu individuel des populations si elle est difficilement mesurable. Mieux vaut se contenter alors de quelques indicateurs de niveau de vie comme la possession d'un moyen de transport, le raccordement à l'électricité ou dans certains cas le taux de scolarisation des enfants).

Ensuite, l'étude de faisabilité[3] doit rendre compte des moyens dont on se dote pour atteindre les objectifs fixés par le projet. Elle doit être relativement exhaustive sur le plan technique, sur le plan du calendrier, sur le plan institutionnel (qui fait quoi ?), sur le plan financier, sur l'impact attendu, sur la pérennité des effets du projet. C'est donc le document de référence qui permettra dans un second temps de construire le projet à partir d'un modèle bien établi. Son élaboration doit être particulièrement soignée. Elle doit répondre complètement aux termes de référence de l'étude, c'est-à-dire le cahier des charges fixé par le programmateur à l'opérateur chargé de faire cette étude, en accord avec le financier du projet.

En deux mots, comme lorsque vous commandez des travaux dans votre propre lieu de vie, il convient d'expliquer à l'entrepreneur ou à l'architecte avec le plus de précision possible ce que vous voulez voir réaliser. L'étude de faisabilité doit donc être la traduction fidèle des options techniques choisies pour répondre au mieux au cahier des charges de la programmation. Ses objectifs et ses moyens

3/ Certains disent « étude de factibilité ». Il s'agit en réalité du même document.

doivent être si possible mesurables. Il faut absolument éviter les objectifs flous ou trop généraux et l'à-peu-près concernant les moyens dont disposera le projet pour atteindre les objectifs fixés. Pour cela, il faut se résoudre à quantifier quelques-uns des objectifs poursuivis et dire la manière dont on entend les atteindre.

Toute l'expérience et le savoir-faire du concepteur du projet consistent donc à puiser dans les moyens dont il dispose pour atteindre les objectifs qui lui ont été fixés. L'étude de faisabilité doit constituer son guide dans cette opération.

Le choix de l'opérateur chargé de réaliser l'étude de faisabilité doit s'établir sur des bases très claires. Le recours à la concurrence le plus large possible est toujours le meilleur gage de l'obtention de propositions efficientes, c'est-à-dire qui concilient une exécution efficace et le meilleur coût possible. Le recours à un prestataire de service spécialisé est particulièrement recommandé. Bien souvent, le maître d'ouvrage n'a pas les compétences techniques pour réaliser les études avec le détail suffisant. On doit veiller également à ce que ce prestataire de services ne devienne pas progressivement le véritable maître d'œuvre du projet, c'est-à-dire celui qui conduit le projet et assure la coordination de tous les fournisseurs. En effet, il est préférable que celui qui réalise les études ne puisse pas avoir la tentation de bâtir une opération qu'il sera ensuite le seul à pouvoir maîtriser, bénéficiant ainsi d'un fort taux d'appropriation propice à toutes les dérives.

Pour les projets de faible montant (moins de 0,15 million d'euros), on hésite parfois à séparer ainsi les différentes phases de l'opération en autant d'intervenants dès la partie amont du projet. Le programmateur devient le concepteur puis le réalisateur du projet. C'est parfois le problème rencontré par des petits projets de donateurs ou encore des projets appuyés par certaines organisations caritatives qui les réalisent sans avoir l'expérience suffisante. L'ONG se lance alors dans la gestion directe du projet. Elle tient seule la caisse du projet et se retrouve en contact direct avec les fournisseurs. La maîtrise d'ouvrage voit son rôle fortement réduit. L'ONG va jusqu'à commander directement aux fournisseurs, sans faire preuve de l'expérience suffisante.

À l'inverse, pour les projets importants, les concepteurs des études ont une technicité si pointue qu'il convient de veiller à ce qu'ils n'emploient trop facilement un vocabulaire de spécialiste qui devienne vite incompréhensible pour le maître d'ouvrage lui-même, qui ne peut alors plus suivre le projet.

Conseils généraux liés à l'étude de faisabilité

- Procéder dans tous les cas à une étude de faisabilité avant de démarrer un projet. Cela veut dire que l'étude de faisabilité ne doit pas être financée sur les fonds du projet, qui auraient dans ce cas été accordés avant que l'étude de faisabilité ne soit réalisée. En d'autres termes, il ne devrait pas être possible de prendre une décision de financement d'un projet avant que l'ensemble du processus d'instruction préalable ne soit achevé (étude de faisabilité mais également évaluation du bailleur de fonds et projet de convention). Cette étude de faisabilité peut être financée par la maîtrise d'ouvrage. C'est le cas rencontré couramment dans les pays à revenu intermédiaire où la maîtrise d'ouvrage est efficace et dispose des moyens pour réaliser en interne et sur ses propres financements de bonnes études de faisabilité. Le rôle du bailleur de fonds se limite alors à valider l'étude de faisabilité proposée, à la compléter ou à l'actualiser. Lorsque la maîtrise d'ouvrage n'a pas les moyens de conduire une étude de faisabilité, c'est le bailleur de fonds qui la finance et la fait réaliser, en général par un bureau d'études spécialisé.

- Soigner les termes de référence de cette étude élaborée à la suite d'un vrai consensus fort intervenu entre la maîtrise d'ouvrage et le bailleur de fonds.
- Définir les termes de référence sur la base d'une programmation la plus explicite possible qui engage le maître d'ouvrage (programmateur) sur des objectifs et des moyens à mettre à disposition.
- Décrire dans l'étude de faisabilité la situation de référence, choisir des indicateurs de suivi des réalisations et de l'impact du projet, inclure un calendrier prévisionnel des travaux ou des prestations à effectuer dans une enveloppe de coûts donnés.
- Faire appel à la concurrence (appel d'offres) pour choisir l'opérateur chargé de réaliser l'étude de faisabilité.
- Exclure de la maîtrise d'œuvre ultérieure du projet le bureau d'études qui a réalisé l'étude de faisabilité.
- Les projets de faible montant ne doivent pas déroger à la règle de mise en concurrence et de séparation des rôles dans les études et la réalisation de chaque opération.

L'étude d'impact environnemental et social dans le cadre de la prise en compte de la responsabilité sociale et environnementale.

Selon l'opération envisagée, les effets potentiels des phases de construction et d'exploitation du projet sont plus ou moins élevés sur le plan environnemental et social. La construction d'un barrage avec des déplacements de population aura un impact social et environnemental fort. De même, la construction d'une centrale thermique ou encore d'une cimenterie aura un impact environnemental élevé compte tenu des rejets potentiels dans l'atmosphère qu'elles peuvent engendrer. En revanche, un projet d'animation en faveur d'une organisation de producteurs de tomates aura a priori un impact environnemental faible. La prise en compte des effets potentiellement négatifs sur le plan environnemental et social des projets s'appelle la responsabilité sociale et environnementale. Ce concept de responsabilité sociale et environnementale est relativement récent. Il date des années 2000 et a fait l'objet d'une mise en place systématique chez les bailleurs de fonds à partir de la période 2005-2007.

Chaque projet se doit de traiter les effets potentiellement négatifs sur ce plan car il s'agit d'être le plus neutre possible en la matière. On ne peut par exemple favoriser le travail des enfants dans la phase de construction d'une infrastructure ou lors d'une plantation. La prise en compte de la responsabilité sociale et environnementale des projets doit intervenir dès les études préalables. C'est une notion essentiellement défensive qui vise d'une part sur le plan social à s'assurer que les normes de l'Organisation internationale du travail seront respectées, et d'autre part que tous les effets potentiellement négatifs sur l'environnement seront pris en compte et traités par des mesures correctives. Selon les caractéristiques de l'opération envisagée, le classement du projet doit intervenir très tôt selon une grille de lecture normalisée : (C) pour les projets qui n'ont pas d'impact négatif, (B) pour les projets qui ont un impact négatif significatif sur le plan environnemental et/ou social, (A) pour les projets qui ont un impact fort sur le plan environnemental et/ou social.

Plusieurs cas de figure peuvent se présenter :

- Le projet a un faible impact : effets négatifs insignifiants ou même positifs sur le milieu environnemental et social. Il est donc classé (C). Une étude d'impact environnemental et social n'est alors pas nécessaire.
- Le projet a un impact sensible sur le plan environnemental et social ou les deux à la fois. Les effets potentiellement négatifs doivent être pris en compte. Le projet est classé (B). Une mini-évaluation doit avoir lieu pour savoir si ces impacts nécessitent ou non la réalisation d'une étude d'impact environnemental et social. Dans le cas où les effets négatifs ne nécessitent pas une étude spécifique, ces effets doivent être traités dans le cadre de l'étude de faisabilité.
- Le projet a un impact fort sur l'environnement ou sur le plan social ou sur les deux à la fois. Ses effets négatifs sont donc potentiellement élevés. Il est classé (A). Une étude d'impact environnemental et social est donc impérative de manière à déterminer très exactement les effets potentiellement négatifs du projet sur le plan environnemental et social et les moyens d'y remédier.

L'étude d'impact environnemental et social a pour but de déterminer exactement les effets négatifs d'un projet sur ces deux plans, de chiffrer les dommages, mais surtout d'indiquer quelles seraient les mesures correctrices à prendre afin que le projet soit le plus neutre possible. Ces mesures correctrices ont un coût qui doit être chiffré. Elles vont de l'indemnisation (déplacement des populations par exemple) à la modification des caractéristiques techniques du projet afin de ne pas avoir les effets négatifs envisagés (modification de l'emplacement de l'infrastructure, utilisation d'une technologie de transformation plus respectueuse de l'environnement). La présentation de ces mesures prend la forme d'un plan de gestion environnemental et social qui rassemble toutes les mesures à prendre selon un calendrier précis et dûment chiffré. Le plan de gestion environnemental et social est donc accompagné d'un budget pour le financer ainsi que d'un calendrier d'exécution. Ce budget doit être individualisé dans le plan de financement de l'opération de manière que les dépenses correctrices prévues soient effectivement réalisées.

Conseils généraux

- Prendre en considération le plus en amont possible les effets potentiellement négatifs du projet sur le plan social ou environnemental.
- Éviter de ne financer que des opérations dont la responsabilité sociale et environnementale est facile à traiter (projets classés C). Ceci risque d'aboutir à exclure le financement des projets productifs ou d'infrastructures dont les pays en développement ont pourtant grandement besoin pour accroître leur activité.

L'évaluation ex ante du projet par le bailleur de fonds

L'évaluation du projet est en général réalisée par le bailleur de fonds. Elle a pour but de porter un jugement sur l'étude de faisabilité et d'opérer à la fois la validation du contenu de l'étude de faisabilité et de possibles ajustements par rapport aux propositions avancées. Elle confirme ou infirme les propositions de l'étude de faisabilité, choisit le scénario optimum, propose des inflexions en fonction de contraintes propres au bailleur, complète certains aspects du projet qui n'avaient peut-être pas été pris en compte dans les termes de référence de l'étude de faisabilité. C'est donc un nouvel exercice d'appropriation du projet par le bailleur de fonds qui explicite de manière détaillée le schéma d'intervention qu'il est prêt à financer. L'évaluation peut ajouter du contenu à l'étude de faisabilité en fonction d'éléments nouveaux ou confidentiels que le bailleur de fonds est le seul à détenir. Une bonne évaluation ne peut se réaliser que sur la base d'une bonne étude de faisabilité préalable. Il faut donc veiller à ne pas brûler les étapes en s'imposant un calendrier non compatible avec la réalisation des études préalables.

L'évaluation peut préconiser des conditions à remplir pour intervenir. Ces conditions, parfois appelées conditions préalables ou conditions suspensives à l'engagement de l'opération ou aux décaissements des fonds, sont autant de décisions que le bailleur de fonds veut voir prendre pour donner le maximum de chances de succès à l'opération. Lorsque ces conditions d'engagement ou de décaissement sont très nombreuses, cela n'est jamais bon signe. Souvent, cela veut dire que le milieu dans lequel se situe le projet ne correspond pas aux attentes du bailleur et donc qu'il faut profondément le modifier. Les chances de réussite du projet sont alors minimes. De même, si de nombreux préalables institutionnels sont nécessaires pour bien engager le projet, a contrario, cela peut vouloir dire aussi que le projet a peut-être été trop ambitieux. L'évaluation du projet se présente souvent comme un document qui arrête de manière précise le cadre et les instruments d'intervention finalement retenus par le bailleur de fonds. Il constitue le dernier document des études préalables avant la décision de financement.

L'évaluation fait référence pour le bailleur de fonds dans son dialogue permanent avec la maîtrise d'ouvrage pour valider les grands axes du projet.

Dans un premier temps, cette évaluation du projet par le bailleur de fonds prend souvent la forme d'un projet d'aide-mémoire de mission d'évaluation qui développe par écrit les conclusions de la mission d'évaluation.

Dans un second temps ou parallèlement, ce projet d'aide-mémoire d'évaluation doit être explicitement négocié avec la maîtrise d'ouvrage afin qu'un plein accord se dégage à son propos de manière à lui rendre un caractère pratiquement contractuel. Cette négociation ne doit pas aboutir à la rédaction d'une kyrielle de conditions suspensives à l'opération, représentant plus ou moins ouvertement tous les engagements contractuels qui demeurent encore à obtenir. Lorsque l'aide-mémoire est validé par la maîtrise d'ouvrage, on peut considérer qu'il prend sa forme définitive. En cours et en fin de mission d'évaluation, une négociation s'engage donc avec la maîtrise d'ouvrage pour s'accorder sur les grands choix du projet (choix techniques, choix financiers, financements, circuit de versement des fonds, conditions suspensives, durée du projet, mode de financement, pilotage du projet avec définition du rôle des principales parties., etc.). Tous ces éléments constitueront l'ossature sur laquelle la convention de financement sera bâtie entre les différentes parties prenantes : maîtrise d'ouvrage et bailleurs de fonds essentiellement.

Il est même vivement recommandé que le projet de convention soit élaboré et accepté par les différentes parties à l'issue de la mission d'évaluation.

Conseils généraux liés à l'évaluation par le bailleur de fonds

- Réaliser une évaluation sur la base d'une faisabilité solide. Si l'évaluation est engagée sur la base d'études préliminaires insuffisantes, elle ne peut guère trancher les grandes questions à résoudre nécessaires au démarrage réussi du projet. L'évaluation du projet doit permettre d'internaliser véritablement le travail de faisabilité, c'est-à-dire s'en approprier le contenu, de faire des choix en accord avec la maîtrise d'ouvrage.
- Éviter que l'aide-mémoire validé par la maîtrise d'ouvrage comporte une kyrielle de conditions suspensives ou d'éléments encore à résoudre montrant en creux que la négociation n'est pas encore suffisamment aboutie, que les conditions ne sont pas réellement réunies pour engager l'opération telle qu'elle a été conçue.
- S'appuyer avant d'effectuer l'évaluation sur un mandat de négociation de sa hiérarchie de manière à éviter de s'écarter d'un cadre qui ne pourrait pas être accepté par son conseil d'administration ou les services opérationnels dont l'évaluateur dépend. L'évaluation du projet doit permettre d'opérer les derniers ajustements nécessaires et de les faire prendre en compte par la maîtrise d'ouvrage comme par sa hiérarchie. Bien souvent, le bailleur de fonds a également ses propres contraintes.

- Concevoir dès cette phase d'évaluation, les principaux mécanismes de fonctionnement du projet en matière de mise en œuvre de l'exécution technique et financière. À titre d'exemple, les préalables à l'engagement des fonds ne doivent pas être excessivement nombreux. Les conditions de versements des fonds sont à sécuriser. Les circuits de décaissement des fonds doivent éviter la succession de visas préalables de la part de nombreux partenaires, pouvant donner lieu à des marchandages pour obtenir des signatures obligatoires. Les fonctions d'engagement et de décaissement doivent être disjointes. La validation du bailleur de fonds sur l'engagement des dépenses importantes doit être prévue.
- Ne pas se lier à un calendrier d'exécution trop serré aboutissant à bâcler les études préalables.

La contractualisation du projet : la négociation du projet de convention de financement

La négociation du projet de convention devrait idéalement se dérouler lors de la mission d'évaluation du bailleur de fonds. Tout décalage important entre la décision de financement du conseil d'administration du bailleur de fonds et la signature de la convention peut poser un problème. En effet, pour obtenir le financement, la maîtrise d'ouvrage est souvent prête à promettre la tenue de nombreux engagements. Toutefois, après l'acceptation de l'opération par le conseil d'administration du fonds, la pression n'est plus la même. Le financement étant acquis, la maîtrise d'ouvrage est parfois encline à remettre en cause une partie de ses engagements passés. Sa faculté de négociation est alors bien plus grande puisque le projet est accepté et que le représentant du bailleur de fonds doit maintenant prouver à son conseil d'administration que le projet est un bon projet, qui par définition se décaisse rapidement, car il répond à un besoin véritable.

La convention de financement est le document contractuel qui concrétise les droits et devoirs de chaque partie dans la réalisation du projet. La convention de financement est la traduction juridique des grands choix opérés à l'occasion de l'aide-mémoire validé par la maîtrise d'ouvrage. La signature de la convention de financement intervient suite à l'acceptation par le conseil d'administration du bailleur de fonds de l'octroi des financements.

La convention de financement doit mentionner de manière obligatoire les points suivants :

- Les rôles des différents partenaires du projet. Ils doivent être clairement identifiés et leurs rôles respectifs définis.
- Les objectifs du projet. Une annexe peut rappeler d'une façon résumée les objectifs du projet qui doivent faire l'objet d'indicateurs de réalisation.
- La durée du projet. Elle doit être compatible avec la réalisation du projet et la pérennité de ses effets positifs dans le temps (viabilité). Les phases d'appropriation du projet par la maîtrise d'ouvrage et la première période de

fonctionnement autonome du projet devraient idéalement être intégrées au calendrier du projet.

- Les points d'affectation du projet. Il convient de définir de manière précise les financements prévus pour chaque action du projet. Cette définition des points d'affectation ne doit pas être trop tatillonne et laisser quelques possibilités de virements de ligne à ligne afin de faire face à des imprévus.
- Le plan de financement. Il indique le niveau de prise en charge des différents points d'affectation par le ou les bailleurs de fonds du projet, la maîtrise d'ouvrage, éventuellement les populations.
- Les conditions de levée des conditions suspensives. Il s'agit de définir les documents qu'il est nécessaire de fournir pour cette levée. Les conditions suspensives peuvent être préalables à l'engagement du premier versement, et/ou après le premier versement.
- Les conditions d'engagement de la dépense. Ce sont les documents à fournir pour pouvoir engager une dépense, l'habilitation des personnes aptes à engager la dépense, le rôle des différents partenaires dans l'engagement de la dépense (exemple : avis de non-objection du bailleur sur les dossiers d'appels d'offres des gros marchés, sur le choix de l'adjudicataire et sur le premier versement sur un marché).
- Les conditions de versements des fonds. Les circuits de paiements sont très importants. Ils doivent être sécurisés et donc contrôlables facilement. Le mode de versement des fonds doit être déterminé : versement par tranche contre audit externe de l'exécution technique et financière de la tranche précédente, versement sur la base des factures ou des marchés, versement par anticipation sous forme de caisse d'avance ou d'acompte, versement direct aux fournisseurs par le bailleur de fonds. La durée du décaissement possible du projet doit être spécifiée. En général, la date limite de versement des fonds correspond à la durée du projet. Toutefois, cela n'est pas une règle.
- Le mode de contrôle de l'exécution financière et comptable du projet. La fonction de supervision peut être à la fois interne au projet (séparation des fonctions d'engagement et des fonctions de décaissement au sein du projet, système de double signature pour les grosses dépenses, dépôts des signatures des personnes habilitées à engager et décaisser les dépenses, limite des caisses d'avance, garantie bancaire sur les acomptes versés aux marchés, garanties de bonne fin, etc.) et externe au projet (audit externe d'exécution technique et financière du projet, comptabilité d'engagement et comptabilité de paiement tenues par le projet).
- Les modes de suivi de l'exécution du projet. La périodicité et la forme prise par les supervisions internes et externes.
- Les supervisions possibles du projet par le bailleur de fonds à échéance régulière. Il convient que le bailleur de fonds puisse suivre le projet par des missions régulières sur le terrain et ait accès aux documents contractuels de celui-ci.

- Les juridictions d'arbitrage des conflits.
- Les conditions de suspension des versements des fonds.
- Les conditions de remboursement des fonds par anticipation.
- Le tableau d'amortissement en cas de prêt pour contractualiser les échéances de remboursement du prêt (capital + intérêts).

La convention de financement est donc la condition incontournable d'une bonne exécution financière du projet.

Conseils généraux

- Essayer de faire coïncider la fin de l'évaluation du projet et la négociation du projet de convention de financement afin que tous les détails juridiques soient réglés le plus en amont possible.
- Ne pas hésiter à peaufiner les détails de la convention et notamment les circuits de déboursement des fonds.
- Prévoir un montant du projet (7 %) non affecté afin de faire face aux imprévus.
- Prévoir des procédures très strictes en cas de demande de réaffectation des fonds.
- Éviter une transformation du projet non prévue au départ et aboutissant à sa dénaturation et au financement de dépenses non prioritaires.

La phase d'exécution technique et financière du projet

L'exécution technique

L'exécution technique d'un projet concerne les points suivants :

- Le processus de réalisation technique du projet et de son suivi selon le calendrier prévisionnel défini dans la convention. Il s'agit en particulier de disposer des études techniques permettant de programmer chaque année les travaux ou les actions qui sont à réaliser pour faire avancer le projet.
- Le processus d'attribution et de suivi des marchés de fournitures (biens ou services) et la réalisation effective des investissements et des prestations requises. Il convient d'avoir la capacité de construire les dossiers d'appel d'offres pour lancer les travaux.
- Les travaux ou actions à réaliser sans passer par la passation d'un marché.
- Le rôle de chaque partenaire dans l'exécution des travaux (rôle de la maîtrise d'ouvrage, rôle de la maîtrise d'œuvre, rôles et sélections des fournisseurs).
- Le rôle de contrôle du bailleur de fonds (avis de non-objection sur les dossiers d'appel d'offres (DAO), avis de non-objection sur les prestataires retenus avec ou sans appel d'offres).
- Les investissements et prestations à réaliser selon un calendrier précis.

Ces principaux points constituent le cœur de l'exécution technique du projet. Que le projet soit grand ou petit, on doit être capable de dire : qui fait quoi ? Selon quel calendrier ? Avec quels moyens ?

Le bon partage des responsabilités entre les différents intervenants est fonction de la qualité de l'environnement dont peut bénéficier le projet. Il n'y a pas de règles intangibles en la matière. Les attributions définitives du maître d'ouvrage par rapport au maître d'œuvre, du maître d'œuvre par rapport aux fournisseurs et pourquoi pas des fournisseurs par rapport au maître d'ouvrage sont à définir, opération par opération, en fonction des exigences du milieu et des potentialités exprimées par les différents opérateurs en présence.

La place de chacun mérite d'être déterminée avec précision. Les chevauchements de compétence, comme les points d'application du projet dont personne n'a vraiment la responsabilité sont à éviter. Il faut donc pour chaque action du projet bien définir : qui fait quoi ? Qui est responsable ? Qui contrôle l'action une fois terminée ?

Dans les grands principes, le maître d'ouvrage est celui qui réalise la programmation du projet, seul ou avec l'appui d'un bureau d'études parfois même appelé maîtrise d'ouvrage déléguée. Il dresse avec précision les caractéristiques du projet qu'il entend voir mener.

Le fait que la maîtrise d'ouvrage ne soit pas réellement en mesure de financer par ses propres deniers le projet lui retire souvent une partie de son influence. Il convient donc d'être extrêmement prudent et à l'écoute du maître d'ouvrage potentiel avant de lui proposer une opération qu'il a bien peu de moyens de refuser.

La maîtrise d'œuvre est assurée par un opérateur qui organise véritablement la structuration et l'exécution du projet (rôle joué en comparaison par un architecte dans la construction d'une maison où ce dernier traduit les besoins exprimés par son client, le futur propriétaire de la maison ou maître d'ouvrage, et coordonne en maître d'œuvre les travaux qui seront effectués par les entreprises sélectionnées pour réaliser les travaux ou les études détaillées nécessaires à la construction de la maison). C'est donc une sorte de chef d'orchestre dont les compétences peuvent aller des études au contrôle des travaux, au plus près de la programmation et des entreprises.

Le processus de sélection des fournisseurs de services, de matériels ou de prestations est particulièrement important. Pour la fourniture de services ou de matériels relativement standardisés, l'offre sur le marché est importante et diversifiée : il est plutôt recommandé de mettre en place un processus de sélection par appel d'offres ouvert qui retienne le mieux disant, c'est-à-dire l'opérateur qui répond aux spécificités techniques demandées dans le dossier d'appel d'offres (DAO) avec le niveau global de prix raisonnable conformément au cahier des charges en termes de délais.

Souvent, la maîtrise d'œuvre réalise le contrôle des prestations réalisées par les fournisseurs du projet[4]. C'est l'exécution même du projet qui doit être référencée par rapport à des normes prévisionnelles. La maîtrise d'œuvre doit donc être capable de mettre en place un système de suivi suffisamment solide pour que la prestation du fournisseur ne s'écarte pas trop des prévisions de départ (coûts, temps, qualité et parfois facilité d'entretien). Elle doit être capable, à périodicité relativement régulière, de comparer les prévisions aux réalisations. Le choix de bons indicateurs de suivi est souvent primordial. En effet, un projet ne se limite pas au financement d'une infrastructure. Il est souhaitable également que si infrastructure il y a, ses bénéficiaires soient en capacité de l'entretenir avec leurs propres ressources et au besoin de remplacer cette infrastructure à la fin de sa durée de vie. Bref, que celle-ci s'intègre au mieux à son milieu d'accueil.

La réalisation effective du projet selon des critères techniques à respecter (qualité, coût, calendrier) constitue le cœur de l'exécution technique. Il s'agit pour le maître d'œuvre de s'assurer de la bonne exécution des marchés qui concourent à l'exécution du projet. Une comparaison permanente entre les prévisions mentionnées dans l'évaluation ou la faisabilité du projet (ou encore dans l'avant-projet détaillé par opposition à un avant-projet simplifié) et les réalisations est alors nécessaire.

Le maître d'œuvre contrôle les prestations réalisées par les opérateurs. Il peut le faire en cours d'exécution par des visites de chantier. Une fois la prestation terminée, les réunions formelles de réception provisoire puis de réception définitive officialisent la fin du chantier ou de la prestation. La réception provisoire a pour but de s'assurer que la prestation a bien été effectuée selon le cahier des charges établi. C'est le moment clef où le maître d'ouvrage prend véritablement possession de la prestation réalisée dans le cadre du projet. La réception définitive intervient en général un an plus tard pour s'assurer qu'à l'usage, elle répond bien à toutes les spécifications techniques après une période donnée d'utilisation. La réception définitive s'accompagne alors du paiement du solde de la prestation ou de la libération d'une « caution de bonne fin ».

Les réalisations dépassent parfois le cadre des objectifs chiffrés du projet. Elles prennent en compte le niveau d'appropriation de l'infrastructure par les populations ainsi que des acquis plus qualitatifs. Cette appropriation peut prendre plusieurs formes : l'existence d'un comité de pilotage, l'existence d'une tarification pour l'emploi effectif permanent et autonome de l'infrastructure par la population.

Le calendrier de réalisation du projet est également une donnée très importante qui conditionne la réussite du projet. Sa bonne fixation et son respect montrent le degré de maîtrise du projet, son efficience (réalisation des objectifs à des coûts unitaires et dans un calendrier acceptable). Il ne doit pas être trop court

---

4/ Dans les grands projets, cette prestation peut être assurée par un bureau de conseil dont les compétences sont reconnues sur le plan international.

pour ne pas bousculer les opérations. Il ne doit pas être trop long pour maintenir mobilisés les opérateurs et surtout les populations éventuellement bénéficiaires.

Conseils généraux à propos de l'exécution technique

- Ne pas hésiter à bien préciser les attributions de chacun des intervenants en évitant au maximum les recouvrements de compétences, source toujours possible de conflits.
- Exiger un travail de programmation préalable à l'investissement qui fixe clairement les objectifs du projet chaque année (prestations physiques et prestations intellectuelles), les moyens dont il dispose, le calendrier souhaité de sa réalisation.
- Veiller à ce que la maîtrise d'ouvrage soit la plus opérationnelle possible. Si la maîtrise d'ouvrage n'est pas opérationnelle, on peut faire appel à un appui à la maîtrise d'ouvrage ou maîtrise d'ouvrage déléguée pour suppléer à ses carences. Cet appui peut prendre la forme d'un bureau d'études ou d'une agence d'exécution qui se substitue à la maîtrise d'ouvrage. Cette situation se rencontre dans les pays où la maîtrise d'ouvrage est faible.
- Émettre un avis de non-objection de la part du bailleur de fonds sur les dossiers d'appels d'offres et sur le choix des adjudicataires de l'offre opéré sous le contrôle de la maîtrise d'ouvrage. Il s'agit pour le bailleur de fonds de s'assurer, d'une part, de la qualité des règles de mise en concurrence et d'autre part du choix de l'adjudicataire. Toutefois, le bailleur de fonds ne peut tout contrôler sous peine de déresponsabiliser ses partenaires. Ses avis de non-objection doivent concerner les décisions majeures de l'exécution technique (dossiers d'appels d'offres, adjudicataires).
- Faire appel à la concurrence pour sélectionner les différents intervenants.
- Prévoir dans tous les cas une structure de suivi interne ou externe au projet, avec des indicateurs pertinents qui tiennent compte du milieu environnant, de ses potentialités de développement, et qui soient facilement appréciables par des non-spécialistes.

L'exécution financière

L'exécution financière se déroule de manière concomitante à l'exécution technique, c'est en quelque sorte sa contrepartie financière. Elle vise à définir et à organiser avec la précision nécessaire le schéma de financement et les circuits financiers du projet. En effet, il faut être capable de répondre aux questions suivantes : de quels fonds dispose-t-on et provenant de quelles sources ? Qui gère les fonds du projet ? Sur la base de quel document peut-on les décaisser ? Comment contrôler la bonne exécution budgétaire du projet ? Comment sont gérés les dépassements de coûts ou les réaffectations éventuelles sur des actions qui n'étaient pas prévues au départ ? Il est donc fortement souhaitable qu'un document contractuel entre le bailleur de fonds et la maîtrise d'ouvrage soit finalisé. Il prend le plus souvent la forme d'une convention qui prévoit les points d'affectation des financements, les conditions à réunir pour décaisser, le circuit des décaissements.

De quels fonds dispose-t-on et provenant de quelles sources ?

Le schéma de financement du projet doit pouvoir répondre à cette question. Il récapitule les différentes sources de financement – un ou plusieurs bailleurs de fonds, l'autofinancement ou le financement local – et les engagements financiers par points d'application. Dès le départ, chaque action constitutive du projet ou point d'application doit donc avoir un budget prévisionnel que l'on s'efforcera de respecter tout au long de l'exécution du projet. Lorsque les points d'application sont trop flous, il est alors bien difficile de mesurer la bonne exécution financière du projet. Cette difficulté est souvent signe d'imprécisions dans les études préalables. Toutefois, ce n'est pas toujours le cas. On peut également avoir affaire à des projets pilotes, expérimentaux ou à caractère itératif qui ne permettent pas de bien spécifier les points d'application du projet et les affectations financières correspondantes pour les réaliser.

Qui gère les fonds ?

La gestion des fonds du projet doit être du ressort de la maîtrise d'ouvrage locale. Il n'est pas sain que bailleur de fonds gère lui-même les fonds du projet et fasse de la « gestion directe de projet ». Le projet risque alors d'être déconnecté de son milieu, de ses bénéficiaires. Il court également le risque de ne pas être internalisé. Sa phase d'appropriation sera rendue délicate.

Le maître d'ouvrage, qui a véritablement programmé le projet, gère donc les fonds du projet. Sur la base des rapports et des factures ou mémoires contrôlés ou établis par le maître d'œuvre, le maître d'ouvrage décide ou non de payer les prestations réalisées dans le cadre du projet. Certains fournisseurs peuvent exiger que des fonds leur soient versés avant le commencement effectif des prestations. On peut également considérer que pour de menues dépenses, il est nécessaire de disposer de fonds décaissables immédiatement dont l'utilisation ne demande qu'une justification a posteriori. On peut faire fonctionner à cet effet un système de caisse d'avance.

De ce point de vue, l'exécution financière du projet oscille toujours entre deux objectifs quelque peu contradictoires et qu'il faut cependant concilier. Le premier objectif est bien sûr d'instaurer le maximum de sécurité en termes d'engagement et de paiement des dépenses, de règlement pour des services faits quels que soient leurs montants. Toutefois, trop d'exigences sur ce plan rendent rapidement la gestion des fonds très administrative. Pour acheter une gomme, on en vient en théorie à ce que le maître d'ouvrage donne son accord préalable, que le fournisseur de la gomme établisse une facture en bonne et due forme, tout en procédant à la vérification que cette dépense entre bien dans une rubrique déjà budgétée et individualisée par le projet. Le blocage du projet devient inévitable si l'administration du projet est trop pointilleuse dans l'engagement et le paiement de la dépense.

Le second objectif, contradictoire par rapport au premier, est de faciliter les décaissements des fonds pour donner au projet la souplesse nécessaire. En ce cas, on peut être amené à verser des fonds du projet au maître d'œuvre avant même qu'il n'ait engagé la première dépense. Le risque est alors de démotiver la maîtrise d'œuvre ou d'avoir à gérer des détournements de fonds.

Enfin, on peut souhaiter laisser à l'équipe projet une grande latitude dans l'utilisation des fonds de manière, d'une part, à la responsabiliser, d'autre part, à lui faciliter l'administration financière du projet. Dans ce cas, il faut faire confiance au gestionnaire des fonds tout en trouvant les moyens d'encadrer son action. À cet effet, on peut utiliser la délégation de signature pour un montant maximum donné ou la caisse d'avance justifiable a posteriori pour des chapitres de dépenses bien spécifiques. Il convient de trouver un juste équilibre entre avoir le maximum de pièces attestant de la réalité de la dépense en relation avec la rubrique budgétée dans le projet, et permettre dans certains cas bien spécifiés que le projet puisse engager une dépense et la décaisser sans que cette dépense ne soit spécifiquement mentionnée individuellement dans le budget.

Dans certains cas enfin, le bailleur de fonds continue de contrôler les fonds du projet et paie directement les fournisseurs. On évite ainsi l'échelon du maître d'ouvrage ou du maître d'œuvre. On limite les possibilités de détournements des fonds. Cependant, on risque également de déresponsabiliser fortement la maîtrise d'ouvrage qui n'est plus là que pour avaliser ou refuser la dépense.

Sur la base de quel document peut-on décaisser des fonds ?

La forme du document donnant lieu à un règlement a son importance. En effet, si pour une dépense de fourniture standard de papeterie, une facture en bonne et due forme n'est pas exigée, alors on ouvre la porte à tous les abus. Des collusions peuvent s'instaurer entre membres du projet et les fournisseurs potentiels de ce dernier. En général, on demande au fournisseur de délivrer dans un premier temps une facture pro forma (une sorte de devis prenant l'aspect d'une facture provisoire pour la fourniture d'un bien). Elle permettra au gestionnaire de fonds de dire ensuite si oui ou non cette dépense peut être engagée. La seconde étape sera l'acte d'achat et l'établissement d'une facture par le fournisseur qui permettra le paiement réel de la prestation ou de la fourniture.

Dans le cadre de l'exécution d'un marché, il faut que le fournisseur établisse précisément que le paiement de la prestation correspond bien à une rubrique de dépenses budgétées dans le marché.

Comment contrôler la bonne exécution budgétaire du projet ?

Le maître d'œuvre du projet doit être astreint à réaliser à échéance régulière (3 mois, 6 mois, un an selon les spécificités et la durée du projet) des documents de suivi du projet sur le plan financier. Le plus efficace en la matière est de partir d'un budget de projet avec des points d'application relativement précis, avec au besoin des prévisions de décaissements sur une base annuelle. Le suivi budgétaire du responsable administratif et financier devra alors très précisément comparer les prévisions aux exécutions en termes d'engagements ou de paiements du trimestre, du semestre ou de l'année.

La méthode choisie pour prendre en compte les imprévus a également son importance. Toute modification ou création d'un nouveau point d'affectation doit être avalisée par le maître d'ouvrage. Il s'agit en effet d'un changement dans le contrat passé entre le maître d'ouvrage et le maître d'œuvre. Il faut donc obligatoirement que celui qui a programmé les travaux et celui qui est chargé d'exécuter ces travaux soient tout à fait d'accord pour qu'à l'initiative de l'un ou de l'autre, on modifie quelque peu les règles du jeu. La procédure de changement dans la programmation, quelle qu'en soit la cause (prix d'une prestation plus élevée que prévu, évolution du contexte dont il convient de savoir tenir compte, partie du projet devenue obsolète, etc.) doit être formalisée précisément.

Le circuit des signatures des personnes habilitées à engager et à payer la dépense est également important à définir scrupuleusement. Premier principe, dans l'absolu, toute dépense du projet devrait être acceptée à l'engagement et au décaissement par le maître d'ouvrage. Cette acceptation peut prendre la forme d'un paraphe sur une proposition d'engagement ou de paiement. Dans la pratique, il apparaît bien difficile de solliciter en permanence le maître d'ouvrage pour l'engagement ou le paiement de toute dépense. Un système de délégation ad hoc (c'est-à-dire « sur mesure » en fonction des spécificités du projet) doit donc se mettre en place entre le maître d'ouvrage et le maître d'œuvre pour donner à ce dernier les moyens de pouvoir gérer avec toute la souplesse requise l'administration financière du projet.

Ces délégations peuvent prévoir des montants maximaux pouvant être engagés et payés avec la seule signature du maître d'œuvre, les types de dépenses pouvant ou non être engagées ou payées par le maître d'œuvre sans l'avis du maître d'ouvrage. Dans le cas où se présente une dépense qui ne fait pas partie des prévisions budgétaires, il est nécessaire que l'accord du maître d'ouvrage soit effectif. La contrepartie d'un système de délégation de signature qui permet un fonctionnement plus autonome de l'administration du projet doit prendre la forme d'une information régulière et exhaustive du maître d'ouvrage sur l'utilisation effective de cette délégation.

Nous avons ici abordé le système le plus simple où le maître d'ouvrage est rendu pleinement responsable du suivi de la programmation technique et financière d'un projet. Cependant dans la réalité, il en va bien souvent différemment. L'association caritative, l'ONG ou le bailleur de fonds qui finance le projet souhaite également contrôler directement la bonne exécution financière du projet et ce, pour des raisons parfois louables :

- Empêcher tout détournement de fonds.

- Être impliqué dans le projet lorsqu'il n'existe pas véritablement de maîtrise d'ouvrage bien déterminée, c'est-à-dire devenir à la place des autorités locales un véritable référent dans l'exécution du projet.
- Contrôler le projet pour en effectuer un meilleur suivi.

Une implication forte du partenaire extérieur est certes une bonne chose. Toutefois, elle s'accompagne bien souvent d'un effacement progressif de la maîtrise d'ouvrage locale. Il y a même correspondance entre l'omniprésence de l'un et le relatif effacement de l'autre. Le maître d'ouvrage devrait définir les limites de l'intervention du financeur du projet. C'est rarement le cas. C'est ainsi que le circuit de paiement de la dépense peut devenir plus complexe. Dans certains cas, il faut non seulement sur la proposition de la maîtrise d'œuvre, l'accord de la maîtrise d'ouvrage, mais également l'accord du partenaire extérieur qui continue à tenir, dans la réalité, les cordons de la bourse et donc la maîtrise du projet. Les fonds restent d'ailleurs parfois chez ce partenaire extérieur même s'ils sont officiellement donnés ou prêtés à la maîtrise d'ouvrage. Le financeur du projet paie directement les fournisseurs. On évite ainsi toute interférence locale ou tentation de détournement dans le circuit de financement du projet. Mais à l'inverse, on place également la maîtrise d'ouvrage du projet sous tutelle.

Le circuit de financement constitue, on l'aura bien compris, un enjeu stratégique pour l'ensemble des partenaires du projet. Si ce circuit fonctionne correctement, le projet a de grandes chances d'être une réussite. Si en revanche, il ne fonctionne pas correctement, il devient très difficile d'envisager un succès. Et les obstacles à son bon fonctionnement sont nombreux : mauvaise volonté de la maîtrise d'ouvrage vis-à-vis d'un bailleur de fonds ou d'une association très interventionniste, circuits de paiements trop longs, complexité des procédures, sécurités insuffisantes, contrôle défaillant du service fait, chantage à la signature lors de l'ordonnancement, versement de prébendes, etc.

Dans cette tâche, la maîtrise d'ouvrage peut s'avérer défaillante : faiblesse des moyens et des hommes, éloignement géographique du lieu du projet. Dans ce cas, il faut dès le départ veiller à renforcer la maîtrise d'ouvrage pour lui donner pleinement sa place.

Mais également, la maîtrise d'ouvrage peut s'avérer mal intentionnée par rapport au projet en essayant, soit de le pousser à l'échec, soit d'en tirer par des moyens plus ou moins licites le maximum d'avantages à très court terme (financiers ou matériels). La bonne définition des circuits de paiement prend alors toute son importance. Le maître d'ouvrage peut chercher à multiplier le nombre de signatures nécessaires à chaque paiement afin d'essayer à chaque passage obligé de monnayer auprès des fournisseurs du projet des avantages financiers indus. C'est ainsi que dans certains projets, pour décaisser, le dossier doit passer à la signature du ministère technique chargé du secteur du projet, du ministère de la coopération internationale qui s'occupe de l'aide extérieure, du ministère des finances qui gère les recettes et les dépenses de l'État, du ministère du plan et même parfois de la Présidence, comme si l'ensemble des administrations voulaient, à un moment ou à un autre, être parties prenantes au dossier.

En première analyse, on pourrait croire que cette longueur démesurée des circuits de signature et des délais mis pour signer est une illustration de la volonté d'assumer au plus près la maîtrise d'ouvrage en se tenant informé des différentes dépenses engagées, et donc de l'avancée du projet. Parfois, c'est effectivement le cas. Mais la vigilance doit être de mise lorsque le circuit de paiement des mémoires ou des factures devient de plus en plus long et se perd quelque peu dans les arcanes des différentes administrations locales. Alors, c'est souvent le signe d'une volonté pour les représentants de la maîtrise d'ouvrage de peser sur le projet, sur ses fournisseurs afin d'obtenir quelques avantages. Le système est relativement simple. On se branche sur le circuit de décaissement des fonds du projet en tentant de monnayer la rapidité de sa signature.

Lorsque le mémoire de remboursement ou la facture arrive, le dossier est traité contre finances, avec plus ou moins de célérité. Le maître d'œuvre et le fournisseur sont poussés insidieusement à utiliser les arguments les plus convaincants pour débloquer certaines situations et ne pas entraver le bon déroulement du projet, ce qui intéresse également le bailleur de fonds. La régularité des paiements passe, hélas parfois par l'octroi de petits avantages qui, mis bout à bout, peuvent finir par mettre en péril la bonne exécution du projet.

Pour éviter de pénaliser les populations d'un pays où l'on peut faire des projets mais où l'administration ou d'autres structures ne jouent pas le jeu de l'intérêt collectif, il peut arriver que les bailleurs de fonds ou les associations financent alors ce que l'on appelle des maîtrises d'ouvrage déléguées. Il s'agit de structures qui organisent la bonne gestion des procédures administratives d'un projet à la place de la maîtrise d'ouvrage en titre. Par exemple, le contrôle de la passation des marchés et les circuits de paiement sont délégués. Pour l'exercice de cette prestation, elles prennent une rémunération sur les montants décaissés. La Banque mondiale a été à l'origine de ce type de structure dans des pays où il s'avère très difficile de travailler sainement avec les administrations locales. Il va de soi que de telles structures n'ont pas vocation à demeurer pérennes et qu'il convient dès que cela est possible de repasser par une coopération pleine et entière avec les autorités locales, avec une maîtrise d'ouvrage assumant toutes ses prérogatives.

Mais la faculté de négociation du bailleur de fonds n'est pas toujours maximale.

D'autres bailleurs de fonds peuvent se montrer moins regardants sur les circuits de paiement et ainsi contribuent à pervertir le système.

De ce point de vue, dans les pays pauvres, la concurrence existante ou latente entre financeurs de projets n'est jamais une bonne chose. Dans les années 1960, le nombre d'intervenants extérieurs était relativement réduit. En 2021, ils sont devenus très nombreux pour des appuis financiers qui n'ont plus augmenté en volume. Cette multiplication des intervenants externes ne contribue pas à clarifier les choses.

Conseils généraux à propos de l'exécution financière

- La rédaction de la convention de financement constitue l'acte majeur du projet qui va structurer les rapports des différents intervenants. Il convient que cette convention soit clairement acceptée par tous les acteurs.
- Déterminer avec une grande précision le circuit de financement du projet et le circuit des signatures.
- La gestion des fonds doit être du ressort de la maîtrise d'ouvrage, sans trop d'interventionnisme du bailleur de fonds.
- Si la maîtrise d'ouvrage est défaillante dans la gestion des fonds du projet, ne pas hésiter à la renforcer par une assistance ou à créer une maîtrise d'ouvrage déléguée qui assume les tâches administratives et financières de la maîtrise d'ouvrage.
- Éviter d'entrer dans un jeu malsain de concurrence avec d'autres financeurs de projets et de surenchère en matière de facilités de procédures de décaissement de fonds.

La gestion du projet

Le projet engagé peut avoir plusieurs architectures différentes selon sa taille (nombre d'opérateurs plus ou moins élevés), sa durée, le mode de répartition des compétences, son coût. Il peut être mis en position d'exclusivité ou de concurrence avec d'autres projets.

Les modèles de projet le plus souvent rencontrés sont les suivants :

- *Une association ou une ONG qui aide des populations en essayant de préparer ces bénéficiaires pour donner une certaine pérennité à son intervention.*

L'opérateur (association ou ONG) joue alors souvent plusieurs rôles à la fois : celui de bailleur de fonds, de maître d'ouvrage, de maître d'œuvre. L'opérateur est souvent tenté de faire de la mise en œuvre directe en contractant et contrôlant sur le terrain les fournisseurs de prestations. Ce sont en général des projets d'un montant limité où l'opérateur externe apporteur de fonds est omniprésent. Les difficultés inhérentes à une telle organisation sont multiples. Premièrement, l'opérateur n'a pas forcément les compétences techniques pour contrôler efficacement la qualité des prestations fournies aux populations. Deuxièmement, son implication à tous les stades du projet rend difficile, une fois l'action terminée, de trouver dans la population locale les compétences adéquates pour prolonger l'action. Troisièmement, si les populations bénéficiaires n'ont pas les moyens financiers d'assurer la maintenance et l'entretien du projet, il est alors délicat d'organiser la pérennisation de ce dernier.

- *Une association ou une ONG associée à une structure locale.*

On se trouve alors dans la même situation que précédemment mais avec une plus grande structuration du milieu local, ce qui permet une transmission plus aisée des acquis du projet. L'association ou l'ONG a toujours autant de responsabilités mais une structure sœur existe qui peut en quelque sorte reprendre le flambeau. Il peut s'agir d'une association locale, d'une collectivité locale ou d'un village bien identifié.

- Une association ou une ONG en appui à une structure locale.

L'organisation du projet change de nature. La structure locale est mise au centre du dispositif. Elle représente de fait la maîtrise d'ouvrage du projet. Elle joue le rôle de programmation qui ne devrait qu'exceptionnellement échapper aux opérateurs locaux lorsqu'il s'agit d'un projet de développement. Le projet ne se réduit pas à une offre d'appui dans un temps déterminé pour une action préalablement définie et programmée. Elle peut se transformer en une réponse structurée à la demande d'une population qui exprime ses priorités et qui entend avant toute chose les satisfaire. Les avis de la structure locale ont beaucoup plus de poids dans la programmation des opérations. Les objectifs du projet risquent moins d'être imposés de l'extérieur. Dans la conduite des opérations, l'association ou l'ONG est placée dans un rôle de bailleur et non de propriétaire à cent pour cent du projet de développement. L'organisation de la continuité des opérations, une fois le projet terminé, est plus facile à organiser.

- Une structure étatique ou paraétatique, un bailleur de fonds et un opérateur.

Cette architecture est typique de l'intervention d'un bailleur de fonds bilatéral ou multilatéral sur fonds publics d'un pays développé. La maîtrise d'ouvrage est clairement assumée par la structure étatique ou paraétatique. Un opérateur indépendant (assistance technique, bureau d'études local ou international, pôle projet d'une administration ou d'un service public local) assure la maîtrise d'œuvre du projet. Il est en général rémunéré à cet effet pour la durée du projet. Des prestataires sont retenus après mise en concurrence pour délivrer les appuis nécessaires au projet. Ce type d'organisation pose des problèmes multiples :

- Cette architecture ne fonctionne que pour les projets d'un montant assez élevé (supérieur à 500 000 €).
- Le bailleur de fonds qui finance le projet a trop tendance à imposer ses choix à la maîtrise d'ouvrage qui se sent progressivement dépossédée du projet.
- Une concurrence malsaine oppose parfois plusieurs bailleurs de fonds pour un même secteur d'intervention et dans une zone d'intervention identique.

On se heurte ici à la différence de moyens entre les structures impliquées. Le ou les bailleurs de fonds peuvent financer des études de faisabilité et faire ensuite une évaluation de projet, mais une structure locale étatique ou paraétatique a bien souvent peu de moyens et est placée face un dilemme : soit tenter d'amender le projet pour le programmer à son idée mais risquer alors de perdre le bénéfice du financement, soit tout accepter du bailleur de fonds mais risquer de ne pas répondre de façon satisfaisante aux besoins prioritaires du pays ou des populations en cause.

L'opérateur national peut également tenter, en dernier recours, de mettre en concurrence plusieurs bailleurs de fonds sur une même idée de projet tout en restant intransigeant sur ses objectifs de développement. Il n'y a donc pas d'architecture optimale de projets.

- Une collectivité locale, un bailleur de fonds (ONG ou agence d'aide) et un opérateur.

Le schéma est un peu le même que précédemment. Il y a trois intervenants principaux mais l'État n'est plus partenaire de l'opération. La collectivité locale assume la maîtrise d'ouvrage. En général, mis à part les très grandes villes des pays en développement qui ont des services techniques assez étoffés et un certain savoir-faire dans la conduite de projet, les autres agglomérations sont loin d'être correctement préparées à la maîtrise d'ouvrage de projet. Or, les projets en faveur des collectivités locales sont très en vogue. Ils correspondent parfois à des réflexes autocentrés de pays riches qui transposent des débats venus du Nord. Les opérateurs locaux n'ont souvent pas la compétence suffisante pour assumer une maîtrise d'ouvrage et dans la plupart des cas extrêmement peu de moyens pour assurer une pérennisation de l'opération lancée. Le rendement de la fiscalité locale est souvent très faible. Les compétences techniques des services municipaux sont très modestes. En bref, la décentralisation est souvent un luxe de pays riches ou de pays à revenu intermédiaire. En faire une modalité d'intervention dans les pays les plus pauvres risque d'être un non-sens. Le contexte local impose certaines contraintes dont il est difficile de s'affranchir rapidement. Cela ne veut pas dire pour autant que les besoins exprimés par la collectivité locale ne doivent pas être placés au centre de la problématique du projet, bien au contraire. Simplement dans le fonctionnement du projet, on doit demeurer extrêmement attentif aux possibilités réelles de gestion des collectivités locales décentralisées et ne pas trop charger leur barque.

- Une entreprise, un bailleur de fonds.

C'est le cas de l'appui au secteur privé. L'entreprise sollicite un concours (le plus souvent sous forme de prêt). Elle définit elle-même un programme et gère les fonds de manière autonome et selon un cahier des charges accepté au préalable par le bailleur de fonds. Les apports financiers lui sont alloués en fonction des besoins. L'entreprise peut être composée d'un personnel strictement local ou être en partie dirigée par des expatriés. Ces derniers deviennent alors trop souvent les interlocuteurs privilégiés ou exclusifs du bailleur de fonds. La maîtrise d'ouvrage et la maîtrise d'œuvre sont assumées par l'entreprise. Toutefois, le fait que les financements ne soient pas donnés mais prêtés renforce la capacité de négociation de la maîtrise d'ouvrage par rapport au bailleur de fonds. C'est également le cas d'ailleurs lorsque l'emprunteur est une structure publique étatique ou paraétatique. L'argent prêté à un État ou à un opérateur public lui appartient puisqu'il le remboursera un jour. Il est donc plus difficile de lui imposer des choix de l'extérieur même si le taux de concessionnalité de ces prêts est élevé[5].

La phase d'appropriation ou de fonctionnement du projet

Une fois la période d'investissement terminée (exécutions technique et financière achevées), il convient que cet outil nouveau fonctionne. Cette phase du projet est souvent oubliée par les bailleurs de fonds qui arrêtent les projets (arrêt de l'assistance technique, arrêt des supervisions, arrêt des financements) à la fin de la phase d'exécution de l'investissement, sans prendre le temps de tester le fonctionnement de l'investissement. Or, il s'agit de la phase la plus importante d'un projet qui déterminera son échec ou son succès. Cette phase est, par bien des côtés, bien plus importante que la phase d'exécution technique et financière.

On juge ici de la réelle adaptation du projet à son milieu, ce qui est au cœur de la problématique de l'aide. La durée de vie d'un projet doit inclure une durée d'exploitation de l'investissement, quand investissement il y a. C'est une assurance supplémentaire de la bonne utilisation, la bonne appropriation de l'investissement qui vient d'être financé. C'est un gage supplémentaire de mise en place effective du fonctionnement de cet investissement (beaucoup de projets n'ont jamais connu leur phase d'exploitation). C'est un gage supplémentaire du financement effectif par le bénéficiaire des dépenses de fonctionnement du projet (instituteur pour l'école qui vient d'être construite, consommables médicaux pour le dispensaire qui vient d'être terminé, employés rémunérés pour effectuer l'entretien de la piste ou de la route qui vient d'être créée, etc.). La durée du projet qui comporte un investissement doit inclure une période de fonctionnement de 3 ans au minimum durant laquelle le bailleur de fonds peut aider à la prise en charge de l'investissement, au besoin rectifier les erreurs commises qui n'apparaissent qu'au fonctionnement.

Cet allongement de la durée effective du projet a également le grand avantage de permettre une réelle étude d'impact du projet mis en œuvre durant quelques années. Jusqu'à présent, l'impact des projets est mal évalué car les études d'impact ont lieu trop rapidement après la fin de la période d'investissement.

Cette phase de fonctionnement de l'investissement incluse dans le projet est propice à la mise en place de la maintenance de l'investissement qui assurera sa durée de vie. Une mauvaise conception de projet est un projet qui calibre mal les dépenses de fonctionnement par rapport aux possibilités financières effectives

5 / Le taux de concessionalité : le niveau de subventions inclus dans le prêt permettant de baisser le taux d'intérêt ou d'allonger la période de remboursement ou encore la période de différé (le moment où l'emprunteur commence à rembourser le capital du prêt).

du bénéficiaire. Lorsque le projet en fonctionnement génère des recettes, il faut que les dépenses prévues intègrent la prise en charge de la maintenance.

Les dépenses de fonctionnement d'un projet qui ne génère pas de recettes (dispensaire, école, route, piste, pont...) doivent être prises en charge par le bénéficiaire. Si ce dernier ne peut les assumer, cela implique que l'investissement sera obsolète à brève échéance. Il convient absolument d'éviter cette situation qui peut être due à un défaut de conception : dépenses de fonctionnement sous-estimées, technologies trop coûteuses à faire fonctionner en regard des possibilités financières du pays ou de la collectivité, défaut dans les engagements pris par la maîtrise d'ouvrage à financer. Il convient de tout faire pour tenter de redresser la situation et rendre l'investissement utilisable dans la durée. Certains bailleurs de fonds sous forme d'aide projet comme d'aide programme financent aujourd'hui les dépenses de fonctionnement de certains investissements. C'est une tendance que nous ne préconisons pas ici. Elle crée une situation de dépendance sur le long terme et ne permet pas la nécessaire autonomisation du développement, sa nécessaire appropriation.

Conseils généraux à propos du fonctionnement du projet

- Ne pas hésiter à continuer à soutenir ou à suivre directement le projet durant une période de trois ans après la mise en fonctionnement de l'investissement.
- Financer au besoin les dépenses de fonctionnement et les premiers entretiens durant cette période s'ils ne peuvent manifestement pas être assumés par la maîtrise d'ouvrage.

Les impacts généraux du projet

Les impacts du projet sont ce que l'on pourrait appeler les effets directs et indirects du projet dont bénéficient les populations et leur milieu. Certains sont explicitement des objectifs du projet. Les impacts les plus importants générés par le projet et qui sont positifs sont en général déjà répertoriés dans les grands objectifs du projet. En revanche, certains effets indirects qui n'étaient pas véritablement visés par le projet peuvent être également intéressants à prendre en compte ou à étudier de près. Ils sont parfois positifs mais peuvent être également négatifs. Les impacts se répartissent en général en plusieurs catégories :

- Impact financier et économique. On lui a donné dans certains ouvrages une très grande importance. Il se prête comme nous le verrons au paragraphe suivant à une multitude d'approches qui vont des prix de référence à la valeur ajoutée nationale en passant par le taux de rentabilité interne financier. Il est censé saisir une certaine réalité future du projet. Les modèles utilisés pour le mesurer sont souvent relativement sophistiqués.
- Impact technique ou impact sur le transfert de savoir-faire.
- Impact institutionnel ou impact sur le mode de gestion du milieu.
- Impact social ou impact sur la qualité de la vie.

- Impact sur l'environnement.

Conseils généraux à propos des impacts

La mesure de l'impact ou des impacts du projet est d'autant plus efficace si l'on observe au préalable quelques règles relativement simples :

- La situation avant-projet doit être caractérisée par quelques critères bien choisis et aisément quantifiables, permettant de mesurer les principaux effets du projet.
- La mesure des impacts doit intervenir une fois que l'investissement fonctionne pendant une durée au moins égale à 3 ans. Cette nécessité milite pour un allongement de la période du projet à trois années au moins après le début de fonctionnement de l'investissement.
- L'appréciation des impacts doit être à la mesure des moyens mis en œuvre par la cellule interne de suivi du projet ou par la structure locale qui prend ou reprendra progressivement en charge la gestion du projet.
- Les impacts doivent être calculés ou appréciés à échéance régulière.
- Les indicateurs d'impact ne sont pas tous mesurables. Ils peuvent prendre la forme d'une liste de mesures de politique économique, sociale ou environnementale à appliquer selon un calendrier défini au préalable et qui montre les avancées réelles en matière de contexte.
- Un bref sondage auprès des populations bénéficiaires de l'impact du projet, même s'il n'est pas fait selon les règles de l'art, est préférable à l'absence totale d'informations.
- Idéalement, les mesures d'impact sont réalisées après des études d'impact conduites autant que possible par des opérateurs extérieurs au projet. En cas de faibles moyens, rien n'interdit que ces études ou plus modestement la mesure de quelques indicateurs bien ciblés soient réalisées par le projet lui-même en procédant ainsi à un bon suivi interne.

Les impacts financiers et économiques du projet

Rentabilité financière, rentabilité économique selon la méthode des prix de référence, rentabilité économique selon la méthode des effets, les trois approches correspondent chacune à une optique particulière.

Le calcul de la rentabilité financière donne lieu à l'établissement d'un taux de rentabilité interne financier. Il traite le projet comme une entreprise qui doit obtenir un certain taux de rentabilité pour toute somme investie dans son activité. Ce qui importe ici, c'est de savoir si le projet, qui peut d'ailleurs être une entreprise, est rentable. Le niveau de taux de rentabilité interne financier doit être supérieur aux coûts financiers des sommes investies dans le projet pour que celui-ci soit acceptable.

Les deux approches économiques - méthode des prix de référence et méthode des effets - tiennent compte non seulement des flux financiers reçus et générés par l'investissement et l'exploitation du projet mais également de l'environnement économique dans son ensemble. Le projet n'est plus une entité à examiner isolément mais le moteur d'une dynamique économique dans son milieu. L'activité du projet doit alors être replacée dans son milieu pour évaluer son impact.

La méthode des prix de référence part du projet lui-même, de son analyse financière, et applique aux différents postes de dépenses et de recettes du projet de nouveaux prix appelés prix de référence. Si dans le cas de pays développés qui ont organisé une économie de marché, on peut supposer une économie ouverte conforme à la théorie néoclassique (marché pur et parfait, producteurs maximisant leurs profits, consommateurs maximisant leur utilité, équilibre concurrentiel imposant à tous les acteurs des prix d'équilibre), il n'en est plus de même pour les pays en développement. Nous sommes très loin d'un régime de concurrence pure et parfaite, l'optimum concurrentiel n'est pas atteint. Les prix pratiqués dans ce pays ne sont pas représentatifs de l'optimum économique. La démarche consiste à reconstruire un système de prix, les prix de référence (taux d'actualisation[6], prix de référence des devises, prix de référence des investissements, taux de salaire de référence de la main-d'œuvre non qualifiée, etc.), qui rétablisse le cadre fictif d'une économie de concurrence.

Les prix de référence se définissent alors comme l'augmentation de l'utilité collective qui résulte, au voisinage de l'optimum, d'une variation marginale dans la disponibilité des biens et des facteurs de production. Ces prix ont pour objet de transformer les prix financiers du compte d'exploitation en prix économiques qui reflètent plus exactement le coût pour l'économie d'un bien ou d'un service. La méthode des prix de référence a pour objectif quasi exclusif d'évaluer la contribution du projet à l'accroissement du revenu national net. Pour ce faire, la méthode des prix de référence utilise des coefficients de transformation pour recalculer les différents postes du compte d'exploitation et le coût financier du projet, pour en tirer de nouveaux agrégats économiques. Ces coefficients de transformation sont en général fournis pour chaque pays par de grandes institutions internationales comme la Banque mondiale ou l'Organisation des Nations unies pour le développement industriel (ONUDI) qui utilisent ce type d'approche. Toutefois, la méthode des prix de référence demeure centrée sur le projet et son apport en termes de rentabilité économique. Les autres agents économiques (État, ménages, banques) ne sont pas directement pris en compte par le calcul. On ne sait pas individuellement s'ils profitent ou non du projet.

La méthode des effets décompose également tour à tour le montant de l'investissement et des flux générés par l'exploitation du projet en coûts d'un côté

6 / Le taux d'actualisation donne une mesure synthétique à la fois de la rentabilité du capital, de sa productivité marginale, de la préférence collective pour le présent et des taux d'escompte des différents consommateurs. Il rétablit ainsi l'équilibre général qui devrait naturellement exister dans une économie pleinement concurrentielle entre le taux de rentabilité des entreprises, les taux d'intérêt et les taux d'escompte des consommateurs. Le taux d'actualisation mesure donc la dépréciation dans le temps de l'unité de compte, du numéraire en monnaie constante.

et en valeur ajoutée de l'autre, de manière à juger de la contribution du projet à l'accroissement du revenu national net. Cette valeur ajoutée et ces coûts sont ensuite répartis à chaque étape du calcul entre les différents agents économiques que sont les ménages, les entreprises, les banques et l'État. Chaque poste de charges du compte d'exploitation est dans un premier temps scindé en valeur ajoutée, d'une part, en importations, d'autre part. Toute importation est présentée comme un coût pour l'économie. Ensuite, pour les valeurs ajoutées qui sont des consommations locales, on essaie par l'emploi du tableau entrées sorties de la comptabilité nationale de déterminer le montant des valeurs ajoutées incluses et le montant des importations incluses. Ainsi, on peut déterminer en mettant en balance tous les avantages (valeur ajoutée) et tous les coûts du projet, le taux de rentabilité économique du projet. On peut également déterminer pour chaque catégorie d'agent économique si le projet procure ou ne procure pas un avantage. À l'inverse de la méthode des prix de référence, la méthode des effets prend la réalité comme elle est. Elle sort du cadre du projet et se recentre sur l'effet du projet dans l'économie considérée en termes de valeur ajoutée.

Les approches prévisionnelles comparées des coûts et des apports financiers ou économiques du projet

Coût du projet selon les trois approches :

- Analyse financière du projet : le coût financier du projet est égal au coût effectif de l'investissement. On peut y ajouter les coûts de renouvellement de l'investissement (frais de maintenance et de fonctionnement) au cours de la durée de vie du projet.
- Analyse selon la méthode des prix de référence : le coût financier de l'investissement est affecté d'un coefficient correcteur qui prend en compte le ou les secteurs de dépenses d'investissement du projet afin d'établir in fine son coût économique réel, différent de son coût financier affiché. Le coût économique du projet est en général inférieur au coût financier. Effectivement, les coefficients correcteurs ont pour objectif de valoriser l'apport de l'investissement pour la collectivité, et donc de minorer son coût.
- Analyse selon la méthode des effets : le coût du projet se décompose d'une part en coût pour l'économie (correspondance presque totale avec les importations) et d'autre part avec les éléments de valeur ajoutée locale (le solde) contenus dans l'investissement financier qui bénéficie aux ménages, à l'État et aux entreprises. La partie renouvellement de l'investissement s'appréhende de la même façon. Au total, on parle de coût social du projet.

Flux financiers générés par le projet selon les trois approches

L'ensemble de ces calculs est effectué année après année, à partir du démarrage du projet (le commencement des décaissements) jusqu'à la fin du projet (durée de vie de la composante la plus importante de l'investissement).

Analyse financière du projet : les recettes de l'exploitation du projet sont comparées aux dépenses d'exploitation du projet (consommations intermédiaires, frais de personnel, autres charges externes). C'est donc le flux financier net que génère le projet qui est analysé. On veut savoir avec exactitude ce que rapporte le projet en trésorerie brute.

Analyse selon la méthode des prix de référence : on recalcule les principaux postes du compte d'exploitation en leur appliquant des coefficients qui changent leur montant. Les flux financiers générés par le projet deviennent alors des flux économiques. Chaque poste se voit donc appliquer un coefficient spécifique.

Analyse selon la méthode des effets : on recherche dans ce cas l'ensemble des valeurs ajoutées suscitées par l'exploitation du projet.

La valeur ajoutée directe est obtenue à partir du compte d'exploitation prévisionnel du projet. Il s'agit essentiellement d'éclater la valeur ajoutée inscrite au compte d'exploitation entre frais de personnels, amortissement, impôt théorique et bénéfice net pour le projet.

La valeur ajoutée indirecte est calculée à partir de la décomposition des consommations intermédiaires locales. Les consommations intermédiaires importées sont considérées comme un coût. On cherche dans un premier temps à déterminer la partie importée des consommations intermédiaires locales grâce à l'emploi des coefficients du tableau entrées sorties (TES). Dans les consommations intermédiaires, celui-ci permet de distinguer selon les secteurs les importations incluses et la valeur ajoutée locale incluse. Ensuite la valeur ajoutée locale restante est éclatée à son tour pour calculer le total des valeurs ajoutées incluses.

Situation de référence selon les trois approches

Analyse financière du projet : on ne calcule pas de situation de référence. Le calcul financier s'opère sur la base d'une activité additionnelle justement générée par le projet, comparée à son coût financier.

Analyse selon la méthode des prix de référence : il n'y a pas de calcul explicite prévu pour cela.

Analyse selon la méthode des effets : si le bien produit par l'entreprise peut être importé, il est nécessaire de calculer la valeur ajoutée susceptible d'être dégagée par ces importations directes de produits par grands postes d'agents économiques (ménages, État, banques). Ce calcul de la valeur ajoutée sans projet est surtout sensible pour les moins-values sur recettes fiscales de l'État. En effet, ce dernier ne perçoit plus de taxe d'importation. Il perd donc des recettes fiscales directes dans l'opération, et d'autant plus si les droits de douane sont élevés.

Le choix de la méthode utilisée

Les trois méthodes décrites ci-dessus comportent toutes des avantages et des inconvénients qui diffèrent selon le contexte local de leur application. Le calcul du taux de rentabilité financier est plutôt conseillé quand nous avons à faire à une entreprise du secteur concurrentiel. La méthode des prix de référence est particulièrement adaptée dans le cas d'économie très fermée où l'intervention de l'État est forte et fausse les règles de la concurrence. Elle est également bien conçue pour un projet qui s'adresse à une entreprise. Sa simplicité de calcul est intéressante dans le cas où il convient d'effectuer une estimation rapide du taux de rentabilité économique. La méthode des effets est particulièrement indiquée pour des projets largement ouverts sur l'économie comme les projets d'infrastructure. Dans ce cas, il est intéressant de calculer les gains et les coûts que procure le projet pour chaque catégorie d'agents économiques.

L'inconvénient majeur du calcul du taux de rentabilité financier est d'être surtout adapté au monde de l'entreprise dans un univers très concurrentiel.

La difficulté de la méthode des prix de référence est de recréer un cadre fictif, une économie ouverte, pour déterminer la rentabilité économique d'un projet. Les coefficients nécessaires au passage des prix effectifs aux prix économiques sont effectués la plupart du temps sur des bases théoriques et statistiques très incertaines.

Le handicap de la méthode des effets tient à sa lourdeur et à l'emploi obligatoire du tableau entrées sorties (TES) pour calculer les valeurs ajoutées incluses. Or, ce type de tableau de la comptabilité nationale n'est pas assez fiable dans la plupart des pays en développement et de plus trop global s'il s'agit d'un projet local dans un espace économique non unifié.

Il existe aujourd'hui d'autres méthodes d'analyse de rentabilité de projets (CAPM ou Capital asset pricing model, ROV ou Real options valuation). Au niveau français, la méthode de Taux d'Enrichissement en Capital (TEC) semble une des plus prometteuses, notamment pour la définition des politiques énergétiques ou la gestion des programmes et projets favorables au développement durable. La méthode TEC est actuellement développée par Bernard Chabot de l'Agence de l'environnement et de la maîtrise de l'énergie (ADEME). Elle permet de prévoir analytiquement et ex-ante la rentabilité économique d'un projet d'investissement simple à partir de ses ratios de coûts et de performances TEC = VAN (Valeur actualisée nette ou somme des cash-flows annuels actualisés) /I (Coûts des Investissements). Le calcul de la Valeur actualisée nette par euro investi est alors possible et particulièrement immédiat.

Viabilité, pérennité, durabilité du projet

Le projet réalisé doit inscrire ses effets dans la durée. Il ne servirait à rien de mobiliser des ressources internes et externes pour réaliser une opération et s'apercevoir ensuite que sa durée de vie est extrêmement limitée, que ses effets sur le milieu et les populations bénéficiaires sont peu durables. Les processus de prise en charge des acquis du projet par les populations bénéficiaires ou par les collectivités qui s'occupent directement des bénéficiaires sont donc à mesurer avec la plus grande attention. Par exemple, l'entretien d'une infrastructure apportée par le projet est un critère important de durabilité. Cet entretien est très difficile à obtenir de la part de populations pauvres qui n'ont que peu de moyens. C'est la difficulté d'un projet : consolider des effets positifs sur le long terme. Il n'existe pas de méthode garantissant ce type de résultat.

- Certains ont cru naïvement qu'il suffisait que les populations bénéficiaires ressentent l'intérêt pour elles de l'infrastructure ou de l'action réalisée pour que spontanément, elles se mobilisent pour pérenniser l'action ou l'infrastructure construite. Dans la plupart des cas, ce n'est pas ce qui se passe. Les populations sont très heureuses de bénéficier des bienfaits du projet mais se trouvent vite dans l'incapacité d'en prolonger les effets.
- D'autres ont pensé qu'il suffisait de privatiser le service nouveau ou l'infrastructure apportée, de donner à certains des responsabilités, de faire payer le service pour pérenniser des effets du projet. Dans la réalité, les recettes escomptées d'une exploitation commerciale de l'infrastructure sont rarement à la hauteur des besoins d'entretien. En effet, nous avons affaire à des populations pauvres dont le pouvoir d'achat est faible. Il est donc extrêmement difficile de les mobiliser pour assurer les paiements nécessaires pour couvrir les frais de fonctionnement de la structure additionnelle.
- D'autres enfin militent pour la création de comités de gestion plus ou moins larges, de groupements qui se réunissent le plus souvent possible pour décider de la manière dont l'infrastructure ou le service nouveau sera géré. C'est ainsi que dans certaines zones rurales, après le passage des bailleurs de fonds ou des ONG, on voit fleurir des comités de points d'eau, des comités de crédits, des groupements de producteurs, des comités de santé, d'éducation, d'habitation. Bref, on arrive sur le papier à une société très organisée où ne manquent malheureusement que l'argent, le temps et les compétences pour que le système fonctionne.

Quand il s'agit d'appuyer un service public, une entreprise publique ou une entreprise privée, les notions de rentabilité et de coût sont bien sûr primordiales pour s'assurer de la pérennité de l'action. Les coûts de fonctionnement doivent naturellement être intégrés au compte d'exploitation des entreprises. En revanche, lorsque le projet ne met pas en place une activité génératrice de revenus, la maintenance du service additionnel offert est beaucoup plus difficile à organiser.

Il n'y a pas de recette miracle pour assurer la durabilité des effets positifs d'un projet. Simplement, si l'on espère pérenniser l'intervention après l'arrêt de l'apport de ressources extérieures, il faut au préalable s'assurer que le milieu d'accueil a le désir et la capacité financière suffisante pour assurer l'entretien. Or, cette capacité financière ne se décrète pas d'en haut. Il est donc préférable d'adapter l'infrastructure ou le service aux possibilités du milieu plutôt que de plaquer une formule d'entretien qui ne tienne pas compte des contraintes réelles. La bonne connaissance des revenus mobilisables par le milieu pour prolonger spécifiquement les effets du projet est primordiale.

Conseils généraux

- Prévoir dès l'étude de faisabilité du projet un système qui permette d'associer au plus vite les bénéficiaires à l'entretien ou à la pérennité de l'action, en fonction de leurs revenus.
- Ne montrer aucun dogmatisme (gestion privée, gestion collective, participation de l'État) sur le mode finalement choisi pour tenter de pérenniser l'opération. L'intervention financière de l'État est parfois indispensable au bon fonctionnement d'un projet.
- Bien jauger la motivation et les moyens du milieu pris dans son ensemble pour calibrer au mieux les mécanismes de pérennisation d'une action.

L'aide programme en appui aux politiques

Le cadre d'utilisation de l'aide-programme

L'aide-programme se compose de deux instruments différents :

- L'aide budgétaire globale qui comme son nom l'indique n'a pas d'affectation précise dans le budget de l'État. Elle vient financer la politique générale d'un gouvernement.
- L'aide budgétaire sectorielle qui vient renforcer un secteur de la politique du gouvernement en activité.

À la différence d'une aide-projet, l'aide-programme finance les politiques globales ou sectorielles du gouvernement d'un pays en développement. Il convient donc que le bailleur de fonds soit en accord avec la politique globale ou sectorielle entreprise par le pays en développement et qu'il s'assure que les fonds qu'il va allouer seront bien utilisés.

L'aide-programme est possible lorsque le bailleur de fonds est d'accord avec les grandes lignes des politiques publiques menées par un gouvernement. Il peut certes tenter de conditionner son appui à des améliorations dans la politique suivie mais ce type de contraintes devient rapidement bloquant en matière de décaissements. Ce qui s'opère le plus souvent, c'est en amont un appui du bailleur de fonds à la définition de la politique publique qui peut ensuite être financée par le bailleur. Cette pratique utilisée à grande échelle par la Banque mondiale et le FMI conduit à déposséder le pays de la définition de sa propre politique. On ne sait plus alors distinguer ce qu'il veut vraiment de ce qui lui est chaudement recommandé par les bailleurs multilatéraux en échange par la suite de financements budgétaires additionnels. Il n'est pas recommandé d'agir ainsi pour réaliser une aide programme.

Cependant, sur le plan technique, l'aide-programme ne peut guère être proposée à un gouvernement qui ne maîtrise pas sa dépense publique. Afin d'apprécier la maîtrise de cette dépense publique, on avance souvent la notion de « risque fiduciaire ». Plus le risque fiduciaire est élevé, plus cette maîtrise est faible et cela ne devrait pas permettre l'octroi d'une aide budgétaire. Plus le risque fiduciaire est faible, plus l'aide budgétaire est possible. L'application de ce critère incontournable a pour conséquence de réserver l'aide programme à des pays dont les finances publiques sont bien gérées. C'est un des inconvénients majeurs de l'aide programme : elle correspond mieux aux pays à revenu intermédiaire qu'aux pays à faible revenu.

La définition du risque fiduciaire[7] est la suivante : le risque fiduciaire appliqué aux pays en développement juge de la qualité de la gouvernance financière d'un pays, en particulier de la qualité et de l'utilisation des procédures budgétaires et comptables, ainsi que de l'efficacité du contrôle interne et externe en matière de gestion des deniers publics.

Pour réaliser une aide programme (aide budgétaire globale ou aide budgétaire sectorielle), il convient donc que quatre conditions préalables soient réunies : (1) Crédibilité du budget, (2) Efficacité des procédures d'exécution et de contrôle des dépenses, (3) Fiabilité des procédures comptables et des rapports financiers, (4) Qualité des vérifications et des contrôles externes.

La « Crédibilité du budget » s'analyse comme la réalisation par le gouvernement de deux conditions : (1) Le gouvernement respecte ses priorités en matière de dépenses lors de l'exécution budgétaire et n'a pas recours aux arriérés pour financer ses dépenses. (2) La gestion des finances publiques est transparente.

L' « Efficacité des procédures d'exécution et de contrôle des dépenses » mesure la qualité des procédures d'exécution des dépenses et l'efficacité du contrôle interne, pour les dépenses salariales comme non salariales, en particulier pour les marchés publics.

La « Fiabilité des procédures comptables et des rapports financiers » évalue l'existence, la fiabilité et la régularité de l'information comptable et budgétaire produite en cours et au terme de l'année budgétaire.

La « Qualité des vérifications et des contrôles externes » donne une vision de la nature exacte du contrôle externe, qui s'exerce en matière de gestion des finances publiques au niveau parlementaire et juridictionnel, lors de l'adoption du budget et de la reddition des comptes.

---

7 / Cette partie consacrée au risque fiduciaire s'est très largement inspirée d'un document disponible sur Internet et intitulé : « Doctrine en matière de risque fiduciaire dans les États étrangers », co-secrétariat du CICID du 28 avril 2008.

La prise en compte d'autres critères dans l'analyse du risque est possible, mais soulève certaines difficultés :

- La corruption dans le secteur public est multiforme et difficile à apprécier. Le risque de corruption dans le secteur public est considéré comme globalement capté par les quatre dimensions caractérisant le risque fiduciaire. En effet, le non-respect ou le respect partiel d'une des caractéristiques décrites ci-dessus, accroît la probabilité de faire face à un système de gestion des finances publiques en proie à la corruption.

- L'Efficacité et l'efficience de la dépense publique ne sont pas prises en considération dans la définition et la conception française du risque fiduciaire, dans la mesure où ces aspects relèvent davantage de la qualité des politiques publiques et de leur traduction budgétaire. Ces aspects sont fondamentaux et doivent être analysés en profondeur dans la perspective d'un financement utilisant les procédures budgétaires et comptables nationales ; mais ce travail s'effectue de manière séparée au moyen d'une analyse des politiques publiques, de leurs priorités et d'une comparaison entre les moyens mis en œuvre et les résultats envisagés comme ceux obtenus.

En revanche, la politique budgétaire (niveau de déficit, niveau d'endettement) n'est pas considérée comme pertinente dans le contexte du risque fiduciaire. Ces aspects, qui sont déterminants pour mettre en œuvre une aide budgétaire, sont pris en considération dans le cadre des travaux macrofinanciers du FMI.

Les bailleurs de fonds, principalement les Institutions de Bretton Woods, ont développé de nombreux instruments de diagnostic et d'évaluation des systèmes de gestion des finances publiques au niveau global, spécifique ou sectoriel. Ces diagnostics permettent entre autres, aux bailleurs de fonds, d'apprécier le niveau de risque fiduciaire. Le plus récent d'entre eux est le cadre d'évaluation défini au niveau de l'initiative Public Expenditure and Financial Accountability (PEFA).

Les autres instruments de diagnostic sont les suivants :

- L'exercice Country Financial and Accountability Asses ment (CFAA) de la Banque mondiale sert à apprécier la qualité et la transparence du système de gestion des finances publiques (analyse de la capacité du système à planifier, exécuter et assurer le suivi de la dépense publique).
- Quatre indicateurs du Country Policy and Institutional Assessment (CPIA) de la Banque mondiale concernant le volet « gestion du secteur public et institutions » permettent d'apprécier la qualité des systèmes de gestion des finances publiques. Le module fiscal et budgétaire du Report on the Observance of Standards and Codes (ROSC) établi par le FMI examine la transparence et le respect de certaines normes en matière de gestion des finances publiques.
- L'exercice Public Expenditure Tracking Survey (PETS) permet de suivre au niveau sectoriel le flux de ressources concernant certaines dépenses jusqu'à leur destination finale pour vérifier le respect des allocations, les délais de traitement et la matérialité des dépenses.

- L'exercice Country Procurement Assessment Report (CPAR) de la Banque mondiale détermine le niveau d'efficience et de transparence du système de passation de marché, de même que le système de mesure de performances développé au niveau du CAD.
- Les exercices de revue de dépenses publiques (Public Expenditures Review ou PER) ont vocation à analyser l'efficacité et l'efficience des dépenses au niveau global comme sectoriel (analyse des coûts unitaires).

Les conseils d'utilisation de l'aide-programme

Par définition, l'aide-programme est une aide non affectée qui vient en soutien à une politique globale d'un pays en développement ou plus spécifiquement en soutien à une politique sectorielle. L'aide-programme n'ayant pas de points d'affection, son déboursement répond à d'autres critères qui sont liés en majorité à la maîtrise de la dépense publique. Certains bailleurs de fonds essaient de contourner cette contrainte en ayant recours au ciblage de l'aide budgétaire. Constatant dans un pays un risque fiduciaire très élevé, ils souhaitent cependant réaliser une aide budgétaire. Le motif de cette tentative de contournement tient au fait qu'il devient alors très difficile de réaliser des aides programme globales en faveur des pays pauvres ou à faible revenu. Les bailleurs de fonds ont alors parfois recours au ciblage. Ainsi, les pays pauvres ou parfois corrompus qui ont une gouvernance défaillante peuvent se voir allouer de l'aide programme.

Cette pratique est à déconseiller. Le ciblage de l'aide ne saurait pallier un risque fiduciaire élevé. Il convient donc de savoir que l'utilisation de cet instrument ne peut s'appliquer à tous les pays en développement. On ne devrait pas pouvoir contourner un risque fiduciaire élevé.

Le bailleur de fonds peut être amené à conditionner le décaissement des fonds à certains ajustements des politiques menées ou plus simplement à l'atteinte d'objectifs d'impact définis de manière préalable. Ces pratiques s'avèrent également relativement autobloquantes. On ne peut faire de l'aide programme un instrument de modification des politiques publiques. Cette attitude s'avère en totale contradiction avec l'objectif d'appropriation des politiques par les pays en développement. S'agissant des indicateurs d'impact, l'aide budgétaire s'avère le plus souvent d'un trop faible montant pour exiger une modification substantielle des grands indicateurs sociaux, économiques ou environnementaux d'un pays en développement.

La gestion de la maîtrise d'ouvrage et de la maîtrise d'œuvre

La qualité de la maîtrise d'ouvrage

La maîtrise d'ouvrage est l'entité dans le pays en développement qui va prendre possession et utiliser dans la durée les apports d'un projet ou d'un programme. Si le projet est public, cela peut être un ministère public : ministère des travaux publics pour la gestion d'un pont ou d'une adduction d'eau, ministère de l'agriculture pour un centre de formation pour les agriculteurs, ministère de l'éducation pour la prise en charge d'une école. Si le projet est privé, une entreprise, une association, une fondation ou un syndicat peuvent devenir maîtrise d'ouvrage.

Dans les deux cas, la maîtrise d'ouvrage réalise la programmation de l'investissement, c'est-à-dire définit de la manière la plus précise possible les contours et les caractéristiques du projet ou du programme.

La maîtrise d'ouvrage est donc l'entité qui sera propriétaire de l'investissement. Dans les pays développés, la maîtrise d'ouvrage définit précisément son besoin et finance le projet ou le programme nécessaire à sa réalisation. Pour ce faire, elle fait appel pour les grosses opérations à une maîtrise d'œuvre qui s'occupera de traduire précisément cet exercice de programmation dans des études détaillées qui permettront de contracter avec les entreprises capables d'effectuer ce type de travail. La maîtrise d'ouvrage a également la capacité directe ou indirecte (grâce à un bureau d'études) de mesurer le degré de réalisation de son projet ou programme.

Dans un pays en développement, la maîtrise d'ouvrage ne finance pas toujours le projet ou programme qui a été décidé. Le bailleur de fonds s'y substitue. Elle n'est pas toujours en capacité de réaliser précisément et avec la technicité suffisante l'exercice de programmation d'un projet ou d'un programme. Elle n'est pas toujours en mesure d'effectuer la conduite d'une maîtrise d'œuvre. Ces incertitudes mènent le bailleur de fonds à être interventionniste dans l'opération. Dans certaines situations, la maîtrise d'ouvrage est dans l'incapacité directe ou indirecte de s'assurer que le projet ou le programme exécuté correspond bien au projet ou programme qu'elle avait défini.

Si son intervention se limite à un apport de financement, au contrôle de l'utilisation des fonds et à l'appui qu'il peut donner à la maîtrise d'ouvrage pour être opérationnelle (financement d'un bureau d'études pour aider la maîtrise d'ouvrage à faire son travail ou maîtrise d'ouvrage déléguée, bureau de contrôle afin de s'assurer de la réalisation conforme de la programmation), on peut considérer que l'intervention du bailleur de fonds demeure dans les limites du raisonnable.

Lorsque la maîtrise d'ouvrage est faible, il est donc nécessaire de la seconder, de la renforcer sans pour autant la remplacer. C'est à ce niveau que se situent les dysfonctionnements liés à une maîtrise d'ouvrage faible à savoir :

- Se substituer purement et simplement à la maîtrise d'ouvrage et ainsi opter pour de la mise en œuvre directe. Les bailleurs de fonds se substituent alors complètement à la maîtrise d'ouvrage directe. Le bailleur de fonds programme l'opération, la finance et paie les fournisseurs sans en référer à une autorité locale.

- Se substituer partiellement à la maîtrise d'ouvrage en lui imposant le choix d'une programmation de l'extérieur. Ce n'est plus alors la maîtrise d'ouvrage qui définit ses besoins, mais le bailleur de fonds qui paie et donc impose sa façon de voir à une maîtrise d'ouvrage qui accepte afin d'être dans tous les cas en mesure de capter le financement.

Quelle que soit la qualité de la maîtrise d'ouvrage, le bailleur de fonds devrait se limiter à la soutenir, à la renforcer plus qu'à s'y substituer. C'est le gros risque à trop intervenir dans les opérations qu'on finance sous prétexte que la maîtrise d'ouvrage n'est ou ne serait pas en capacité d'assumer son rôle. La limite entre un appui légitime et une substitution rampante est parfois difficile à opérer. Même en présence d'une maîtrise d'ouvrage opérationnelle, le bailleur de fonds peut avoir l'ambition, à travers les conditions qu'il met au décaissement de son financement, d'orienter les décisions de la maîtrise d'ouvrage dans un sens ou dans l'autre. Dans tous les cas, le bailleur de fonds ne doit pas faire de mise en œuvre directe, ne doit pas réaliser lui-même l'exercice de programmation et doit mettre tout en œuvre pour que la maîtrise d'ouvrage soit in fine en capacité de gérer le projet ou le programme une fois terminé.

La qualité de la maîtrise d'œuvre

Le maître d'œuvre est l'entité qui réalise effectivement la conduite des opérations qui permettent de réaliser la programmation décidée par le maître d'ouvrage. Le maître d'œuvre est parfois un architecte qui commissionne des entreprises pour effectuer les travaux souhaités. Il peut également être un bureau d'études de référence seul capable de conduire un chantier difficile et technique. La faiblesse de la maîtrise d'œuvre se traduit dans certains cas par les défaillances suivantes :

- On ne trouve pas sur place de maîtrise d'œuvre compétente et ainsi on décide de s'en passer. Le projet ou programme est alors conduit directement par la maîtrise d'ouvrage avec tous les risques attachés à un tel montage institutionnel.
- La maîtrise d'œuvre n'est pas disponible sur place et on la fait venir de l'extérieur sans qu'elle connaisse vraiment le contexte dans lequel elle intervient.
- La maîtrise d'œuvre n'est pas de qualité et alors le projet prend du retard, devient plus onéreux que prévu ou encore les réalisations ne sont pas conformes aux spécifications contractuelles.
- La maîtrise d'œuvre peut être dépassée par les entreprises ou même empêchée de travailler sereinement à cause d'une maîtrise d'ouvrage ou d'un bailleur de fonds omnipotent. L'équilibre institutionnel du projet n'est alors pas optimal.

Pour une exécution efficiente d'un projet ou d'un programme de développement, il convient que la maîtrise d'œuvre soit de taille à la fois à dialoguer avec la maîtrise d'ouvrage et soit en capacité à se faire respecter par les entreprises qui exécuteront directement ses ordres. Pour un projet complexe ou difficile, la maîtrise d'œuvre sera choisie sur appel d'offres international de manière à être le plus pleinement assuré de ses références et donc de son efficacité supposée. Il n'y a pas de règles intangibles pour bien choisir une maîtrise d'œuvre. On doit être guidé par le savoir-faire qu'elle a déjà démontré sur des opérations similaires. On doit également prendre en compte son aptitude à répondre au contexte spécifique de l'opération décrite dans l'avant-projet sommaire.

2. Les conseils pratiques par secteur d'intervention

Ce chapitre s'appuie sur une forte expérience de terrain : l'évaluation ex post d'une trentaine de projets, l'audit d'une centaine d'opérations de développement, l'examen de projets et de programmes de développement durable dans le cadre d'un séminaire conduit par l'auteur et ayant pour thème les politiques de développement et l'environnement. Toutefois, ce chapitre ne prétend pas faire le tour de l'ensemble des projets ou des programmes réalisés à travers le monde. Son ambition n'est pas l'exhaustivité mais plutôt le transfert d'expériences au moyen de la présentation de projets ou programmes analysés sur le terrain. Son ambition n'est pas de décrire par le menu l'instruction et la mise en œuvre d'un projet et d'un programme[8] dans chaque secteur d'intervention mais plutôt d'indiquer au lecteur les quelques points importants à ne pas éluder. Ce chapitre se veut simplement un outil utile aux financeurs de projets dans les grands secteurs d'intervention du développement. Les références qui ont inspiré ces conseils sont citées pour mémoire pour les lecteurs qui voudraient aller plus loin. Les conditions de mise en œuvre de ces projets ou programmes doivent bien entendu être adaptées à chaque contexte particulier.

Le secteur de la lutte contre le changement climatique

Dans ce secteur, les projets ou programmes appartiennent à deux grandes familles : les projets et programmes d'atténuation d'une part, les projets et programmes d'adaptation d'autre part.

L'atténuation vise à réduire les émissions de CO2 par rapport à une situation de référence. Toute approche aidant à la sobriété et visant à moins consommer d'énergie, qu'elle soit d'origine fossile bien entendu mais également d'origine renouvelable doit être soutenue. Tout investissement nouveau en énergie propre

---

8 / « Le développement en projets : conception-réalisation-études de cas », Editions l'Harmattan, répond déjà à cette demande.

(par opposition à une énergie carbonée) entre dans cette catégorie. Tout investissement de remplacement d'une unité de production d'énergie carbonée par une unité de production d'énergie propre va dans le bon sens. Ce type d'investissement doit être privilégié à la fois dans les pays à revenu intermédiaire mais également dans des pays à faible revenu qui devraient, ce qui n'est pas suffisamment le cas, bénéficier de ce type d'appui. Il en va dans ces deux catégories de pays de la mise en place d'un modèle de développement durable. Dans les pays à revenu intermédiaire, ce type d'investissement peut être financé par la solidarité internationale sous forme de prêts. Dans les pays à faible revenu, il est recommandé de se servir de l'outil subventions.

S'agissant des programmes d'atténuation, qui se caractérisent souvent par des mesures réglementaires à prendre pour bénéficier de ces financements budgétaires, il convient de bien mesurer si ces mesures réglementaires nouvelles ont une application effective sur le terrain et sont suivies d'effets sur le plan climatique. La mesure très fine de l'impact réel de ces programmes est une des clefs pour juger de leur crédibilité. La difficulté provient du fait que ces programmes sont souvent décaissés sur une période relativement courte (1 à 5 ans) alors que les effets de ces programmes ne sont mesurables que sur le long terme. Le bailleur de fonds anticipe donc l'impact réel du programme sur le plan climatique ou le raccroche à des indicateurs (exemple : baisse nationale des émissions de CO2) qui n'ont pas de lien direct avec l'application du programme dont les effets seront mécaniquement différés.

L'atténuation peut provenir également d'une réduction des émissions de sources énergétiques carbonées (exemple : baisse des émissions de CO2 d'un chauffage urbain au charbon, meilleure efficacité énergétique). Ces projets ou programmes doivent être regardés avec circonspection car ils ancrent dans la durée l'utilisation d'une énergie carbonée, ce qui n'est pas souhaitable à long terme.

L'atténuation peut également être obtenue en élargissant les zones de captation du CO2. La protection des forêts va dans ce sens et doit être privilégiée. Cette protection ne doit pourtant pas aboutir à priver les autochtones qui vivent depuis longtemps dans cette forêt de l'usage ancestrale et durable de ces surfaces boisées. Cette protection peut être compatible avec une exploitation commerciale des grumes, seulement dans la mesure où des plans d'aménagements durables sont réalisés au préalable et sont effectivement contrôlés dans leurs exécutions. En revanche, attention aux projets de reforestation qui n'offrent pas toujours toutes les garanties en matière de puits de carbone.

S'agissant de l'adaptation au changement climatique, les projets et programmes visent à permettre de combattre les effets du changement climatique qui sont déjà à l'œuvre dans certaines régions. Ces projets d'adaptation, parfois difficiles à définir car il convient au préalable de bien spécifier et quantifier les dommages subis à réparer provenant du changement climatique, doivent être financés par la solidarité internationale exclusivement dans les pays à faible revenu et sous forme de subventions.

Le secteur de la biodiversité

Tous les projets ou programmes en faveur de la préservation de la biodiversité tournent autour de la protection de la faune (les animaux et les insectes), de la flore (les plantes) mais également des écosystèmes remarquables (océans, zones humides, zones boisées…) dont les services environnementaux (captation de CO2, réservoirs à espèces) servent l'équilibre écologique de la planète.

Le spectre des actions possibles (protection des surfaces, pratiques culturales, intrants et pesticides employés, pratiques industrielles, usages des terres, zones humides, qualité de l'eau des océans et de l'eau douce…) est très large. Dans ce paragraphe, nous nous focaliserons uniquement sur la protection des forêts qui sont des réservoirs de biodiversité mais également des puits de carbone qui servent la lutte contre le dérèglement climatique.

Deux écoles s'affrontent en matière de protection des forêts : ceux qui veulent en faire des sanctuaires où toute activité humaine est proscrite ; ceux qui acceptent la présence humaine dans ces zones et même considèrent qu'une exploitation raisonnable des forêts (plan d'aménagement durable) est possible.

Un projet de protection des forêts ne peut écarter les populations autochtones qui vivent dans la forêt depuis toujours et qui en font un usage raisonnable. On ne peut exclure les humains qui vivent dans ces forêts depuis toujours. Il faut les intégrer au projet. S'agissant des populations qui vivent à proximité de la forêt mais pas dans la forêt, la situation est plus difficile à trancher. Si cette population fait un usage raisonnable de la forêt (prélèvement par la chasse pour se nourrir individuellement, éventuellement bois pour chauffer les aliments ou se chauffer individuellement), on doit pouvoir intégrer leurs activités « douces » au projet de protection. En revanche, si cette population est en croissance démographique forte et pratique au surplus une exploitation commerciale de la forêt, il est difficile de l'intégrer à un programme de protection.

S'agissant de savoir si la protection de la forêt est compatible avec une exploitation durable (coupes raisonnables), tout dépend de la qualité des plans d'aménagement durable de la forêt et de la capacité des autorités locales à faire respecter ces plans d'aménagement dans la durée. Si les autorités locales sont dans l'incapacité de faire respecter ces plans d'aménagement, il vaut mieux interdire l'exploitation des forêts et promettre en compensation aux autorités locales une rémunération au titre des services environnementaux que délivre la forêt protégée.

Le secteur de l'éducation et de la formation

- Construction d'écoles ou de lycées, ou plus généralement de lieux d'enseignement. Il convient de s'assurer au préalable du besoin réel de bâtiments nouveaux. Dans certains projets, on s'aperçoit que ces constructions nouvelles ne sont pas utilisées ou remplacent des constructions anciennes qui ne sont plus utilisées. De plus, ce type de projet doit être mis en œuvre en étroite collaboration avec le ministère de l'éducation nationale et de la formation. Pour chaque lieu d'enseignement construit, il convient que le gouvernement s'engage à affecter les professeurs et l'encadrement nécessaires à son fonctionnement. Le financement de ce fonctionnement (frais de fonctionnement, salaires des enseignants) doit se réaliser par l'intermédiaire du budget de l'État. Il convient d'éviter en tant que bailleur de fonds de se lancer dans le financement récurrent de ce type de dépenses.
- Centre de formation. De nombreux projets visent à créer des partenariats publics/privé pour gérer des centres de formation professionnelle afin qu'ils répondent directement aux besoins du marché de l'emploi. Ce type d'approche a bien fonctionné en Tunisie et dans une moindre mesure au Maroc. En revanche, il est peut-être illusoire de vouloir reproduire ce schéma dans des pays moins avancés où le secteur privé est peu structuré, où le marché de l'emploi est plus difficile à cerner.
- Appui institutionnel au ministère de l'éducation. Ce type d'opération doit en général se réaliser de manière conjointe entre l'ensemble des intervenants partenaires de développement du secteur d'intervention. Le gouvernement doit rester maître de sa réforme. L'appui des bailleurs de fonds peut se réaliser sous forme d'aide programme qui se décaisse en fonction des différentes phases de mise en œuvre de la réforme. Toutefois, il n'est pas recommandé de financer des dépenses de fonctionnement récurrentes et notamment les salaires des fonctionnaires et des enseignants. L'appui sectoriel doit être ciblé sur des dépenses d'investissement. Les dépenses de fonctionnement du ministère doivent être assumées par le budget de l'État sur ressources propres.

Le secteur de la santé

- Les projets ou programmes d'investissement. Ils doivent être calibrés à la fois sur une analyse des besoins, mais également sur la possibilité pour les gouvernements en place de les faire fonctionner avec leurs propres ressources et les moyens techniques dont ils disposent (technicité du personnel de santé, environnement de fonctionnement des services de pointe qui ne doivent pas dépendre en permanence de l'extérieur pour fonctionner). On s'aperçoit trop souvent que des infrastructures sont mises en place par des bailleurs de fonds mais n'ont jamais fonctionné (dispensaires, hôpitaux). Comme dans le secteur de l'éducation, il n'est pas recommandé de se substituer à l'État pour financer les dépenses de fonctionnement des centres de soins allant des dispensaires de campagnes aux hôpitaux.

- Les projets centrés sur l'éradication d'une maladie parmi d'autres (exemple : fonds Sida). Il convient de veiller à ce que ces projets à thématique particulière s'intègrent dans les systèmes de soins et de santé des pays d'accueil. On doit éviter de recréer des institutions parallèles aux systèmes de soins locaux mis en œuvre par les gouvernements en place.

Le secteur des politiques de population

Dans les pays où la transition démographique n'est pas achevée (baisse de la mortalité non accompagnée d'une baisse parallèle de la natalité) et donc en déséquilibre démographique, les projets ou mesures qui visent à maîtriser la démographie doivent respecter la liberté de chacun. Ce sont donc des mesures incitatives et non coercitives qui doivent être mises en œuvre. L'éducation des filles, l'information des filles et des garçons, l'appui aux femmes dans la maîtrise de leur fécondité, les centres de santé équipés pour gérer les demandes de contraception et de régulation des naissances, le planning familial (contraception, maîtrise de la fécondité), les mesures financières incitatives à la maîtrise de sa fécondité pour les femmes comme pour les hommes, des appuis externes à la mise en place de politique active en matière de stabilisation de la population, font partie des plus efficaces. La mise en œuvre d'une politique nationale de régulation de la croissance démographique doit être une politique active et non passive dans l'attente d'un développement économique qui viendrait comme par miracle stabiliser la population.

Lorsque les taux d'accroissement de la population sont supérieurs à 1 %/an, que l'on se trouve dans un pays pauvre, il devient très difficile d'asseoir une politique de développement durable. Les dépenses de santé et d'éducation explosent et grèvent le budget de l'État. Les besoins en infrastructures publiques sont très élevés. Il est difficile d'accroître le marché de l'emploi. Le poids de la population sur des milieux fragiles (épuisement des terres, déforestation, baisse de la ressource en eau, bétonnisation des sols, pollution, dépendance alimentaire) accompagne et renforce les effets négatifs du changement climatique.

Le secteur des infrastructures

- Les projets d'infrastructure en général. La règle devrait être dans tous les cas que les bailleurs de fonds s'engagent à financer une partie ou la totalité des dépenses d'investissement. En revanche, les dépenses de fonctionnement (maintenance comprise) devraient être à la charge des autorités locales (budget de l'État, des collectivités locales, de la société publique gestionnaire, de la société gérant le bien sous forme d'une concession). Toutefois, on sait que le plus difficile à réussir pour un projet d'infrastructures, c'est le fonctionnement dans la durée faute d'un entretien suffisant. Il convient donc de construire le plus solide possible, pour réduire au maximum ce poste de dépenses. Dans les pays très pauvres où les ressources locales sont très faibles, les bailleurs de fonds doivent exceptionnellement s'engager à financer le maintien en fonctionnement dans la durée de ce type d'investissement. Il est important également que toute livraison d'infrastructures soit accompagnée par le bailleur de fonds dans la durée d'une période de fonctionnement de l'infrastructure d'une durée au moins égale à trois ans pré-fonctionnement. Le projet ou le programme d'investissement ne devrait pas pouvoir se clore lorsque l'investissement est livré en état de fonctionnement. Un allongement de la durée des projets pour couvrir la période de pré-fonctionnement et si nécessaire d'appui à ce pré-fonctionnement s'avère nécessaire.

- Les projets d'infrastructures portuaires et aéroportuaires. Il s'agit d'un cas particulier où le flux de marchandises ou de passagers génère naturellement des revenus qui permettent d'assurer de manière autonome le fonctionnement de ce type de service dans la durée. Le financement de la maintenance dans la durée passe donc par une autonomisation de la gestion. Il convient que les structures de gestion de ces ports soient suffisamment autonomes par rapport à l'État afin qu'elles soient à l'abri de toute ponction financière. Ces structures autonomes peuvent gérer leurs infrastructures elles-mêmes ou en concéder une certaine partie à des sociétés étrangères. Les investissements peuvent être financés par les bailleurs de fonds. La maintenance de ces investissements revient aux autorités locales. Le service rendu doit être de qualité afin que les produits importés ou exportés ne soient pas grevés par un coût de manutention trop élevé.
- Le secteur des routes. Une fois les études préalables réalisées montrant l'utilité pour la population d'une telle desserte, le problème principal n'est pas de les construire mais bien plutôt de les entretenir dans la durée. De nombreux projets ont intégré des péages pour tenter de pallier cette difficulté. Ils ont le plus souvent été des échecs. En réalité, la route construite doit tenir compte des faibles moyens d'entretien dont dispose l'État. Elle doit donc intégrer ce paramètre pour avoir une qualité irréprochable qui permette un entretien minimum. Elle doit être calibrée sur les possibilités d'entretien qu'elle requiert. Si elle s'avère indispensable au développement économique et humain des populations qu'elle dessert et que l'État n'a pas les moyens de l'entretenir, il convient que le ou les bailleurs s'engagent sur la durée à entretenir ces infrastructures. Des projets d'entretien d'infrastructures seraient d'ailleurs plus judicieux que des projets d'investissement qui ne sont jamais dotés de moyens de fonctionnement dans la durée.
- Le secteur des pistes rurales. Il est impossible de prévoir que l'entretien permanent de ces infrastructures soit à la charge des utilisateurs. La puissance

publique locale doit assumer cet entretien. Le bailleur de fonds ne doit pas éluder cette question et faire semblant de croire que les engagements de l'État seront tenus alors qu'il sait pertinemment qu'il n'a pas les moyens financiers d'assumer ce type de promesses. Comme pour les routes, les bailleurs de fonds doivent s'engager à financer le fonctionnement d'infrastructures dont le fonctionnement et donc la maintenance, ne peuvent être assurés par la collectivité locale.

Le secteur des transports collectifs en zone urbaine

Le secteur des transports collectifs. Ce type de service est souvent assuré par de petites entreprises individuelles qui n'ont pas la capacité de transporter efficacement un nombre élevé de voyageurs dans les zones très urbanisées dans des conditions environnementales optimales. Les projets de tramways, de métro ou de liaisons ferroviaires entre villes sont alors nécessaires et complémentaires de l'offre locale de transports collectifs. Ces investissements ont souvent une rentabilité très différée. Sur le plan financier, comme dans les pays développés, il est illusoire de prétendre à ce qu'ils trouvent par eux-mêmes un équilibre financier. Il n'est pas très opérationnel pour l'Aide de les financer sous forme de prêts alors que les entreprises qui gèrent ces transports publics ne peuvent produire des comptes équilibrés. Seules des subventions de l'État ou des appuis externes sous forme de subventions et d'assistance technique sont en mesure de leur donner une pérennité. Néanmoins, ces projets de transport collectif génèrent des valeurs ajoutées qui ne sont en général guère comptabilisées sur le plan économique, environnemental et foncier (prise de valeur de certains quartiers nouvellement desservis par des transports publics, aménagement du territoire, effets induits sur d'autres secteurs économiques comme celui de la construction, maîtrise de la densification de certains quartiers). Les rentabilités économique et environnementale de ce type de projet doivent prendre le pas sur la simple prise en compte de leur rentabilité financière. En zone urbanisée, les projets de métro ou de tramways doivent se faire en site propre et donc être précédés de programme de relogement des populations déplacées. Cet aspect des projets est bien souvent le plus difficile à réussir. Enfin, il convient de s'intéresser à l'existant en matière de transport (public ou privé), en améliorant le service rendu aux populations des villes. La mobilité propre et la facilitation des trajets piétonniers sont également à considérer.

Le secteur de l'eau

- Le secteur de l'hydraulique villageoise. On a largement vécu sur la fiction que le paiement de l'eau dans les villages où des pompes à motricité humaine sont installées suffisait à entretenir ce type d'investissement dans la durée. L'expérience montre que l'on est loin du compte. Il convient donc de financer la maintenance de ce type d'infrastructures en imputant l'entretien courant aux populations (paiement de l'eau) et l'entretien en matière de grosses réparations, ou tout simplement de changement des pompes, à la puissance publique. Comme dans le secteur routier, les bailleurs de fonds pourraient se lancer dans des projets de maintenance de ce type d'infrastructures dans les zones où manifestement, la puissance publique n'a pas les moyens d'assumer ce type de coûts.

- Le secteur des barrages hydroélectriques. L'important est notamment de bien prévoir au préalable une étude d'impact environnemental et social. Ensuite, il convient d'intégrer à l'investissement un plan de gestion environnementale et sociale qui soit financé par le projet. La partie la plus difficile à réussir pour ce type de projets est de mettre en œuvre les déguerpissements de la zone qui sera inondée. Ce volet des projets doit recueillir toute l'attention des concepteurs.
- Le secteur de la distribution de l'eau en milieu urbain. Toutes les formules institutionnelles de gestion ont été tentées pour assurer la pérennité des investissements dans ce secteur stratégique pour le bien-être des populations (régie, entreprise publique, société de patrimoine et société d'exploitation, concession de l'exploitation à des opérateurs privés, etc.). Ce type de projet doit permettre une alimentation en eau potable des populations des villes. Toutefois, il faut savoir que la faible solvabilité des populations des quartiers pauvres ne permet pas de leur offrir un service payant à leur portée financière sans que ce dernier soit d'une manière ou d'une autre subventionné. Il ne peut y avoir comme dans certains services publics de pays développés une péréquation entre tarifs subventionnés et tarifs rémunérateurs, la population solvable étant numériquement trop faible par rapport à la population faiblement solvable. Plutôt que de vivre dans la fiction de services de l'eau qui équilibrent leurs comptes, il convient d'assumer certains déficits d'exploitation pour être en mesure de tarifer le service pour le plus grand nombre.
- Le secteur de l'assainissement en milieu urbain. Les dépenses d'assainissement sont bien souvent hors de portée des finances publiques locales. Du niveau de développement du pays dépend étroitement la capacité à mettre en œuvre ce type d'investissement. Pour la plupart des pays en développement, les projets d'investissements en matière d'assainissement doivent être financés par les bailleurs de fonds dans la durée.

Les secteurs directement productifs

- Le secteur des projets productifs en général. Tout projet productif s'inscrit dans un contexte économique donné. Si le cadre économique choisi est l'économie ouverte sur le monde, il convient de financer uniquement les projets les plus rentables qui peuvent rivaliser avec la compétition internationale. L'adoption de ce type de cadre macroéconomique réduit d'emblée très fortement les opportunités d'activités dans de nombreux pays en développement, peu compétitifs, et qui souffrent de handicaps structurels permanents. La seule manière de redonner un avenir à la production locale dans ces pays est donc de déconnecter en partie la production locale des marchés mondiaux. Cela ne veut pas dire sortir de l'économie de marché mais plutôt organiser la concurrence entre acteurs ayant des chances comparables d'affronter la compétition. Tout financement d'un projet productif dans le secteur agricole ou alimentaire, dans le secteur de l'habillement (ces deux secteurs réunis représentent 80 % du budget des ménages pauvres) doit donc s'accompagner de la mise en place d'un cadre macroéconomique adapté au développement d'une production locale.

- Le secteur des cultures d'exportation. Son financement ne doit pas se faire au détriment des cultures vivrières qui doivent demeurer la priorité.
- Le secteur des projets productifs dans le secteur de l'agriculture. Une déconnexion des marchés mondiaux est un préalable nécessaire pour accroître l'investissement dans la production vivrière locale qui n'est pas et ne sera jamais compétitive par rapport à des structures de production comme celles du Mato Grosso au Brésil. Il convient donc d'admettre de vivre avec des écarts de productivité de par le monde et favoriser l'activité en fonction des bassins de population. L'instauration de prix administrés n'est pas la solution. Il convient simplement que le jeu du marché local ou régional puisse s'établir sans interférence avec les marchés internationaux qui répondent à d'autres logiques.
- Le secteur des projets productifs dans le secteur du textile. Comme dans le secteur de l'agriculture, il faut que les pays pauvres soient mis en capacité de produire chez eux les produits essentiels dont ils ont besoin. Ce n'est plus possible avec les exportations chinoises de textiles. La protection, comme dans l'agriculture, est un mal nécessaire pour recouvrer les conditions du développement d'une activité locale.
- Les secteurs productifs rentables (téléphone, électricité, agroalimentaire, cultures d'exportation, extraction minière, hydrocarbures, tourisme, etc.). Tous ces secteurs répondent à une logique privée. La puissance publique doit simplement fixer un cadre de fonctionnement qui permette à la fois leur développement et l'assurance pour la main-d'œuvre d'une application des lois sociales suffisamment protectrices mais en évitant de dissuader l'investissement par rapport à d'autres localisations possibles. La prise en compte de l'environnement doit également être une préoccupation. Le financement de ces secteurs s'établit selon une logique de financement privé à des conditions de marché. Les bailleurs de fonds peuvent donc financer ces secteurs à des conditions de marché. Le volet environnemental de ces investissements (surcoûts pour utilisation de technologies propres) peut être subventionné dans les pays pauvres.

Le secteur énergétique

Le secteur de l'énergie. Les bailleurs de fonds doivent favoriser les investissements dans les sources d'énergies propres (solaire, éolien, géothermie, hydroélectricité) et les économies d'énergie (amélioration des fours à cuisson individuels, utilisation raisonnée des sources d'énergie non renouvelables). Ces projets sont nécessairement fortement subventionnés et ne répondent pas à une logique de rentabilité économique de court terme qui n'intègre pas les externalités négatives.

Le secteur des collectivités locales

- Les projets en faveur des collectivités locales. Les projets doivent être calibrés en fonction des ressources dont disposent les collectivités locales pour assumer la prise en charge de services publics locaux. Si elles n'ont pas de moyens financiers (un budget permettant de financer des services aux populations), il est difficile d'investir dans la création de services publics locaux (ramassage d'ordures, transports collectifs, bibliothèques, dispensaires, voiries, alimentation en eau, etc.). La décentralisation doit s'accompagner d'une déconcentration des moyens. Si les moyens ne sont pas disponibles, le bailleur de fonds qui s'engage dans cette voie doit en financer l'apport dans la durée. Faute de quoi, le service rendu à la population sera de courte durée.
- Les aires protégées. Elles doivent dans la mesure du possible combiner la protection de l'environnement et la continuation des activités, dans des conditions de vie décentes, pour les populations qui habitent ces zones. Le paiement des services environnementaux tout comme les projets de réduction de la déforestation et du développement doivent être encouragés. Cependant, ils ne doivent pas se traduire par une exclusion de facto des populations qui vivent de manière traditionnelle dans ces zones de protection des écosystèmes.

3. Le choix des modalités d'intervention

Octroyer des prêts ou des subventions ?

En matière d'aide au développement, il existe deux grands instruments de financement : le prêt et la subvention.

Le choix pour le bailleur de fonds entre l'octroi d'un prêt ou d'une subvention devrait s'effectuer en fonction du contexte dans lequel il intervient. S'agit-il d'un prêt ou d'une subvention à un pays pauvre ou à un pays à revenu intermédiaire ? S'agit-il d'un prêt ou d'une subvention à un secteur rentable ou à la rentabilité différée ?

Dans le cas d'une opération souveraine, il s'agit alors d'octroyer un prêt ou une subvention à un État. L'utilisation de l'instrument requis est alors étroitement liée à la richesse du pays et à sa capacité de remboursement effective. Les subventions seront alors préférées aux prêts, même très concessionnels, lorsqu'elles s'adressent à des pays à faible revenu et a fortiori aux pays les moins avancés. Pourquoi en effet endetter des pays qui n'auront in fine pas les moyens de rembourser ? Les prêts seront réservés aux pays à revenu intermédiaire qui ont en principe les moyens de rembourser.

Dans le cas d'une opération non souveraine, il s'agit alors de financer une contrepartie qui ne dépend pas directement de l'État. Les entreprises publiques qui ont la personnalité morale, et produisent un bien ou vendent un service, doivent être rangées dans cette catégorie des opérations non souveraines. Le prêt sera donc utilisé si cette entité dispose des capacités à rembourser le prêt. S'il s'agit d'un projet très rentable, le prêt utilisé sera peu concessionnel. S'il s'agit d'un projet peu rentable, le prêt très concessionnel sera préféré ou même la subvention. En revanche, si cette contrepartie n'a pas les capacités de rembourser le prêt, même très concessionnel, la subvention sera utilisée.

Si le prêt s'effectue en devises, il convient, en bonne orthodoxie bancaire que le projet financé rapporte des devises.

Si le projet ne rapporte pas de devises, mais des recettes en monnaie locale, il convient alors de prêter en monnaie locale.

Le risque de change doit être assumé par le bailleur de fonds et non par l'emprunteur du projet.

Il n'est donc guère utile d'opposer les deux instruments principaux d'intervention que sont la subvention et le prêt qui ont une complémentarité objective. On peut simplement s'interroger sur le fait que l'aide publique au développement intègre le prêt dans sa palette d'intervention et ne soit pas uniquement constituée de subventions à destination des pays à faible revenu. Le prêt ne devrait pas être intégré à l'aide publique au développement mais plutôt à une politique de coopération internationale plus vaste.

Les contraintes d'utilisation du prêt

Il est recommandé que le prêt déclarable en APD ait les caractéristiques suivantes pour être efficace :

- Le prêt doit financer les opérations ou les projets rentables. En effet, l'emprunteur doit rembourser les sommes qui lui sont prêtées. Il doit donc éviter de s'endetter pour financer des dépenses qui ne permettent pas le remboursement du prêt.
- Le prêt doit financer de préférence les secteurs productifs. Les dépenses d'investissement seront préférées aux dépenses de fonctionnement.

- Le prêt doit être octroyé après une étude financière détaillée sur la capacité de remboursement de l'emprunteur, qu'il soit privé ou public. Les conditions du prêt sont donc à calibrer en fonction des flux financiers que le projet soutenu est susceptible de générer.
- Le niveau de concessionnalité du prêt doit être adapté aux capacités de remboursement de l'emprunteur. L'idéal est de calculer le niveau de concessionnalité en relation avec le taux de rentabilité interne du projet à financer.
- Le prêt en devises doit financer un projet qui génère les devises nécessaires à son remboursement. Sinon, ce problème de prise en compte du risque de change se pose.
- Le prêt en monnaie locale peut en revanche financer une gamme d'activité beaucoup plus large.
- Le prêt s'adresse avant tout aux pays à revenu intermédiaire et non aux pays les moins avancés qui rencontrent souvent déjà des problèmes de surendettement.

Les prêts doivent éviter plusieurs travers :
- Les prêts ne doivent pas se substituer aux subventions pour grossir de manière artificielle l'APD déclarable des donateurs, faute de pouvoir au niveau du donateur mobiliser des subventions en volume suffisant. Le prêt ne doit pas être le moyen pour le donateur de masquer temporairement son incapacité à financer sur son budget des subventions pour concourir à ses objectifs déclaratifs en matière d'aide publique au développement. Encore une fois, c'est la demande des pays en développement (les besoins prioritaires et incontournables) qui doit contraindre l'offre des donateurs et non l'inverse. En d'autres termes, la pénurie de ressources en subventions ne doit pas conduire certains bailleurs de fonds à financer l'intégralité de leurs interventions sous forme de prêts qui ne cadrent pas obligatoirement avec de bonnes conditions d'utilisation.
- Jusqu'en 2012, le mode de comptabilisation du prêt en APD par le CAD de l'OCDE engendre une tentation pour le bailleur de fonds de s'en servir pour maximiser à court terme ses déclarations en APD (possibilité de déclarer en APD des volumes de prêts qui incorporent au final très peu de subventions). Toutefois, cette politique est à courte vue puisque sur le long terme, le prêt est neutre en matière de déclaration d'APD. Les déclarations d'APD en positif lors du décaissement du capital des prêts sont ensuite compensées sur la durée par le remboursement des échéances réglées par l'emprunteur qui engendre des flux négatifs d'APD.

- Le seul recours aux prêts en période de disette budgétaire (faible subvention inscrite au budget du donateur) ne doit pas aboutir à formater l'Aide vers des pays à revenu intermédiaire, au secteur privé ou plus généralement aux secteurs à forte rentabilité.
- L'abus de prêts en période de disette budgétaire ne doit pas aboutir à financer sous forme de prêts des opérations qui auraient plus relevé d'un appui sous forme de subventions : secteur de l'environnement, secteur de l'éducation et de la santé, dépenses de fonctionnement, aide aux pays les moins avancés, secteurs publics non rentables, c'est-à-dire des secteurs n'ayant pas de rentabilité financière immédiate.
- Le prêt en devises, sans que le bailleur de fonds n'assume le risque de change, peut aboutir à privilégier le financement de secteurs d'exportation au détriment des productions qui s'écoulent sur le marché local. Les prêts en devises sont la règle commune et bien peu de bailleurs de fonds acceptent de prendre en charge le risque de change. Les prêts en monnaie locale sont nécessaires pour financer le développement des secteurs d'activité locaux.
- Les secteurs vivriers et de l'habillement qui représentent près de 80 % du budget des ménages des habitants des pays pauvres et font vivre plus de 70 % de la population locale doivent constituer la priorité de l'engagement des bailleurs de fonds et bénéficier de prêts en monnaie locale, ou mieux, de subventions.
- Le prêt ne doit pas être octroyé à des pays ou des contreparties publiques ou privées qui n'ont pas les moyens de rembourser. On doit donc éviter le surendettement du pays receveur.
- Le prêt ne doit pas exclure la subvention du champ du financement des secteurs productifs. Il peut être utile de subventionner des opérations productives dans les pays en développement, faute d'une rentabilité suffisante.
- Le prêt proposé par un bailleur de fonds incorporant un élément concessionnel ne doit pas venir en concurrence directe avec le secteur bancaire commercial qui finance déjà ce type d'activité. Le prêt doit constituer une ressource additionnelle et non se substituer à une offre locale. En cas de cofinancement d'une opération avec des banques privées, le risque est élevé.

Les contraintes d'utilisation de la subvention

Les subventions devraient être le principal instrument d'aide publique au développement à destination des pays en développement, et particulièrement de ceux qui font partie de la catégorie des pays les moins avancés.

En effet, la subvention permet de financer tout le spectre des opérations possibles, ce qui n'est pas le cas du prêt dont les conditions de mise en œuvre pour une bonne utilisation sont plus nombreuses à réunir, les secteurs possibles d'application plus strictement délimités. Les principaux avantages de l'utilisation des subventions sont les suivants :

- Les subventions n'endettent pas les pays ou les contreparties publiques ou privées. Elles ne risquent pas de provoquer comme les prêts des crises de l'endettement. C'est un véritable don sans retour.
- Les subventions permettent de financer l'intégralité du champ des opérations de développement (tous les secteurs, tous les pays, quelle que soit leur situation). Elles peuvent financer les secteurs productifs comme les secteurs peu productifs, les dépenses d'investissement comme certaines dépenses de fonctionnement.
- Les subventions sont particulièrement adaptées au financement des situations de crise, des États fragiles et plus généralement des pays les moins avancés.
- Les subventions sont particulièrement adaptées pour toucher directement les populations pauvres qui en ont le plus besoin. Elles peuvent être mises en œuvre suivant différents canaux de distribution (étatique, ONG, associations locales). La subvention permet ainsi de faire des microprojets en faveur des populations les plus déshéritées.
- Les subventions sont l'instrument par excellence de la lutte contre la pauvreté et de la préservation de l'environnement. Elles permettent de financer les utilisations sociales et environnementales de l'aide, celles qui procurent une rentabilité différée.
- Les subventions constituent un apport réel au financement de l'économie, du social et de l'environnement. Elles se manifestent par un décaissement sur place, dans le pays bénéficiaire.
- Les subventions sont d'une utilisation très souple. Une fois qu'elles sont octroyées, elles peuvent être décaissées relativement rapidement.
- Les subventions permettent le financement de secteurs productifs faiblement rentables mais qui font vivre la plupart des populations locales (secteur vivrier, secteur de l'alimentation, secteur de l'habillement). Elles permettent d'éviter d'aller obligatoirement au plus rentable qui n'est pas forcément le plus utile pour les populations pauvres. La subvention des activités productrices de base est possible, même si ces dernières ne sont pas toujours équilibrées à court terme.

Cependant, l'instrument subvention, mal utilisé, peut souffrir de certains travers :

- La subvention se prête plus facilement au financement de projets politiques et non de réels projets de développement. L'absence de contraintes en matière de remboursement peut conduire à un certain laxisme dans l'instruction et l'établissement des points d'affectation (exemple : financer la construction à grands frais de bâtiments administratifs plutôt que se focaliser sur la lutte contre la pauvreté).

- La subvention n'oblige pas, d'une manière aussi contraignante que le prêt, le bailleur de fonds comme le bénéficiaire à justifier de manière objective le degré de priorité du projet envisagé. Pour quelle raison financer la construction d'une école de préférence à l'adduction en eau d'un village ? Doit-on choisir un projet directement productif ou un projet de redistribution sociale au profit direct de populations qui souffrent ? La protection de l'environnement est-elle prioritaire par rapport à la croissance de l'activité agricole d'une région ? Pour un prêt, l'analyse de la rentabilité financière et économique des opérations, même si cet exercice peut apparaître par certains côtés réducteur (absence de prise en compte du contexte politique ou culturel, faible intégration des impacts environnementaux), peut parfois s'avérer salutaire.
- La subvention peut être plus facilement détournée de son objet, sans conséquence dramatique pour le donateur comme pour le bénéficiaire autre que l'effet d'image. La contrainte du remboursement n'existe plus. Sa gestion peut-être plus laxiste, plus politique. Un suivi drastique dans l'utilisation des fonds est nécessaire pour s'assurer que l'aide décaissée a bien les points d'affectation qui étaient fixés au départ.
- La subvention peut être tournée plus exclusivement sur le court terme et viser à colmater d'urgence les manques sociaux d'une population pauvre, au détriment de l'effort intellectuel d'investir dans une dynamique de long terme de développement autonome de l'activité productive durable par l'intermédiaire et au bénéfice des populations locales. En d'autres termes, la prise en compte de la dimension sociale de l'Aide qui s'appuie souvent sur l'instrument subvention ne doit pas faire dériver l'aide publique vers une cible essentiellement humanitaire qui cadre par ailleurs tout à fait avec une vision libérale du monde avec un filet de sécurité universel mis en place charitablement pour les plus pauvres, ceux dont les performances sont trop faibles pour trouver place dans la compétition internationale.
- La subvention peut permettre, plus facilement que le prêt, le financement de dépenses de fonctionnement qui devraient normalement être assumées par l'État récipiendaire. Il se crée alors un lien de dépendance malsain entre le fonctionnement régalien de l'administration du pays en développement et les financements octroyés par les bailleurs de fonds.
- La subvention peut induire une logique unique de redistribution sociale qui ne conduit pas obligatoirement à l'autonomie et donc à

l'accroissement des revenus sur place. Les utilisations sociales de l'Aide ne doivent pas aboutir à renoncer à l'ambition première de l'Aide qui est d'engendrer un développement sur place, des capabilités sur place, sources de revenus et donc d'une redistribution ultérieure en interne et autonome.

Les contraintes d'utilisation de l'assistance technique internationale

L'assistance technique, qu'elle soit résidentielle (assistance technique auprès d'une administration ou assistance technique sur un projet ou programme de développement pour une durée égale ou supérieure à deux ans) ou de courte durée (alors appelée expertise technique internationale) est une forme de coopération internationale très ancienne. Elle correspond à l'idée d'un transfert de compétences d'un pays du Nord vers un pays du Sud. Elle cadre bien avec une idée de retard qui serait à combler par l'octroi d'une expertise technique. L'heure de gloire de cette forme d'aide a coïncidé avec le début de l'aide publique au développement dans les années 1960. Bien que déclinante depuis les années 1980, elle est encore aujourd'hui utilisée par les bailleurs de fonds en réponse aux demandes des pays en développement (demande d'assistance technique dans les ministères, demande d'assistance technique pour aider à mettre en œuvre et à suivre les projets de développement, demande d'assistance technique pour aider aux transferts de technologies, etc.). Les avantages de cette forme d'aide sont nombreux :

- L'assistance technique permet de mettre à disposition des gouvernements locaux ou des entreprises locales une expertise technique de haut niveau qui, bien utilisée, renforce les capacités techniques de l'administration locale ou des entreprises.
- L'assistance technique permet d'améliorer la gestion des projets ou des programmes lorsque les compétences locales ne sont pas considérées comme suffisantes.
- L'assistance technique offre la possibilité d'opérer des transferts de technologies.
- L'assistance technique peut également avoir des vertus en matière de formation des compétences locales afin de favoriser le renforcement des capacités. Cette notion de renforcement des capacités est un des piliers de la Déclaration de Paris sur l'efficacité de l'aide de mars 2005.

Toutefois, cette forme d'Aide financée sous forme de subventions ou de prêts doit se jouer de plusieurs travers qui obèrent parfois son efficacité sur place :

- L'assistance technique ne peut pas être une assistance technique de substitution. On ne doit pas remplacer des fonctionnaires locaux par des fonctionnaires internationaux dont le financement est très onéreux et qui ralentisse parfois le renforcement des capacités du pays lui-même. L'assistance technique de substitution en nombre, sans perspectives de formation de substituts locaux aux appuis extérieurs, aboutit à maintenir une dépendance des pays en développement qui dans certains cas peut s'apparenter à une recolonisation rampante des pays quand tous les postes stratégiques sont tenus par des expatriés. Or le but de l'assistance technique n'est pas de se substituer à des compétences locales non mobilisables dans l'immédiat, mais plutôt de les faire émerger le plus rapidement possible.

- L'assistance technique sert les desseins du pays en développement et non pas la volonté d'influence du pays donateur par le contrôle indirect des principaux leviers de commande. Servir la volonté d'influence par l'instrument d'aide passe obligatoirement par la mise en œuvre d'une coopération qui apporte au pays en développement. C'est l'impact positif d'un projet ou d'un programme qui doit générer l'influence et non la mise en place d'un réseau au sein de l'administration susceptible d'orienter en sous-main les principales décisions.
- L'assistance technique est actionnée par la demande du pays receveur sur des bases contractuelles comportant des objectifs précis. C'est la meilleure façon de cadrer l'utilisation de l'assistance technique comme appui à la maîtrise d'ouvrage, et non soumission aux intérêts du donateur.
- L'assistance technique doit avoir une ambition de formation, de transfert de compétence. Chaque assistant technique mis en place dans un pays devrait à son départ avoir formé un successeur autochtone.
- La durée de l'assistance technique est mesurée en fonction des besoins : missions de courte durée dans certains cas, missions plus longues dans d'autres cas.
- Chaque mission d'assistance technique ou d'expertise technique doit faire l'objet au préalable de termes de référence acceptés par les deux partenaires.
- L'assistance technique peut être utilisée pour améliorer la gestion de certains projets. Toutefois, la maîtrise d'ouvrage de l'opération ne doit jamais être transférée à un bureau d'études ou une structure externe, sauf en cas d'urgence ou de fragilité des structures de l'État.
- En termes financiers, le format de l'assistance technique prend en compte le projet à financer. Lorsque le budget des projets ou des programmes sont limités (inférieur à 2 m€), il n'est pas opportun de financer de l'assistance technique internationale qui finira par capter une part très importante du financement. Dans ces conditions, mieux vaut faire appel à des compétences locales qui s'avèrent beaucoup moins onéreuses.

- Dans la mesure du possible et en fonction des disponibilités sur place, l'assistance technique doit mobiliser prioritairement des compétences issues des pays en développement qui ne trouvent pas à s'employer, de préférence à de l'assistance technique expatriée en provenance des pays du Nord qui s'avère beaucoup plus coûteuse. Il existe parfois un rapport de 1 à 100 entre le coût d'un expert issu d'un pays en développement et le coût d'un expert occidental.

Le renforcement des capacités ou des compétences

Le renforcement des capacités ou renforcement des compétences recueille un consensus fort au sein de la communauté internationale depuis la Déclaration de Paris de mars 2005 qui en fait une priorité absolue. Cet objectif est présenté comme la clé d'une amélioration sensible de l'efficacité de l'aide et plus généralement de l'efficacité des politiques publiques menées par les pays en développement. Le renforcement des capacités d'un pays débouche sur le renforcement de sa gouvernance, un objectif devenu prioritaire chez l'ensemble des bailleurs de fonds. L'idée centrale et relativement neuve par rapport à l'assistance technique traditionnelle est qu'il s'agit d'un processus à caractère endogène auquel les donateurs apportent un soutien, sans pouvoir bien évidemment en être à l'origine. La notion d'appropriation est donc au cœur du processus souhaité.

Le renforcement des capacités peut se mener à trois niveaux d'analyse : individuel, organisationnel, général, ces trois niveaux étant interdépendants. Les capacités renvoient à l'aptitude des individus, des organisations et de la collectivité dans son ensemble à gérer leurs affaires avec succès.

Le soutien des donateurs à ce processus mis en œuvre par le pays partenaire peut prendre la forme d'analyses, d'expertises ou d'aides financières. La promotion du renforcement des capacités renvoie à ce que les partenaires extérieurs peuvent faire pour soutenir les processus de changements engagés de manière autonome. La notion de renforcement des capacités dépasse de beaucoup la fourniture d'une assistance technique puisque des aides financières peuvent s'y rapporter sous forme d'aide programme le plus souvent. De plus, le renforcement des capacités ne peut être considéré comme un processus technique selon lequel des connaissances ou des modèles sont transférés du Nord vers le Sud. C'est à l'inverse un processus autonome. Dans le même ordre d'idées, aucune appréciation externe du donateur n'est par ailleurs à porter sur les objectifs que les individus ou les collectivités se choisissent.

Toutefois, avec ce type de définition, la notion de renforcement des capacités est si générale que les praticiens en font une appellation générique qu'ils mettent à toutes les sauces. Quelles opérations ne comprennent pas en partie un volet que l'on peut définir de renforcement des capacités ? C'est un « concept valise » où plusieurs notions se côtoient.

Bien que le renforcement des capacités ait beaucoup plus de chances d'être endogène lorsque les politiques nationales sont fortes et stables, il devrait être possible de le mettre en œuvre également dans des environnements fragiles afin de ne pas exclure les plus pauvres. Le concept de renforcement des capacités ne doit pas aboutir à exclure les plus faibles au motif qu'ils ne peuvent eux-mêmes se prendre en charge. Le renforcement des capacités doit pouvoir également contribuer à réduire la fragilité.

Ce concept de renforcement des capacités se veut en rupture avec les pratiques passées en matière de coopération technique notamment sur les points suivants :

- Le partenaire local est placé au centre du processus de renforcement des capacités sur la base d'objectifs qui lui sont propres, qu'il a lui-même fixés, en fonction de la prise en compte de son contexte particulier.
- Le soutien du bailleur de fonds ne peut s'effectuer à bon escient que lorsque le processus est déjà engagé par le pays partenaire, à l'abri en quelque sorte des schémas imposés de l'extérieur.
- L'indispensable prise en compte des spécificités locales fait de chaque processus de renforcement des capacités un cheminement particulier qu'il est difficile de reproduire ou de recommander ailleurs.

Toutefois, le rôle central justement conféré à la maîtrise d'ouvrage locale pose un problème lorsque celle-ci n'est pas jugée globalement ou même partiellement engagée dans un processus de renforcement des capacités. Autre difficulté, la mise en œuvre effective d'un programme de soutien au renforcement des capacités ne peut répondre à aucune règle précise. Comment en effet juger du caractère approprié d'un changement sans faire appel directement ou indirectement à son propre système de valeurs ?

S'agissant du contexte particulier des États fragiles, on sent bien que leur prise en compte en matière de renforcement des capacités selon l'axe principal envisagé – se raccrocher à un processus endogène jugé vertueux — devient extrêmement difficile. Les États fragiles sont parfois caractérisés par une absence de processus endogène jugé vertueux. L'action de renforcement des capacités ne peut s'appuyer sur une maîtrise d'ouvrage engagée dans une réforme. Le bailleur de fonds est placé dans l'obligation de procéder autrement. En général, il tente de repérer les principaux manques de capacités de la maîtrise d'ouvrage par rapport aux fonctions essentielles et tente d'y remédier. L'absence ou la faiblesse de résultats obtenus dans certains pays pousse mécaniquement à la substitution, ce que l'on veut cependant éviter le plus possible.

Certes, le processus de renforcement des capacités est porteur d'une plus grande efficacité lorsqu'il s'appuie sur un processus endogène d'appropriation. Toutefois, le nombre d'États fragiles parmi les plus pauvres dépassant la quarantaine, on ne peut attendre la mise en route d'un tel processus pour commencer à soutenir ce type de pays, sous peine de faire du processus de renforcement des capacités le monopole de quelques pays déclarés au préalable « bons élèves ».

Pour le donateur, les véritables questions par rapport au renforcement des capacités devraient être de savoir : (1) Comment peut-on impulser de l'extérieur la mise en œuvre d'un processus endogène local jugé « vertueux », par le bénéficiaire comme par le donateur ? (2) Comment intervenir en matière de renforcement des capacités dans le cas où le jugement que l'on porte sur les capacités d'un pays donné n'est pas optimum ? (3) Comment éviter de conseiller la mise en œuvre de capacités qui ne soient pas directement ou indirectement dérivées de son propre système de valeurs ou de « la vulgate » des bonnes pratiques en matière d'Aide (exemple du CPIA évaluant la qualité des politiques selon les normes édictées par la Banque mondiale) ?

N'intervenir que dans le cas où les politiques nationales sont jugées « fortes et stables » aboutirait à exclure un grand nombre de pays en développement, et nécessairement ceux qui ne correspondent pas à ce schéma idyllique. En d'autres termes, l'appropriation ne doit pas être une condition préalable à l'intervention du donateur en matière de renforcement des capacités mais plutôt un des résultats attendus de son intervention puisqu'il s'agit d'un processus qu'il convient parfois de déclencher et ensuite d'appuyer.

Il semble important d'élargir les conditions de mise en œuvre du renforcement des capacités comme mode d'intervention spécifique. La maîtrise d'ouvrage doit bien évidemment demeurer au centre du processus – la force d'impulsion - mais il convient d'admettre que dans certains cas – la prise en compte de la fragilité - le donateur peut également être moteur, apporter son expérience, sa vision des choses, son expertise technique, quitte pour le pays bénéficiaire à ne pas nécessairement appliquer les conseils donnés. En clair, une politique d'Aide utilisant le renforcement des capacités devrait pouvoir s'appliquer même s'il n'est pas observé de processus endogène d'appropriation chez le pays bénéficiaire. Il est plus opérant de redonner un rôle plus large au donateur quant au mode d'intervention au titre du renforcement des capacités, même si ce processus débute de manière exogène et qu'il est nécessaire que le bénéficiaire puisse reprendre rapidement à son compte cette impulsion première. Afin d'éviter tout basculement vers la substitution en cas d'intervention dans un contexte fragile, il convient que l'utilisation du renforcement des capacités se réalise de manière contractuelle, au service et sous la responsabilité du maître d'ouvrage local, au besoin selon un calendrier précis qui prévoit effectivement un terme.

En conclusion, derrière cette notion de renforcement des capacités se cache une controverse entre les développeurs. Deux écoles s'affrontent. Certains spécialistes font de la bonne gouvernance un préalable à l'utilisation du renforcement des capacités. D'autres spécialistes préfèrent ouvrir un champ beaucoup plus large d'application du renforcement des capacités et notamment aux structures de gouvernance publiques ou privées qui sont jugées peu efficaces et qui doivent pouvoir améliorer cette efficacité. Pour ces derniers, l'un des objectifs de l'Aide est justement d'aboutir à ce renforcement des capacités, non de faire de la bonne gouvernance un préalable à toute intervention.

L'enjeu est important : peut-on aider massivement les pays dont la maîtrise d'ouvrage est faible ou doit-on se concentrer, au nom de l'efficacité de l'Aide retrouvée, sur les pays qui ont déjà une gouvernance jugée satisfaisante ? La répartition des volumes d'aide internationale entre les pays à faible revenu et les pays à revenu intermédiaire en dépend. Si l'on fait de la bonne gouvernance un préalable à la délivrance de l'aide, on en vient à privilégier l'aide à destination des bons élèves qui sont justement ceux qui se développent déjà et font le plus souvent partie des pays à revenu intermédiaire. Si en revanche, on admet que l'aide a justement pour mission d'aider ceux qui sont jugés « les moins efficaces » à être « plus efficaces », la répartition des volumes d'aide est alors plus favorable aux pays les plus pauvres. Le positionnement de l'aide par rapport au renforcement des capacités (préalable ? En accompagnement de ce renforcement ?) modifie sensiblement la répartition de l'aide entre pays pauvres et pays à revenu intermédiaire.

L'aide au renforcement des capacités (ou des « compétences » dans le sens que les capacités sont déjà là, il convient seulement de les révéler), quel que soit le degré de fragilité du contexte local, est beaucoup plus conforme à la mission originelle de l'aide publique au développement qui est avant tout de venir en appui aux plus pauvres (lutte contre la pauvreté). Le renforcement des capacités doit pouvoir s'opérer dans tous les contextes.

Réaliser des projets ou des programmes ?

Les projets de développement ont longtemps été l'instrument principal d'intervention de l'Aide à destination des États comme en faveur des populations locales. La construction d'une infrastructure, l'appui à une entreprise ou encore l'installation d'un accès à l'eau potable dans certains villages sont des exemples de l'aide sous forme de projets. Ce type d'opérations peut nécessiter des montants de financement très variés. Ces projets peuvent être mis en œuvre par des canaux fort différents : aide bilatérale, aide multilatérale, aide par l'intermédiaire des ONG. La caractéristique principale de l'aide projet est de cibler son intervention sur un objet précis (exemples : une route, un hôpital, une entreprise d'électricité, un parc naturel, une exploitation agricole, une activité d'artisanat, une adduction d'eau, etc.) Cette forme d'Aide qui demeure encore aujourd'hui très présente a été extrêmement décriée pour plusieurs raisons :

- L'aide projet n'a pas engendré dans les pays à faible revenu où elle s'est déversée en masse un processus de développement continu et autonome.
- L'aide projet s'est progressivement accompagnée d'une kyrielle de conditionnalités tenant aux politiques à mettre en place qui ont abouti à des impasses. Soit le projet est adapté à son contexte et les conditionnalités politiques préalables à sa mise en œuvre sont inutiles. Soit le projet n'est pas adapté à son contexte et il est donc inutile de faire « comme si », en mettant en place une flopée de conditionnalités.
- L'aide projet est plus encline, par les conditionnalités qui l'accompagnent, à imposer de l'extérieur des politiques, ce qui ne cadre pas avec une plus grande prise en charge par les pays en place de leur propre politique de développement (alignement).
- À chaque donateur, à chaque projet financé dans un secteur donné correspondent des conditionnalités qui sont souvent contradictoires d'une opération à l'autre, et ne permettent pas la mise en œuvre d'un cadre politique sectoriel cohérent.
- L'aide projet fait parfois l'impasse sur le cadre sectoriel d'une politique. Or, c'est la qualité de cette politique qui fait ou non le succès de l'aide projet.

Pour finir, pourquoi faire de beaux projets s'ils ne sont pas adaptés à un contexte local qui leur permet d'envisager une viabilité effective ? De plus, le jugement que l'on peut avoir sur la réussite des projets, même a posteriori, est souvent positif même si cette réussite est peu durable car ne se situant pas dans un contexte général socio-économique porteur.

Afin de pallier ces inconvénients, à ces décalages, l'aide programme – aide budgétaire globale et aide sectorielle — est présentée comme plus performante en matière de développement que l'aide projet. Depuis 2005 et la Déclaration de Paris sur l'efficacité de l'aide, le Comité d'aide au développement de l'OCDE qui édicte les bonnes pratiques de l'aide recommande un accroissement rapide des volumes d'aide alloués par ce canal. L'aide programme appuie des politiques et non des projets. Elle s'intéresse donc aux politiques plus qu'à un objet précis.

Après la Déclaration de Paris sur l'efficacité de l'Aide en 2005, l'aide programme est ainsi présentée comme le mode de financement à privilégier pour améliorer l'efficacité de l'aide. Les pays du CAD de l'OCDE acceptent même que 60 % de leur aide soit délivrée sous forme d'aide programme. C'est dans ce contexte que l'aide programme prend son essor. Cet instrument d'aide prend deux formes principales : l'aide budgétaire globale et l'aide sectorielle. Il ne s'agit plus d'intervenir en aval sur une action précise mais plutôt de soutenir la mise en place d'une politique et de son cadre institutionnel. La finalité de l'aide est d'engendrer un cadre favorable à la croissance durable. Dans le cas de l'aide programme, c'est donc à un appui à la mise en place d'une nouvelle politique macroéconomique (aide budgétaire globale) ou à une nouvelle politique sectorielle (aide budgétaire sectorielle) auquel on s'attache. L'aide programme est beaucoup plus interventionniste sur les politiques mises en œuvre et à ce titre peut être parfois taxée d'ingérence. En revanche, elle permet des décaissements rapides. L'aide de la Communauté européenne qui avait du mal à se décaisser a profité de ce nouvel instrument pour améliorer l'efficacité et la rapidité de sa mise en œuvre sur le terrain. Cette forme d'aide ne permet pas cependant d'opérer des transferts de technologie, à l'inverse de l'aide projet qui se marie bien avec de l'assistance technique.

L'aide programme qui a été présentée comme une façon innovante de financer le développement n'a cependant pas véritablement décollé. Elle souffre de nombreux handicaps. Il est difficile de l'utiliser dans les pays où la gouvernance est faible ou trop éloignée des modèles à suivre imposés de l'extérieur. Certains bailleurs de fonds contournent cet obstacle en faisant de l'aide budgétaire ciblée sur un ou plusieurs points d'application précis. Toutefois, le ciblage ne réduit pas les aléas dus à un risque fiduciaire élevé (qualité de la gestion de la dépense publique) propice aux détournements. Pratiquement, le jugement sur la bonne politique s'avère un préalable aux flux d'aide. L'aide programme s'adresse ainsi presque exclusivement aux bons élèves de l'aide. Ce faisant, elle ne pousse pas véritablement au renforcement des capacités du pays receveur comme une aide projet pourrait s'en donner l'objectif envers un pays moins avancé. Elle souffre également de son absence de points d'affectation précis, ce qui l'oriente parfois vers le financement de dépenses de fonctionnement qui devraient être normalement assumées par le gouvernement, car récurrentes sur le long terme. Enfin, il est très difficile de mesurer son impact autrement que par la comptabilisation de mesure de politique générale dont les effets sur le plan de la croissance durable sont difficiles à quantifier.

Aujourd'hui, l'aide projet opère son grand retour à l'occasion de la prise en charge de la contrainte environnementale. Il est très difficile de conduire des transferts de technologie si l'instrument d'aide n'est pas de l'aide projet. De plus, le projet est majoritairement demandé à la fois par les pays à faible maîtrise d'ouvrage et par les pays à maîtrise d'ouvrage efficiente. L'aide projet permet justement de favoriser un transfert de savoir-faire, sans prendre la forme d'une ingérence dans les affaires politiques du pays receveur.

Sous l'angle de la corruption enfin, l'aide projet a le mérite de cibler les transferts de fonds sur des points d'affectation précis. S'agissant de l'aide programme, les fonds ne sont pas affectés autrement qu'au budget de l'État, ce qui entraîne de facto des tentations beaucoup plus fortes de prédation et de détournement sur cette forme d'aide dont la traçabilité est très faible.

L'aide budgétaire globale

L'aide budgétaire globale fait partie de l'aide programme. Sa caractéristique principale est de financer le budget de l'État, sans affectation précise. Le bailleur de fonds finance ici une politique et non un projet bien déterminé avec des points d'affectation. En cela, il se conforme aux prescriptions du CAD de l'OCDE qui voudraient que 60 % de l'Aide soit délivrée sous cette forme afin de s'aligner sur les politiques en place, conformément à la Déclaration de Paris de mars 2005. Toutefois, cette aide budgétaire globale comporte plusieurs risques qu'il ne faut pas négliger :

- L'acceptation d'une aide budgétaire globale suppose au préalable un accord implicite entre le bailleur de fonds et le pays potentiellement receveur. L'influence du bailleur de fonds sur les politiques publiques de ces pays sort renforcée. Contrairement à ce que l'on pourrait croire, il n'y a pas alignement mais plutôt co-définition des politiques, de leur périmètre et de leurs moyens en investissement et en fonctionnement. Le mode d'élaboration des Documents stratégiques de réduction de la pauvreté (DSRP) avec les conseils de la Banque mondiale et du FMI est de ce point de vue très éclairant. Théoriquement, ces documents réalisés par les gouvernements nationaux font office de définition des politiques publiques. Toutefois, les DSPR sont construits dans les faits avec les conseils du FMI et de la Banque mondiale et adoptés ensuite par leur conseil d'administration pour permettre éventuellement, dans un second temps le décaissement des financements. Il est donc bien théorique de parler ici d'appropriation des politiques. L'aide budgétaire globale apparaît beaucoup plus interventionniste encore que l'aide projet puisqu'elle porte sur la définition même des politiques.
- Les fonds versés peuvent servir à financer des dépenses de fonctionnement et non des dépenses d'investissement. Or, il peut apparaître malsain d'utiliser l'aide publique pour payer le salaire des fonctionnaires, l'équipement militaire.
- Les fonds versés n'étant pas affectés à un financement précis, il convient donc de s'assurer que la dépense publique s'effectue dans de bonnes conditions, pour atteindre un risque fiduciaire faible. Les risques fiduciaires sont faibles lorsque les gouvernances sont bien notées par les grandes institutions internationales comme le FMI et la Banque mondiale. Or, ce sont le plus souvent les pays à revenu intermédiaire qui obtiennent ces bons résultats. L'emploi de ce type de financement – aide budgétaire globale, revient à déporter les flux d'aide vers les pays à revenu intermédiaire au détriment des pays à faible revenu.
- Afin d'éviter un trop fort déport de l'aide budgétaire globale vers les pays à revenu intermédiaire, les fonds versés sont parfois utilisés dans des pays où le risque fiduciaire est élevé. On pratique alors de l'aide budgétaire ciblée sur des points d'affectation précis afin notamment d'éviter au maximum le risque de

détournement. Cela revient en fait à financer des projets ou des lignes budgétaires établis par le gouvernement sans en instruire l'utilité ou l'efficacité réelle puisqu'il n'y a pas d'instruction préalable. Le risque de déperdition ou de mauvaise utilisation est donc particulièrement élevé.

- L'impact des fonds versés est très difficile à déterminer. Les effets de l'aide budgétaire globale sont nécessairement diffus. On se raccroche en général à de grands indicateurs globaux (espérance de vie, niveau d'éducation, santé, etc.) qui n'ont que très peu de rapports directs avec l'opération financée. La traçabilité des effets de l'aide baisse, ce qui n'est pas satisfaisant pour continuer à justifier de son utilité.

Le contexte du projet ou du programme

Cette question peut paraître saugrenue tant l'ensemble des recommandations sur le développement donne à cette question une importance capitale. À l'unisson, elles indiquent que la prise en compte du contexte local, régional ou national est bien entendu primordiale. Dans les faits, on se rend compte, lorsqu'on examine les projets ou les programmes finalement exécutés en partie avec le financement des bailleurs de fonds, que ceux-ci ne respectent pas toujours ces recommandations.

Premier biais : on constate en effet que les développeurs ont souvent tendance à vouloir reproduire ailleurs un projet qui a bien fonctionné en un contexte donné, afin de se donner de manière illusoire les meilleures chances de succès. Or, le confort de la reproduction d'une opération sous forme de projet ou de programme est justement ce qu'il convient absolument d'éviter. Le jugement sur le bien-fondé d'une opération découle d'une étude préalable sérieuse de la requête de financement, de la prise en compte du contexte local, des spécificités particulières du milieu. On ne devrait donc pas parler de projets ou de programmes reproductibles, sorte de prêt-à-porter intellectuel en matière de développement. On devrait plutôt s'efforcer de proposer du sur-mesure, ce qui est bien entendu plus exigeant sur le plan de la réflexion.

Le deuxième biais que l'on constate souvent dans les opérations mises en œuvre qui ne tiennent pas suffisamment compte du contexte est qu'elles se caractérisent par l'importance en nombre et en qualité des conditions suspensives qui précédent ou accompagnent sa mise en œuvre, ce qui est une autre manière de ne pas tenir compte du contexte. En réalité, on conditionne la réussite du projet à la réalisation ex ante ou durant l'exécution de l'opération de mesures à prendre par la puissance publique locale, l'entreprise ou l'association, afin de donner à son intervention toutes les chances de réussite. Ce n'est plus à proprement parler le projet ou le programme qui s'adapte au contexte mais l'inverse, par l'intermédiaire d'une multitude de conditions de mise en œuvre à remplir. Les chances de réussite de tels projets ou de tels programmes sont alors très faibles.

Le troisième biais consiste à bâtir une opération pilote dans tous les sens du terme. Si on peut certes se lancer dans l'innovation, et essayer de cadrer au plus près du contexte local, il ne faut pas pour autant se priver de l'application de certaines techniques ayant fait leurs preuves. Affronter le contexte local sans méthode s'avère très difficile. Le développeur se doit, tout en restant créatif, d'appliquer des procédures afin de cadrer l'instruction et la mise en œuvre d'une opération qu'il envisage de financer. Chaque bailleur de fonds doit appliquer un minimum de « procédures type » qui se présentent souvent sous la forme d'un cycle de projets ou de programmes. Ce cycle de projet correspond à l'application de règles éprouvées, dans les phases d'étude, d'instruction, d'exécution et de finalisation d'une opération de développement. C'est un appui méthodologique indispensable qui sécurise l'approche et permet d'en contrôler les risques. Toutefois, il ne faut pas tomber dans l'excès des procédures et en faire un carcan rigide. Les procédures doivent être suffisamment souples pour s'adapter à n'importe quel contexte tout en étant suffisamment explicites pour permettre de contrôler la situation. Cela ne veut pas dire reproduire à chaque fois la même approche au moyen des mêmes instruments, mais plutôt conserver le même cycle de projets ou de programmes afin de ne pas omettre l'analyse d'une composante indispensable qui conditionne la réussite de l'opération.

Toutefois, on peut avoir l'ambition de faire évoluer le contexte de l'opération à la marge. Tout est affaire de mesure. Il est simplement nécessaire de ne pas faire de l'évolution du contexte le moteur de la réussite du projet mais plutôt un des impacts recherchés à long terme.

La prise en compte du contexte d'une opération est multiforme. Dans un premier temps, il faut analyser la demande d'opération qui est faite par les populations, le gouvernement ou l'association. S'agit-il d'une demande qui correspond à un besoin réel, ou plutôt une demande d'opportunité qui essaie de capter intelligemment la manne de l'aide en se calquant sur ce que souhaite entendre le bailleur de fonds ? S'agit-il d'une proposition d'un bailleur de fonds, d'une ONG ou d'une association d'un pays du Nord, ou d'une réelle demande d'un acteur du Sud ?

Il convient de s'assurer que la demande qui est avancée correspond à un réel besoin prioritaire. Sur cette base, l'analyse préalable du contexte économique, social, environnemental dans lequel l'opération pourrait se dérouler peut commencer.

Par contexte économique, on entend le revenu des habitants, les techniques possédées, la compétitivité des activités économiques du pays ou de la région considérée, le marché que peut représenter l'opération envisagée. Le cadre macroéconomique dans lequel l'opération doit s'insérer doit être analysé. S'agit-il d'un milieu ouvert ou protégé par des droits de douane, est-ce l'enclavement ou la petitesse du marché solvable qui est en question ?

Par contexte social, on entend le degré de pauvreté de la population, son degré d'inégalité, son degré de formation, sa situation sanitaire, son espérance de vie, ses besoins fondamentaux. Ces derniers sont-ils ou non couverts et quels sont les revenus des populations considérées ? Quelle est la répartition du budget des ménages ? Sur le plan social, le cadre national est également à analyser. Existe-t-il ou non une politique de protection sociale ?

Par contexte environnemental, on entend les potentialités et les contraintes liées à une activité humaine additionnelle telle qu'envisagé par le projet. En d'autres termes, le projet doit-il s'insérer dans un milieu solide sur le plan écologique, ou au contraire dans un milieu très fragile ? Au niveau du gouvernement, y a-t-il une politique environnementale effective ? Une prise en compte du développement durable ? Une législation ou une approche en matière de responsabilité environnementale ?

Encore une fois, ces différents types de contexte doivent être appréhendés comme des contraintes incontournables et non comme des données que l'opération va se charger de faire évoluer pour engager la réussite du projet. Il faut également tenir compte de la géographie physique et humaine de l'opération (étendue du bassin de population par rapport aux potentialités du territoire, démographie et éventuellement politique de population, migrations, sécurité).

S'agissant des politiques mises en œuvre au niveau national et local, il convient de toujours faire le distinguo entre la politique affichée et la politique effectivement mise en œuvre sur le terrain.

La prise en compte de l'ensemble de ces éléments doit faire apparaître la singularité, le caractère unique du territoire, qui demande par conséquent que soit élaborée et mise en œuvre une opération spécifique parfaitement adaptée sur le plan technique, sur le plan de l'organisation, sur le plan humain, sur le plan économique, financier et environnemental à la situation dans laquelle doit s'insérer l'opération de développement.

À partir de cette base, on peut ensuite bâtir un cheminement particulier que l'on baptisera projet ou programme de développement, et qui essaiera le mieux possible de répondre aux besoins dans la durée en se fixant un, voire deux objectifs au maximum, clairs et précis.

L'aide liée et l'aide déliée

Dans les années 1960, l'appui aux pays en développement était traditionnellement, pour certains donateurs bilatéraux, une façon parfois un peu trop facile d'exporter à bon compte des services et des marchandises, que l'on avait du mal à vendre sur les marchés concurrentiels des pays du Nord. Un des objectifs de l'aide était alors de générer un retour sur investissement. L'autre objectif possible visait également à se débarrasser de produits obsolètes ou même en excédent (produits agricoles). Le transfert était acquis pour le pays bénéficiaire, mais la contrepartie était d'acheter en retour les produits ou la technologie du bailleur. L'aide liée était la règle. On allait même jusqu'à calculer le taux de retour de l'aide, qui constituait un argument supplémentaire pour justifier de l'intérêt des montants ainsi investis. Les entreprises nationales du donateur, attirées par les marchés complémentaires ainsi ouverts, étaient alors les plus fervents supporters de l'aide. L'aide poursuivait ouvertement un objectif commercial qui prenait parfois le pas sur l'objectif de développement. Dans cette situation d'aide liée, il était alors difficile de savoir si le produit, le conseil ou encore la technologie fournis étaient réellement nécessaires et surtout adaptés au pays receveur ou s'il s'agissait plus prosaïquement d'un surplus à exporter, ou encore d'un produit ou d'une technologie difficile à vendre et sur lesquels il serait possible de faire une grosse marge en l'absence de concurrence, ou de s'ouvrir un marché. Les statistiques ont montré que la prestation financée par l'aide dans ce cadre avait parfois un coût bien supérieur à son coût d'acquisition sur un marché concurrentiel ; difficile dans ces conditions de bâtir un projet rentable ; difficile également de résister à la tentation de proposer un produit ou un service déjà commercialisé ailleurs même s'il ne correspond pas complètement à la demande du pays en développement.

L'aide liée avait donc des effets pervers indéniables qui ont en partie entraîné la naissance puis la croissance de l'aide multilatérale de préférence à l'aide bilatérale, incapable d'assumer une réelle ouverture des marchés de l'aide.

Dans les années 1990, sous l'impulsion du CAD de l'OCDE, en vertu de la concurrence exercée par l'aide multilatérale qui par nature n'est pas liée, les bonnes pratiques de l'aide déliée se sont progressivement imposées à l'aide internationale bilatérale (ouverture des achats ou des appels d'offres à la concurrence internationale). Les pays bénéficiaires, les entreprises locales, les populations ont pu alors obtenir les meilleurs prix, tout en collant le mieux possible aux besoins identifiés.

Cependant, cette pratique louable de l'aide déliée est parfois dénaturée par une gestion particulière des appels d'offres internationaux par les donateurs. Il arrive que le bailleur de fonds s'arrange pour que les spécificités demandées dans l'offre technique de la prestation à fournir correspondent point par point à l'offre disponible dans son propre pays. L'appel d'offres est alors théoriquement ouvert, la concurrence apparente, mais en réalité il n'en est rien. Cette pratique est d'autant plus usitée par les donateurs, lorsqu'on se trouve dans des pays à revenu intermédiaire qui constituent réellement des marchés pour certaines technologies. Ainsi, il devient presque impossible qu'un donateur japonais finance l'installation d'une technologie concurrente d'une offre disponible sur son marché national (exemple : transports urbains ou interurbains). L'aide est pour la forme, présentée comme déliée, mais est en réalité fortement ciblée vers un fournisseur potentiel déjà identifié.

Il convient de combattre ces pratiques, ou encore mieux, d'éviter que l'aide ne soit dirigée vers des pays qui n'en ont pas prioritairement besoin. Malgré ces turpitudes, l'aide déliée est toujours préférable à de l'aide liée.

Stéphane Madaule *La pratique du développement durable*

Sur le plan de la corruption générée par l'aide, aide liée ou aide déliée ne présentent pas un avantage ou un inconvénient l'une par rapport à l'autre. L'aide liée renforce plutôt le pouvoir des fournisseurs de services et de produits. Les marges étant importantes, la redistribution est plus facile. L'aide déliée suppose une mise en concurrence. C'est dans les modalités de l'organisation de cette mise en concurrence que la corruption peut intervenir.

Enfin, l'arrivée des pays émergents en tant que bailleurs de fonds du Sud vers le Sud qui pratiquent l'aide liée renforce les partisans d'un reliement partiel de l'aide dans les pays émergents. En effet, les pays émergents profitent des appels d'offres ouverts des donateurs traditionnels mais ne pratiquent aucune réciprocité sur leurs propres financements. Les pays émergents reçoivent de l'aide internationale mais les marchés qu'elle génère sont le plus souvent captés par des entreprises locales.

La contribution financière locale à l'opération

C'est une assurance supplémentaire de réussite pour l'opération.

Lorsqu'il s'agit d'aider un opérateur, qu'il soit public ou privé (administration, entreprise publique, entreprise privée), la participation au financement de l'opération assure la mobilisation des structures en cause et la réalité de leur implication. Si cette participation est d'un montant trop symbolique, elle n'emporte pas forcément la marque d'une adhésion forte à l'opération. Pour qu'une participation soit effective et finalement « positivement engageante », il convient que cette dernière soit proche de 15 % du budget de l'opération. Plus la participation de la partie locale est élevée, plus l'opération a des chances d'obtenir un réel soutien.

Pour des projets très onéreux (plusieurs millions d'euros), il n'est pas toujours possible de mobiliser localement 15 % de tels montants.

Lorsqu'il s'agit d'une opération directement ciblée sur des populations (village, association, usagers, etc.), une participation financière qui ne soit pas symbolique est également vivement conseillée. Il est néanmoins difficile de se fixer des règles en matière de proportion, les contextes – populations riches, populations pauvres – étant parfois fort différents. De plus, cette implication des populations peut prendre d'autres formes qu'une participation financière, notamment lorsqu'il s'agit de populations très pauvres. L'absence de participation financière ne doit pas aboutir à l'inverse à exclure les plus pauvres du bénéfice possible des projets, et à privilégier ceux qui plus argentés, mais peut-être faiblement motivés, peuvent sur ce seul critère bénéficier d'un projet. Le fait de participer financièrement à une opération de développement ne doit pas être le seul critère de faisabilité d'une opération.

La durabilité des effets d'une opération

La question de la durabilité d'une opération dépend étroitement de son apport réel en termes de bien-être durable en faveur des populations concernées. Les opérations les plus durables sont bien souvent celles qui répondent directement à un besoin. Les populations, le gouvernement ou encore l'entreprise qui en bénéficient ont alors à cœur de prolonger les effets du projet, de s'appuyer sur ce dernier pour engendrer une dynamique de développement. Mais cette durabilité tant recherchée a parfois un coût financier qui s'appelle la maintenance, lorsque le projet participe au financement d'une infrastructure (route, piste), d'un nouveau moyen de production (agro-industrie), ou d'un service marchand (distribution d'eau, distribution d'électricité, transports publics). Le pays ou plus directement l'entreprise, ou encore la population qui bénéficie du projet doit être mobilisée pour financer, voire organiser les opérations de maintenance du projet afin d'en assurer la durabilité. Ce type de démarche constitue la preuve la plus tangible d'une appropriation réelle et réussie. De nombreux investissements financés par l'aide au développement s'avèrent inutilisables et donc non durables, faute d'une maintenance suffisante.

Certains développeurs considèrent même que la mesure d'adaptation d'un projet à son contexte et donc sa durabilité est liée à la possibilité ou non de prendre en charge localement sa maintenance et d'assurer ainsi sa durabilité. L'autonomie du fonctionnement du projet, une fois les financements externes décaissés, est alors recherchée comme gage d'une bonne adaptation au milieu. Ce raisonnement est pertinent lorsque l'on juge négativement un projet qui met en œuvre une technologie trop sophistiquée ou qui comporte des coûts de maintenance inadaptés par rapport au milieu. Ce raisonnement est juste lorsque l'on juge négativement un projet exécuté qui génère des coûts qui rendent son exploitation financière totalement déséquilibrée. Toutefois, certains investissements peuvent s'avérer très utiles et même indispensables à certaines populations, même si ces dernières ne peuvent pas en assurer la totalité de la maintenance et du fonctionnement sur le long terme (adduction d'eau potable dans certains villages). On ne peut donc arbitrairement limiter le champ des investissements possibles et souhaitables à la capacité des populations qui en bénéficient à assurer la maintenance à long terme. De la même manière, une entreprise de distribution d'eau urbaine peut, même bien gérée, avoir des coûts de fonctionnement trop élevés pour assurer son équilibre financier. La solidarité régionale ou nationale doit pouvoir jouer pour combler d'éventuels déficits d'exploitation lorsqu'ils ont une contrepartie sociale ou développementale clairement identifiée, et ne sont donc pas les signes d'une mauvaise gestion ou d'un projet mal calibré. Dans le cas du financement par le bailleur de fonds de services publics très utiles mais non rentables (eau, électricité, transports collectifs…), il convient que le bailleur de fonds accepte de financer une partie des pertes d'exploitation, surtout lors de la phase de pré-exploitation (trois ans après la mise en exploitation du projet). Cela veut dire que le bailleur de fonds doit accepter de financer des projets plus long (de 5 à 10 ans) et non faire comme si, vis-à-vis de son conseil d'administration, le projet présenté pouvait trouver son équilibre financier très rapidement, c'est-à-dire au maximum sur 5 ans.

Plus l'investissement est modeste sur le plan financier, plus les populations locales doivent être en mesure d'assumer seules son fonctionnement dans la durée. En revanche, lorsque l'investissement est d'un montant élevé et demande une maintenance lourde, les populations directement concernées sont le plus souvent dans l'incapacité de remplir cette tâche. C'est donc à la collectivité plus large, la ville, la région voire l'État, ou aux entreprises concernées d'y faire face. Mais parfois, il arrive que le coût de cette maintenance aille au-delà des sommes qui peuvent être mobilisées à cet effet, même sur un plan national. Si l'investissement s'avère indispensable et est géré selon les règles de l'art, plutôt que de faire comme si le milieu local au sens global du terme pouvait assurer cette fonction, le bailleur de fonds doit être en capacité de structurer son intervention pour assurer le financement de cette maintenance à long terme. Cependant, ce cas est limite et on doit essayer de s'en écarter le plus souvent en calibrant l'opération de manière à lui donner une indépendance certaine, et donc une autonomie financière sur le long terme.

La durabilité peut être également analysée comme le degré d'adaptation de l'opération à son milieu, à son environnement qui ne doit pas être appauvri ou mis en danger en cas de réalisation de l'opération. En effet, une opération peut être considérée comme durable lorsqu'elle s'intègre au milieu et peut perdurer dans le temps sans dégrader les ressources de celui-ci. La notion du développement durable s'impose alors. Non seulement le projet apporte aux populations, mais il respecte le milieu et ses bénéfices peuvent se transmettre aux générations futures. On ne raisonne plus uniquement en termes de revenus apportés par l'opération, en termes de flux, mais également en termes de capital, en termes de stocks de ressources qui doivent demeurer équivalentes, d'une génération à l'autre, avec ou sans projet. Toutefois, il s'avère relativement difficile de mesurer en matière de ressources naturelles la stabilisation, l'abaissement ou l'accroissement des potentialités d'un milieu. Dans un premier temps, l'opération peut avoir pour objectif d'être neutre sur le plan environnemental. En d'autres termes, la responsabilité environnementale du projet est assurée. Si on a affaire à une opération qui dégrade le milieu, il convient de mettre en place, financé par le projet, un plan de gestion environnemental qui traite de tous les effets négatifs de l'opération.

On peut également aller plus loin, en tentant de mettre sur pied des projets qui améliorent les ressources potentielles du milieu. Une substitution dans le mode d'utilisation des ressources énergétiques, en passant d'une source fossile à une source d'énergie renouvelable, est favorable. Les projets de gestion de déchets, d'économies d'énergie ou de renouvellement des ressources forestières vont dans ce sens.

Stéphane Madaule *La pratique du développement durable*

S'agissant de la mesure de la durabilité, qui prend la forme d'impacts, elle est parfois bien difficile à établir. L'absence d'appareil statistique adéquat, mais aussi la difficulté à isoler les effets directs et indirects d'une opération par rapport à d'autres effets indirects concomitants ou conjoints rendent très difficile cette approche. L'autre problème de la mesure des impacts est que ceux-ci font parfois sentir leurs effets de manière très postérieure à l'exécution du projet. Il peut être difficile de maintenir une structure d'évaluation de projet, quand celui-ci est formellement terminé depuis plus d'un an. Enfin, selon la définition des impacts dans le sens du Comité d'aide au développement de l'OCDE, il s'agit de mesurer les effets d'une opération sur de grands indicateurs tels que le taux de scolarisation des enfants, l'espérance de vie des populations ou encore le revenu des ménages. Or, il est pratiquement impossible de trouver un lien de cause à effet certain entre une opération dont le montant reste, même pour les grandes opérations, limité et la modification de ces grands indicateurs. L'impact d'une opération que l'on espère positif n'est en réalité pratiquement pas mesurable. Ce que l'on mesure, ce sont les effets directs d'une opération en termes de réalisation (routes, écoles, infrastructures publiques ou encore décision politique de gouvernance). Or, cette mesure se réalise à l'issue du projet mais rien ne dit que l'acquis obtenu sera pérenne et ne coïncide pas avec une dégradation simultanée de la situation générale des routes, des infrastructures publiques ou encore de la gouvernance sur un plan global.

Les indicateurs de réalisation sont bien souvent de manière pragmatique les seuls indicateurs qui peuvent donner une idée de l'apport du projet à son achèvement, sans savoir si cet apport fera sentir ses effets de manière pérenne et donc durable.

Les motifs de non-financement d'une opération

Ils sont bien entendu multiples. Les principaux motifs sont les suivants :

- La difficulté à assumer le contexte du projet ou du programme : problème de sécurité, projets concurrents sur une même géographie avec des objectifs contradictoires, maîtrise d'ouvrage défaillante, absence d'études préalables, politique sectorielle jugée inappropriée.
- La faible implication de la maîtrise d'ouvrage et plus généralement des populations concernées.
- L'inadaptation à l'opération de l'instrument de financement disponible, par exemple à base de prêt pour une opération qui ne génère pas de rentabilité.
- Le risque de détournement des fonds : risque fiduciaire élevé lié à une non-maîtrise de la dépense publique encore plus élevé en cas de réalisation d'une aide-programme non affectée, risque de détournement pour cause de corruption de la maîtrise d'ouvrage.

- L'effectivité de détournement de fonds pour d'autres opérations menées avec cette même maîtrise d'ouvrage.
- L'impossibilité de trouver les bases d'un accord avec la maîtrise d'ouvrage sur un objectif opérationnel du projet ainsi que sur les procédures d'instruction et d'exécution du projet permettant une certaine efficacité opérationnelle de la gestion du projet.
- L'impossibilité à signer un document contractuel fixant les droits et les devoirs des différentes parties intéressées par le projet. La contractualisation du projet n'est pas envisageable dans de bonnes conditions.
- L'incapacité à mobiliser le bon opérateur susceptible de donner toutes ses chances à l'opération, en appui à la maîtrise d'ouvrage ou encore en maîtrise d'œuvre.
- Le non-respect des procédures prévues d'un commun accord dans l'exécution du cycle du projet : phase d'instruction, phase de contractualisation, phase d'exécution et d'achèvement.
- L'impossibilité d'envisager une pérennité à l'opération (pas de fonds ou de volonté pour continuer après).
- La grande volatilité du contexte qui ne permet pas de bâtir une opération sur des bases solides.
- Le secteur concerné qui ne cadre pas avec un processus de développement (exemples : secteur commercial, industries du tabac, drogue, loterie nationale, industries polluantes ou activités générant un coût environnemental élevé…)

De même, le financement d'une opération peut être suspendu, voire annulée si le respect des clauses contractuelles n'est pas assuré et notamment :

- L'objet de l'opération. La maîtrise d'ouvrage peut être encline à proposer d'autres utilisations des fonds que celles prévues dans le document contractuel du projet ou du programme, qui prend souvent la forme d'une convention. Les fonds sont donc déjà alloués, mais la maîtrise d'ouvrage souhaite les utiliser autrement que ce qui était prévu, pour de bonnes ou de mauvaises raisons.
- La durée. L'allongement trop important de la durée de l'opération remet en cause sa crédibilité même. Les décaissements étant très lents, on peut se demander si l'opération répond véritablement à un besoin.
- Les points d'affectation de l'opération et son budget (plan de financement). Les points d'affection de l'opération, prévus explicitement dans la convention de financement, constituent la colonne vertébrale de l'intervention à laquelle le bailleur de fonds comme la maîtrise d'ouvrage peuvent se référer. Si l'on change trop sensiblement les points d'affection, on ne réalise plus la même opération, et donc mieux vaut l'arrêter que la continuer sur des bases conjoncturelles et donc relativement aléatoires (pas de nouvelles expertises préalables, manque de recul par rapport à des affections de circonstance). Cela

ne veut pas dire pour autant que les points d'affectation d'une opération sont intangibles. On peut prévoir une certaine souplesse sous la forme d'une ligne d'imprévus dans le budget de la convention (7 à 10 % de l'opération). Il s'agit d'une réserve non affectée qui permet de faire face aux imprévus. Au-delà de ce montant, on modifie trop sensiblement l'opération en cours d'exécution et la prise de risque est alors très grande (perte de maîtrise des affectations liées à la dépense). Dans certaines circonstances, un autre élément de souplesse peut être de modifier quelque peu la répartition des financements entre les différents points d'affectation. On conserve donc les mêmes points d'affectation mais les composantes de l'opération qui sont les plus appréciées sont alors privilégiées. Toutefois, cette modification dans la répartition des financements entre les différents points d'affectation ne doit pas dépasser 20 %. Dans le cas où une composante prévue au programme ne se décaisse pas, il est plus sage d'annuler les montants prévus pour la financer que de les réaffecter sur les autres points d'affection ou, plus risqué encore, sur des activités qui n'étaient pas prévues au départ.

- Les modalités de gouvernance de l'opération (maîtrise d'ouvrage, maîtrise d'œuvre, passation des marchés, qualité des entreprises qui fournissent des prestations, circuit de paiement de la dépense, qualité de la supervision et du reporting). Lors de l'exécution, le bailleur de fonds ou un autre partenaire de l'opération peut se rendre compte qu'un des partenaires n'assure pas correctement ses responsabilités (incompétence, faible fiabilité, corruption).
- Le changement du contexte qui rend l'opération obsolète ou contre-productive. Une modification sensible du contexte macroéconomique ou sectoriel peut remettre en cause le déroulement d'une opération. Des modifications du contexte externe au projet (sécurité, changement politique) peuvent également fragiliser le déroulement d'un projet.

La mise en œuvre directe et indirecte d'une opération

La mise en œuvre directe d'une opération veut dire que le bailleur de fonds ne se dessaisit pas vraiment des fonds alloués et programme lui-même ses affectations et les modalités de son utilisation. À l'inverse, la mise en œuvre indirecte suppose le passage par une maîtrise d'ouvrage qui a programmé l'opération (choix des points d'affectation, du calendrier de l'opération, et de ses modalités de mise en œuvre) et qui gère directement les financements.

Il convient d'éviter au maximum la mise en œuvre directe d'une opération de développement par le bailleur lui-même. Les fonds doivent être octroyés à un bénéficiaire responsable – la maîtrise d'ouvrage locale - qui accepte en retour un contrôle externe sur leur bonne utilisation. La mise en œuvre directe – gestion directe par le bailleur des fonds - aboutit souvent à une déconnexion de l'opération par rapport à son contexte et aux bénéficiaires. Elle place entre les mains d'un bailleur un projet ou un programme de développement qu'il ne peut, dans la plupart des cas, gérer efficacement. Enfin, en cas de gestion directe, le bailleur de fonds ne pratique pas réellement un transfert puisqu'il demeure maître de l'utilisation des fonds. Ce dernier peut être incité à imposer son point de vue à la maîtrise d'ouvrage locale et ainsi ne plus être au service d'une maîtrise d'ouvrage qui a formalisé son besoin. La notion d'appropriation d'une opération par la maîtrise d'ouvrage est étroitement corrélée à la mise en œuvre par elle-même de l'opération et donc suppose un transfert des fonds effectif. De ce point de vue, le paiement direct des fournisseurs de l'opération par le bailleur de fonds entre quelque peu en contradiction avec la nécessité de ce transfert, car il empêche d'asseoir les responsabilités de chaque partie. Cette pratique s'avère cependant nécessaire pour assurer la sécurisation du paiement de certaines prestations. En effet, les prestataires préfèrent parfois de beaucoup être payés directement par le bailleur de fonds que d'avoir à passer par les circuits d'une administration ou d'une structure locale qui peut parfois être peu efficace (lenteur) ou, plus grave, être tentée de monnayer les paiements auprès des fournisseurs.

La mise en œuvre directe peut se concevoir dans des contextes d'exception où la maîtrise d'ouvrage se trouve dans l'incapacité de jouer son rôle (catastrophes naturelles, aide d'urgence, instabilité politique, corruption généralisée, faiblesse de la capacité d'absorption, etc.)

Une opération simple ou complexe

Dans une volonté bien comprise de coller aux multiples besoins des contextes particuliers, on est parfois tenté de bâtir des opérations complexes répondant à un maximum de besoins, non seulement sur le plan économique mais également sur le plan social et environnemental. Faute de fixer des priorités, on construit alors des opérations à plusieurs composantes qui incluent toutes ces dimensions. Le risque est alors que l'ambition de résoudre tous les problèmes se révèle démesurée, et ainsi, dans une certaine mesure, de ne pas tenir compte de la réalité du contexte, en croyant pouvoir agir dans toutes les directions pour le modifier. Autrement dit, le risque réside dans le fait de vouloir changer la réalité d'un milieu en l'améliorant très sensiblement, en manifestant le désir de s'attaquer de front à tous les obstacles. Au final, cette approche a priori généreuse peut s'avérer ingérable.

Quels que soient les mérites d'une opération, celle-ci ne peut traiter tous les problèmes. Il faut donc faire l'effort de se concentrer sur quelques priorités bien ciblées.

Les travers dans lesquels il est important de ne pas tomber sont les suivants :

- Faire une opération trop complexe qui embrasse beaucoup de secteurs d'intervention et qui devient de ce fait ingérable. Le risque est alors de ne plus maîtriser l'opération faute de la poursuite d'un objectif précis relativement simple à mesurer.

- Monter une opération qui demande pour fonctionner un changement important du contexte local mais qui peut être inadaptée à une réalité plus prégnante que prévu. Le contexte local n'évolue pas aussi rapidement que nécessaire. L'opération est alors fragilisée.
- Proposer une technologie ou un mode de fonctionnement trop complexe ou mal adapté au milieu. Finalement, la technologie ou le mode de fonctionnement se révèlent inadéquats.
- Présenter une opération qui présuppose des changements importants pour fonctionner et dont la mise en place et l'exécution sont alors soumises à la réalisation de conditions suspensives en nombre important. De nombreuses conditions suspensives du projet peuvent ne pas être levées. L'opération ne se décaisse pas comme prévu dans la convention de financement.
- Proposer une opération qui présume du niveau effectif et envisageable de la participation des populations en termes financiers (participation au financement, participation à la maintenance) ou d'organisation (gestion du projet ou programme).
- Accumuler les préalables ou conditions suspensives au décaissement afin de satisfaire les exigences des départements des risques du bailleur avec l'écueil de rendre l'opération indécaissable.
- Proposer une opération qui n'envisage pas une réelle durabilité sur le long terme, une fois que les financements extérieurs sont entièrement décaissés. Le risque est de voir disparaître rapidement les effets positifs d'une opération.

Il est donc préconisé de mettre en œuvre des opérations qui s'adaptent parfaitement aux potentialités et aux contraintes du milieu local (la vraie complexité à résoudre) plutôt que de nourrir l'ambition de vouloir le changer, soit par des conditions suspensives, soit en s'attaquant indifféremment à tous les verrous des contextes particuliers. C'est en partant de l'analyse du milieu que l'on doit bâtir le projet. Ce dernier doit être en mesure de répondre clairement à une des priorités de développement des populations en cause. Il ne peut avoir l'ambition de changer ou de faire évoluer à lui seul un milieu, voire une politique nationale. Un projet à une seule composante, clairement adapté au milieu (peu de conditions suspensives) est recommandé. Il est parfois beaucoup plus difficile et donc complexe de faire simple (une opération manifestement adaptée au milieu avec un objectif précis mesurable et durable) que compliqué (une opération complexe avec plusieurs composantes qui joue à la fois sur des évolutions du contexte et la poursuite de plusieurs objectifs). Le but d'un projet n'est pas de changer un contexte général mais de changer un contexte particulier, et que ce dernier soit compatible avec le contexte général. Le sens d'un projet est d'envisager d'emblée la durabilité de ses effets une fois que les financements externes sont entièrement décaissés.

Une opération productive ou sociale

Les deux sont possibles et il n'y a pas à avoir de préjugé sur la question. L'opération productive a l'avantage de créer un revenu sur place, une valeur ajoutée, parfois même une richesse supplémentaire. Elle constitue donc la base d'une redistribution possible, dans un second temps, éventuellement sur le plan social. L'opération productive peut être financée sous forme de prêt comme sous forme de subvention. Elle génère un revenu et des capacités de remboursement. Elle peut faire également l'objet d'une subvention de manière à dynamiser un secteur d'activité encore très fragile et dont la faible rentabilité n'autorise pas le remboursement des échéances d'un prêt, même si ce dernier est très concessionnel.

Par définition, l'opération sociale n'est pas directement productive. Elle touche en général aux secteurs de la santé et de l'éducation. Elle doit permettre d'améliorer le quotidien des populations. Néanmoins, les dépenses engagées par le bailleur doivent dans la mesure du possible être des dépenses d'investissement. Les dépenses de fonctionnement (salaires, maintenance, etc.) doivent être prises en charge par la puissance publique nationale ou des collectivités locales. Il en va de la souveraineté et de la pérennité du service rendu. Néanmoins, si le bailleur de fonds accepte de financer ce type de dépenses de fonctionnement, il doit admettre alors de les financer sur le long terme. Ce type d'opération sort conséquemment du cadre de l'aide projet et suppose une redistribution continue et stable entre le bailleur de fonds et les bénéficiaires. Or, ce type de transfert en faveur du financement des dépenses de fonctionnement accroît la dépendance des pays qui la reçoivent (exemple : paiement du salaire des fonctionnaires) et peut susciter la corruption (difficile contrôle de l'affectation à des dépenses de fonctionnement).

Parfois, la définition même d'une opération productive peut être sujette à discussion. Une opération éducative qui améliore le capital humain peut être assimilée à une opération productive sur le long terme. Mais cette productivité est soit indirecte (former une main-d'œuvre efficiente), soit se manifeste sur le long terme (apport à la société).

Les opérations environnementales sont celles qui ont un effet direct sur l'environnement en préservant les ressources naturelles au maximum. Elles respectent le capital naturel d'un milieu, d'une région, d'un pays ou de la planète entière.

Une petite ou une grande opération

Une petite opération est une opération de moins de 500 000 euros. Il n'y a pas à choisir entre petites opérations et grandes opérations. Il convient de s'adapter au mieux à la demande du bénéficiaire potentiel. Lorsque l'opération s'adresse à une population limitée ou demande des financements inférieurs à 500 000 euros, il s'agit de faire fonctionner une structure de projet qui soit relativement petite de manière qu'elle ne pèse pas trop sur le budget de celui-ci. Par exemple, il est difficile de financer sur un projet de ce montant une expertise technique internationale permanente (faisant recours à des expatriés) qui s'avérerait trop onéreuse par rapport aux ressources disponibles. On s'oriente alors plutôt vers un recours à une expertise locale issue d'un pays en développement dont le coût est beaucoup plus faible (10 à 100 fois moins cher). Les frais de fonctionnement en personnel du projet ne devraient pas peser plus de 30 % du budget total de l'opération.

Une petite opération peut être également menée par l'intermédiaire d'une ONG qui est capable de suivre les mêmes règles d'instruction et de mise en œuvre à savoir :

- Le refus de la mise en œuvre directe du projet, c'est-à-dire la gestion directe du projet, de son financement. Il est préférable que le projet soit géré sous la maîtrise du bénéficiaire final.
- La séparation des rôles de maîtrise d'ouvrage et de maîtrise d'œuvre. La maîtrise d'ouvrage n'a pas à organiser les travaux. Elle est « cliente » d'une opération. Elle doit simplement s'assurer que la programmation qu'elle a réalisée est bien exécutée dans les règles.
- La bonne définition des rôles de chacun, sur le circuit de financement du projet impliquant à la fois le bénéficiaire et le bailleur de fonds. Le circuit de paiement des dépenses du projet ne doit pas être trop long, mais la maîtrise d'ouvrage et le bailleur de fonds doivent contrôler les dépenses proposées par la maîtrise d'œuvre.

La petite opération doit suivre les mêmes phases du cycle du projet qu'une opération de plus grande envergure à savoir :

- Requête de financement la plus précise possible.
- Étude de faisabilité réalisée pour la circonstance et de préférence par un consultant extérieur recruté après une mise en concurrence.
- Évaluation du projet par le bailleur de fonds, incluant une négociation avec le bénéficiaire potentiel et la mise au point d'un projet de document contractuel établissant les droits et les obligations de toutes les parties prenantes au projet.
- Signature de la convention.
- Exécution technique et financière avec système de reporting tous les six mois pour suivre le projet et programmer son avancement.
- Appel d'offres pour les gros marchés.
- Audit technique et financier externe pour s'assurer si besoin de la bonne exécution du projet
- Évaluation rétrospective à la fin du projet.

Dans le cas d'opérations supérieures à 1 million d'euros, une expertise technique internationale permanente peut être financée, si nécessaire, pour consolider le fonctionnement de l'opération. Le respect de la règle prescrit la mise en concurrence à toutes les étapes du projet à savoir :

- Le choix des bureaux d'études réalisant l'étude de faisabilité ou validant une étude de faisabilité effectuée au préalable par le bénéficiaire potentiel.
- Le choix de la maîtrise d'œuvre et dans certains cas d'appui à la maîtrise d'ouvrage.
- Le mode de contractualisation et de contrôle des marchés nécessaires à l'exécution du projet.
- Les études annexes et complémentaires (étude d'impact environnemental, audit technique, audit financier, évaluation à mi-parcours, évaluation à l'achèvement, etc.).

Le grand projet doit être vigilant à ne pas rassembler en son sein, uniquement pour faire volume et éviter plusieurs structures de mises en œuvre, plusieurs composantes qui n'ont rien à voir entre elles. Cette tentation existe parfois quand le projet s'adresse à une région ou une localité donnée, et que celui-ci veut s'évertuer à régler tous les problèmes à la fois. Le risque est de se disperser exagérément en s'attaquant à des secteurs très différents (santé, éducation, développement durable, microcrédit, etc.). Ce type de projet, dit « projet intégré », était très prisé dans les années 1970 mais n'a pas engendré les impacts escomptés Difficiles à gérer, ces projets avaient tendance à ajouter de la complexité à la complexité déjà très grande d'un contexte particulier. Il vaut mieux éviter de se donner l'illusion de pouvoir surmonter l'intégralité des obstacles locaux, de traiter tous les problèmes.

Le projet doit conserver une certaine unité. Se limiter à une composante bien identifiée paraît une sage décision. Lorsque le projet dispose de financements importants, on ne devrait pas céder à la tentation de vouloir répondre à toutes les demandes qui sont certes légitimes, car toutes présentées comme prioritaires. Le projet doit conserver une certaine homogénéité pour se confronter sans dommage aux complexités locales.

Le public ou le privé

Il n'y a pas de choix idéologique à faire entre une aide privilégiant le secteur privé et une aide privilégiant le secteur public. Par définition, le secteur public est celui qui rend un service à la collectivité locale, régionale ou nationale. Le périmètre du service public des pays en développement n'est pas forcément limité aux fonctions régaliennes de justice, de police et de sécurité. Les politiques d'éducation et de santé doivent être prises en compte ou fortement supportées par l'État pour ouvrir leurs bénéfices au plus grand nombre. De plus, certains services publics peuvent s'avérer nécessaires dans les secteurs de l'eau, de l'électricité, de la poste et même dans le secteur bancaire. Pour des raisons idéologiques, la limitation progressive du périmètre d'activité du secteur public a réduit considérablement les opportunités de financement des bailleurs de fonds.

Dans les années 1980, il est vrai que de nombreux services publics étaient mal gérés et en déficit chronique. Les bailleurs de fonds se sont appliqués à accélérer leur démantèlement. Toutes les sociétés publiques qui apportaient un service public marchand ont fait l'objet de privatisation, ou de tentative de privatisation, sous prétexte qu'elles ne seraient jamais équilibrées et que le secteur privé pouvait rendre le même service à moindre coût. Or, on s'aperçoit aujourd'hui que le secteur privé n'a jamais véritablement pris le relais du service public pour assurer la distribution de l'eau et l'électricité aux populations pauvres, ou encore la mise à disposition d'une offre de transports collectifs ou de services bancaires et postaux ouverts au plus grand nombre.

La définition du périmètre du secteur public doit rester ouverte en fonction du contexte de chaque situation nationale. On ne doit pas le restreindre pour des raisons idéologiques. Le fait qu'un service public soit en déficit ne veut pas dire obligatoirement qu'il est mal géré. Si l'essentiel de sa clientèle est peu solvable, si la volonté du gouvernement est de donner aux pauvres un accès à l'eau potable, il est alors difficile de réaliser une péréquation complètement équilibrante sur le plan financier entre usagers riches peu nombreux et usagers pauvres qui n'acquittent pas complètement le coût du service rendu. Le bénéficiaire potentiel et le bailleur de fonds doivent être capables d'assumer des déficits, si le service rendu est de qualité, l'entreprise bien gérée, et si les populations paient convenablement le service qui leur est offert. Il convient de préférer un secteur public bien géré offrant un service au plus grand nombre – notamment les plus pauvres – plutôt qu'un service privé replié sur la satisfaction des besoins d'une clientèle solvable réduite qui paie ce service à un prix assurant l'équilibre financier du prestataire.

L'appui des bailleurs de fonds au secteur privé productif, notamment sous forme de subventions, est également nécessaire. On ne doit pas non plus faire d'idéologie sur ce plan et avoir peur de fausser la concurrence en subventionnant directement ou indirectement certaines activités qui se trouvent dans le périmètre concurrentiel de l'activité économique. Une telle logique a abouti dans les années 1990 à déporter les bailleurs de fonds vers le financement des secteurs non productifs des pays en développement. Il convient de revenir sur cette tendance et considérer que l'appui au secteur privé sous forme concessionnelle doit être à nouveau ouvert.

Le choix des canaux de distribution de l'Aide

Les canaux de distribution de l'aide sont nombreux. On peut les classer en plusieurs catégories :

- L'aide bilatérale qui transite par des bailleurs de fonds bilatéraux, c'est-à-dire des agences ou des banques de développement publiques qui sont sous la tutelle d'un État donateur, et qui représente 70 % de l'aide publique mise en œuvre.
- L'aide multilatérale qui transite par des agences des Nations unies ou des banques de développement, et qui représente 30 % de l'aide publique mondiale.
- L'aide par l'intermédiaire des Organisations non gouvernementales (ONG), qu'il s'agisse d'ONG originaires des pays donateurs, d'ONG locales issues les pays en développement ou encore d'ONG internationales, spécialement dans le secteur environnemental, qui sont à la fois financées par des particuliers et captent également une partie de l'aide bilatérale ou multilatérale.
- L'aide par le secteur privé (les entreprises ou les fondations) qui draine également des montants importants de flux financiers, et peut bénéficier également à l'occasion de subventions publiques.
- L'aide par le secteur des collectivités locales du Nord qui entretiennent une coopération avec le Sud, sur des financements propres ou délégués par la puissance publique.

Le choix dans les canaux de distribution de l'aide doit être le plus large possible car tous les canaux cités peuvent avoir, dans certaines conditions, un intérêt véritable. Les ONG ont un avantage certain dans leur connaissance du milieu, leur proximité avec les populations pauvres, le nombre de développeurs qu'elles sont capables de déployer sur le terrain. Les ONG internationales ont également un savoir-faire reconnu dans les situations d'urgence et sur le plan environnemental. Enfin dans le cas de gouvernements fragiles au Sud n'étant pas en capacité d'aider au mieux leurs populations, les ONG permettent de rester en contact avec celles-ci, et notamment les plus pauvres. La place des ONG dans la distribution de l'aide est donc irremplaçable dans certaines situations où leur savoir-faire est reconnu. Le passage de l'aide par ce type de canaux de distribution peut s'avérer un choix pertinent.

Les bailleurs de fonds multilatéraux et bilatéraux sont sur les mêmes créneaux d'intervention. Leur multiplication au cours du temps alors que les volumes d'aide demeurent limités à 0,32 % du revenu national brut des pays développés, pose un réel problème. Historiquement, seuls quelques bailleurs de fonds bilatéraux intervenaient dans les pays en développement. Leur activité a accompagné le processus de décolonisation s'agissant de l'aide britannique et de l'aide française. Les aides américaines, japonaises, allemandes et soviétiques sont venues compléter le dispositif en place dans les années 1960. Le recours aux bailleurs de fonds multilatéraux s'explique essentiellement par le fait que certains pays donateurs n'avaient pas de structures bilatérales de coopération. Le développement progressif de l'approche multilatérale du développement par la création d'agences d'aide ou de banques de développement plus indépendantes des grandes puissances donatrices a accompagné le mouvement dans les années 1970-1980.

En 2021, les bailleurs de fonds bilatéraux sont toujours plus nombreux si bien que les trente pays de l'OCDE auxquels il convient d'adjoindre les pays émergents (Brésil, Russie, Inde, Chine) ont maintenant une agence bilatérale. Dans le même temps, les structures multilatérales continuent à se multiplier. Il n'y a plus complémentarité, mais plutôt superposition, et on court le risque du double emploi. La thématique de la coordination des bailleurs ou de la division internationale du travail entre donateurs est de ce fait à l'ordre du jour des réflexions de la communauté internationale.

Le multilatéralisme en matière d'aide qui représente 30 % des fonds versés éprouve de plus en plus de difficultés à justifier la spécificité de son intervention. Les tentatives de réformes pour simplifier le système ont échoué comme si la fonction publique internationale éprouvait beaucoup de difficultés à contenir son expansion. Une inflation de création de programmes, de fonds, d'agences se manifeste tous les jours. À titre d'exemple, pas moins de 30 agences s'occupent de près ou de loin des problématiques de l'eau si bien qu'il devient difficile de savoir qui n'est pas susceptible de recevoir un don. Pour beaucoup d'institutions de ce type, les fonds dépensés servent essentiellement à financer les salaires des fonctionnaires internationaux. Leurs moyens d'intervention sur le terrain sont singulièrement limités. Ce n'est pas le cas des banques de développement (Banque mondiale et banques régionales de développement) dont les ressources dépendent étroitement des États de l'OCDE représentés par leur ministère des finances à leurs conseils d'administration.

S'agissant des bailleurs de fonds bilatéraux, ils souffrent également d'être trop nombreux à intervenir sur les mêmes secteurs et dans les mêmes régions de développement. L'aide européenne est sur ce plan un cas d'école. Non seulement les 27 pays de l'Union se sont dotés d'une structure bilatérale d'aide mais une aide communautaire existe également par l'intermédiaire essentiellement du Fonds européen de développement (FED). Les pays européens essaient de coordonner leurs interventions et évoquent la nécessaire division du travail. Toutefois, les critères de mise en place de la division du travail (avantages comparatifs des uns par rapport aux autres par pays et par secteur) demeurent difficiles à mesurer et à mettre en œuvre. Comment interdire à un bailleur bilatéral d'intervenir dans un pays en développement qui fait partie de sa zone d'influence traditionnelle ? La mise en œuvre sur le terrain de ces bonnes résolutions tarde à se concrétiser.

On assiste donc à une multiplication des cofinancements bi-multi, multi-bi, public-privé qui rendent la gestion des projets ou des programmes d'une lourdeur et d'une complexité infinies. À ces acteurs traditionnels s'ajoutent aujourd'hui d'autres acteurs comme les bailleurs émergents, les fondations, les collectivités décentralisées, les ONG locales, nationales, internationales, ce qui complexifie encore le système de l'aide dont les coûts administratifs de fonctionnement ne cessent de croître.

Les bailleurs de fonds émergents pratiquent l'aide sans conditionnalité. Leur seule contrepartie de taille est de lier leur intervention à l'exploitation de matières premières ou de terres dans certains pays en développement. Les bonnes pratiques de l'aide édictées par le CAD de l'OCDE s'en trouvent menacées. Le leadership de la Banque mondiale et du FMI quant au modèle de développement à diffuser perd de son influence et de sa crédibilité. Les pays émergents témoignent que d'autres modèles de développement sont possibles et leurs aides se délivrent sans conditionnalités quant aux politiques à mettre en place.

Le financement des dépenses d'investissement et de fonctionnement

À l'origine, l'aide au développement était dans son principe une aide à l'investissement. Le gouvernement ou la collectivité qui en bénéficiait devait en contrepartie assurer les dépenses de fonctionnement et de maintenance de l'infrastructure ou de l'investissement réalisé. Or, on s'est vite aperçu que cette contrepartie locale n'était pas toujours mise en place si bien que certains investissements réalisés ne sont jamais entrés en fonctionnement : écoles construites, mais vides, car sans instituteurs nommés, dispensaires construits, mais sans activité, car sans personnel soignant affecté ou encore sans budget de fonctionnement alloué, pompes à eau à motricité humaine en panne et jamais réparées, routes ou pistes inutilisables, car non entretenues, réseau d'eau devenu inutilisable ou avec des pertes techniques très importantes dues parfois à des branchements clandestins, etc. Les exemples abondent et les pays en développement sont souvent le théâtre de nombreux cimetières à projets mort-nés ou n'ayant fonctionné que quelques années. La conception du projet est parfois en cause car l'on prévoit un investissement sans se préoccuper de son fonctionnement futur ou du coût parfois trop élevé de son fonctionnement par rapport aux ressources de la collectivité en cause.

Les bonnes pratiques voudraient que toutes les dépenses de fonctionnement et de maintenance soient prises en charge par le bénéficiaire. Mais avant cela, il convient de calibrer les opérations et les techniques mises en œuvre de manière que leurs dépenses de fonctionnements soient les moins élevées possibles. Deuxièmement, il faut que les opérations de développement prévoient explicitement la mise en œuvre du fonctionnement et son financement par le bénéficiaire futur. Troisièmement, la durée du projet doit être calculée de manière que l'appui extérieur permette le commencement de l'exploitation du projet durant deux ou trois ans (notion de préfonctionnement). Trop de projets s'arrêtent tout juste à la fin de la période d'investissement. Or la mise en place du fonctionnement de l'investissement, son appropriation par le bénéficiaire est une phase aussi importante que les phases d'instruction et d'exécution du projet. Cette phase essentielle n'est en général pas incluse dans le projet de développement.

Le financement par le bailleur de fonds des dépenses de fonctionnement d'un investissement doit demeurer l'exception, sauf pendant la période de préfonctionnement, sauf à assurer la durabilité de fonctionnement de certains investissements majeurs ou de certains services publics structurellement non rentables.

La durabilité du fonctionnement d'un investissement

Une fois l'investissement construit et en état de marche, il convient de le faire fonctionner dans la durée au bénéfice des populations pour lequel il a été conçu. C'est la période cruciale pour le projet qui déterminera s'il s'agit d'un succès ou d'un échec. Un projet fort bien exécuté sur le plan technique et financier peut s'avérer très fragile dans sa phase de fonctionnement pour plusieurs raisons et notamment :

- L'exploitation de l'investissement est déficitaire et les concepteurs du projet n'ont pas prévu les financements suffisants pour assurer son exploitation.
- Le fonctionnement de l'investissement coûte beaucoup plus cher que prévu. Les fonds récoltés pour assurer son fonctionnement ne sont pas suffisants.
- L'investissement dès le départ ne cadre pas avec les potentialités du milieu. Les technologies utilisées sont incompatibles avec le niveau technique de la maîtrise d'ouvrage, ce qui occasionne des coûts de fonctionnement et de maintenance trop importants ou, plus grave, des pannes à répétition qui risquent de conduire à un arrêt définitif.
- Un défaut de conception apparaît lors du fonctionnement qui oblige à une réévaluation importante des conditions de fonctionnement.
- La maîtrise d'ouvrage n'assume pas les engagements qu'elle avait contractés, ce qui rend le fonctionnement de l'investissement impossible.

Un bon projet de développement doit être adapté à son contexte local et ne pas surestimer les possibilités du milieu à accompagner le fonctionnement de cet investissement dans la durée.

Si le projet génère des recettes (services publics marchands, entreprises privées), ces recettes doivent être en mesure d'assurer les frais de fonctionnement et la maintenance de l'investissement. Si tel n'est pas le cas, un mécanisme de subventionnement de l'exploitation de l'investissement dans la durée doit être envisagé dès le départ. Le projet est alors très fragile et les risques d'un arrêt de son exploitation sont élevés. Idéalement, ce subventionnement doit être financé sur ressources locales. Exceptionnellement, le bailleur de fonds peut être amené à s'engager à y pourvoir dans la durée afin de permettre une exploitation pérenne de l'investissement. Il est beaucoup plus opérationnel de prévoir dès le départ une situation de ce type (subventionnement du fonctionnement de l'investissement) que de faire croire ou de se donner l'illusion que la maîtrise d'ouvrage ou les populations sauront se donner les moyens de faire fonctionner l'investissement (transfert de charge à des comités d'usagers à créer, dont on imagine qu'ils prendront en charge une partie des frais d'exploitation, surestimation des recettes, surestimation du prix payé par les populations pauvres à qui on destine ce service nouveau, etc.). Lors de la présentation des projets à leur conseil d'administration, les bailleurs de fonds en accord avec la maîtrise d'ouvrage ont souvent tendance à surestimer les possibilités réelles d'assumer localement sur le plan financier et technique le fonctionnement de l'investissement. Il est toujours plus facile de présenter une opération soi-disant équilibrée que de s'engager dans une opération qui risque de ne pas l'être immédiatement et d'avoir le courage de l'assumer dès le départ. Le conseil d'administration veut en effet un projet durable. On lui présente donc un projet durable, même si, dans la réalité, la durabilité de l'exploitation repose sur des hypothèses très lourdes. On juge de la qualité d'un projet à sa faculté à assumer la réalité du milieu dans lequel il se propose d'intervenir.

Si le projet ne génère pas de recettes (infrastructures sociales, d'éducation ou de transport), il convient de s'assurer dès le départ que la maîtrise d'ouvrage aura les moyens par ailleurs d'assurer dans la durée le fonctionnement effectif de l'investissement et sa maintenance. Si les moyens de la maîtrise d'ouvrage sont très faibles, il faut prévoir les choix techniques en conséquence afin que les frais de fonctionnement et de maintenance soient réduits au maximum. Le budget de l'État peut y pourvoir mais dans le cas de pays pauvres, il ne faut pas trop y compter. Le projet est mal conçu si ce volet du fonctionnement et de la maintenance de l'investissement n'est pas anticipé en amont. À quoi sert-il de construire des écoles si l'État ou la collectivité locale n'ont pas les moyens d'assumer leur fonctionnement ?

Plutôt que de faire « comme si » (montage de financement alambiqué, sous forme de péage par exemple, sur les pistes ou sur les routes), le bailleur de fonds serait plus réaliste à prévoir dès le départ le subventionnement du fonctionnement de certains investissements absolument nécessaires à la lutte contre la pauvreté dans des pays à très faible revenu.

Dans le cas général, il est recommandé que les investissements financés trouvent leurs moyens de fonctionnement localement. La conception technique du projet doit intégrer cette contrainte et ne surtout pas la nier. Il y va de l'appropriation véritable de l'investissement et de son fonctionnement sur un temps long. On juge un bon projet à cette faculté d'anticiper les conditions de son fonctionnement dans la durée.

Dans le cas très particulier où le fonctionnement et la maintenance de l'investissement absolument nécessaire ne peuvent pas être pris en charge localement ou nationalement (État fragile, État très pauvre, coût de l'investissement très élevé), il convient que le bailleur de fonds ait le courage de financer le subventionnement de ce fonctionnement et de cette maintenance sur le long terme. La réussite du projet dans la durée consistera à transférer progressivement les dépenses de fonctionnement de ce type d'investissements sur la maîtrise d'ouvrage locale.

Dans le cas très particulier où les frais de fonctionnement dépasseront toujours les moyens de la maîtrise d'ouvrage, il s'agit du signe évident d'une inadaptation du projet à son milieu. Ce type de projet ne doit pas être financé.

La durée optimale d'une opération

Le bon calibrage de la durée des opérations de développement est un élément essentiel de la qualité de leurs impacts. Trop court, le temps imparti ne permet pas une appropriation suffisante et entraîne souvent des prolongations successives pour tenter d'atteindre finalement les objectifs que l'on s'est fixés. Trop long, le temps de l'opération habitue la maîtrise d'ouvrage à une présence quasi permanente du financeur du projet qui freine l'appropriation nécessaire. Le bon équilibre à trouver entre ces deux écueils n'est pas facile à déterminer.

La durée affichée du projet peut s'avérer relativement optimiste, c'est-à-dire inférieure ou égale à 5 ans afin de s'établir dans la norme habituelle des opérations financées. En effet, le maître d'ouvrage, comme le concepteur ou le bailleur de fonds, ayant déjà instruit et donc investi, ont intérêt à prouver la viabilité rapide de l'opération qui est en retour le signe d'une bonne rentabilité et donc d'une bonne adaptation au milieu. À l'inverse, un projet qui ne trouve pas son autonomie suffisamment rapidement est assimilé à un mauvais projet. Il convient donc d'être extrêmement scrupuleux sur la réalité de la faisabilité du calendrier proposé. Il faut prévoir honnêtement la durée effective du projet et les possibilités réelles de la maîtrise d'ouvrage à maintenir en activité le projet qui aura été financé. Le non-financement du projet doit être la conséquence d'une impossibilité à maintenir les acquis du projet dans la durée. Toutefois, il devrait être tout à fait admissible de prévoir des durées de projets plus longues qui intègrent une période de fonctionnement effective suffisamment probante de la viabilité réelle de l'opération (projets d'infrastructure).

Les conseils d'administration des bailleurs de fonds souhaitent la plupart du temps que l'opération à financer prouve d'une certaine manière, à la fin de sa période de financement, son autonomie, sa viabilité dans un laps de temps relativement court. De ce fait, les projets financés sont en général compris entre 2 et 5 ans. C'est la norme la plus communément admise. Il est bien rare de financer d'emblée des opérations qui vont s'étaler sur une période de dix ans. On préfère alors de beaucoup segmenter l'opération et procéder en plusieurs phases, relativement autonomes les unes par rapport aux autres. Les concepteurs des projets (bureau d'études ayant rédigé la faisabilité, bureau d'études ayant calculé les comptes d'exploitation prévisionnels, évaluateur des bailleurs de fonds ayant validé ces prévisions), s'ajustent à cette norme qui ne cadre pas toujours avec la prise en compte de contextes particuliers : faiblesse de la maîtrise d'ouvrage, temps de construction relativement long, temps de mise au point du fonctionnement plus ou moins long, contexte local difficile, par exemple en cas de nécessité de déplacer des populations, etc. Ils ont ainsi tendance à établir des prévisions optimistes sur la vitesse de construction et d'appropriation de l'investissement par la maîtrise d'ouvrage, sur la vitesse d'atteinte de l'équilibre financier de l'investissement, sur les possibilités réelles de soutien financier de la part d'une source de financement locale qui serait extérieure au projet (État, collectivité locale).

Dans la pratique, il est nécessaire de choisir une durée d'opération qui cadre parfaitement avec les contextes particuliers rencontrés et laisse donc le temps à une parfaite appropriation (pré-exploitation durant 3 ans après le début de l'exploitation du projet, fonctionnement assuré localement de manière autonome et dans la durée).

Le projet financé par le bailleur de fonds ne devrait pas s'arrêter au moment où l'investissement majeur est terminé et au début sa phase de fonctionnement. La phase la plus délicate d'un projet est justement la phase d'appropriation par la maîtrise d'ouvrage de l'investissement et notamment son bon fonctionnement dans la durée. C'est là que se joue effectivement la réussite ou l'échec du projet, son impact réel, sa durabilité, sa viabilité. Or, cette phase d'appropriation par la maîtrise d'ouvrage (pré-exploitation) ou les populations qui en bénéficient peut être relativement longue. Il est donc souhaitable que le bailleur de fonds ne se désengage pas trop tôt d'une opération, mais se donne le temps d'accompagner son fonctionnement effectif durant une période suffisamment longue. Une période d'appropriation incluant trois ans de fonctionnement paraît être la durée la plus réaliste afin de donner toutes ses chances de réussite à l'opération.

Durant la période de mise en fonctionnement se jouent effectivement plusieurs enjeux :

- L'investissement va-t-il correctement fonctionner sur le plan technique ? Des réglages ou des adaptations seront peut-être nécessaires à l'usage, en fonction des contextes particuliers rencontrés.
- L'investissement va-t-il assurer par lui-même (vente d'un service ou d'un produit) ses coûts de fonctionnement ? Les prévisions d'exploitation de l'investissement peuvent s'avérer éloignées de la réalité, trop optimistes. Il peut être nécessaire de revoir assez rapidement le compte d'exploitation prévisionnel.
- L'investissement qui ne génère pas de flux financiers va-t-il être maintenu en bon état de fonctionnement par des dépenses de maintenance sur la durée ? Souvent, la maîtrise d'ouvrage ou l'État se sont engagés à assurer la maintenance de l'investissement dans la durée. Souvent, le bailleur de fonds s'est montré très optimiste auprès de son conseil d'administration sur la réalité des engagements de la maîtrise d'ouvrage et sur la rapidité de la phase d'appropriation. Souvent, des conditions suspensives de décaissements des fonds font que la continuation du projet est liée à des engagements nouveaux de la maîtrise d'ouvrage qui n'ont pas pu être obtenus avant le démarrage du projet. Il convient donc de prendre en compte la réalité du fonctionnement de l'investissement et si possible d'ajuster les moyens de sa durabilité.

S'agissant de certaines opérations, il est évident qu'elles ne peuvent assumer elles-mêmes leur autonomie par rapport à leurs caractéristiques de départ :

- D'une part, les technologies installées peuvent s'avérer fragiles ou trop complexes et demander un appui extérieur permanent pour leur fonctionnement.
- D'autre part, le coût du renouvellement de l'investissement, parfois simplement de sa maintenance dans la durée, n'est pas à la mesure des possibilités financières de la maîtrise d'ouvrage, de l'État ou encore des populations bénéficiaires. Pourtant, l'investissement ou le service sont d'une absolue nécessitée (exemples : aéroport, pont, hôpital, etc.).
- Enfin, il peut s'agir de financer des services publics (eau, électricité, transports collectifs urbains) qui sont structurellement non rentables. Il faut alors prévoir, sans altérer leur bonne gestion, de les subventionner de l'intérieur ou de l'extérieur.

La non-possibilité d'assurer localement la maintenance d'un investissement dans la durée devrait bien entendu être un motif de non-financement d'un projet. Si le bailleur de fonds veut passer outre à cette règle, il faut alors qu'il s'engage à assurer pour partie ou pour totalité le fonctionnement de l'investissement dans la durée et donc pourvoir au financement partiel ou total de sa maintenance. Au préalable, il doit être en mesure d'expliquer les raisons de l'impossibilité du fonctionnement du projet, sans le recours à un appui externe permanent, ainsi que les raisons de la nécessité économique, sociale et environnementale à financer l'opération, même si les coûts de sa maintenance ne peuvent pas être mis totalement à la charge de la maîtrise d'ouvrage. En fait, il doit prouver l'impérieuse nécessité du financement et de la maintenance de cet investissement, quelles que soient les possibilités réelles de la maîtrise d'ouvrage à les assumer complètement.

Pour toutes ces raisons, la définition de la durée optimale d'un projet a une dimension stratégique. Le bailleur de fonds ne doit pas se désengager trop tôt d'un projet d'investissement. Tout projet d'investissement devrait faire l'objet d'un suivi en fonctionnement durant une période de trois ans au minimum, avant la clôture réelle de l'opération. Il convient donc d'habituer les conseils d'administration des bailleurs de fonds à voter des projets dont la durée d'intervention englobe une période additionnelle de trois ans de fonctionnement de l'investissement.

Toutefois, il ne convient pas de tomber dans l'excès inverse d'une présence quasi-permanente du bailleur de fonds pour des opérations dont l'autonomie était recherchée, mais qui s'avère inatteignable. Faute de désengagement réel, le processus d'appropriation de l'investissement peut être soit ralenti, soit impossible. C'est un des effets pervers d'une présence trop longue du bailleur de fonds dans le même secteur d'intervention. Car alors, la stratégie de la maîtrise d'ouvrage peut rapidement dériver vers un objectif de présence permanente du bailleur de fonds afin de pouvoir au passage capter de nouveaux financements. Les bureaux d'études qui sont recrutés sur certains projets ont également intérêt à ce que les projets se prolongent afin de continuer à toucher leur rémunération dans la durée. Il convient donc de trouver un équilibre entre appropriation nécessaire du fonctionnement de l'investissement et désengagement nécessaire du bailleur de fonds afin que cette appropriation soit réelle.

Les pièges de la négociation

La négociation entre la maîtrise d'ouvrage et le bailleur de fonds a lieu essentiellement dans la phase d'instruction du projet. Les pièges à éviter sont nombreux. On ne peut tous les citer. Les plus communément rencontrés sont les suivants :

- Négocier avec une maîtrise d'ouvrage qui n'a ni l'autorité ni la capacité nécessaire pour assumer ses engagements.
- Négocier sous la contrainte du temps, ce qui aboutit souvent à bâcler les études préalables ou à allonger la liste des conditions suspensives à réunir avant de pouvoir réellement démarrer une opération.

- Se laisser imposer une opération qui n'est pas prioritaire pour les populations mais qui répond à d'autres logiques (politique, commerciale, clientéliste, etc.).
- Pousser une maîtrise d'ouvrage à prendre des engagements qu'elle ne pourra pas tenir ultérieurement.
- Négocier avec un interlocuteur qui est prêt à tout accepter dans la phase de négociation afin que le projet ou le programme se concrétise.
- Se faire imposer une maîtrise d'œuvre, un appui à la maîtrise d'ouvrage, des entreprises de fournitures de prestations choisies par la maîtrise d'ouvrage sur des critères peu transparents.
- Choisir d'appliquer une législation locale qui s'avère bien difficile à mettre en œuvre.
- Décaler la période d'instruction de la période de formalisation juridique du concours. Une fois que le conseil d'administration du bailleur de fonds a octroyé les fonds, il devient difficile pour ce dernier d'imposer des clauses juridiques qui n'avaient pas été prévues au départ. Il convient donc d'essayer de faire coïncider la période de contractualisation juridique de la convention de financement avec la période de fin d'instruction et donc de présentation au conseil d'administration du bailleur de fonds.
- Accepter des circuits de paiement des dépenses trop longs faisant intervenir de nombreuses signatures qui peuvent ensuite s'avérer des motifs de blocage et pourquoi pas de corruption.
- Accepter la multiplication de caisses d'avances qui permettent au projet de recevoir des financements importants sans que les opérations n'aient véritablement débuté.
- Ne pas trouver le juste équilibre entre l'autonomisation du projet dans sa phase de réalisation et son nécessaire contrôle par le bailleur de fonds, s'agissant des phases les plus importantes. Il convient que le bailleur de fonds donne son avis de non-objection à différentes phases critiques du projet ou du programme : avis de non-objection sur les termes de références des études préalables (faisabilité, étude d'impact environnemental), avis de non-objection sur le choix des consultants qui réaliseront ces études, avis de non-objection sur les dossiers d'appel d'offres des principaux marchés du projet ou du programme.
- Ne pas négocier des contrôles externes du projet (audit comptable, audit financier, évaluation à mi-parcours) afin de ne pas vexer la maîtrise d'ouvrage.
- Ne pas négocier un système de reporting interne au projet.
- Positionner une assistance technique dont le but premier n'est pas la réussite du projet mais sa prolongation dans la durée.
- Être en situation pour le bailleur de fonds d'avoir une enveloppe programmée à dépenser sans avoir de projets ou programmes réellement

identifiés. L'offre crée alors la demande et cette demande peut être une demande de circonstance.

Le suivi d'une opération

Le suivi de l'opération peut se réaliser de manière interne (reporting de la cellule projet à échéance régulière sur la base d'indicateurs de résultats à atteindre fixés au démarrage de l'opération) ou de manière externe (audits comptables, financiers ou techniques) selon la complexité de l'opération. Le bailleur de fonds doit être également en capacité de réaliser des supervisions de projets. Toutes ces opérations de suivi doivent être explicitement prévues dans la convention de financement qui organise les différents rapports entre les parties prenantes au projet.

En matière de suivi, l'important est d'avoir un cadre précis de planification de l'opération avec des objectifs à atteindre chaque année, des indicateurs à mesurer. Comme l'a fort bien démontré Esther Duflo dans ses travaux intitulés « Lutter contre la pauvreté » « Le développement humain » (tome I) et « La politique de l'autonomie » (tome II), Le Seuil / République des idées, Paris, 2010, pour pouvoir juger de la validité d'une opération, il faut s'imprégner d'une culture de l'évaluation.

Même si le dispositif à mettre en place peut apparaître lourd et onéreux (groupes de référence non touchés par le projet, groupes cibles bénéficiant du projet identifié dès le départ avec des indicateurs de résultats) il y va de l'amélioration à terme des projets de développement et des programmes mis en œuvre dans les pays en développement. Les processus d'évaluation font partie intégrante du suivi des opérations car ils apportent en cas de problèmes des informations capitales pour réorienter éventuellement l'opération. Cela nécessite une programmation relativement précise de l'opération qui permet de se donner des points de repère.

La réorientation d'une opération

La réorientation d'un projet ou d'un programme fait intervenir deux notions bien distinctes :

- La gestion normale des imprévus d'un projet de même que le virement possible de ligne à ligne de fonds sur les points d'affectation prévus dès le départ de l'opération. Sous cet angle, il s'agit d'une respiration normale du projet ou du programme. Les points d'affectation ne changent pas mais la répartition des fonds est quelque peu modifiée. De même, les imprévus (de l'ordre de 7 à 10 % du budget du projet) peuvent assurer la flexibilité nécessaire afin de faire face aux situations nouvelles qui ne pouvaient être anticipées au départ.

- La gestion d'un changement majeur : modification des points d'affectation. Cela traduit une réorientation majeure de l'opération. Elle ne peut être décidée que d'un commun accord entre la maîtrise d'ouvrage et le bailleur de fonds. Cette réorientation assimilable à un nouveau projet doit faire l'objet d'une refonte des principaux documents de l'opération (budget, plan de financement avec les points d'affectation, avenant à la convention de financement). Cette réorientation majeure traduit soit l'impasse dans laquelle s'était fourvoyée la précédente opération, soit un changement de contexte qui n'était pas prévu et qu'il est absolument nécessaire de prendre en compte. Une réorientation du projet en cours d'exécution n'est jamais bon signe pour l'impact final du projet. Les changements de points d'affectation ne peuvent être réalisés que dans l'urgence.

Si les risques de réorientation sont trop élevés, on peut vite songer à arrêter l'opération.

L'arrêt d'une opération

La décision d'arrêter une opération est toujours difficile à prendre. Elle peut s'avérer absolument nécessaire en cas de dérapages dans l'exécution de l'opération, de détournement de fonds ou encore de non-utilisation des financements prévus au départ de l'opération.

De plus, l'arrêt de l'opération peut intervenir en cas d'échec de celle-ci. On décide alors de suspendre les décaissements et on annule les restes à verser. Pour le bailleur de fonds comme pour la maîtrise d'ouvrage, c'est un constat d'échec. En général, tous deux font le maximum pour éviter cette extrémité qui aboutit à priver la maîtrise d'ouvrage d'une partie des financements prévus, mais aussi à faire apparaître du point de vue du bailleur les faiblesses d'une opération qui peut apparaître après coup comme mal montée.

Le changement du contexte dans lequel l'opération avait été initialement conçue peut expliquer cet arrêt. Plutôt que d'essayer de la ranimer ou encore de la prolonger artificiellement, pourquoi ne pas la clôturer au plus vite et réaffecter les montants non utilisés sur une autre activité qui aura plus de chance de réussite ?

L'arrêt en cours d'exécution d'un projet ou d'un programme doit se réaliser conformément aux dispositions prévues dans la convention de financement, par exemple au motif que les objectifs fixés ne seront pas atteints dans l'exécution de l'opération, ou encore que les clauses prévues dans la convention ne sont pas respectées. Il est préférable que cet arrêt soit prononcé d'un commun accord entre le bailleur de fonds et la maîtrise d'ouvrage, le plus vite possible, par un arrêt des décaissements. Toute réaffectation des fonds sans études préalables et dans la précipitation est potentiellement risquée.

Le cadre logique

La méthode du cadre logique s'est progressivement généralisée dans la communauté des bailleurs de fonds à partir de la fin des années 1990. Elle a été mise au point dès 1969 par le cabinet Pratical Concept Inc pour le compte de l'agence d'aide américaine USAID. Il convient donc de s'y arrêter quelque peu. Ce cadre d'analyse présente l'avantage d'obliger les concepteurs et les évaluateurs de projets ou de programmes à expliciter clairement les objectifs de leurs actions, à expliciter les résultats ou impacts attendus au moyen d'indicateurs. La méthode du cadre logique est donc un outil qui peut être utilisé lors de toutes les phases du cycle d'un projet ou d'un programme. À ce titre, le cadre logique facilite le dialogue effectif et concret entre les protagonistes d'une opération de développement. Il permet de mieux rendre compte d'une opération et d'approcher au plus près son impact réel.

Le cadre logique se présente habituellement sous la forme matricielle suivante :

	Indicateurs	Système de suivi/Vérification	Hypothèses critiques
Finalité			
Objectif spécifique			
Réalisations			
Activités et moyens			

La hiérarchie des objectifs (Finalité, Objectif spécifique, Réalisation, Activités et moyens) peut être définie ainsi :

- La finalité. Elle doit être appréhendée comme un objectif de long terme. C'est le but stratégique recherché auquel participe le projet ou le programme. L'atteinte de la finalité nécessite généralement d'autres actions que la seule mise en œuvre du projet ou programme.
- L'objectif spécifique. C'est un objectif à atteindre à la fin du projet ou du programme. C'est ce qui justifie directement le projet ou programme. Il constitue l'effet majeur que doit atteindre le maître d'ouvrage.
- Les réalisations. Elles concernent les apports du projet ou programme en termes d'investissements physiques ou immatériels. Elles relèvent de la responsabilité du maître d'œuvre.
- Les activités et moyens. Ils décrivent la stratégie d'intervention, les moyens que l'on se donne pour effectuer les réalisations attendues.

Il existe bien entendu des formes plus développées de la matrice (sous-objectifs spécifiques en particulier) qui sont utilisées lorsque les projets ou programmes atteignent un certain degré de complexité ou poursuivent plusieurs objectifs relativement disjoints.

À titre d'illustration et pour trois secteurs distincts, on peut décrire ainsi la hiérarchie des objectifs :

Hiérarchie des objectifs	Infrastructures	Énergie/Environnement	Éducation
Finalité	Réduction contre la pauvreté	Préservation de la biodiversité mondiale	Réduction des inégalités
Objectif spécifique	Augmentation du revenu moyen dans les régions desservies	Conservation de l'environnement forestier	Amélioration du taux d'alphabétisation
Réalisations	Construction, restauration et entretien des pistes	Augmentation du nombre de foyers reliés au réseau électrique	Constructions d'écoles
Activités et moyens	Formation des entreprises, avant-projet détaillé	Formation à l'utilisation de l'électricité	Amélioration des programmes, manuels scolaires

Les trois colonnes de la matrice du cadre logique (indicateurs, moyens de vérification/système de suivi, hypothèses critiques) doivent se comprendre de la manière suivante :

- Les indicateurs. Leur principal objet est de définir le plus précisément possible une situation de départ puis une situation cible en fin de projet ou programme, et de permettre ainsi le suivi des évolutions effectives. Au niveau des rubriques « finalité » et « objectif spécifique », on peut parler d'indicateurs d'impact. Au niveau des réalisations, on parle plutôt d'indicateurs de réalisation. S'agissant des moyens et des activités, on avance le terme un peu vague d'indicateurs de ressources.
- Le système de suivi. Ce sont les sources statistiques d'où viendront les indicateurs définis à chaque niveau de la matrice. Elles permettent de bâtir un système de suivi et d'évaluation sur la base de références déjà disponibles.
- Les hypothèses critiques. Ce sont toutes les conditions nécessaires au succès du projet ou du programme mais qui échappent quelque peu à son emprise. Un des buts de la préparation de projet ou de programme est donc de minimiser le nombre « d'hypothèses critiques » appelées encore « risques critiques ».

Forces et faiblesses de la méthode du cadre logique

Les forces du cadre logique

Le cadre logique permet une vue synthétique du projet ou programme. Sa matrice est un document dynamique qui peut s'enrichir et s'ajuster à chaque étape de la vie d'un projet ou d'un programme. En phase d'identification, il est possible d'utiliser la formalisation du cadre logique pour structurer les discussions avec le maître d'ouvrage et au sein de l'équipe d'un projet ou d'un programme. Il permet de bien mesurer les objectifs et de les suivre au moyen d'indicateurs qualitatifs et quantitatifs. Il aide à identifier les contraintes qu'aura à gérer le projet ou programme et donc d'en tenir compte. Il rationalise ainsi l'approche projet ou programme en lui donnant un fil conducteur logique.

Les faiblesses du cadre logique

Il s'avère parfois bien difficile de remplir toutes les cases proposées par le cadre logique ce qui aboutit à quelques redites ou reformulations de pure forme. Les indicateurs de suivi, qu'ils soient d'impacts ou de réalisations, sont parfois difficiles à obtenir, les appareils statistiques des pays pauvres étant particulièrement défectueux. Les indicateurs de finalité varient dans le long terme. Il est par conséquent difficile de fixer un objectif sur ce plan au projet ou programme. Surtout, l'évolution de cet indicateur ne dépend pas uniquement du résultat du projet ou du programme mais plutôt de l'évolution de son contexte général. Enfin, pour un petit projet ou un programme qui reste limité, cet indicateur de finalité et son suivi perdent quelque peu de leur sens. Le cadre logique est beaucoup plus approprié à l'élaboration et au suivi d'un projet que d'un programme. En effet, il est bien plus difficile de décliner une typologie d'objectifs en matière de finalités, d'objectifs spécifiques et de réalisations lorsqu'on emploie pour ce faire des ressources non affectées ou juste affectées de manière sectorielle qui viennent abonder le budget de l'État d'un pays receveur.

Conseils généraux sur l'emploi de cette méthode

Il est recommandé d'utiliser cette méthode surtout dans le cadre de la mise en œuvre d'un projet. S'agissant du choix des indicateurs, il convient plutôt de calibrer très étroitement leur nombre en fonction des capacités de suivi de ces indicateurs, de leur pertinence et de leur mesurabilité dans un contexte local, bien souvent relativement pauvre et où le suivi statistique n'est pas véritablement une priorité. La ligne activités/moyens du cadre logique est quelque peu hétérogène par rapport aux autres lignes de la matrice. Elle se prête mal à être présentée sous forme d'objectifs, d'indicateurs, de moyens de vérification et d'hypothèses critiques. Il s'agit surtout de décrire ici l'organisation du projet, ses moyens, la formation qu'il pourra dispenser. On peut donc l'extraire du tableau. La ligne finalité n'a de sens réel que si le projet ou programme est suffisamment important pour avoir un impact mesurable sur le contexte d'un secteur qu'il souhaite faire évoluer.

La présentation sous forme de cadre logique ne doit pas aboutir à figer des objectifs face au contexte de réalisation d'un projet ou d'un programme qui peut évoluer rapidement. Enfin, il ne faut pas chercher à tout prix à remplir toutes les cases de la matrice. Il est préférable d'en laisser quelques-unes non renseignées plutôt que de multiplier indicateurs ou informations qui s'avèrent alors bien souvent redondants.

Le cadre logique n'est qu'une méthode parmi d'autres, particulièrement en cour à l'heure où il s'agit pour certains bailleurs de fonds de justifier l'impact de leurs interventions. Elle ne doit pas être employée avec dogmatisme, ou encore aboutir à une uniformisation des approches face à des situations qui demeurent très diverses.

Le choix du secteur d'intervention : une opération qui fasse SENS

Il n'y a pas de priorités à établir entre différents secteurs possibles d'intervention. Les choix et donc les priorités doivent dépendre de la requête du bénéficiaire potentiel. Ce dernier oriente la demande et le financeur du projet examine s'il a les moyens techniques et financiers d'y répondre dans les meilleures conditions : les montants nécessaires, le savoir-faire, le calendrier souhaité, l'instrument financier approprié, Sur ce dernier point, il est bien évident que certains secteurs sans rentabilité directe (éducation, santé, environnement) se financent de manière beaucoup plus efficiente par des subventions que par des prêts. Le prêt ne peut être retenu que si le partenaire a par ailleurs des ressources (pays à revenu intermédiaire, entreprises faisant des bénéfices importants).

Le financeur potentiel du projet doit éviter d'orienter la requête du bénéficiaire potentiel pour mieux cadrer avec le projet qu'il souhaite en réalité financer. C'est un risque important et qui affecte une grande majorité de projets dans des régions où les maîtrises d'ouvrages sont faibles. Celui qui dispose des financements impose directement ou indirectement toutes les décisions relatives au projet, et notamment le secteur d'intervention jugé prioritaire. Les requêtes de financement ne sont alors envoyées que pour la forme au bailleur de fonds après que toutes les diligences d'instruction ont été conduites.

Le financeur du projet est souvent influencé par des modes. Tous les bailleurs veulent en général financer le même type de projet au même moment car il correspond à l'air du temps, ou parce qu'un projet de ce type vient d'obtenir certains résultats, et que l'ensemble des bailleurs de fonds essaie de reproduire ce type d'opérations.

Le financeur du projet a parfois constitué des enveloppes financières annuelles à dépenser par pays. Ce type de programmation part d'un bon sentiment : répartir équitablement les financements sous forme d'aide au développement, sécuriser les budgets d'aide, si possible sur plusieurs années en conformité avec les bonnes pratiques édictées par le CAD de l'OCDE. Toutefois, ce type de programmation suscite parfois un effet pervers : il pousse à l'engagement de projets qui ne sont pas forcément des priorités pour le pays bénéficiaire. De plus, le calendrier de mise en œuvre choisi et imposé par la programmation budgétaire (versement des fonds) ne coïncide pas exactement avec un optimum en matière de réalisation de l'opération à financer.

Pour choisir son domaine d'intervention, le bailleur de fonds doit croiser la demande du bénéficiaire potentiel avec la possibilité réelle d'y mener une opération avec efficacité. Le contexte de l'opération envisagée par d'autres bailleurs de fonds sont-ils dans le même secteur et sur la même région ? Des échecs précédemment dans ce type d'intervention ou des exemples de réussite sont-ils effectifs ? Entre également en ligne de compte.

Dans les pays à faible revenu, qui requièrent de la subvention, il est recommandé de privilégier les secteurs suivants : S de santé, E d'Éducation, -N de Nutrition à base de productions vivrières, S de Services publics de base (eau, électricité, transport collectif). Il convient donc que le projet fasse SENS.

Dans les pays à revenu intermédiaire, le spectre des opérations à financer peut être plus large.

4. Les innovations possibles à tester sur le terrain

La matrice à prioriser les investissements publics

Il est difficile, pour tout gouvernement, de prioriser les investissements publics à engager sur le budget d'investissement de l'État ou avec les fonds apportés par les bailleurs de fonds. De nombreux facteurs entrent en considération qui rendent ces choix complexes.

Afin d'aider les gouvernements à classifier le degré de priorité à donner aux investissements publics les uns par rapport aux autres, afin d'aider les bailleurs de fonds à prioriser leurs financements sur le plan sectoriel, nous proposons cette méthode basée sur plusieurs grilles de lecture.

Premièrement, les possibilités de l'État doivent être préalablement définies de manière à savoir de quelles ressources il dispose pour réaliser sa politique d'investissement.

Deuxièmement, le champ de l'investissement public doit être clairement défini :

- Champ de l'investissement public : route, pont, port, voies ferrées, voies fluviales, aéroport, caserne de police, caserne de l'armée, hôpital, centre de santé, école, lycée, université, habitations à caractère social, centre de formation, centre de conférence, production et adduction d'eau potable, production (exemple : barrage hydroélectrique) transport et distribution d'électricité, musée, centre sportif
- Champ de l'investissement privé : agriculture/élevage/pêche, industrie, artisanat, services commerce, habitat privé, mines, numérique, énergie fossile, banques et institutions de crédit

On limite donc le champ de l'investissement public aux services publics marchands et non marchands. Rien n'interdit par ailleurs le gouvernement à aider le champ de l'investissement privé par : incitations fiscales, le droit des affaires, les textes réglementaires, la concurrence/la protection, des lignes de crédit pour favoriser certaines activités

Toute la réflexion qui suit ne prend en compte que le champ de l'investissement public.

Pour l'investissement public, on propose ici un premier filtre avec trois catégories distinctes :

- Catégorie 1 : État à faibles ressources pour investir (budget d'investissement + ressources des bailleurs faibles) et budget de fonctionnement faible pour pouvoir faire fonctionner l'investissement
- Catégorie 2 : État à ressources pour investir moyenne (budget d'investissement et ressources bailleurs pour investir moyennes) et budget de fonctionnement pour faire fonctionner l'investissement moyen
- Catégorie 3 : État à ressources abondantes pour investir (budget d'investissement + ressources bailleurs abondantes) et budget de fonctionnement pour faire fonctionner l'investissement abondant.

À ce premier stade, les deux novations majeures qui aboutissent à cette première classification sont les suivantes :

- Les budgets d'investissement sont globalisés (ressources de l'État + ressources bailleurs)
- La réflexion sur les budgets de fonctionnement est intégrée à la réflexion sur le budget investissement. On regarde donc le coût de l'investissement et la possibilité d'assumer les coûts de fonctionnement de l'investissement chaque année. Pourquoi investir si on ne possède pas les moyens d'entretenir et de faire fonctionner l'investissement dans la durée ? De plus, certains investissements paraissent peu onéreux mais ont des coûts de fonctionnement très élevés (exemples : centre de formation professionnelle, écoles)

Dans ce référentiel, le pays peut donc se classer dans une des trois catégories :

- Catégorie 1 : pays à faibles ressources

- Catégorie 2 : pays à ressources moyennes
- Catégorie 3 : pays à ressources abondantes

Si un pays se classe dans la catégorie 1, on considère qu'il ne devrait investir que dans des priorités d'investissement de court terme à savoir :

- Santé, éducation formation, eau potable, électricité, emploi, sécurité

Si un pays se classe dans la catégorie 2, on considère qu'il peut investir à la fois dans les priorités de court terme énoncées plus haut mais également dans des priorités de moyen terme. Les priorités de moyen terme sont les suivantes : infrastructures portuaires, aéroport, voies fluviales, routes, voies ferrées, assainissement

Si un pays se classe dans la catégorie 3, on considère qu'il peut investir à la fois dans les priorités de court terme, les priorités de moyen terme énoncées ci-dessus mais également les priorités de long terme à savoir : infrastructures de tourisme, investissements culturels ou sportifs, centres de conférences, centres administratifs, investissements de prestige.

À titre d'exemple et afin de faire fonctionner la matrice à prioriser les investissements publics à ce stade, on peut dire :

- Que quelle que soit la catégorie financière dans laquelle se trouve le pays, les priorités de court terme s'imposent toujours à lui. En revanche, si sa situation financière le permet (ressources normales ou abondantes), il peut entreprendre des investissements publics plus onéreux en termes de coûts de l'investissement de coûts d'exploitation associés, soit des priorités de moyen terme.
- Les investissements publics de mobilité ne sont pas à considérer comme des priorités de court terme.
- Les investissements publics dans le tourisme ou les centres de conférences ne sont pas des priorités de court terme, ni de moyen terme, mais de long terme. Autrement dit, se lancer dans la construction d'une cité administrative suppose que des investissements de court terme et de moyen terme ont déjà été financés.

Faisons maintenant fonctionner la matrice :

Pays de catégorie 1 : prenons le cas d'un pays à faibles ressources (faibles ressources pour investir et faibles ressources pour faire fonctionner l'investissement). Dans son budget d'investissement et avec les ressources des bailleurs de fonds, ce pays va donc se concentrer, prioriser les dépenses d'investissement et de fonctionnement dans les investissements prioritaires de premier ordre (santé, éducation formation, eau potable, électricité, emploi, sécurité…). Ce pays qui se trouve donc dans la catégorie 1, va donc à la fois se limiter à un choix contraint de secteurs d'investissement public possible mais également, compte tenu de ses faibles ressources, essayer de limiter au maximum les coûts d'investissements et de fonctionnement de ses investissements sectoriels de premier ordre, c'est-à-dire :

- Investissements peu onéreux pour le budget de l'État (appel au financement des bailleurs, choix d'investissement d'une taille limitée).
- Coûts de fonctionnement faibles
- Possibilité de gestion déléguée au privé si coûts moins élevés
- Réfection/maintenance de l'existant plutôt que création plus onéreuse d'une nouvelle infrastructure
- Faire travailler les entreprises locales au meilleur coût

Pour chaque investissement que l'on se trouve dans les catégories 1, 2 ou 3, on peut ensuite avoir une approche détaillée des investissements selon les critères suivants afin de choisir le meilleur rapport qualité/impact/prix/rentabilité sur la durée :

- Critères financiers : coût de l'investissement, coût de fonctionnement de l'investissement, capacité à financer l'investissement, possibilité d'une gestion équilibrée de l'investissement par délégation, mode de financement de l'investissement (prêt, don)
- Critères économiques : valeur ajoutée générée localement par l'investissement, impact économique, adéquation par rapport aux paramètres économiques, mode de financement de l'investissement
- Critères sociaux : impact sur l'emploi, impact social, impact sur la population, impact sur la lutte contre la pauvreté
- Critères environnementaux : impact environnemental, durée de vie de l'investissement, investissement de rénovation ou réfection
- Critères techniques : capacité technique à assumer le fonctionnement de l'investissement, possibilité de délégué la construction et la gestion de l'investissement à un partenaire privé, transfert local de savoir-faire lié à l'investissement
- Critères territoriaux et régionaux : impact territorial, impact régional

Pour chaque investissement, cette batterie de critères permet non seulement de comparer les investissements d'un même type (exemple : une école par rapport à une autre école), d'une même priorité sectorielle (court terme, moyen terme, long terme), de priorités différentes, mais également d'aller vers une priorisation des investissements les plus rentables, les plus utiles, les plus respectueux de l'environnement, les plus formateurs, les plus pertinents sur le plan territorial…

Pour chaque investissement, quelle que soit sa classification ou son appartenance, il est donc possible de lui attribuer un capital de points donnés qui renseigne ou non sur l'utilité de le retenir, en prenant en compte ses spécificités propres.

La gestion des infrastructures dans la durée

Cette note présente ce que pourraient être les conditions nouvelles de financement de certaines infrastructures avec pour objectifs (encore au stade de la réflexion) :

- De permettre une exploitation et une maintenance des infrastructures financées dans la durée
- D'associer plus facilement des opérateurs privés à construction et à l'exploitation des infrastructures financées.

Les faits

L'AFD finance sur prêts ou sur subventions des infrastructures sur la base de projets d'une durée de 5 ans. Or, la maintenance et l'exploitation de ces infrastructures ont très souvent des durées beaucoup plus longues (15 à 30 ans). Les pays dont lesquels nous intervenons prennent souvent des engagements en matière de financement de l'exploitation et la maintenance de ces investissements, mais ces engagements (inscriptions budgétaires récurrentes, abondement d'un fonds de maintenance et d'exploitation, prise en charge d'une partie de l'exploitation, relèvement des prix de vente du service rendus aux consommateurs) s'avèrent difficile à tenir dans la durée.

Causes

Il s'avère que l'exploitation de ces infrastructures dans la durée est en général non équilibrée sur le plan financier routes, barrages hydroélectriques, ponts, gestion des déchets, alimentation en eau potable, fourniture d'électricité, transports publics urbains… (1) faute de recettes générées suffisantes par rapport aux coûts de maintenance et d'exploitation, (2) faute de tarifs suffisants susceptibles de rentabiliser certains services publics marchands (eau, électricité, transport public) , à savoir :

- Les péages sur les routes ne permettent pas de financer l'entretien
- Le prix d'achat du kilowattheure est trop faible pour une gestion équilibrée d'un barrage hydroélectrique.
- Les péages sont insuffisants pour engendrer une exploitation équilibrée d'un pont
- La gestion des déchets (de la collecte à l'enfouissement) a un coût qu'il est difficile de faire supporter aux habitants des villes.
- Le prix de vente de l'eau potable ne rémunère pas complètement le service rendu
- Le prix du transport public ne rémunère pas complètement le service rendu

- Les engagements pris en matière d'augmentation de tarifs dans la durée sont en général difficiles à tenir pour des raisons sociales.
- Les fonds créés destinés à la maintenance et à l'exploitation de ce type d'infrastructure ne sont en général pas abondés dans la durée par le budget de l'État.
- Les inscriptions budgétaires nécessaires à la gestion dans la durée ne sont pas effectives
- Les concessions au secteur privé de certains services publics marchands demandent toujours un complément de financement de l'État qui n'est pas versé dans la durée.

En général, que le service soit concédé ou non, la plupart des projets intègre le fait que c'est à l'État d'assurer budgétairement le service rendu dans la durée exemples : financement d'un fonds routier, financement du déficit d'une entreprise de service public… Or, il s'avère que l'État éprouve de grandes difficultés à tenir ses engagements dans la durée en matière de financement partiel ou total de l'exploitation souvent déficitaire des investissements qui ont été financés par les bailleurs de fonds.

Conséquences

Premièrement, la durée et la qualité d'exploitation et de maintenance de ces infrastructures sont fortement réduites. Deuxièmement, certains projets, pourtant nécessaires et structurants, ne sont jamais réalisés faute d'une assurance dans la durée d'une exploitation et d'une maintenance de l'ouvrage assurées. Troisièmement, les sociétés publiques qui héritent de ces investissements voient leurs comptes dégradés par les coûts de la maintenance et de l'exploitation de ces investissements.

Proposition nouvelle de financement des infrastructures dans la durée (à discuter avec les autorités locales)

Le bailleur de fonds pourrait s'engager non seulement sur le financement de la partie investissement du projet (ce qu'il fait déjà) mais également sur le financement de la partie maintenance et exploitation dans la durée de l'infrastructure en cause. Donc, il conviendrait de dégager des fonds :

- Sur 5 ans pour financer l'investissement (comme actuellement)
- Sur 15 à 30 ans pour financer l'exploitation et la maintenance dans la durée de cet investissement.

Dans ce schéma, le montant total du projet financé par le bailleur de fonds n'est plus limité à l'investissement mais intègre également, quels que soient le mode d'exploitation, la maintenance et l'exploitation dans le temps jusqu'à la fin de durée de vie de l'investissement (15 à 30 ans).

La durée moyenne de vie du projet demeure maintenue à 5 ans mais un fonds cogéré par l'État et le bailleur de fonds, abondé durant la période de 5 ans (période d'investissement). Ce fonds permet le financement de la maintenance et de l'exploitation dans la durée (15 à 30 ans).

Si l'investissement est financé sous forme de prêt souverain, le montant du prêt couvre non seulement l'investissement mais également les dépenses d'exploitation et de maintenance dans la durée de l'investissement financé.

Si l'investissement est financé sous forme de subvention, le montant de la subvention couvre les dépenses d'exploitation et de maintenance dans la durée de l'investissement.

Avantages de cette approche

1) Le bailleur de fonds s'engage non seulement à financer l'investissement mais également sa maintenance et son exploitation dans la durée, sans trop extrapoler sur les efforts financiers nécessaires à venir de l'État dans ce domaine ou encore sur un relèvement des tarifs du service rendu qui rendrait l'exploitation de l'infrastructure plus équilibrée (eau, électricité, gestion des déchets, transports publics).
2) Le bailleur de fonds permet l'élargissement du volume des projets finançables en prévoyant dès le début les dispositions nécessaires pour permettre son exploitation dans la durée augmentation des tarifs, dotation budgétaire, financement des déficits d'exploitation… À titre d'exemple, le financement de la gestion des déchets urbains (déficitaire), le financement d'une centrale hydroélectrique (difficile en cas de tarifs d'achat de l'électricité trop bas), le financement de la distribution d'eau potable (tarifs trop bas) deviennent beaucoup plus aisés puisque le fonctionnement et la maintenance du service rendu sont financés dès le départ.
3) L'exploitation de ces infrastructures par des partenaires privés est facilitée (exemple : PPP non rentables). En cas de financement sous forme de prêt, l'État concerné se donne les moyens de financer la maintenance et l'exploitation dans la durée, sans extrapoler sur une augmentation des tarifs, sans anticiper sur des inscriptions budgétaires récurrentes par nature très aléatoires.

Exemples de projets en partenariat public/privé qui pourraient être financés en prêts souverains grâce à cette approche.

- Construction et gestion d'un barrage hydroélectrique par le secteur privé (contournement du blocage en matière de coût d'achat de l'énergie souvent trop bas par la société nationale d'électricité).

- Gestion des déchets solides d'un centre urbain par un concessionnaire privé (contournement de la non-rentabilité de ce type d'activité).
- Gestion par un opérateur privé de péage routier, de ponts à péages… (contournement du caractère parfois non rentable de ce type d'activité lorsque la maintenance de la route est intégrée).
- Alimentation en eau potable gérée par le secteur privé avec des tarifs (contournement du caractère non rentable de ce type d'activité si les tarifs de vente de l'eau sont trop bas).
- Mise en concession de services publics de transports urbains
- Entretien dans la durée d'investissements dans le secteur du drainage pluvial ou plus largement d'infrastructures qui sont principalement des centres de coûts.

Le soutien à l'énergie renouvelable

Les projets d'énergie renouvelable sont clairement les marqueurs de l'appui à la mise en place de nouveaux modèles de développement décarbonés. Des modèles qui sont éloignés de ceux des pays industrialisés. Des modèles qui sont éloignés de ceux des pays émergents. Ce sont donc des modèles à imaginer et à créer qu'il nous faut aider à mettre en place, spécifique à chaque pays, à chaque situation. C'est une opportunité extraordinaire pour les pays en développement car la notion de retard perd tout son sens. Ils partent d'une page blanche et leur propre modèle de développement est à créer, non pas en référence aux trajectoires des pays développés ou en développement, mais plutôt en fonction de leurs propres atouts, de leurs propres contraintes. Grâce à l'hydroélectricité, au solaire, à l'éolien… en prenant en compte les caractéristiques propres à chaque pays, il s'avère nécessaire de donner un appui plus systématique à la mise ne place de cette nouvelle source d'énergie car elle est à la base de l'émergence d'un nouveau modèle de développement décarboné.

Les énergies renouvelables sont maintenant performantes en matière de coûts de revient par rapport aux énergies traditionnelles panneaux photovoltaïques, éoliennes de grande dimension, hydroélectricité… Il suffit d'établir – la puissance publique des pays développés ou en développement — un tarif d'achat garanti dans la durée pour que les producteurs privés au côté du public s'investissent et modifient dans le bon sens de mix énergétique de chaque pays. La voie des appels à projets dans un univers concurrentiel et déréglementé est beaucoup moins porteuse d'investissements en nombre (voir sur ce sujet les travaux très intéressants et novateurs de Bernard Chabot, ancien ingénieur de l'ADEME et notamment (i) sa méthode TEC ou Taux d'Enrichissement en Capital, qui permet de procéder à des analyses économiques préalables à des programmes d'investissements industriels, spécialement dans le domaine des énergies renouvelables (ii) son article sur les énergies renouvelables dans l'encyclopédie universalis).

La création d'un fonds pour l'installation de jeunes talents

Il convient de retrouver un équilibre dans notre coopération internationale entre présence humaine sur place et financement du développement. La baisse drastique des effectifs de l'assistance technique dans les pays en développement a été trop massive. Il convient de regarnir notre présence sur place en incitant l'installation de jeunes talents (artisans, bac + 2, enseignants du supérieur, spécialistes en matière médicale, ingénieurs ou cadres). Ce serait également une opportunité donnée supplémentaire aux jeunes qui éprouvent des difficultés à s'insérer dans le marché du travail dans les pays développés de tenter leur chance à l'étranger. Le but est de faire de la politique de coopération internationale le fer de lance d'une présence humaine renforcée à l'étranger, synonyme de partage entre le Nord et le Sud. La création d'un fonds pour appuyer financièrement l'installation de jeunes talents dans les pays en développement serait un outil adéquat à créer.

Un instrument de financement long terme

Il nous manque un instrument de financement long terme, par exemple, pour les plantations forestières avec une durée et une période de différé plus longue. L'exploitation de la forêt naturelle posera de plus en plus de questions. Il convient donc de se tourner plus résolument vers le financement de plantations de massifs forestiers dont le retour sur investissement est plus long. La nécessité d'une période de différé plus longue est d'actualité.

Le développement des PME/PMI

Il nous manque un produit financier ou des mécanismes de financement permettant de financer le développement du tissu des petites et moyennes entreprises des pays en développement. En général, leur taille est trop petite pour les financements type des bailleurs de fonds tels que la SFI ou Proparco. De plus, elles se situent souvent à cheval sur le secteur formel et informel et n'offrent donc pas suffisamment de garanties pour être financées par des institutions de financement international. Or, c'est à ce niveau que se situent la croissance et l'emploi de demain dans les pays en développement. Dans son dernier livre, Jean-Michel Sévérino (Entreprenante Afrique, coécrit avec Jérémy Hajdenberg, 2016 Odile Jacob), fait à juste titre l'éloge du dynamisme des entrepreneurs africains qui constituent l'avenir de ce continent.

Afin que les bailleurs de fonds puissent toucher et appuyer ces nouvelles entreprises de petites tailles, il convient qu'ils acceptent de financer des fonds spécialisés dans le financement de ce type d'entreprises qui constituent le tissu économique d'avenir des pays en développement. Certes, les financements de ce type de contrepartie sont souvent plus risqués. Toutefois, si aucune structure de financement ne les appuie, on passe à côté de l'essentiel de l'activité économique de ces pays. L'enjeu est donc de taille et l'aide publique au développement doit pouvoir, mieux qu'hier, cibler ses appuis sur la petite entreprise.

Le recours à la mise en œuvre directe

Quand les structures de l'État ne sont plus en capacité de gérer l'aide ou que la corruption est trop forte pour confier des fonds aux circuits fiduciaires de l'État, il devrait être envisagé de faire en tant que bailleur de fonds de la mise en œuvre directe de l'aide, sans passer par les circuits de l'État. L'objectif est de pouvoir continuer à délivrer de l'aide aux bénéfices des populations même si les institutions de l'État sont en incapacité de gérer l'aide (urgence humanitaire ou sécuritaire, augmentation des capacités d'absorption, problèmes institutionnels). Le bailleur de fonds gère alors directement les fonds sans passer par l'État. La population ne souffre alors pas trop d'une incapacité institutionnelle à gérer correctement l'aide tout en augmentant les capacités d'absorption de l'aide du pays en cause. Ce recours à l'aide directe doit rester l'exception et répondre à des situations de crise bien définies.

Partie 2. Les études de cas : conception, réalisation, évaluation, exercices pratiques et corrigés

1. Développement urbain

1. Développement socio-urbain d'un quartier périphérique de la capitale du Burkina-Faso

Présentation de l'étude de cas

Le projet est localisé dans un pays pauvre, le Burkina Faso, faisant partie des pays les moins avancés (PMA). Sa population est passée de 4, 8 millions (m) en 1960 à 22 m en 2021. Le taux de croissance de sa population est de 3,2 % par an en 2022.

Sa capitale n'a pas accès à la mer. Elle rassemble près 2,45 millions d'habitants dans différents quartiers contre 59 000 habitants en 1960.

Objet	Bénéficiaires		Montant	Durée	Fin des travaux
	primaire	final			
Développement d'un quartier périphérique d'une capitale d'Afrique	Association française	Population du quartier	150 000 euros	3 ans	2 ans et 4 mois

Le projet se situe dans un des arrondissements périphériques de la capitale. La commune d'arrondissement de ce quartier se trouve dans la périphérie nord-ouest de la capitale. D'après son maire d'arrondissement, elle comptait environ 37 000 habitants deux années avant le commencement du projet et plus de 79 000 six ans après.

La population de ce quartier est pauvre. Nous ne sommes pas en centre-ville avec le bénéfice de toutes les infrastructures urbaines (goudron dans les rues, transports collectifs, raccordement aux réseaux d'eau et d'électricité).

La phase d'instruction du projet (identification, études préalables, convention de financement, répartition des rôles entre acteurs) a duré une année. La phase d'exécution technique et financière du projet a duré 3 ans.

L'approche intersectorielle du projet (santé, éducation, services urbains) et le ciblage de l'opération vers un arrondissement périphérique s'inscrivent parfaitement dans le processus de décentralisation engagé juste avant le démarrage du projet avec l'organisation d'élections municipales dans ce pays.

Ce projet de développement périurbain avait pour objectifs principaux de faciliter l'accès à l'eau potable, de promouvoir l'hygiène individuelle et collective et de protéger l'environnement. Ses actions s'articulent autour de six volets :

- Construction et fonctionnement dans la durée de 10 bornes-fontaines et dotation de 40 barriques à eau. Le fonctionnement des bornes-fontaines est assuré par une association de femmes.
- Construction et fonctionnement dans la durée de six dépôts intermédiaires d'ordures et d'une décharge définitive. Le fonctionnement de la collecte des ordures est assuré par une association de femmes
- Dotation de 10 charrettes de collecte d'ordures tractées par des ânes.
- Construction et fonctionnement dans la durée de 20 latrines à double fosse sèche ventilée et de points d'eau dans les écoles. Le fonctionnement des latrines et des points d'eau dans les écoles est assuré par les écoles.
- Aménagement et fonctionnement dans la durée de trois espaces verts. Le fonctionnement des espaces verts est assuré par une association de femmes.
- Campagne d'éducation sanitaire dans le quartier et les écoles.

Spécificité du projet

La spécificité de ce projet tient aux facteurs suivants :

- Il s'agit d'un petit projet par le montant réduit mis en œuvre.
- La maîtrise d'ouvrage est assumée par une ONG et non un bureau d'études comme c'est habituellement le cas pour les financements de bailleurs de fonds.
- L'ONG (association française) a la charge de l'exécution technique et financière du projet
- Le projet est situé dans les quartiers pauvres à la périphérie de la ville.
- Le projet s'appuie dans sa mise en œuvre sur des associations de femmes. Il a donc une forte dimension par rapport à la problématique du genre.
- Le projet s'intègre dans un processus de décentralisation voulu par l'État avec les acteurs suivants : l'État lui-même, les autorités de la capitale, la mairie d'arrondissement qui regroupe plusieurs quartiers dont le quartier concerné.

Responsabilité de l'exécution technique et financière
Maître d'ouvrage : association française
Maître d'œuvre : association française
Gestion du fonctionnement des infrastructures (bornes-fontaines, latrines, espaces verts, ramassage des ordures) est assurée par les associations de femmes.
Bénéficiaires directs : associations de femmes

Exécution du projet

Comme souvent dans ce type de projet d'un faible montant, l'association de développement prend en charge tous les rôles : maître d'ouvrage en définissant les actions, maître d'œuvre en organisant les chantiers, animateur des associations de quartiers. La rémunération d'un bureau d'études aurait été trop onéreuse pour financer une prestation de ce type.

L'État, la commune de la capitale et la commune d'arrondissement de ce quartier n'ont donc pas été associés directement à la mise en œuvre de cette opération. Seules, les associations de quartiers composées de femmes ont été les interlocuteurs permanents de l'association.

	PREVISIONS	REALISATIONS	ECART
Bornes-fontaines	10	13	3
Barriques	40	52	12
Dépôts intermédiaires d'ordures	6	6	0
Décharge permanente	1	0	-1
Dotation charrettes	10	10	0
Aménagement espaces verts	3	3	0
Construction latrines à double fosse et points d'eau (écoles)	20	16	-4

Les réalisations physiques ont bien souvent dépassé les prévisions fixées au départ. Sur le plan qualitatif, la conception des bornes-fontaines, des espaces verts et des latrines est satisfaisante. En revanche, les dépôts intermédiaires d'ordures paraissent avoir été mal étudiés par rapport à leur environnement : pas de sécurisation juridique du terrain de construction, fermeture des lieux au public inopérante, emplacement critiquable. De même, les postes d'alimentation en eau des écoles n'ont pas donné satisfaction. Ces postes ont été mal protégés de l'extérieur (les cours d'école sont souvent ouvertes) et ont donc été, pour certains, l'objet d'actes de vandalisme (robinets cassés).

Le budget prévisionnel de l'opération a été exécuté sans sortir de l'enveloppe prévue au départ (150 000 €). Les écarts par poste demeurent dans les limites admises. Sur place, le projet a procédé au recrutement d'animateurs qui ont été encadrés par deux expatriés de l'association de développement dont la rémunération était d'un niveau relativement faible. Il est en effet impossible de rémunérer une assistance technique extérieure provenant d'un bureau d'études avec un tel montant. Toutes les infrastructures du projet à l'exception des points d'eau et des latrines dans les écoles sont gérées par des associations de femmes selon un cahier des charges dont les modalités sont relativement précises.

Trois types de documents ont contractualisé le mode d'utilisation des infrastructures :

- Contrat de gérance des bornes-fontaines publiques entre les associations de femmes et la mairie d'arrondissement.
- Contrat de gérance des espaces verts entre les trois associations de femmes et la mairie d'arrondissement.
- Contrat de gérance de la collecte des ordures ménagères entre les trois associations de femmes et la mairie d'arrondissement.

Les bornes-fontaines, effectivement gérées par les associations de femmes, sont pleinement opérationnelles un an après la fin de leur installation. Elles donnent satisfaction aux populations bénéficiaires. Néanmoins, la mairie d'arrondissement ne s'implique pas du tout dans leur gestion. Son engagement contractuel n'est pas véritablement rempli.

La gestion des espaces verts par les associations de femmes est quelque peu chaotique. D'après les textes réglementaires, la mairie d'arrondissement est pourtant propriétaire en dernier ressort des infrastructures créées par le projet. Cependant, elle ne s'implique pas du tout (ou ne peut ou ne veut ?) dans leur gestion.

Le ramassage des ordures n'est pas effectué. Il s'agit du volet du projet qui fonctionne le moins bien. Des obligations ont été fixées à la mairie d'arrondissement alors qu'elle n'a aucune compétence et aucun moyen technique et financier en matière de ramassage des ordures.

Pourtant, d'après une évaluation réalisée à la fin du projet, les résultats de ce projet en termes d'impact étaient les suivants :

- 90 % des habitants de la zone lotie disposent d'eau potable.
- 100 % des écoles primaires sont équipées de latrines.
- 76 % des élèves d'âge scolaire sont sensibilisés aux problèmes sanitaires et peuvent boire de l'eau potable.

La visite de terrain effectuée lors d'une évaluation externe trois années après la fin du projet tempère quelque peu ces résultats :

- Les bornes-fontaines fonctionnent toujours correctement mais leur gestion par les associations (deux associations de femmes rencontrées) laisse à désirer. Les bénéfices réels de cette activité n'apparaissent pas clairement. Cependant, pour les populations qui bénéficient de ces infrastructures, l'impact demeure très positif. Les investissements faits par le projet (13 bornes-fontaines pour un total de 56 bornes-fontaines sur l'ensemble de l'arrondissement) montrent l'importance des effets du projet dans le secteur de la distribution d'eau potable aux populations les plus pauvres. L'accès à l'eau potable est donc possible pour 90 % des habitants comme le revendique l'association de développement.

- Les espaces verts souffrent des mêmes difficultés de gestion que les bornes-fontaines. Les associations ne connaissent pas véritablement leur point d'équilibre financier. De plus, le patrimoine à entretenir semble très lourd surtout si l'on compte l'arrosage obligatoire des lieux à la saison sèche. Deux des trois espaces verts fonctionnent encore correctement.

- Le volet ramassage des ordures s'avère un échec. Plusieurs raisons expliquent cette carence :

  Les dépôts intermédiaires ont été construits sans avoir l'assurance qu'un service municipal (mairie de la capitale) ou un service privé veuille assurer contre paiement l'évacuation des dépôts intermédiaires vers une décharge.

  La mairie d'arrondissement, qui a été rendue contractuellement responsable de cette opération, n'a aucune prérogative en la matière.

  La mairie centrale possède des engins d'enlèvement en nombre limité. Elle n'en dispose réellement que pour assurer le ramassage des ordures en centre-ville. Le ramassage dans les quartiers périphériques ne peut être réalisé par elle-même. Elle préfère de beaucoup que ce soit des privés qui s'en occupent, comme cela se fait assez naturellement dans la plupart des quartiers périphériques.

Le volet ramassage des ordures est donc à revoir. Les habitants de ces quartiers peuvent effectivement obtenir à partir de chez eux un service équivalent en termes de coût en faisant appel à des services de sociétés ou plutôt de personnes privées. Le maire de la capitale n'a pas les moyens d'intervenir dans les arrondissements périphériques.

Pour les écoles primaires, le projet avait procédé à deux opérations d'envergure : la mise à disposition de latrines et surtout la possibilité pour les élèves de boire de l'eau potable tout au long de la journée scolaire grâce à l'installation de points d'eau branchés sur le réseau municipal. Or, trois ans après la clôture de ce volet du projet, un nombre important d'établissements scolaires visités ne peut plus prétendre offrir ce type de service. Il s'agissait pourtant à l'évidence d'un des points d'application les plus intéressants et novateurs du projet. Il associait des objectifs de santé publique à des objectifs éducatifs pour une population qui représente l'avenir du pays. Les points d'approvisionnement en eau potable dans les écoles ont été victimes de vandalisme. En effet, ces points d'eau ne bénéficiaient pas d'une protection suffisante : absence de clôture autour des établissements scolaires, absence de gardiens de jour ou de nuit, pas de fermeture efficace du point d'eau. Les quelques points d'eau qui fonctionnent encore sont ceux qui bénéficient d'une protection adéquate : espace fermé dans les établissements privés, gardiennage de jour comme de nuit.

Sur le plan institutionnel, le montage du projet n'assure pas de manière satisfaisante la pérennité effective de ses activités. Certes, des associations sont toujours en activité pour gérer les espaces verts, un peu de collectes d'ordure et surtout les bornes-fontaines. Toutefois, le pilotage de ces activités est très approximatif. On peut craindre que lors des premiers investissements de renouvellement importants, les associations en charge n'aient pas les moyens d'en assurer le financement.

Juridiquement, ces infrastructures additionnelles sont devenues propriété de la mairie d'arrondissement. Toutefois, cette dernière n'en perçoit aucun profit financier immédiat puisque ce sont les associations de femmes qui les gèrent. La mairie d'arrondissement n'a donc pas pris réellement en charge ces nouvelles infrastructures. L'association de développement a bien essayé de l'associer mais après coup, une fois l'opération terminée. Ces investissements et leurs modes de gestion manquent de coordination avec les mairies d'arrondissement ou les services centraux de la mairie de la capitale. Les associations qui gèrent ces infrastructures sont relativement isolées depuis le retrait de l'association. Elles ne bénéficient que sporadiquement des appuis de la municipalité qui y voit plus une source de problèmes que de satisfactions : rien à inaugurer, pas de rentrées d'argent, mobilisation seulement quand il y a un problème à régler. La pérennité des activités n'est donc pas assurée. Cette lacune semble avoir été prise en compte dans le nouveau projet mené par l'association de développement dans un autre arrondissement périphérique de la ville.

Impact

Les associations de femmes sont les gestionnaires de ces nouvelles activités dans le quartier. Leur statut semble avoir considérablement bénéficié de l'action du projet. L'impact demeure difficile à mesurer mais il est certainement très positif. La solidarité affichée entre représentantes d'associations rencontrées trois années après le retrait de l'association mérite d'être soulignée. Une complicité se crée autour des activités qui touchent au bien-être des habitants. Dans ce quartier périphérique, les bienfaits de cette opération sont logiquement attribués aux femmes.

Toutefois, sur le plan financier, la gestion de ces associations doit retrouver rapidement un caractère plus rigoureux de manière à conserver à cette opération pilote une plus grande espérance de pérennité.

La durabilité de cette opération n'est donc pas assurée.

Enseignements et recommandations

- *L'importance du lien avec le milieu institutionnel pour des effets durables.* L'opérateur était une association française qui avait l'avantage de traiter à la fois des problèmes de santé et des problèmes d'hygiène tout en s'appuyant sur des associations de femmes. Ce projet, situé dans les quartiers pauvres, réunissait tous les ingrédients de ce qu'on appelle aujourd'hui un bon projet : lutte contre la pauvreté, amélioration du statut des femmes, impact sur la santé, l'hygiène et l'éducation, activités pérennes. Toutefois, la liaison avec le milieu institutionnel local était dès le départ quelque peu négligé : la mairie de la capitale et la mairie d'arrondissement n'étaient pas clairement associées au démarrage du projet. Elles se sont donc naturellement senties bien peu engagées lorsque l'association s'est retirée du quartier. Or, qu'il s'agisse de la collecte des ordures ou de la maintenance des équipements scolaires ou encore du fonctionnement dans le long terme de bornes-fontaines de quartiers, ces investissements ne peuvent perdurer que s'ils s'appuient sur des opérateurs stables. L'association de développement s'est dans un premier temps coupée de ces opérateurs naturels en préférant agir seule, en collaboration avec les associations de femmes. Après son retrait, on se rend compte qu'une bonne partie des actions qu'elle a lancées sont remises en cause, faute d'un rattachement institutionnel suffisant.
- *Le choix du bon interlocuteur.* En milieu urbain, surtout lorsqu'il s'agit d'une grande ville, la municipalité demeure un opérateur incontournable des projets de développement. Dès le départ, elle doit être associée puisqu'elle sera à terme le gestionnaire de fait des infrastructures réalisées et bien souvent en assumera seule la pérennité. Les priorités de la municipalité et sa zone d'intervention effective sont des variables qu'il convient d'intégrer dans le montage des projets. Dans ce pays, la mairie centrale de la capitale demeure un bon interlocuteur dans l'arrondissement central (compétence technique, recettes fiscales, équilibre financier). En revanche, les mairies d'arrondissement, qui sont bien souvent dépourvues de moyens humains et financiers, ne constituent pas encore des supports possibles de projets complètement efficaces.
- *L'amélioration des conditions de vie.* Le projet a incontestablement apporté un supplément de bien-être dans ce quartier périphérique. Le fonctionnement des bornes-fontaines, la création d'espaces verts, la fourniture d'eau et la construction de latrines ont amélioré les conditions de vie des populations les plus pauvres.

- *Le rôle des femmes.* Les femmes regroupées en association constituent les éléments moteurs de ce projet, ce qui leur donne un nouveau statut social ainsi que des revenus augmentant leur autonomie.

Quelque temps après l'évaluation ex-post

Le projet ne fait plus l'objet d'un suivi particulier de la part de l'association ou de la mairie de quartier. Les bornes-fontaines fonctionnent toujours et sont gérées par les femmes. Le fonctionnement des dépôts d'ordure est toujours très aléatoire. Les latrines et les points d'eau dans les écoles ont été l'objet d'une utilisation extérieure aux écoles, due au manque de clôture et de gardiennage de ces infrastructures, ce qui a engendré une forte dégradation. Deux espaces verts sur trois rencontrent des difficultés importantes.

Exercice proposé

Lire l'intégralité des éléments fournis dans la présentation de l'étude de cas.

1) Réaliser les différentes phases du cycle du projet de l'identification jusqu'à l'évaluation ex post y compris.
2) Que pensez-vous des effets de l'évolution de la population du Burkina-Faso, de Ouagadougou par rapport au projet ?
3) Quels sont les rôles joués par les différentes parties prenantes à l'opération (maîtrise d'ouvrage, bailleur de fonds, bénéficiaires finaux, maîtrise d'œuvre, prestataires) tout au long du cycle du projet ?
4) Quelles sont les mesures susceptibles d'assurer la durabilité du projet ?
5) Notation du projet. Pertinence des objectifs. Réalisations des objectifs. Efficacité du projet à mener à bien les réalisations envisagées. Efficience du projet (réalisations avec un bon rapport qualité/prix). Impact. Durabilité des opérations ?
6) Points forts ? Points faibles du projet ?

Corrigé du projet

1) Réaliser les différentes phases du cycle du projet de l'identification jusqu'à l'évaluation ex post y compris.

(1) La requête de financement. (2) Les études de faisabilité (incluant si besoin l'étude d'impact environnemental). (3) L'évaluation ex-ante. (4) Le passage du projet en conseil d'administration du bailleur de fonds. (5) La signature de la convention de financement. (6) L'exécution technique et financière du projet. (7) La fin de l'exécution du projet. (8) Le fonctionnement des opérations mises en place par le projet. (9) L'évaluation ex post du projet.

2) Que pensez-vous des effets de l'évolution de la population du Burkina-Faso, de Ouagadougou, par rapport au projet ?

La population du pays s'est accrue à une vitesse exponentielle depuis l'indépendance, sur tout le territoire et à Ouagadougou en particulier. Les défis pour l'État et son gouvernement sur le plan de la santé, de l'éducation, des infrastructures publiques sont immenses et particulièrement difficiles à relever. Le quartier du projet à équiper de services publics n'existait pas il y a dix ans. C'est à une explosion urbaine à laquelle nous assistons. On peut dire que ce déséquilibre démographique prononcé est un handicap plus qu'un atout pour le développement durable de ce pays et de cette ville.

3) Quels sont les rôles joués par les différentes parties prenantes à l'opération (maîtrise d'ouvrage, bailleur de fonds, bénéficiaires finaux, maîtrise d'œuvre, prestataires) tout au long du cycle du projet ?

La maîtrise d'ouvrage (association française) élabore la requête, participe à l'évaluation ex-ante, signe la convention de financement avec le bailleur de fonds, met en concurrence et choisit les prestataires du projet durant l'exécution technique et financière du projet (entreprises, fournisseurs, bureaux d'études), introduit avec l'aide de la maîtrise d'œuvre les demandes de décaissements de fonds auprès du bailleur de fonds, réceptionne le projet une fois terminé, répond aux questions posées lors de l'évaluation ex-post.

Le bailleur de fonds accepte la requête, finance les études préliminaires (faisabilité), réalise l'évaluation ex-ante en lien avec la maîtrise d'ouvrage, présente l'opération à son conseil d'administration, élabore et signe la convention de financement avec la maîtrise d'ouvrage, délivre son avis de non-objection (ANO) sur les processus de mises en concurrence organisés par la maîtrise d'ouvrage pour contracter avec les prestataires, décaisse les fonds durant l'exécution technique et financière du projet, finance la réalisation de l'évaluation ex-post.

La maîtrise d'œuvre du projet pilote le projet, contrôle la bonne exécution technique et financière du projet pour le compte de la maîtrise d'ouvrage, vise la conformité des demandes de décaissement des fonds introduites par la maîtrise d'ouvrage auprès du bailleur de fonds.

Les associations de femmes (bénéficiaires directs et finaux) participent à l'élaboration de la requête, participent aux études préliminaires, participe à l'évaluation ex-ante, prennent possession des réalisations du projet, font fonctionner dans la durée les réalisations du projet, répondent aux questions des évaluateurs ex-post.

Les prestataires du projet (fournisseurs de matériels, entreprises, bureaux d'études) répondent aux sollicitations de la maîtrise d'ouvrage pour fournir des prestations. La fourniture de ces prestations donne lieu à des marchés de gré à gré (pas de mise en concurrence), des marchés sur appel d'offres (mise en concurrence), des achats de petites fournitures après mise en concurrence de plusieurs prestataires (en général, trois factures proforma).

4) Quelles sont les mesures susceptibles d'assurer la durabilité du projet ?

Une implication beaucoup plus forte de la collectivité locale (mairie d'arrondissement), dès la requête de financement jusqu'à son implication dans la gestion dans la durée des prestations qui dépendent ou peuvent dépendre de son champ d'activité (ramassage des ordures, entretien des espaces verts, fonctionnement et maintenance des points d'eau) et des infrastructures créées par le projet qui sont juridiquement devenues la propriété de la mairie d'arrondissement (dépôts de ramassage des ordures).

Le financement de la maintenance des points d'eau doit être assuré par la mairie car les associations de femmes ne collectent pas les fonds nécessaires.

La refonte du volet ramassage des ordures de manière que les dépôts intermédiaires d'ordure soient positionnés aux endroits où la mairie pratique le ramassage.

5) Notation du projet

Pertinence des objectifs : très satisfaisante, action en faveur d'un quartier périphérique pauvre en coopération avec des associations de femmes et pour améliorer des conditions de vie. Participe à la lutte contre la pauvreté.

Réalisation des objectifs : très satisfaisante pour la distribution d'eau aux bornes-fontaines, peu satisfaisante pour le ramassage des ordures et l'eau potable en milieu scolaire.

Efficacité : très satisfaisante, toutes les opérations envisagées ont été menées à bien.

Efficience : très satisfaisante, les opérations engagées sont demeurées d'un coût acceptable.

Impact : certainement important en matière de bien-être et de lutte contre la pauvreté mais non mesuré.

Durabilité : peu satisfaisante, depuis le départ de l'ONG de l'arrondissement. Les différents volets du projet rencontrent de plus en plus de difficultés. La durabilité du projet n'est pas assurée.

6) Points forts ? Points faibles du projet ?

Points forts :

- Projet réellement centré sur la lutte contre de la pauvreté.
- Caractère participatif fort avec implication d'associations de femmes et savoir-faire d'une ONG sur un projet de faible montant.
- Innovation en matière de liaison entre une action en faveur de la santé et une action en faveur de l'éducation dans les écoles.

Points faibles :

- Faible pérennité de certaines actions.
- Accrochage insuffisant du projet avec les collectivités locales en charge du quartier.
- Gestion des actions du projet par les femmes, devenue aléatoire avec le temps.

2. *Restructuration de quartiers au Sénégal*

Présentation

Deux projets de restructuration de quartiers
Durée prévisionnelle des projets : 3 ans
Montant global des deux concours : 2,35 m€
Type de concours : subvention
Opérateurs : ONG

Le Sénégal est classé comme un pays à revenu intermédiaire de la tranche inférieure.

La population du Sénégal est passée de 3,2 millions (1960) à 17,3 m (2021). La population de Dakar s'est accrue : 300 000 hab. (1960) et 1,14 m (2021).

Deux projets pilotes de restructuration des quartiers de Fabo (1,83m.€) et de Ratoma (0,52 m€) ont été financés grâce à une subvention de 2,35 m€ octroyée par un bailleur de fonds au Sénégal. Les deux projets se situent dans les quartiers déshérités (bidonvilles) de Dakar. Ils s'adressent aux populations les plus pauvres. Ils sont a priori pertinents par rapport à un objectif de lutte contre la pauvreté.

Les projets mis en œuvre constituent une nouvelle approche de l'amélioration de l'habitat périphérique des villes. Plutôt que de tout raser et reconstruire des immeubles dans ces quartiers des années 1970, la nouvelle politique sur le terrain est beaucoup plus respectueuse des populations logeant sur place.

Elle vise principalement à améliorer progressivement les conditions de vie des habitants déjà installés en transformant leur cadre de vie.

Il n'y a donc plus de déplacement massif de population, d'expulsions, de changement sociologique des habitants après rénovation, mais plutôt l'engagement d'un processus d'amélioration du cadre de vie tout en maintenant sur place les habitants des quartiers réhabilités.

Les opérateurs de ces deux projets sont une association française et une association internationale.

Les communes d'arrondissement n'ont pas été sollicitées pour mettre en œuvre les projets car le processus de décentralisation n'avait pas encore abouti dans le pays à cette période.

Spécificité de l'opération

La spécificité de ces deux projets tient aux facteurs suivants :

- La maîtrise d'ouvrage et la maîtrise d'œuvre des projets sont assurées par des ONG.
- Les deux projets de restructuration/régularisation constituent une nouvelle approche de restructuration des quartiers périphériques qui ne passe plus par leur destruction et leur reconstruction au profit d'une population nouvelle.

On essaie plutôt de réhabiliter un quartier en conservant son habitat et ses habitants d'origine.

- Le projet exprime la volonté de travailler à terme avec les autorités municipales.

Le projet Fabo

Ce quartier de la capitale était composé de 1 400 parcelles occupées par des habitants ne possédant aucun titre foncier. Les principaux problèmes d'aménagement tiennent à l'enclavement du quartier (tracé de pénétrantes) et à l'absence d'eau et partiellement d'électricité. Les populations de ce quartier ne font pas partie des plus déshéritées : une moitié des habitations est mise en location par les propriétaires ; les maisons sont construites en dur (parpaing) à l'inverse d'un quartier voisin où la GTZ (assistance technique allemande appelée depuis 2011 GIZ ou Deutsche Gesellschaft für internationale zusammenarbeit) a réalisé juste précédemment un projet similaire. Pourtant au départ, le projet était présenté comme destiné à une population très pauvre. Dans la réalité, les plus pauvres sont extrêmement difficiles à prendre en compte dans les projets de développement car il s'agit d'une population peu stable géographiquement. Le quartier de Fabo est donc un quartier nouveau en pleine construction, proche de zones d'emploi. L'objectif du projet était d'assurer conjointement la viabilisation du quartier (aménagement du quartier en utilisant une méthode participative) et la régularisation des habitants (obtention d'un titre de propriété). La maîtrise d'œuvre du projet était assurée par l'association française.

Suivant la méthodologie mise au point par la GTZ, la première phase du projet était consacrée au recensement des ayants droit. Sont considérés comme des ayants droit les « propriétaires » de parcelles reconnus par le quartier, c'est-à-dire reconnus par les délégués de quartier, les notables, les sages lors des séances de vérification confirmant leur nombre à 1 300 personnes.

Le projet étant de type participatif, la définition du plan de restructuration a été assurée par l'association française en étroite collaboration avec les populations. L'organisation du quartier en groupement d'intérêt économique a permis l'adoption définitive du plan de restructuration de ce quartier en fonction des priorités et de la capacité réelle de ses habitants. Le principe a été maintenu de lier le niveau de financement des investissements par le bailleur de fonds à la capacité d'épargne du quartier.

Le projet Fabo prévoyait que les habitants versent près de 1,83 m€ de contributions. Si cette somme avait été versée par les populations, elle aurait permis de régler l'intégralité « des droits de superficie » (titres de propriété évalués à 0,73 m€) et une partie des coûts de viabilisation. Cette dernière serait revenue en partie dans les caisses de l'État pour réaliser ailleurs d'autres opérations de restructuration similaires. Un objectif de départ était donc que l'opération soit reproductible. Si l'on tient compte de la dévaluation de la monnaie locale et de la contribution plus forte que prévu du bailleur de fonds au préfinancement des dépenses de viabilisation, l'État aurait dû recevoir au minimum les 0,55 m€ prévus pour l'obtention de droits de superficie. Or, la participation financière des habitants est demeurée très faible (0,04 m.€). Les prévisions de recouvrement des coûts de viabilisation et du financement des droits de superficie sont donc bien loin d'avoir été réalisées.

La faiblesse de la participation financière des populations au projet s'explique pour les raisons suivantes :

- L'obtention d'un droit de superficie n'est pas un objectif en soi pour les habitants de ce quartier. Ils se sentent, peut-être à tort, déjà suffisamment sécurisés dans leurs droits de propriété par l'existence même du projet.
- L'absence de travaux après quatre années de démarrage du projet n'a pas motivé les populations à participer financièrement. En effet, les travaux ne pouvaient débuter que si au préalable la population participait financièrement : c'était une des conditions suspensives de mise en œuvre. Cette clause a considérablement retardé la réalisation.
- L'opérateur (association française) ne semble pas avoir réussi son travail de sensibilisation à la contribution financière. Les objectifs de départ en matière de collecte d'épargne étaient certainement surestimés par rapport à la capacité des habitants, même s'il ne s'agit pas d'une population très déshéritée. Le niveau minimal de contribution a été abaissé plusieurs fois afin de permettre le commencement des travaux : 1,83 m€ avant la dévaluation, puis 0,3 m€ après la dévaluation. Il a ensuite été diminué une dernière fois pour s'établir au montant de 140 000 €. Trois années après le démarrage du projet, le niveau de l'épargne demandé au quartier ne représentait plus que 15 % de l'objectif réajusté de collecte de fonds.
- Les effets de la dévaluation de la monnaie locale sur la capacité d'épargne de la population ont été négatifs puisqu'une grande partie des biens de consommation courante qui sont importés ont vu leurs prix fortement augmenter.
- 50 % de la population du quartier est locataire des parcelles et leurs propriétaires n'habitent pas dans le quartier de Fabo. Ces derniers sont difficiles à sensibiliser. Ils n'ont que très peu participé financièrement.

Au cours d'ateliers de planification et après concertation entre l'équipe projet et les habitants, les infrastructures communautaires suivantes ont été principalement définies comme prioritaires : mosquée, écoles, centres sociaux. Des parcelles ont été réservées dans le quartier pour leur réalisation future.

Les infrastructures d'assainissement n'ont pas été perçues comme prioritaires par le quartier car une grande majorité des concessions était déjà équipée d'un système sommaire d'assainissement individuel (fosses). La contribution de l'équipe projet s'est donc limitée à des conseils sur l'implantation et la construction des fosses. L'évacuation des eaux de ruissellement le long des voies revêtues a été intégrée dans les études techniques. Ainsi, les carrefours et les points bas de la voie structurante du quartier (voie principale qui dessert le quartier et qui le relie au reste de la ville) sont équipés de collecteurs et de puits perdus pouvant recueillir localement les eaux de ruissellement (ouvrages d'assainissement en cas de fortes pluies).

Comme les objectifs principaux de construction d'infrastructures ont été revus, l'électrification du quartier n'a pas été abandonnée, mais repoussée à une phase ultérieure. Il était envisagé de mettre en place des transformateurs ainsi qu'un réseau d'éclairage public qui puisse servir également de support au réseau d'alimentation des foyers. L'éclairage public est du ressort de la commune. Par conséquent, un montage financier entre l'association de quartier et la commune d'arrondissement était un préalable à la réalisation du réseau et la prise en charge des charges futures d'entretien et d'éclairage. Ce montage n'a jamais vu le jour.

Dans cet habitat dense, la création de voies impliquait pour beaucoup d'habitants que leur parcelle soit frappée d'alignement. L'équipe projet a mis au point une méthode participative pour gérer les recasements des populations expulsées.

Les indemnisations de recasement des ayants droit délogés ont été distribuées pour un montant total de 60 979,61 €. Cette partie du projet – libération de tout habitat de l'emprise nécessaire à la nouvelle voie de circulation - constitue la phase la plus réussie du projet. À l'inverse du projet GTZ voisin où les expulsions et les recasements ont finalement duré dix ans, le projet Fabo a su motiver financièrement les partants volontaires, à charge pour eux de se reloger à proximité ou ailleurs. La mise en œuvre de cette politique s'est effectuée avec succès et rapidement, en moins d'un an.

Cinq ans après de démarrage du projet, aucun droit de superficie n'est encore délivré dans le quartier alors que la régularisation (obtention d'un droit de propriété pour son logement) est le deuxième objectif du projet. Cependant, 15 % des ayants droit ont déjà constitué une épargne suffisante pour obtenir ce document. D'autres ont tout juste compris le sens de la démarche et commencent à épargner. Deux éléments perturbent le lancement de la procédure administrative d'obtention du droit de superficie : le numéro du titre mère de la zone doit être délivré par l'administration du Cadastre après bornage sur le terrain. Le bornage parcellaire du quartier dépend également de l'administration centrale. La proposition du projet d'effectuer le bornage du quartier dès la deuxième année n'avait pas été acceptée par les autorités locales. L'objectif de régularisation foncière n'est donc pas atteint. Une dynamique dans ce sens est lancée mais elle risque de retomber rapidement.

De même, les objectifs de viabilisation, troisième objectif du projet, n'ont pas tous été atteints. Les travaux ont démarré fort tard (4 ans après l'installation du projet) et demeurent très modestes (voies de circulation principalement). Ils apportent une première amélioration des conditions de vie dans le quartier. Cette modestie des travaux est due au lien de causalité trop étroit instauré entre les travaux à réaliser et le niveau de la participation financière des populations. Cette participation ayant été relativement faible, les travaux ont été limités.

Une voie de desserte du quartier, longue de 800 m, a été réalisée pour un montant de 20 000 €. Cette voie a été pavée et non latérisée comme prévu dans le rapport d'évaluation ex ante et ce pour deux raisons : ce procédé est mieux adapté à la qualité du sol, cette voie constituera le prolongement d'une voie financée par la GTZ dans un quartier avoisinant qui sera également pavée. Un tronçon de 3 km séparant les deux voies reste cependant à exécuter. La réalisation de cette voie a été définie en coordination avec l'administration locale.

L'aménagement du marché n'a été très partiel : bornes-fontaines (sur d'autres financements que le financement projet) et édicules publics (toilettes). L'agencement d'une aire de stockage des ordures n'a pas été effectué et le marché demeure difficile d'accès, bordé sur un de ses côtés par des détritus. L'organisation et la répartition des étals de vente n'ont pas été réalisées car, selon l'opérateur, lors des négociations avec les marchands, aucune solution n'a pu être trouvée, les souhaits exprimés étaient inconciliables. On voit là les limites d'une démarche participative pour réaliser des infrastructures de base. Quand un consensus minimum n'est pas trouvé, le processus se bloque.

L'exécution technique et financière du projet n'a donc pas été conforme aux prévisions. La durée du projet a été beaucoup plus longue que prévu. La date limite de mobilisation des fonds a dû être repoussée plusieurs fois, avec finalement trois ans de retard sur le calendrier initial. La participation financière des populations demeurant extrêmement modeste (40 000 €) contre 1,83 m€, les investissements de viabilisation ont été très faibles (bornage pour 33 081 € contre 1,19 m€ estimés dans la convention de financement). Des reliquats importants ont donc été annulés (760 000 €). En revanche, la phase de « déguerpissement » des habitants de certaines parcelles pour l'établissement de pénétrantes est une réussite.

En termes d'impact, les résultats du dépouillement de l'enquête menée sur place lors de l'évaluation auprès de la population (vingt-trois personnes interrogées) semblent indiquer un très fort taux de satisfaction des habitants pour cette première intervention. Ce jugement favorable tient à la fois à la mise à disposition d'infrastructures complémentaires mais également au passage pour les habitants à un statut de quasi-propriétaire. Les habitants n'ont pas reçu de titre de propriété mais ils considèrent que c'est tout comme. Le prix des parcelles s'est d'ailleurs considérablement réévalué depuis le début du projet (multiplié par 2).

Sur le plan social, l'apport du projet est sensible dans la création d'une dynamique de quartier qui demande cependant à être nourrie d'actions concrètes, une fois les investissements terminés.

Le projet Ratoma

Le quartier est une petite zone (moins d'un ha) enclavée dans le centre-ville de la capitale. Il est occupé par près de 1 200 personnes tirant l'essentiel de leurs revenus d'activités non salariées telles que la réparation automobile, la mécanique générale, l'artisanat de production, l'artisanat de services, le petit commerce et les emplois ménagers. Cette population occupait illégalement le terrain et était menacée d'expulsion. Avec l'appui d'une association internationale, les artisans au nombre de 120 ont entrepris des démarches pour rester sur place. Le terrain a finalement été acheté par l'État à une société privée pour un montant de 0,14 m€ (sur financement du projet) et concédé à l'association internationale pour une durée de 25 ans.

L'objectif du projet est de fournir aux artisans installés sur place des lots viabilisés dans un environnement amélioré par des équipements collectifs. Comme pour le projet Fabo, la méthode participative a été choisie. Les populations ont été questionnées plusieurs fois par des animateurs et ont participé à des réunions. Les objectifs du projet ont été fixés en étroite collaboration avec les populations, de même que les obligations qui en découlent pour elles. L'association internationale a assuré la maîtrise d'ouvrage et la maîtrise d'œuvre du projet.

Le recensement exhaustif de tous les occupants du quartier a été effectué normalement sur une période d'une année : le statut d'occupation, l'activité exercée et le nombre de personnes vivant sur la parcelle ont été déterminés. Ce recensement a permis d'obtenir une bonne connaissance des groupes socio-économiques et d'approcher la situation financière de chaque catégorie sociale. À la suite de ces résultats, l'association internationale a pu créer un système, hiérarchisé par catégorie, de cotisations pour "droit à occuper une parcelle".

Les travaux de viabilisation sommaire du terrain ont été ensuite réalisés : enlèvement des carcasses de voitures à l'entrée du quartier, construction de trois blocs sanitaires dont deux n'étaient pas encore opérationnels lors de l'évaluation, accessibilité à l'eau au sein d'un quartier qui était électrifié.

Aucun plan d'aménagement et de viabilisation n'a été mis en œuvre. Cette procédure a été rejetée de façon délibérée par l'équipe projet. Pour être conforme aux normes d'urbanisme, un plan d'aménagement aurait dû imposer le délogement des deux tiers des habitants ce qui aurait remis en cause l'objectif principal du projet qui était d'assurer une sécurité foncière pour les artisans installés.

De nombreuses réunions de concertation se sont déroulées régulièrement, animées par l'association internationale. Elles impliquaient les associations du quartier et les regroupements professionnels.

Des voies d'accès (sentiers de petite taille mais bien dégagés) ont été réalisées dans le quartier pour permettre à tous de circuler et de bénéficier facilement des services de base que sont les espaces communautaires, l'éclairage, l'eau, les soins de santé.

Un point d'eau approvisionne maintenant le quartier. Il décharge les populations, surtout les femmes et les enfants, d'une corvée quotidienne en eau potable. À l'accessibilité accrue s'ajoute une forte baisse des coûts : trois ans après le démarrage du projet, une bassine d'eau (15 litres) coûte 0,02 € contre 0,05 € un an plus tôt, avant l'installation du point d'eau par le projet.

Le ramassage des ordures est quotidien. Quatre personnes membres d'une « case de santé » pratiquent les soins primaires et orientent les patients, si besoin, vers d'autres structures. L'installation de branchements électriques assure l'éclairage domestique des habitants du quartier. Un point postal et un télécentre sont à la disposition des habitants.

D'autres infrastructures d'intérêt collectif ont été réalisées au bénéfice des artisans. Elles sont principalement regroupées dans la zone artisanale (laverie de voitures, fosse technique pour la réparation automobile, atelier de peinture automobile).

Les besoins en éducation sont satisfaits par des « formations de coin de rue » assurées par des animateurs de l'association internationale. Trois écoles de ce type délivrent un enseignement préscolaire et élémentaire, des cours de soutien scolaire et d'alphabétisation pour les enfants, les employées de maison et les artisans.

L'animation sociale dans le quartier est organisée par les « associations communautaires de base » ou habitants du quartier qui définissent des activités à réaliser.

La réussite ou l'échec du projet sur le plan financier tenait en partie au niveau de contributions des artisans permettant le cas échéant de reproduire dans d'autres quartiers des opérations de ce type. La participation financière des habitants et artisans est hélas demeurée très faible. Les prévisions des recettes pour chaque artisan (7,62 € par mois sur une période de douze mois, ils sont 120, soit un potentiel de cotisations mensuelles de 914,69 €) sont loin d'être réalisées : 89 €, soit moins d'un dixième des prévisions à la fin du projet.

Un protocole d'exécution des investissements du projet devait lier l'association internationale et l'administration, c'était une des conditions de démarrage des investissements. Pour des raisons administratives qui tiennent au mauvais fonctionnement de l'administration locale, celui-ci n'a été signé que trois ans après de début du projet.

Des « autorisations d'occuper et/ou d'habiter », documents non-officiels, ont été remises aux 252 attributaires du quartier en fin de projet par l'association internationale. On peut légitimement s'étonner d'une telle initiative, l'association internationale n'ayant aucune prérogative en la matière. Dans le même temps, les cotisations pourtant modiques (3 à 4 fois inférieures aux loyers perçus par les pseudo-propriétaires dans la période précédant le projet) qui donnent accès à ce droit, ont chuté de 477,32 € mensuels à 89,03 € en moyenne au cours de la dernière année du projet. Il y a parfois eu confusion entre les dépenses liées aux aménagements de viabilisation et celles destinées au bâtiment à usage collectif de l'association, tout proche du quartier. La partie donnant lieu à des travaux ou partie investissement a représenté 39 % des dépenses du projet, soit un montant bien inférieur aux sommes prévues dans la convention signée avec le bailleur de fonds.

L'utilisation de la méthode participative a eu un impact positif sur la vie du quartier : mise en œuvre d'aménagements utiles, viabilisation des parcelles, organisation des artisans en groupement. Une trentaine d'animateurs de l'association internationale a encadré et encadre peut-être toujours à plein temps ou à temps partiel le quartier. Cet appui est favorablement perçu par les habitants, pour leur action de formation professionnelle comme de sensibilisation sanitaire, de citoyenneté et d'éducation. Cette assistance de l'association internationale est cependant quelque peu surdimensionnée (un animateur pour quarante personnes). Elle n'est pas sans risque pour l'autonomisation future des populations, sans réduction progressive de cet appui.

En termes d'impact, les premiers résultats des enquêtes de terrain réalisées lors de l'évaluation ex post (40 personnes interrogées) montrent une grande satisfaction de la part des habitants. Les emplacements pour les artisans sont mieux agencés et mieux desservis. Chaque catégorie de métier est regroupée ce qui permet d'augmenter la clientèle. Cependant, une économie de dépendance vis-à-vis de l'association internationale semble s'installer progressivement dans le quartier. Les menuisiers fabriquent les tables et les bancs pour les gargotières et sont payés à 80 % par l'association internationale. La main-d'œuvre pour les gros travaux de nettoyage du quartier vient du quartier et est financée par le projet de l'association internationale. Les appuis aux activités économiques sont réalisés sous forme de travaux donnés aux artisans. C'est donc une économie qui tourne en circuit fermé. Elle dépend directement du soutien financier de l'association. Qu'en sera-t-il lorsqu'elle ne sera plus là ?

Sur le plan social, la population s'est fortement structurée et des aménagements sociaux ont été créés tels que « la case de santé » (chaque habitant cotise 0,30 € par mois), la crèche pour les enfants en bas âge, l'école et la poste.

Enseignements et recommandations

Le recours aux associations en absence de décentralisation. La mobilisation de deux associations pour conduire des projets dans le secteur du développement urbain s'explique en partie par la faiblesse du processus de décentralisation en général, des collectivités locales en particulier. Ces projets montrent qu'en l'absence d'une décentralisation suffisante, il reste possible de travailler avec les populations par l'intermédiaire des associations. Ce travail semble particulièrement fructueux sur le plan de l'animation des populations, de leur sensibilisation. L'opérateur associatif est particulièrement bien placé pour réaliser un travail de qualité dans ce domaine. Il lui est possible de rémunérer un bien plus grand nombre d'intervenants que ne pourrait le faire un bureau d'études international. Il existe donc une réelle complémentarité à définir entre un bailleur de fonds traditionnel qui finance, une maîtrise d'ouvrage qui programme les investissements physiques et une association qui maîtrise l'animation et la sensibilisation des populations.

La pérennité (durabilité) en question des actions entreprises par les associations. On s'aperçoit que le problème principal de ce type de projet est la pérennité des actions entreprises, une fois partie la structure d'appui. Dans le secteur urbain, les opérateurs qui ont une légitimité naturelle sont les collectivités locales (municipalité, mairie d'arrondissement, comité de quartier). Mais, travailler avec un opérateur de ce type ne se décrète pas. Tout dépend de ses compétences réelles, de l'état de la décentralisation dans le pays, des moyens dont il dispose. Aucun dogmatisme ne doit régner en la matière. Si un système centralisé fonctionne bien, pourquoi ne pas s'appuyer sur lui pour bâtir un projet de ce type ? Si le système centralisé ne donne pas satisfaction, si les collectivités locales ne peuvent pas encore devenir des partenaires fiables, il est possible d'avoir recours efficacement aux associations comme aux ONG.

Ne pas lier régularisation des occupants et viabilisation. Lier la phase de régularisation des occupants (processus administratif lent) et la phase de viabilisation du terrain n'est pas très opérationnel. L'obtention d'un titre de propriété et l'amélioration des conditions de vie dans un quartier répondent à des logiques différentes. L'obtention d'un titre de propriété dépend en effet de la célérité de l'administration locale. En revanche, les améliorations des conditions de vie (viabilisation) peuvent être beaucoup plus immédiates. Une fois les fonds réunis et les populations motivées, les travaux peuvent commencer très rapidement. Il est très difficile de mener ces deux opérations de manière conjointe. C'était certainement une faiblesse des deux projets d'avoir tenté de les mener de front.

Restructurer un quartier plutôt que le raser pour ensuite reconstruire. La politique de restructuration de quartier semble constituer un réel progrès. Elle a remplacé le bulldozer qui était le principal instrument de restructuration des quartiers utilisé dans les années 1970. Les populations subissaient un déplacement forcé sans réel espoir de se reloger sur place et les immeubles construits ensuite étaient peu adaptés aux conditions locales et aux moyens financiers des populations d'origine. À l'inverse, la politique de restructuration qui essaie d'améliorer les infrastructures d'un quartier existant en conservant la plupart de ces habitants semble une approche plus respectueuse des besoins des populations.

Les habitants des quartiers se contentent souvent d'une régularisation partielle. Aucun droit de superficie n'a été délivré aux habitants des quartiers de Ratoma et de Fabo. Ils semblent se considérer déjà suffisamment renforcés dans leur propriété par la présence d'un projet et n'éprouvent pas le besoin d'obtenir un droit de superficie. En outre, une régularisation complète de leur situation comporte à leurs yeux des risques qui ne sont pas à négliger : fiscalisation, cotisations accrues, difficultés à modifier son habitation sans autorisation administrative.

L'efficacité de la méthode participative. Les effets bénéfiques de la démarche participative sont réels : meilleure appropriation des infrastructures et renforcement du sentiment d'appartenance au quartier.

L'échec d'un mode d'autofinancement sans apport extérieur. Le mode de financement des investissements et le système de reconstitution automatique de fonds retenu pour permettre de reproduire ces opérations sans financement extérieur supplémentaire n'ont pas du tout fonctionné. La participation financière des populations au projet a été défaillante car les capacités financières de contribution des populations ont été visiblement surévaluées. Le niveau des contributions aux investissements des populations ne peut déterminer le volume des investissements à réaliser. La capacité contributive des populations dépend de leur revenu ou de leur capacité d'épargne qui n'a pas de lien direct avec les investissements à réaliser pour viabiliser un quartier donné.

L'objectif de reproduire d'autres projets de restructuration de quartier à partir des cotisations perçues sur les projets précédents de même nature semble trop ambitieux. L'effort financier des populations des quartiers restructurés devrait prioritairement porter sur l'entretien de leurs propres investissements.

La faiblesse des associations pour répondre à des demandes d'infrastructures complémentaires. Les apports de l'association internationale et de l'association française sur le plan de l'animation, de la sensibilisation, de la participation des populations sont satisfaisants. Toutefois, les projets de restructuration urbaine ne devraient pas se limiter à des actions de structuration du milieu humain. Les populations demandent également une amélioration des infrastructures. Or, l'intervention de l'association internationale ou de l'association française sur la partie investissement du projet est peu efficace (investissement mal maîtrisé) et peu efficiente (coût et temps élevés par rapport aux normes en la matière). Ces associations n'ont pas fait la preuve de leur capacité à maîtriser ce volet. En dépit de l'intérêt porté par les populations aux investissements matériels, les deux opérateurs choisis n'ont manifestement pas montré une motivation suffisante pour conduire dans de bonnes conditions ce type d'opération. C'est une des difficultés de l'intervention des associations dans les projets de développement. La phase d'animation et de sensibilisation des populations est très bien réalisée. En revanche, la maîtrise de l'investissement matériel est en général relativement faible.

Le départ de l'association signe souvent l'arrêt des prestations offertes par le projet. Sa durabilité n'est pas assurée. Le départ de l'association (quartier de Fabo) détermine souvent la fin d'un projet. L'appui de l'association internationale (quartier de Ratoma) est difficilement reproductible à l'identique. Son type d'intervention est tout à fait particulier. Grâce à sa trentaine d'animateurs, le quartier Ratoma paraît totalement investi par l'association dont les actions sont multiples et touchent à toutes les séquences de la vie des habitants : habitat, santé, éducation, formation, structuration, appui économique. Cette prise en charge complète n'est pas sans risques pour l'autonomisation future des différents acteurs.

L'importance d'une fiscalité locale. Le financement de la politique d'aménagement de quartier devrait s'appuyer idéalement sur une fiscalité locale. Les contributions spécifiques demandées aux populations de certains quartiers informels constituent un substitut possible, faute d'un recours possible à une fiscalité locale. Elles peuvent avoir l'inconvénient de privilégier des quartiers ou des populations qui ont les moyens de cotiser et donc qui ne font pas forcément partie des plus pauvres.

La commune, interlocuteur incontournable. Les opérateurs du projet. Il convient de privilégier la commune comme nouvel interlocuteur local dans la politique de régularisation puis de viabilisation des quartiers. L'évaluation de ces deux projets conduits par une ONG et une association, montre les limites de ce type d'organisation. Ce choix initial ne s'explique que par l'absence ou la défaillance des partenaires naturels que devraient être les communes qui ont devant elles la durée et une certaine légitimité.

Dans le secteur du développement urbain, les collectivités locales et plus particulièrement la commune sont tout à fait indiquées pour tenir le rôle de maître d'ouvrage. Toutefois, il convient de s'assurer que leurs moyens humains et financiers soient réellement à la mesure de cette tâche, ce qui n'est pas souvent le cas dans les pays pauvres en général. La décentralisation est un processus progressif. Les finances des collectivités locales sont trop faibles pour mener à bien des politiques de réhabilitation de quartier et même tout simplement des politiques efficaces d'entretien du patrimoine municipal. Ce qui nous rappelle la difficulté à trouver une maîtrise d'ouvrage efficace à laquelle l'ONG, l'association ou le bailleur de fonds puissent s'agréger pour bâtir un projet solide et durable.

La recherche d'une complémentarité entre associations et opérateurs classiques. Il convient de rechercher les complémentarités entre le savoir-faire des opérateurs classiques qui maîtrisent la conduite des investissements matériels et le savoir-faire des ONG ou des associations. Les performances de ces deux derniers types d'opérateurs sont satisfaisantes pour les parties animation, structuration et formation des populations de quartiers. Ce sont des activités pour lesquelles les opérateurs traditionnels n'ont pas généralement les compétences ou interviennent à des coûts trop élevés. Les bailleurs de fonds traditionnels doivent donc trouver les moyens de les associer aux projets lorsque l'animation, la sensibilisation et la participation des populations jouent un rôle important.

Un projet doit coller à la réalité du contexte. L'architecture d'un projet dépend étroitement du milieu dans lequel il doit s'implanter. Il faut donc se garder de tout dogmatisme. Si l'efficacité des communes n'est pas suffisante pour mener à bien dans l'immédiat ce type de projet, il ne sert à rien de vouloir absolument passer par un opérateur communal. Pour bâtir un projet, on doit partir du réel et non pas de l'image qu'on souhaiterait s'en faire. Si le processus de décentralisation n'est pas assez avancé, il faut peut-être passer par l'État, une association ou une structure créée à cet effet. L'évolution des potentialités d'un milieu donné est nécessairement un processus lent avec lequel il faut composer.

Exercice proposé

Lire l'intégralité de la présentation des projets et de leurs exécutions techniques et financières

1) Que pensez-vous de l'impact de la croissance démographique de cette ville sur le projet ?
2) Enseignements à tirer sur le plan de l'évaluation de projet ?
3) Enseignements sur la politique de viabilisation (conditions de vie) et de régularisation (titre de propriété) de quartier ?
4) Enseignements sur l'efficacité de la méthode employée (démarche participative, mode de financement) ?
5) Enseignements sur l'action des associations dans ce type de projet ?
6) Enseignements sur le mode d'intervention des opérateurs du projet (ONG, collectivité locale, maîtrise d'œuvre, entreprises) ?
7) Durabilité du projet ?
8) Notation du projet. Pertinence ? Réalisation des objectifs ? Efficacité ? Efficience ? Impact ?
9) Points forts ? Points faibles ?

Corrigé du projet

1) Que pensez-vous de l'impact de la croissance démographique de cette ville sur le projet ?

La population de la ville est passée de 300 000 habitants en 1960 à 1,1 million d'habitants (2021). Les besoins en infrastructures urbaines sont immenses et lourds à assumer pour la ville sur le plan budgétaire et technique. Face à cet accroissement exponentiel des besoins, on comprend que la tâche est rendue très difficile. Une croissance démographique plus modérée aurait facilité la marche de ce pays vers le développement durable.

2) Enseignements à tirer sur le plan de l'évaluation de projet ?

La mobilisation de deux associations est fructueuse sur le plan de l'animation de la population, sur la sensibilisation de la population aux actions proposées par le projet.

En revanche, le problème principal de ce projet demeure la durabilité des actions entreprises. Un lien avec les autorités locales (municipalité, mairie d'arrondissement) aurait été essentiel dès la phase d'identification du projet et ensuite dans la gestion des services rendus, une fois la structure projet retirée.

3) Enseignements sur la politique de viabilisation (conditions de vie) et de régularisation (titre de propriété) de quartier ?

Mener conjointement la phase de régularisation des occupants du sol et la phase de viabilisation du terrain n'est pas très opérationnel. Le temps administratif de l'obtention d'un titre de propriété est aléatoire et en général beaucoup plus long que le temps d'amélioration des conditions de vie des populations apportée par un projet. Il aurait mieux valu procéder en deux temps (régularisation administrative en premier puis viabilisation du terrain).

4) Enseignements sur l'efficacité de la méthode employée (démarche participative, mode de financement) ?

La démarche participative permet une meilleure appropriation des réalisations du projet par les bénéficiaires qui sont parmi les plus pauvres.

Le mode de financement récurrent, permettant la reconstitution automatique de fonds pour permettre de reproduire ces opérations sans financement extérieur ailleurs, n'a pas fonctionné. La faiblesse des capacités financières des bénéficiaires explique en grande partie cet échec.

5) Enseignements sur l'action des associations dans ce type de projet ?

L'action des associations est satisfaisante sur la partie animation et sensibilisation. En revanche, elle n'est guère satisfaisante sur le volet infrastructures du projet (investissements mal maîtrisés, coûts élevés et durée d'exécution très longue).

6) Enseignements sur le mode d'intervention des opérateurs du projet (ONG, collectivité locale, maîtrise d'œuvre, entreprises) ?

La collectivité locale est un interlocuteur incontournable de la phase d'identification à la phase de fonctionnement du projet. Une fois que l'ONG s'est retirée, c'est la collectivité locale qui sera en charge d'assurer la pérennité du projet en zone urbaine.

Un des objectifs majeurs de ce type de projet est d'arriver à faire de la collectivité locale un opérateur du projet (décentralisation et pérennisation).

La maîtrise d'œuvre du projet demande une certaine technicité (pas le cas de l'association) afin d'organiser la concurrence des fournisseurs de prestations mais également de s'assurer de la qualité à meilleurs coûts des prestations délivrées par les entreprises.

7) Durabilité du projet ?

Durabilité peu satisfaisante, les opérations menées ne semblent pas devoir survivre au départ éventuel des associations car la gestion des infrastructures de ce projet ne sera pas reprise par la collectivité locale.

8) Notation du projet. Pertinence ? Réalisation des objectifs ? Efficacité ? Efficience ? Impact ?

Pertinence des objectifs : satisfaisante, le projet essaie de mettre en œuvre une nouvelle politique de réfection de quartiers déshérités en conservant ses habitants originels qui sont pauvres.

Réalisation des objectifs : satisfaisante en matière de lutte contre la pauvreté. Peu satisfaisante en matière de réfection physique, peu satisfaisante en matière de régularisation des titres de propriété.

Efficacité (9) : peu satisfaisante, les projets ont duré plus longtemps que prévu, sans que les objectifs prévisionnels sur le plan des infrastructures soient atteints.

9 / Le concept d'efficacité est défini dans le glossaire.

Efficience (10) : satisfaisante pour les opérations réalisées dont les coûts sont demeurés dans le cadre des prévisions.
Impact : satisfaisant, les populations sont très satisfaites des projets, le prix du foncier dans les deux zones concernées s'est largement élevé.

9) Points forts, points faibles

Points forts :

- Respect des populations déjà installées sur place qui bénéficient directement du projet.
- Utilisation de la méthode participative par les associations.
- Bon travail des ONG d'animation et de suivi des populations.

Points faibles :

- Liaison artificielle entre une logique de réfection de quartier et une logique administrative de régularisation des titres fonciers.
- Faiblesse regrettable de l'implication des collectivités dans le projet dans une optique de décentralisation et de pérennisation des services, ce qui va de pair avec un surinvestissement des ONG sur le terrain.
- Pérennisation et reproductibilité des opérations non assurées.

3. Reverdissement de trois artères urbaines au Burkina-Faso

Présentation

Le projet se situe dans la capitale Ouagadougou du Burkina-Faso, un pays faisant partie de la catégorie des PMA.

La population du Burkina-Faso est passée de 4,8 millions (m) d'hab. en 1960 à 22 m en 2021. Le taux de croissance de sa population est de 3,2 % par an en 2022.

Sa capitale n'a pas accès à la mer. Elle rassemble près 2,45 millions d'habitants dans différents quartiers contre 59 000 hab. en 1960.

Objet	**Bénéficiaires**		**Montant**	**Nature**	**Durée**	**Début des travaux**	**Fin des trav.**
	primaire	**final**					
Reverdissement de 3 artères de la capitale	Agence maîtrise d'ouvrage déléguée	Commune	68 600 euros	Sub.	un an	n	n+1

10 / Le concept d'efficience est défini dans le glossaire.

Ce projet concerne la plantation d'arbustes et de fleurs sur trois artères majeures du schéma urbain. Les plantations ne concernent pas la mise en place d'ombrages sur le bord des voies. Elles visent plus précisément la plantation de terre-pleins centraux en petits arbustes et fleurs situés près de la Présidence et des principales administrations et ambassades. Il ne s'agit donc pas d'un quartier déshérité de la ville mais plutôt d'un quartier résidentiel. Un des objectifs de cet investissement était donc d'améliorer l'aspect de ces artères et donc l'attractivité de la ville juste avant l'organisation d'un sommet international.

Le coût du projet était évalué à 68 600 € dont 59 590 € pour l'investissement et 9 010 € pour les études, le contrôle et la maîtrise d'ouvrage déléguée.

Le projet appelé « Reverdissement de trois artères de la capitale » s'insère dans le cadre d'un programme plus vaste d'aménagement d'espaces verts dans la capitale qui se réalise petit à petit en fonction des financements disponibles.

Trois ans après la fin du projet, la commune s'est dotée d'un département spécialement chargé de l'aménagement des espaces verts urbains.

Spécificité du projet

La spécificité de ce projet tient aux facteurs suivants :

- Le montant du projet est très limité et ne permet pas de financer véritablement des études préalables.
- Son montage s'est réalisé très rapidement, avant l'organisation d'un sommet international, sans tenir compte des règles habituelles de mise en œuvre.
- La responsabilité de la maîtrise d'ouvrage a été assumée par plusieurs opérateurs successifs.
- L'objectif de l'opération était relativement limité et contestable.

Exécution technique et financière

Responsabilité de l'exécution technique

Maître d'ouvrage :	commune de la capitale
Maître d'ouvrage délégué :	agence d'exécution des travaux d'intérêt public
Maître d'œuvre :	association proche du ministère de l'Environnement
Structure d'exécution :	office d'exécution de l'État

Il s'agit d'une opération très spécifique. Sans appel à la concurrence, le maître d'ouvrage du projet (ministère de l'Environnement) a imposé un opérateur, l'Office d'exécution de l'État, pour réaliser les travaux. Or, cette structure était déjà passablement déliquescente au commencement du projet.

L'agence d'exécution des travaux d'intérêt public a accepté de réaliser la maîtrise d'ouvrage déléguée du projet. Toutefois, elle n'a pas procédé par appel à la concurrence, elle a accepté de contrevenir à toutes les règles habituelles de passation et de suivi de marché. En effet, l'ensemble des prestations demandées aux entreprises ont été attribuées de gré à gré. Or, cette agence avait justement été créée pour suppléer aux difficultés de l'État à assurer une maîtrise d'ouvrage qui respecte les règles de la concurrence.

Après la période de plantation des arbustes, les camions de l'Office chargés de les arroser sont très vite tombés en panne. Les plants ont été mis en terre mais les problèmes d'arrosage sont apparus un mois après. L'Office a donc très rapidement cessé son activité. Il a été remplacé par une société privée pour assurer la fin du marché, à savoir l'entretien des plants.

Prévisions/réalisations des investissements physiques (efficacité)

Une partie des plants choisis, les Ixora n'existait pas en quantité suffisante dans ce pays. On a donc dû en importer un certain nombre, mais les plants achetés à l'étranger n'étaient pas adaptés au milieu ; ils ont vite été perdus. On a dû très rapidement les arracher et les remplacer par d'autres espèces (Ficus benjamina et Bougainvilliers). Pour éviter un échec complet de l'opération, le Ministère de l'Environnement a repris en direct et à ses frais une partie de l'opération pour assurer l'entretien des terre-pleins. Près de la Présidence, le système d'arrosage des jeunes plants prévu par citernes n'était pas, semble-t-il adapté au lieu car trop contraignant pour la circulation. Le ministère de l'Environnement a finalement préféré un système d'arrosage automatique enterré, plus onéreux et qui a été finalement financé par l'État.

L'entretien de plants devait être repris par la mairie de la capitale. Cela n'a pas été le cas. Non associée dès le départ de l'opération, la mairie ne s'est jamais sentie liée par de quelconques engagements, elle n'a pas pris en charge la maintenance des plants.

Les populations riveraines des plantations, n'ont pas du tout été sensibilisées à la fragilité de ces jeunes plants.

Lors des saisons sèches, toute la ville souffre de problèmes d'approvisionnement en eau. Aucun dispositif n'a été prévu pour assurer un arrosage minimum dans les terre-pleins centraux.

Si les plantations ont bien eu lieu, la mise en œuvre de ce projet fait apparaître à tous les niveaux de l'exécution technique des défaillances importantes qui ont ruiné ses chances dès le départ.

En euros	Prévisions	Réalisations
Bailleur de fonds	68 600,00	65 314,00
Ministère de l'environnement	0	25 916,00
TOTAL	**68 600,00**	**91 230,00**

Le schéma de financement initial n'a pas été respecté. Le ministère de l'Environnement a dû s'impliquer financièrement pour tenter de sauver une partie de l'opération. Le tableau n'intègre pas la totalité des dépenses complémentaires occasionnées à l'administration par les nombreux ratés du projet. En effet, l'État a remplacé plusieurs fois les plants qui avaient été arrachés (non conformes) ou étaient morts (faute de pluie ou d'arrosage). La défaillance de l'Office de l'État et son remplacement par une société privée ont également entraîné des débours financiers importants qui ne sont pas comptabilisés dans ce tableau.

L'objectif de reverdir les terre-pleins de préférence à planter des arbres sur le bord de ces mêmes artères n'est pas neutre dans l'évolution défavorable de cette situation. Dans le premier cas, on réalise une simple opération de prestige. Dans le second cas, les arbres sur la bordure des grandes artères procurent de l'ombre, sont plus faciles à entretenir et favorisent les petits commerces ou les activités de rue, toujours friands de coins ombragés.

Enseignements et recommandations

Le non-respect des études préalables et du cycle du projet. Ce projet est un échec mais on apprend parfois davantage des échecs bien analysés que des pseudo-réussites dont on préfère taire les insuffisances. Il s'avère aussi facile de rater un petit projet que d'en rater un gros. Petit projet ne veut pas dire que l'on peut s'exonérer de certaines règles en matière de mise en œuvre : l'appel à la concurrence pour choisir les opérateurs, la définition claire des responsabilités de chacun, l'utilité réelle pour les populations des actions ou des investissements projetés, l'assurance d'une pérennité, une fois le projet terminé. Ces conditions n'étaient pas réunies lors du lancement du projet. Le montage de ce projet était mal assuré dès le départ. Le recours à des opérateurs désignés, l'utilisation à contre-emploi d'une maîtrise d'ouvrage déléguée, la non-réalisation d'études préalables ont fortement contribué à son échec.

Le caractère non prioritaire de l'opération choisie. L'action envisagée n'avait pas un caractère prioritaire. Il s'agissait d'une action d'embellissement de la ville qui organisait des manifestations internationales, alors que des problèmes d'habitat insalubre se posent partout. En revanche, beaucoup d'artères importantes de cette même capitale ne sont pas bordées d'arbres. Or, l'ombrage aurait été très utile dans un pays au climat parfois torride une longue partie de l'année.

Les risques liés à des investissements de prestige. Les investissements de prestige sur les terres pleins de grandes artères de centre-ville ne devraient pas faire l'objet d'une priorité d'intervention au titre de la solidarité internationale et en matière d'environnement urbain. Dans ce même secteur, la plantation d'arbres sur le bord extérieur des artères semble avoir un impact beaucoup plus sensible et positif sur les populations ou les usagers qui vivent ou se déplacent à proximité de ces infrastructures.

Exercice proposé

Lire attentivement l'intitulé du projet et son exécution technique et financière

1) Quelles sont les lacunes du projet qui expliquent son échec ?
2) Comment aurait-il fallu procéder (cycle du projet) ?
3) Durabilité du projet ?
4) Notation du projet. Pertinence des objectifs ? Réalisation des objectifs ? Efficacité ? Efficience ? Impact ?
5) Points forts ? Points faibles du projet ?

Corrigé du projet

1) Quelles sont les lacunes du projet qui expliquent son échec ?

Il s'agit d'une opération de prestige. Il ne s'agit pas d'une opération prioritaire. L'appel à la concurrence pour choisir les opérateurs, la claire définition des responsabilités de chaque partie prenante au projet, la désignation d'une institution chargée d'assurer la maintenance des actions du projet n'étaient pas au rendez-vous. Ce projet semble avoir été monté dans la précipitation dans le cadre de la tenue d'une manifestation internationale.

2) Comment aurait-il fallu procéder (cycle du projet) ?

Il aurait fallu respecter le cycle du projet à savoir : une requête, des études préalables ponctuées par une évaluation ex-ante, et surtout trouver une institution publique à même d'assurer la maintenance de ce reverdissement de certaines artères de la ville.

3) Durabilité du projet ?

Durabilité très incertaine sans l'engagement de l'État à assurer le financement de la maintenance de ces investissements de prestige.

4) Notation du projet. Pertinence des objectifs ? Réalisation des objectifs ? Efficacité ? Efficience ? Impact ?

Pertinence des objectifs : très peu satisfaisante, l'embellissement des avenues de prestige d'une capitale ne devrait pas faire partie des priorités d'intervention de financements au titre de la solidarité internationale.

Réalisation des objectifs : très peu satisfaisante, une seule des trois artères a encore un terre-plein planté quelques mois après la fin du projet.
Efficacité : très peu satisfaisante, les réalisations projetées n'ont pas été atteintes.
Efficience : très peu satisfaisante, les coûts finaux sont bien plus élevés que ce qui était prévu au départ.
Impact : très faible.

5) Points forts ? Points faibles ?

Points forts : aucun.
Points faibles :

- Études préalables et mise en œuvre du projet défaillantes.
- Objectifs du projet non prioritaires et mal définis.
- Faiblesse de l'appel à la concurrence.
- Non-respect du cycle du projet
- Pas de durabilité pour ce projet

4. Complexe sportif au Burkina

Présentation

Le projet se situe à Ouagadougou, capitale d'un PMA.

La population du Burkina-Faso est passée de 4,8 millions (m) en 1960 à 22 m en 2021. Le taux de croissance de sa population est de 3,2 % par an en 2022.

Sa capitale n'a pas accès à la mer. Elle rassemble près de 2,45 millions d'habitants dans différents quartiers contre 59 000 habitants en 1960.

Le financement approuvé par le bailleur de fonds est un exemple intéressant de coopération décentralisée (action de coopération mise en œuvre par des collectivités locales) associant le conseil général d'un département français, une ville française et plusieurs bailleurs de fonds.

Bénéficiaires		**Montant**	**Durée**	**Fin des travaux**
primaire	**final**			
Commune	Commune	213 425 euros	2 ans	n+2

La capitale est peuplée à 60 % de jeunes de moins de 30 ans. Face à la demande très forte en matière de loisirs et d'équipements sportifs de base, la commune n'est en mesure de mettre à disposition des populations que quatre centres sportifs.

Situé dans un secteur central de la ville, ce programme global d'aménagement d'un centre sportif comprenait :

- L'aménagement des voiries et des réseaux divers autour du site.
- La construction d'un mur d'enceinte autour du complexe sportif.
- La réhabilitation du terrain de jeu déjà existant à savoir une aire de football.
- La création en dur à côté du football de terrains de volley-ball, de basket-ball, de hand-ball et de tennis.
- La réalisation de paillotes, loges, vestiaires, boutiques et cafétéria.
- L'aménagement d'aires de stationnement pour automobiles et cycles.
- La construction de gradins.

Le financement du projet n'a porté que sur les trois premiers volets énumérés ci-dessus. Les autres volets devraient être financés ultérieurement.
Les objectifs du projet étaient les suivants :
- Apporter à la population du quartier une possibilité de pratiquer le sport dans de bonnes conditions.
- Bâtir un complexe sportif qui puisse équilibrer ses comptes et être géré comme une entreprise privée afin de ne pas peser sur les finances de la ville.

La subvention du bailleur de fonds et des autres partenaires (ville et département français) a été affectée au financement du terrain de sport engazonné, à l'assainissement et aux voies d'accès dont les travaux ont été réalisés par la main-d'œuvre locale.

Montant en euros	**Budget**
Tennis	12 195,00
Terrain de sport gazonné	33 538,00
Clôture	70 126,00
Voirie et réseaux, assainissement	68 602,00
Appui maîtrise d'œuvre et contrôle travaux 8 %	15 244,00
Divers imprévus 10 %	13 720,00
TOTAL GENERAL en euros	**213 425,00**

Spécificité du projet

La spécificité du projet tient aux facteurs suivants :
- La volonté de privatiser un investissement public
- Un projet piloté par la coopération décentralisée.
- La gestion par la municipalité d'un investissement sportif.
- La rénovation d'un quartier de la ville autour d'un centre sportif.
- Le financement d'une infrastructure non essentielle à la vie des riverains.

Exécution technique et financière

Les travaux ont été réalisés sous forme de travaux à haute intensité de main-d'œuvre par des entreprises locales :

- Entreprise de la capitale pour l'aménagement du terrain de football et notamment son engazonnement. Après appel d'offres, le marché a été signé. Il a été résilié 8 mois plus tard pour défaillance. Une autre entreprise locale a repris le marché.
- Entreprise locale pour la réfection des voies et la construction des caniveaux. Après appel d'offres, le marché a été signé pour un montant de 35 654 €.

La main-d'œuvre employée sur le chantier a représenté 119 ouvriers pour 7 450 journées de travail.

Les travaux prévus ont été réalisés dans les règles de l'art. La défaillance d'une entreprise pour l'engazonnement du terrain de football n'a pas entraîné de préjudice qualitatif sur cette partie du marché qui a été fort bien reprise par une autre entreprise. La durée initiale prévue pour le projet a été respectée.

Une seconde tranche de travaux qui n'était pas intégrée au premier financement de l'opération, qui n'était pas intégrée à la programmation initiale, a consisté à rajouter l'éclairage sur le stade et autour du stade. Cette seconde tranche a permis également que le pavage du terrain de sport en dur permettant de pratiquer le basket, le hand-ball et le tennis à proximité de la pelouse du terrain de football.

Analyse du plan de financement

En euros	**Prévisions**	**Réalisations**	**Ecarts**
Bailleur de fonds	64 028,00	64 028,00	0,00
Autofinancement (municipalité)	64 028,00	471 045,00	407 017,00
Ville française	15 244,00		
Département français	30 489,00	91 759,00	6 390,00
Autre bailleur de fonds	39 636,00		
TOTAL	**213 425,00**	**626 832,00**	**413 407,00**

Les apports en autofinancement de la municipalité sont nettement plus importants que prévu puisque le volume des travaux a dépassé les prévisions initiales. Il est donc délicat de faire une comparaison entre prévisions et réalisations financières.

Fonctionnement du projet

Le complexe sportif semble apprécié des utilisateurs. Il s'agit d'un des seuls stades relativement ouverts au public qui ait une véritable pelouse toute l'année et soit utilisable en nocturne, ce qui évite de souffrir de la chaleur dans une ville Ouagadougou où la température est souvent supérieure à 40 °C.

En phase d'exploitation, un problème d'arrosage est apparu à la période de sécheresse car la pompe qui alimente le château d'eau ne fonctionnait pas correctement. La pompe a été remise en service et tout est rentré dans l'ordre.

Toutefois, d'après le planning d'utilisation, seules quatre à cinq associations ont réservé des horaires fixes à l'année pour disposer du terrain d'entraînement de football. Ce sont les seules sources stables de revenus du complexe sportif. Des groupes occasionnels utilisent à titre gratuit les installations (fêtes, manifestations sportives, particuliers).

Les installations sont gérées par les services municipaux en la personne du directeur de l'action culturelle et de la promotion du sport. Pour l'utilisation des terrains, la tarification (prix payé pour l'utilisation du terrain en nocturne ou en diurne) adoptée par délibération du conseil municipal n'est pas très explicite. La location du terrain de football pendant la journée ne fait pas l'objet d'une tarification spécifique et logiquement inférieure à la tarification demandée pour une utilisation en soirée. Les prix pratiqués pour l'utilisation des terrains annexes (basket, handball, tennis) ne sont précisés qu'au cas par cas. En revanche, la tarification du terrain de football en nocturne est bien spécifiée.

La gestion du complexe sportif n'a pas été transférée à un opérateur privé, comme cela était prévu dans le document de projet. L'engagement particulier de la commune par rapport à la convention de financement établie avec le bailleur de fonds principal n'a donc pas été respecté. La commune prend toujours en charge l'entretien et le fonctionnement du complexe. Les services techniques s'occupent de la maintenance. Une société de maintenance des installations (enviro-service) est rémunérée pour s'occuper de la pelouse. Cette société ne semble pas donner satisfaction car son coût est élevé. Son contrat qui est arrivé à échéance un an avant l'évaluation n'était toujours pas renouvelé lors du passage de la mission d'évaluation.

Le compte d'exploitation du complexe sportif n'a jamais été établi par les services municipaux. Une rapide reconstitution de ce dernier fait pourtant apparaître un très fort déséquilibre.

En recettes :

- 14,40 €/an en année d'exploitation pour les cotisations d'adhérents (quatre associations). Cette même tendance est confirmée pour l'année n +1.
- 762,20 €/an promis pour de la publicité dans le stade par une société de distribution de boissons. Le contrat a bien été signé mais l'argent n'a toujours pas été versé.

En dépenses :

- 15 244 €/an de factures d'électricité. Cette somme n'était pas connue explicitement par la commune. Elle a dû être reconstituée après enquête auprès des services de la recette municipale et de la direction des affaires financières.
- 7 985 €/an pour l'entretien du complexe par la société de service.
- 1 097 €/an pour les salaires des deux gardiens.

À ces dépenses, il faudrait bien entendu ajouter l'amortissement normal d'un tel investissement qui a coûté dans les 0,69 m€ et dont la durée de vie peut être estimée à 50 ans, soit 13 720 €/an. Une reconstitution rapide d'une partie du compte d'exploitation (exercice qui n'a jusqu'à présent jamais été tenté par la mairie) fait apparaître un très fort déficit d'exploitation. On ne voit pas comment un privé pourrait vouloir exploiter de telles infrastructures.

Afin d'amoindrir les charges, il faudrait réfléchir à une meilleure répartition entre les frais imputables à l'éclairage public municipal et les frais imputables à l'éclairage du complexe sportif. Il faudrait peut-être également adopter une tarification de l'électricité à prix coûtant pour une utilisation nocturne. En effet, l'électricité pour l'éclairage constitue le premier poste de dépenses.

Impact

Il est difficile de mesurer avec exactitude l'impact d'un tel investissement. Si l'on prend en considération les populations potentielles qui peuvent se servir de ces nouvelles installations à un coût abordable pour les utilisateurs, il est certain que le complexe sportif répond à un besoin réel des habitants de la capitale qui n'avaient pas accès à un terrain de football gazonné. Toutefois, si l'on comptabilise le nombre d'associations qui utilisent régulièrement les installations et qui sont inscrites sur le planning de réservation à l'année, le nombre de réservations apparaît comme relativement modeste puisqu'il ne représente que quatre ou cinq réservations par semaine.

S'agissant de l'impact sur le quartier (il s'agissait autrefois d'une zone particulièrement insalubre, proche d'une bouche d'évacuation d'égout à ciel ouvert et mal fréquentée), deux années après la fin du projet, le quartier est assaini. Les travaux du complexe sportif sont en partie responsables de cette amélioration. La création à proximité d'un théâtre à ciel ouvert qui forme avec le complexe sportif un ensemble de loisirs a modifié l'image du quartier. L'impact de cette opération est donc sensible. L'amélioration des conditions de vie des populations qui vivent à proximité de ce complexe est réelle.

Durabilité

La durabilité du complexe dépend entièrement de la permanence de l'appui financier de la municipalité à son entretien et à son exploitation. Le maire de la capitale se dit déterminé à soutenir le fonctionnement de ce complexe dans la durée à des tarifs abordables pour l'ensemble de la population. Il en fait un enjeu social pour la jeunesse de la capitale. Selon lui, cette infrastructure représente pour les populations à revenus intermédiaires la seule possibilité de pratiquer un sport de ballon dans de bonnes conditions. L'équilibre financier de l'exploitation du complexe semble pour lui secondaire, bien qu'il s'agisse au départ d'un des objectifs forts du projet.

Enseignements et recommandations

Le recours à la coopération décentralisée comporte des forces et des faiblesses. Au chapitre des forces, on peut noter l'innovation que représente le choix du financement d'un stade sportif. Ce ne sont pas habituellement les cibles habituelles des financements par les bailleurs de fonds. Au chapitre des faiblesses, on constate que le cycle du projet n'a pas été respecté. Les objectifs en matière de gestion du complexe sont loin d'être atteints. Le projet demeure uniquement un projet d'investissement et non un projet d'investissement et de fonctionnement.

Une programmation initiale non respectée. L'ajout d'une deuxième tranche de travaux, non prévue au départ, s'est avéré lourde de conséquences. L'ajout de l'éclairage de nuit, très coûteux en matière de dépenses, ne permettait plus d'espérer équilibrer financièrement l'opération.

La mauvaise appréciation des charges de fonctionnement. Le fait significatif de cette évaluation, ce sont les charges récurrentes supportées par la municipalité pour permettre le fonctionnement de nuit de ces installations sportives. Les charges sont très lourdes pour des retombées qui s'avèrent somme toute relativement modestes. Les quatre équipes inscrites à l'année qui s'entraînent le soir sont les seules à bénéficier véritablement de cet effort financier important pour l'ensemble de la collectivité.

L'équilibre financier introuvable. L'équilibre financier du complexe ne pourra jamais être atteint avec de tels coûts de fonctionnement. Cet objectif de départ du projet semble avoir été complètement abandonné par le maire. Les projets doivent être adaptés aux besoins exprimés par les populations mais aussi aux possibilités financières d'entretien des gestionnaires qui en héritent. Dans le cas présent, l'argent de la municipalité serait peut-être mieux utilisé dans des secteurs prioritaires comme l'éducation et la santé.

La faiblesse du nombre des associations inscrites. Le complexe sportif est ouvert au plus grand nombre. C'est une réussite technique et un exemple intéressant de coopération décentralisée. Cependant, le nombre d'associations inscrites sur le planning hebdomadaire d'utilisation reste trop limité (quatre à cinq par semaine seulement).

La faiblesse de la gestion du complexe. La gestion du complexe et son équilibre d'exploitation ne sont pas satisfaisants. Les règles de gestion ne sont pas clairement définies. Une comptabilité d'exploitation n'a jamais été mise au point. La gestion privée du complexe qui avait fait l'objet d'un engagement écrit de la part de la mairie de la capitale en est toujours au stade de la déclaration d'intentions. Les dépenses d'exploitation sont bien supérieures aux recettes. Le fonctionnement du complexe pèse donc lourdement sur les finances de la municipalité.

L'utilisation du complexe la nuit semble incompatible avec un équilibre d'exploitation tant les dépenses d'éclairage sont élevées.

Un an et demi après la fin des travaux, le complexe est toujours opérationnel et la pelouse du terrain de football demeure en bon état. Toutefois, la mairie qui s'était pourtant engagée à trouver un opérateur privé pour gérer le complexe continue d'assurer cette fonction.

Quelque temps après l'évaluation ex-post

La situation globale n'a pas évolué. L'équilibre financier n'est toujours pas atteint. Le plus gros poste de dépenses demeure l'éclairage. Par manque de financement, les extensions initialement prévues n'ont pas été construites. L'évacuation des eaux en saison des pluies est insuffisante. Le stade enregistre toujours une demande d'utilisation croissante et la pelouse est toujours verte. Sa gestion est assurée en direct par la Mairie qui équilibre les comptes.

Exercice proposé

Lire attentivement la présentation du projet et son exécution technique et financière

1) Qu'est-ce qu'à apporter l'intervention de la coopération décentralisée ?
2) La programmation initiale de l'investissement n'a pas été respectée : avec quelles conséquences ?
3) Comment serait-il possible d'équilibrer les comptes de l'exploitation du complexe sportif ?
4) Le plan de financement a-t-il été respecté ? Pourquoi ?
5) Quelle mesure peut-on faire de l'impact de ce projet
6) La durabilité du projet est-elle assurée ?
7) Notation du projet. Pertinence des objectifs ? Atteinte des objectifs ? Efficacité ? Efficience ?
8) Points forts ? Points faibles du projet ?

Corrigé du projet

1) Qu'est-ce qu'à apporter l'intervention de la coopération décentralisée ?

Le transfert d'un certain savoir-faire par des acteurs locaux du Nord (conseil général, municipalité) dans la gestion d'un complexe sportif constitue le premier élément. Le fait de prioriser une intervention au titre de la solidarité internationale sur l'amélioration de la pratique du sport, ce qui n'est pas habituel dans les priorités des bailleurs de fonds, est le second élément.

2) La programmation initiale de l'investissement n'a pas été respectée : avec quelles conséquences ?

La programmation initiale ne prévoyait pas l'éclairage de nuit du complexe et de ses alentours. Or, il s'agit du poste de dépenses le plus élevé de l'exploitation du complexe. Ce changement de programmation est donc lourd de conséquences, sur l'équilibre financier du complexe, sur sa reprise éventuelle par un opérateur privé.

3) Comment serait-il possible d'équilibrer les comptes de l'exploitation du complexe sportif ?

Une reconstitution d'une partie du compte d'exploitation fait apparaître un important déficit d'exploitation. En recettes, 776,40 € par an. En dépenses 24 326 €/an auquel il convient d'ajouter les dépenses d'amortissement du complexe que l'on peut évaluer à 13 720 €/an. Le complexe sportif ne peut équilibrer ses comptes qu'en bénéficiant d'une forte subvention.

Une manière de réduire les dépenses serait de mieux répartir les charges imputables à l'éclairage public (charges communales) et les charges imputables à l'éclairage du complexe sportif (charges d'exploitation du complexe sportif).

L'éclairage du complexe sportif, permettant la pratique la nuit lorsqu'il ne fait pas trop chaud, coûte très cher en électricité. Si le complexe n'était praticable que de jour, son utilisation serait certainement moins importante mais plus durable sur le plan financier.

4) Le plan de financement a-t-il été respecté ? Pourquoi ?

Le plan de financement prévu n'a pas été réalisé. Le coût de réalisation du complexe est passé de 213 425 € (prévisions) à 626 832 €, soit un surcoût de 413 407 €. Ce surcoût est essentiellement dû à l'intégration d'une seconde tranche de travaux qui n'était pas prévue au départ à savoir : l'éclairage autour du stade, le pavage du terrain de sport en dur permettant la pratique du basket, du hand-ball et du tennis.

La presque intégralité du surcoût a été financée par la municipalité.

5) Quelle mesure peut-on faire de l'impact de ce projet ?

L'impact du projet est difficile à mesurer. Le nombre d'associations inscrites sur le planning de réservation ne fait apparaître que 4 à 5 réservations mensuelles.

On peut espérer que la pratique du sport sur ce complexe est plus large que ces simples réservations.

L'impact sur le quartier est très sensible. Autrefois zone insalubre et mal fréquentée, elle est devenue une aire de loisirs avec la pratique du sport et l'implantation d'un théâtre.

6) La durabilité du projet est-elle assurée ?

La durabilité du projet dépend de la permanence de l'appui de la municipalité sur le plan de la maintenance comme sur celui du financement. Les comptes sont trop déficitaires pour prévoir le transfert à une gestion privée, comme cela était prévu au départ.

7) Notation du projet. Pertinence des objectifs ? Atteinte des objectifs ? Efficacité ? Efficience ? Impact ?

Pertinence des objectifs : peu satisfaisante, on peut s'interroger sur le degré de priorité d'un tel investissement avec une utilisation de nuit relativement modeste en nombre d'utilisateurs payants (les utilisateurs non payants doivent être bien plus nombreux), entraînant une exploitation déficitaire.

Atteinte des objectifs : satisfaisante sur le plan de l'infrastructure, peu satisfaisante sur le plan du fonctionnement dans la mesure où la gestion d'un tel complexe ne sera jamais équilibrée financièrement. C'est même un poids financier qu'on laisse à la charge des finances locales.

Efficacité : peu satisfaisante, les investissements projetés ont bien été réalisés mais on s'est progressivement largement écarté du projet initial (programmation modifiée) qui ne prévoyait pas l'éclairage nocturne des installations.

Efficience : satisfaisante, les coûts des prestations réalisées sont restés conformes aux prévisions.

Impact : relativement limité vu le faible taux d'utilisation des installations. Sensible sur l'amélioration de la vie dans le quartier. Sensible en négatif sur les finances publiques de la collectivité

8) Points forts ? Points faibles du projet ?

Points forts :

- Aménagement de tout un quartier et non pas simplement d'un centre sportif.
- Recours à la coopération décentralisée.

Points faibles :

- Projet évolutif de plus en plus coûteux en termes d'entretien.
- Faiblesse du taux d'utilisation.
- Charges importantes pour les finances de la ville.
- Durabilité non assurée faute d'équilibre financier

5. Travaux urbains à haute intensité de main-d'œuvre en zone urbaine au Bénin

Présentation

Les opérations de travaux à haute intensité de main-d'œuvre (m.o.) dans les centres urbains ont été lancées à grande échelle un peu partout dans les PMA. Leur premier objectif était d'atténuer les effets sociaux pour les plus pauvres des programmes d'ajustement structurel. Le Bénin fait partie des PMA. Sa population est très pauvre. À Cotonou, elle vit principalement du commerce grâce à la présence d'un marché de niveau régional proche du Nigeria dont le pouvoir d'achat est conséquent. La plupart des appuis récents à ce pays dans le secteur des infrastructures urbaines sont réalisés par l'intermédiaire d'une Agence d'Exécution des Travaux (AET). Créée au démarrage des projets, l'AET assure la maîtrise d'ouvrage déléguée de ce type de programme pour le compte de l'État mais aussi parfois pour le compte des collectivités locales.

Cette structure a été initiée par la Banque mondiale. Cette institution considérait à cette époque que pour mettre en œuvre des projets dans de bonnes conditions d'exécution, il fallait mieux passer par des agences d'exécution (maîtrise d'ouvrage déléguée) que les maîtrises d'ouvrage elles-mêmes considérées comme trop faibles. Les défenseurs de telles structures comme la Banque mondiale indiquent qu'on trouve là une manière opérationnelle d'exécuter des travaux dans de bonnes conditions, même dans les zones où la maîtrise d'ouvrage est faible. Les adversaires de telles structures indiquent que l'on affaiblit encore plus les maîtrises d'ouvrage que l'on devrait pourtant renforcer en créant des États dans l'État et en pillant de ses meilleurs éléments les administrations qui se retrouvent du même coup exsangue. Le financement dans la durée de cette structure est également une donnée importante à considérer. L'État et/ou la collectivité locale concernée pourront-ils se substituer à la Banque mondiale ?

Les trois projets financés successivement par le bailleur de fonds ont les caractéristiques suivantes :

	Objet	**Montant**	**Durée**	**Zone géographique**
Projet I	Travaux de voirie dont pavage et assainissement	910 000,00 €	2,5 ans	Deux villes dont la capitale
Projet II	Travaux de voirie dont pavage et assainissement	910 000,00 €	4 ans	La capitale économique
Projet III	Travaux de voirie dont pavage et assainissement	2 290 000,00 €	3 ans	Deux villes

Ces trois projets ont eu la même maîtrise d'ouvrage (ministère de l'Intérieur et ministère de l'Habitat). L'AET a assuré pour sa part la maîtrise d'ouvrage déléguée. Le recours à une maîtrise d'ouvrage déléguée s'explique par la faiblesse de la maîtrise d'ouvrage.

Les travaux ont été réalisés selon une même procédure initiée par l'AET :

- Sélection d'un maître d'œuvre après appel à la concurrence sur liste restreinte parmi les bureaux d'études locaux.
- Séparation des prestations en plusieurs lots de travaux et des opérations connexes (audit, expertise technique) afin de favoriser la concurrence entre les sociétés locales.
- Choix des entreprises par appel d'offres ouvert aux petites entreprises locales du bâtiment et des travaux publics.
- Supervision technique des travaux assurée par un ingénieur conseil.

Les projets urbains à haute intensité de main-d'œuvre poursuivaient les objectifs suivants :

- Encourager la création d'emplois pour une main-d'œuvre non qualifiée ou peu qualifiée en favorisant le développement d'entreprises locales du bâtiment et des travaux publics, d'une part, en améliorant le savoir-faire de la main-d'œuvre employée et la compétitivité des entreprises chargées de la réalisation des chantiers, d'autre part.
- Remettre en état la voirie et l'assainissement très dégradés dans les centres-villes.
- Inciter les riverains ou usagers urbains à participer financièrement à la remise en état, puis à l'entretien régulier des infrastructures.

Spécificité des projets

La spécificité des projets tient aux facteurs suivants :

- L'utilisation de la haute intensité de main-d'œuvre pour lutter contre les effets de l'ajustement structurel.
- La lutte contre la pauvreté et sa compatibilité avec une participation des bénéficiaires.
- L'intervention de la maîtrise d'ouvrage déléguée pour pallier les insuffisances de la maîtrise d'ouvrage.

Exécution des projets

Les études préliminaires n'ont pas respecté les formes habituelles du cycle du projet. Les études de faisabilité et les évaluations « ex ante » n'ont pas été réalisées. Cette carence tient au démarrage rapide des opérations et au fait que leur exécution était jugée relativement aisée sur le plan technique. La rapidité du démarrage était largement due au fait que l'AET créée par la Banque mondiale n'avait toujours pas de travaux à exécuter ce qui la fragilisait dès sa naissance. En conséquence, le montage du projet s'en est trouvé perturbé puisqu'il n'a pas été établi de situation de référence qui aurait permis de mettre en valeur et de quantifier précisément les nombreux impacts des projets sur les deux villes.

L'exécution des trois projets est satisfaisante puisque les travaux réalisés sont supérieurs aux travaux estimés (efficacité) en demeurant dans l'enveloppe financière initialement prévue (efficience). Certaines des clauses des conventions de financement signées entre le bailleur de fonds et la maîtrise d'ouvrage n'ont pas été totalement respectées. Ainsi, l'adoption d'un programme prévisionnel, accepté par l'État, le bailleur de fonds et éventuellement l'AET, ne s'est pas réalisée malgré un engagement contractuel de ce type. De ce fait, la maîtrise d'ouvrage a été dans l'incapacité de proposer un programme cohérent de travaux. Il s'est donc opéré une substitution de partenaires entre l'État et l'AET qui s'est mise à négocier le programme directement avec le bailleur de fonds, ce qui dépasse normalement ses attributions et confirme qu'il est bien difficile de déléguer une maîtrise d'ouvrage. Même si l'on admet que l'AET est qualifiée pour proposer des travaux de voirie, cela implique que les Ministères concernés sont complètement sortis de l'exercice de programmation. Le projet devient alors un projet de l'AET proposé à un bailleur de fonds, ce qui n'est pas souhaitable. De plus, les projets envisagés se déroulent dans des villes importantes. Des autorités municipales existent. Il est primordial qu'elles soient également associées à ce type de programmation car ce sont elles qui auront à gérer les infrastructures dans la durée. De la manière d'associer les principaux intéressés à l'élaboration d'un projet dépend en partie la qualité de son insertion dans son milieu et sa pérennité.

Les grands objectifs des projets sur le plan quantitatif ont été réalisés à savoir : l'amélioration des infrastructures de voirie des deux centres-villes (10 460 mètres linéaires (ml) de chaussées réalisées avec assainissement pour les trois projets réunis contre 9 572 ml prévus), la mobilisation de nombreuses petites entreprises locales du bâtiment et des travaux publics (bureaux d'étude locaux, entreprises), la participation des riverains au financement d'une partie des travaux, mais également des circonscriptions urbaines pour un montant total de 0,75 m€ pour les trois projets, soit plus de 15 % du budget global de ces opérations. En revanche, les riverains des voiries réhabilitées ne participent toujours pas financièrement à la maintenance de ces investissements, alors que c'était prévu dans les conventions de financement entre l'État et le bailleur de fonds.

Le fonctionnement de l'AET est demeuré exemplaire durant toute la durée des projets. Cette association a parfaitement contrôlé les travaux qui lui ont été confiés par l'État. Ses rapports avec les entreprises et la puissance publique ont été régis par des règles strictes, ce qui a engendré une grande efficacité dans la réalisation des travaux. Toutefois, cette réussite exemplaire a entraîné progressivement un certain effacement de la maîtrise d'ouvrage. L'AET s'est alors engagée dans un dialogue direct avec les bailleurs de fonds qui, certes, s'est avéré très opérationnel, mais qui allait bien au-delà des missions d'une maîtrise d'ouvrage déléguée. Ce n'est pas l'effet recherché puisqu'on assiste alors à une fragilisation encore plus grande de la maîtrise d'ouvrage.

Impact

L'impact de ces projets a été difficile à apprécier puisque, mis à part le volume de travaux exécutés et le nombre d'hommes/jour employés pour réaliser les travaux, aucune mesure d'impact n'a été effectuée sur le terrain. Cette situation n'est pas satisfaisante car un des objectifs du projet était d'améliorer les conditions de vie des populations qui subissaient socialement les programmes d'ajustement. Or, dès le départ, le projet ne se donne pas les moyens de mesurer cet impact. Seule une enquête auprès des bénéficiaires (circonscriptions urbaines, entreprises locales, riverains, maîtrise d'ouvrage) trois années après la fin des projets tente d'apporter une réponse à cette question.

Il ressort de cette mini-enquête les points suivants :

- L'impact des projets est très positif pour les riverains qui ont vu leurs conditions de vie ou d'exercice professionnel s'améliorer grandement. Le prix du foncier bâti dans les quartiers touchés par ces travaux se réévalue fortement (parfois doublement).
- Les circonscriptions urbaines tirent des infrastructures nouvelles de voirie une amélioration d'image non négligeable, qui a sa contrepartie en matière d'implication dans la programmation, la gestion et l'entretien de ces infrastructures.
- Les entreprises (bureaux d'études, entreprises du bâtiment, fournisseurs de matériel) sont très satisfaites de leur collaboration avec l'AET. Leur dépendance en termes de chiffres d'affaires reste cependant forte vis-à-vis de ces programmes de travaux. Elles ne trouvent que peu d'autres chantiers. L'entrée permanente de nouveaux concurrents sur ce marché freine parfois la structuration progressive et positive de ces entreprises (passage de l'informel au formel). Les règles de mise en concurrence font que l'entreprise la moins-disante qui répond au cahier des charges techniques est systématiquement retenue. Cette procédure réduit les manipulations possibles dans le choix des entreprises retenues. Les travaux sont correctement suivis. En revanche, on ne favorise pas complètement et bien involontairement la structuration des entreprises. En effet, la plupart de ces entreprises proviennent du secteur informel. Une fois qu'elles sont retenues par l'AET pour réaliser des travaux, elles se rapprochent progressivement du secteur formel, ce qui aboutit à augmenter leurs coûts. Elles ne sont donc plus complètement compétitives par rapport aux autres entreprises intéressées par les nouveaux appels d'offres de l'AET susceptibles de les faire entrer sur ce marché très disputé. Ainsi, une rotation importante s'instaure entre les entreprises. Le juste équilibre entre ces deux contraintes, clarté des procédures pour protéger la maîtrise d'ouvrage déléguée et structuration du

milieu des entreprises, est donc extrêmement difficile à trouver. La structuration d'entreprises dans un milieu ouvert ne serait possible que si le volume des chantiers offerts devenait important et relativement indépendant des financements extérieurs. Ce n'est pas le cas dans ce pays.

- Les effets des projets sur l'environnement sont significatifs : assainissement amélioré, poussières dégagées par les voiries lors de passage des véhicules en nette diminution, pollution urbaine en réduction.

En revanche, il n'a pas été possible de porter d'appréciation autre que qualitative sur l'amélioration des conditions de transport et de circulation dans les deux agglomérations.

Le choix de privilégier la participation des riverains aux travaux d'infrastructures a plutôt orienté la programmation des projets vers des quartiers résidentiels ou de commerçants aisés, qui ne sont pas toujours prioritaires pour l'aménagement urbain. Dans l'optique de motiver les populations pour ce type de travaux, ces projets avaient effectivement prévu de leur demander une contribution financière. Pour satisfaire cette exigence, on s'est du même coup éloigné en partie de l'appui aux habitants les plus pauvres qui ont le plus souffert des programmes d'ajustement structurel. Seul l'emploi de la main-d'œuvre peu qualifiée dans des petites entreprises peut être assimilé à de la lutte contre la pauvreté. Le champ des investissements s'est involontairement réduit à des zones résidentielles plutôt qu'à des zones qui sont des enjeux d'amélioration de la circulation ou d'aménagement urbain équilibré.

Les priorités d'aménagement urbain de la ville ou des Ministères concernés sont passées au second plan. C'est pratiquement de la participation des riverains qu'a dépendue, in fine, le choix de la zone des travaux à effectuer. Le présupposé non démontré qu'un bon projet est un projet où les populations bénéficiaires participent financièrement a donc privilégié les populations qui sont en mesure de contribuer au financement du projet au détriment d'une politique raisonnée d'aménagement urbain, notamment en faveur des plus pauvres.

Durabilité

La durabilité des infrastructures du projet et de l'AET semble assurée à moyen terme. Toutefois à long terme, l'application des réformes sur la décentralisation qui devrait procurer une place beaucoup plus importante aux exécutifs municipaux demandera une redéfinition des attributions respectives, de la maîtrise d'ouvrage assumée par l'État, de l'AET et des nouveaux acteurs que deviendront progressivement les collectivités locales. À long terme toujours, le financement de l'AET (assuré en partie par la Banque mondiale) et le transfert des compétences de l'AET à une structure publique ou privée devront être envisagés. La pérennité de l'AET ne doit pas être conditionnée à un appui financier de la Banque mondiale.

Enseignements et recommandations

L'impact institutionnel de l'engagement d'un bailleur de fonds dans un projet. L'implication rapide du bailleur de fonds dans le démarrage des opérations a permis de mettre en fonctionnement la structure AET dans ce pays qui n'avait reçu jusqu'à présent aucun financement à gérer.

Les effets bénéfiques du HIMO sur le tissu des entreprises locales. Les projets à haute intensité de main-d'œuvre ont atteint et même dépassé leurs objectifs en termes physiques et en termes d'appui au développement des petites et moyennes entreprises du secteur du bâtiment et des travaux publics.

L'action positive d'une agence de travaux, maîtrise d'ouvrage déléguée. L'AET a conduit de manière satisfaisante la maîtrise d'ouvrage déléguée des travaux en respectant un cahier des charges précis en ce qui concerne les procédures de préparation, d'exécution, de suivi et de paiement des prestations.

Le choix du moins-disant en matière d'appel d'offres a des avantages et des inconvénients. La règle du moins-disant a le très grand avantage de clarifier les procédures d'attribution de travaux entre les entreprises. Il a l'inconvénient de privilégier des entreprises dont la compétitivité provient en grande partie de leur caractère informel. L'objectif de structuration du milieu des entreprises du bâtiment et des travaux publics n'est donc pas complètement atteint. Toutefois, c'est la contrepartie nécessaire à un bon fonctionnement de la maîtrise d'ouvrage déléguée. Elle peut en effet mieux résister à toutes les pressions qui ne manqueraient pas de s'exercer si elle avait la possibilité de choisir le mieux disant et non le moins disant. Cette règle stricte la protège de ce type d'intervention.

Les effets pervers d'une demande de participation financière des riverains aux travaux. La participation des riverains au financement des travaux, voulue par le bailleur de fonds (permet d'alléger les coûts, permet de s'assurer de l'intérêt des populations pour l'infrastructure, permet une appropriation en termes de maintenance et d'entretien), a plutôt orienté la programmation des interventions vers des zones résidentielles ou très commerçantes. Les autres bailleurs de fonds s'intéressant au secteur urbain de ces deux villes ont pour leur part privilégié le financement des grandes voies de communication de la ville dans un souci d'amélioration de la circulation pour tous et notamment les plus pauvres.

L'objectif de lutte contre la pauvreté partiellement atteint. L'objectif de lutte contre la pauvreté notamment pour les populations ayant souffert de l'ajustement structurel n'est donc atteint que dans la partie travaux effectués et main-d'œuvre employée. Les entreprises de main-d'œuvre qui effectuent les travaux bénéficient des projets. Les plus pauvres employés dans ces entreprises en profitent. En revanche, les bénéficiaires finaux des projets (les résidents) qui sont les principaux bénéficiaires dans la durée ne font guère partie de cette catégorie sociale.

La programmation des investissements doit s'établir sur des critères d'opportunités en termes d'amélioration de la circulation et de lutte contre la pauvreté et non sur des critères de participation des riverains ce qui favorise finalement les quartiers aisés. On voit ici les effets pervers, dans certaines circonstances, du choix d'implantation des investissements exclusivement liés à la participation financière des populations. La participation financière des populations à un projet est un gage de réussite pour le projet. Toutefois, elle ne doit pas détourner les investissements projetés des populations les plus nécessiteuses ou des quartiers qui en termes de circulation ou de bien-être collectif ont le plus besoin de rénovation.

Le délicat équilibre entre maîtrise d'ouvrage permanente et maîtrise d'ouvrage déléguée temporaire. Le rôle assuré par l'AET dans la programmation des travaux s'est révélé plus important que prévu. Son dynamisme allié à la faible implication de la maîtrise d'ouvrage explique cette prise de responsabilité progressive, même dans la programmation des travaux.

Le renforcement des capacités (ou des compétences) des maîtrises d'ouvrage devrait être l'objectif central d'une approche satisfaisante en matière de développement. Les agences d'exécution ne peuvent avoir qu'un rôle transitoire pour pallier les insuffisances que l'on doit considérer comme temporaires des maîtrises d'ouvrage qui sont les seules à pouvoir assumer réellement la programmation des projets (choix des investissements et de leurs lieux d'implantation). Ce mode de réalisation de projet en milieu urbain devrait à terme reposer sur une maîtrise d'ouvrage assurée par les collectivités locales concernées.

L'importance du suivi évaluation du projet. Un suivi évaluation intégrant des mesures d'impact sur le milieu (entreprises, municipalités, riverains) devrait être systématiquement intégré à ce type de projet.

Anticiper l'arrivée d'un nouvel acteur, les collectivités locales. L'application prochaine des lois sur la décentralisation dans ce pays va projeter les municipalités comme de nouveaux acteurs incontournables en matière de programmation et de gestion des infrastructures urbaines. Le positionnement de ces municipalités vis-à-vis de l'État comme vis-à-vis de l'AET doit être particulièrement étudié afin de conserver la meilleure efficacité possible dans la conduite de ce type de projets.

Quelque temps après l'évaluation ex-post

L'AET est toujours en activité. Elle a pris la forme d'une société anonyme, ce qui montre que cette structure tend vers l'autonomie financière. Elle continue d'exécuter des projets dans le domaine du bâtiment et des travaux publics pour le compte de l'État mais également des collectivités publiques ou privées. Les entreprises du BTP locales se sont structurées. L'AET commence à travailler avec des municipalités nouvellement élues qui assurent la maîtrise d'ouvrage de certaines opérations. Le projet de viabilisation des quartiers commerçants de la capitale en est une illustration.

Exercice proposé

Lire attentivement la présentation et le déroulé de ce projet

1) Pourquoi a-t-on fait appel à une maîtrise d'ouvrage déléguée appelée Agence d'Exécution des Travaux (AET) ?
2) Forces et faiblesses du recours à une agence d'exécution ?
3) Comment fonctionnent les projets à Haute Intensité en Main-d'Œuvre ? Pourquoi avoir recours à ce type de projets ?
4) Quels sont les principaux enseignements de ce projet ?
5) Durabilité du projet ?
6) Quelle notation pour ce projet. Pertinence des objectifs ? Réalisation des objectifs ? Efficacité ? Efficience ? Impact ?
7) Points forts et points faibles du projet ?

Corrigé de l'exercice

1) Pourquoi a-t-on fait appel à une maîtrise d'ouvrage déléguée appelée Agence d'Exécution des Travaux (AET) ?

Le recours à une maîtrise d'ouvrage délégué s'explique par la faiblesse de la maîtrise d'ouvrage. Cette faiblesse peut prendre plusieurs formes : incapacité à programmer correctement le projet à réaliser ; difficulté à s'assurer de la qualité des infrastructures livrées, en lien avec le maître d'œuvre ; incapacité à organiser la concurrence avec une bonne maîtrise des appels d'offres ; incapacité à maîtriser les circuits de financement du projet.

2) Forces et faiblesses du recours à une agence d'exécution ?

Grâce au recours à l'agence d'exécution, les trois projets ont été exécutés de manière satisfaisante. Le volume des travaux réalisés est supérieur aux travaux prévus, en demeurant dans l'enveloppe financière initiale. Le fonctionnement de l'AET est demeuré exemplaire durant toute la durée du projet. Cette association a parfaitement organisé les travaux (appel d'offres, recours à des entreprises locales), contrôlé les travaux.

Les points faibles de ce mode d'organisation sont les suivants : la maîtrise d'ouvrage risque d'être marginalisée, favorisant un dialogue direct entre l'association et les bailleurs de fonds, ce qui va bien au-delà des prérogatives devant être assumée par une maîtrise d'ouvrage déléguée ; la pérennité du bon fonctionnement de l'association dépend d'un financement externe (Banque mondiale) qui ne sera peut-être pas assuré dans la durée. Sans renforcement des capacités de la maîtrise d'ouvrage en titre, ce type d'association risque d'attirer à elle les meilleurs éléments de la fonction publique, et donc d'accentuer sa faiblesse et son effacement.

3) Comment fonctionnent les projets à Haute Intensité en Main-d'Œuvre ? Pourquoi avoir recours à ce type de projets ?

Les projets à haute intensité en main-d'œuvre ont pour but d'offrir une grande quantité de travail, non qualifiée pour la plupart, par la réalisation de chantiers faisant appel à une main-d'œuvre locale disponible le plus souvent sur place. Ils sont très favorables à l'emploi et à l'activité locale. Les travaux réalisés sont le plus souvent confiés à des petites entreprises locales, peu mécanisées, qui emploient une main-d'œuvre nombreuse.

Le recours à ce type de projets est particulièrement indiqué dans les contextes suivants : une main-d'œuvre abondante non qualifiée sans emploi et donc sans revenu ce qui permet de lutter contre la pauvreté ; atténuer les effets de plans d'ajustement structurel comme c'était le cas au Bénin ; structurer et accompagner la montée en gamme d'entreprises locales en les faisant passer de l'activité informelle (entreprise non déclarée, personnel non déclaré et non protégé par un contrat de travail, pas de versement d'une fiscalité, pas de versement de cotisations sociales) à une activité formelle.

4) Quels sont les principaux enseignements de ce projet ?

L'implication rapide du bailleur de fonds dans le démarrage des travaux a permis de lancer l'activité de l'agence d'exécution des travaux. Les travaux ont été réalisés de manière satisfaisante. L'objectif de passage des entreprises travaillant sur le projet au stade formel est un acquit du projet. Toutefois, il n'est pas complètement atteint car le recours systématique au moins-disant en termes de prix favorise parfois le travail informel au sein des entreprises retenues.

La participation des riverains au financement des travaux, voulue par le bailleur de fonds, a trop orienté la localisation des travaux vers les zones résidentielles de Cotonou et non vers les zones ou quartiers d'habitat modeste (lutte contre la pauvreté) ou des grandes voies de communication ayant un impact sur les conditions de vie et de circulation dans la ville. La programmation des investissements doit s'établir sur des critères d'opportunités en termes d'amélioration de la circulation et surtout d'améliorer des conditions de vie des quartiers les plus déshérités et non favoriser les quartiers aisés.

Le montage institutionnel de ce projet devra tenir compte des lois de décentralisation prévues à terme dans ce pays.

5) Durabilité du projet ?

La durabilité du projet est satisfaisante car la commune semble vouloir entretenir le pavage des rues en dégageant le financement adéquat. Les effets des projets sur l'environnement sont significatifs : assainissement amélioré, poussières dégagées par les voiries moindres lors du passage des véhicules, pollution urbaine en réduction.

6) Quelle notation pour ce projet. Pertinence des objectifs ? Réalisation des objectifs ? Efficacité ? Efficience ? Impact ?

Pertinence des objectifs : très satisfaisante, lutte contre la pauvreté et les effets de l'ajustement structurel.

Réalisation des objectifs : satisfaisante en termes de main-d'œuvre locale utilisée sur les chantiers, peu satisfaisante sur le plan des populations finalement

bénéficiaires du pavage de rue qui sont les populations et les quartiers les plus aisés, car les seuls à même d'avoir pu participer financièrement au projet.
Efficacité : très satisfaisante, les prévisions physiques de pavage ont été réalisées.
Efficience : très satisfaisante, les travaux ont été menés à moindre coût.
Impact : impact sensible pour les populations bénéficiaires et pour la main-d'œuvre qui a effectué les travaux. Impact moins sensible sur la lutte contre la pauvreté dans les quartiers pauvres, étant donné la localisation des travaux dans des quartiers résidentiels.

7) Points forts ? Points faibles ?

Points forts :
- Bonne gestion des travaux malgré la faiblesse de la maîtrise d'ouvrage.
- Recours systématique à des entreprises locales en faisant pleinement jouer la concurrence.
- Amélioration des conditions de vie des résidents bénéficiant du pavage.

Points faibles :
- Mode opératoire accentue l'effacement de la maîtrise d'ouvrage surtout dans son rôle de programmation.
- Participation financière des bénéficiaires a abouti à privilégier les quartiers relativement résidentiels de la ville.
- Programmation des travaux a été réalisée par la maîtrise d'ouvrage déléguée avec l'accord du bailleur de fonds.

6. Financement de la Route de la Corniche à Brazzaville

Le Congo Brazzaville est un pays à revenu intermédiaire, riche en pétrole, d'une superficie équivalente à l'Allemagne (à ne pas confondre avec la République démocratique du Congo ou Congo Kinshasa, grand comme quatre fois la France). La République du Congo est un pays peu peuplé : 5,8 millions (m) en 2021 contre 820 000 en 1960 avec un taux d'augmentation annuelle de la population de + 2,3 %. Son taux de pauvreté est supérieur à 45 %. Il ne manque pas de ressources (pétrole, minerais, forêts) mais ces dernières sont mal exploitées et mal réparties au sein de la population.

La requête

Le gouvernement congolais en avait émis le souhait de réaliser une deux fois deux voies urbaines le long du fleuve Congo allant du centre-ville au pont du Djoué (fleuve venant se jeter dans le fleuve Congo au nord de Brazzaville). La deux fois deux voies avait une longueur de 7,8 km environ. Son objet principal était de désengorger la circulation urbaine du nord au centre-ville en créant une nouvelle artère urbaine permettant de rejoindre le centre-ville.

Une partie de cette deux fois deux voies a été financée par le gouvernement congolais en allant du centre-ville à la case de Gaulle sur une longueur de 2,5 km. Ce tronçon a été réalisé par une entreprise chinoise et supervisé par une entreprise française qui a assuré le contrôle des travaux (maîtrise d'œuvre). Ce tronçon financé par le Congo a la particularité de comprendre un pont suspendu à hauban qui fait la fierté des Congolais au-dessus du lieu-dit ravin du Tchad. Il a été inauguré par le président de la République.

Suite à la requête du gouvernement congolais, un bailleur de fonds bilatéral a accepté de financer le second tronçon de 5,3 km en subvention le long du fleuve Congo de la Case de Gaulle (résidence de l'ambassadeur de France) au carrefour du Djoué. Le montant de ce projet comprenant le tronçon de 5,3 km était estimé à 80 m€ pour le bailleur de fonds auquel s'ajoute une participation financière de la République du Congo. C'est une opération que l'on peut classer dans la catégorie du développement urbain : fluidification de la circulation, aménagement de quartiers. C'est également et surtout peut-être une opération de prestige pour le Congo. Ce pays aurait pu en effet utiliser ces fonds, non pas en centre-ville mais dans les quartiers défavorisés, non pas pour créer de nouvelles infrastructures, mais pour venir en aide directement aux populations les plus nécessiteuses.

La programmation de l'investissement

La programmation de l'investissement a été réalisée par la maîtrise d'ouvrage du projet à savoir la Délégation Générale aux Grands Travaux (DGGT), un organisme public indépendant qui dépend du ministère de l'aménagement du territoire. Les travaux programmés étaient les suivants :

- Deux fois deux voies sur une longueur de 5,3 km.
- Route de désenclavement des quartiers de Bacongo et de Makélékélé permettant à ces quartiers d'avoir un accès direct à cette 2X2 voies.
- L'évacuation et le reclassement de maraîchers installés illégalement le long du fleuve et qui ne pourront plus poursuivre leur activité.
- La réfection d'un collecteur d'eau pluvial qui traverse le quartier de Makélékélé
- L'expropriation des propriétaires le long de la 2X2 voies pour permettre le passage de l'infrastructure urbaine. Cette partie du projet était à financer et à réaliser par la partie congolaise.

La réalisation de l'étude de faisabilité

C'est l'étude qui précise la faisabilité technique et financière du projet, l'évaluation de ses impacts (positifs et négatifs), son adéquation avec la stratégie de développement du pays. Elle est réalisée par un bureau d'études ou un consultant recruté par appel d'offres sous forme d'appel à Manifestation d'Intérêt (AMI).

Ces éléments serviront de base pour définir les grandes lignes du projet et les proposer conjointement à la maîtrise d'ouvrage et au bailleur de fonds.

Dans le cas de projets d'infrastructures, l'étude de faisabilité est généralement réalisée par un bureau d'étude technique spécialisé dans le domaine recherché (transport, eau, énergie etc.) et recruté par la maîtrise d'Ouvrage du projet via un appel d'offres ouvert.

Pour ce projet, la sélection du bureau d'études a été réalisée par appel d'offres en ayant recours à un Appel à Manifestation d'Intérêt (AMI).

La passation type pour un marché de prestation intellectuelle utilise à son démarrage un Appel à Manifestation d'Intérêt (AMI) qui précède la demande de Propositions des bureaux d'études inscrits sur une liste D'Appel d'Offres. Le recours à un Appel à Manifestation d'Intérêt est recommandé pour les marchés de prestations intellectuelles d'un montant supérieur à 200,00 €. Cet appel à manifestation d'intérêt a pour objectif d'établir une liste restreinte de candidats compétents et qualifiés qui seront invités à remettre une offre dans le cadre de la Demande de Proposition (appel d'offres pour une prestation intellectuelle comme une étude de faisabilité). Le processus Appel à Manifestation d'Intérêt (établissement d'une liste restreinte + demande de proposition (appel d'offres)) diffère du processus de préqualification des prestataires potentiels (marchés de travaux et de fournitures uniquement) où tous les candidats éligibles répondant aux critères de qualification (références dans le ou les domaines considérés) doivent être admis à remettre une offre, sans limite de nombre de possibles participants à l'appel d'offres (à l'inverse de la liste restreinte de l'AMI).

Dans un cas (AMI pour prestation intellectuelle sur appel d'offres), on sélectionne le partenaire (adjudicataire) avant tout sur la base de la qualité technique de l'offre (note technique de la proposition globale représente 80 % de la note globale permettant de classer les offres, la note financière ne comptant que pour 20 % de la note globale).

Dans l'autre cas (Préqualification pour travaux ou fournitures sur appel d'offres), on sélectionne dans un premier temps les prestataires éventuels sur leurs qualifications et leurs références pour ce type de travaux ou de prestation, puis on lance la procédure d'appel d'offres en s'adressant uniquement aux entreprises préqualifiées. La note financière 80 % compte alors pour 80 % de la note globale, contre 20 % seulement pour la note technique.

La procédure d'appel à manifestation d'intérêt a permis de sélectionner un bureau d'études français pour réaliser les études de faisabilité du projet.

Le Contenu de l'étude de faisabilité préalable au projet

Le contenu de la prestation d'étude, attendue par le bailleur de fonds comme par la maîtrise d'ouvrage, doit être soigneusement détaillé dans les termes de références (le détail des points à traiter par le consultant mis au point par le bailleur de fonds et si possible la maîtrise d'ouvrage) qui seront annexés au DAO (Dossier d'Appel d'Offres : dossier sur la base duquel vont être sélectionnés les prestataires ou entreprises qui travailleront sur les financements du projet).

Au-delà de préciser la faisabilité du projet (ce projet est-il réaliste dans un contexte donné ?), l'étude doit pouvoir délivrer les documents techniques nécessaires à sa réalisation. Les documents attendus sont généralement les suivant (documents dûment précisés dans les termes de références de l'étude comme des documents à établir par le consultant recruté) :

- Avant-projet sommaire (APS) : dossier préparatoire au projet. Il s'agit d'une étude sommaire de l'ouvrage permettant d'en définir les principales caractéristiques, les plans généraux, d'en estimer le budget, d'en calculer la rentabilité, d'en identifier les acteurs responsables, pour une prise de décision sur la suite à donner au projet. C'est sur la base de l'APS que la faisabilité est vérifiée et donc que l'instruction peut ou non se poursuivre. Si l'APS est positif, on passe à l'APD.
- Avant-projet détaillé (APD) : dossier technique définitif du projet. Beaucoup plus détaillé que l'APS, l'APD arrête les décisions techniques finales du projet, les plans généraux et de détails, les principes constructifs, les matériaux, les quantités, le planning des travaux etc. C'est sur la base de l'APD qu'est lancée la consultation pour recruter le ou les entreprises qui effectueront les travaux.
- DAO (Dossier d'Appel d'Offres) ou encore Dossier de Consultation des Entreprises (DCE) : c'est un dossier technique et administratif qui permet de recruter une ou des entreprises pour réaliser les travaux dans le cadre d'un appel d'offres. Il contient généralement (i) une partie sur les règlements de l'appel d'offres (instruction aux soumissionnaires), (ii) une partie technique basée sur l'Avant-projet détaillé intégrant un Cahier des Clauses Techniques Générales et Particulières (CCTG et CCTP.) et Cahier des Clauses Administratives Générales et Particulières (CCAG et CCAP : Le cahier des clauses administratives particulières (**CCAP**) est le document contractuel regroupant l'ensemble des stipulations d'ordre juridique et financier régissant l'exécution du marché, telles que les conditions de règlement, de financement, les éventuelles garanties, les conditions de livraison, les pénalités, …), des plans, les bordereaux de prix unitaires et (iii) un modèle de marché.
- Étude d'Impact Environnementale et Sociale (EIES) et Plan de Gestion Environnemental et Social (PGES) : les projets d'infrastructures peuvent avoir des impacts sociaux et environnementaux importants. L'EIES vient identifier ces impacts et donne lieu parfois (si un impact environnemental et/ou social élevé est avéré) dès les études préalables à la réalisation d'un PGES qui définit de manière opérationnelle les mesures d'évitement, d'atténuation et de compensation à mettre en œuvre afin de minimiser les impacts négatifs du projet sur les plans environnementaux et sociaux. Il s'agit de les compenser, voire de les atténuer au maximum. Le budget nécessaire au financement du plan de gestion

environnemental et social doit être inclus dans le financement du projet si possible sous la forme d'un Plan de Gestion Environnemental et Social (PGES).

- Plan de Réinstallation Involontaire (PAR) : dans le cas de projets ayant des impacts importants en termes de déplacement de population et/ou d'activités économiques, il peut être exigé la rédaction d'un PAR qui spécifie les procédures et mesures qui seront suivies et prises pour réinstaller et dédommager comme il se doit les personnes et communautés touchées. Dans le cas présent, il s'agissait pour la maîtrise d'ouvrage d'organiser au mieux les expropriations nécessaires à la construction des infrastructures prévues dans le projet.

Sur cette base les études de faisabilité ont été réalisées par le bureau d'études sélectionné par appel d'offres. Les trois points d'attention pointés par la faisabilité concernaient (1) le problème des expropriations qui devaient intervenir rapidement afin de permettre le commencement des travaux, (2) l'importance pour les populations des quartiers de Bacongo et de Makéléké d'avoir accès à cette 2X2 voies afin de bénéficier de ce nouvel axe de circulation, (3) l'attention à porter, grâce à l'Étude d'Impact Environnemental et Social (EIES), au reclassement quelque 700 maraîchers estimés qui ne pourront plus exercer leurs activités au bord du fleuve Congo.

Évaluation ex-ante du projet

L'évaluation du projet par le bailleur de fonds, en concertation avec la maîtrise d'ouvrage, a confirmé les éléments fournis par l'étude de faisabilité. Elle n'a pas demandé, comme elle aurait pu le faire, des ajustements techniques concernant le projet, des études complémentaires sur le plan technique.

Sur le plan financier (points d'affectation du projet), sur le plan du calendrier du projet, sur le plan de l'élaboration de la convention de financement du projet et de son contenu futur, l'évaluation ex-ante du projet a complété les données déjà disponibles dans l'étude de faisabilité en leur donnant un caractère plus précis. L'évaluation ex-ante a donné lieu à la rédaction d'un aide-mémoire (synthèse de l'évaluation du projet) par le bailleur de fonds qui a formellement été accepté par la maîtrise d'ouvrage. C'est en effet sur cette base technique, financière et calendaire que le projet peut (1) être présenté au conseil d'administration du bailleur de fonds (2) permettre l'établissement d'un projet de convention qui déterminera le cadre et les caractéristiques particulières et générales du financement.

Passage au Conseil d'administration du bailleur de fonds

Le projet, sur la base d'un document de projet reprenant les grandes lignes de l'aide-mémoire d'évaluation, a été présenté et accepté par le Conseil d'administration du bailleur de fonds. Cette phase permet d'engager les fonds nécessaires (les réserver dans le plan d'affaires du bailleur) au financement du projet, d'arrêter ses points d'affectation et ses grandes modalités d'exécution et notamment la durée du projet, la nature des fonds à verser, les conditions suspensives et engagements particuliers du projet.

Cette étape du projet a également pour effet de figer les grandes lignes du projet. Si lors de l'exécution, on s'écarte de ses grandes lignes, il est alors nécessaire de repasser devant le conseil d'administration du bailleur pour discuter et acter de ses modifications.

Élaboration du projet de convention et signature de la convention

Ce document peut être préparé avant le passage en conseil d'administration ou après, selon les bailleurs de fonds. La Banque mondiale rédige en général les projets de convention avant le passage du projet à son conseil d'administration. S'agissant de ce bailleur de fonds bilatéral, le projet de convention a été élaboré après le passage au conseil d'administration, conformément à la pratique de cette institution.

La convention fixe les caractéristiques principales de l'opération à savoir :

- L'objet du concours, ses points d'affectation, sa durée
- Les conditions financières (subvention, prêt avec taux d'intérêt, période de différé de remboursement, durée de remboursement).
- Le plan de financement (apport du bailleur de fonds, de la partie locale, d'autres financeurs possibles).
- Les bénéficiaires du concours
- Les conditions suspensives au décaissement des fonds en général, les conditions générales et particulières à remplir avant de commencer à décaisser ou à décaisser à différentes phases du projet.
- Les modalités de décaissement (circuit des signatures, circuits financiers selon les dépenses à régler, modèle de demande de versement des fonds, avis de non-objection sur certaines phases essentielles du projet à délivrer par le bailleur de fonds avant engagement et décaissement des fonds).
- Les documents de contrôle à élaborer durant l'exécution du projet et une fois le projet terminé (document de suivi, audit financier et technique, évaluation ex-post).

Pour ce projet de la route de la Corniche, l'élaboration de la convention n'a pas posé de problèmes particuliers. La signature de la convention est intervenue six mois après le passage du projet au conseil d'administration du bailleur. Elle a été signée par le bailleur de fonds et le ministre des Finances du pays receveur.

Exécution technique du projet

Pour les projets de ce type dont les montants engagés et décaissés sont importants en matière de travaux, le recours aux appels d'offres demeure la règle.

Il s'agit en effet pour effectuer les travaux pour le compte de la maîtrise d'ouvrage, sous la supervision de la maîtrise d'œuvre, conformément aux exigences des financeurs du projet, de choisir les meilleures entreprises qui pratiquent les prix les plus compétitifs en matière de travaux.

Les principaux marchés de travaux ce projet ont été réalisés selon les modalités suivantes :

Préqualification : on appelle préqualification l'évaluation par la maîtrise d'ouvrage des qualifications (les compétences) des entreprises qui vont exécuter un marché donné avant d'être invitées à soumettre une offre.

On la recommande pour les travaux de grande ampleur et/ou complexes. La décision de procéder à une préqualification (PQL) repose sur une appréciation d'un certain nombre des caractéristiques du marché : le volume des travaux, la complexité des travaux, les limites imposées aux délais d'achèvement, la nature critique des travaux, leur impact sur l'environnement, les risques qu'ils encourent, etc.

À noter qu'il existe aujourd'hui, en plus du dossier type de préqualification, un dossier de préqualification pour travaux à fort impact environnemental et social. Ce type de préqualification permet de sélectionner des entreprises qui ont la capacité et la connaissance pour réaliser des travaux sensibles en termes d'impacts sur les populations et l'environnement (routes, barrages, aéroport etc.)

Les critères de qualification doivent porter sur la capacité des candidats à exécuter de façon satisfaisante le marché, compte tenu en particulier (i) de leurs références récentes en ce qui concerne l'exécution de marchés similaires, (ii) de leur capacité en termes de personnel, de matériels et d'équipements de construction ou de production et (iii) de leur situation financière.

Seules deux réponses doivent être envisagées pour chaque critère de qualification, "acceptable" ou "non acceptable", et les offres non acceptables au regard d'un ou plusieurs de ces critères devront être éliminées, sans faire de notation pondérée entre ceux-ci.

La préqualification n'a pas pour objet de « classer » les candidats : tous les candidats éligibles répondant aux critères de qualification doivent être admis à remettre une offre, sans limite de nombre.

Appel d'offres :

La procédure d'Appel d'Offres comporte cinq étapes principales : Préparation et publication (ou transmission aux qualifiés si préqualification préalable) du Dossier d'Appel d'Offres, Ouverture des plis, Évaluation des Offres, Attribution et signature du marché.

Le Dossier d'Appel d'Offres (DAO) ou Dossier de Consultation des Entreprises (DCE)

Les DAO sont normalement payants.

Ouverture des plis

L'ouverture des offres doit être effectuée en séance publique, c'est-à-dire en présence des représentants des soumissionnaires qui désirent y assister. Cette séance doit être tenue très peu de temps après l'heure limite de dépôt des offres. L'ouverture des offres doit être effectuée quel que soit le nombre d'offres reçues, à condition qu'elles aient été reçues avant la date et heure limite de soumission. Doivent être annoncés à haute voix à l'ouverture de chaque offre : le prix de l'offre, et de toute variante ou rabais éventuels, l'existence d'une Garantie de Soumission ou Déclaration de Garantie de Soumission si elle est exigée, et tout autre détail que le Maître de l'Ouvrage juge utile de mentionner. Seuls les rabais et variantes de l'Offre annoncée à haute voix lors de l'ouverture des plis seront soumis à évaluation. Le Maître de l'Ouvrage ne doit ni se prononcer sur les mérites des Offres ni rejeter aucune des Offres (à l'exception des Offres reçues en retard).

Un procès-verbal, signé par les différents membres de la commission d'ouverture des plis (dont au minimum trois (3) représentants du Maître de l'Ouvrage), doit être établi à son issue.

Évaluation des offres

L'offre du soumissionnaire d'une part et la qualification (ou la vérification de la qualification si l'appel d'offres a été précédé d'une Préqualification) du soumissionnaire à exécuter les travaux ou fournir les biens d'autre part, doivent faire l'objet d'évaluations distinctes par application des critères figurant dans le DAO exclusivement. La détermination (ou la vérification) de la qualification sera conduite tel que spécifié au paragraphe précédent.

La sélection est effectuée selon la méthode d'évaluation avec une seule enveloppe contenant l'offre technique et financière : après ouverture de tous les plis, l'offre lauréate est l'offre évaluée la moins-disante et qui est techniquement conforme aux exigences du DAO et administrativement acceptable.

L'existence de prix anormalement bas doit faire l'objet d'une attention particulière de la part de la commission d'évaluation. Lorsqu'une offre est nettement inférieure à l'estimation du bénéficiaire, la commission devra demander des clarifications et la fourniture d'une décomposition et/ou un sous-détail des prix au soumissionnaire concerné. En l'absence d'éléments de réponse satisfaisants ou si la décomposition et/ou le sous-détail des prix met en évidence une ou plusieurs incohérences entre l'offre technique et l'offre financière, l'offre concernée pourra être rejetée.

Un rapport d'évaluation cosigné par l'ensemble des membres de la commission d'évaluation présente les conclusions de l'analyse et propose l'attribution du marché au soumissionnaire le moins-disant.

Attribution du marché

Le Bénéficiaire doit attribuer le marché pendant la période de validité des offres. Sauf exception préalablement acceptée par le bailleur de fonds, l'attribution se fera au soumissionnaire qui satisfait aux critères appropriés de qualification et dont l'offre a été jugée conforme pour l'essentiel aux stipulations du Dossier d'Appel d'Offres et évaluée la moins-disante.

Il ne peut être demandé au soumissionnaire d'accepter, comme condition d'obtention du marché, de fournir des prestations ne figurant pas dans le Dossier d'Appel d'Offres ou de modifier son offre initiale.

La pratique de négociations financières est interdite, sauf cas particulier d'un appel d'offres infructueux dans les conditions décrites ci-après.

Suite à l'attribution un projet de contrat est préparé entre la maîtrise d'ouvrage et l'entreprise.

Appel d'offres infructueux

Le Dossier d'Appel d'Offres prévoit que le Bénéficiaire pourra rejeter toutes les offres reçues et déclarer l'appel d'offres infructueux lorsque (i) il n'y a pas eu véritablement de concurrence, étant entendu que la remise d'une offre unique ne signifie pas obligatoirement l'absence de concurrence et que si l'appel d'offres a été correctement publié et les prix proposés sont raisonnables par rapport aux valeurs du marché alors le processus d'attribution peut être mené à son terme, (ii) les offres reçues ne sont pas conformes pour l'essentiel aux stipulations du Dossier d'Appel d'Offres ou (iii) les prix des offres sont nettement plus élevés que le budget prévu.

Le fait de déclarer l'appel d'offres infructueux et les suites à donner.

On doit pour cela analyser toutes les causes ayant conduit à cette situation (modalités de publication, clauses et étendue du marché, conception et spécifications...) et y remédier avant de relancer l'appel d'offres étant entendu qu'il n'est pas permis de rejeter toutes les offres et de relancer une consultation sur les mêmes bases à la seule fin d'obtenir des prix inférieurs.

Si l'offre conforme et évaluée la moins-disante dépasse sensiblement l'estimatif établi avant l'appel d'offres, le Bénéficiaire devra rechercher les causes de ce dépassement et envisager d'augmenter le budget disponible ou de relancer l'appel d'offres conformément aux stipulations ci-dessus. Il pourra également entamer des négociations avec le candidat ayant remis l'offre évaluée la moins-disante pour essayer d'obtenir un marché satisfaisant sur la base d'une réduction de l'étendue des prestations et/ou d'une modification de la répartition des risques et responsabilités de nature à entraîner une réduction du prix du marché. Cette possibilité n'est offerte que si les modifications envisagées ne sont pas susceptibles de remettre en cause le classement initial des offres conformes à l'issue de l'évaluation.

Pour cette opération, une dizaine d'entreprises était en compétition. Elles étaient attirées par le fait qu'il s'agissait d'un marché financé par un bailleur de fonds et donc relativement sécurisé en termes de paiement, à la différence des marchés parfois financés sur budget public par des maîtrises d'ouvrage locales. Le vainqueur de l'appel d'offres était une entreprise française à laquelle ont été attribués les différents lots du marché de travaux. Cette entreprise n'était pas implantée au Congo et souhaitait y prendre racine suite à des marchés décrochés dans la région et qui allaient prendre fin, laissant du matériel et des compétences sur place disponibles et donc facilement mobilisables à moindres coûts.

Suivi des travaux

Le suivi des travaux s'est effectué suivant le processus décrit ci-après

Phase de démarrage : suite à la signature du marché de travaux, le démarrage effectif est enclenché par un ordre de service (OS) de démarrage préparé par la Maîtrise d'Ouvrage et envoyé à l'entreprise. Le délai de réalisation des travaux court à partir de la date de cet OS.

Suivi : le suivi des travaux est réalisé quotidiennement par la Mission de contrôle (ou Maîtrise d'œuvre) du projet qui vérifie les plans d'exécutions et les notes de calculs (préparés par l'entreprise travaux sur la base de l'APD transmis dans le cadre du DAO), qui contrôle sur le terrain la bonne exécution des ouvrages en conformité avec les pièces contractuelles et vérifie les quantités réalisées. C'est également le bureau de contrôle qui valide les factures émises par les entreprises.

Son rôle est de défendre les intérêts de la maîtrise d'ouvrage sur les aspects techniques et financiers du projet.

S'agissant du cas étudié, la maîtrise d'œuvre a été attribuée à une société française, la même qui avait fait les études préalables. Cette attribution n'a pas fait l'objet d'une mise en concurrence sous la forme d'un Appel à Manifestation d'Intérêt s'agissant d'une prestation de nature technique.

Facturation et garanties : *les méthodes de facturation et de garantie d'un marché peuvent varier d'un contrat à l'autre, leurs spécifications sont indiquées au CCAP (Cahier des Clauses Administratives Particulières). Généralement un marché de travaux comprend les éléments suivants :*

-Avance de démarrage : avance forfaitaire versée avant le début de l'exécution des travaux. Comprise entre 15 et 30 % du montant du marché elle sera remboursée tout au long de l'exécution des travaux. Avant de pouvoir prétendre au versement de l'avance de démarrage, l'entreprise doit fournir à la maîtrise d'ouvrage une garantie de restitution d'acompte.

-Garantie de bonne exécution et de parfait achèvement : la garantie de bonne exécution est à fournir par l'entreprise travaux avant le démarrage des prestations. Elle est généralement divisée de moitié au moment de la réception provisoire, elle devient alors « garantie de parfait achèvement ». La garantie de parfait achèvement est libérée au moment de la réception définitive. Elle ne peut être inférieure à 5 % du montant du marché.

-Retenue de garantie : la retenue sur garantie consiste au prélèvement d'un montant sur chacune des factures de l'entreprise. Son montant ne peut dépasser 10 % du montant du marché. La somme de la retenue de garantie et de la garantie de bonne exécution ne doit pas excéder 15 % du montant du marché. Le solde de la retenue de garantie est libéré dans les mêmes conditions que la garantie de bonne exécution.

-Prix forfaitaire : le prix forfaitaire rémunère le titulaire pour un ensemble de prestations, un ouvrage ou une partie d'ouvrage définis dans le marché. Il rémunère le titulaire indépendamment des quantités mises en œuvre pour réaliser une prestation donnée (ex. : installation de chantier, signalisation etc.)

-Prix unitaire : Le prix est unitaire lorsqu'il est multiplié par la quantité effectivement livrée ou exécutée pour déterminer le montant du règlement. Le montant définitif du marché ne peut être déterminé qu'à la fin du marché, les quantités réellement exécutées sont alors connues (ex. : prix du m3 de béton, du kg de fer etc.)

-Décompte général : comme indiqué précédemment, le montant d'un marché de travaux se base sur des prix forfaitaires et unitaires sur lesquels l'entreprise de travaux s'est engagée au moment de l'AO. Le montant initial d'un marché de travaux est donc systématiquement estimatif (sauf cas rares des marchés de travaux forfaitaires). Le montant exact des travaux réalisés n'est connu qu'à la fin des travaux au travers du décompte définitif ou général.

-Décompte provisoire : Le montant des factures émises mensuellement par les entreprises de travaux est calculé sur la base d'un décompte dit provisoire qui donne le coût total des travaux exécutés à une date donnée.

Fin des travaux

La réception des travaux consiste en un acte par lequel le maître d'ouvrage accepte la construction et indique que l'entrepreneur a rempli ses obligations et a correctement réalisé les travaux demandés.

Réception provisoire : la réception provisoire a pour but le contrôle de la conformité des travaux avec l'ensemble des obligations du Marché et, en particulier, avec les spécifications techniques.

Une fois les essais effectués, et satisfaisants, et le site du chantier nettoyé, on peut procéder à la réception provisoire des travaux.

La réception provisoire marque le transfert de propriété entre l'entreprise et la Maîtrise d'Ouvrage, mais mentionne aussi toutes les réserves, le plus souvent mineures, auxquelles l'entreprise doit remédier d'ici la réception définitive. Cette réception provisoire permet de verser le solde du chantier à l'exception de la retenue de garantie.

La réception peut être prononcée par tranche de travaux. Dans ce cas, c'est la réception partielle de la dernière tranche qui tiendra lieu de réception provisoire de l'ensemble des travaux.

Préalablement à la réception provisoire, tous les plans de recollement auront dû être préparés par l'entreprise et remis au maître d'ouvrage, précisant les caractéristiques de tous les éléments de l'ouvrage, ainsi que toutes les notices indispensables au bon fonctionnement et à la maintenance de ses équipements. Cet ensemble constitue le DEO : dossier d'exécution des ouvrages

La réception provisoire constitue le point de départ de la garantie légale aussi appelée décennale au cours de laquelle l'Entrepreneur est responsable de plein droit pendant dix (10) ans envers le Maître de l'Ouvrage, des dommages même résultants d'un vice du sol qui compromettent la solidité de l'ouvrage ou qui l'affectent dans l'un de ses éléments constitutifs ou l'un de ses éléments d'équipement le rendant impropre à sa destination.

On appelle « délais de garantie » la durée comprise entre la réception provisoire et la réception définitive.

Réception définitive : la réception définitive intervient après la réception provisoire dans des délais déjà définis (en général un an après la réception provisoire) lorsque toutes les réserves formulées lors de la réception provisoire peuvent être levées. Cette réception définitive permet le versement de la retenue de garantie, ou son déblocage si elle a été fournie sous forme de caution bancaire.

Le marché de travaux a été exécuté par l'entreprise selon les modalités techniques décrites ci-dessus.

Difficultés rencontrées dans l'exécution du projet

Les principales difficultés rencontrées par l'entreprise ont été les suivantes :

-Les fortes saisons des pluies (deux par an au Congo) rendent impossible les travaux de terrassement lorsque les terrains sont fortement humides. Pour ne pas dépasser le planning prévu des travaux de 36 mois qui a été respecté, il a fallu bien programmer ce type de travaux à la saison sèche.

-Les expropriations des propriétaires de maisons ou de terrains, organisées et financées par le gouvernement congolais, ont été plus longues que prévu, ce qui a gêné l'organisation du chantier. L'entreprise a dû s'adapter à cette situation en intervenant par tronçons, suivant l'avancée effective des expropriations. Les procédures d'expropriation ne sont jamais faciles à mener et demandent une bonne connaissance des lieux. C'est pourquoi elles sont en général confiées aux maîtrises d'ouvrage locales. Dans l'opération présente, ce processus complexe a été rendu plus long par l'incapacité du gouvernement local à mobiliser les fonds rapidement pour effectuer les indemnisations requises.

-Le déplacement des maraîchers vers d'autres zones de production a posé de nombreux problèmes. Bien qu'ils soient en position illégale puisqu'ils étaient installés sur le domaine public, bien qu'ils soient relativement âgés et que le maraîchage ne constitue pour eux qu'une activité d'appoint, beaucoup ont été tentés pour leur dessiner un avenir. Tout d'abord, ces derniers se sont organisés en groupe pour être indemnisés. D'ailleurs, leur nombre a augmenté à mesure que des indemnisations de l'administration se précisaient. Puis la perspective de ces indemnisations s'est éloignée faute de financement gouvernemental. De plus, l'administration n'a pas trouvé de nouveaux terrains pour que les maraîchers s'installent ailleurs. Enfin, le bailleur de fonds avec une banque de développement a essayé de mettre à disposition de ces maraîchers des prêts bonifiés pour se relancer dans d'autres activités. Cette option n'a pas été finalisée. Finalement, les maraîchers ont quitté les lieux laissant la possibilité à l'entreprise de travaux publics de réaliser les travaux pour se réinstaller en petits nombres ensuite.

Exécution financière de l'opération

Le financement prévu par le bailleur de fonds de 80 m€ s'est avéré suffisant pour financer l'ensemble des travaux prévus. En revanche, la partie expropriation a pris plus de temps faute de fonds mis à disposition par le gouvernement congolais. La maîtrise d'ouvrage du projet a essayé de faire financer par le bailleur de fonds un échangeur au pont du Djoué, ce qui aurait occasionné plusieurs millions d'euros supplémentaires. Finalement, une solution technique a été trouvée pour permettre à moindre coût que le début de la route de la Corniche soit relié efficacement au pont de Djoué afin de favoriser la fluidité du trafic.

Les demandes de versement des fonds n'ont pas posé de problèmes particuliers au niveau du bailleur de fonds pour être acquittées. Pour ce type de marché, les fonds qui restent sur les comptes du bailleur de fonds sont directement mobilisés pour payer directement les fournisseurs. La demande de versement des fonds est élaborée par l'entreprise, visée par la maîtrise d'ouvrage et la maîtrise d'œuvre et transmise au bailleur de fonds pour paiement en fonction du marché concerné. L'autre circuit de versement possible des fonds concerne les dépenses hors marché qui font l'objet le plus souvent de caisses d'avance dont les dépenses doivent être justifiées par la maîtrise d'ouvrage avant d'être réabondées.

Impact du projet

La fluidité du trafic a été accrue dans la partie sud de la ville de Brazzaville. Les bouchons quotidiens au niveau du marché Total se sont en partie atténués. Les quartiers de Bacongo et Makélékélé ont été désenclavés. La réfection du collecteur d'eaux pluviales du quartier de Makélékélé a permis d'assainir le quartier et donc d'améliorer les conditions sanitaires des populations environnantes.

Durabilité du projet

Les infrastructures livrées semblent de bonne qualité. Cette artère urbaine n'étant pas à péage, son entretien dépend directement des fonds qui seront alloués par le gouvernement pour entretenir l'ouvrage.

En revanche, on peut noter que les 2,5 km construits par une entreprise chinoise n'ont pas résisté, quatre années après leur livraison, à de grosses pluies. Plus de 500 m de chaussées se sont effondrés et sont donc inutilisables. L'infrastructure réalisée par l'entreprise française qui était terminée au moment de cet effondrement n'a pas souffert des pluies. Cet exemple montre l'importance de livrer des travaux de qualité qui soient susceptibles d'être entretenu correctement sur place.

À moyen et long terme, le gouvernement devra trouver les moyens d'assurer la maintenance de ces infrastructures (moyens financiers, moyens techniques de suivi, entreprises locales susceptibles d'assumer des travaux de rénovation).

Enseignements et recommandations

-*Un investissement non-prioritaire.* Le choix du projet n'est pas optimal. Quand la pression politique est forte, que le prestige est en jeu ou qu'un deal a été passé sur le plan politique, on voit que les fonds de l'aide publique au développement ne sont pas obligatoirement orientés vers les opérations les plus utiles. Avec 80 m€ de subventions, il aurait été peut-être préférable de lutter directement contre la pauvreté dans un pays où le taux de pauvreté avoisine les 45 %.

-*L'importance de faire appel à des entreprises de qualité, dûment contrôlées.* La qualité et la maintenance des infrastructures sont des points clés de leur longévité. Quand on fait appel à des entreprises qui ne font pas de la qualité (exemple du tronçon de route chinois effondré), on en paie le prix fort.

-*L'épineuse gestion du déplacement des populations pour réaliser un projet d'infrastructures.* Les problèmes de déplacement des populations dans les projets urbains ou les projets de barrage sont les plus difficiles à résoudre. C'est la raison pour laquelle une institution comme la Banque mondiale s'est refusée à financer des barrages durant de nombreuses années. Même quand les populations en cause se trouvent en situation illégale (c'était le cas des maraîchers sur la route de la Corniche), il est difficile de les déloger. De plus cette partie des projets urbains ne peut être que traitée par les autorités locales qui ont seules la pleine légitimité pour le faire. En matière de développement urbain, il est difficile de modifier l'existant. Mieux vaut intervenir avant que les populations soient installées par des schémas d'urbanisme.

Exercice proposé

Lire attentivement le descriptif du projet

1) Que pensez-vous des objectifs du projet ?

2) Retracer dans le détail les différentes phases de l'instruction du projet. Expliquer la complémentarité existante entre étude de faisabilité et évaluation ex-ante ?

3) Quelle est la différence entre engagement des fonds et décaissement des fonds ?

4) Quels sont les points clés d'une convention de financement ?

5) Retracer dans le détail la phase d'exécution technique du projet. Pourquoi et comment mettre en œuvre des appels d'offres ?

6) Détailler les différents modes de mise en concurrence pour des prestations intellectuelles et pour des prestations physiques ? Quelles sont les différences entre les deux ?

7) Qu'est-ce qu'un Dossier d'appel d'offres (DAO), un ordre service (OS), une réception provisoire, une réception définitive ?

8) Comment aurions-nous pu résoudre le problème des maraîchers ?

9) Comment fonctionne la méthode de facturation et de garantie d'un marché ?

10) Que pensez-vous de l'exécution financière du projet ?

11) Quels sont les impacts du projet ?

12) Comment assurer la durabilité de ce projet ?

13) Quels sont les principaux enseignements du projet ?

14) Notation du projet. Pertinence des objectifs ? Réalisation des objectifs ? Efficacité ? Efficience ?

Corrigé de l'exercice

1) Que pensez-vous des objectifs du projet ?

C'est une opération que l'on peut classer dans la catégorie du développement urbain : fluidification de la circulation, aménagement de quartiers. C'est également et surtout peut-être une opération de prestige pour le Congo. Ce pays aurait pu en effet utiliser ces fonds, non pas en centre-ville mais dans les quartiers défavorisés, non pas pour créer de nouvelles infrastructures, mais pour venir en aide directement aux populations les plus nécessiteuses. Les objectifs du projet ne sont donc pas tournés au bénéfice des populations les plus pauvres.

2) Retracer dans le détail les différentes phases de l'instruction du projet. Expliquer la complémentarité existante entre étude de faisabilité et évaluation ex-ante ?

Les différentes phases de l'instruction du projet sont les suivantes : (1) requête de financement de la part de la maîtrise d'ouvrage ; (2) études de faisabilité intégrant une étude d'impact environnemental réalisé par un bureau d'étude sélectionné par Appel à manifestation d'intérêt et financé par le bailleur de fonds ; (3) évaluation ex-ante réalisée par le bailleur de fonds en étroite collaboration avec la maîtrise d'ouvrage pour valider, voire ajuster ou même refuser les choix proposés dans les études de faisabilité.

Les études de faisabilité sont réalisées par un bureau d'études. L'évaluation ex-ante permet au bailleur de fonds et à la maîtrise d'ouvrage d'internaliser ces études de faisabilité, de les amender, de les ajuster en fonction des priorités de la maîtrise d'ouvrage en accord avec le bailleur de fonds.

3) Quelle est la différence entre engagement des fonds et décaissement des fonds ?

Un engagement de fonds est une promesse de financement de la part d'un bailleur de fonds ou d'une maîtrise d'ouvrage. Pour le bailleur de fonds, cet engagement se concrétise lors du passage du projet en conseil d'administration du bailleur et se contractualise avec la signature d'une convention de financement entre la maîtrise d'ouvrage et le bailleur de fonds et se concrétise par le décaissement effectif des fonds lors de l'exécution du projet. Pour la maîtrise d'ouvrage, la convention de financement contractualise l'engagement qui devra se concrétiser en décaissement lors de l'exécution du projet.

4) Quels sont les points clés d'une convention de financement ?

- L'objet du concours, ses points d'affectation, sa durée
- Les conditions financières (subvention, prêt avec taux d'intérêt, période de différé de remboursement, durée de remboursement).
- Le plan de financement (apport financier du bailleur de fonds, apport financier de la partie locale, apport éventuel d'autres financeurs).
- Les bénéficiaires du concours (maîtrise d'ouvrage mais aussi les bénéficiaires finaux ; les habitants de ce quartier).
- Les conditions suspensives au décaissement des fonds en général, les conditions générales et particulières à remplir avant de commencer à décaisser lors des différentes phases du projet.
- Les modalités de décaissement : circuit des signatures, circuits financiers selon les dépenses à régler, modèle de demande de versement des fonds, avis de non-objection (ANO) à délivrer par le bailleur de fonds avant décaissement des fonds sur certaines phases essentielles du projet
- Les documents de contrôle à élaborer durant l'exécution du projet et une fois le projet terminé : documents de suivi en général établis par la maîtrise d'ouvrage avec l'appui de la maîtrise d'œuvre, audit financier et technique par un cabinet extérieur, évaluation ex-post financée par le bailleur de fonds et réalisé en interne ou par un bureau d'études

5) Retracer dans le détail la phase d'exécution technique du projet. Pourquoi et comment mettre en œuvre des appels d'offres ?

Pour l'exécution physique des projets de ce type dont les montants engagés et décaissés sont importants en matière de travaux, le recours aux appels d'offres demeure la règle. Il s'agit en effet d'effectuer les travaux, pour le compte de la maîtrise d'ouvrage, sous la supervision de la maîtrise d'œuvre, conformément aux exigences des financeurs du projet, de choisir les meilleures entreprises (qualité des travaux) qui pratiquent les prix les plus compétitifs.

Les principaux marchés de travaux ce projet ont été réalisés selon les modalités suivantes : préqualification des entreprises qui vont exécuter un marché donné avant d'être invitées à soumettre une offre. On recommande ce mode d'appel d'offres pour les travaux de grande ampleur et/ou complexes. À noter qu'il existe, en plus du dossier type de préqualification, un dossier de préqualification pour travaux à fort impact environnemental et social comme c'est le cas ici avec le déplacement des maraîchers et les expropriations.

La procédure d'Appel d'Offres comporte cinq étapes principales :

(1) Préparation et publication (ou transmission aux qualifiés si préqualification préalable) du Dossier d'Appel d'Offres (DAO qui est payant), (2) Ouverture des plis, (3) Évaluation des Offres, (4) Attribution du marché et (5) signature du marché.

L'ouverture des offres doit être effectuée en séance publique. Un procès-verbal de l'ouverture des offres est signé par les différents membres de la commission d'ouverture des plis.

La sélection des offres est effectuée selon la méthode d'évaluation avec une seule enveloppe contenant l'offre technique et financière : après ouverture de tous les plis, l'offre lauréate est l'offre évaluée la moins-disante et qui est techniquement conforme aux exigences du DAO et administrativement acceptable. Le bailleur de fonds ne participe pas à la sélection des offres.

La maîtrise d'ouvrage (bénéficiaire) doit attribuer le marché pendant la période de validité des offres. À la suite de l'attribution, un projet de contrat est préparé entre la maîtrise d'ouvrage et l'entreprise.

Le suivi des travaux s'est effectué suivant le processus décrit ci-après :

Phase de démarrage : à la suite de la signature du marché de travaux, le démarrage effectif est enclenché par un ordre de service (OS) de démarrage, préparé par la Maîtrise d'Ouvrage et envoyé à l'entreprise. Le délai de réalisation des travaux court à partir de la date de cet OS.

Suivi : le suivi des travaux est réalisé quotidiennement par la Mission de contrôle (ou Maîtrise d'œuvre) du projet qui vérifie les plans d'exécution et les notes de calculs préparés par l'entreprise de travaux sur la base de l'APD (avant-projet détaillé) transmis dans le cadre du DAO (Dossier d'appel d'offres). La maîtrise d'œuvre contrôle sur le terrain la bonne exécution des ouvrages en conformité avec les pièces contractuelles et vérifie les quantités réalisées. C'est également la maîtrise d'œuvre de contrôle qui valide les factures émises par les entreprises.

Son rôle est de défendre les intérêts de la maîtrise d'ouvrage sur la bonne exécution des aspects techniques et financiers du projet. La maîtrise d'œuvre doit être indépendante des entreprises qu'elle contrôle.

S'agissant du cas étudié, la maîtrise d'œuvre a été attribuée à une société française, la même qui avait fait les études préalables. Cette attribution n'a pas fait l'objet d'une mise en concurrence sous la forme d'un Appel à Manifestation d'Intérêt s'agissant d'une prestation de nature technique. On recommande que le bureau d'études qui a réalisé les études préalables ne soit pas désigné maîtrise d'œuvre du projet (possibilité de tenter de dissimuler les défauts possibles des études préalables). On recommande également que la maîtrise d'œuvre soit recrutée par la maîtrise d'ouvrage par appel d'offres (éviter une proximité trop forte entre maîtrise d'ouvrage et maîtrise d'œuvre).

La fin des travaux se déroule en deux temps. La réception provisoire a pour but le contrôle de la conformité des travaux avec l'ensemble des obligations du marché et, en particulier, avec les spécifications techniques. La réception provisoire marque le transfert de propriété de ou des ouvrages entre l'entreprise et la Maîtrise d'Ouvrage. La réception provisoire mentionne également toutes les réserves qui demeurent à lever. La réception provisoire enclenche la garantie décennale qui rend l'entreprise responsable de la bonne qualité des travaux pendant dix ans auprès de la maîtrise d'ouvrage.

La Réception définitive intervient après la réception provisoire dans des délais déjà définis (en général un an après la réception provisoire) lorsque toutes les réserves formulées lors de la réception provisoire ont été levées. Cette réception définitive permet le versement de la retenue de garantie, ou son déblocage si elle a été fournie sous forme de caution bancaire.

6) Détailler les différents modes de mise en concurrence pour des prestations intellectuelles et pour des prestations physiques ? Quelles sont les différences entre les deux ?

Les prestations intellectuelles sont contractualisées à la suite d'un appel à manifestation d'intérêt (AMI). La maîtrise d'ouvrage sélectionne une liste restreinte d'opérateurs capables d'effectuer la prestation demandée. La maîtrise d'ouvrage adresse à cette sélection les termes de référence (document détaillé sur les prestations demandées dans l'étude). Les offres des prestataires qui répondent aux termes de référence de l'étude sont sélectionnées à partir d'une note technique (80 % de la note globale) et d'une note financière (20 % de la note globale). La répartition 80/20 montre que c'est la qualité technique de l'offre qui est privilégiée.

Les prestations de travaux ou de fournitures de matériel sont contractualisées à la suite d'un appel d'offres sur la base d'un dossier d'appel d'offres. Toutes les entreprises peuvent candidater en se procurant le dossier d'appel d'offres (souvent payant). Elles font part de leurs qualités respectives auprès de la maîtrise d'ouvrage. Seules les entreprises ayant des références suffisantes (entreprises ayant effectué avec succès le même type de prestations, entreprises solides financièrement, entreprises respectant le cadre réglementaire fixé) sont présélectionnées (stade de préqualification) pour concourir à l'appel d'offres. Les entreprises présélectionnées déposent des offres qui sont ensuite analysées par une commission d'appel d'offres. La note technique représente 20 % de la note globale. La note financière représente 80 % de la note globale.

À la différence de la procédure de l'AMI qui sélectionne le mieux disant, les marchés de travaux ou de fournitures sélectionnent le moins-disant en termes de prix pouvant effectuer la prestation demandée, la qualité des prestations requises étant déjà en partie assurée par la préqualification préalable.

Lorsque l'on ne procède pas à la mise en concurrence des prestataires, on peut avoir recours à un marché de gré à gré : pas de mise en concurrence, choix du prestataire sur la base de ses qualités reconnues (parfois innovation), sur la base d'une continuité souhaitée dans l'intervention (passage d'une phase une à une phase deux) dans l'intervention, mais aussi parfois sur la base d'autres critères moins avouables (copinage, aide liée, dessous de table). L'absence de mise en concurrence fait monter les prix.

7) Qu'est-ce qu'un Dossier d'appel d'offres, un ordre service, une réception provisoire, une réception définitive ?

Un DAO (Dossier d'Appel d'Offres) ou encore Dossier de Consultation des Entreprises (DCE) est un dossier technique et administratif qui permet de recruter une ou des entreprises pour réaliser les travaux dans le cadre d'un appel d'offres. Il contient généralement (i) une partie sur les règlements de l'appel d'offres (instruction aux soumissionnaires), (ii) une partie technique basée sur l'Avant-projet détaillé intégrant un Cahier des Clauses Techniques Générales et Particulières (CCTG et CCTP.) et Cahier des Clauses Administratives Générales et Particulières.

Un OS (Ordre de Service) est émis par la maîtrise d'ouvrage lors de la phase de démarrage des travaux. L'OS est envoyé à l'entreprise prestataire. Le délai de réalisation des travaux court à partir de la date de cet OS.

La réception provisoire s'effectue à l'achèvement des travaux. La maîtrise d'ouvrage devient propriétaire de la prestation fournie. Lors de la réception provisoire, la maîtrise d'ouvrage peut émettre des réserves. La garantie de bonne fin (retenue de garantie) des prestations n'est pas libérée à ce stade. La garantie décennale de l'entreprise est enclenchée au bénéfice de la maîtrise d'ouvrage.

La réception définitive s'effectue en général un an après la fin des travaux. La maîtrise d'ouvrage s'assure que les réserves peuvent être levées. Si c'est le cas, elle libère la garantie de bonne fin (retenue de garantie).

8) Comment aurions-nous pu résoudre le problème des maraîchers ?

Le problème à résoudre était difficile car il s'agissait de maraîchers se trouvant sur des terrains publics et donc en situation irrégulière. Il aurait fallu leur trouver un terrain de relocalisation de leur activité à proximité. Mais en centre-ville, aucun terrain n'était disponible pour une telle culture. La maîtrise d'ouvrage, responsable de cette partie du projet, ne s'est pas impliquée suffisamment pour trouver une solution acceptable pour tous (indemnisation, relocalisation, formation pour changer d'activité).

9) Comment fonctionne la méthode de facturation et de garantie d'un marché ?

Les méthodes de facturation et de garantie d'un marché peuvent varier d'un contrat à l'autre, leurs spécifications sont indiquées au CCAP (Cahier des Clauses Administratives Particulières). Généralement un marché de travaux comprend les éléments suivants :

-Avance de démarrage : avance forfaitaire versée avant le début de l'exécution des travaux. Comprise entre 15 et 30 % du montant du marché elle sera remboursée tout au long de l'exécution des travaux. Avant de pouvoir prétendre au versement de l'avance de démarrage, l'entreprise doit fournir à la maîtrise d'ouvrage une garantie de restitution d'acompte.

-Garantie de bonne exécution et de parfait achèvement : la garantie de bonne exécution est à fournir par l'entreprise travaux avant le démarrage des prestations.

-Retenue de garantie : la retenue sur garantie consiste au prélèvement d'un montant sur chacune des factures de l'entreprise. Son montant ne peut dépasser 10 % du montant du marché.

-Prix forfaitaire : le prix forfaitaire rémunère le titulaire pour un ensemble de prestations, un ouvrage ou une partie d'ouvrage définis dans le marché. Il rémunère le titulaire indépendamment des quantités mises en œuvre pour réaliser une prestation donnée (ex. : installation de chantier, signalisation etc.)

-Prix unitaire : Le prix est unitaire est utilisé quand la prestation demandée à l'entreprise est relativement uniforme (exemple : quantité de béton d'une qualité précise). Le prix unitaire est multiplié par la quantité effectivement livrée ou exécutée pour déterminer le montant du règlement à effectuer. Le montant définitif du marché ne peut être déterminé qu'à la fin du marché, les quantités réellement exécutées sont alors connues (ex. : prix du m3 de béton, du kg de fer etc.)

-Décompte général : comme indiqué précédemment, le montant d'un marché de travaux se base sur des prix forfaitaires et des prix unitaires, en fonction des caractéristiques des prestations à fournir, sur lesquelles l'entreprise de travaux s'est engagée au moment de l'appel d'offres. Le montant initial d'un marché de travaux est donc systématiquement estimatif (sauf cas rares des marchés de travaux uniquement forfaitaires). Le montant exact des travaux réalisés n'est connu qu'à la fin des travaux au travers du décompte général ou définitif.

-Décompte provisoire : Le montant des factures émises mensuellement par les entreprises de travaux est calculé sur la base d'un décompte dit provisoire qui donne le coût total des travaux exécutés à une date donnée.

10) Que pensez-vous de l'exécution financière du projet ?

L'exécution financière du projet, du côté du bailleur de fonds, s'est déroulée de manière satisfaisante. Les fonds ont été rendus disponibles. Les circuits de paiement des prestations ont bien fonctionné. En revanche, les fonds permettant d'indemniser les maraîchers et les expropriés du projet n'ont pas été mobilisés suffisamment vite par la maîtrise d'ouvrage. Cette situation a obligé l'entreprise de travaux publics à jongler avec le niveau atteint à un moment donné par les expropriations pour réaliser par tronçons les travaux ; compte tenu des expropriations effectives.

11) Quels sont les impacts du projet ?

La fluidité du trafic a été accrue dans la partie sud de la ville de Brazzaville. Les bouchons quotidiens au niveau du marché Total se sont en partie atténués. Les quartiers de Bacongo et Makélékélé ont été désenclavés. La réfection du collecteur d'eaux pluviales du quartier de Makélékélé a permis d'assainir le quartier et donc d'améliorer les conditions sanitaires des populations concernées.

12) Comment assurer la durabilité de ce projet ?

La durabilité du projet ne peut être assurée que par une implication forte sur le plan technique et financier de la maîtrise d'ouvrage dans l'entretien des infrastructures. Elles semblent de bonne qualité. Cette artère urbaine n'étant pas à péage, son entretien dépend directement des fonds qui seront alloués par le gouvernement pour entretenir l'ouvrage.

En revanche, on peut noter que les 2,5 km construits par une entreprise chinoise n'ont pas résisté, quatre années après leur livraison, à de grosses pluies. Plus de 500 m de chaussées se sont effondrés et sont donc inutilisables. L'infrastructure réalisée par l'entreprise française qui était terminée au moment de cet effondrement n'a pas souffert des pluies. Cet exemple montre l'importance de livrer des travaux de qualité qui soient susceptibles d'être entretenus correctement sur place.

13) Quels sont les principaux enseignements du projet ?

-*Un investissement non-prioritaire*. Le choix du projet n'est pas optimal. Quand la pression politique est forte, que le prestige est en jeu ou qu'un deal a été passé sur le plan politique, on voit que les fonds de l'aide publique au développement ne sont pas obligatoirement orientés vers les opérations les plus utiles.

-*L'importance de faire appel à des entreprises de qualité, dûment contrôlées.* La qualité et la maintenance des infrastructures sont des points clés de leur longévité.

-*L'épineuse gestion du déplacement des populations pour réaliser un projet d'infrastructures.* Les problèmes de déplacement des populations dans les projets urbains ou les projets de barrage sont les plus difficiles à résoudre.

14) Notation du projet. Pertinence des objectifs ? Réalisation des objectifs ? Efficacité ? Efficience ?

Pertinence des objectifs : on peut s'interroger sur le fait d'utiliser de la subvention dans un pays à revenu intermédiaire pour financer des infrastructures de ce type. De plus, il ne s'agit peut-être pas du projet à prioriser dans un pays où le taux de pauvreté de la population avoisine les 45 %. La route de la Corniche, même si ses effets bénéfiques sont indéniables sur la circulation, demeure une opération de prestige dans une capitale africaine, une opération dont la priorité reste à démontrer.

Réalisation des objectifs. Les objectifs du projet, tels qu'ils avaient été définis, ont bien été réalisés. Toutefois, le volet maraîchage n'a pas été une réussite.

Efficacité : la fluidité du trafic s'est grandement améliorée au sud de la capitale. Les travaux réalisés sont de bonne qualité.

Efficience : le fait que ce type de marché soit financé par un bailleur de fonds permet d'obtenir une forte concurrence des entreprises et donc d'abaisser les coûts. Quand les entreprises travaillent sur financement local, elles ont peur d'avoir à faire à des impayés et donc surfacturent les prestations. Quand les mêmes entreprises travaillent sur un financement international fiable, elles sont sûres d'être payées, d'être moins contrainte à verser des dessous-de-table. Les prix pratiqués sont moins élevés. L'efficience du projet est satisfaisante.

Impact : la fluidité du trafic s'est améliorée. En revanche, on peut s'interroger sur le fait de savoir si les fonds décaissés n'auraient pas été mieux utilisés en étant dirigés directement vers les populations les plus pauvres.

Durabilité : elle dépend de la qualité de ces infrastructures, de leur maintenance dans la durée grâce à des financements publics dédiés.

2. Appui aux collectivités locales

7. Collectivités locales en Nouvelle-Calédonie[11]

Présentation

Prêts aux collectivités locales
Durée des opérations : 20 ans
Nature des concours : prêts
Montant de l'échantillon : 6,78 m.€
Objet : électrification rurale et adduction d'eau potable
Échantillon : 14 concours distincts aux collectivités

Une loi de décentralisation a récemment profondément modifié le paysage institutionnel des collectivités locales de ce DOM-COM. La tutelle administrative et financière de l'État sur les communes a été supprimée, ouvrant la voie à une plus grande autonomie. Les prérogatives de l'administration de ce DOM-COM ont été largement redistribuées par la création de nouvelles entités, les régions. Dans ce cadre, un échantillon représentatif de quatorze concours financés par le bailleur de fonds a été sélectionné, relevant de secteurs prioritaires : l'eau (21 % des engagements du bailleur de fonds auprès des collectivités) et l'électrification rurale (17 % des engagements du bailleur de fonds). Ces concours répartis sur l'ensemble de ce DOM-COM ont été contractés avec trois types de collectivités : région, commune et syndicat intercommunal à vocation multiple.

La Nouvelle-Calédonie a la caractéristique d'être scindée en trois provinces :

- La province Nord où se trouvent majoritairement les Kanaks, les habitants ancestraux de ce territoire.
- La province Sud où se trouvent la majorité de la population et la ville de Nouméa qui regroupent les Caldoches (immigrés depuis plusieurs générations venues de métropole).
- La province des îles où se trouvent essentiellement des Kanaks.

Les trois provinces sont chapeautées par les autorités du territoire. Les accords de Nouméa en mai 1998 ont mis fin aux affrontements entre communautés en prévoyant un référendum d'autodétermination en 2018 puis en 2020 qui ont tous deux donné une majorité pour continuer à être rattaché à la France.

Dans ce contexte, l'électrification rurale de populations isolées, souvent d'origine kanake, revêt une dimension politique.

11 / Les Territoires d'Outre-mer sont maintenant appelés Collectivités d'Outre-mer (COM).

Les quatorze concours financés sont de l'aide programme sectorielle et non de l'aide projet. En effet, le bailleur de fonds n'a pas à faire d'instruction technique de ces actions. La maîtrise d'ouvrage les réalise d'elle-même et ne demande au bailleur de fonds que d'apporter un financement complémentaire.

L'électrification rurale avec l'appui au Fonds d'électrification (FE)

Le financement des opérations d'électrification rurale est assuré en premier lieu par le Fonds d'Électrification (FE), fonds sans personnalité morale et dédié au financement de l'amélioration des dessertes électriques. Son unique objet est de subventionner des opérations d'extension du réseau public par prolongement des lignes existantes ou pose de générateurs de type énergie renouvelable (notamment photovoltaïque) pour les communes les plus excentrées. Le financement du FE est assuré par :
- La taxe sur l'énergie électrique collectée par les distributeurs d'énergie électrique et donc payée par les consommateurs. Cette taxe représente en moyenne 35 % du financement du FE.
- Les dotations de l'État et des régions qui représentent respectivement 32 % et 19,5 % du total. Leurs montants sont fixés par convention quadriennale.
- Les participations des communes (taxe de 4 % sur l'énergie distribuée sur leur zone géographique) et du Comité territorial de l'énergie qui sont plus modestes (respectivement 9 % et 3,6 %).

Les ressources du FE étaient de 6,88 m€ lors de la période d'évaluation.

La sélection des investissements est effectuée par un comité de gestion de quatorze membres dont cinq représentants de l'État. Cette sélection s'effectue sur la base de la présentation d'un dossier par le secrétariat du FE. Les principaux critères de sélection des projets sont les suivants :
- Le respect de l'enveloppe budgétaire allouée.
- Le coût des projets qui ne doivent pas dépasser 0,06 m€ par utilisateur (foyers et/ou installations économiques) pour l'extension du réseau électrique. Au-delà, la technique photovoltaïque est préconisée.
- La péréquation géographique qui impose que 67 % des crédits reviennent au Nord de ce DOM-COM, 28 % au Sud et 5 % pour les autres zones.

Un projet peut être financé par le FE mais également par d'autres ressources :
- Les ressources du FE sont utilisées jusqu'à 0,02 m€ par foyer raccordé et 0,05 m€ par installation d'activité économique. Ces subventions servent à rembourser les annuités d'emprunts contractés par la commune auprès du bailleur de fonds ou à prendre en charge directement les travaux. La part de subvention qui finance les remboursements d'emprunt représente près de 40 % du total des travaux mis en œuvre chaque année.
- Le financement provenant du concessionnaire de la distribution d'électricité en zone rurale (la société d'électricité), ce qui représente 10 % des travaux d'extension.

- Le financement complémentaire par les communes, maîtres d'ouvrage des opérations.
- La participation des bénéficiaires.

Sur le plan juridique, les prêts concernant les opérations FE financées par le bailleur de fonds font l'objet d'une convention signée entre le bailleur de fonds et la commune. Une autre convention signée entre la région et la commune garantit à la commune les recettes de couverture des emprunts contractés au titre des opérations du FE. En d'autres termes, le bailleur de fonds finance par prêt les communes dont les projets ont été retenus par le FE qui prend en charge en retour les annuités de remboursement de ces emprunts. Les garanties du bailleur de fonds sont « le débit d'office » (prélèvement automatique sur la trésorerie de la commune) opéré par le trésorier-payeur. Sur le plan financier, l'engagement de la commune n'est pas assimilé à un endettement supplémentaire car les annuités de remboursement sont prises en charge par le FE.

Impacts de la politique d'électrification rurale financée en partie par le bailleur de fonds
Impact macroéconomique

Par l'intermédiaire des communes, le bailleur de fonds finance donc une partie très importante du programme d'électrification de ce DOM-COM. Depuis 20 ans, sur les 83,85 m€ consacrés aux travaux d'électrification, le bailleur de fonds en a préfinancé sous forme de prêts pour un montant de 31,43 m€, soit près de 37,5 %. L'encours du bailleur de fonds issu de ses engagements vis-à-vis des communes était de 18,9 m€ deux années avant la période d'évaluation.

Au total, cet appui à l'électrification rurale a permis le branchement au réseau de 7 642 foyers, soit environ 30 000 personnes sur une population totale de 200 000 habitants, soit 15 % de la population. Le taux de couverture géographique qui était pour l'ensemble des communes adhérentes au FE de 41 % il y a vingt ans s'établit à 91 % actuellement. La destination par région des ressources FE a profité essentiellement au raccordement du Nord la moins développé (passage de 37 % à 87 % de taux de couverture) et dans une moindre mesure au Sud (passage de 66 % à 93 %).

En termes d'aménagement du territoire, la politique de rééquilibrage au bénéfice du Nord est donc effective avec le concours actif du bailleur de fonds. Les autres banques de la place ne prêtent pas aux communes du Nord. Le coût d'intermédiation financière est jugé trop important. L'électrification rurale permet cependant à la fois le développement des zones les plus déshéritées, la densification des territoires les plus reculés et contient quelque peu le phénomène d'exode rural vers le centre urbain le plus important. Il est vrai que ce sont des objectifs difficiles à prendre en compte dans une logique d'intervention privée.

Toutefois, cette politique d'aménagement de ce DOM-COM doit se fixer des limites. Il ne serait pas sain de prévoir que le raccordement des populations soit effectué, quel que soit le coût du branchement, ce qui grèverait ensuite très fortement le compte d'exploitation de la société chargée de distribuer l'électricité et donc d'assumer l'entretien du réseau. Les comptes d'exploitation de la société d'électricité laissent déjà apparaître un déficit de son activité d'exploitation pour ce type de réseau. Il ne convient pas de trop le creuser. Ainsi, il serait imprudent de subventionner plus fortement ces raccordements. Le niveau supérieur de subvention possible du FE par foyer ne doit pas être dépassé. Ce montant représente au bout de vingt ans un investissement de 28 965 € par abonné ce qui est déjà beaucoup. Au-delà, on peut craindre que l'on favorise alors un éparpillement de l'habitat sur l'ensemble de la région, une sorte de « mitage », ce qui va à l'encontre d'une occupation raisonnable de l'espace rural.

Impact microéconomique

L'électrification des zones rurales reculées offre aux populations isolées une amélioration sensible de leurs conditions de vie. À titre d'exemple, c'est certainement un progrès pour l'hygiène et pour la santé (exemple : conservation de la nourriture, stockage des médicaments dans de bonnes conditions). L'électricité permet d'utiliser des techniques de communication qui donnent elles-mêmes accès à l'information. La participation à la vie de la cité, les possibilités d'enseignement à distance font également partie des effets bénéfiques de l'électrification. L'énergie électrique facilite diverses tâches manuelles de la vie quotidienne (pompage de l'eau) et favorise l'artisanat.

Impact sur les populations et la société d'électricité

Les foyers raccordés en zone rurale ont un taux d'impayés comparable à d'autres zones de ce DOM-COM. Les coupures d'électricité pour des motifs d'impayés ne sont donc pas plus fréquentes que sur le reste du réseau.

Les foyers raccordés sont très satisfaits de ce nouveau service qui améliore leur qualité de leur vie.

Le service d'électrification est certes payé par les bénéficiaires mais l'exploitation de la ligne ne rentabilise pas l'opération. Le paiement de la consommation allège cependant le poids nouveau qui pèse sur l'exploitant surtout en matière de suivi commercial plus que de maintenance du réseau complémentaire.

Les travaux d'électrification ont été conséquents. Étant donné les montants en jeu et le caractère répétitif des prestations à fournir, les procédures utilisées par la société d'électricité sont demeurées trop opaques. La procédure de gré à gré sur liste restreinte (pas de véritable appel à la concurrence) devrait être rapidement remplacée par une procédure d'appel d'offres. La signature des marchés par le maître d'œuvre, à savoir la société d'électricité, et non la maîtrise d'ouvrage à savoir la commune, n'est pas conforme aux normes. En effet, le chiffre d'affaires traité par la société d'électricité avec les entreprises a été très conséquent. À l'inverse, les avantages de la formule de gré à gré sur la liste restreinte tiennent aux conditions de financement des investissements effectués par la société d'électricité. Cette dernière a en effet accepté de préfinancer une partie des travaux sur le réseau. Le fait que l'exploitant du réseau soit également la société d'électricité implique que cette dernière soit directement intéressée à ce que les travaux réalisés facilitent au maximum l'exploitation ultérieure.

La politique d'hydraulique urbaine en partie financée par le bailleur de fonds

La politique d'adduction d'eau potable est de compétence communale. Les collectivités locales choisissent le mode de gestion de leur service des eaux : distribution de l'eau en régie ou distribution affermée.

Les régions de ce DOM-COM participent au financement des opérations d'adduction d'eau potable (AEP) par l'intermédiaire de contrats de développement État Région. Elles apportent leurs concours financiers pour chaque opération.

Les régions disposent également de services techniques qui interviennent sur les projets en tant que maître d'œuvre ou conducteur des opérations. Les prestations des services techniques sont payantes au Sud et gratuites au Nord. Les opérations menées en matière d'AEP peuvent être classées en deux catégories :

- Les opérations de gestion quantitative. Il s'agit d'accroître la ressource (pompages, forages, tranchées drainantes, captages), de rénover et renforcer des réseaux, d'augmenter la capacité de stockage.
- Les opérations de gestion qualitative qui utilisent le procédé de filtrage ou le procédé moins coûteux de traitement par le chlore.

Les communes choisissent les maîtres d'œuvre de ces opérations librement : régions ou opérateurs privés.

L'engagement durable du bailleur de fonds pour ce secteur est manifeste. Sur vingt ans, ses engagements atteignent 30,18 m.€. C'est le deuxième poste de dépenses d'investissement des communes avec 21 % de leur budget contre 22 % pour la voirie terrestre, 17 % pour les réseaux d'assainissements, enfin 12 % pour les bâtiments scolaires et culturels. Plusieurs périodes sont à distinguer :

- Les dix premières années, l'appui du bailleur de fonds à ce secteur reste relativement modeste : moins de dix projets avec un montant annuel proche de 1,22 m.€.
- De la onzième à la quatorzième année, l'appui du bailleur de fonds s'accroît fortement tant en nombre (quinze projets annuels) qu'en montant (de 2,59 m€ à 6,10 m.€).
- De la quinzième à la dix-huitième année, l'appui du bailleur de fonds se stabilise à un palier moins élevé, avoisinant 1,68 m.€.

Les interventions du bailleur de fonds portent sur différentes parties du réseau : pompages de l'eau, stockage de l'eau, « chloration », distribution effective de l'eau aux usagers (tuyaux et branchements).

Il y a dix ans, les programmes d'Adduction d'eau potable (AEP) concernaient surtout la desserte de nouvelles populations qui n'avaient pas accès à l'eau. Ensuite, les interventions ont surtout poursuivi des objectifs qualitatifs et consistent le plus souvent en des rénovations de réseaux ou à des actions d'amélioration de la qualité de l'eau. En effet, en zone urbaine, la quasi-totalité de la population est connectée au réseau. Après quinze ans d'intervention, seule 2,7 % de la population sont contraintes de recourir aux points d'eau collectifs.

Impact sur le plan des finances publiques des collectivités locales

Le coût de ce service devrait normalement être supporté par l'utilisateur. Or, à l'exception des agglomérations les plus importantes de ce DOM-COM dont le service est affermé à une entreprise indépendante de la municipalité, les autres communes, surtout dans le Nord, ont des services de l'eau qui fonctionnent en régie.

Ces services municipaux n'arrivent pas à faire payer l'eau à l'usager. Les municipalités concernées supportent non seulement les travaux d'investissement et de renouvellement du réseau mais assument également le paiement de la consommation non acquittée par les administrés. Cette situation n'est donc pas satisfaisante. Le non-paiement des consommations par les principaux utilisateurs risque d'inciter au gaspillage. Les effets sur l'environnement (abaissement du niveau des nappes phréatiques) doivent être également pris en compte.

Impact sur les projets évalués

Les évaluations de plusieurs projets évalués confirment l'analyse. L'eau est accessible à l'ensemble de la population et de bonne qualité. Cependant, son prix n'est pas acquitté par les consommateurs, surtout dans le Nord et dans des parties de la région très excentrées. Les délais de réalisation des programmes d'adduction d'eau ont été fort longs (parfois plusieurs années). Ces travaux sont très fortement subventionnés (plus de 50 %) et dépendent donc du rythme des transferts financiers de l'État vers les communes, d'une part, ou des transferts des régions vers les communes, d'autre part. Or, ceux-ci prennent souvent du retard pour des raisons de lenteur administrative ou même du fait que les communes n'arrivent pas à justifier correctement l'avancement des travaux afin de recevoir les financements complémentaires.

Impact des projets (eau, électricité, autres…) sur la situation financière des collectivités

La situation financière des collectivités demeure très satisfaisante. Les communes et les régions ont vu leurs indicateurs de performance financière s'améliorer durant les cinq dernières années d'intervention, notamment pour les critères suivants : épargne brute[12], capacité d'endettement, ratio frais de personnel sur frais de fonctionnement. Cette période de plus grande autonomie financière des communes et d'apprentissage des nouvelles structures administratives que sont les régions s'est donc accompagnée d'une amélioration de leur gestion financière. Le bailleur de fonds n'enregistre aucun impayé sur ce type d'opérations.

La notation des projets de l'échantillon

Sur les quatorze projets étudiés, neuf ont été notés de très satisfaisants à satisfaisants, cinq ont été jugés peu satisfaisants. Parmi les sept projets d'électrification, deux sont très satisfaisants et cinq satisfaisants. L'impact du Fonds d'électrification est jugé très positif. Il a permis le branchement de 30 000 personnes depuis vingt ans.

En revanche, les résultats des opérations d'adduction d'eau sont plus mitigés (deux projets satisfaisants pour cinq non satisfaisants). Cette mauvaise performance tient à plusieurs facteurs :

- Les projets d'adduction d'eau font souvent l'objet de cofinancements avec la région. Leurs délais d'exécution sont alors dépassés en raison des retards dans les décaissements de la subvention de la région mais aussi, à l'inverse, en raison de l'absence de justificatifs convaincants apportés par la commune pour recevoir ses subventions.
- L'impact de ces projets sur les populations est plus faible que pour l'électrification puisqu'il s'agit surtout d'améliorer des réseaux déjà existants.
- La plupart des communes dont le service de l'eau est géré en régie ne font pas payer la ressource hydrique ce qui entraîne des gaspillages (surconsommation par rapport à la moyenne de 50 %) et des dépenses récurrentes fortes pour les collectivités.

Répartition des concours

Les engagements du bailleur de fonds sont conformes à la politique de rééquilibrage de ce DOM-COM au profit du Nord puisque 43 % des engagements de la dernière période quinquennale s'orientent vers le Sud de la région contre 45 % vers le Nord dont la population est beaucoup moins nombreuse. Les exécutifs régionaux mis en place en 1988 bénéficient d'un appui sérieux du bailleur de fonds. À titre d'exemple, le Nord de ce DOM-COM capte 40 % des financements que le bailleur de fonds a alloués à l'ensemble des collectivités de cette même région. Enfin, les secteurs prioritaires pour améliorer

12/ Ecart entre recettes courantes de fonctionnement et dépenses courantes de fonctionnement. Ce solde permet d'autofinancer une partie des investissements de la collectivité. En général, ce ratio doit être supérieur à 15 %. Le ratio frais de personnel sur les recettes de fonctionnement doit rester inférieur à 40 %. La capacité d'endettement est mesurée par le ratio dettes sur épargne brute qui doit être inférieur à 7 ans.

les conditions de vie et désenclaver les populations sont effectivement privilégiés. Les secteurs les plus soutenus par le bailleur de fonds sur la dernière période quinquennale sont, par ordre d'importance, l'adduction d'eau potable, l'électrification rurale et l'habitat.

Impact de l'intervention du bailleur de fonds sur les collectivités locales

- Les prêts octroyés aux collectivités locales ont permis de financer une partie non négligeable (9 %) de leur programme d'investissement sans que la situation financière de celles-ci ne se dégrade. Les emprunts contractés auprès du bailleur de fonds représentent de 52 % à 77 % du total des emprunts des communes et des régions. Cette institution financière est la seule à permettre à l'ensemble des collectivités territoriales d'avoir accès à l'emprunt. Les autres banques n'interviennent que dans un périmètre réduit autour de l'agglomération principale, là où les coûts d'intermédiation financière sont les plus faibles.
- Le bailleur de fonds a accompagné l'évolution institutionnelle de ce DOM-COM en s'engageant dans une politique active de prêts aux communes et aux régions qui ont été dotées progressivement d'une autonomie et de compétences plus importantes.
- La distribution géographique des prêts du bailleur de fonds depuis vingt ans cadre parfaitement avec la volonté de rééquilibrer le développement de ce DOM-COM. Les engagements du bailleur de fonds vis-à-vis du Nord (1 395 €/hab.) sont beaucoup plus élevés que pour le Sud (702,30 €/hab.).
- Le suivi de la situation financière des collectivités opéré par le bailleur de fonds permet de sensibiliser ces dernières à une approche financière de la gestion qui respecte les grands équilibres.
- La distribution des prêts sur l'ensemble de ce DOM-COM offre un accès facilité au crédit pour les petites collectivités et pour celles qui sont éloignées de la ville principale. La contribution du bailleur de fonds à la politique d'aménagement de ce DOM-COM est donc manifeste.
- La répartition sectorielle des concours privilégie l'amélioration de la qualité de la vie des populations (eau, électricité, voirie, assainissement), ce qui est conforme aux orientations des contrats de développement entre l'État, la région et les autres collectivités territoriales. Les deux secteurs plus spécialement étudiés (électrification rurale et adduction d'eau potable) montrent que les investissements réalisés ont permis d'améliorer sensiblement les conditions de vie des populations.
- La gestion commerciale des réseaux d'adduction d'eau est surtout défectueuse dans les communes où le service des eaux est géré en régie. Le bailleur de fonds doit se montrer plus ferme vis-à-vis de l'emprunteur pour l'inciter à recouvrer le paiement de l'eau. Cette fermeté peut passer par la

mise en place de conditions suspensives de versement des fonds liées au paiement de l'eau par les usagers.

Enseignements et recommandations

Quand la maîtrise d'ouvrage est de qualité, le rôle du bailleur de fonds se limite au financement. Dans des parties du monde relativement développées comme c'est le cas pour les DOM-COM ou certains pays à revenus intermédiaires, la maîtrise d'ouvrage est relativement bien assumée. Le travail du bailleur de fonds n'est plus alors d'aider à la conception, à la mise en œuvre et à la finalisation du projet comme dans certains pays en développement. Il est plutôt de financer les projets imaginés par d'autres, ce qui constitue une meilleure répartition des rôles. Pour les projets étudiés, le bailleur de fonds n'a pas réellement commandé d'étude de faisabilité, il n'a pas lui-même réalisé d'évaluation interne. À juste titre, il s'est contenté de s'assurer de la compatibilité de l'investissement avec la situation financière de la collectivité en s'interdisant d'intervenir dans ses choix. Dans le cas présent, le bailleur de fonds est intervenu pour faciliter la gestion financière des collectivités locales et non pas pour fixer leurs priorités. Le niveau de développement de cette région explique l'engagement limité sur le plan technique du bailleur de fonds qui agit ici en banquier des collectivités.

Le coût élevé des adductions d'eau potable. Dès que le système de gestion des infrastructures nouvelles n'est pas satisfaisant (adduction d'eau potable), le fonctionnement de celles-ci coûte cher à la commune. Ce système de gestion de l'infrastructure à financer doit donc être clairement explicité avant tout investissement.

Trouver des limites au raccordement filière des populations en électricité. Cette politique d'aménagement de ce DOM-COM a des limites qui sont difficiles à définir. On s'aperçoit que le plafond d'intervention du FE a été relevé à plusieurs reprises afin de permettre le raccordement au réseau des populations les plus isolées. Or, c'est la société d'électricité qui assurera dans l'avenir l'exploitation et l'entretien de ce réseau de plus en plus dispersé et donc de moins en moins rentable. Néanmoins, ce type de raccordement coûteux doit être également analysé sur le plan politique. Le mode d'habitat des ethnies concernées, l'équilibre Nord-Sud en matière d'aménagement, l'accès à tous à un service de qualité sont également des considérations à prendre en compte pour ce territoire traverser par des tensions ethniques.

Trouver les limites entre des raccordements à portée politique et un équilibre financier pour la société qui gère ce réseau disséminé. La dimension politique de ce projet pousse les autorités locales à faire bénéficier, dans le respect des traditions de chacun (pour les Kanaks, vie en tribu dans des zones isolées), l'ensemble de la population du territoire des mêmes conditions de vie. Cependant, le raccordement filière à un réseau génère des coûts d'installation et de fonctionnement très élevés, peu compatibles avec une bonne gestion de la société d'électricité qui hérite d'un tel réseau. C'est ici que l'on pourrait réfléchir à l'opportunité de créer des installations photovoltaïques, non raccordées au réseau, sans que les populations locales y voient une proposition de service de seconde zone.

Éviter d'encourager la dispersion de l'habitat par une politique d'aménagement du territoire « trop généreuse ». L'artificialisation des terres et la perte de biodiversité sont deux conséquences possibles d'une politique d'aménagement du territoire qui favoriserait trop l'habitat dispersé. Cependant, il est nécessaire de prendre en considération les coutumes locales et notamment le mode de vie des tribus kanaks établies essentiellement en province Nord et dans la province des Îles Loyautés dans des endroits reculés. Il faut donc respecter ce mode de vie en favorisant son accès au bien-être, sans provoquer une expansion de ce mode de vie dans d'autres zones vierges, par une politique d'aménagement trop généreuse.

Exercice proposé

Lire attentivement la présentation de ces concours et de leurs impacts dans le domaine de l'électricité et de l'eau.

1) Quel a été l'impact de l'intervention du bailleur de fonds sur les collectivités locales ?
2) Quelle différence pour le bailleur de fonds entre le financement d'une maîtrise d'ouvrage forte (comme ici ou dans un pays à revenu intermédiaire) et le financement d'une maîtrise d'ouvrage faible ?
3) S'agit-il de financements de projet ou de financement de programme ?
4) En matière d'équilibre financier, où se situent les risques dans les deux secteurs concernés (électricité, eau) ?
5) Quelles sont les deux principales limites à cette politique d'aménagement du territoire ?
6) Pourquoi la limite d'intervention du Fonds d'Électrification (FE) a été relevée plusieurs fois ? Avec quelles conséquences ?
7) Durabilité des projets d'électrification d'une part, d'adduction d'eau d'autre part ?
8) Notation des financements. Pertinence des objectifs ? Réalisation des objectifs ? Efficacité ? Efficience ? Impact ?
9) Points forts ? Points faibles

Corrigé de l'exercice

1) Quel a été l'impact de l'intervention du bailleur de fonds sur les collectivités locales ?

Les prêts octroyés ont permis de financer 9 % des investissements des collectivités locales, sans que leurs situations financières s'en trouvent dégradées. Le bailleur de fonds a accompagné le processus de décentralisation donnant plus d'autonomie aux communes. Le bailleur de fonds a participé au rééquilibrage des investissements publics au profit de la province nord en privilégiant l'amélioration de la qualité de la vie (électricité, eau potable mais également voirie, assainissement).

2) Quelle différence pour le bailleur de fonds entre le financement d'une maîtrise d'ouvrage forte (comme ici ou dans un pays à revenu intermédiaire) et le financement d'une maîtrise d'ouvrage faible ?

Tous les aspects techniques du projet sont gérés par la maîtrise d'ouvrage qui sait bien définir son besoin, faire les études préalables nécessaires, gérer le projet, sans l'appui technique du bailleur de fonds. Ce dernier ne fait qu'apporter le financement nécessaire. Il prend un risque financier. Le risque technique est complètement assumé par la maîtrise d'ouvrage.

3) S'agit-il de financements de projet ou de financement de programme ?

Il s'agit d'un financement programme sectoriel (aide programme) dans le domaine de l'électricité et dans le domaine de l'eau.

4) En matière d'équilibre financier, où se situent les risques dans les deux secteurs concernés (électricité, eau) ?

Électricité : le coût du branchement ne doit pas être trop élevé. On ne peut financer le raccordement au réseau de l'intégralité de la population isolée car l'équilibre de la société d'exploitation serait déstabilisé.

Adduction d'eau : les collectivités du Nord et des Îles Loyauté doivent exiger le paiement de l'eau par les utilisateurs (factures impayées), notamment dans les communes où ce service est géré en régie.

5) Quelles sont les deux principales limites à cette politique d'aménagement du territoire ?

La première limite est d'ordre financier. Il ne faut pas financer des infrastructures trop coûteuses à réaliser et ensuite à maintenir en état de fonctionnement.

La seconde limite est qu'une politique trop généreuse d'aménagement du territoire ne doit pas conduire à favoriser un habitat trop dispersé entraînant mitage des espaces, une artificialisation des sols et une perte de biodiversité.

6) Pourquoi la limite d'intervention du Fonds d'Électrification (FE) a été relevée plusieurs fois ? Avec quelles conséquences ?

Afin d'être en mesure de couvrir en raccordement électrique filière la quasi-totalité de la population puisque le taux de raccordement s'établit à 91 %. Le coût du raccordement est dès lors de plus en plus élevé. Ce montant représente un investissement de 28 965 € par abonné, ce qui est déjà très élevé. L'équilibre financier de la société d'électricité ne doit pas être remis en cause par le coût de gestion de son réseau, qui dans la partie de desserte rurale, demeure déficitaire.

7) Durabilité des projets d'électrification d'une part, d'adduction d'eau d'autre part ?

Les collectivités locales et la société d'électricité assurent la maintenance des infrastructures nouvelles avec une prise en charge technique et financière adéquate. Toutefois, il convient d'éviter de raccorder électriquement au réseau des populations très isolées. Le photovoltaïque est plus adéquat. Il convient de faire payer l'eau aux populations. Un service public, même déficitaire, doit mettre des limites à ses prestations.

8) Notation des financements. Pertinence des objectifs ? Réalisation des objectifs ? Efficacité ? Efficience ? Impact ?

Pertinence des objectifs : très satisfaisante en matière de rééquilibrage de l'aménagement de ce DOM-COM.
Réalisation des objectifs : très satisfaisante, les projets ont bien engendré une amélioration de l'aménagement du Nord de ce DOM-COM.
Efficacité : satisfaisante, les investissements physiques projetés ont bien été réalisés et sont de bonne qualité.
Efficience : assez satisfaisante, le coût des réalisations est demeuré dans l'enveloppe prévue et le calendrier prévu a été respecté. Toutefois, les coûts du fonctionnement d'un tel réseau s'avèrent onéreux pour la société d'électricité qui le gère.
Impact : très satisfaisant, les conditions de vie des habitants se sont améliorées.

9) Points forts ? Points faibles ?

Points forts :
- Bonne analyse de la situation financière des collectivités.
- Aménagement de ce DOM-COM réussi en laissant une grande autonomie aux maîtres d'ouvrage (financement de programmes plus que de projets).
- Renforcement du processus de décentralisation.
- Satisfaction des populations concernées.

Points faibles :
- Gestion non satisfaisante de la ressource en eau potable par les communes faute du paiement de l'eau.
- Difficulté à définir une limite financière aux raccordements électriques des particuliers sur l'ensemble de ce DOM-COM qui n'aboutisse pas à (1) des coûts de raccordement et maintenance très élevés, (2) une trop grande dispersion de l'habitat des populations dans l'espace.
- Ne pas être trop généreux en matière d'aménagement du territoire pouvant favoriser un habitat trop dispersé, donc une artificialisation des terres et une perte de biodiversité.

8. *Collectivités locales en Tunisie*

Présentation

Financement des collectivités locales par un organisme public spécialisé
Montant : 15,24 m€ (sous forme de prêt)
Durée du projet : 4 ans
Durée des décaissements : 4 ans

Ce pays à revenu intermédiaire est fortement urbanisé. Sa population est passée de 4 ; 1 million (m) en 1960 à 12,2 m en 2021 (taux d'accroissement annuel de la population de 0,8 %). Plus de 60 % de sa population vit dans les villes. Cette tendance s'accélère : on prévoit que plus de 7 millions(m) d'habitants résideront en zone urbaine en 2020. La demande en infrastructures et services municipaux restera forte durant de très nombreuses années. Le ministère de l'Intérieur est l'autorité de tutelle de toutes les collectivités locales qui assument principalement deux responsabilités :

- Le développement local par l'exécution de plans de développement et la réalisation d'un programme d'investissement.
- La gestion communale par la protection de la santé et de l'ordre public, la gestion du territoire communal, le bureau de l'état civil.

Un organisme public prête des fonds aux collectivités locales et assure leur soutien technique. Sous tutelle du ministère de l'Intérieur, cet organisme a progressivement gagné en autonomie. Il compte une centaine d'agents.

Dans ce cadre, la Banque mondiale et d'autres partenaires ont appuyé l'évolution de ce dispositif vers plus d'indépendance des collectivités locales vis-à-vis du ministère de l'intérieur comme de l'organisme public chargé de gérer les fonds.

La supervision du programme global d'investissement est assurée par le ministère de l'Intérieur. La maîtrise d'œuvre est confiée à l'organisme public de financement. Les communes sont les maîtrises d'ouvrage des opérations individuelles financées dans les collectivités.

Le bailleur de fonds bilatéral a financé une partie du programme global d'investissement (durée 5 ans) par une ligne de crédit de 15,24 m€ en faveur de l'organisme public de financement des collectivités. Cette ligne n'a fait l'objet de la part du bailleur de fonds, d'aucune étude de faisabilité, ni d'un rapport d'évaluation. Il s'agit d'une aide programme et non d'une aide projet. L'existence de documents d'évaluation de projet de la Banque mondiale explique en partie cette carence.

Spécificité de l'opération

La spécificité de l'opération tient aux points suivants :

- Le bailleur de fonds finance les collectivités par l'intermédiaire d'une structure locale. Il finance plus un programme qu'un projet.
- L'opération se déroule dans un pays à revenu intermédiaire.
- Les projets financés sont choisis sans l'intervention du bailleur de fonds.

Exécution de l'opération

La convention d'ouverture de crédit entre le bailleur de fonds et l'organisme public de financement précise les trois types d'investissement éligibles au financement de la ligne de crédit :

- Les infrastructures : voirie, trottoirs, assainissement, drainage, éclairage public et signalisation.
- Les projets s'inscrivant dans le programme de réhabilitation des quartiers populaires.
- L'acquisition de matériel d'entretien : chargeurs sur roues, tractopelles, camions, camions à échelle, balayeuses automatiques.

Une répartition entre les différents postes a été prévue, à caractère indicatif. Cette flexibilité relative n'est pas choquante : le programme global d'investissement (PGI) n'est pas encore engagé, il peut encore évoluer. Cette souplesse a d'ailleurs été utilisée. La répartition des points d'affectation a varié dans le temps au profit du matériel (10,49 m€ dépensés contre une fourchette de 7,17 m€ à 8,84 m€ prévue initialement). Les collectivités ont demandé plus de matériel que prévu car elles pouvaient le financer à 100 % sous forme d'emprunt, sans recourir à la grille habituelle de financement de l'organisme public de financement des collectivités qui requiert un taux d'autofinancement de 28 %.

Les investissements financés par le bailleur de fonds ont donc contribué aux réalisations suivantes :

- Des projets de voirie et trottoirs au profit de 42 communes. Ils sont à l'origine de 30 km de voirie et 56 250 m² de trottoirs. Il n'est guère possible de comparer prévisions et réalisations, faute de disposer du métrage prévisionnel des travaux envisagés par les communes.
- Des projets d'éclairage public au profit de 10 communes ont permis d'installer environ 824 points lumineux.
- La réhabilitation de 51 quartiers populaires appartenant à 35 communes touchant environ 62 000 habitants. Ces projets sont confiés à une agence spécialisée. Cette structure est maîtrise d'ouvrage délégué. Elle assure les études préliminaires des projets jusqu'à la réception définitive en prélevant 4,5 % de frais de gestion.
- Des acquisitions de matériel qui concernent 190 engins de propreté et de voirie au profit de 108 communes. Le détail de ce matériel est le suivant : 29 camions à échelle, 22 camions, 24 camions de 3 tonnes, 7 camions

arroseurs, 60 tractopelles, 7 trax, 21 camions bennes tasseuses, 20 balayeuses mécaniques. La totalité du matériel a été livrée.

	Nombre d'engins	Nombre prévisionnel de communes
Prévisions	154	120
Réalisations	190	108
Ecart	+36	-12

L'avancement physique des travaux lors de l'évaluation de fin de projet, s'établissait globalement à 98 %. La composante réhabilitation des quartiers populaires était réalisée à 91 %.

Les investissements matériels sont de bonne qualité. La visite de douze collectivités ayant bénéficié de ces projets suggère les enseignements suivants :

- Les travaux d'infrastructures sont effectués selon les règles de l'art et donnent satisfaction aux autorités communales comme aux bénéficiaires finaux, les habitants des collectivités. Les programmes de la rénovation de quartiers ou d'amélioration des infrastructures offrent une bonne qualité de travaux.

- Les interventions en matière d'infrastructures sont conduites par petits projets, de manière très fractionnée. Par exemple, les chaussées sont parfois mises en place sans les trottoirs. L'éclairage public n'est prévu qu'une fois les trottoirs installés. Cet émiettement résulte du système de planification central qui entend servir toutes les demandes des communes. Il est amplifié par les municipalités qui fractionnent à nouveau les enveloppes disponibles pour servir chaque quartier. Le déroulement des travaux sur une même zone en est parfois perturbé.

- Les matériels roulants d'équipements des collectivités donnent également satisfaction. Toutefois, certaines communes (une ou deux) souhaiteraient que le matériel livré soit parfois plus facile d'entretien ou mieux adapté aux spécificités de leur milieu particulier : balayeuse automatique aux balais très fragiles, bennes à ordure mal adaptées au type de décharge.

Le volume des travaux réalisés ainsi que le matériel acheté sont supérieurs aux prévisions.

Pour les matériels d'entretien de voirie, les besoins des communes ont été regroupés. Des marchés globaux ont été passés avec des fournisseurs, après appel d'offres restreint au pays d'origine du bailleur de fonds à savoir la France.

Pour les marchés d'infrastructures - infrastructures municipales ou quartiers à réhabiliter — les procédures de sélection des entreprises sur appel d'offres municipal ont été scrupuleusement appliquées :

- Préparation du projet par la municipalité.
- Examen du projet par la Direction régionale de l'équipement.
- Lancement de l'appel d'offres par la Direction régionale de l'équipement sur dossier préparé par ses soins.
- Dépouillement des offres par la municipalité.
- Choix formel de l'adjudicataire par la Direction régionale de l'équipement après attribution, depuis peu, d'une note technique et d'une note financière.

Les ouvrages ou matériels sont ensuite réceptionnés par les collectivités locales.

Le calendrier de réalisation du programme prévu dans la convention d'ouverture de crédit a été respecté. Les décaissements ont été répartis sur quatre ans.

Selon les secteurs d'intervention, la grille de référence du financement est la suivante :

	Autofinancement des collectivités	Prêts de l'organisme de financement	Subventions Organisme de financement
Voirie, assainissement, éclairage public	30 %	37 %	33 %
Acquisition de matériel	28 %	72 %	
Réhabilitation de quartiers populaires	30 %		70 %

Cette grille permet à l'organisme public de financement de recueillir de l'État les financements complémentaires sous forme de subventions nécessaires au bouclage des opérations. Les collectivités locales connaissent ainsi à l'avance les modalités de financement de leurs investissements.

La grille finalement utilisée pour les projets financés sur ressources du bailleur de fonds a été quelque peu différente :

	Autofinancement des collectivités	Prêts de l'organisme de financement	Subventions organisme de financement
Voirie, assainissement, éclairage public	30 %	37 %	33 %
Acquisition de matériel		100 %	
Réhabilitation de quartiers populaires	15 %	15 %	70 %

L'acquisition de matériel a pu être ainsi financée sur prêt à 100 %. Les conditions offertes aux communes sont plus attractives pour la réhabilitation de quartiers populaires.

Cette adaptation de la grille qui tient à la répartition des ressources disponibles de l'organisme de financement a influencé la répartition des trois types de rubriques prises en charge.

L'intervention du bailleur de fonds n'a généré que 25,92 m€ de dépenses d'investissement et de matériel contre 33,36 m€ prévus initialement, si l'on avait appliqué la grille de financement habituelle. La baisse importante du niveau de subventions de l'État provient à la fois de la diminution de la part du poste réhabilitation de quartier (subventionné à 70 %) et du poste infrastructure de base (subventionné à 33 %).

L'effet multiplicateur des financements du bailleur de fonds tombe à 1,7 contre une prévision initiale de 2,18.

Le calendrier de mise en place des financements a été le suivant :

Date d'octroi	**Signature COC**	**Ecart**	**Date du 1er versement**	**Ecart**	**Date du dernier vers.**
n	n+196 j	196 j	n+243 j	243 j	n + 4 années

Entre la date d'octroi et la signature de la convention d'ouverture de crédit, s'est déroulée six mois de négociations avec les autorités locales (ministère de l'Intérieur, organisme de financement, ministère de la Coopération Internationale, ministère des Finances). La multiplicité des interlocuteurs et la nouveauté de ce type d'appui du bailleur de fonds à l'organisme de financement ont nécessité des consultations approfondies. Ces discussions ont été relativement longues. Elles ont permis néanmoins de signer la convention sur des bases clairement acceptées par tous.

Le délai relativement important entre la date de signature de la convention et la date du premier versement (243 jours) est imputable au temps pris par le Parlement local pour approuver la convention.

Impact de l'opération

Compte tenu de son statut et de sa bonne gestion, l'organisme public de financement présente une situation financière équilibrée. La ligne de crédit lui a permis d'élargir la gamme de ses ressources. Les conditions favorables proposées par le bailleur de fonds (3,5 % de taux d'intérêt) au regard de celles de la Banque mondiale (6 %) ont amélioré le produit net bancaire de l'organisme de financement. Par ailleurs, les ressources apportées par le bailleur de fonds, remboursables sur 22 ans, refinancent des projets d'une durée comprise entre 7 et 15 ans. La différence d'échéancier de remboursement permet à l'organisme public de financement de générer des différentiels de trésorerie positifs. La contribution du bailleur de fonds aux ressources de l'organisme représente seulement 3 % du total des financements des investissements mais 11 % du total des prêts accordés.

L'environnement sanitaire bénéficie fortement des travaux de voirie qui permettent le plus souvent de résoudre les problèmes d'assainissement. Les eaux stagnantes en cas de pluie sont mieux évacuées ce qui améliore l'environnement urbain. Le matériel de ramassage d'ordures acquis par certaines communes a permis un progrès sensible de l'hygiène de certains quartiers.

Les entreprises françaises ou travaillant sur le sol français ont bénéficié d'un total de 10,49 m€ de commandes de matériels d'entretien de la voirie, du fait de cette opération.

Impact des modalités de financement du projet

Ce projet a été financé sous forme de prêt en devises. En bonne orthodoxie bancaire, le projet devrait être en mesure de rembourser le prêt en générant directement des devises. Ce n'est pas le cas puisque le projet ne génère aucunes recettes directes, a fortiori en devises.

La Tunisie prend le risque d'accroître son endettement en devises pour financer une opération qui ne lui rapporte aucunes devises en contrepartie. Le bailleur de fonds propose ou accepte de financer cette opération avec du prêt en se basant sur la capacité financière de l'État tunisien à rembourser dans la durée un prêt en devises. C'est l'analyse financière du risque pays et non l'analyse financière du risque projet qui est utilisée dans cette opération.

Or la situation financière de la Tunisie (taux d'endettement, balance des paiements, balance en devises) est relativement instable.

Enseignements et recommandations

Les avantages techniques de la centralisation. Le montage de ce projet est relativement classique. L'opérateur principal est un établissement public très proche du ministère de l'Intérieur. Il s'agit donc d'un schéma d'intervention très centralisé. Cette architecture n'empêche pas d'atteindre des résultats relativement satisfaisants. Toutes les régions du pays profitent équitablement de ces programmes d'investissements. Leurs discussions avec l'organisme public de financement sur les questions techniques et financières les aident à mieux gérer leurs finances locales. La normalisation exigée des dossiers de demandes de prêt constitue un puissant frein à l'arbitraire. Chaque collectivité doit répondre au même cahier des charges. Il se crée ainsi une unité d'approche propice au dialogue et à l'échange, dans une certaine clarté.

Les inconvénients politiques de la centralisation. Ce système centralisé a bien sûr des défauts. Il ne laisse pas les collectivités choisir en toute souveraineté leur besoin d'équipements. Les liens étroits entre le ministère de l'Intérieur et l'organisme public peuvent laisser supposer que certains dossiers sont examinés non seulement d'un point de vue technique mais aussi politique.

Toutefois, on peut dire que globalement la centralisation dans le cas considéré n'est pas un obstacle aux objectifs poursuivis, bien au contraire. Mieux vaut un système centralisé fonctionnant correctement qu'un système décentralisé peu efficace. L'architecture institutionnelle est très solide et relativement élaborée. L'avantage de cette situation est de pouvoir clairement identifier où se situent les compétences et quelles sont les responsabilités de chacun. L'appui du bailleur de fonds ou d'un autre partenaire en est facilité.

Les difficultés à faire évoluer un cadre institutionnel. L'avenir institutionnel de l'organisme de financement dépendra des décisions de ses tutelles administrative et financière. Une évolution institutionnelle vers un statut bancaire a été un moment envisagé. Toutefois, elle ne serait véritablement pertinente que si l'on modifiait également le mode d'élaboration et d'exécution du Programme d'investissement, le niveau de dépendance des collectivités par rapport à l'administration centrale, la gestion de l'État en matière d'aménagement du territoire. En effet, le système institutionnel en place fonctionne bien. Son mérite est de permettre la mise en œuvre d'une politique d'aménagement du territoire relativement équilibrée tout en restant à l'écoute des exécutifs municipaux. Modifier le statut d'un partenaire de ce secteur sans modifier les fonctions et les attributions des autres partenaires serait risqué. Les politiques de décentralisation ne doivent pas devenir des modes mais répondre à une nécessité. Si cette nécessité n'est pas évidente à démontrer et qu'un système centralisé donne satisfaction, il convient d'éviter de faire du dogmatisme en la matière.

L'importance de donner aux collectivités une indépendance financière. Le fonctionnement des collectivités est très étroitement contrôlé par leurs autorités de tutelle, ce qui les expose au clientélisme. À titre d'exemple, elles ne maîtrisent pas leurs recettes, le volume de leurs investissements, la gestion de leur personnel, le choix des entreprises réalisant leurs travaux d'investissement. Le niveau de formation de leur personnel en matière d'analyse financière est encore nettement insuffisant. On ne peut guère se contenter de cette situation figée. Si la démocratisation du fonctionnement des collectivités locales est souhaitable, il faudra également que celles-ci deviennent maîtresses de leurs finances pour qu'elles puissent assumer pleinement leurs responsabilités.

Le bon fonctionnement de l'organisme de financement. Le fonctionnement actuel de l'organisme de financement est cohérent. Sa démarche est double : analyser les besoins des collectivités en investissements nouveaux, déterminer la juste répartition des financements disponibles sous forme de prêts et de subventions en fonction notamment de l'évolution de leur situation financière. L'ensemble des collectivités profite de son appui, orienté principalement vers les plus pauvres et les classes moyennes. À ce titre, cet organisme constitue un rouage essentiel de la politique nationale d'aménagement du territoire. Son professionnalisme dans le traitement des dossiers, sa bonne coordination avec le gouvernement et sa connaissance de la situation financière des collectivités sont autant d'atouts pour la réussite de sa mission.

L'abus du saupoudrage et ses conséquences. L'émiettement des projets financés (en moyenne plus de 700 projets par an) ne permet pas au financeur de réaliser une étude technique approfondie pour chaque projet. De plus, le degré réel de priorité de l'investissement projeté en comparaison à d'autres est encore mal apprécié. C'est ici que des considérations politiques peuvent biaiser ce système de prêts aux collectivités. Le saupoudrage des opérations est certainement une tentation du gouvernement pour satisfaire l'ensemble des populations. Le risque de cette politique est de ne pouvoir retenir que des parties de projets qui perdent ainsi de leur cohérence, de prêter sans grande restriction à des collectivités dont les capacités financières d'endettement ne sont pourtant pas satisfaisantes.

La non-prise en compte des coûts de fonctionnement des investissements. Les coûts de fonctionnement récurrents des projets financés ne sont guère pris en compte. La maintenance des infrastructures n'est pas non plus une priorité des collectivités. Les collectivités pourraient donc bénéficier d'investissements qu'elles n'ont pas la volonté ou les moyens d'entretenir.

La faiblesse de l'analyse financière des communes. Si l'effort de la commune en termes d'épargne brute[13] est clairement et justement considéré, le taux d'endettement de la commune n'est pas encore intégré aux ratios utilisés. L'analyse de la situation financière des collectivités par l'organisme de financement demeure trop sommaire.

Le suivi de la situation de l'organisme de financement par le bailleur de fonds devrait se réaliser non seulement par l'analyse de ses principaux documents

13 / Epargne brute = (recettes de fonctionnement) – (dépenses de fonctionnement). On considère que l'épargne brute doit être égale à 15 % des recettes de fonctionnement pour avoir un niveau suffisant pour financer correctement le budget d'"investissement de l'année.

comptables (comptes résultats, bilans) mais également au travers d'un tableau de suivi global de l'évolution de la situation financière des 257 collectivités, notamment en termes de taux d'épargne brute, de taux d'endettement et de ratios de dépenses de personnel. L'organisme de financement élabore ce type de document. C'est d'ailleurs ce qui se fait dans un Territoire d'Outre-mer français où la politique d'investissement de chaque commune est mise en correspondance avec ses capacités d'endettement. L'analyse financière des projets proposés au financement pourrait se concentrer sur les aspects suivants : situation financière de la collectivité et évolution prévisible, coûts de maintenance des investissements projetés, rentabilité des projets. De ce point de vue, l'approche de l'organisme de financement est encore trop administrative et pas assez technique.

Le choix de l'investissement doit appartenir à la collectivité. Lorsqu'il entre dans la grille de l'organisme de financement, doit être laissé à la collectivité qui conduit alors véritablement l'exercice de programmation.

Des études d'impact complexifiées par le saupoudrage. L'émiettement des projets complique la réalisation par l'organisme de financement d'une analyse prévisionnelle d'impact. En revanche, la collectivité devrait au cours du processus de décaissement des fonds, fournir à l'organisme de financement des éléments complémentaires quantifiables sur l'impact réel du ou des projets (prix du foncier, afflux de commerces, fluidité de la circulation…).

Le flou dans les critères d'approbation des projets. Les critères d'approbation ou de refus des projets présentés au financement de l'organisme de financement devraient être plus clairement définis. L'inscription d'un projet au Programme d'investissement des collectivités ne devrait pas être le seul véritable critère de financement. La décision de financement doit également prendre en compte la situation financière de la collectivité et ses possibilités de maintenance des investissements projetés. Enfin, le clientélisme politique ne devrait pas influer sur le choix des investissements afin d'acheter la paix sociale.

Des modalités de financement du projet qui creusent l'endettement du pays. Le bailleur de fonds et la Tunisie prennent le risque de financer cette opération en prêt en devises alors que le projet ne rapporte pas de recettes. Le projet accroît donc le niveau d'endettement du pays. En bonne orthodoxie bancaire, il conviendrait, surtout dans un pays relativement fragile financièrement, de réserver le financement en prêt en devises à des opérations qui génèrent directement des devises afin de ne pas dégrader la situation financière de la Tunisie.

Quelque temps après l'évaluation ex-post

L'organisme public spécialisé a fait l'objet de plusieurs financements complémentaires depuis la première évaluation. Toutefois, les printemps arabes en 2010 ont rendu caduc ce système clientéliste sur le plan politique mis en œuvre par l'ancien ministère de l'intérieur pour acheter la paix sociale.

Exercice proposé

Lire attentivement le déroulé du projet et son impact

1) Quels enseignements tirés de cette opération ?
2) S'agit-il d'un financement de projet ou d'un financement de programme pour le bailleur de fonds ?
3) Décrire le mode de sélection par les municipalités des entreprises effectuant des travaux d'infrastructures ? Avantages et inconvénients ?
4) Avantages et inconvénients de la centralisation dans ce cas précis ?
5) Comment rendre les collectivités territoriales plus autonomes dans leurs investissements et leurs fonctionnements ?
6) La convention de financement a-t-elle influé sur les points d'affectation des financements (voirie assainissement éclairage public, matériel, réhabilitation de quartiers populaires) ?
7) Que peut-on dire des conditions de financement du projet ?
8) Quelle durabilité pour ces investissements ?
9) Notation de ces financements. Pertinence des objectifs ? Réalisation des objectifs ? Efficacité ? Efficience ? Impact ?
10) Points forts ? Points faibles ?

Corrigé de l'exercice

1) Quels enseignements tirés de cette opération ?

Une structure très centralisée peut, avec des règles strictes, mettre en œuvre une politique d'aménagement du territoire relativement efficace. Toutefois, les collectivités publiques ne peuvent choisir pour elles-mêmes les investissements qui leur conviennent le mieux. Un système pleinement décentralisé irait dans ce sens mais son fonctionnement serait-il efficace dans le contexte de ce pays ?

Dans ce système très centralisé qui fonctionne correctement, le fonctionnement des collectivités est très étroitement contrôlé par les autorités de tutelles à savoir le ministère de l'Intérieur. On peut donc craindre une mainmise politique de l'État sur les collectivités locales.

Le fonctionnement de l'organisme de financement est satisfaisant : analyse des besoins émis par les collectivités, détermination de la juste répartition des financements en prêts ou en subventions. Les communes doivent réaliser elles-mêmes l'exercice de programmation.

Cependant, on assiste à un émiettement des projets financés (plus de 700 par an). Le saupoudrage des opérations est certainement une tentation du gouvernement pour satisfaire le plus grand nombre. Le risque est de se mettre à financer par exemple des bouts de trottoir dans les villes (perte de cohérence) ou de financer des collectivités sur prêt, même si leur situation financière n'est pas favorable. Le suivi de la situation financière des collectivités devrait être plus précis, de la part de l'organisme centralisé de financement comme de la part du bailleur de fonds.

2) S'agit-il d'un financement de projet ou d'un financement de programme pour le bailleur de fonds ?

Il s'agit d'un financement de programme dans le secteur du développement urbain.

3) Décrire le mode de sélection par les municipalités des entreprises effectuant des travaux d'infrastructures ? Avantages et inconvénients ?

Les entreprises ont été désignées par appel d'offres : préparation du projet par la municipalité, examen du projet par la direction générale de l'équipement, dépouillement des offres par la municipalité, choix de l'adjudicataire par la direction régionale de l'équipement, réception des ouvrages par les collectivités.

L'avantage de cette procédure est de bénéficier d'une mise en concurrence permettant de minimiser les coûts tout en faisant appel à des petites entreprises locales favorisant la conjoncture économique locale.

L'inconvénient est de fragmenter à l'excès les marchés et donc de rendre l'administration de ces appels d'offres très lourde et très longue.

4) Avantages et inconvénients de la centralisation dans ce cas précis ?

Avantages de la centralisation : elle permet des investissements sur l'ensemble du territoire et profite donc à l'ensemble des communes. Elle permet d'appuyer les petites communes qui n'auraient pas les moyens de piloter seules ce type d'opération, notamment dans sa partie appel d'offres. Les travaux réalisés sont en général de bonne qualité.

Inconvénients : les communes sont sous tutelle du ministère de l'intérieur avec toutes les conséquences que l'on peut imaginer. Elles ne sont pas autonomes et dépendent également du ministère de l'équipement pour la partie appel d'offres.

5) Comment rendre les collectivités territoriales plus autonomes dans leurs investissements et leurs fonctionnements ?

Il convient qu'elles soient en situation de programmer réellement leurs investissements. Il convient qu'elles aient des ressources financières en propres (fiscalité locale) pour assumer leurs dépenses. Il est souhaitable enfin qu'elles puissent techniquement gérer les appels d'offres.

6) La convention de financement a-t-elle influé sur les points d'affectation des financements (voirie assainissement éclairage public, matériel, réhabilitation de quartiers populaires) ?

Non. Les points d'affectation de la convention étaient relativement souples à savoir trois niveaux d'éligibilité : infrastructures, réfection de quartiers populaires, acquisition de matériel. La répartition entre ces trois postes était prévue dans la convention à titre indicatif. La répartition des points d'affectation a donc varié en fonction des demandes émises par les collectivités qui ont été plus conséquentes que prévu pour la partie relative au matériel.

7) Que peut-on dire des conditions de financement du projet ?

Elles accroissent l'endettement du pays. Ce projet pose le problème du financement en prêt en devises d'un projet qui n'apporte en retour aucune recette directe, a fortiori en devises. Elle pose la question du mode de financement de ce type de projet. En bonne orthodoxie bancaire, un projet qui endette en devises devrait générer des recettes en devises pour rembourser le prêt. Ce cas pose la question du choix du mode de financement des projets en prêt qui endette directement l'État alors que la situation financière de l'État n'est pas véritablement solide.

8) Quelle durabilité pour ces investissements ?

Ils dépendent de la maintenance qui leur est apportée. Les collectivités s'en chargent. Si les collectivités ont les moyens financiers d'assurer la maintenance, la durabilité des investissements est assurée. En revanche, si elles sont en situation financière difficile, l'État doit se substituer à elles afin d'assurer la viabilité dans la durée des investissements.

À terme, la maintenance des infrastructures apportées par les financements devrait être assurée par les municipalités en pleine indépendance financière, à la fois pour le financement de l'investissement comme pour le financement de la maintenance de ces derniers. Les municipalités auraient par ailleurs plus de facilités pour programmer dans le temps les investissements en fonction de leurs besoins.

9) Notation de ces financements. Pertinence des objectifs ? Réalisation des objectifs ? Efficacité ? Efficience ? Impact ?

Pertinence des objectifs : très satisfaisante, financement de l'aménagement des collectivités locales sur l'ensemble du territoire.
Réalisation des objectifs : satisfaisante, aménagement sur l'ensemble du territoire mais les opérations sont parfois trop morcelées pour avoir pleinement un impact.
Efficacité : très satisfaisante, l'ensemble des investissements projetés a été réalisé dans les règles de l'art.
Efficience : très satisfaisante, les coûts prévus n'ont pas été dépassés.
Impact : difficilement mesurable mais certainement appréciable.

10) Points forts ? Points faibles ?

Points forts :
- Répartition des financements sur l'ensemble du territoire selon un exercice de programmation de type planification normative.
- Suivi de la situation financière des collectivités.
- Bonne mise en œuvre des travaux.

Points faibles :
- Système très centralisé laissant peu d'autonomie réelle aux collectivités.
- Clientélisme sur le plan politique

- Fractionnement trop important des travaux.
- Suivi de la situation financière des collectivités perfectible.

3. Développement rural

9. Aménagement en petite hydraulique agricole au Maroc

Présentation du projet

Projet d'aménagement en petite hydraulique agricole	
Instance de décision : Conseil d'administration du bailleur de fonds bilatéral	Durée : quatre ans
Concours : prêt de 23,93 m. €	Durée : 22 ans. Différé : 9 ans. Taux d'intérêt : 3,5 %
Date de la convention : (n +1)	Secteur d'activité : agriculture
Objet : aménagement en gravitaire de 5 150 hectares nets en périmètres irrigués pour un budget global prévisionnel de 48,94 m.€	

La population du Maroc est de 37,7 millions (m) d'habitants en 2021 avec un taux annuel de croissance de + 1,1 %.

Dans un pays à revenu intermédiaire comme le Maroc, ce projet d'aménagement hydraulique vise à permettre l'irrigation de petites exploitations agricoles sur une surface nette de 5 150 hectares à proximité d'un fleuve.

Les périmètres se trouvent à l'aval d'une grande métropole régionale (Fez) à une cinquantaine de kilomètres. Les eaux usées de la ville ne sont pas traitées de manière satisfaisante. De plus de nombreuses tanneries très polluantes déversent leurs eaux dans le fleuve.

La population concernée par le projet est agricole et relativement pauvre. Elle ne cultive que les céréales, ne bénéficie pas de l'électricité et a une très faible productivité. Lors de périodes de sécheresse très fréquentes depuis vingt ans, la production de céréales est pratiquement nulle.

La maîtrise de l'eau est cruciale pour enclencher un développement de l'agriculture mais également pour mieux répartir cette eau entre des usages agricoles, des usages urbains mais également des usages pour le tourisme (golfs). L'eau demeure au Maroc une ressource rare.

Ce projet a fait l'objet d'une étude de faisabilité de l'organisation des Nations Unies pour l'alimentation et l'agriculture (FAO) il y a vingt ans, réactualisée une première fois trois ans plus tard. La Banque mondiale devait financer ce projet juste après puis s'est désistée. Suite à l'adoption d'un Plan national d'irrigation il y a dix ans, ce pays a relancé concrètement cette opération sur la base de cette faisabilité ancienne, sans réactualiser.

Le bailleur de fonds bilatéral a été sollicité pour cofinancer cette opération une fois le projet commencé. Il n'a donc pas été procédé à une nouvelle étude de faisabilité. L'évaluation sommaire du bailleur de fonds s'est déroulée en deux temps : au démarrage du projet, rapport d'évaluation portant sur le projet d'aménagement hydraulique et un autre projet de périmètres irrigués, 6 mois plus tard, élaboration d'un nouveau plan de financement limité à ce projet d'aménagement hydraulique.

Les principaux objectifs du projet étaient les suivants :

- Augmenter la productivité et donc la production agricole sur plus de 5 150 hectares.
- Améliorer le niveau et les conditions de vie des populations rurales de la zone concernée grâce à la croissance de leur revenu.
- Contribuer à la création d'emplois en zone rurale et à la réduction de l'exode vers les villes.
- Protéger l'environnement par une exploitation rationnelle des sols et conserver les ressources naturelles.
- Favoriser la gestion participative d'un système d'irrigation par les agriculteurs.

Le coût global du projet était estimé à 48,94 m€ dont 23,93 m€ financés par le bailleur de fonds bilatéral. L'équivalent de 25 m€ était donc pris en charge sur les ressources budgétaires du pays.

Spécificité du projet

La spécificité du projet tient aux facteurs suivants :

- Une tentative de rupture avec un système d'irrigation fonctionnant de manière très centralisée. En effet, les autres grands périmètres irrigués de ce pays sont gérés par des sociétés de mise en valeur. Ici, pour la première fois, on tente de faire gérer les périmètres par les agriculteurs eux-mêmes ce qui constitue une novation majeure. C'est donc un projet pilote.
- Le financement d'une structure projet sans l'appui de l'assistance technique.
- La gestion des infrastructures nouvelles par des associations de villageois.
- Un financement de projet qui n'a pas fait l'objet d'une nouvelle étude de faisabilité avant son démarrage.

Exécution technique et financière

Prévisions/ réalisations des études et des investissements physiques

Objet	Prévisions	Réalisations
Études		
Études d'exécution des réseaux d'irrigation et de drainage	Une étude à réaliser	Une étude réalisée
Couverture aérienne	100 % du projet	100 % du projet
Contrôle topographique des travaux de nivellement et de pose des canaux	100 % des travaux de nivellement, du réseau d'irrigation et de l'assainissement externe et interne.	Contrôle de 60 % des travaux de nivellement, 88 % du réseau d'irrigation, 87 % des assainissements externes, 50 % des assainissements indirects.
Remembrement des propriétés	100 % des opérations de remembrement jusqu'au dossier d'homologation	100 % des opérations sauf le dossier d'homologation
Travaux		
Objet	Prévisions	Réalisations
Stations de pompage	13 stations de pompage	13 stations de pompage
Travaux d'aménagement foncier des parcelles	5 000 hectares	4 000 hectares
Assainissement interne	100 %	100 %
Assainissement externe	100 %	Une partie à finir sur le secteur A, 100 % sur le secteur B
Approvisionnement en énergie électrique des stations de pompages	Alimentation des stations de pompage des secteurs A et B	100 %
Réseaux d'irrigation	Canaux, conduites, canal trapézoïdal + ouvrage de génie civil des secteurs A et B	Totalité des infrastructures exécutées avec des changements substantiels sur le plan technique
Réseau de pistes	Réseau de pistes du secteur A et B	Marchés réalisés à moins de la moitié

Les principaux travaux du projet ont été globalement réalisés à l'exception des points suivants :

- Les travaux de nivellement n'étaient pas terminés six années après le démarrage du projet, soit avec plus de deux ans de retard. Ils se sont avérés beaucoup plus importants que prévu. L'entreprise retenue pour effectuer les travaux après appel d'offres était certes la moins-disante. Elle n'avait pourtant pas d'expérience en la matière. Elle a réalisé un travail approximatif qui a nécessité de nombreuses reprises. Les parcelles ont été livrées trop rapidement aux agriculteurs qui ont cultivé sans attendre et n'ont pas respecté le nivellement[14]. L'eau pompée dans le fleuve et amenée dans des canaux sur chaque parcelle a donc du mal à s'écouler naturellement et par gravitation dans les champs. Le choix technique de niveler les parcelles avec une pente de 2/1 000[15] plutôt que 4/1 000 ou 5/1 000 constituait un pari audacieux. Il rend l'irrigation plus difficile car la pente est plus douce. La maîtrise du travail du sol par l'agriculteur doit être parfaite pour conduire l'irrigation après le passage des engins de labour. Il reste donc plus de 1 000 ha à niveler pour finir le chantier.
- Les pistes des périmètres du secteur A et du secteur B ne sont toujours pas terminées.
- Les marchés relatifs aux réseaux d'irrigation ont entraîné une masse de travaux beaucoup plus importante que prévu.

Après deux années d'irrigation de certaines terres, il en encore trop tôt pour juger de la qualité des travaux réalisés. Toutefois, les études préliminaires semblent avoir sous-estimé : les travaux de nivellement, le débit du fleuve à la période d'étiage et la plasticité du sol dans la zone. Il s'en est suivi un problème épineux pour finir le nivellement des parcelles et un problème de ressource en eau à la période d'étiage pour permettre un approvisionnement optimal à proximité de la station de pompage.

Techniquement, les travaux devaient être achevés à l'été de la cinquième année sur l'ensemble des secteurs A (2 600 ha) et B (2 500 ha). Le secteur A a été mis en eau avec un an et demi de retard et le secteur B devrait l'être avec plus de deux années de retard. Les principales causes des problèmes techniques proviennent :

- D'études préliminaires anciennes et non réactualisées.
- De la faiblesse des moyens de la maîtrise d'œuvre[16].

14 / Le travail de la terre demande un certain soin lorsque la parcelle a été nivelée pour bénéficier de l'irrigation. Il est par exemple déconseillé de labourer la terre de manière perpendiculaire à la pente. Certains recommandent même le semi sans labour qui est une nouvelle technique moins agressive pour les sols sensibles.

15 / 2/1000 : 2 mètres de dénivelé pour une longueur de 1000 m.

16 / En effet, ce pays méditerranéen a voulu assumer seul la maîtrise d'ouvrage et la maîtrise d'œuvre du projet. Il a fourni une cellule projet insuffisante pour assumer une telle tâche. Le directeur de projet était très compétent mais n'était assisté que de quelques cadres du ministère de l'Agriculture, sans moyens de fonctionnement.

- De prestations insuffisantes de la part de l'entreprise choisie pour effectuer le nivellement.

L'efficacité de l'exécution technique du projet est donc peu satisfaisante.

Les coûts du projet ont fortement dérivé. À l'origine, le financement représentait une enveloppe de 48,94 m.€. Les estimations récentes arrêtent le coût final à 62,06 m€, soit un dépassement de 22,9 %. Cette augmentation a été entièrement prise en charge par le budget de l'État. Les marchés ont été attribués par appel d'offres ouvert ou restreint, conformément au code des marchés publics. Au total, le coût à l'hectare irrigué du périmètre est de près de 12 195 €. Il est plus élevé que la norme admise dans ce pays (9 300 €/ha) : l'efficience de l'exécution du projet est peu satisfaisante.

Atteinte des objectifs

La valorisation complète de cet investissement sur le plan agricole, économique et social est difficile à mesurer puisque près de la moitié du périmètre global n'était pas mise en eau lors de l'évaluation en année n +6. Il faudra certainement attendre cinq ans après la mise en eau de l'ensemble des zones du projet pour que les agriculteurs exploitent pleinement les nouvelles potentialités de leurs terres.

Les premières données sur l'évolution de la production agricole, du niveau de vie et de l'emploi montrent que les effets du projet risquent d'être plus faibles que les études préalables ne le laissaient espérer. Après deux années d'exploitation du secteur A, les rendements en céréales n'ont pas vraiment décollé. Pour le blé, ils sont proches de 26 quintaux à l'hectare. L'assolement en fourrages est cependant en sensible augmentation : 325 ha contre 73 ha dans la situation initiale. La consommation d'eau à l'hectare reste faible : 1 700 m^3 au lieu de 7 000 m^3 prévus, en cas de pleine utilisation de l'eau disponible pour l'irrigation. Les agriculteurs demeurent visiblement attachés à la culture du blé même sur les surfaces nouvellement irrigables de leurs exploitations où l'on espérait qu'ils basculent sur d'autres cultures plus rentables et particulièrement adaptées à l'irrigation. Les productions maraîchères bien adaptées à l'irrigation demeurent faibles. Les contraintes de mise en culture (absence de recours au crédit), de marché (commercialisation difficile à prix stables et rémunérateurs) empêchent un développement plus rapide de ces nouvelles cultures et par-là même diminuent l'impact de l'irrigation.

S'agissant de la qualité de l'eau pompée pour l'irrigation, on n'a pas encore le recul nécessaire pour savoir si (1) elle est effectivement d'une qualité suffisante (2) elle n'a pas des effets de pollution si sa qualité s'avère insuffisante.

Fonctionnement

La moitié de la surface du périmètre (secteur B) n'est pas encore mise en eau en septième année. Il est donc difficile de juger du fonctionnement de ce projet pilote qui prévoit pour la première fois dans le pays sur une si grande surface que les agriculteurs autogèrent leur système d'irrigation.

La valorisation agricole et animale effective des périmètres par les agriculteurs regroupés en association n'est pas optimale. La sensibilisation et l'information des associations ont été insuffisamment prises en compte par la structure projet et la direction régionale de l'agriculture, chargée également de susciter cette valorisation. Le projet est réparti sur trois circonscriptions administratives. Il demeure hélas très difficile dans ce pays très administré de faire gérer un projet par une seule des trois circonscriptions, sans que celle-ci ne soit dotée de moyens complémentaires. C'est pourtant ce qui s'est passé.

Les associations de l'eau pour l'agriculture (regroupements d'agriculteurs bénéficiant de l'irrigation) ont bien été créées par la puissance publique pour gérer ces infrastructures nouvelles mais elles fonctionnent de manière quelque peu artificielle. Elles gèrent la distribution d'eau, sa production et son paiement. Mais ce transfert global d'une gestion étatique (de type société de mise en valeur) à une gestion associative s'accompagne néanmoins d'un appui très conséquent de l'administration. L'équipe d'encadrement issue de l'administration et intégrée aux associations se compose des personnels suivants :

- Un ingénieur du génie rural en tant que directeur technique.
- Un administrateur chargé de la comptabilité.
- Un technicien des stations de pompages.
- Un technicien du réseau d'irrigation.

Pour leur part, les associations de l'eau pour l'agriculture ont recruté sur leurs propres fonds quatre gestionnaires des réseaux d'irrigation (personnel qui assure la distribution de l'eau à la parcelle et la police de l'eau) et deux chefs de réseaux.

Quatre associations fonctionnement correctement. Toutefois, le nombre d'adhésions demeure en deçà des prévisions :

- Le pourcentage est de 58 %, soit 570 agriculteurs sur un total de 990 sur le secteur A. Ce résultat est insuffisant après plus de deux campagnes de mise en eau.
- Le pourcentage de la superficie irriguée représenterait 70 % de la surface irrigable. Il reste donc 30 % de terres potentiellement irrigables et qui n'ont jamais bénéficié des nouvelles infrastructures.

La fédération d'associations de l'eau agricole qui coiffe les associations mentionnées précédemment est opérationnelle. Les « mains d'eau » ou « tours d'eau » sont normalement octroyées aux agriculteurs qui en font la demande auprès des gestionnaires salariés des réseaux par les associations. À échéance mensuelle, la fédération émet la facture qui est transmise à chaque agriculteur pour le paiement de sa consommation d'eau. L'association de l'eau concernée s'occupe du recouvrement. Les dissensions entre villages ou hameaux d'une même association semblent moins sensibles qu'au démarrage de l'opération. Le bureau et le président de l'association se réunissent tous les mois pour régler ce type de problèmes entre membres. Les affaires traitées concernent principalement les reprises de nivellement à effectuer par le projet, le non-paiement de la facture d'eau, la bonne organisation des tours d'eau. Certains agriculteurs sont encore en conflit pour des problèmes de délimitation de parcelles, suite à des successions difficiles ou des remembrements mal acceptés.

Les associations et la fédération se partagent respectivement et statutairement 20 % et 80 % des recettes d'eau payées par les agriculteurs utilisateurs. Une des grandes réussites du projet tient aux deux points suivants :

- Les factures d'eau émises par la fédération sont payées à 96 % par les agriculteurs.

Dernière année avant l'évaluation au temps T	**Volume d'eau en m3**			**Payé en % de la redevance d'eau**
	Pompé	*Facturé*	%	%
T - 10 mois	1 354 000	1 196 749	88.39%	98.87%
T- 8mois	2 289 930	1 994 004	87.08%	95.49%
T - 6 mois	783 820	604 271	77.09%	92.86%
T - 4 mois				82.27%
T - 2 mois				80.43%

- Les gestionnaires des réseaux d'irrigation coupent l'eau à tous les agriculteurs qui n'ont pas payé la facture. La police de l'eau est effective et pratiquée en bonne intelligence entre les agriculteurs.

Dans les systèmes plus centralisés gérés par les sociétés de mise en valeur, les impayés sont beaucoup plus fréquents et les coupures d'eau moins systématiques. La fédération et les associations sont libres de fixer le prix de l'eau sur le périmètre. Le système de tarification adopté est composé d'une part fixe (prise en charge d'une partie des charges fixes) et d'une part variable. La part fixe croît en partant la première année d'un minimum de 46,34 €/ha en passant par 111,29 €/ha la deuxième année et 148,64 € la troisième année.

À l'usage, il s'avère que la part fixe est très mal recouvrée. Elle n'a été souscrite la première année qu'à 58 % par les agriculteurs concernés et pour un montant de 46,50 €/ha. Pour la seconde campagne, cette part fixe n'avait toujours pas été mise en recouvrement lors de l'évaluation de fin de projet. De plus, son montant aurait dû être fixé à 111,30 €/ha. Or, dans un premier temps, les agriculteurs l'avaient arrêté à 9,15 €/ha. Devant l'insistance de l'administration, les agriculteurs ont finalement accepté de fixer la part fixe au montant de 27,44 €/ha, ce qui ne couvre qu'une partie des charges fixes. On est donc très loin de la vérité des prix sur le périmètre puisque la progression de cette part avait été calculée pour couvrir une partie des frais fixes de l'installation.

La formule « objectif » du paiement de l'eau était la suivante :

Y = 148,60 € (part fixe) + 0,02 €/m^3 (part variable) avec une consommation avec l'objectif de 7 000 m^3 par hectare. C'est-à-dire avec ce barème de tarification, les recettes à l'hectare auraient été de :

Y = 148,60 € + (0,02 x 7 000) = 148,60 € + 162,20 € = 310,80 €/ha

Or, les études détaillées du prix de revient de l'eau sur ce périmètre, effectuées par un consultant extérieur aboutissent à un niveau nécessaire de 510,70 €/ha à 556,40 €/ha. Elles intègrent :

- Les charges d'exploitation (personnel, charges de fonctionnement, provision pour entretien et grosses réparations).
- Les autres amortissements physiques que les grosses réparations, les frais financiers, l'amortissement de la subvention de l'État pour financer une partie de l'investissement.

Certes, les agriculteurs paient bien la partie variable de leur consommation d'eau. Mais celle-ci est bien loin de représenter le coût réel de l'eau pompée sur le périmètre.

Il est donc très difficile de parler de vérité des prix sur le périmètre même si l'on doit se réjouir du très faible niveau d'impayés enregistré jusqu'à présent.

Impacts

Il est encore très tôt pour parler d'impact et de viabilité pour un projet qui n'est pas encore terminé et complètement utilisé par les bénéficiaires. On comprend néanmoins que la vérité des prix qui permettrait un équilibre du système d'irrigation n'est pas au rendez-vous.

La viabilité sur le plan financier n'est donc pas acquise.

De plus, à ce stade, nous n'avons toujours aucune information précise sur la qualité de l'eau utilisée pour l'irrigation et donc ses effets potentiels sur les terres irriguées, les agriculteurs qui l'utilise, les consommateurs qui vont se nourrir de ces produits.

Impact des conditions de financement du projet

Le projet est financé par un prêt en devises. Or, le projet n'apporte directement aucune devise supplémentaire permettant de rembourser le prêt en devises Le bailleur de fonds et l'État marocain prennent donc le risque d'accroître le niveau d'endettement de l'État pour financer cette opération.

En bonne orthodoxie bancaire, un prêt en devises devrait pour se rembourser générer des devises.

Ce projet pose la question de l'utilisation du prêt pour financer un projet qui ne génère pas de recettes en devises. Le bailleur de fonds justifie ce mode de financement en tablant sur un risque pays satisfaisant sur le plan financier, pouvant donc au niveau de l'État supporter un endettement supplémentaire. Sur le long terme, est-on sûr que la situation financière de l'État marocain demeurera solide ?

Une autre manière de justifier cet endettement supplémentaire en devises serait de tabler sur un accroissement de la production agricole locale permettant in fine d'économiser indirectement des devises par substitution aux importations ou si le pays est exportateur de ces produits par exportations supplémentaires. Il s'agit alors de se risquer à des hypothèses très lourdes. Il faut en effet anticiper un accroissement réel de la production agricole dans la zone du projet sur la durée, anticiper que cette production se commercialisera dans la durée à un prix à estimer, anticiper qu'il y aura lien de cause à effet dans l'espace géographique du Maroc entre cette production commercialisée supplémentaire et la balance importations/exportations de ces mêmes produits.

Impact économique

Un calcul réactualisé du taux de rentabilité économique a été réalisé sur la base des premières tendances de mise en valeur des périmètres après que le projet a été commencé depuis 6 ans. Les calculs économiques ont été réalisés par l'évaluateur de manière consensuelle avec la direction du projet et le service de production agricole.

Les principales hypothèses retenues pour la partie charges ont été les suivantes :

- Les dépenses d'investissements (coût social) sont pondérées à l'aide d'un indicateur qui permet de tenir compte du surcroît d'activité généré par les investissements réalisés sur place. Le fait de faire travailler des entreprises locales directement sur le projet ou en sous-traitance à un impact positif sur l'activité économique du pays. Toutefois, la plupart des gros marchés (réseau d'irrigation pour un montant de 18,29 m€, canal trapézoïdal d'irrigation pour 7,87 m€) ont été passés avec des sociétés étrangères. Le coût total financier du projet étant de 62 m€, le coût total économique n'est que de 46,5 m€, soit un coefficient de 75 % qui s'avère relativement prudent.
- Les frais d'entretien et les frais d'exploitation sont dissociés. Les frais d'entretien concernent les petites réparations du réseau tandis que les frais d'exploitation sont essentiellement les consommations intermédiaires hors énergie et les dépenses salariales prises en charge par les associations de producteurs ou par l'État à travers les mises à disposition de fonctionnaires. Le coefficient économique également appliqué aux dépenses d'entretien est le même que pour les investissements (75 %).

- Les dépenses d'énergie servent au pompage de l'eau dans le fleuve. Leur progression suit la montée en puissance de l'utilisation de l'eau sur le périmètre. La pleine utilisation de l'irrigation sur le périmètre n'est prévue qu'après cinq années de pratique de l'irrigation par l'agriculteur.
- Les dépenses d'investissement du projet sont celles effectuées chaque année depuis le démarrage du projet.
- Les frais d'énergie sont calculés sur la base d'une consommation d'eau moyenne par hectare de 7 000 m3/ha à laquelle on applique une baisse de prix de 17 % annoncée pendant l'évaluation.

Sur cette première série d'hypothèses (investissement, exploitation, entretien, renouvellement, énergie), la probabilité d'erreurs n'est pas trop élevée. À part la consommation d'énergie qui peut fortement varier par rapport aux hypothèses, les autres dépenses sont soit connues (investissement), soit ne seront que peu modifiées dans le cas d'une exploitation attendue du périmètre.

La seconde série d'hypothèses est beaucoup plus délicate et donc aléatoire. Elle essaie de projeter dans l'avenir ce que sera effectivement la valorisation agricole du périmètre. Elle ne peut s'appuyer que sur les premiers résultats donnés par la mise en service depuis deux saisons d'une partie du périmètre. Les principaux paramètres sont les suivants :

- L'évolution des cultures irriguées par rapport aux cultures pluviales dépend de la taille de l'exploitation. On s'aperçoit après deux saisons d'exploitation que la place des céréales sèches continuera dans tous les cas de figure à être beaucoup plus importante que ne le laissaient prévoir les premières estimations. Les agriculteurs sont très attachés à cette culture de base notamment pour assurer leur autosubsistance. Ce sont les céréales qui assurent leur sécurité alimentaire familiale. Le calcul économique doit en tenir compte.

	Situation avant-projet	Situation après projet
S1 : partie irrigable de l'exploitation entre 0 et 2 ha	Céréales (2/3), légumineuses (1/3), rendements céréales 10 quintaux/ha.	Céréales (50 %, rdt 30 q/ha), maraîchage (35 %), fourrage (15 %) taux d'intensification [17] : 130 %, 0,12 vache laitière par exploitation.
S2 : entre 2 et 5 ha	Céréales (2/3), légumineuses (1/3), rendt céréales 10 q/ha.	Céréales (60 %), maraîchage (20 %), fourrage (20 %), tx d'int. 120 %, 1,5 vache par exploitation.
S3 : supérieur à 5 ha	Céréales (2/3), légumineuses (1/3), rendt céréales 10 q/ha.	Céréales (50 %), fourrage (30 %) ; culture industrielle, 10 % maraîchage, 4 vaches laitières.

Le revenu net annuel (valeur ajoutée en période de pleine exploitation) s'établit sur ces bases à 7 227 000 euros (bénéfice supplémentaire entre situation avant-projet et situation après projet).

Les principaux paramètres de calcul sont les suivants :

- Prix de vente du quintal de blé 46,42 euros, les charges à l'hectare sont de 232 euros après projet contre 111,30 euros avant-projet.
- La valeur ajoutée procurée par les légumineuses passe de 213,40 euros par hectare avant-projet à 835,50 euros après projet.
- La culture du fourrage associée à la production de lait permise par des animaux complémentaires dans l'exploitation fait également partie des projections. Les charges supplémentaires liées au fourrage sont estimées à 687 euros par hectare pour une production de lait 4 500 l/an valorisée à un prix de 0,28 euro/ha.
- La paille récoltée après la moisson constitue également une source de revenu qu'il ne faut pas négliger et qui est estimée à 167 euros/ha.
- La valeur ajoutée des cultures industrielles (sucre, tabac…) pourrait engendrer 1 300 euros/ha.
- Les pertes pour non-culture dues aux travaux du projet sur les parcelles sont estimées à 1,02 m d'euros.
- La montée en puissance du projet suit une progression linéaire sur la période de cinq ans après la fin des investissements avec une consommation d'eau à l'hectare qui atteint les 7 000 m3/ha. C'est une hypothèse très optimiste qui rejoint les prévisions de départ du projet. En effet, il n'est pas du tout sûr que tout le potentiel de terre irrigable sera mis en eau. Si l'on se réfère à d'autres grands périmètres en activité dans ce pays, on s'aperçoit que l'irrigation n'est utilisée que sur 60 % des terres qui sont pourtant techniquement irrigables. On a fait l'hypothèse ici que la gestion participative

17/ Ce taux représente une estimation du nombre de cultures réalisées sur un même hectare de terre durant une année agricole. A un taux de 150 % correspond un cycle complet de culture et également un demi cycle d'une autre culture sur la même parcelle sur une même année.

du périmètre permettait une utilisation maximale de l'eau sur les surfaces disponibles, même si les cultures cultivées sur ces parcelles finalement irriguées ne sont pas forcément les plus adaptées à la valorisation maximale de l'irrigation.

Ce processus itératif d'hypothèses successives sur tous les paramètres du projet montre comme il s'agit là d'estimations. Il convient de les prendre avec beaucoup de recul. Il s'agit plus d'un élément d'information parmi d'autres qui permet de tenter d'approcher une réalité future qui s'avère insaisissable.

En M.€									
	Invest.	Expl.	Entre.	Renouv.	Energie	Coût totaux	Valeur ajoutée	Bénéfices nets	
1	7,32					7,32		-7,32	
2	1347					1347	-1023	-2370	
3	6332					6332	-1023	-7355	
4	9909					9909	-1023	-10932	
5	10346					10346	-1023	-11369	
6	9010	48	71			9129	345	-8784	
7	5607	48	127		61	5843	1249	-4594	
8	4061	82	183		135	4461	2152	-2309	
9		119	239		168	526	3613	3087	
10		119	295		229	643	4517	3874	
11		119	350		286	755	5420	4665	
12		119	406		342	867	6324	5457	
13		119	462		397	978	7227	6249	
14		119	462		397	978	7227	6249	
15		119	462	1000	397	1978	7227	5249	
16		119	462		397	978	7227	6249	
17		119	462		397	978	7227	6249	
18		119	462		397	978	7227	6249	
19		119	462	931	397	1909	7227	5318	
20		119	462	1379	397	2357	7227	4870	
21		119	462	531	397	1509	7227	5718	
22		119	462		397	978	7227	6249	
23		119	462		397	978	7227	6249	
24		119	462	370	397	1348	7227	5879	
25		119	462	1349	397	2327	7227	4900	
26		119	462	56	397	1034	7227	6193	
Tot.	46619,3	2320	8139	5616	6779	69473,3	120706	51232,68	6,0%

Enseignements et recommandations

Le taux de rentabilité économique actualisé pouvant bénéficier d'un recul de six années de projet est donc de 6 %. Les estimations de départ (avant-projet) laissaient apparaître un taux bien plus élevé de 11,7 %, un ratio effectivement supérieur à 10 % qui permettait en tout cas de ne pas s'opposer au lancement du projet. Les explications à cette baisse du taux sont les suivantes :

- Le coût du projet est plus élevé que prévu. La facture additionnelle entraîne un dépassement de 23 %.
- Les retards dans l'exécution du projet pèsent sur la rentabilité du projet. Ce projet a enregistré un dépassement de calendrier de plus de deux ans.
- La mise en valeur des périmètres est moins optimiste que dans l'étude prévisionnelle qui partait sur des bases très élevées (taux d'intensification de 150 %, sole céréalière abaissée à 15 % du total de la sole, introduction de 4 975 vaches laitières). Dans l'actualisation présentée, l'intensification moyenne est proche de 120 %, la sole céréalière demeure proche de 50 %, le nombre de vaches laitières importées est estimé à 1680 sujets et non 4 975 sujets pour une valorisation optimale.

Sur le plan de l'aménagement de la région et en termes fonciers, l'impact est appréciable. Grâce à l'irrigation, l'électrification est arrivée dans la région. Le prix des terres a fortement augmenté, sans que l'on puisse exactement le chiffrer. La population rurale trouve plus facilement à s'employer aux champs, ce qui freine l'exode rural.

Sur le plan de l'environnement, l'impact du projet n'est pas mesuré. Pourtant, ses promoteurs ne pouvaient pas ignorer que l'eau utilisée pour l'irrigation dans cette zone est fortement polluée par les rejets de la métropole régionale en amont (Fès à cause notamment de tanneries). Une étude d'impact indépendante est nécessaire sur ce plan.

Le choix de la date d'évaluation ex-post : pas trop tôt, pas trop tard, fonction du type de projet analysé. La moitié de la surface irrigable n'était pas encore mise en eau lors de l'évaluation de fin de projet. Dans le secteur déjà irrigué (2 650 ha sur 5 000 ha), seules deux campagnes ont été réalisées. Or, la mise en valeur d'un investissement hydraulique de cette importance en termes d'évolution de la sole cultivée, d'augmentation des rendements et de la production, de hausse des revenus demande à peu près cinq ans. En termes d'impact, l'évaluateur n'a pu que procéder à un exercice de réajustement des prévisions au regard des premières tendances enregistrées. La véritable évaluation d'un tel projet ne peut intervenir que cinq ans après la mise en eau de la totalité des terres.

L'importance d'études de faisabilité actualisées. Faute d'études de faisabilité réactualisées, faute d'une évaluation spécifique et approfondie du projet, son exécution technique et financière a été aléatoire, ponctuée de changements dans les choix techniques finalement adoptés. Ces approximations se sont traduites par un fort dérapage du coût du projet (+ 22,9 %). Malgré toute la bonne volonté de l'équipe en place et la qualité reconnue du travail effectué par son directeur, le projet n'était toujours pas terminé six années après son démarrage.

De plus, un des paramètres importants du projet à savoir la qualité de l'eau n'a pas été pris en considération. Des études de faisabilité approfondies et à jour auraient pris en compte cet aspect du projet grâce à une étude d'impact environnemental. Cette étude était d'autant plus nécessaire que la population de Fès s'est développée depuis 20 ans, que l'activité des tanneries, très polluantes, s'est également intensifiée.

Les avantages et les inconvénients d'une gestion décentralisée des périmètres irrigués. Le projet innove sur le plan de la gestion des infrastructures qui est assurée par les associations d'agriculteurs. Elle s'écarte de la gestion paraétatique de type société de mise en valeur.

Le mode de fonctionnement du périmètre - gestion de la totalité du réseau par des associations de l'eau et deux fédérations - semble offrir une série d'avantages mais également quelques inconvénients. Au chapitre des avantages, on peut citer l'implication plus forte des agriculteurs dans la gestion de l'irrigation, le paiement des factures d'eau qui semble s'effectuer bien mieux que dans le cadre d'une gestion de type étatique, une police de l'eau efficace. Au chapitre des inconvénients, on peut citer le manque de visibilité sur le devenir à long terme du réseau, la faiblesse, pour l'instant, de l'exploitation des potentialités agronomiques des sols maintenant irrigables.

L'équilibre entre centralisation et décentralisation de la gestion. La conception technique des infrastructures du projet est intermédiaire entre une conception centralisée - une seule station de pompage alimente l'ensemble du secteur A - et une approche participative qui délègue aux associations la gestion des infrastructures communes. En effet, une gestion réellement décentralisée aurait mieux cadré avec la construction d'une station de pompage par association de base en évitant ainsi la création d'une fédération d'associations. Le caractère participatif de ce type d'opération devrait s'étendre en amont aux choix des investissements à réaliser.

Une prise de risque financier importante pour un projet pilote. Malgré son coût élevé (équivalent de 62 m€ dont 23,90 m€ financés par le bailleur de fonds), ce projet demeure un projet expérimental novateur en matière de gestion par des associations. Il est encore trop tôt pour juger de la pertinence de cette expérimentation et de la nécessité de poursuivre dans cette voie.

Un mode de financement sous forme de prêt en devises qui prend le risque d'accroître l'endettement de l'État. Le projet n'apporte directement aucune recette supplémentaire en devises. En bonne orthodoxie bancaire, un prêt en devises devrait rapporter des recettes en devises afin de satisfaire à son remboursement. Cet exemple montre toute la difficulté de financer des projets sous forme de prêts en devises, sans dégrader la situation financière du pays emprunteur.

Un tarif d'équilibre de l'eau inapplicable pour les agriculteurs. Le prix de revient de l'eau est de l'ordre de 510,70 €/ha à 556,40 €/an sur le périmètre. Deux années d'exploitation du secteur A montrent que les agriculteurs qui fixent le prix de l'eau ne semblent pas en situation d'appliquer un prix équivalent. Plutôt que d'afficher à terme une illusoire vérité des tarifs en établissant des objectifs prix au mètre cube pratiquement impossible à atteindre par les agriculteurs, il conviendrait peut-être de reconnaître la nécessité de subventionner pour partie le prix de l'eau à un niveau clairement défini, quitte à imputer ensuite aux agriculteurs les seules charges d'exploitation du réseau.

Quelque temps après l'évaluation ex-post

La totalité du périmètre est en eau. Le petit équilibre (exploitation) est assuré par les redevances payées par les agriculteurs. Le gros problème non résolu tient à la pollution de l'eau d'irrigation dont les effets à moyen et long terme sur les terres irriguées cultivées, sur les agriculteurs, sur les consommateurs des produits commercialisés dans cette zone, risquent d'être très négatifs.

Exercice proposé

Lire attentivement le descriptif du projet son impact économique

1) Quelle est la différence entre un taux de rentabilité interne (TRI) et un taux de rentabilité économique (TRE) ?
2) Comment calcule-t-on le taux de rentabilité économique (coûts totaux, valeur ajoutée, bénéfice net) ?
3) Le taux de rentabilité économique du projet est de 6 % : est-il satisfaisant ?
4) Pourquoi applique-t-on un coefficient économique aux dépenses d'investissement comme aux dépenses d'entretien et d'exploitation ?
5) Pour quelles raisons le revenu net (valeur ajoutée) est positif ? A-t-il augmenté dans les proportions attendues ?
6) Que peut-on dire des études de faisabilité ? De la prise en compte de l'environnement ?
7) Que peut-on dire de la date choisie pour évaluer ce projet ?
8) Quelles sont les grands enseignements de ce projet sur le plan de la gestion des périmètres, du prix de l'eau, de la qualité de l'eau ?
9) Que pensez-vous du financement de ce projet sous forme de prêt en devises ?
10) La durabilité du projet est-elle assurée ?
11) Notation du projet. Pertinence des objectifs ? Réalisation des objectifs ? Efficacité ? Efficience ? Impact ?
12) Points forts ? Points faibles ?

Corrigé de l'exercice

1) Quelle est la différence entre un taux de rentabilité interne (TRI) et un taux de rentabilité économique (TRE) ?

Le TRI (taux rentabilité interne) vise à calculer la rentabilité financière d'un projet, donc les recettes financières qu'il procure, au regard des charges d'exploitation hors frais financiers qu'il occasionne et de son coût d'investissement. C'est donc ce que génère directement l'exploitation.

Le TRE (taux de rentabilité économique) mesure les effets du projet sur le revenu national. C'est donc l'impact économique du projet qui est évalué quantitativement et non simplement ses effets sur le plan financier.

2) Comment calcule-t-on le taux de rentabilité économique (coûts totaux, valeur ajoutée, bénéfice net) ?

Le TRE se calcule à partir des éléments suivants :

- S'agissant des coûts totaux du projet rapportés à un calendrier de décaissement (tableau de décaissement des coûts) : le coût de l'investissement (les montants décaissés chaque année pondérés à l'aide d'un indicateur permettant de tenir compte du surcroît d'activité induit par les dépenses d'investissement réalisées sur place : coefficient de pondération de 75 %, soit 25 % de dépenses d'investissement réalisées sur place et 75 % réalisées à l'extérieur), les coûts d'exploitation décaissés chaque année (essentiellement les consommations intermédiaires non dépensées sur place, hors énergie, et les dépenses salariales non payées sur place), les coûts d'entretien décaissés chaque année (avec un coefficient de pondération permettant de ne compter que les dépenses non effectuées sur place à savoir 75 %), les coûts de renouvellement du matériel amorti, les coûts de l'énergie répartis chaque année. Les taux de pondération choisis (hypothèses) sont relativement approchés de la réalité.
- S'agissant de la valeur ajoutée délivrée par le projet : la valeur ajoutée directe générée par le projet (valorisation agricole du périmètre. Ce sont les hypothèses les plus lourdes donc les plus incertaines sur le bon fonctionnement du projet) et la valeur ajoutée indirecte générée sur l'économie autour du projet (l'activité supplémentaire générée sur place, les services complémentaires achetés sur place, la fiscalité apportée sur place…)
- S'agissant du bénéfice net, il s'agit de calculer chaque année les bénéfices nets et retrancher les coûts totaux du démarrage de l'investissement jusqu'à la période d'amortissement des principaux investissements (26 ans en tout ici).

Le bénéfice net est donc négatif au départ (phase d'investissement) et positif en phase d'exploitation. Dans l'exemple choisi, le bénéfice net est estimé positif à partir de l'année 9. Il ne reste plus qu'à calculer la valeur actuelle nette (VAN). La VAN mesure la rentabilité d'un investissement calculée comme la somme des flux de trésorerie engendrés par cette opération (le bénéfice ou perte nette de chaque année), chacun étant actualisé de façon à réduire son importance dans cette somme à mesure de son éloignement dans le temps.

Dans l'exemple choisi, le taux de rentabilité économique est estimé à 6 %

3) Le taux de rentabilité économique du projet est de 6 % : est-il satisfaisant ?

Le TRE est inférieur au TRE estimé au départ qui était de 11,7 %. Cet écart s'explique par les éléments suivants : le coût du projet est plus élevé que prévu : les retards dans l'exécution ; la mise en valeur des périmètres est moindre qu'estimée au départ.

4) Pourquoi applique-t-on un coefficient économique aux dépenses d'investissement comme aux dépenses d'entretien et d'exploitation ?

On applique des coefficients de pondération afin de tenir compte des effets du projet sur l'activité économique locale. Ces coefficients économiques ont pour but d'approcher les effets positifs des dépenses d'investissement, des dépenses d'entretien et des dépenses d'exploitation pour l'économie. Ce sont toutes les dépenses qui donnent lieu à une activité économique sur place. À l'inverse, les dépenses qui font appel aux importations ou aux services extérieurs abaissent la rentabilité économique du projet.

5) Pour quelles raisons le revenu net (valeur ajoutée) est positif ? A-t-il augmenté dans les proportions attendues ?

Le revenu net est positif car le projet est rentable, même si cette rentabilité économique est plus faible que prévu.

6) Que peut-on dire des études de faisabilité ? De la prise en compte de l'environnement ?

Les études de faisabilité ont bien été réalisées mais elles n'ont pas été réactualisées. Elles ont été effectuées par la FAO (Organisation mondiale de l'agriculture et de l'alimentation) il y a 20 ans. Elles ne correspondaient plus à la réalité du contexte local. On trouve ici une explication au dérapage des coûts du projet.

La prise en compte de l'environnement a été effective par le souci d'induire une exploitation rationnelle des sols et de conserver les ressources naturelles. Néanmoins, l'impact de cette composante n'a pas été mesuré.

L'eau utilisée pour l'irrigation est polluée car en aval de la ville de Fès où de nombreuses tanneries sont en activité. Ce point crucial remet en cause la durabilité du projet.

7) Que peut-on dire de la date choisie pour évaluer ce projet ?

La date choisie par le projet est trop rapprochée pour réaliser une évaluation ex-post. Le projet n'est pas encore terminé. La moitié seulement des 5 000 ha est irriguée. L'évaluation ex post du projet n'est donc pas possible dans de bonnes conditions. Il s'agit plus d'une évaluation à mi-parcours que d'une évaluation ex-post.

8) Quelles sont les grands enseignements de ce projet sur le plan de la gestion des périmètres, du prix de l'eau, de la qualité de l'eau ?

La gestion des périmètres est décentralisée centralisé (participation des agriculteurs, paiement des factures d'eau), ce qui constitue une évolution favorable par rapport à un système, déresponsabilisant pour les agriculteurs. Toutefois, l'administration demeure toujours très présente et l'assolement des parcelles irriguées conserve une répartition traditionnelle (culture vivrière encore prépondérante sur des terres irrigables) qui ne tire pas pleinement bénéfice des nouvelles possibilités offertes par l'irrigation (passage de cultures non irriguées à des cultures irriguées).

Le prix de l'eau est trop élevé pour les agriculteurs si ce prix entend se caler sur le prix de revient de l'eau qui oscille entre 510 et 556 €/ha et par an. Plutôt que d'afficher une illusoire vérité des tarifs pour atteindre l'équilibre financier, il serait plus sage d'admettre que ce genre de périmètre irrigué demande à être subventionné par l'État afin d'assurer la pérennité de telles infrastructures. Toutefois, le subventionnement doit demeurer modéré pour ne pas induire le gaspillage de l'eau par les agriculteurs, une eau qui est une ressource rare au Maroc.

La qualité de l'eau n'est pas satisfaisante et remet en cause la durabilité du projet.

9) Que pensez-vous du financement de ce projet sous forme de prêt en devises ?

Ce mode de financement accroît directement le niveau d'endettement du pays alors que le projet ne produit aucune recette en devises. Il dégrade la situation financière du pays. Le bailleur de fonds et l'État marocain prennent donc le risque d'un endettement supplémentaire de l'État marocain. En bonne orthodoxie bancaire, un prêt en devises doit générer des recettes en devises.

Ce cas pose la question de l'utilisation du prêt en devises pour financer des opérations qui ne rapportent pas des devises et donc pèsent sur la balance des paiements du pays. Un prêt en monnaie locale n'aurait pas les mêmes inconvénients.

Si la situation financière de l'État peut être anticipée comme satisfaisante à l'avenir et dans la durée, les inconvénients de ce mode de financement peuvent être minimisés. Si en revanche, l'évolution de la situation financière de l'État dans la durée demeure incertaine, le risque pris par le bailleur de fonds et par l'État marocain est élevé.

10) La durabilité du projet est-elle assurée ?

Non, la durabilité du projet n'est pas assurée. Les deux défaillances notoires du projet sont les suivantes : pas d'équilibre financier des exploitations sans subvention externe, pollution des sols fait courir un grand risque au projet.

11) Notation du projet. Pertinence des objectifs ? Réalisation des objectifs ? Efficacité ? Efficience ? Impact ?

Pertinence des objectifs : satisfaisante mais objectifs institutionnels peut-être un peu trop ambitieux dans un pays très centralisé.

Réalisation des objectifs : peu satisfaisante, la gestion décentralisée des périmètres irrigués demeure largement artificielle. On ne savait pas évaluer au démarrage du projet, faute d'une faisabilité actualisée comprenant une étude d'impact environnemental quels seraient les effets de la pollution de l'eau sur les terres irriguées ?

Efficacité : peu satisfaisante, le nivelage des terres est trop faible.

Efficience : peu satisfaisante, les coûts des travaux ont été beaucoup plus importants que prévu.

Impact : sensible, sur les populations bénéficiaires comme sur la politique menée en matière d'irrigation par l'État bénéficiaire. Impossible à déterminer concernant les conséquences de la qualité de l'eau

12) Points forts ? Points faibles ?

Points forts :
- Projet pilote de décentralisation du processus de gestion de l'irrigation.
- Mise en place effective d'associations de l'eau qui fournissent une réelle activité.
- Paiement effectif de la consommation de l'eau et coupure effective en cas de non-paiement.

Points faibles :
- Études préalables insuffisantes et obsolètes.
- Études environnementales préalables inexistantes
- Pollution de l'eau
- Mise en valeur très lente de l'irrigation par les agriculteurs.
- Puissance publique encore très présente.
- Prix de l'eau nettement inférieur au coût de revient.
- Mode de financement qui accroît l'endettement du pays, sans contrepartie de recettes supplémentaires apportées par le projet.

10. Développement dans la région cotonnière du Cameroun

Présentation

Objet	Concours	Durée	Montant	Bénéf.	Conditions
Dévelop. Paysannal	Prêt bailleur de fonds rétrocédé sous forme de subvention	3 ans	6,1 m.€	Société cotonnière	Prêt à 5 % sur 20 ans dont 8 de différé
Dévelop. Paysannal	Subvention	3 ans	2,36 m. €	Société cotonnière	Subvention

La Cameroun est un pays à revenu intermédiaire de la tranche inférieure. Sa population est passée de 5,3 millions(m) en 1960 à 27,7 millions en 2021. Son taux d'accroissement de la population est de + 2,6 % par an.

Cette région du nord Cameroun se situe en zone aride. Elle est caractérisée par de fortes potentialités agricoles mais demeure encore très peu développée. Elle est fortement touchée par la corruption et par des problèmes ethniques récurrents. Le Cameroun ne fait pas partie des PMA bien que sa population rurale ait de très faibles revenus. C'est le cas de la population de sa partie nord où se situe la zone du projet.

Le développement de la filière cotonnière s'est réalisé à partir du début des années 1950 dans la région Nord comme dans de nombreux pays d'Afrique subsaharienne. Dans la partie francophone de l'Afrique subsaharienne, une société cotonnière française s'est impliquée dans ce développement. Créée en 1949, la *Compagnie Française pour le Développement des fibres Textiles* (CFDT) a pour objectif de réduire la dépendance de la France vis-à-vis du coton importé des États-Unis et de l'Angleterre, puis de la Chine et du Pakistan.

La particularité de cette filière est de tenter d'introduire la culture du coton en Afrique, d'en assurer la première transformation en fibre sur place (passage du coton graine en coton fibre), pour ensuite fournir l'industrie textile du Nord et pourquoi pas des pays du Sud.

La culture du coton a une forte connotation coloniale car elle emploie une nombreuse main-d'œuvre pour la culture d'une plante qui sera transformée en fibre coton pour une utilisation essentiellement ailleurs. Comme la culture de la canne à sucre, la culture du coton est très exigeante pour les agriculteurs surtout à la récolte du coton graine dans les champs de coton. Il n'est pas rare alors que toute la famille est mobilisée pour récolter le coton. Favoriser le travail des enfants a souvent été reproché aux responsables de cette filière.

La CFDT a développé toute la filière cotonnière en Afrique occidentale, en mettant en place près d'une centaine d'unités de production (usines d'égrenage et huileries) et participé à l'augmentation des rendements, des surfaces cultivées, en organisant la distribution à grande échelle du matériel et des équipements nécessaires.

Ce développement a été accompagné par la coopération française (subventions, prêts) durant de nombreuses années. Le développement de la filière coton est d'ailleurs souvent cité en exemple comme une réussite de la coopération française en Afrique.

Toutefois, le coton africain n'a pas entraîné en aval le développement d'une industrie textile sur place, capable de valoriser cette matière première, tout en amorçant un début d'industrialisation. De nombreuses tentatives d'usines textiles se sont soldées par des échecs.

La CFDT a développé des filières agro-industrielles de première transformation du coton (coton fibre, huile) contribuant à faire de l'Afrique francophone, cinquante ans après sa création et quarante ans après les indépendances, le troisième exportateur mondial de fibre de coton.

La CFDT a mené ses activités au Cameroun avec la Sodecoton mais également dans d'autres pays.

Avec les indépendances du début des années 1960, les pays sont devenus autonomes vis-à-vis de la direction régionale de Bobo-Dioulasso de la CFDT. Les filiales ont été transformées en sociétés cotonnières où la CFDT restait actionnaire :

- au Bénin la Société nationale pour la promotion agricole (Sonapra) ;
- au Cameroun la Sodecoton ;
- en Côte d'Ivoire la Compagnie ivoirienne pour le développement des textiles (CIDT) ;
- au Burkina Faso la Société Burkinabè des Fibres Textiles (Sofitex) ;
- au Mali la Compagnie malienne pour le développement du textile créé en 1974 ;
- en République centrafricaine la Société centrafricaine de développement agricole (Socada) ;
- au Tchad la CotonTchad ;
- au Togo la Société togolaise du coton (Sotoco) ;
- au Sénégal la Sodefitex.

Dans les années 1980, cette filière intégrée a rencontré des difficultés financières. La Banque mondiale est alors intervenue pour imposer une privatisation des sociétés cotonnières dans la perspective d'essayer de les rendre plus rentables : privatisation, vérité des prix et abaissement des coûts afin d'être compétitif sur le marché mondial.

En 2020, le groupe s'appelle Geocoton (après CFDT puis Dagris). Il est présent dans six espaces géographiques : France, Bassin méditerranéen, Afrique de l'Ouest, Afrique australe et Océan Indien, Asie centrale et Brésil - et opère au travers de vingt filiales sur des marchés très différents par leur taille, leur ouverture et leur place dans les enjeux de la mondialisation de l'économie.

C'est dans cette optique de recherche de rentabilité que différents projets financés par les bailleurs de fonds ont essayé de continuer à soutenir cette filière, à la fois pour en réduire les coûts de production en transférant certaines activités liées à la production aux agriculteurs mais également pour en éviter le démantèlement.

Au Cameroun, il s'agit de la seule véritable activité économique d'importance de la zone. Elle est administrée par la société cotonnière Sodecoton, qui transforme sous forme de coton fibre le coton graine récolté par de petits agriculteurs indépendants. Ce coton est vendu sur le marché mondial et approvisionne l'industrie textile dans de nombreux pays développés et en développement, à l'exception de l'Afrique qui n'a pas su développer une industrie textile à l'aval de sa filière coton. Lors de l'évaluation de fin de projet, le tonnage de coton graine produit atteint 200 000 tonnes pour 300 000 petits producteurs rassemblés au sein de plus de 1 500 groupements de producteurs.

Le bailleur de fonds appuie cette filière depuis vingt ans et concentre son action sur l'organisation des groupements de producteurs et la prise en charge par eux-mêmes d'activités autrefois assurées par la société cotonnière. Dans un contexte de crise des cours du coton et d'augmentation des prix des intrants importés, l'autonomisation du fonctionnement des groupements de producteurs (collecte du coton graine, approvisionnement en intrants) est devenue un impératif de stabilisation de la filière.

C'est dans ce contexte qu'a été décidé ce projet de développement pour un montant de 8,46 m € en prêt et en subvention. La zone d'intervention du projet couvre approximativement 350 000 ha et concerne 215 000 planteurs (plus des 2/3 de l'ensemble de la zone cotonnière).

Une partie de cet appui financier a été réalisée en prêt à l'État camerounais (6,10 m€), rétrocédé par l'État camerounais sous forme de subvention à la société cotonnière. Ce montage permet de ne pas endetter en devises la société cotonnière dont la situation financière est tendue. Sa contrepartie est un endettement supplémentaire en devises de l'État camerounais qui assume également le risque de change.

Durant la période d'évaluation de ce projet, toujours en cofinancement, une suite est engagée pour un montant global de 7,44 m.€.

Les trois objectifs principaux du projet évalué en phase 1, étaient les suivants :

- Favoriser la consolidation et la professionnalisation des organisations de producteurs.
- Diffuser des thèmes techniques (contenus techniques ou paquets techniques) axés sur la préservation, voire la reconstitution de la fertilité des sols, et sur une meilleure gestion de l'arbre (lutte contre l'érosion).
- Alléger les coûts de la filière coton en prenant en charge des fonctions assumées par la société cotonnière qui n'ont qu'un rapport marginal avec ses métiers de base, afin de recentrer l'entreprise sur des fonctions industrielles et commerciales. La société cotonnière n'a pas vocation à financer les fonctions formation/animation, élevage/culture attelée, accompagnement du processus de privatisation.

Une période de dix ans à partir du démarrage du projet était estimée nécessaire pour que soient pleinement atteints ces trois objectifs.

Le ministère de l'Agriculture du pays a assumé la maîtrise d'ouvrage de l'opération en présidant notamment un comité semestriel de pilotage du projet composé des autres partenaires du projet à savoir : la maîtrise d'œuvre assumée par la société cotonnière, la structure projet très proche de la société cotonnière, les représentants des producteurs de coton et enfin le bailleur de fonds.

La structure projet était composée d'un directeur de projet détaché de la société cotonnière et de plusieurs assistants techniques locaux ou expatriés. Cette structure n'a jamais eu de reconnaissance juridique bien qu'elle ait compté un effectif de 198 personnes. Elle figurait dans l'organigramme de la société cotonnière comme une direction autonome. Les activités du projet étaient réparties en quatre secteurs :

- L'organisation du milieu rural (ou volet professionnalisation) avec l'objectif de conduire les groupements de producteurs de coton à un plus grand niveau d'autonomie dans leur gestion.
- La diffusion de thèmes techniques sur la préservation de la fertilité des sols.
- La zootechnie, principalement les soins aux animaux de trait utilisés dans la culture du coton.
- Un programme pilote de gestion de terroirs portant en particulier sur l'utilisation rationnelle de l'espace et des ressources, la diversification des activités économiques et les différentes formes envisageables d'organisations sociales dans des périmètres spécifiques de la zone du projet.

Spécificité du projet

La spécificité du projet tient aux facteurs suivants :

- L'appui est donné aux associations de producteurs pour les émanciper davantage de la tutelle de la société cotonnière jugée trop encombrante.
- Il a pour objectif d'abaisser les coûts.
- Un des volets du projet tente d'appliquer une logique de gestion de terroirs.
- Le projet se situe dans une zone instable à forte migration ethnique.

Instruction, exécution technique et financière

Bien qu'effectuées dans les formes requises, les études préliminaires n'ont pas permis de préciser le contenu réel des points d'affectation du projet. La programmation des interventions a été effectuée au sein du comité de pilotage, une fois le projet commencé. L'enveloppe financière initiale (9 m €) a été réduite à 8,46 m.€. Il est donc très difficile de comparer les prévisions et les réalisations du projet sur le plan technique et financier :

- Les prévisions techniques et financières des documents préliminaires manquaient de précision. Il s'agissait plutôt d'autorisations de programme qui ont été ensuite largement amendées.
- La programmation technique et financière a été effectuée sur une base annuelle et révisable chaque année et non sur la totalité de la durée prévisionnelle du projet (3 ans).
- Le plan de financement de la convention d'ouverture de crédit a été modifié plusieurs fois.
- Le volet gestion de terroirs ne permettait pas de prévoir au départ du projet les actions à mener.

Les principales réalisations du projet ont été les suivantes :

- Volet professionnalisation : l'essentiel des activités a porté sur l'alphabétisation en langue vernaculaire des groupements, l'adoption par 1 200 groupements sur 1 600 d'un statut juridique reconnu.
- Volet zootechnie : les vaccinations des bœufs de trait autrefois assurées par la société cotonnière ont été reprises par la structure projet.
- Volet fertilité : plus de 27 000 ha composés de terres anciennes (60 %) et de terres nouvellement défrichées (40 %) ont été réaménagés ou aménagés pour lutter contre l'érosion. Des actions en faveur du développement de la fumure organique (étables fumières), de l'arbre et des défends antiérosifs ont complété cette action.
- Volet gestion de terroirs : ce volet du projet n'a concerné que des zones de l'extrême Nord du projet.

Local.	Au départ (1996 et 1997)	Ext. de l'op. (fin projet)	Type d'opération réussie	Actions abandonnées
Zone 1	4 villages (1)	112 villages	Magasins de stockage avec association	Gomme arabique, gestion de p.e. (1), hydraulique pastorale
Zone 2	Pas d'étude, 1 village	53 villages	Aménagement d'une retenue d'eau, pêche, maraîchage, élevage	Gomme arabique
Zone 3	1 village	3 villages	Hydraulique pastorale (2 mares), plantation d'arbres (acacia albida)	Sécurité alimentaire, trop d'appuis disparates des ONG, aide alimentaire, ne maîtrise pas le stockage en sacs.
Zone 4	1 village	12000 à 13000 pers.	Aménagement de terrain, drainage, désenclavement, 7 radiés réalisés	Pas d'échec car : qualité des animateurs, pas trop d'ONG, mission baptiste, avantage d'une zone retirée
Zone 5	1 village	1000 pers.	Conflits fonciers agriculteur-éleveur évités (10 aires pastorales protégées) 10 puits	Arbres fourragers dans les aires pastorales, approche terroir inefficace car trop de flux
Zone 6	3 villages	30 000 pers…	Installation négociée de villages de migrants (chrétiens musulmans) 5 à 6 puits	Installation des migrants hors des limites requises, contexte de féodalité très fort
Zone 7	3 villages	40 villages	Travail sur le foncier (conflits), maïs, stockage, 30 km délimités	Problème de la puissance de l'autorité coutumière

(1) p.e. : point d'eau

Sur les dix études préliminaires envisagées, sept ont été effectuées pour des grappes d'un à quatre villages. Elles se sont accompagnées systématiquement d'un diagnostic participatif. La méthode prévue était la suivante :

- Monographies détaillées par zone.
- Diagnostic participatif dans les grappes de villages de chaque zone.
- Autoanalyse des résultats obtenus par les villageois.
- Programmation concertée entre les villageois et la structure projet.
- Calendrier d'intervention des actions programmée
- Réalisation des actions
- Suivi évaluation des actions

Après étude approfondie, une ou deux actions jugées prioritaires et donc susceptibles d'engendrer un processus de développement ont été entamées dans chaque grappe de villages. Elles ont été ensuite étendues à des zones beaucoup plus vastes avec un degré de réussite intéressant, sans toutefois refaire pour la totalité de la zone des études préliminaires coûteuses. L'intérêt de cette méthode d'intervention novatrice est donc de tester grandeur nature des idées de projet répondant à la demande des populations et ensuite de les étendre à des territoires beaucoup plus vastes où bien entendu des raisons de coûts et de temps, s'opposent à ce que toutes les études préalables soient réalisées à nouveau.

Le nombre de villages et d'habitants touchés directement ou indirectement par ce volet du projet est donc bien supérieur à la population des quelques grappes de villages choisies pour les premières opérations tests. Les trois actions sectorielles les plus réussies et qui concernent le plus grand nombre de personnes sont les suivantes :

- La mise en place de greniers à céréales dans plus d'une centaine de villages et leur affiliation à une structure commune. Les difficultés rencontrées pour diffuser l'architecture d'un grenier type et son modèle de gestion sont symptomatiques de la diversité des milieux rencontrés qui conduit à préférer des approches spécifiques. Il est beaucoup plus facile de faire fonctionner correctement des banques de céréales dans des zones déficitaires avec une forte amplitude annuelle des prix des vivriers que dans des zones excédentaires où les fluctuations sont plus modestes, voire erratiques, ce qui ne permet pas toujours de rémunérer le stockage réalisé par le grenier villageois. Les greniers villageois enregistrent donc des résultats beaucoup plus probants en zone déficitaire qu'en zone excédentaire.
- Le désenclavement d'une vallée par la réalisation de biefs radiés (sortes de ponts permettant de franchir un cours d'eau) avec la participation physique et financière d'une population qui adhère à cette dynamique nouvelle et tente dans la foulée de lancer d'autres initiatives participatives.
- L'installation négociée de migrants dans une zone de forte émigration où des tensions ethniques ont été provisoirement désamorcées.

- La gestion conjointe de points d'eau par des éleveurs, des pêcheurs et des maraîchers instituant ainsi des rapports pacifiés entre ces groupes souvent en conflit.

Chaque extension de zone à partir d'une grappe test peut être considérée comme un examen en vraie grandeur de la faisabilité future de nouveaux projets qui reprendraient des bases d'intervention similaires.

Le nombre de bénéficiaires finaux du volet gestion de terroirs est relativement élevé : plus de 100 000 personnes sur la base d'une moyenne de 500 personnes par village concerné. La méthode utilisée a donc démontré son efficacité et sa pertinence.

Les actions lancées dans le volet gestion de terroirs qui n'ont pas donné les résultats escomptés sont également riches d'enseignements pour éviter des erreurs par exemple : gomme arabique, sécurité alimentaire par le stockage dans les zones où les distributions d'aide alimentaire sont trop abondantes, difficultés des actions de sécurité alimentaire dans les zones excédentaires, arbres fourragers dans les zones d'élevage où la population n'est pas assez sédentarisée, difficulté à contourner l'influence des pouvoirs traditionnels, difficulté à intervenir dans les régions où les opérateurs de développement sont trop nombreux.

Enfin, le volet gestion de terroirs a mené parallèlement quelques actions expérimentales qui n'étaient pas programmées au départ à savoir :

- Stockage du tabac.
- Culture du karal.
- Lancement d'une organisation professionnelle pour cultiver une céréale locale en utilisant de nouvelles techniques (herbicide sans labour, récupération de terres abandonnées).
- Observatoire du foncier : grâce à une vingtaine d'études de cas, l'observatoire a permis au gouvernement, aux bailleurs de fonds, aux ONG et à la société cotonnière de mieux cibler leurs interventions futures dans la zone d'activité.
- Études de foyers traditionnels de cuisson, formation à la fabrication de foyers métalliques améliorés.
- Formation théorique et pratique de vulgarisateurs aux techniques de conservation de l'oignon.

Impact des différents volets du projet

Les impacts du projet sont très difficiles à quantifier. L'absence du suivi évaluation restreint les analyses qui doivent le plus souvent s'en tenir aux appréciations qualitatives.

Impact sur la filière coton

Les groupements de producteurs de coton ont été les grands bénéficiaires du projet. Les actions réalisées ont cherché à améliorer leurs conditions de vie et à augmenter leur autonomie vis-à-vis de la société cotonnière.

Les groupements de producteurs ont été créés par la société cotonnière il y a vingt ans. La motivation principale de celle-ci était de se désengager progressivement de tâches liées à la production agricole non cotonnière dans l'ensemble des filières de la région. Cette présence de la société cotonnière dans tous les secteurs agricoles se justifiait en partie par sa seconde mission : « Son action s'étendra à l'ensemble des cultures entrant en rotation avec la culture du coton, et le cas échéant à d'autres cultures dans le cadre de programmes régionaux de développement intégré. ». Le mouvement de désengagement s'est accéléré lors de la crise des cours du coton fibre. Au départ, la société cotonnière était pratiquement le seul interlocuteur des producteurs. La société cotonnière leur octroyait du crédit non seulement pour les intrants mais également pour les autres cultures et d'autres besoins. L'ensemble de la commercialisation primaire du coton graine était assuré par des agents de cette société. Les producteurs de coton ressemblaient plus à des salariés agricoles de la société cotonnière qu'à des producteurs agricoles propriétaires de leur terre, maîtres de leur destin. Le coût de ces multiples interventions était devenu incompatible avec le prix de revient de la fibre. Les organisations de producteurs ont donc été formées pour prendre le relais de la société cotonnière pour la commercialisation primaire de la fibre et alléger ainsi ses tâches et ses charges d'exploitation.

Les exploitations cotonnières de la zone ont trois autres caractéristiques majeures :

- La propriété foncière des terres est encore très mal établie. Le poids des autorités coutumières, l'impact des fortes migrations, l'étendue des zones de chasse font que la loi sur la propriété foncière datant de quinze ans n'est pas encore appliquée dans cette zone. Les terres sont exploitées selon un droit d'usage qui prévaut sur un titre de propriété qui demeure virtuel.
- La taille des exploitations est très faible. Le nombre de planteurs sur l'ensemble de la zone cotonnière est de l'ordre de 300 000 pour une surface moyenne annuelle semée en coton de 170 000 ha. Les exploitants cultivent chaque année moins d'un demi-hectare de coton sur des exploitations qui font au total de 1,5 à 2 ha.
- C'est la seule activité agricole du pays où les producteurs sont organisés en groupements à une telle échelle, grâce à l'impulsion d'une société agro-industrielle.

Ces conditions particulières rendaient les producteurs de coton très dépendants de la société cotonnière.

L'impact du projet sur le fonctionnement des exploitations, organisées sous forme de groupements, a été sensible sur trois points :

- L'autonomie financière et juridique des groupements s'est accrue. Ils ont aujourd'hui la capacité de gérer les fonds qui rétribuent notamment leurs activités de collecte, sans avoir à recueillir l'avis de la société cotonnière. Ils disposent librement d'une caisse de groupement. Ils reçoivent chaque mois de la société cotonnière le relevé de leur compte. Ils ont enfin adopté le statut de groupement d'intérêt associatif, qui leur apporte une reconnaissance légale.
- L'effort d'alphabétisation. Le taux de scolarisation des enfants dans la zone du projet est en baisse constante depuis plusieurs années. Il serait proche de 15 % en fin de projet. Cette situation constitue un handicap supplémentaire pour les producteurs agricoles qui sont ainsi moins réceptifs aux évolutions techniques. La société cotonnière est consciente de cette difficulté qui limite les tâches susceptibles d'être transférées aux groupements. Jusqu'à présent, les efforts d'alphabétisation avaient été orientés vers l'acquisition de la langue française. Cependant, le coût de ce type d'alphabétisation était très élevé et avait un taux de réussite médiocre. Le projet a choisi de poursuivre l'alphabétisation en langue vernaculaire, parlée par une majorité d'agriculteurs et notamment les plus pauvres. L'impact attendu était de permettre à une population nombreuse et adulte qui parle majoritairement cette langue de pouvoir la lire et l'écrire avec l'objectif de contribuer ainsi à l'autonomisation plus grande des groupements. Les résultats en termes d'acquisition sont satisfaisants (taux de réussite proche de 45 %, plus élevé qu'avec le français). Toutefois, l'utilisation réelle ou potentielle de ce nouveau savoir reste à démontrer. La langue des élites pratiquée dans les groupements demeure le français. Il n'existe pratiquement pas d'écrits en langue vernaculaire. Elle n'est pas non plus enseignée à l'école. Seuls quelques pasteurs et prêtres l'utilisent à l'écrit pour traduire la Bible. Après cette formation, les nouveaux alphabétisés ont donc très peu intégré les directions des groupements ce qui était un des effets recherchés. L'impact réel de cette nouvelle formation demeure donc très incertain. La proportion réelle de lecteurs du journal écrit en langue vernaculaire constituerait une première mesure d'impact intéressante. Malheureusement, aucune estimation n'existe sur ce plan. Les groupements sont pratiquement obligés de s'abonner au journal, ce qui lui permet d'afficher une bonne diffusion. Est-il pour autant lu par les adhérents des groupements ?
- La structuration des groupements de producteurs. Cette évolution intervient sur fond de privatisation de la société cotonnière souhaitée par la Banque mondiale. La direction de cette société, plutôt hostile à cette transformation, est donc intéressée à toute avancée qui lui permettrait d'afficher une prise de

participation des producteurs dans son capital. Le projet a contribué à créer une fédération de groupements de producteurs. Par ce biais, ils ont maintenant une représentativité suffisante pour participer au processus de privatisation de la société cotonnière ce que souhaite cette dernière.

Impact sur la fertilité des sols

La fertilité des sols cultivés dans cette région nord du pays est en décroissance constante depuis 10 ans. Le rendement de coton graine est passé les 1 274 kg/ha à 1 129 kg/ha six années plus tard. L'épuisement de certains sols accueillant traditionnellement le coton serait la résultante de plusieurs facteurs :

- Un défrichage accéléré des terres par les populations autochtones qui marquent ainsi leur droit de propriété qu'elles marchandent ensuite aux nouveaux venus, peu experts en matière de culture durable du coton.
- Une insuffisance de l'utilisation des engrais chimiques, prévus exclusivement pour le coton mais également appliqués sans que les doses augmentent pour le maïs. Cette tendance a été accélérée par la dévaluation de la monnaie nationale qui a entraîné un doublement du prix des intrants importés, mais également par la crise économique générale qu'a traversée le pays depuis une dizaine d'années.
- Une fumure organique pratiquement inexistante.
- La concurrence avec l'élevage dont la gestion demeure purement traditionnelle (divagation dans les champs) et exige de vastes surfaces.

Dans ces conditions, il est fort possible que la culture du coton ait affecté la fertilité de certaines terres dont les rendements ont diminué.

La forme traditionnelle des parcelles de culture de coton, un rectangle ne prenant guère en compte les courbes de niveau, est aussi parfois évoquée comme une cause possible d'érosion.

Pour leur part, les planteurs citent plusieurs explications à cette dégradation des sols :

- Des pratiques culturales en continu. Cette tendance se répand de plus en plus du fait de la pression démographique exercée sur les sols par l'immigration et de l'intérêt à court terme de cultiver des céréales ou des légumineuses tout juste après le coton. On profite ainsi des résidus de fumures minérales mais on appauvrit les sols.
- L'érosion hydrique.
- La monoculture du coton.
- Le labour lorsqu'il est trop profond et pratiqué chaque année.

Pour lutter contre la perte de fertilité, les paysans proposent de rétablir une jachère plus longue et la fumure organique. Les aménagements antiérosifs ne sont cités qu'en quatrième position par les paysans pour leur efficacité, derrière l'apport d'engrais chimiques.

L'impact réel du projet pour rehausser ou maintenir la fertilité des sols est le suivant :

- L'implantation de jachères améliorées par la mise en place de légumineuses herbacées. Ce thème n'a pas rencontré un écho très favorable. La pression sur les sols est telle dans certaines régions que la solution semble plutôt de mettre en place une agriculture intensive respectueuse de l'environnement que de compter sur un hypothétique accroissement du temps de jachère. Cette action, qui n'a concerné que 327 hectares, a eu un impact très marginal.
- Apport de fumure organique. Le projet a essayé de diffuser l'installation d'étables fumières et de parcs améliorés (enclos permettant de ramasser la fumure organique produite par les animaux). Cette action n'a pas rencontré de succès. Seuls les agriculteurs travaillant sur des surfaces importantes semblent intéressés par ce type d'équipement. L'impact de ce volet est donc très marginal.
- Promotion de l'arbre. Cette action menée dans le cadre du volet gestion de terroirs a bien fonctionné (faidherbia protégés, plants forestiers). Toutefois, son impact réel reste difficile à mesurer.
- Aménagement de blocs antiérosifs. Plus de 27 000 hectares auraient bénéficié de ce type d'aménagement qui consiste d'une part, à cultiver les parcelles de manière parallèle à la pente (limiter l'érosion hydrique), et, d'autre part, à construire de petits murets antiérosifs pour retenir la terre et l'eau. C'est ce volet du projet qui a pris le plus d'ampleur. Son impact sera étalé dans le temps. Il n'a pas fait l'objet de protocole d'études et de mesures. Il n'est donc guère possible pour l'instant d'évaluer si cette action a déjà eu un effet bénéfique sur les revenus et de préservation de l'environnement. Cette technique est certainement plus intéressante sur les terres nouvellement défrichées (40 % des interventions du projet) que sur les anciennes (60 % des interventions du projet) où des obstacles supplémentaires se présentent (modification du foncier par le redessinement des parcelles, changement des habitudes). D'un point de vue qualitatif, ce volet a certainement contribué à sensibiliser le monde agricole aux problèmes de fertilité bien que son impact demeure très difficile à mesurer.

La société cotonnière et plus généralement la culture du coton sont souvent dénoncées comme le principal facteur de la dégradation de la fertilité des sols. Selon certains bailleurs de fonds et quelques défenseurs de la nature, l'action de la société cotonnière aurait un impact négatif à long terme sur la fertilité des sols. Ce genre de diagnostic mérite d'être nuancé. Il est vrai que le mode de dessin des parcelles en rectangle, diffusé au départ par la société cotonnière, n'était sans doute pas un modèle pour préserver les sols. Pourtant, même si cette société admet quelques erreurs, elle reste consciente que la qualité du sol, qui n'est pas un patrimoine qui lui appartient, conditionne largement son avenir. Parmi les actions permanentes ou plus récentes que l'on peut mettre à l'actif de la société cotonnière pour préserver la fertilité, on peut citer :

- La culture du coton demeure la seule culture qui restitue de la fumure minérale aux sols dans la région du projet. Le coton utilise chaque année un tiers des surfaces de l'exploitation d'un producteur, les deux tiers restants accueillent d'autres productions qui se cultivent parfois sans apport d'engrais (maïs, sorgho).
- La société cotonnière diffuse depuis peu avec succès la technique de la culture sans labour qui préserve les sols. Ce nouveau mode de mise en valeur est pratiqué sur 23 % des surfaces. La société cotonnière est en avance sur ce plan sur les autres sociétés cotonnières d'autres pays.
- La société cotonnière diffuse des charrettes adaptées au milieu (mise au point d'une charrette et crédit pour l'achat) et d'un coût raisonnable, utilisables pour amender les sols. La faible diffusion des charrettes était un frein à l'utilisation de la fumure organique. Cette diffusion croissante aura à terme un impact favorable sur la fertilité.
- La société cotonnière encourage la structure projet à mener des actions de préservation de la fertilité. C'est même le volet du projet qui semble l'intéresser le plus.

Impact du projet en matière de zootechnie

Le projet a pris en charge les activités de vaccination autrefois assumées par la société cotonnière. L'impact est avant tout financier, il permet de réduire les coûts de revient du coton pour la société. Toutefois, il ne s'agit que d'un allègement temporaire des charges puisque aucune autre source de financement (État, collectivités, autres…) ne semble en mesure de prendre le relais du projet.

Impact du volet gestion de terroirs

L'impact le plus important concerne le secteur vivrier dans la zone nord du projet. La sécurité alimentaire de la région était précaire. Le stockage et l'amélioration de la culture du sorgho de contre-saison ont permis de renforcer sensiblement les ressources vivrières des populations. En fin de projet, cette relative abondance a même provoqué une stabilisation des prix favorable au consommateur mais préjudiciable à l'équilibre des comptes des greniers à grains. L'abondance de vivriers tout au long de l'année n'a pas entraîné de fluctuations des prix lors de la période de soudure. Le stockage a donc été difficile à rémunérer.

L'autre impact d'envergure du volet gestion de terroirs a porté sur le règlement des conflits potentiels entre agriculteurs et éleveurs, d'une part, entre autochtones et migrants, d'autre part. La gestion commune agriculteurs/éleveurs de mares pour l'abreuvage des animaux (traction animale, caprins ou ovins) a démontré que les antagonismes séculaires entre ces deux types de profession pouvaient être réduits. La gestion des mares de la région est du projet, qui implique agriculteurs/éleveurs/pêcheurs, est exemplaire à cet égard. L'intervention préventive du projet pour l'installation des migrants est également à souligner (réunions avec les migrants, les autorités locales, les groupements cotonniers, les populations locales). Ces actions ont un impact certain sur la qualité de vie des personnes vivant dans la zone du projet.

Impact de la méthode « gestion de terroirs »

La méthode utilisée pour ce volet du projet comportait plusieurs phases : étude approfondie de petits terroirs, animation participative pour rechercher les thèmes d'intervention avec les populations directement concernées, extension à des périmètres géographiques plus vastes des opérations réussies sur les petits terroirs. Cette nouvelle approche représente une expérience intéressante dont pourraient s'inspirer d'autres projets participatifs.

Ses principaux mérites sont les suivants :

- Cette méthode permet de tester, en vraie grandeur, des idées de projet qui seront reprises à plus grande échelle. De ce point de vue, le projet gestion de terroirs peut être interprété comme une phase intermédiaire entre l'étude classique de faisabilité d'un projet et la réalisation d'un projet lui-même. Mener une opération test sur une zone préalablement choisie avant de s'engager plus avant peut s'avérer intéressant.
- La participation systématique des populations dans le choix des interventions prioritaires peut renforcer les chances de succès des opérations engagées. Jusqu'à présent, les populations étaient surtout sollicitées pour participer financièrement à l'opération et ensuite gérer au mieux les nouvelles infrastructures. Avec cette méthode, la coopération se situe également en amont lors des choix sur les interventions à mener. En retour, la contrainte impliquée par ce type d'approche est la très grande hétérogénéité des actions souhaitées vis-à-vis desquelles les protagonistes du projet doivent finalement se prononcer. L'acceptation d'une trop grande diversité des opérations peut fortement compliquer la gestion du projet au niveau technique et organisationnel. C'est la petite restriction que l'on pourrait avancer à propos de ce volet du projet. Les actions lancées ont été effectivement très hétérogènes. Pour rester efficace, il faut sans doute se résoudre à limiter le champ des possibilités offertes aux populations : prendre en compte la contrainte des coûts, assumer le choix de la non-intervention dans certains secteurs si le projet n'est pas outillé pour y répondre, limiter l'appui aux secteurs où le bailleur de fonds possède de réelles compétences.

- L'approche participative voulue par les bailleurs de fonds ne doit pas engendrer une attitude convenue de la part des populations. Dans une stratégie financière bien comprise, ces populations pourraient constituer une épargne de circonstance, utilisable par petits montants, opération par opération, afin de satisfaire les protagonistes occidentaux d'un projet qui souhaitent afficher une participation financière des populations et en font même des critères fondamentaux d'intervention. En prenant en charge 5 à 10 % de chaque investissement proposé par les bailleurs de fonds, ces populations rempliraient ainsi ce critère principal de participation et capteraient ainsi au mieux les fonds des projets. La capacité contributive d'une population ne doit pas être le seul paramètre d'arbitrage dans la décision d'intervention dans une zone déterminée. Elle élimine parfois les plus pauvres et ne peut alors réellement prétendre lutter contre la pauvreté. Elle n'exonère pas les acteurs d'un projet du travail de sélection entre les priorités proposées par chacun.
- Le pari d'étendre les interventions, sans effectuer d'études préliminaires lourdes sur l'ensemble de la zone élargie d'intervention, semble une nécessité à la fois financière, technique et de calendrier. Le coût à l'hectare d'une étude du type « gestion de terroirs » est trop onéreux pour pouvoir l'étendre à l'ensemble d'une zone d'intervention. Le temps passé pour réaliser une étude du type « gestion de terroirs » doit rester limité pour que d'un point de vue technique, les populations potentiellement bénéficiaires d'un projet restent mobilisées.
- Le compromis réalisé par le projet entre des zones d'études ciblées et des extensions possibles sur des zones plus vastes semble être optimal en termes de coûts/efficacité.
- L'utilisation de cette méthode permet d'écarter rapidement, sans trop s'engager financièrement, des actions qui s'avèrent à l'usage inadaptées, compte tenu des spécificités du milieu.

L'analyse de ce volet « gestion de terroirs » du projet nous indique :

- Qu'il est possible de tester des idées de projets au moyen d'une première expérience de terrain.
- Que la phase test de démarrage par l'expérimentation préalable sur le terrain est longue et coûteuse. Toutefois, après une période test, il est raisonnable d'envisager l'extension d'une intervention sur une zone plus vaste que la zone étudiée de manière approfondie. De ce point de vue, la rentabilité d'un projet « gestion de terroirs » ne devrait pas s'analyser en fonction de ses seuls résultats immédiats. Sa rentabilité doit également s'analyser sur le long terme. La démarche « gestion de terroirs » permet d'orienter les interventions futures d'un bailleur de fonds ou d'une maîtrise d'ouvrage locale sur des actions porteuses qui ont déjà été testées sur le terrain. De même, toutes les

actions qui n'ont pas bien fonctionné constituent autant d'informations intéressantes permettant d'éviter les erreurs.

- Que le champ des demandes exprimées par les populations doit continuer à être croisé avec le champ des possibles pour le bailleur de fonds et la maîtrise d'ouvrage, afin de demeurer dans une sphère d'efficacité acceptable et ainsi éviter une trop grande dispersion.

Enseignements et recommandations

Le problème de l'évolution à la baisse de la fertilité des sols demeure entier à la fin du projet. On ne sait pas si le projet a réussi à stopper la baisse de la fertilité des sols dont dépend étroitement la durabilité de la culture coton dans la zone. Il faudra une seconde phase du projet pour enregistrer une remontée de la fertilité des sols.

Il est difficile d'affirmer que la compétitivité de la filière s'est renforcée. Aucun indicateur n'a été mis en place pour tenter de mesurer ce type d'évolution par transfert progressif aux agriculteurs de tâches réalisées par la société cotonnière. En revanche, les activités annexes, parallèles à la filière coton, ont permis d'améliorer les conditions de vie et de diversifier les revenus des agriculteurs.

Le volet « gestion de terroirs » a un caractère expérimental. La méthodologie utilisée par le volet gestion de terroirs constitue un bon moyen de tester sur le terrain certaines idées de projet. Le coût d'intervention relativement élevé de cette approche test - études approfondies pour une zone bénéficiaire nécessairement limitée - la rend difficilement adaptée à de plus vastes territoires. Cette approche en deux temps – (1) test des actions identifiées de manière participative sur des terroirs restreints ayant fait l'objet d'études approfondies puis (2) tentative d'extension de ces actions à de plus vastes zones - constitue un mode opératoire efficace et novateur comme l'a fort bien démontré le projet.

Des objectifs très ambitieux et multiples. Les objectifs du projet au regard de l'importance de la zone d'intervention, du nombre élevé de planteurs considérés, de la diversité des actions envisagées, étaient peut-être trop ambitieux par rapport à ses moyens réels même si son degré de réalisation doit être mesuré sur une période de dix ans. La multiplicité des actions menées par le projet combiné à la taille de la zone a certainement provoqué un certain éparpillement des interventions.

Une autonomisation en marche des producteurs de coton. Les groupements de producteurs de coton sont les grands bénéficiaires du projet. Ils ont été sensibilisés aux problèmes de fertilité. Leurs groupements ont gagné en autonomie par rapport à la société cotonnière. Des services jusque-là assumés auprès d'eux par cette société (zootechnie, encadrement des groupements) ont été repris par le projet. C'est également une manière pour la société cotonnière de se désengager afin de tenter d'abaisser ses prix de revient. C'est également une manière de répondre partiellement aux demandes de la Banque mondiale de privatisation de la filière.

Un projet processus à programmation annuelle difficilement évaluable. L'expérience de cogestion du projet par différents partenaires (ministère de l'Agriculture, société cotonnière, structure projet, bailleurs de fonds, producteurs) est riche d'enseignements. Certes, elle permet de réajuster en permanence les actions du projet en fonction des contraintes rencontrées. En revanche, les bailleurs de fonds deviennent juge et partie. Une programmation annuelle rend très difficile la comparaison entre prévisions et réalisations. Les points d'application du projet se modifient chaque année. Le budget est remanié. Les objectifs initiaux du projet deviennent indicatifs et de plus en plus lointains.

Le caractère expérimental d'une partie du projet demande un suivi évaluation précis et rigoureux. Le caractère expérimental de certaines actions du projet aurait demandé en retour un dispositif de suivi évaluation précis et rigoureux. Les volets lutte contre l'érosion et alphabétisation en langue vernaculaire devraient faire l'objet de deux études d'impact réalisées par un intervenant extérieur au projet afin de confirmer de manière qualitative et quantitative la réalité des effets positifs supposés de ces deux actions.

L'évolution du schéma institutionnel doit précéder et non succéder au processus d'externalisation. L'externalisation de certaines activités de la société cotonnière devrait suivre et non précéder une définition claire de la répartition des compétences entre l'État, la société cotonnière et les producteurs. L'appui des bailleurs de fonds et leur désengagement à terme ne peuvent se justifier pleinement que si ce travail préalable est suffisamment finalisé. Pour ce qui relève des missions de l'État, leur pérennisation suppose que les crédits budgétaires correspondants soient alloués, indépendamment de la disponibilité ou non des aides extérieures.

Quelque temps après l'évaluation ex-post

Le projet a fait l'objet d'une deuxième phase d'appui par le bailleur de fonds aujourd'hui terminée. Elle est globalement considérée comme une réussite. En effet, la culture du coton est réalisée en respectant l'environnement. Les cordons pierreux se sont multipliés. Ils permettent de retenir la terre, d'augmenter les rendements et de maintenir la fertilité des sols. La lutte contre l'érosion devient progressivement le cœur de l'intervention avec le lancement de cultures sous couvert végétal. La troisième phase de ce projet baptisée Eau, Sol, Arbre est d'ailleurs centrée sur cette seule problématique. Elle devrait être lancée prochainement. Les volets appui aux organisations de producteurs et gestion de terroirs ne font plus partie de ce projet et sont maintenant traités par un autre bailleur de fonds.

Exercice proposé

Lire attentivement le déroulé du projet et ses impacts

1) Quels sont les deux faits générateurs de ce projet ?
2) Comment percevez-vous cette société cotonnière ? Pourquoi une partie du prêt est rétrocédée sous forme de subvention ?
3) Pourquoi créer des organisations de producteurs ?
4) Quelles sont les causes citées de baisse de la fertilité des terres cultivées en coton ?
5) Le projet a-t-il permis la restauration de la fertilité des sols ?
6) Comment définir ce qu'est la gestion de terroirs ?
7) Quelles sont les caractéristiques du projet en matière d'études préalables ?
8) Quels sont au juste les principaux impacts du projet aux objectifs diversifiés ?
9) La culture du coton est-elle durable dans cette région ?
10) Notation. Pertinence des objectifs ? Réalisation des objectifs ? Efficacité ? Efficience ? Impact ?
11) Points forts ? Points faibles ?

Corrigé de l'exercice

1) Quels sont les deux faits générateurs de ce projet ?

Les promoteurs du projet souhaitent (1) réduire les coûts de production du coton par transfert de tâches aux organisations de producteurs, effectuées jusqu'à présent par la société cotonnière (2) essayer de juguler la baisse de la fertilité des sols et donc des rendements du coton à l'hectare afin d'assurer la durabilité de cette culture dans cette zone.

2) Comment percevez-vous cette société cotonnière ? Pourquoi une partie du prêt est rétrocédée sous forme de subvention ?

Dans cette zone, la société cotonnière était omniprésente et omnipotente. Elle était le seul interlocuteur des producteurs. La société cotonnière leur octroyait du crédit non seulement pour les intrants mais également pour les autres cultures et d'autres besoins. L'ensemble de la commercialisation primaire du coton graine était assuré par des agents de cette société. Les producteurs de coton ressemblaient plus à des salariés agricoles de la société cotonnière qu'à des producteurs agricoles propriétaires de leur terre, maîtres de leur destin.

Une partie du prêt est rétrocédée par l'État à la société cotonnière sous forme de subvention car la situation financière de cette société est tendue. L'État aura donc à rembourser le prêt en devises sans bénéficier de recettes en devises supplémentaires, assumera le risque de change, verra donc son endettement s'accroître.

3) Pourquoi créer des organisations de producteurs ?

La création d'organisations de producteurs a pour but de les rendre plus autonomes, d'abaisser les coûts de production de la filière et donc d'augmenter la rentabilité de la société cotonnière.

4) Quelles sont les causes citées de baisse de la fertilité des terres cultivées en coton ?

- Un défrichage accéléré des terres pour se les approprier (droit de propriété) et commercialiser ce droit de propriété à d'autres populations parfois peu expertes dans la culture du coton.
- Une insuffisance des apports en engrais : devenus plus chers avec la dévaluation, utilisés de plus en plus non pas sur le coton mais sur la culture du maïs.
- Des apports en fumure organique pratiquement inexistants.
- Une concurrence de l'élevage (divagation des troupeaux).
- Des parcelles en rectangle ne prenant pas en compte les courbes de niveau et favorisant l'érosion.

Dans ces conditions, il est fort possible que la culture du coton ait affecté la fertilité des sols.

Les planteurs ajoutent d'autres explications :

- Des pratiques culturales en continu (pression démographique exercée sur les sols) avec culture des céréales juste après la culture du coton.
- L'érosion hydrique, la monoculture du coton, un labour trop profond engendrant une érosion des sols.

5) Le projet a-t-il permis la restauration de la fertilité des sols ?

Il était trop tôt pour le dire au moment de l'évaluation ex-post. Les principales actions du projet dans ce sens ont été : l'implantation de jachères améliorées par la mise en place de légumineuses herbacées (ce volet n'a pas très bien fonctionné), l'apport en fumure organique (ce volet a été décevant également), promotion de l'arbre pour diminuer l'érosion (ce volet a bien fonctionné), aménagement de blocs antiérosifs (ce volet a très bien fonctionné).

Après l'évaluation ex-post, le projet a fait l'objet d'une seconde phase. Les cordons pierreux (blocs antiérosifs) se sont multipliés. Ils permettent de retenir la terre, d'augmenter les rendements et de maintenir la fertilité des sols.

6) Comment définir ce qu'est la gestion de terroirs ?

L'idée qu'il est nécessaire pour réaliser un projet de s'occuper de tous les aspects de la vie sur un terroir particulier et non de ne s'intéresser qu'à un seul aspect de l'activité humaine. C'est une méthode novatrice pour une meilleure appréhension du développement durable de la zone. Une diversité d'actions est proposée dans un même terroir de manière à favoriser son développement durable. C'est donc le développement du terroir auquel on s'intéresse et non pas à l'évolution d'une seule spéculation.

La méthode gestion de terroirs s'est déroulée en plusieurs phases : monographies détaillées par zone, diagnostic participatif dans des grappes de villages, autoanalyse par les villageois des résultats obtenus, programmation concertée (entre les villageois et la structure projet) des actions à mener, calendrier des actions programmées, réalisation, suivi évaluation.

L'intérêt de cette méthode d'intervention novatrice est donc de tester grandeur nature des idées de projet répondant à la demande des populations et ensuite de les étendre à des territoires beaucoup plus vastes où, bien entendu, des raisons de coûts et de temps s'opposent à ce que toutes les études préalables soient réalisées à nouveau. On teste donc à petite échelle une grappe d'interventions possibles que l'on reproduit à grande échelle sur d'autres terroirs.

C'est donc une approche processus (phase test sur quelques villages d'actions concertées avec les villageois) avec ensuite un passage à l'échelle des opérations qui ont fonctionné sur l'ensemble du territoire du projet.

C'est une méthode expérimentale qui se rapproche de la méthode Dulfo de randomisation (test d'une action avec un groupe témoin. Si on enregistre une réussite de l'action, alors passage à l'échelle possible de l'action dans d'autres lieux). Mais ici avec la gestion de terroir, le test a lieu sur des grappes d'actions (et non une seule action comme chez Esther Duflo) et le passage à l'échelle est prévu dans la géographie du territoire du projet (et non dans l'ensemble des projets de développement).

7) Quelles sont les caractéristiques du projet en matière d'études préalables ?

Elles ont été réalisées correctement selon les formes requises mais n'ont pas permis de préciser le contenu réel des points d'affectation du projet. Il s'agit plus d'un projet processus. La programmation des activités a été réalisée, année après année, au sein d'un comité de pilotage, au plus près des besoins du terrain.

On peut expliquer cette manière de faire par l'impossibilité de prévoir précisément à l'avance toutes les actions qui seront effectuées, surtout quand les actions sont très nombreuses. Des points d'affection trop précis auraient constitué un carcan et n'auraient pas collé aux attentes du terrain. De plus, une partie du projet faisait appel à la méthode gestion de terroir qui ne permet pas de déterminer à l'avance les points d'affectation.

8) Quels sont au juste les principaux impacts de ce projet aux objectifs diversifiés ?

Les impacts du projet sont très difficiles à quantifier. La multiplicité des actions entreprises, le temps très long nécessaire pour que certaines actions induisent des effets (fertilité des sols), l'utilisation de la méthode gestion de terroirs sur une partie du projet, l'absence d'une cellule de suivi évaluation, ne permettent pas d'avoir une idée très précise des impacts du projet.

On peut simplement dire que les groupements de producteurs ont été les grands bénéficiaires du projet avec des actions qui ont visé à améliorer leurs conditions de vie et à augmenter leur autonomie par rapport à la société cotonnière. L'impact sur la fertilité des sols ne sera mesuré positivement qu'à l'issue d'une seconde phase de ce projet. L'impact du volet gestion de terroir est surtout sensible dans la zone nord du projet en termes d'amélioration de la sécurité alimentaire (stockage et sorgho de contre-saison) et en matière d'amélioration des relations entre les agriculteurs et les éleveurs (conflits parfois violents dans l'usage des terres). L'impact de la méthode gestion de terroirs nous indique (1) qu'il est possible de tester des idées de projets par une expérimentation sur le terrain (2) que l'application de cette méthode est longue et coûteuse à son démarrage, tout en permettant un passage à l'échelle ensuite (3) que les demandes des bénéficiaires doivent être croisées avec le champ des possibles pour la structure projet, et donc éviter de partir dans tous les sens rendant le projet ingérable.

9) La culture du coton est-elle durable dans cette région du nord Cameroun ?

Il est difficile de répondre de manière tranchée à cette question. Après le projet, les producteurs sont plus autonomes. Les coûts de production devraient baisser. Mais on ne sait pas comment la fertilité des sols va évoluer dans le temps. On ne sait pas si le changement climatique (baisse de la pluviométrie) ne va pas rendre la culture du coton plus difficile dans cette zone. On ne sait pas si la filière coton du Cameroun sera toujours compétitive sur le marché international. On ne sait pas si cette zone du nord Cameroun ne sera pas fortement impactée par des problèmes d'insécurité (terrorisme sur fond de rivalité entre agriculteurs et éleveurs, en l'absence de représentants de l'État) rendant toute activité économique très difficile.

10) Notation. Pertinence des objectifs ? Réalisation des objectifs ? Efficacité ? Efficience ? Impact ?

Pertinence des objectifs : satisfaisante, les objectifs sont nombreux (fertilité, gestion de terroirs, décentralisation, alphabétisation…), un peu trop peut-être compte tenu des moyens réels du projet et de la grandeur de la zone d'intervention.

Réalisation des objectifs : satisfaisante pour l'autonomie accrue des organisations de producteurs de coton, impossible à mesurer pour les autres volets.

Efficacité : peu mesurable, projet processus en cogestion, pas d'objectifs à atteindre fixés au départ et stables, pas de suivi évaluation.

Efficience : peu mesurable, les coûts normatifs des différentes interventions ne sont pas connus.

Impacts : (1) sensible mais pas mesurable pour les populations, (2) intéressant sur l'application d'une méthodologie de gestion de terroirs.
Durabilité : incertaine en raison des incertitudes quant à l'évolution de la fertilité des sols, de la compétitivité de la filière coton du Cameroun, des effets à long terme du changement climatique, de l'impact de l'insécurité croissante qui sévit dans la zone.

11) Points forts ? Points faibles ?

Points forts :
- Mise au point et application réussie pour un volet du projet d'une méthodologie innovante à savoir la gestion de terroirs.
- Appui à la décentralisation par l'intermédiaire des organisations de producteurs.
- Tentative effective de lutte contre la baisse de la fertilité en zone cotonnière.

Points faibles :
- Trop grand éparpillement des actions au regard des moyens.
- Faiblesse du système de suivi évaluation du projet.
- Durabilité de l'activité coton dans la zone non assurée.

11. Développement rural intégré au Laos

Présentation du projet

Projet de développement rural intégré
Montant subvention : 5,11 m. €
Montant total du projet : 5,87 m.€
Durée du projet : cinq ans
Assistance technique : association de type ONG
Maîtrise d'ouvrage : province décentralisée

Ce projet se situe au Laos, pays à faible revenu, montagneux et peu peuplé (7,4 millions(m) d'hab. en 2021 avec un taux d'accroissement annuel de la population de 1,4 %). Une subvention de 5,11 m€ pour un budget global de 5,87 m€ a été octroyée par le bailleur de fonds pour réaliser ce projet de développement rural sur une durée de cinq ans. Il s'agissait du premier projet réalisé par le bailleur de fonds depuis son retour au Laos. Il s'agissait également du premier projet d'aide étrangère réalisé dans une région très pauvre et très excentrée par rapport à la capitale.

Le régime politique de ce pays est communiste. Il pratique donc une politique de réforme agraire, d'allocation autoritaire des terres au public comme au privé. Le Laos demeure très fermé à l'aide étrangère.

Ce pays relativement montagneux au nord (altitudes comprises entre 1 000 et 1 500 m) a une grande expérience de la culture du riz pluvial sur des versants montagneux. Un système ancestral de propriété des terres règle l'exploitation des surfaces d'un même village après défriche puis brûlis[18] d'une grande parcelle où chaque famille du village dispose de terres pour les exploiter en plantant du riz. Une fois que la fertilité de cette grande parcelle n'est plus suffisante et que la végétation naturelle commence à concurrencer trop fortement le riz, le village défriche une autre grande parcelle où chaque famille retrouve à nouveau un lopin de terre en pleine propriété qui lui procurera sa subsistance.

Dans cette région, ce système de défriche brûlis fonctionne fort bien depuis plusieurs siècles avec des temps de friches compris entre 10 et 20 ans selon les caractéristiques des sols. C'est dans ce contexte d'équilibre fragile entre l'homme et la nature que le projet entend œuvrer.

Le projet s'adresse à l'ensemble d'une région rassemblant près de 85 villages. Les voies de communication entre villages sont très sommaires. La monétarisation de l'économie locale est très faible. Le troc prédomine dans les échanges entre villages.

Les transports, le plus souvent à pied, d'un village à l'autre, sont très longs. Les villages vivent le plus souvent en autarcie.

Spécificité du projet

La spécificité du projet tient aux facteurs suivants :

- Il s'agit d'une intervention dans une région très isolée ayant un profil ethnographique intéressant : peu de contacts avec l'extérieur, économie de troc, système foncier ancestral, équilibre démographique assuré par l'émigration.
- Il s'agit d'un projet intégré, c'est-à-dire qu'il intervient dans de nombreux secteurs d'activité d'un territoire donné de manière à consolider un développement durable. À l'inverse les projets non intégrés interviennent en général sur un seul secteur ou une seule filière. La volonté des promoteurs de ce projet est d'agir à différents niveaux (infrastructures, cultures, élevage, crédit, adduction d'eau) afin de parvenir à son objectif central de stabilisation de la défriche brûlis (système ancestral de la culture du riz pluvial où les temps de jachère pour reconstituer les sols ne doivent pas être raccourcis). Il

18 / La parcelle choisie sur le versant de la colline est défrichée (mais non déssouchée) puis brûlée. Dans chaque parcelle, chaque famille du village retrouve un lopin de terre qui lui appartient. Ce lopin est cultivé une à deux années de suite avec du riz pluvial (par opposition au riz irrigué). Ces terres n'étant pas très fertiles et les repousses d'herbes adventices étant très rapides, la friche reprend ses droits au bout de 2 années de culture et pour une période pouvant aller selon les cas de 10 à 20 ans. Au bout de 2 ans, le village abandonne la première parcelle et en cultive une seconde.

convient de permettre aux agriculteurs de percevoir des revenus complémentaires grâce à d'autres activités.

- La volonté des promoteurs du projet de s'appuyer sur des pratiques culturales ancestrales plutôt que de procéder à des réallocations de terre a une portée politique forte. La politique gouvernementale était plutôt de procéder à une réforme agraire aboutissant à réallouer des titres fonciers. Or ici, le projet conforte des techniques traditionnelles d'exploitation des terres avec une gestion du foncier qui respecte la coutume en vigueur dans cette région.
- Une assistance technique fournie par un opérateur associatif est sollicitée. Cet opérateur est le seul à avoir maintenu dans la durée un lien avec les autorités locales.

Mise en œuvre et exécution du projet

	Prév.	Réal.	Ecart	%	Qualité	Maint.
Infrastructures de communication						
Routes (km)	40	40	0	100%	Très bien	non assurée
Routes (km)	19	19	0	100%	T.B.	non assurée
Routes carossables	30	30	0	100%	T.B.	non assurée
Routes cavalières	170	140	-30	82%	T.B.	assurée
Infrastructures d'hydraulique rurale						
Captages, réservoirs	66	31	-35	47%	T.B.	en partie assurée
Captages, conduites	66	31	-35	47%	T.B.	en partie assurée
Captages, bassins	400	0	-400	0%		
Infrastructures du projet						
Bureaux (m2)	250	450	200	180%	T.B.	assurée
Logements (m2)	320	300	-20	94%	T.B	assurée
Infrastructures urbaines						
Marché	1	1	0	100%	T.B	en partie assurée
Etude hydroélectrique	1	0	-1	0%		
Elevage						
Vaccinations Buffles/Bovins	50005	1300	-48705	3%		
Porcins	39546	2900	-36646	7%		
Volailles	175031	7100	-167931	4%		
Crédit						
Banque animale (1)	1100	340	-760	31%		
Caisses villageoises	93	48	-45	52%	T.B	

(1) Animal en gestation confié à un paysan. Le paysan nourrit et prend soin de l'animal et récupère gratuitement les jeunes animaux à la mise à bas.

Études préalables

Elles ont été particulièrement soignées (durée de réalisation de plus d'un an, en axant la réflexion sur la connaissance approfondie des systèmes agraires). Plutôt que d'intervenir rapidement à la demande des autorités de ce pays sans vraiment connaître le terrain, le bailleur de fonds a préféré financer la réalisation d'une étude de faisabilité relativement détaillée permettant une connaissance précise du milieu et employant une méthode d'élaboration participative.

Les études préalables ont permis de définir les deux objectifs principaux du projet suivant :

- La stabilisation des surfaces annuelles occupées par le système en défriche brûlis (système ancestral de culture de riz pluvial) de manière à rendre la culture pluviale du riz sur ces surfaces durable, sans envisager une réforme agraire.
- L'obtention de revenus complémentaires tirés d'autres cultures ou activités rémunératrices introduites par le projet permettant d'amoindrir la pression sur la défriche brûlis (rotation trop rapide des surfaces cultivées ne permettant pas la restauration de leur fertilité).

La croissance harmonieuse des revenus des 24 000 paysans qui habitent dans les 85 villages de la région est également recherchée. C'est-à-dire en essayant de ne pas accroître les inégalités de revenus entre les habitants d'un même village. Les volets d'intervention du projet sont au nombre de cinq :

- Amélioration des infrastructures de communication et de commercialisation du district de manière à fluidifier les échanges marchands nécessaires au développement de nouvelles productions dans la zone.
- Développement de cultures complémentaires ou alternatives à la défriche brûlis (cardamome[19]).
- Amélioration des performances de l'élevage traditionnel par l'instauration d'une politique de soins vétérinaires aux animaux et de développement du cheptel bubalin (buffles).
- Lancement d'un système villageois de caisses de crédit afin d'accompagner principalement le développement de l'élevage, source de revenus complémentaires.
- Amélioration des conditions de vie au village par l'installation de réseaux d'adduction d'eau en gravitaire avec stockage en amont, susceptibles de réduire les corvées, de rendre l'eau plus propre et plus longtemps disponible.

Ce nombre élevé de volets est la caractéristique principale des projets intégrés. Les risques associés à ce mode d'intervention sont les suivants :

19 / Cardamome : plante utilisée dans la pharmacopée traditionnelle et en épice culinaire.

- Difficulté à suivre tous ces secteurs à la fois
- Difficulté à intervenir à bon escient dans tous ces secteurs
- Difficulté à trouver des spécialistes dans tous ces secteurs
- Difficulté à effectuer un suivi évaluation efficace

Infrastructures d'hydraulique rurale

Les coûts pour réaliser les infrastructures d'hydraulique rurale ont été deux fois plus élevés que prévu. De plus, le rythme de construction de ce type d'aménagements est relativement lent à cause des difficultés d'accès à certains villages (isolement) et de la demande d'une forte participation villageoise. L'opération – captages, bassins - a été abandonnée car elle ne répondait pas aux besoins des populations.

Infrastructures du projet

Les besoins en bureaux avaient été sous-estimés au départ. Les mètres carrés de logement sont en revanche du même ordre de grandeur que ce qui avait été prévu.

Vaccinations élevage

Les prévisions étaient quelque peu irréalistes (100 % du cheptel vacciné avec un accroissement relativement élevé du nombre de sujets). Les résultats chiffrés du volet vaccination sont relativement faibles. Il s'agit de la partie la moins réussie du projet. La vaccination n'est toujours pas entrée dans les mœurs. Le protocole pour les volailles (cinq vaccinations par an et par poule pour une bonne couverture sanitaire) est très lourd à respecter pour des populations pauvres et très excentrées. La vaccination pour les bovins et les buffles n'améliore pas significativement la santé des troupeaux lorsqu'ils ne sont pas soumis à une épidémie. Seule, la vaccination des porcs paraît avoir une réelle efficacité. Enfin, le travail de sensibilisation de la population par l'intermédiaire des artisans de santé animale formés par le projet (85 au total avec une présence dans chaque village) est un processus très lent qui donne encore peu de résultats. Les artisans de santé animale sont peu sollicités par la population. Leurs ventes de vaccins ou de médicaments demeurent très en retrait par rapport aux prévisions. La pharmacie centrale qui se trouve dans l'enceinte du marché de la capitale du district vend très peu de médicaments.

Crédit

Les implantations de caisses ont commencé plus tard que prévu. C'est un processus relativement long (durée 4 ans) et extrêmement subventionné par le projet. Lorsque les villageois apportent une dotation en capital à la caisse du village, le projet multiplie cette dotation par sept.

L'opération banque animale (confiage ou prêt par le projet d'un bovin en gestation d'un veau) a commencé plus tard que prévu. Les plus pauvres dans les villages semblent en profiter en priorité.

En définitive, le projet n'avait que peu d'objectifs chiffrés en matière de réalisations, mis à part le volet infrastructures qui a été pleinement réalisé. Les autres volets (développement de productions alternatives, élevage, caisses de crédit et même dans une certaine mesure adductions d'eau) ont emprunté un processus itératif de recherche-développement afin de créer les meilleures conditions pour engager un processus de développement durable, bien adapté au contexte. Au bout de cinq ans, les conditions sont maintenant réunies pour qu'une augmentation des revenus puisse enfin intervenir. C'est donc une phase d'investissement qui a eu lieu durant les cinq premières années. La culture de la cardamome (plante utilisée dans la pharmacopée traditionnelle chinoise) sera introduite dans tous les villages du projet à la fin de cette période. Les soins vétérinaires sont possibles partout grâce à la mise en place d'artisans de santé animale pouvant s'approvisionner en produits vétérinaires et de vaccinations. L'extension à plus de la moitié des villages du système de caisses villageoises est également prévue à terme.

Fonctionnement du projet

Le directeur du projet et l'assistance technique (trois expatriés) sont tout à fait complémentaires. Le fonctionnement du projet est donc très satisfaisant. Des rapports périodiques sont effectués sur l'avancement des actions, avec si nécessaire, réorientation tout en demeurant dans le cadre strict des points d'application du plan de financement de la convention de crédit.

La seule réserve que l'on peut émettre sur le fonctionnement concerne le mode d'attribution des études préalables de certaines missions d'appui et d'assistance technique. Trop souvent, le bailleur de fonds a accepté de déroger à la règle de mise en concurrence. Le gré à gré a eu tendance à devenir systématique alors qu'il devrait rester l'exception. Le fait que l'association en charge de l'assistance technique soit la seule compétente aux yeux des spécialistes du projet ne suffit pas à justifier l'absence de mise en concurrence.

Impact du projet

L'impact du projet est particulièrement sensible sur les points suivants :

- Le désenclavement de la zone est en cours. Grâce à la réfection de routes, de pistes carrossables et la création de pistes pour motoculteurs particulièrement utiles à certains villages éloignés, la circulation dans la région est grandement améliorée (temps de trajet diminué, matériels de transport moins sollicités, flux de transport plus élevé).

- L'accroissement des échanges grâce à l'agrandissement du marché de la capitale régionale donne aux villages une opportunité complémentaire de commercialisation des productions locales.
- Le projet réalisé a permis l'arrivée d'autres aides étrangères dans cette région puisque huit autres projets sont maintenant implantés à proximité. Il a joué le rôle de précurseur.
- Les autorités de ce pays sont très satisfaites du projet. Il constitue une expérience enrichissante d'adaptation au milieu qui tranche avec les stratégies administratives d'allocations autoritaires des terres. Avec ce projet, les autorités expérimentent une voie plus prometteuse de limitation des surfaces mises en défriche brûlis. Par l'octroi aux paysans de la possibilité de revenus complémentaires, on parie sur une limitation de l'accroissement des surfaces annuelles en défriche-brulis, néfastes pour l'environnement. On évite de heurter le monde paysan en déclarant la culture de défriche brûlis illégale comme dans certaines zones, sans avoir réellement les moyens de faire respecter ce type d'interdit, sans proposer aux familles rurales qui vivent de la culture sous défriche brûlis de véritables alternatives.

Toutefois, sur le plan de l'accroissement des revenus et de ses effets supposés sur les surfaces en défriche brûlis, on en est encore au stade des projections et des hypothèses. Les deux sources de revenus complémentaires apportés à terme par le projet à savoir la cardamome et le couple complémentaire formé par l'élevage-crédit en sont encore à une phase expérimentale qui ne permet pas de prétendre qu'ils ont entraîné une augmentation de revenus. De plus, il n'est pas encore prouvé qu'une augmentation de revenus se traduise mécaniquement par une stabilisation des surfaces en défriche brûlis.

Au chapitre des autres incertitudes, on peut noter :

- Les résultats décevants pour l'instant du volet élevage du projet. Les artisans de santé animale ont bien été formés dans chacun des villages mais le taux de vaccination des animaux est encore très faible et d'une efficacité variable selon les espèces.
- Le système de caisses de crédit dans chaque village se met progressivement en place mais le projet en est encore à une phase de montée en puissance très subventionnée. Le système sera-t-il encore fonctionnel quand le projet arrêtera ses fortes subventions ?

Impact économique du projet

Le projet va faire l'objet d'une seconde phase pour une période de 4 ans. Les objectifs et les actions envisagées dans cette seconde phase sont en tous points comparables aux objectifs et aux actions menées dans la première phase. L'intérêt d'une étude économique de ce type est d'essayer de cerner la rentabilité sur le long terme d'actions d'appui (élevage crédit, cardamome, infrastructures de base) dont les principaux effets n'apparaîtront que dans plusieurs années.

Les principales hypothèses ou paramètres qui permettent de mener à bien ce calcul sont les suivants :

- Coût social du projet : les deux premiers projets ont demandé un engagement financier de la part du gouvernement de ce pays comme du bailleur de fonds de 5,82 m d'euros pour le premier projet de cinq ans et de 5,1 m € pour la seconde phase de quatre ans. Le lieu d'intervention étant relativement enclavé, la composante locale de cet investissement global est forte. L'activité indirecte générée par le projet pour l'économie du pays receveur dans sa phase d'investissement est également élevée car il s'agit d'une action de terrain en phase directe avec les populations. Le coefficient pour déterminer le coût économique du projet est donc relativement élevé (60 %). Le montant financier des deux phases du projet étant de 10,92 m €, le coût économique du projet est en réalité de 6,55 m. €. La répartition du coût du projet a été éclatée sur une période de 9 ans qui correspond aux deux phases.
- Coût récurrent du projet pour la collectivité. Il est certain que les infrastructures réfectionnées (routes, pistes, marché central) ou créées (abattoirs, points d'eau dans les villages) auront des coûts d'entretien relativement élevés. Si l'on se refuse à estimer économiquement les revenus induits par ce type d'infrastructures par des calculs très savants sur la valorisation des temps gagnés dans les transports, la baisse du coût des transactions ou le temps économique supplémentaire engendré par la réduction de la corvée d'eau, on peut considérer par approximation que les coûts récurrents du projet sont largement compensés par les effets positifs procurés par les investissements d'infrastructures.
- Revenus tirés de la cardamome. La cardamome produit trois ans après sa plantation et ce de manière croissante. Son maximum de production se situe en septième année jusqu'à la dixième année puis la récolte diminue jusqu'à la vingt-cinquième année. Le rendement d'une plantation de cardamome peut être très variable (50 kg/ha à 750 kg/ha) selon les années. Cette fourchette est très grande en fonction de la maturité plus ou moins grande des plantations. Le rendement maximum retenu est de 200 kg/ha. Le prix de base de la vente de cardamome est fixé à 4,67 €/kg qui correspond à un prix d'écoulement sur le marché tout proche. Il a été considéré que les charges d'exploitation de la cardamome seront nulles. Or dans la réalité, les populations auront à acheter des séchoirs dans les 85 villages au prix de 20 $. De plus, ces populations se sont engagées à rembourser les plants au gouvernement. La culture de la cardamome entraîne donc les valeurs ajoutées positives sur une période de 25 ans avec des montants décroissants à partir de la treizième année de plantation, c'est-à-dire près de dix ans après le début de l'exploitation.

- Revenus tirés de l'élevage : l'évaluateur a considéré que seule la filière porc était réellement sensible et de manière significative au projet. Le nombre de vaccinations des volailles pour être efficace (cinq par an) et les faibles variations de mortalité chez les animaux vaccinés et non vaccinés pour les bubalins (buffles) et les bovins ne permettent pas de les intégrer au calcul des valeurs ajoutées additionnelles.
- Revenus additionnels tirés de l'activité crédit : durant les cinq premières années du projet, 49 caisses villageoises ont été créées pour un total estimé en fin de projet à 73 caisses. Le retour moyen sur investissement[20] est estimé à 80 % la première année de création de la caisse, 134 % la seconde année puis 108 % la troisième année. Il diminue ensuite progressivement pour se stabiliser à 83 %. Les crédits servent à 45 % à faire de l'élevage porcin, à 36 % de l'élevage de volailles et à 17 % des activités extra-agricoles. Il s'agit de la composante qui apporte la plus grande part de la valeur ajoutée potentielle au projet.

Résultats globaux en 000,00 €

An	1	2	3	4	5	6	7	8	9	10	11
VA C	0	0	0	0	6,4	25	52	81	110	139	168
VA E	0	0,5	1,4	4,9	6,3	11	12	15	19	23	30
VA Cr	0,2	2,1	15	55	113	194	258	297	318	318	318
To VA	0,2	2,6	16	59	125	230	322	393	447	481	517
Coût P	727	727	727	727	727	727	727	727	727		
R.N	-727	-724	-711	-668	-602	-497	-405	-334	-280	481	517
An	12	13	14	15	16						
VA C	197	206	198	183	169						
VA E	38	47	57	64	72						
VA Cr	318	318	318	318	318						
To VA	554	571	572	565	559						
Coût P											
R.N	554	571	573	565	559						
An	17	18	19	20	21	22	23	24	25	26	TOT
VA C	152	139	125	110	79	56	35	13	0	0	2246
VA E	75	79	83	88	93	97	102	108	113	119	1359
VA Cr	318	318	318	318	318	318	318	318	318	318	6665
To VA	548	537	527	517	490	471	456	439	431	437	10271
Coût P											6543
R.N	548	538	527	517	490	472	456	439	432	438	

VA C : valeur ajoutée cardamome, VA E : valeur ajoutée élevage, VA Cr : VA crédit, Coût P : coût projet, RN : revenu net

20 / Ratio équivalent au bénéfice retiré du crédit/capital investi au départ.

Si le volet crédit ne se développe pas, les valeurs ajoutées accumulées par le volet élevage et le volet cardamome ne suffisent pas à rembourser l'investissement de départ.

Le taux de rentabilité économique s'établit à 4 %. Ce montant est relativement faible. Il montre bien toutes les difficultés à surmonter pour faire évoluer les revenus des populations dans un environnement relativement difficile. La stratégie du projet qui vise à ne pas modifier les habitudes de production des populations en matière de défriche brûlis oblige les concepteurs du projet à trouver d'autres sources de revenus complémentaires dont la montée en puissance est forcément relativement longue et parfois aléatoire.

La durabilité de certaines opérations n'est pas assurée : les infrastructures routières réfectionnées par le projet et qui dépendent du district ne font pas l'objet d'entretien.

Enseignements et recommandations

Il existe des alternatives à la réforme agraire. Le projet démontre, notamment au gouvernement, qu'il est possible de faire autrement pour réformer dans le monde agricole, sans passer par les expropriations, les propriétés collectives et l'abandon des savoir-faire traditionnels. La modernité peut tenter de se conjuguer avec le respect des traditions.

Avantages et inconvénients d'un appel à une association pour la maîtrise d'œuvre du projet. Ce projet démontre qu'il est possible de travailler efficacement en ayant recours à l'assistance technique d'une association sérieuse sur le long terme. La réactivité offerte par une structure de ce type est beaucoup plus forte que dans le cas d'un bureau d'étude classique. Son investissement intellectuel est également plus important. En contrepartie, il faut éviter qu'elle ait tendance à s'approprier le projet et à se rendre indispensable à sa poursuite.

La difficile gestion d'objectifs multiples des projets intégrés. L'objectif de lutte contre la pauvreté donne aux projets intégrés s'occupant non seulement des problèmes économiques mais également des problèmes sociaux une nouvelle jeunesse. Cependant, il faut éviter que les projets de ce type multiplient les points d'affectation. Ils deviennent alors ingérables.

La remise au goût du jour des projets de développement intégré, si décriés à la fin des années 1980, démontre que toutes les formes d'interventions demeurent possibles. La pertinence de la formule choisie dépend souvent du contexte auquel on se propose d'apporter une réponse. Évitons tout dogmatisme sur ce point comme sur beaucoup d'autres. L'instrument projet utilisé doit être adapté au milieu et non à l'inverse. L'approche du développement rural intégré remise à l'honneur avec ce projet doit être maniée avec prudence. Le projet a plutôt intérêt à se concentrer sur les quelques secteurs d'intervention déjà identifiés et qui commencent à recueillir des résultats tangibles, plutôt qu'à étendre toujours plus ses domaines d'intervention sous la pression des autorités locales.

L'absence de mesure d'impact sur le lien entre augmentation des revenus d'autres activités proposées par le projet et limitation des surfaces en défriche brûlis. Le projet a mis en place durant les cinq premières années les bases d'un accroissement effectif des revenus des populations mais cet accroissement n'est pas encore visible sur le terrain. Par ailleurs, le projet ne s'est pas donné les moyens opérationnels de mesurer l'impact de son action sur la limitation des surfaces en défriche brûlis. Il convient donc à brève échéance que le lien supposé entre augmentation des revenus et stabilisation de la défriche brûlis soit clairement établi. Ce n'est pas encore le cas après cinq années de travail sur le terrain.

La lutte contre la pauvreté. Le projet se situe dans une des régions les plus pauvres du pays. Les actions qu'il met en œuvre s'adressent aux plus défavorisés (crédit ouvert à tous, confiage d'animaux reproducteurs prioritairement aux villageois privés de cheptel, cardamome accessible à tous même aux plus pauvres). Ce projet est donc pertinent pour le bailleur de fonds puisqu'il s'inscrit parfaitement dans une logique de lutte contre la pauvreté qui constitue un objectif central de son intervention.

L'impact sur les autorités locales d'expériences novatrices. Le projet dispose d'une bonne visibilité auprès des autorités qui demeurent reconnaissantes vis-à-vis du bailleur de fonds d'avoir tenté une première intervention dans cette région déshéritée. Tous les membres importants du gouvernement se sont déplacés de la capitale pour voir les réalisations sur place.

Une alternative possible à l'allocation autoritaire de terres. C'est une alternative possible dans certaines régions, à une allocation autoritaire des terres qui suppose des expropriations, des relocalisations et parfois une nouvelle loi agraire. On découvre ici les bienfaits d'une approche participative, l'intérêt de s'appuyer sur les modes de vie ancestraux pour tenter de faire évoluer la société rurale dans un sens souhaité par tous.

Pour les autres bailleurs de fonds, ce projet dans cette région très excentrée constitue un exemple de coopération réussie.

Exercice proposé

Lire attentivement la présentation du projet et ses principaux impacts

1) Qu'est-ce qu'un projet intégré ?
2) Quel est le système de défriche brûlis ancestral utilisé ici ?
3) Quels sont les deux objectifs principaux du projet ? Quelle est la singularité du projet sur le plan foncier ?
4) En termes de réalisations, quelles sont les parties du projet qui ont bien fonctionné, qui ont moins bien fonctionné ?
5) Quelle différence entre un appel d'offres et une procédure de gré à gré ?

6) Calculer le taux de rentabilité économique du projet ? Est-il satisfaisant ?
7) Quels sont les principaux enseignements du projet ?
8) La durabilité du projet est-elle assurée ?
9) Notation du projet. Pertinence des objectifs ? Réalisation des objectifs ? Efficacité ? Efficience ? Impact ?
10) Points forts ? Points faibles ?

Corrigé de l'exercice

1) Qu'est-ce qu'un projet intégré ?

Un projet intégré est un projet à plusieurs volets complémentaires qui se déroule sur un même territoire. L'idée est d'accompagner les bénéficiaires du projet dans de nombreuses activités de leurs vies, jugées interdépendantes les unes par rapport aux autres, afin d'engendrer un développement durable. S'occuper d'un seul problème ou d'un seul secteur ou d'une seule action n'est pas jugé suffisant. Il convient de s'occuper simultanément de plusieurs champs d'activité pour obtenir des résultats et les consolider dans le temps. Ces projets ont été très à la mode dans les années 1970. Ils n'ont pas donné des résultats très probants pour cause d'une trop forte dispersion sectorielle, d'un encadrement projet difficile à mettre en place (des spécialistes de beaucoup de secteurs sont à réunir dans une même structure projet), d'une prise en charge trop complète des populations ayant tendance à devenir dépendantes de la structure projet.

2) Quel est le système de défriche brûlis ancestral utilisé ici ?

Il s'agit d'un système de propriété des terres qui règle l'exploitation des surfaces agricoles d'un même village intégrant des périodes de jachère et des périodes de cultures. Chaque famille exploite un lopin de terre une à deux saisons sur une parcelle venant d'être défrichée. Une fois exploités par les villageois, ces lopins de terre qui couvrent l'intégralité de la parcelle défrichée sont laissés en jachère plusieurs années pour reconstituer leur fertilité. Une nouvelle parcelle, comprenant plusieurs lopins de terre pour les villageois est alors défrichée (mais non dessouchée) puis brûlée. Dans chaque parcelle défrichée, chaque famille du village retrouve un lopin de terre qui lui appartient. Ce lopin est cultivé une à deux années de suite avec du riz pluvial (par opposition au riz irrigué). Ces terres n'étant pas très fertiles et les repousses d'herbes adventices étant très rapides, la friche reprend ses droits au bout de 2 années de culture et pour une période pouvant aller selon les cas de 10 à 20 ans. Au bout de 2 ans, le village abandonne la parcelle et en cultive une nouvelle après défriche brûlis. Il s'agit d'un système de propriété villageoise, gérée en rotation.

3) Quels sont les deux objectifs principaux du projet ? Quelle est la singularité du projet sur le plan foncier ?

Les deux objectifs principaux sont les suivants :

- Stabilisation des surfaces annuelles occupées par le système de défriche brûlis de manière à ne pas engendrer une perte de fertilité des sols par une surexploitation. On pérennise ainsi le système ancestral de défriche brûlis, de préférence à une réforme agraire toujours difficile à mettre en œuvre et souvent coûteuse sur le plan social et culturel. On rend durable l'exploitation du riz pluvial sur des surfaces montagneuse à la fertilité fragile.
- Obtention de revenus complémentaires tirés d'autres cultures de manière à ne pas trop exploiter la défriche brûlis.

Sur le plan foncier, la propriété des terres est tournante, d'un commun accord entre les villageois.

4) En termes de réalisations, quelles sont les parties du projet qui ont bien fonctionné, qui ont moins bien fonctionné ?

Le volet infrastructures de communication a plutôt bien fonctionné. Le volet infrastructure d'hydraulique rural a été réalisé à moins de 50 %. Le volet infrastructures du projet (bureaux, logements) est conforme aux prévisions. Le marché a bien été réalisé. Le volet élevage (vaccination) a très peu fonctionné. Le volet crédit a atteint 50 % de ces objectifs pour les caisses, 30 % pour la banque animale (animal en gestation confié à un paysan).

5) Quelle différence entre un appel d'offres et une procédure de gré à gré ?

Une procédure d'appel d'offres consiste à organiser la concurrence en vue de l'attribution d'un marché entre plusieurs prestataires potentiels selon des règles précises et communes pour tous. Elle vise à obtenir le meilleur rapport qualité/prix pour une prestation donnée.

Une procédure de gré à gré consiste à choisir, sans mise en concurrence, un prestataire particulier pour réaliser une prestation donnée.

6) Calculer le taux de rentabilité économique du projet ? Est-il satisfaisant ?

On se reporte au tableau intitulé « Résultats globaux en 000,00 € ». Les revenus nets (valeur ajoutée cardamome + valeur ajoutée élevage + valeur ajoutée crédit) de l'année 1 à l'année 26, auxquels on retranche le coût du projet. Il s'agit donc d'un TRE estimé. On fait avec ces données un calcul d'actualisation qui donne le résultat de 4 %. Ce niveau est faible ce qui démontre la difficulté d'engendrer des revenus complémentaires permettant de conserver le système de défriche brûlis dans la durée, sans glisser vers une surexploitation de ce dernier le menant à sa perte.

7) Quels sont les principaux enseignements du projet ?

Il existe une alternative possible à la réforme agraire, méthode brutale utilisée par le gouvernement en matière de réforme rurale (expropriation, réaffectation des terres). L'association qui a assuré l'appui au pilotage du projet a donné satisfaction. L'approche développement intégré ou projet intégré mérite d'être revisitée. Elle peut s'avérer efficace dans certaines circonstances, même s'il convient de trouver une limite au nombre de secteurs d'intervention envisagés. Le projet au bout de 5 ans n'a pas encore enregistré des résultats tangibles. Il convient d'être patient. Le projet ne s'est pas donné les moyens de mesurer avec rigueur ses impacts. Le lien encore hypothétique entre augmentation des revenus et stabilisation de la défriche brûlis reste à démontrer. Le projet montre au gouvernement (régime communiste) que l'on n'est pas dans l'obligation de faire une réforme agraire (expropriation des terres, réaffectation des terres, propriété collective) pour intervenir en milieu rural en respectant les us et coutumes des populations considérées. En matière de projet, on peut également s'appuyer sur l'existant, la défriche brûlis avec des temps longs de jachères permettant de cultiver des terres fragiles, et tenter de marier cette façon culturale traditionnelle (propriété individuelle tournante des terres) à la modernité. Vis-à-vis des autorités comme des autres bailleurs de fonds, ce projet démontre qu'il est possible d'intervenir loin de la capitale, dans des zones relativement isolées.

8) La durabilité des effets du projet est-elle assurée ?

La durabilité des effets du projet est faible sans l'appui continu du bailleur de fonds sur une durée beaucoup plus longue (au moins 15 ans). Ceci pose le problème de la durée habituelle des projets (en général 5 ans), beaucoup trop courte pour certains projets complexes à mettre en œuvre et dont les résultats ne peuvent être acquis qu'à moyen et long terme.

Certains volets de l'intervention doivent être revus ou abandonnés (vaccination élevage).

9) Notation du projet. Pertinence des objectifs ? Réalisation des objectifs ? Efficacité ? Efficience ? Impact ?

Pertinence des objectifs : très satisfaisante, démarche novatrice de gestion de système agraire ancestrale, approche intéressante pour lutter contre une accélération dommageable de la défriche brûlis (rotation plus rapide conduisant à une perte de fertilité) tout en conservant son principe adapté à un terroir.

Réalisation des objectifs : satisfaisante sur le plan de la méthode employée, peu satisfaisante faute de temps sur les grands objectifs du projet en matière de limitation des surfaces annuelles mises en défriche brûlis et d'augmentation effective de revenus par l'adjonction d'autres revenus.

Efficacité : satisfaisante, les opérations prévues ont été réalisées avec un peu de retard.

Efficience : satisfaisante, les coûts normatifs sont globalement respectés.

Impact : impact sensible sur les infrastructures, impact sensible en matière de politique suivie par le gouvernement en matière de défriche brûlis dans cette région mais également dans d'autres régions, impact faible sur les revenus.

10) Points forts ? Points faibles ?

Points forts :
- Expérimentation grandeur nature d'une autre voie possible que la réforme agraire
- Approche novatrice sur le plan du choix du système agraire.
- Appui de qualité de la part de l'opérateur technique de type associatif.
- Portée potentielle du projet sur le plan régional (autres bailleurs de fonds) et sur la politique menée par le gouvernement (type d'allocations de terres).

Points faibles :
- Faiblesse du TRE (taux de rentabilité économique).
- Lien effectif entre augmentation des revenus et limitation de la défriche brûlis non encore démontré.
- Pas de mesure efficace de l'effet du projet sur la défriche brûlis.

12. Société régionale d'irrigation au Maroc

Présentation

Durée du projet	Projet	Montant octroyé	Décais.
N + 4 ans	Appui à la remise en état de sept stations de pompage du périmètre	7,93 m€ (prêt)	87 %
N +5 ans	Extension du périmètre hydro-agricole (11 700 ha)	22,87 m€ (prêt)	100 %

Le Maroc est un pays à revenu intermédiaire de la tranche inférieure. Sa population en 2021 était de 37,7 millions (m) d'habitants (taux de croissance de la population de + 1,1 %/an)

Au Maroc, les aléas pluviométriques qui provoquent de fortes variations de production agricole ont placé l'irrigation au rang d'un impératif majeur. Le pays a d'ailleurs inscrit la politique de l'eau parmi les priorités de la nation. Un programme national d'irrigation a été défini selon les règles inscrites au Code des investissements ruraux. Ce programme a porté ses fruits. Il a fortement soutenu la hausse de 45 % de la valeur ajoutée agricole et de 75 % des exportations agricoles durant les vingt dernières années.

Toutefois, la ressource en eau du Maroc est limitée comme dans tous les pays d'Afrique du Nord (Tunisie, Algérie, Libye, Égypte). Des conflits d'usage entre utilisation agricole et autres utilisations (usage industriel, usage domestique, usage pour le tourisme…) se font jour. Ces conflits ne manqueront pas d'être exacerbés par la raréfaction de la ressource due au changement climatique. L'irrigation est certes positive pour le secteur agricole mais doit être replacée dans un contexte plus large de nécessaire partage de la ressource en eau pour d'autres usages. La stratégie du pays en matière d'utilisation de la ressource en eau doit réfléchir à la façon de gérer au mieux ces différents usages et leurs évolutions dans le temps, tout en évitant les gaspillages en eau.

La société régionale d'irrigation a pour vocation d'intervenir sur une plaine de 616 000 ha au nord-ouest du pays peuplée de 1,2 million d'habitants. Sur un potentiel irrigable de 250 000 ha, 92 000 ha étaient équipés et gérés par la société régionale avant l'année n. Établissement public à caractère administratif, cette structure jouit de l'autonomie financière, sous la double tutelle du ministère de l'Agriculture et du ministère des Finances.

Dans ce pays, l'engagement du bailleur de fonds a débuté en année n. Le secteur de l'eau représente à lui seul 60 % des concours octroyés jusque-là par ce dernier. Le financement de l'irrigation est assumé par l'État et par un noyau de plusieurs bailleurs de fonds dont notamment la Banque mondiale.

La société régionale est le bénéficiaire direct des conventions de financement des deux projets étudiés qui sont respectivement :

- Le projet d'appui à la remise en état d'un périmètre hydro-agricole réalisé il y a plus de dix ans (prêt de 7,93 m€ avec garantie de l'État). Il répond à la requête de la société régionale de réfection de sept stations de pompage principales approvisionnant quelque 48 000 ha, accompagnée d'un programme de formation et d'études sur l'exploitation à destination des salariés de la société régionale.
- Le projet d'extension du périmètre hydro-agricole de la société régionale (prêt de 22,87 m€ avec garantie de l'État) prévoit l'aménagement de 11 700 ha. Il a été déclaré prioritaire du fait des excédents de ressources en eau de la plaine irrigable et de l'existence de sols adaptés à l'irrigation.

Spécificité des projets

La spécificité des projets tient aux facteurs suivants :

- Financement direct d'un organisme local sans recours à une assistance technique externe.
- Appui à la réflexion sur la transformation du mode de gestion du secteur.
- Passage pour l'agriculteur d'une culture pluviale individuelle à une culture irriguée demandant une gestion plus collective.
- Possibilité ou non d'aller vers une gestion plus autonome des périmètres irrigués dans le cadre d'une société régionale publique.

Étude de faisabilité

Les études préalables n'évoquent pas le possible impact d'un recours massif à l'irrigation sur les ressources limitées en eau du Maroc. Si l'irrigation permet d'augmenter les rendements, elle peut également avoir un effet négatif sur la gestion durable de la ressource en eau qui n'est pas extensible. Les études préalables du projet auraient dû intégrer une étude d'impact environnemental.

Exécution technique et financière

Exécution technique		Prévisions	Réalisations	Ecart
Projet 1	Date limite de mobilisation des fonds	(n+4)	(n+7)	3 ans
	Coût	7,93 m.€	6,94 m.€	-0,99 m €
Projet 2	Date limite de mobilisation des fonds	(n+6)	(n+6)	0
	Coût	22,87mM.€	22,87m.€	0

Concernant le premier projet (7,93 m€), les délais de démarrage des opérations ont été très longs. La date limite de mobilisation des fonds, initialement fixée à l'année (n +4), a été reportée plusieurs fois pour finir par s'établir à l'année (n +7). La nouveauté pour le bailleur de fonds d'une coopération avec ce pays et le caractère incomplet des études préalables à l'exécution du projet expliquent en partie ces retards. Les conséquences d'un tel retard d'exécution sont multiples.

- Baisse de la rentabilité du projet puisque l'irrigation complémentaire prévue sur les 48 000 ha supplémentaires a été décalée dans le temps.
- Augmentation du coût du projet surtout la structure projet qui a travaillé 3 années de plus.
- Suivi du projet plus long pour le bailleur de fonds et décaissements des fonds moins rapides. Sur le plan financier pour le bailleur, cela impacte sa rémunération qui dépend de la vitesse de décaissement des fonds. Si les fonds mettent plus longtemps à être décaissés, la période de remboursement du prêt est décalée d'autant.

Les procédures d'attribution des marchés (appels d'offres) ont été réalisées dans la clarté. En matière d'exécution, les deux marchés principaux se sont réalisés sans problème majeur. Les travaux se sont déroulés sous un contrôle technique et financier rigoureux de la société régionale. En revanche, la partie étude du projet (audit opérationnel de l'exploitation) n'a pas été complètement finalisée. Un reliquat de 0,99 m€ qui correspond aux postes « imprévus physiques et imprévus financiers » du budget prévisionnel sera annulé. En effet, la procédure locale d'inscription préalable au budget de l'État des investissements financés par les bailleurs de fonds rend toute réaffectation de ce reliquat très difficile.

Quant au second projet (22,87 m€), la signature de la convention d'ouverture de crédit a été retardée d'un an par la substitution d'un des cofinanciers. Le Fonds arabe pour le développement économique et social (FADES) a pris la place de la Banque africaine de développement (BAD) dont les conditions étaient jugées moins favorables par la société régionale et par l'État. Malgré divers retards dus aux inondations, le projet s'est déroulé normalement et dans les délais requis. En matière de respect du schéma de financement, les principaux budgets ont été utilisés avec cependant un dépassement sur le poste réseau d'irrigation (15,10 m€ décaissés contre 11,30 m€ prévus). Le FADES a correctement assumé ses engagements financiers.

Impact des projets

L'objectif de rénovation des sept stations de pompage fixé dans le premier projet a été non seulement atteint mais même dépassé, puisqu'il a été possible de financer la rénovation d'une huitième station de pompage. Selon les premières données, l'amélioration du fonctionnement de ces stations est sensible. Le taux de disponibilité des groupes de pompage est passé de 53 % en moyenne en année n à 100 % en année (n +7). La superficie irriguée a augmenté de 14 % pour s'établir à une moyenne de 60 %[21] pour le périmètre considéré (29 030 ha pour une surface équipée de 48 000 ha). Elle n'atteint cependant pas l'objectif visé, l'irrigation réelle de 80 % des surfaces équipées. Cet écart s'explique par les difficultés de la société régionale à sensibiliser tous les agriculteurs aux bienfaits de l'irrigation. Sur tout le périmètre géré par la société régionale, les surfaces potentiellement irrigables, car équipées d'infrastructures adéquates, ne sont mises en eau que dans une proportion de 60 %. Sur le plan de l'exploitation du réseau d'irrigation, la continuité du service de l'eau est bien assurée par la société régionale.

Concernant le deuxième projet, les objectifs ont également été atteints en termes d'aménagement.

En année (n +8), il n'est pas encore temps de déterminer quel sera le taux d'irrigation des surfaces nouvellement aménagées. Une période d'appropriation des agriculteurs de cinq ans après travaux est estimée nécessaire pour qu'ils utilisent pleinement les potentialités offertes par l'irrigation. En effet, le passage d'une culture de type pluvial à une culture de type irrigué ne peut s'effectuer du jour au lendemain. Les premières indications sur certaines parcelles pouvant bénéficier de l'irrigation depuis trois ans affichent un taux d'irrigation très encourageant, compris entre 60 % et 80 %.

Une enquête de terrain menée par l'évaluateur auprès des bénéficiaires finaux apporte les informations complémentaires suivantes :

---

21 / Sur 100 % des surfaces équipées en irrigation, il faut comprendre que 60 % seulement des surfaces sont réellement utilisées pour l'irrigation.

- Les agriculteurs sont satisfaits de l'irrigation (sécurisation des cultures, diversification et augmentation des revenus).
- Cependant, la culture des céréales sèches conserve un degré de priorité élevé car elle assure l'autosuffisance alimentaire du foyer.
- Les associations d'usagers de l'eau chargées de coordonner la bonne utilisation de l'eau dans un secteur ne sont pas très opérationnelles. Elles ne remplissent véritablement aucun rôle précis dans la gestion du réseau, dans la fixation du prix de l'eau, dans les rapports avec la société régionale.

Impact sur le plan environnemental

Les études préalables ne nous renseignent pas suffisamment sur l'impact du projet sur l'évolution de la ressource en eau. Pour alimenter les périmètres irrigués, on pompe l'eau dans la nappe phréatique. Il convient donc de connaître avec précision si les ressources de cette nappe sont suffisantes pour pratiquer cette irrigation, si les ressources ne sont pas trop affectées à terme par le changement climatique, si le mode d'irrigation choisi est bien économe en eau (irrigation maîtrisée consommant un minimum d'eau).

Impact des conditions de financement des deux projets

Les deux projets sont financés sous forme de prêts en devises à la société d'irrigation qui bénéficie pour ce prêt d'une garantie de l'État (en cas de difficulté financière de la société, l'État peut donc se substituer à la société pour rembourser le prêt). Or, les recettes de la société, qui peuvent s'accroître grâce au projet, ne sont pas en devises (vente de l'eau aux agriculteurs). La société peut donc espérer grâce au projet des recettes supplémentaires. Mais ces recettes supplémentaires sont en monnaie locale. Le risque de change à assumer est donc élevé dans cette opération (emprunt en devises, recettes en monnaie locale).

En bonne orthodoxie bancaire, un prêt en devises octroyé à un emprunteur devrait générer par sa bonne utilisation par l'emprunteur des recettes en devises pour se rembourser et ainsi être neutre sur la balance des paiements.

Cette opération coûte en devises à l'État marocain qui assume au surplus en dernier ressort un risque de change.

Fonctionnement et durabilité

La société régionale demeure, à bien des égards, un service déconcentré de l'État, c'est-à-dire un service de l'État. Son autonomie institutionnelle, bien qu'inscrite dans les textes, n'est pas effective. L'État fixe le prix de l'eau, contrôle le budget d'investissement et de fonctionnement de la société régionale, exige de donner les autorisations pour tout recrutement et enfin dispense les subventions nécessaires à son fonctionnement. Toutefois, la société régionale est le seul organisme à disposer d'équipes techniques suffisamment performantes pour mener à bien une politique volontariste d'aménagements hydro-agricoles qui s'appuie sur les transferts de l'État et des bailleurs de fonds. La gestion de la société régionale mériterait d'être améliorée sur les points suivants :

- Le taux d'utilisation des périmètres aménagés est encore trop faible (60 %).
- L'implication réelle des associations d'usagers de l'eau dans le fonctionnement du réseau n'est pas satisfaisante.
- La maintenance des réseaux tertiaires est mal assurée.
- Le taux d'impayés sur la facturation de l'eau ne cesse d'augmenter (plus de 50 % d'impayés de moins d'un an en année (n +6)).
- Les sureffectifs de la société régionale demeurent trop importants (30 à 40 %).

Les comptes d'exploitation des quatre derniers exercices sont en déficit malgré des subventions d'exploitation équivalentes aux recettes de vente de l'eau : en année (n +6), 5 m€ de résultat déficitaire avec 10,29 m€ de production vendue et 8,99 m€ de subventions d'exploitation. L'équilibre d'exploitation de la société régionale n'est pas atteint et ne le sera pas à court ou moyen terme. Les coûts d'amortissements et de maintenance du réseau et la politique de vulgarisation agricole ne peuvent être mis à la charge du consommateur final par le biais d'une hausse des prix de l'eau. En effet, le taux d'impayés est déjà élevé et tout relèvement des tarifs risquerait d'aggraver encore cette situation.

En revanche, la structure financière de la société régionale est satisfaisante. Le fonds de roulement demeure supérieur au besoin en fonds de roulement grâce aux dotations répétées de l'État en capitaux propres.

L'impact environnemental d'une irrigation plus poussée des surfaces agricoles devrait être mesuré avec précision. On ne sait pas si la nappe phréatique dispose de la capacité à supporter cette irrigation supplémentaire sans voir son niveau s'abaisser. De plus, il n'est aucunement question ici de l'impact du changement climatique sur les ressources en eau de cette région.

La viabilité financière de la société régionale dépend donc de l'amélioration de sa gestion, du niveau et de la permanence des transferts de l'État et dans une moindre mesure de la continuation du soutien des bailleurs de fonds. Il ne faut pas tabler sur une hausse des prix de l'eau pour assurer son équilibre financier.

Enseignements et recommandations

L'impact sensible des deux projets sur la société régionale. Les deux projets financés ont eu un impact sensible sur le fonctionnement de la société régionale. Le premier projet a permis de retrouver une qualité de service sur une surface déjà irriguée, service qui n'était plus assuré depuis quelques années. Le second projet poursuit l'effort entrepris par la société régionale et le gouvernement pour étendre la grande irrigation dans un pays qui souffre périodiquement de la sécheresse. Les travaux d'aménagement ont été réalisés à la satisfaction de tous. Les efforts de vulgarisation auprès des agriculteurs ont été accrus afin de favoriser une appropriation plus rapide des investissements.

L'impact de l'irrigation sur les agriculteurs est positif : les rendements augmentent et les revenus des exploitants sont en hausse sensible. Toutefois, les agriculteurs bénéficient de deux avantages qui risquent de disparaître : ils ne paient pas l'eau d'irrigation à son coût réel qui reste fortement subventionné par l'État. Les cultures qui se sont développées (betterave, canne à sucre, riz, maraîchage…) bénéficient de prix garantis par l'État qui subventionne ainsi leur production.

L'impact de l'irrigation sur la nappe phréatique dans une zone soumise aux effets du changement climatique n'est pas mesuré. L'amélioration des conditions économiques de production ne peut se faire sans bien mesurer si cette amélioration a un impact sur la préservation de l'environnement et dans ce cas précis, sur la ressource en eau en quantité et en qualité.

L'agriculture irriguée dans les grands périmètres gérés par la société régionale demeure fortement subventionnée. Le fonctionnement de la société régionale comporte des points faibles. S'il est vrai qu'elle est capable de conduire des investissements lourds à leur terme et dans de bonnes conditions, sa gestion financière, ses relations avec les bénéficiaires finaux, son espace institutionnel mériteraient d'être améliorés. Sur ce dernier point, les avancées réelles de ces dernières années sur le plan de l'autonomie des agriculteurs demeurent modestes (création d'associations d'usagers peu actives).

La société régionale doit retrouver un peu d'indépendance. L'évolution institutionnelle souhaitable de la société régionale serait dans un premier temps, pour mieux asseoir son autonomie, de faire appliquer les textes fondateurs qui lui donnent le pouvoir de maîtriser ses effectifs, ses prix de vente de l'eau et sa gestion budgétaire.

Une clarification institutionnelle entre la société régionale et l'État est un préalable à la recherche de son équilibre d'exploitation. Afin de favoriser l'équilibre d'exploitation de la société régionale, plusieurs pistes sont possibles : hausse modérée des prix de l'eau, réduction des effectifs, transfert aux agriculteurs des charges afférentes aux réseaux tertiaires (réseaux de distribution de l'eau proches des parcelles en opposition aux gros réseaux primaires juste après les stations de pompage), transformation institutionnelle de la société régionale donnant naissance à un service de distribution et de maintenance autonome.

Les associations d'usagers de l'eau agricole n'ont pas d'avantages financiers réels à prendre en charge une partie de la gestion du réseau tertiaire[22]. Chaque agriculteur bénéficie d'un service individualisé, octroyé par la société régionale. Il n'a donc aucun intérêt immédiat à prendre de nouvelles responsabilités dans la gestion du réseau sans obtenir d'avantages financiers substantiels. Afin de dynamiser le fonctionnement de ces structures, les bénéfices attendus d'une gestion associative du réseau tertiaire devraient être définis rapidement.

---

22 / Réseau tertiaire : réseau d'alimentation en eau des parcelles individuelles sur une petite surface et concernant de 30 à 150 agriculteurs.

Le suivi de la gestion des périmètres (technique et financière) peut être amélioré. En termes de suivi de la gestion des périmètres, les documents diffusés par la société régionale devraient clairement faire apparaître :

- Sur le plan technique : périmètres équipés en grande irrigation, surface irriguée par les agriculteurs en grande irrigation, taux d'utilisation des périmètres installés, eau mobilisée et consommée par les périmètres privés, eau mobilisée et consommée par les périmètres équipés en grande irrigation.
- Sur le plan financier : correspondance entre produits d'exploitation et charges d'exploitation de l'exercice par exercice, montant global des subventions d'exploitation, le montant global des subventions d'équipement, la mise au point d'un indicateur fiable de taux de recouvrement des factures d'eau.

Le bailleur de fonds doit utiliser toutes les clauses de suivi prévues par les conventions de financement. Lorsque le bailleur de fonds finance plusieurs projets successifs avec le même emprunteur, il doit faire respecter les clauses de ses conventions en matière de suivi et notamment demander un rapport de fin de projet au bénéficiaire après avoir défini précisément son contenu. Sinon, les phases du projet se chevauchent sans objectifs précis à atteindre.

Quelque temps après l'évaluation ex-post

Les associations d'usagers de l'eau agricole ont une gestion des périmètres qui demeure largement virtuelle. La société régionale n'arrive pas à équilibrer ses comptes malgré une subvention annuelle de l'État. On assiste à une lente mais régulière dégradation des périmètres irrigués.

Exercice proposé

Lire attentivement l'intitulé des deux projets, leurs réalisations et leurs principaux impacts ?

1) Quelles sont les principales conséquences d'un report de la date limite de mobilisation des fonds du premier projet ?
2) La société régionale est-elle autonome ? Quels sont ses atouts ? Quelles sont ses faiblesses ?
3) Que pensez-vous des études préalables sur le plan environnemental ?
4) Comment expliquer le faible recours des agriculteurs à l'irrigation ? La difficulté du passage d'une culture pluviale à une culture irriguée ?
5) Comment peut-on expliquer la faible implication des agriculteurs et leur faible propension à s'autogérer en associations ou groupements de producteurs ?

6) Les agriculteurs paient-ils l'eau à leur coût de revient ?
7) Que pensez-vous des conditions de financement en prêt de ces deux projets ?
8) Quels sont les principaux enseignements de ce projet ?
9) Quelle durabilité pour ce projet ?
10) Notation. Pertinence des objectifs ? Réalisation des objectifs ? Efficacité ? Efficience ? Impact ?
11) Points forts ? Points faibles ?

Corrigé de l'exercice

1) Quelles sont les principales conséquences d'un report de la date limite de mobilisation des fonds du premier projet ?

La date limite de mobilisation des fonds a été reculée de 3 ans pour le premier projet (réfection de 7 stations de pompages). Ce retard s'explique par (1) la nouveauté pour le bailleur de fonds de travailler avec ce partenaire et (2) le caractère incomplet des études préalables. Les principales conséquences sont une moindre rentabilité du projet puisque ce dernier a pris plus de temps pour être exécuté et donc apporter une irrigation complémentaire sur les 48 000 ha prévus. Pour le bailleur de fonds, sa rémunération est amoindrie du fait que la période de décaissement s'allonge et que la période de remboursement des fonds est reculée d'autant. En effet, on ne rembourse pas le capital emprunté tant que ce dernier n'a pas été totalement décaissé. Or le bailleur de fonds a préfinancé ces décaissements, planifié ces décaissements dans le temps, et a donc emprunté les ressources adéquates sur le marché international pour reprêter au bénéficiaire, ce qui constitue un coût. Dans cette opération, il décaisse moins rapidement que prévu et donc il supporte plus longtemps le coût d'une ressource qu'il avait prévu de décaisser plus rapidement et de se voir rembourser plus rapidement. La rémunération d'un bailleur de fonds sur une opération de prêt ne devient effective qu'à partir des décaissements.

2) La société régionale est-elle autonome ? Quels sont ses atouts ? Quelles sont ses faiblesses ?

Non. Bien que son autonomie soit inscrite dans les textes, l'État intervient à plusieurs niveaux. L'État fixe le prix de l'eau, contrôle le budget d'investissement et de fonctionnement de la société, contrôle les recrutements, Enfin, l'État apporte des subventions d'exploitation à la société.

Les atouts de la société régionale découlent de son savoir-faire en matière d'irrigation grâce à des équipes techniques de bon niveau capables de gérer l'existant (les périmètres déjà en service) mais également les extensions (les périmètres supplémentaires) comme les 11 700 ha prévus dans le deuxième projet. Cette maîtrise technique va de la gestion des études (en interne ou achetées à l'extérieur) à la gestion opérationnelle des périmètres.

Les faiblesses de la société régionale sont les suivantes :

- Taux d'utilisation des périmètres trop faible (60 %)
- Implication des usagers de l'eau trop faible, d'où des coûts supplémentaires à supporter pour la société.
- Maintenance des réseaux tertiaires mal assurée, ce qui entraîne une moindre efficacité de l'irrigation
- Taux d'impayés sur facturation élevé
- Sureffectif de la société (30 à 40 %)

3) Que pensez-vous des études préalables sur le plan environnemental ?

Les études préalables sur le plan environnemental auraient dû mieux nous renseigner sur le potentiel réel de ressources en eau des nappes phréatiques de la région. Les études préalables du projet auraient dû intégrer une étude d'impact environnemental sur cette question.

L'irrigation doit être ajustée aux disponibilités de la ressource en eau et des besoins des autres usages. Il convient de partager la ressource entre des usages domestiques et urbains et des usages agricoles, tout en veillant à l'économiser.

Une stratégie de l'eau au Maroc doit être englobante, prendre en compte les différents usages possibles et tenir compte du caractère limité de la ressource. L'irrigation et son extension possible, région par région, doivent être replacées dans ce contexte comme une des utilisations parmi d'autres d'une ressource rare que l'on doit économiser.

Enfin, le Maroc subit déjà le changement climatique et ses effets sur le renouvellement des nappes phréatiques sont déjà perceptibles. Il convient également de travailler sur cette donnée.

4) Comment expliquer le faible recours des agriculteurs à l'irrigation ? La difficulté du passage d'une culture pluviale à une culture irriguée ?

L'eau d'irrigation est payante. Il s'agit donc au départ d'une charge supplémentaire pour l'agriculteur dont il faut expliquer les vertus en termes de valorisation du travail agricole. Les agriculteurs demeurent attachés à la culture vivrière de céréales, non irriguée, car elle assure la subsistance de la famille. Ils éprouvent des difficultés à modifier la répartition de leurs cultures sur leur surface d'exploitation habituelle. Le passage d'une agriculture pluviale à une agriculture irriguée demande un long apprentissage et des arbitrages entre satisfaction des besoins familiaux et obtention de revenus supplémentaires. Enfin, les associations d'usagers de l'eau restent peu opérationnelles. Le transfert de responsabilité entre la société régionale et les associations d'usagers de l'eau n'est pas effectif.

5) Comment peut-on expliquer la faible implication des agriculteurs et leur faible propension à s'autogérer en associations ou groupements de producteurs ?

La société régionale leur apportait un service de qualité à faible coût. Il est très difficile d'entrer dans une autre logique quand on a bénéficié durant des années d'un service pratiquement gratuit et qu'il convient à l'avenir d'en prendre en charge une partie, sur le plan technique et financier. L'autonomisation complète demanderait que l'on aille vers la vérité des prix de l'eau, ce qui se traduirait par une augmentation de tarif.

6) Les agriculteurs paient-ils l'eau à leur coût de revient ?

Non. Le prix de l'eau est fixé trop bas pour atteindre un équilibre d'exploitation de la société régionale d'irrigation, ce qui explique les subventions que reçoit cette entreprise. Fixer le prix de l'eau plus haut serait très difficile étant donné le niveau élevé des impayés des factures d'eau au tarif en vigueur.

7) Que pensez-vous des conditions de financement en prêt de ces deux projets ?

La société emprunte en devises mais ses recettes sont en monnaie locale. Le risque de change est donc élevé pour la société sur la durée, même si elle bénéfice de la garantie de l'État. Le coût en devises pour l'État marocain est donc sensible. Pour cette opération en prêt, le bailleur de fonds n'assume pour sa part aucun risque de change.

En bonne orthodoxie bancaire, un prêt en devises octroyé à un emprunteur devrait se rembourser grâce à des recettes supplémentaires en devises générées par le projet chez l'emprunteur.

La société régionale n'ayant pas de recettes en devises, il conviendrait d'être en capacité de lui prêter en monnaie locale, et en tant que bailleur de fonds d'assumer le risque de change.

8) Quels sont les principaux enseignements de ce projet ?

La société régionale d'irrigation a amélioré sa qualité de service. L'irrigation au bénéfice des agricultures s'est étendue. Les rendements se sont accrus.

L'impact des deux projets est sensible sur la société régionale. L'impact de l'irrigation sur les agriculteurs est positif. L'impact de l'irrigation sur la nappe phréatique dans une zone soumise aux effets du changement climatique n'est pas mesuré. L'agriculture irriguée dans les grands périmètres gérés par la société régionale demeure fortement subventionnée.

La société régionale demeure à bien des égards un service déconcentré de l'État bien qu'elle ait une personnalité morale. Elle doit assumer une plus grande indépendance. Une clarification institutionnelle entre les attributions réelles de la société régionale et les attributions de l'État est un préalable à la recherche de son équilibre d'exploitation.

Les associations d'usagers de l'eau agricole n'ont pas d'avantages financiers réels à prendre en charge une partie de la gestion du réseau tertiaire.

Le suivi de la gestion des périmètres (sur le plan technique et sur le plan financier) par la société régionale peut être amélioré. Sur le plan technique, il faudrait avoir des renseignements statistiques précis sur : la surface globale disponible en périmètres équipés en grande irrigation, la surface irriguée par les agriculteurs en grande irrigation, le, taux d'utilisation des périmètres installés année après année, l'eau mobilisée et consommée par les périmètres privés, l'eau mobilisée et consommée par les périmètres équipés en grande irrigation.

Sur le plan financier : la correspondance entre produits d'exploitation et charges d'exploitation de l'exercice, le montant global des subventions d'exploitation, le montant global des subventions d'équipement, la mise au point d'un indicateur fiable renseignant sur le taux de recouvrement des factures d'eau.

Le bailleur de fonds doit utiliser toutes les clauses de suivi prévues par les conventions de financement (rapports de fin de projet), surtout quand plusieurs projets successifs se chevauchent et que les objectifs de chaque convention peuvent apparaître comme dilués.

9) Quelle durabilité pour ce projet ?

La durabilité est assurée sur le plan financier pour la société régionale grâce au soutien de l'État.

Sur le plan environnemental, nous ne sommes pas très éclairés, ni par des études préalables, ni par le suivi effectué, de la mise en œuvre effective d'une gestion durable de la ressource en eau en provenance d'une nappe phréatique. La nappe phréatique est-elle suffisante (1) pour absorber une irrigation croissante tout en se reconstituant (2) pour absorber d'autres usages dans cette même zone tout en se reconstituant ? La nappe phréatique est-elle ou non altérée en qualité par la mise en œuvre de ces différents usages ? Toutes ces questions devraient trouver une réponse claire et précise pour s'assurer de la durabilité environnementale de ce type de projet.

10) Notation. Pertinence des objectifs ? Réalisation des objectifs ? Efficacité ? Efficience ? Impact ?

Pertinence des objectifs : satisfaisante en matière d'investissements physiques, plus utopique en matière d'évolution institutionnelle.

Réalisation des objectifs : satisfaisante sur le plan des infrastructures mais l'irrigation demeure faible, peu satisfaisante sur le plan de l'évolution institutionnelle.

Efficacité : satisfaisante, les investissements ont été réalisés conformément aux prévisions.

Efficience : Peu satisfaisante, les investissements ont coûté en réalité plus cher que prévu.

Impact : (1) Encore relativement faible sur le plan de l'utilisation par les agriculteurs de l'irrigation, les avancées institutionnelles sont faibles. (2) non suffisamment mesuré sur le plan environnemental

11) Points forts ? Points faibles ?

Point fort :

- Travaux d'infrastructures importants conformes aux prévisions sans appel à de l'assistance technique extérieure dans la conduite des travaux.

Points faibles :

- Faiblesse de la gestion de l'eau (pas de coupure en cas de non-paiement de la facture).
- Manque d'autonomie de la société régionale par rapport à l'État.
- Pas d'information sur la gestion dans la durée de la ressource en eau par des études préalables, par des études d'impact d'une irrigation supplémentaire sur cette zone s'additionnant à d'autres usages.
- Conditions de financement en prêt en devises font peser un risque de change sur la société d'irrigation et en dernier ressort sur l'État qui lui apporte sa garantie. Le coût en devises de ces projets pour l'État demeure élevé.

4. Secteur privé

13. Hôtellerie en intermédiation bancaire en Tunisie

Présentation

La Tunisie est un pays à revenu intermédiaire qui était en croissance économique forte jusqu'en 2008-2009. Sa population rassemble 12,2 millions (m) d'habitants (taux de croissance de la population de 0,8 %/an). Sa population était de 4,1 millions (m) d'habitants en 1960.

Il développe un tourisme de masse, accueillant chaque année un nombre plus élevé de visiteurs étrangers. Le tourisme représente une part importante de son PIB (14 % en 2020 contre 5 à 7 % pour la France à titre de comparaison).

Le projet (aide programme au secteur du tourisme) porte sur les cinq concours octroyés en application de deux accords[23] signés avec deux banques locales et d'une ligne de crédit[24] signée avec une banque locale.

Les concours sont les suivants :

- Prêt de 0,49 m€ à la Banque locale n° 1 sous forme d'accord-cadre (Banque publique de développement) pour la rénovation d'un hôtel A.
- Prêt de 3,23 m€ à la Banque locale n° 1 sous forme d'accord-cadre pour la construction d'un hôtel B.

23 / L'accord cadre prévoit que le bailleur de fonds donne son accord à la banque locale sur chaque opération financée en fonction du dossier technique. Il gère à la fois le risque bancaire et le risque commercial du dossier présenté.

24 / La ligne de crédit prévoit que les refinancements du bailleur de fonds s'effectuent par tranche. Le bailleur de fonds ne se détermine plus projet par projet mais gère simplement le risque bancaire.

- Prêt de 1,62 m€ à la Banque locale n° 1 sous forme d'accord-cadre pour la construction d'un hôtel C.
- Prêt de 1,59 m€ à la Banque locale n° 2 sous forme d'accord-cadre pour le financement d'un dépassement de budget pour la construction d'un hôtel D.
- Prêt de 2,85 m€ la Banque locale n° 3 sous forme de ligne de crédit pour la restructuration financière d'un hôtel E.

Dans cette opération, le financement sous forme de prêt et l'endettement en devises sont acceptables. En effet, les recettes supplémentaires générées par ce projet (par le fonctionnement des hôtels) sont des recettes en devises grâce à l'apport d'un secteur touristique tourné essentiellement vers la clientèle étrangère.

Spécificité des projets

La spécificité des projets tient aux facteurs suivants :

- Financement de projets par l'intermédiaire du système bancaire local qui assume les remboursements des prêts en devises. Auparavant, le bailleur de fonds avait financé directement un opérateur hôtelier et s'était lourdement fourvoyé.
- Comparaison entre accord-cadre avec sollicitation du bailleur de fonds sur chaque projet, et ligne de crédit avec accord du bailleur de fonds a posteriori sur plusieurs projets financés.
- Financement du secteur privé dans une activité touristique de masse.

Mise en œuvre des accords-cadres avec les trois banques en intermédiation

Le bailleur de fonds de l'opération a suivi avec rigueur l'évolution financière des banques ayant contracté un accord-cadre. Les établissements ont été notés selon des procédures types et dans les délais requis. Les opérations avec la Banque locale n° 1 ou banque publique de développement ont été arrêtées trois ans après le commencement du projet quand une dégradation de sa situation a été constatée.

La gestion interne des lignes de crédit (décaissement des financements du bailleur de fonds par tranche et accord de décaissement donné à la banque locale n° 3 sur des groupes de projets présentés) est grandement facilitée par rapport aux accords-cadres. L'instruction est beaucoup plus rapide (pas d'évaluation ex-ante du projet à présenter par la banque locale au bailleur de fonds). Les décaissements s'effectuent en une seule fois.

Que ce soit pour les accords-cadres ou pour la ligne de crédit, le bailleur de fonds n'effectue pas de véritable suivi du bénéficiaire final (l'hôtel). Pourtant, cette disposition était prévue contractuellement dans les accords-cadres. Ces derniers prévoient une information préalable sur le projet proposé et son suivi. Toutefois, le bailleur de fonds n'a pas demandé aux banques locales d'appliquer ces dispositions.

Qualité de l'instruction et du suivi opéré par les banques locales

Les banques commerciales (banque locale n° 2 et n° 3) ont réalisé pour les deux projets des évaluations de projet très sommaires ou incomplètes. Elles semblent s'engager plus sur la qualité de la signature d'un opérateur que sur une évaluation de la rentabilité globale de l'activité à financer.

L'analyse financière des projets est succincte. La situation réelle du promoteur est peu étudiée, surtout lorsqu'il s'agit d'un groupe. Le budget d'investissement de la construction de l'hôtel, systématiquement sous-évalué par le promoteur, n'est pas réévalué par le banquier. Les projections financières sont effectuées sur la base d'indicateurs d'activité reflétant des objectifs volontaristes. Les banques commerciales effectuent un suivi de l'opérateur et sont très réactives en cas d'impayés.

Pour les dossiers considérés, les banques partenaires du bailleur de fonds (les trois banques locales) respectent leurs échéanciers de remboursement des prêts. Ce respect des engagements vis-à-vis du bailleur de fonds s'effectue indépendamment des remboursements effectifs des bénéficiaires finaux aux banquiers locaux. Il peut donc y avoir des décalages.

La banque locale n° 1 (Banque publique de développement) a réalisé une évaluation détaillée des trois projets considérés mais le volet prospectif de chaque dossier prend en compte des paramètres économiques qui correspondent aux objectifs gouvernementaux de planification. À l'usage, ils se sont révélés trop optimistes. Le suivi de l'opération en phase d'investissement comme en phase d'exploitation est faible. L'apport en ressources du bailleur de fonds sert en fait à refinancer une opération déjà engagée par la Banque publique de développement. Les opérateurs n'envoient donc pas spontanément leurs comptes des derniers exercices à la banque locale n° 1 qui a des difficultés à se faire payer à l'échéance. Ses capacités de négociation et donc de recouvrement sont bien plus faibles que celles des banques privées qui gèrent parfois également les opérations de court terme de ces mêmes opérateurs.

Sur le plan environnemental et de sa durabilité, ces lignes de crédit aux banques n'ont pas fait l'objet d'études préalables, notamment sur le plan environnemental au niveau local (impact sur le lieu d'implantation des hôtels) mais également général (impact environnemental du choix d'un développement de tourisme de masse). Le volet financier du projet (qualité de la signature de l'emprunteur) semble le seul critère d'évaluation du financement ou non de ces hôtels.

Exécution technique et financière

Le calendrier prévisionnel d'exécution est dépassé dans trois dossiers sur cinq. Les coûts des investissements sont à chaque fois supérieurs aux prévisions, ce qui alourdit l'endettement à court terme et les frais financiers qui atteignent de 18 % à 56 % du chiffre d'affaires des hôtels. Les prévisions financières initiales ne sont donc atteintes que dans un cas sur cinq. Les performances constatées pour chaque hôtel apparaissent indépendantes du mode de financement (accord-cadre ou ligne de crédit) ou du choix entre une banque publique et une banque privée.

Évaluation sommaire des projets qui ont été financés en partie sur des ressources du bailleur de fonds.

	Hôtel C	Hôtel B	Hôtel A	Hôtel D	Hôtel E
Coefficient d'occupation (prévu)	45 %(35 %)	76 % (55 %)	72 %(75 %)	66 %(69 %)	-
Prévisions CA (1) réalisées	non	oui	non	oui	-
Existence d'impayés	oui	oui	oui	oui	-
Prévisions EBE (2) réalisées (EBE % du CA)	non (51 %)	non (34 %)	non (33 %)	oui (40 %)	-
Emplois créés	67	208	0	260	-

(1) CA : chiffre d'affaires
(2) EBE : excédent brut d'exploitation

Les performances d'ensemble des hôtels sont nettement inférieures aux prévisions, particulièrement sur le plan financier. Toutefois, les investissements sont trop récents pour permettre d'apprécier, si et à quel terme, la rentabilité des hôtels sera atteinte.

- Hôtel C : une unité hôtelière trop petite, en situation financière délicate dans un environnement où la saison est très courte (implantation dans une zone désertique) et dont les prestations ne sont pas excellentes. De plus, cet hôtel éprouve des difficultés à atteindre l'équilibre financier en raison de frais financiers qui représentent 91 % de son chiffre d'affaires (en impayés supérieurs à 6 mois).
- Hôtel B : des exercices déficitaires successifs mais relativement conformes aux prévisions. Cet établissement correspond au nouveau concept de tourisme de masse à l'œuvre dans ce pays méditerranéen (plus de 1 000 lits). Le volume offert (capacité toujours plus élevée) est censé contrebalancer la baisse du prix de la commercialisation (en impayés vis-à-vis de la banque d'une durée inférieure à 6 mois).
- Hôtel A : un bel hôtel cinq étoiles avec une capacité d'accueil jugée un peu faible (428 lits). Compte tenu de la baisse des prix de commercialisation de la chambre et des prestations annexes, le démarrage (niveau des réservations)

est difficile. Le coût de l'investissement est élevé par rapport à la capacité d'accueil en raison du poids des parties communes (en impayés inférieurs à 6 mois). Sa rentabilité n'est pas assurée à terme.

- Hôtel D : une rénovation réussie dans un hôtel largement amorti mais qui doit faire face à des dépenses récurrentes en matière de réfection (en impayés inférieurs à 6 mois).
- Hôtel E : une réalisation trop récente pour en apprécier les performances car le bailleur de fonds a été invité à participer à une restructuration financière. Des travaux d'agrandissement et de rénovation ont été engagés. Le total des financements aboutit au triplement de la capacité d'hébergement. L'exploitation des hôtels n'avait pas encore commencé lors de l'évaluation ex post des financements. L'impact sur l'emploi sera sensible. L'intervention du bailleur de fonds ne représente que 6 % du total des investissements dans ce secteur.

Impact des opérations pour le bailleur de fonds

Il permet d'accompagner les banques locales dans le financement de l'investissement, ce qu'elles ne font pas spontanément préférant le financement court terme des entreprises.

Il permet de financer le secteur privé, sans passer par la mise en place d'une structure projet pour chaque investissement dans un hôtel.

L'intermédiation financière limite fortement le risque d'impayés pour le bailleur de fonds. Les banques locales constituent un bon vecteur d'intervention en offrant de manière plus sécurisée que pour des opérations directes des perspectives de chiffre d'affaires importantes. À l'inverse, les engagements directs du bailleur de fonds dans l'hôtellerie locale se sont soldés par des échecs. S'adosser aux banques locales pour prêter au secteur hôtelier est donc particulièrement judicieux. Le bailleur de fonds se préoccupe davantage du risque bancaire que du risque commercial qui est apprécié par la banque locale.

Par ailleurs, les coûts de gestion pour le bailleur de fonds sont beaucoup moins lourds à supporter dans le cas d'une ligne de crédit que pour un accord-cadre ou a fortiori une opération de prêt direct.

Impact pour les banques locales

Les accords de refinancement sous forme de ligne de crédit sont très appréciés par les banques commerciales de ce pays. Ils leur permettent de lever des ressources complémentaires pour financer des opérations à long terme alors que la réglementation locale les plafonne à 3 % de leurs dépôts. Grâce aux ressources externes, elles peuvent dépasser cette limite. Leur taux, leur durée et leur différé sont plus intéressants que les produits concurrents offerts par les banques publiques de développement (Banque locale n° 1). Ils sont facilement et rapidement décaissables surtout dans le cas où le projet est une restructuration financière.

En leur permettant d'octroyer des financements à long terme, cet apport de ressources favorise l'évolution des banques commerciales vers une activité de banque universelle conformément aux réformes du système bancaire initiées par le gouvernement et souhaitées par les autres bailleurs de fonds.

Impact sur le secteur touristique et sur l'emploi

Le bailleur de fonds a participé au financement de 13 % des nouvelles unités hôtelières construites sur ces dix dernières années. L'impact sur l'emploi est sensible (535 emplois créés au total pour quatre projets étudiés sur cinq).

L'impact des financements sur le bénéficiaire final, le promoteur hôtelier, est sensible dans le cas de l'intermédiation par les banques commerciales car leurs interventions dans le secteur dépendent directement de l'apport du bailleur de fonds. Il est nul dans le cas des refinancements de la banque de développement, les opérations proposées au bailleur de fonds étant déjà engagées.

Impact sur l'environnement

Les autorités locales comme le bailleur de fonds ne semblent pas s'être préoccupés de l'impact environnemental de ces hôtels sur l'environnement local, de l'impact environnemental plus général du développement du tourisme de masse, à base de clientèle étrangère devant prendre l'avion pour se rendre en Tunisie.

Enseignements et recommandations

La nécessité d'une réflexion préalable de l'impact du secteur à financer sur le plan environnemental. Cette réflexion préalable semble complètement absente des préoccupations des maîtrises d'ouvrage locales comme de celles du bailleur de fonds.

La nécessité d'une étude de marché, préalable à un investissement dans le secteur privé. L'engagement élevé des banques locales et du bailleur de fonds dans le secteur hôtelier appelle une étude globale sur les perspectives de ce secteur dans ce pays. Elle permettrait notamment d'éclairer la stratégie de financement du bailleur de fonds dans ce secteur (financement de nouveaux hôtels ou restructurations d'hôtels existants).

Élargir les critères d'analyse des banques partenaires. Le bailleur de fonds devrait sélectionner les banques auxquelles il octroie une ligne de crédit non seulement en fonction de leur situation financière mais aussi de leur capacité à évaluer les projets d'investissement. Il conviendrait de compléter les notations des banques, (qu'elles soient faites par une agence internationale ou par le bailleur de fonds), par une évaluation de cette aptitude à analyser des engagements sur le long terme.

Harmoniser les textes et les pratiques des conventions avec les banques. Les exigences du bailleur de fonds sur l'utilisation des lignes de crédit devraient être précisées et les conventions de financement revues afin que les textes et les pratiques soient harmonisés. Bien que l'évaluation soit du seul ressort des banques, le bailleur de fonds devrait fixer des règles à l'imputation des projets en fonction de leur impact de développement. Il doit insister auprès des banques commerciales pour que l'évaluation des projets et leur suivi soient réalisés conformément aux normes admises.

L'intérêt pour le bailleur de fonds de l'intermédiation financière. Dans le secteur de l'hôtellerie qui demeure relativement opaque, l'intermédiation financière locale apparaît préférable à une intervention en direct du bailleur de fonds. Seules les banques locales paraissent en mesure de gérer le risque commercial de leurs engagements. Le banquier local a beaucoup plus de poids et cerne bien mieux le milieu, ce qui lui permet d'engager une relation commerciale équilibrée avec un entrepreneur.

De plus, le bailleur de fonds apporte aux banques commerciales des ressources longues leur permettant de financer des investissements. On aide ainsi les banques locales à diversifier leur activité en évitant qu'elles se tournent exclusivement vers le financement court terme de l'économie. Elles financent ainsi l'investissement et donc le développement.

En revanche, les études de faisabilité réalisées par les banques ne sont pas conformes au standard habituel.

Quelque temps après l'évaluation

Les printemps arabes de 2010 ont provoqué un effondrement de la fréquentation de ce type d'établissements hôteliers. Leurs situations financières sont catastrophiques. Le changement de régime politique a également grandement fragilisé leur capital. Il est difficile de prévoir leur avenir comme il est difficile de savoir si le développement du tourisme de masse doit être soutenu, notamment au regard de ses impacts négatifs sur le plan environnemental.

Exercice proposé

Lire attentivement la présentation du projet et son exécution

1) Quelle est la différence entre une ligne de crédit (intermédiation financière) et un accord-cadre (financement de projet) pour un bailleur de fonds ?
2) Quelle différence entre un financement sous forme de prêt (1) en faveur du secteur privé et (2) en faveur du secteur public ?
3) Une ligne de crédit permet-elle un refinancement de projet ?
4) Que peut-on dire de la qualité des études préalables réalisées par les banques avant de choisir les projets à financer ?
5) Que pensez-vous de la prise en compte de l'environnement sur ce projet ?

6) Le secteur du tourisme est-il un secteur à risques multiples ?
7) Quels impacts pour le bailleur de fonds d'une intermédiation financière ?
8) Quels impacts pour les banques locales d'une intermédiation financière ?
9) Quels impacts sur l'emploi, sur le tourisme ?
10) Quels enseignements et recommandations pour le bailleur de fonds en matière d'intervention dans le secteur touristique ?
11) Quelle durabilité pour ces hôtels ? Pour le tourisme de masse ?
12) Notation des concours financiers. Pertinence des objectifs ? Réalisation des objectifs ? Efficacité ? Efficience ? Impact ?
13) Points forts ? Points faibles ?

Corrigé de l'exercice

1) Quelle est la différence entre une ligne de crédit (intermédiation financière) et un accord-cadre (financement de projet) pour un bailleur de fonds ?

Lorsqu'il s'agit d'une ligne de crédit à une banque, le bailleur de fonds ne suit pas directement l'exécution du projet. Il s'intéresse uniquement à la situation financière de la banque à laquelle il prête. Il ne considère que le risque bancaire de l'emprunteur.

Lorsqu'il s'agit d'un accord-cadre, il suit l'exécution et la mise en œuvre du projet avec la banque à laquelle il prête. Il considère à la fois le risque bancaire de l'emprunteur (la banque) mais également le risque commercial (l'hôtel).

2) Quelle différence entre un financement sous forme de prêt (1) en faveur du secteur privé et (2) en faveur du secteur public ?

Le financement du secteur privé est un financement non souverain, où l'État n'a pas à intervenir, n'apporte pas sa garantie de remboursement. Le financement s'effectue en général sur prêt, à des conditions non concessionnelles (sans bonifications du prêt). Le risque à gérer pour le bailleur est un risque sur la contrepartie privée, d'une manière similaire à un prêt commercial d'une banque commerciale.

Le financement du secteur public sous forme de prêt est un financement souverain (de l'État directement ou des entités publiques qui lui sont rattachées en termes de responsabilité financière), où l'État rembourse directement ou est garant du remboursement du prêt (services publics).

3) Une ligne de crédit permet-elle un refinancement de projet ?

Oui. Les dépenses du projet peuvent être déjà financées par la banque locale et ensuite refinancées par le bailleur de fonds auprès de la banque locale qui en fait la demande. Il y a donc une déconnexion entre les dépenses effectuées dans les hôtels et les décaissements par tranche du bailleur auprès de la banque locale.

4) Que peut-on dire de la qualité des études préalables réalisées par les banques locales avant de choisir les projets à financer ?

Elles demeurent très sommaires et partielles. L'analyse financière des projets est très succincte. Elles s'engagent plus sur la qualité de la signature (la surface financière de l'emprunteur) que sur la qualité financière du projet.

Toutefois, elles sont plus élaborées lorsque c'est la banque de développement qui les a effectuées.

5) Que pensez-vous de la prise en compte de l'environnement sur ce projet ?

La nécessité d'une réflexion préalable de l'impact du secteur à financer sur le plan environnemental semble complètement absente des préoccupations des maîtrises d'ouvrage locales et du bailleur de fonds. Pourtant le secteur hôtelier en bord de mer n'est pas neutre sur le plan environnemental (bétonnisation du littoral, gestion des eaux usées, pollution des plages). Le tourisme de masse entraîne également des dégâts sur le plan environnemental (pollution du littoral, pollution de la mer, artificialisation des terres, rejets de CO2 important à la construction des hôtels, dans leurs fonctionnements, dans les trajets en avion qu'ils suscitent pour les touristes qui vont les rejoindre). Il s'agit d'un manque important de cette intervention en Tunisie.

6) Le secteur du tourisme est-il un secteur à risques multiples ?

Oui. Sur le plan commercial, la concurrence est forte pour attirer les clients. Sur le plan environnemental, les risques doivent être anticipés, mesurés et si possible amoindris.

7) Quels impacts pour le bailleur de fonds d'une intermédiation financière ?

Le bailleur de fonds accompagne les banques locales dans le financement de l'investissement, en leur procurant des ressources longues, en leur procurant ces ressources à un coût raisonnable par rapport à la mobilisation de ces mêmes ressources sur le marché obligataire local, en les incitant à aller sur le financement moyen et long terme de l'investissement.

Le secteur privé (ici les hôtels) trouve ainsi auprès des banques locales à financer leurs investissements.

Le bailleur de fonds suit uniquement le risque bancaire (capacité de la banque à rembourser). Le financement du projet est facilité car c'est la banque locale qui est censée réaliser le suivi technique et financier des projets (des études préalables à la fin du projet). Le bailleur de fonds ne s'intéresse qu'à la capacité de remboursement du prêt par la banque locale.

8) Quels impacts pour les banques locales d'une intermédiation financière ?

Elles trouvent de la ressource financière longue qu'elles ont parfois du mal à mobiliser sur le marché local ou qu'elles rechignent à mobiliser en préférant se cantonner à du financement court terme. Elles se lancent ainsi dans le financement à moyen terme, le financement de l'investissement, alors qu'elles sont en général plus friandes du financement à court terme, le financement de la consommation ou de la trésorerie des entreprises. Le bailleur de fonds peut ainsi leur apporter des ressources longues à des coûts mesurés, afin d'accompagner le financement de l'investissement, le financement du développement qui est considéré à juste titre comme plus risqué que le financement court terme.

9) Quels impacts sur l'emploi, sur le tourisme ?

L'impact sur l'emploi est sensible dans un pays où le chômage est élevé, où même les jeunes diplômés ont du mal à s'insérer sur le marché de l'emploi. 535 emplois créés au total pour quatre projets étudiés sur cinq. Sur le tourisme en général, l'impact de ce projet demeure limité.

10) Quels enseignements et recommandations pour le bailleur de fonds en matière d'intervention dans le secteur touristique ?

Il convient de valider ou non la stratégie de développement d'un tourisme de masse. Il convient également de faire attention aux répercussions du tourisme de masse sur l'environnement. Il vaut mieux financer sous forme de ligne de crédit aux banques locales que directement car on pousse ainsi les banques locales à financer l'investissement. Il convient de s'assurer que les banques locales procèdent effectivement à une véritable analyse technique et financière des projets présentés par leurs clients et non ne s'engagent que sur la simple qualité de leur signature.

11) Quelle durabilité pour ces hôtels ? Pour le tourisme de masse ?

Il s'agit d'une grande inconnue. Leur viabilité à terme n'est pas assurée. Le tourisme de masse est un secteur où la concurrence est vive entre plusieurs destinations. Le tourisme de masse se trouve percuté par des préoccupations environnementales croissantes. Les conditions politiques d'un pays, sa stabilité à terme et sa sécurité, sont également des enjeux cruciaux.

12) Notation des concours financiers. Pertinence des objectifs ? Réalisation des objectifs ? Efficacité ? Efficience ? Impact ?

Pertinence des objectifs : Peu satisfaisante en raison de la non-prise en compte sur le plan local et global de l'impact environnemental d'un tourisme de masse.
Réalisation des objectifs : satisfaisante pour le recours à l'intermédiation facilitant l'intervention du bailleur de fonds, peu satisfaisante sur la réalité des effets des financements octroyés sur le développement de l'activité hôtelière.
Efficacité : satisfaisante, les actions prévues ont été réalisées.
Efficience : peu satisfaisante, les budgets de rénovation ou d'investissement hôteliers ont tous été dépassés.
Impact : sensible sur le système bancaire, limité sur le secteur hôtelier (6 % des investissements hôteliers de la période considérée).

13) Points forts, points faibles

Points forts :

- Au niveau de la méthode de financement, recours à l'intermédiation financière plutôt qu'en risque direct, beaucoup plus difficile à gérer pour un bailleur de fonds.
- Appui aux banques commerciales dans une nouvelle politique d'engagements à moyen et long terme, propice au financement de l'investissement.
- Appui indirect à la réforme du système bancaire vers un élargissement de la palette des opérations à financer.

Points faibles :
- Non prise en compte de l'environnement
- Pas de réflexion préalable sur l'impact du tourisme de masse
- Difficultés à définir le point d'équilibre financier des hôtels.
- Banques locales encore peu performantes sur le financement moyen terme.
- Faiblesse du suivi des projets.

14. Compagnie minière au Gabon

Présentation

Objet : financement partiel d'une restructuration financière de la compagnie minière
Montant : 18,29 m€ sous forme de prêt
Durée : 6 mois

Le Gabon est un pays à revenu intermédiaire, peu peuplé, dont les ressources pétrolières, minières et forestières sont importantes.

La compagnie minière est une société anonyme constituée dans les années 1950 et dont le capital social s'élevait à 50 m€ lors du démarrage du projet. L'actionnaire majoritaire est une société française. La compagnie minière exploite un gisement important d'un minerai utilisé dans la sidérurgie à savoir le manganèse.

Cette mine à ciel ouvert se situe dans un pays à revenu intermédiaire (PRI) peu peuplé et dont le sous-sol est riche. La mine est située loin de la capitale, Libreville, loin de la mer, et a donc nécessité de créer des infrastructures de transport importantes pour évacuer le minerai.

Les minerais tirés de la mine sont intégralement exportés et vendus principalement à des complexes sidérurgiques. Ils ne sont pas utilisés sur place. On se trouve ici dans le cas d'un exemple emblématique d'une exploitation de rente où l'on récupère une matière première au Sud que l'on vend à l'extérieur souvent au Nord, sans qu'elle soit transformée ou utilisée sur place. Ce type d'exploitation de rente ou de culture de rente était caractéristique de l'économie coloniale : l'extraction s'effectue au Sud à la périphérie et la transformation et l'utilisation au Nord au bénéfice du centre développé qui capte la valeur ajoutée de la transformation.

Les cultures du coton, de certains agrumes, l'exploitation minière ou pétrolière fonctionnent souvent selon ce même mode.

Le bailleur de fonds s'est impliqué dans le financement de cette exploitation minière depuis près de 30 ans. Le montant global des concours accordés par ce dernier à ce secteur s'élève à 52,8 m.€. Son encours vis-à-vis du bailleur de fonds représentait 37,5 m€ à la fin du projet.

En général, les bailleurs de fonds de solidarité internationale (banques publiques de développement) financent le secteur privé pour diverses raisons :

- Apport financier à une société privé permettant la restructuration, la stabilisation ou le développement de l'activité sur place.
- Apport financier dans un pays en développement pour une activité qui ne trouve pas sur place de financement pour investir : le secteur bancaire local finance les besoins de court terme des entreprises et non les besoins de long terme ; le secteur bancaire local n'a pas obligatoirement des ressources longues pour financer des emplois longs ; la situation parfois instable des pays en développement augmente le risque lié à des engagements à long terme ce qui écarte de ce type de financement les établissements bancaires locaux et les établissements bancaires internationaux de type privé (banques commerciales).
- Apport financier dans un pays en développement où le coût d'un prêt à moyen ou long terme est très élevé : le bailleur de fonds, même sans concessionnalité additionnelle, permet à l'entreprise d'avoir des conditions de prêt acceptables.
- Apport financier dans un pays en développement pour une entreprise dont la gestion transparente permet d'avoir accès à des financements de bailleurs de fonds internationaux. L'entreprise recherche en retour un effet d'image lui appartenant une crédibilité sur la rigueur et le caractère formel de sa gestion.

Toutefois, lorsque le financement de la société est rentable et peu risqué pour un établissement bancaire, une concurrence forte peut exister entre banques publiques de développement et banques privées pour financer ce type de contrepartie. Dans le cas présent, les banques commerciales de type privé et le bailleur de fonds public financent les besoins, à moyen et long terme, de cette entreprise.

Le dernier prêt accordé à la compagnie minière était d'un montant de 18,3 m€, d'une durée de dix ans dont trois ans de différé et assorti d'un taux variable PIBOR +1,5 %.

Sur le plan financier, cette entreprise commercialise son minerai en euros et emprunte en euros. Ses recettes peuvent donc couvrir une partie de ses emprunts sans avoir à assumer un risque de change. C'est pourquoi dans le domaine minier comme dans celui des cultures de rente, les financements des bailleurs de fonds ont été soutenus. En revanche, les activités tournées vers le marché local ne procurent pas de recettes en devises, ce qui pose un problème pour rembourser les prêts (risque de change, accès à des devises). C'est une des explications des faibles montants consacrés par les bailleurs de fonds au financement des activités de production tournées vers la satisfaction des besoins locaux (exemple : agriculture vivrière beaucoup moins soutenue que les cultures de rente).

Le fait de prêter presque exclusivement en devises a donc pour contrepartie de financer de préférence des activités extraverties afin de limiter les risques de remboursement des prêts contractés.

Les objectifs poursuivis étaient les suivants : refinancer le rachat par la compagnie minière d'une société en aval de la filière, opération qui avait été financée préalablement par des prêts à court terme. Le but était d'améliorer ainsi la structure financière de l'entreprise en rétablissant à un niveau acceptable ses capitaux permanents, c'est-à-dire les ressources financières stables de l'entreprise et donc indirectement du fonds de roulement. Les fonds versés par le bailleur de fonds ont été exclusivement affectés au désendettement à court terme.

Performances techniques et financières de la compagnie

La compagnie minière commercialise cinq variétés de minerai. Les utilisations métallurgiques sous forme d'alliages, en particulier pour l'acier, représentent 90 % de ses débouchés.

Années	**-6**	**-5**	**-4**	**-3**	**-2**	**-1**	**date prêt**	**1**	**2**	**3**
Production (1)	2,40	2,20	2,50	2,40	1,60	1,50	1,29	1,43	1,93	1,98
Vente	2,20	2,92	2,31	1,67	1,29	1,45	1,66	1,69	2,01	1,97

(1) M.T.

L'évolution de l'activité de la société sur les dix dernières années a connu deux périodes distinctes :

- De l'année (n-6) à la date du prêt du bailleur de fonds : la production diminue constamment. La baisse de l'activité s'explique par les évènements dans les pays de l'Est (gros consommateurs d'acier), et par la crise économique consécutive à la guerre du Golfe.
- De l'année du prêt à l'année (n +3) : la production de la société croît à nouveau grâce à l'embellie de la situation économique (augmentation de la production d'acier), notamment en Asie où la société est très bien implantée.

Dans ce marché où le nombre d'acteurs est en diminution constante, la situation des producteurs s'apprécie de plus en plus selon la position concurrentielle du binôme industriel constitué par le « mineur/transformateur ». Ainsi, la société minière vend plus de 50 % de sa production à ses filiales de transformation en aval.

Dans ce binôme, le producteur de minerai constitue en année (n +5) la partie performante (qualité du minerai, abondance des réserves, coûts réduits d'extraction et de transport). La marge que dégage l'exploitation de la compagnie minière en année (n +3) est particulièrement élevée puisqu'elle représente l'équivalent de 63 % du total des ventes de minerai contre 50 % en année n-3. À l'aval, les sociétés qui s'occupent de la première transformation sont beaucoup moins rentables, notamment lorsqu'elles se situent dans un pays développé.

Résultats d'exploitation de société minière

En m.€	N-4	N-3	N-2	N-1	Prêt	N +1	N +2	N +3
Produits d'exploitation	98,4	96,8	84	71,8	61	111	116,5	136
Valeur ajoutée	73,3	70,5	58,5	52,8	42,8	79,9	77,3	90,6
CAF (1)	27,9	21,4	2,37	16,25	10,41	27,8	31,6	39,6
Résultat net	9,62	9,54	-14,7	9,13	4,26	13,2	14,4	15,6

(1) Capacité d'autofinancement

La capacité d'autofinancement ou CAF[25] de l'exercice (n +4) (39,6 m€) couvre largement les emplois prioritaires que sont la variation du besoin en fonds de roulement (- 6,7 m€), le remboursement des emprunts en capital (13 m€) et enfin les investissements de renouvellement qui se montent à 4,12 m.€.

La structure financière apparente[26] de la compagnie minière s'améliore mais le gonflement des dettes vis-à-vis de l'État et le niveau élevé des créances clients (72,9 m€), soit 205 jours de chiffres d'affaires en (n +4) montrent que la société assure une partie de la trésorerie de ses filiales. La croissance de l'endettement vis-à-vis de l'État (39,6 m€) en (n +4) dont 31,4 m€ d'arriérés d'impôts s'explique en partie par un accord passé entre le gouvernement et la compagnie minière sur le remboursement d'une ancienne créance de 22,9 m.€.

25 / Capacité d'autofinancement ou CAF : indicateur de gestion financière du compte d'exploitation qui mesure la rentabilité de l'exploitation d'une société avant impôts sur le résultat et amortissements. L'équilibre de l'exploitation s'analyse au travers de l'évolution du compte d'exploitation.

26 / La notion de structure financière renvoie à l'analyse des bilans de la société, c'est-à-dire notamment au mode de financement de ses actifs par des capitaux propres, par des dettes à long terme et par un endettement court terme.

En (n +4), les filiales ou participations de la compagnie minière pèsent sur les résultats du Groupe (12,2 m€ de pertes), inférieurs cependant aux bénéfices de la compagnie minière (15,55 m.€). Les filiales américaines de haute technologie apportent des résultats positifs au Groupe ainsi que des opportunités de développement dans les métiers de l'environnement. Les filiales asiatiques permettent de pénétrer un marché très porteur. En revanche, les filiales européennes plus proches de la fabrication de l'acier sont globalement déficitaires.

La situation financière de la compagnie minière s'améliore durant la période considérée. La diminution des créances d'exploitation réduit le besoin en fonds de roulement de l'exercice (n +4). Le groupe a pu ainsi poursuivre son désendettement à court terme avec toutefois une trésorerie négative (- 6,56 m.€).

Dans ce contexte, l'apport du bailleur de fonds a permis de substituer un endettement à long terme à un endettement à court terme. Il a donc incontestablement permis une amélioration de la structure financière de l'entreprise. Cet appui venait au bon moment puisque la compagnie minière devait sérieusement assainir la situation financière d'un client qu'elle venait d'absorber.

L'endettement en devises (prêts en devises à la société) ne pose aucun problème car la société génère des recettes en devises par son exploitation (vente de manganèse à l'exportation).

Impact

La valeur ajoutée locale dégagée chaque année par la compagnie minière est estimée à 77,75 m€, soit près de 2 % du Produit intérieur brut ou PIB du pays. Les consommations intermédiaires et autres transferts importés représentent 38 % du total des emplois du compte de résultat. L'activité de la société est donc relativement bien intégrée au tissu économique du pays. La contribution de la compagnie minière aux recettes de l'État s'élève à près de 25,9 m€ par an. Ce montant était sensiblement le même en année (n +2). La masse salariale distribuée par la compagnie est de près de 16,8 m€ par an. Plus d'un tiers du résultat de la société est cependant transféré à l'étranger.

Les effets indirects de l'activité de la compagnie minière sur le développement économique et social du pays sont également sensibles. La compagnie minière a engendré la création ou la valorisation d'infrastructures et le développement de la région entourant la mine. Les réalisations les plus significatives concernent l'entretien de la voie de chemin de fer (cette liaison sert également aux producteurs de grumes), et la création d'un port minéralier. Les salaires de la compagnie minière permettent de faire vivre en moyenne une dizaine de personnes par employé, soit 14 000 au total. Sur le plan social, les dépenses engagées par la compagnie minière s'élèvent à 5,8 m€ en année (n +3). Elles portent principalement sur l'habitat (1 000 logements) et la santé (deux hôpitaux et un dispensaire). La compagnie minière a donc un effet positif sur le développement économique du pays en général mais également sur celui de sa région d'implantation. Elle représente un des piliers économiques du pays.

Les effets de retour pour la France sont nombreux, importants et variés. Une cinquantaine d'expatriés français sont rémunérés par la compagnie minière auxquels il convient d'ajouter les trente-cinq salariés qui travaillent au siège parisien. Quant aux investissements, le matériel installé est souvent d'origine française. Parmi les 47,3 m€ par an de consommations intermédiaires importées et autres transferts, près de 80 % sont eux aussi d'origine française. Les effets indirects en France ne sont pas négligeables non plus. Les sociétés européennes qui travaillent en aval de la société minière étaient toutes déficitaires en année (n +4), elles se sont néanmoins maintenues à flot grâce aux marges que réalise la société minière sur la partie extraction. Le financement du bailleur de fonds a même permis en année (n-1) d'absorber la plus importante d'entre elles, préservant ainsi l'activité et l'emploi dans une région économique française en difficulté.

Durabilité

Les installations de la compagnie minière sont performantes et en bon état de fonctionnement. Le personnel est correctement formé. Les caractéristiques physiques de la mine permettent une mécanisation poussée. La viabilité technique de la société est assurée.

La rentabilité financière intrinsèque exceptionnelle de la mine permet à la compagnie minière d'assurer son développement et sa pérennité même lorsque la conjoncture dans la filière se dégrade. On peut même estimer qu'avec une extraction de 1,2 MT par an contre 2 MT par an en année (n +3), la compagnie minière dégagerait encore des bénéfices.

Néanmoins, sur le plan environnemental, aucune indication n'est disponible sur l'impact du fonctionnement de la mine sur l'environnement.

Enseignements et recommandations

Aider financièrement à passer les périodes difficiles. Le soutien financier étudié a permis d'aider le développement de cette société dans une période délicate de son histoire. Cette société évolue dans le secteur minier, un secteur très capitalistique où les investissements sont lourds. En revanche, les cours des matières premières sont très fluctuants. Il convient donc d'être là pour soutenir ce type d'activité lorsque la conjoncture est dégradée.

Un impact positif sur l'économie locale. L'activité du groupe minier est positive pour le développement économique local. Le port et la ligne de chemin de fer pour extraire le minerai servent à d'autres secteurs économiques du pays (exploitation forestière essentiellement).

Un retour sur l'économie française. Les investissements, la maintenance, la transformation du minerai font appel en majorité à des compétences françaises. L'impact sur l'économie française est donc sensible.

Avoir une approche consolidée au niveau du groupe. Une analyse financière approfondie de la compagnie minière et de ses principales filiales reste cependant nécessaire pour mieux apprécier la situation financière réelle de l'ensemble du groupe.

Un manque d'information sur l'impact environnemental de cette activité. Bien que le projet soit plutôt focalisé sur une restructuration financière, il aurait été intéressant d'avoir un aperçu sur l'impact environnemental de cette activité et la prise en compte par l'entreprise, dans ses investissements comme dans son exploitation, de cette dimension.

Un financement qui aurait pu être apporté par une banque privée. La valeur ajoutée du bailleur de fonds est faible par rapport à ce qu'aurait pu apporter également une banque privée dans le cadre d'une restructuration financière. La pertinence de ce concours peut être questionnée, quant à l'utilité réelle d'avoir recours à un bailleur de fonds de solidarité internationale. Toutefois, les banques locales sont très prudentes pour s'engager sur le moyen terme. Elles préfèrent financer le court terme. Les banques étrangères regardent également souvent le risque pays qui est plus élevé en Afrique, ce qui les brident parfois dans leurs engagements à moyen et à long terme.

Le financement du secteur privé dans les pays en développement est toujours l'objet d'une lutte de territoire entre banques privées et banques de développement.

Quelque temps après l'évaluation ex-post

La société n'est plus aussi florissante qu'auparavant. Les prix de vente du manganèse ont fortement baissé sur les marchés internationaux. La société est concurrencée dans sa production par le Brésil et a dû fermer un site de transformation en France. Elle a été rachetée par un nouveau groupe minier.

Exercice proposé

Lire attentivement la présentation du projet et son fonctionnement

1) De quel type de financement s'agit-il ?
2) Quel est le but recherché pour la société ?
3) Comment définir ce qu'est l'encours de la société vis-à-vis du bailleur de fonds ? Quelle importance de l'analyse de l'encours pour un bailleur de fonds ?
4) Différence entre un bilan et un compte de résultat ?
5) Définition des capitaux propres et des capitaux permanents ?
6) Définition du fonds de roulement et du besoin en fonds de roulement ?
7) Que peut-on dire de l'évolution du compte d'exploitation (ou compte de résultat) de cette société ?

8) Différence entre un taux d'intérêt fixe et un taux d'intérêt variable ?
9) Quelles sont les spécificités d'une exploitation minière ? Quels sont ses risques ?
10) Quels enseignements tirés de cette opération ?
11) Quelle durabilité pour l'exploitation de cette mine ?
12) Notation : pertinence des objectifs ? Réalisation des objectifs ? Efficacité ? Efficience ? Impact ?
13) Points forts ? Points faibles ?

Corrigé de l'exercice

1) De quel type de financement s'agit-il ?

Il s'agit d'un refinancement d'une dette à court terme par une dette à moyen et long terme afin d'améliorer la structure financière de l'entreprise. En effet en bonne orthodoxie financière, les emplois longs sont financés par des ressources longues (emprunts longs) et les emplois courts par des ressources courtes (emprunts courts). Dans ce cas, le refinancement sert à adapter la structure d'endettement de l'entreprise à un emploi long (le rachat d'une activité en aval).

2) Quel est le but recherché par la société ? pour le bailleur de fonds ?

Le but pour la société est d'améliorer la structure financière de l'entreprise en rétablissant à un niveau acceptable ses capitaux permanents, c'est-à-dire les ressources stables de l'entreprise. Elle recherche également un effet d'image auprès d'une banque de développement, ce qui accrédite sa bonne gestion et son appartenance pleine et entière au secteur formel. Dans le cas présent, la société, même pour une restructuration financière, aurait pu trouver un emprunt localement ou auprès d'une banque commerciale internationale.

Pour le bailleur de fonds, le but est d'accompagner la restructuration et le développement d'une entreprise qui apporte de la richesse localement. C'est également une opportunité d'emploi peu risqué apportant de la marge bénéficiaire au bailleur de fonds.

3) Comment définir ce qu'est l'encours d'un prêt ? Quelle importance de l'analyse de l'encours pour un bailleur de fonds ?

L'encours d'un prêt correspond au capital à rembourser ou restant à rembourser par un emprunteur au prêteur (bailleur de fonds). Si l'encours est élevé, le risque financier sur cette contrepartie (la société qui emprunte) est élevé pour le prêteur. Si l'encours est faible, le risque financier est faible pour le bailleur. Il peut donc envisager de prêter à nouveau à cette contrepartie.

Le risque financier (risque bancaire) pour un bailleur de fonds sur une contrepartie peut être plus élevé que le seul encours sur cette même contrepartie. Dans l'analyse de risque, il peut s'y ajouter des engagements financiers supplémentaires acceptés par bailleur vis-à-vis de la contrepartie, engagement « engagés » mais non encore formalisés (en attente de signature de convention) ou engagements « engagés » mais non encore décaissés (convention signée mais non encore décaissée).

4) Différence entre un bilan et un compte de résultat ?

Un bilan décrit le patrimoine de l'entreprise à un instant donné avec ses actifs d'un côté, ses passifs de l'autre, classés de haut en bas en allant des actifs et passifs long terme aux actifs et passifs court terme. C'est une photographie du patrimoine plus ou moins liquide de l'entreprise.

Un compte de résultat enregistre les flux engendrés par l'exploitation d'une entreprise durant un exercice comptable (en général un an). Cette exploitation génère un bénéfice ou une perte quand on compare à différents stades du compte de résultat les recettes d'exploitation aux charges d'exploitation.

5) Définition des capitaux propres et des capitaux permanents ?

Les capitaux propres, ce sont les ressources investies par les actionnaires dans l'entreprise (au démarrage et/ou laissées dans l'entreprise par les actionnaires).

Les capitaux permanents, ce sont les ressources stables de l'entreprise dont font partie les ressources générées par un endettement long terme et les ressources en capitaux propres.

6) Définition du fonds de roulement et du besoin en fonds de roulement ?

En analyse financière, le fonds de roulement désigne la réserve d'argent immédiatement disponible pour financer l'exploitation d'une entreprise. Autrement dit les fonds dont l'entreprise a besoin pour assurer et couvrir les besoins liés à son activité. C'est-à-dire les dépenses courantes : Les salaires des employés(e)s ; Les charges courantes (loyer, assurance, fourniture d'énergie, impôts et taxes, etc.) ; Les factures fournisseurs.

Le besoin en fonds de roulement est la mesure des ressources financières qu'une entreprise doit mettre en œuvre pour couvrir le besoin financier résultant des décalages des flux de trésorerie correspondant aux décaissements et aux encaissements liés à son activité.

Le fonds de roulement d'une entreprise est en général supérieur au besoin en fonds de roulement pour une trésorerie positive.

7) Que peut-on dire de l'évolution du compte d'exploitation (ou compte de résultat) de cette société ?

Le résultat net de l'entreprise va croissant durant la période considérée.

8) Différence entre un taux d'intérêt fixe et un taux d'intérêt variable ?

Un taux d'intérêt fixe ne varie pas dans le temps. On applique toujours le même taux d'intérêt à l'encours restant à rembourser. Un taux d'intérêt variable évolue avec le temps, en général, en rapport avec l'évolution du marché obligataire (le marché des dettes dont les taux d'intérêt peuvent varier au jour le jour).

9) Quelles sont les spécificités d'une exploitation minière ? Quels sont ses risques ?

C'est une exploitation qui s'organise sur le long terme au prix d'investissements élevés qui s'amortissent dans la durée. Les charges fixes sont relativement lourdes par rapport aux charges variables. Le risque de ce type d'exploitation est lié à la fluctuation des prix de vente sur des marchés qui sont parfois très volatils. Dans le cas présent, la rentabilité financière intrinsèque exceptionnelle de la mine lui permet de pérenniser son activité même quand la conjoncture se dégrade (baisse des prix, baisse des commandes).

10) Quels enseignements tirés de cette opération ?

Le financement externe a permis une restructuration financière de l'entreprise durant une période délicate de son histoire. L'activité du groupe minier sert le développement du Gabon mais a également des répercussions positives en France et en Europe (aval de la filière déficitaire racheté par la société minière préservant ainsi l'activité et l'emploi en France et en Europe, expatriés employés sur place, matériels achetés auprès de fournisseurs européens, consommations intermédiaires importées…).

La réalisation d'un bilan financier de l'activité du groupe (société minière + filiales) est cependant nécessaire afin d'éviter que le rachat de filières déficitaires ne pèse trop sur l'équilibre financier du groupe.

Lorsque l'on finance le secteur privé, il est difficile de fixer la frontière entre entreprise à financer par les banques privées (n'ayant pas besoin d'un bailleur de fonds pour se financer) et entreprises à financer par les banques de développement.

11) Quelle durabilité pour l'exploitation de cette mine ?

La durabilité de l'exploitation de cette mine est assurée grâce à sa rentabilité financière exceptionnelle qui lui permet de dégager des bénéfices même avec une extraction faible (1,2 MT) par rapport aux possibilités d'extraction moyenne de la mine (2 MT).

La dimension environnementale du fonctionnement de cette société est totalement absente de l'approche de cette opération. Il serait donc nécessaire d'en savoir plus sur ce plan, même si le projet financé vise essentiellement l'amélioration de la structure financière de l'entreprise.

12) Notation. Pertinence de ce financement ? Réalisation des objectifs ? Efficacité ? Efficience ? Impact ?

Pertinence des objectifs du financement : satisfaisante même si la société n'avait pas spécifiquement besoin du bailleur de fonds pour réaliser une restructuration financière. Elle aurait pu tout aussi bien s'approcher d'une banque privée. Toutefois, on se rend compte que dans le contexte africain, les banques commerciales locales sont parfois frileuses pour financer les engagements moyen terme et long terme d'une société.

Réalisation des objectifs : satisfaisante, la restructuration financière a bien eu lieu et a amélioré les capitaux permanents de la société.
Efficacité : satisfaisante.
Efficience : satisfaisante.
Impact : sensible sur l'exploitation de mine mais difficile à juger dans la nébuleuse d'un groupe de cette taille avec ses nombreuses ramifications.

13) Points forts ? Points faibles ?

Point fort :

- Participation à une restructuration d'un grand groupe minier.

Points faibles :

- Entreprise n'ayant pas réellement besoin de ressources d'un bailleur de fonds public et pouvant donc se financer par le système bancaire traditionnel.
- Absence d'une prise en compte de la dimension environnementale de cette activité

15. Création d'une zone d'activités au Burkina-Faso

Présentation

Le projet se situe dans la capitale du Burkina-Faso qui fait partie des PMA et est un pays enclavé. Sa population est passée de 4,8 millions (m) en 1960 à 22 millions en 2021 (taux de croissance de la population de 2,7 %/an).

Sa capitale appelée Ouagadougou compte environ 2,4 millions d'habitants en 2021 contre 59 000 habitants en 1960.

Objet	**Bénéficiaires**		**Montant**	**Durée**	**Fin des travaux**
	primaire	**final**			
Création d'une zone d'activités pour le commerce et les PME/PMI	Etat	Chambre de commerce, organismes publics s'occupant de l'eau, l'électricité et le téléphone	3,66 m.euros	3 ans	3+ 6 ans

Le projet est destiné à regrouper des activités de commerce et de transport sur un terrain jouxtant la gare routière déjà administrée par la Chambre de Commerce de façon à le faire bénéficier des avantages procurés par une zone aménagée et bien desservie. On entendait ainsi diminuer l'engorgement du centre-ville à proximité du marché. En effet, les opérateurs économiques possèdent des aires de stockage en centre-ville qui bloquent la circulation.

L'objectif principal du projet est donc d'offrir de nouvelles possibilités d'installations aux opérateurs en dehors du centre.

Contiguë à la zone du projet, la gare routière s'étend sur 25 hectares à la périphérie de la capitale. Elle a été réalisée avec le concours financier du même bailleur de fonds. Ouverte au trafic il y a vingt ans, elle constitue un point de passage obligé pour le fret international routier dans cette ville enclavée. C'est donc une zone de transit permettant d'effectuer les formalités douanières. Une politique de fort développement urbain de cette zone a été appuyée par le même bailleur de fonds à travers le financement de trois projets successifs : la gare routière, une voie d'accès à la gare routière et enfin la zone d'activité qui est objet de la présente évaluation. La pertinence et la cohérence de cette opération apparaissent donc fortes.

La zone d'activités vise donc à rééquilibrer l'activité de la ville en créant un nouveau pôle économique qui décongestionnerait le centre.

Le projet de zone d'activités consiste à viabiliser à puis gérer des parcelles destinées aux opérateurs économiques non industriels. Il s'agit de proposer en location, location-vente ou achat, des parcelles viabilisées de 1 000 à 15 000 m^2 munies de services communs (surveillance et gardiennage, station-service, poste de police, bureau de poste, sanitaires, secrétariat). La Chambre de commerce, à qui le terrain avait été concédé par l'État, a assuré la maîtrise d'ouvrage déléguée du projet, la commercialisation des parcelles et la gestion de la zone d'activité.

L'alimentation en eau des parcelles, l'alimentation électrique en moyenne tension, les raccordements téléphoniques ont été assurés par des sociétés publiques, partenaires au projet.

L'ensemble du terrain représente une surface d'environ 122 hectares. L'opération présentée comme une première phase de réalisation visait à satisfaire dans l'immédiat le groupe de clientèle « réellement demandeur ». Elle portait sur l'aménagement de 40 ha soit 1/3 de la surface totale de la zone d'activités, ce qui représente environ 34 ha de surface utile.

La taille des parcelles proposées aux opérateurs se répartissait comme suit :

Taille des parcelles	
· 1 000 m^2 et moins	11 %
· 2 000 m^2	14 %
· 2 500 m^2	14 %
· 5 000 m^2	28 %
· 10 000 m^2	28 %
· Plus de 10 000 m^2	5 %
	100 %

Spécificité du projet

La spécificité du projet tient aux facteurs suivants :

- Financement par l'intermédiaire d'un opérateur local, sans assistance technique externe.
- Montage d'un projet relativement ambitieux faisant appel à plusieurs intervenants publics et privés.
- Volonté de peser sur le développement économique d'une ville enclavée où le transport urbain et le transport interurbain ont une grande importance économique directe (le transport routier donne de l'emploi à de nombreux Burkinabés) et indirecte (la fluidification des transports).
- Volonté d'influencer l'urbanisation de la capitale.

Responsabilité de l'exécution technique

Maître d'ouvrage :	Ministère du commerce
Maître d'ouvrage délégué :	Chambre de commerce
Maître d'œuvre :	Société d'études

La société chargée de la maîtrise d'œuvre a mis un terme à ses activités internationales trois ans après le début du projet. Le contrat a été repris par une autre société d'études dont le siège est dans un pays voisin jusqu'au terme de la phase d'investissement physique du projet, soit six ans après.

Exécution technique et financière du projet

Les travaux prévus étaient les suivants :

- Aménagement de la voirie et drainage avec des caniveaux latéraux à ciel ouvert sur l'ensemble de la surface concernée.
- Alimentation en eau de la zone d'activité ou ZA.
- Alimentation en électricité moyenne tension (MT), seul le branchement étant à la charge des bénéficiaires de la parcelle.
- Création d'un réseau téléphonique afin de couvrir l'ensemble de la zone.

Les services complémentaires offerts sur la zone d'activités doivent être concédés à des professionnels qui construiront eux-mêmes leurs installations et géreront leurs activités (restaurant, secrétariat, reproduction de documents, etc…

Les autres services devaient être assurés par l'administration (police, PTT) ou gérés par la Chambre de commerce (surveillance et gardiennage).

Les travaux prévus (terrassement, voirie d'accès, eau, téléphone, assainissement, électricité) ont été réalisés conformément aux cahiers des charges. Les reliquats ont servi à financer le doublement du canal d'évacuation des eaux en bordure de la zone afin d'éviter l'inondation d'un quartier à proximité. Deux années après la réception des travaux, aucune détérioration anormale des voiries ou autres composantes n'était à déplorer. Les services publics (eau, électricité, téléphone) sont bien assurés. En revanche, les services concédés (restaurant, secrétariat, reproduction de documents... n'ont toujours pas trouvé preneurs. L'éclairage de nuit, fort utile pour améliorer la sécurité des parcelles de la zone, devrait être assuré par une société publique. Il n'est devenu effectif que trois ans après la fin des investissements sur la zone.

Calendrier des réalisations

	Prévisions	**Réalisations**
Démarrage des travaux	n	n+3
Fin des travaux	n+3	n+7

Les premiers marchés avec les entreprises n'ont été signés qu'après trois années de démarrage du projet, donc près de trois ans après la signature de la convention.

Cette lenteur dans l'exécution des travaux s'explique par les facteurs suivants :

- La convention de financement entre l'État et le bailleur de fonds a été signée en année (n) sous forme de subvention. Les conventions de rétrocession sous forme de prêts entre l'État et la chambre de commerce, la société publique chargée de l'électricité, la société publique chargée du téléphone, la société publique chargée de l'eau n'ont été finalisées qu'un an plus tard. En général, le recours à la rétrocession peut avoir lieu pour les motifs suivants : (1) le bailleur et le bénéficiaire primaire s'entendent pour que la maîtrise d'ouvrage de l'opération soit confiée à d'autres structures plus opérationnelles par rapport au projet (2) Le bailleur de fonds ne souhaite pas avoir trop d'interlocuteurs (3) les fonds prêtés ou donnés sont rétrocédés à d'autres conditions (ici une subvention se transforme en prêt permettant à l'État de percevoir des remboursements de prêts de la part de société d'État qui vont bénéficier du projet et en tirer des ressources) mais un prêt peut se rétrocéder en prêt ou en subvention et une subvention se rétrocéder en prêt (comme ici) ou en subvention (4) les conditions de financement doivent être modifiés pour le bénéficiaire final (prêt/don, remboursement en devises ou en monnaie locale en fonction des recettes du projet). Dans ce cas particulier, le délai entre la convention de financement et l'établissement des conventions de rétrocession s'explique par le fait que quatre structures intervenaient pour cette opération : trois sociétés publiques et la Chambre de commerce qui ont bénéficié chacune d'une convention de rétrocession sous forme de prêt. Cela fait une lourde architecture pour un seul projet d'un montant limité.
- La réforme de la décentralisation au niveau national amorcée en année (n) a introduit certaines incertitudes dans le déroulement du projet.

- Pour que la mise en valeur soit plus efficace, le mode de commercialisation a évolué : la possibilité d'acheter des parcelles et la possibilité de procéder à des contrats de location-vente complètent le dispositif initialement prévu de location des parcelles.
- En année (n +1), un nouveau décret gouvernemental a classé la zone d'activité en zone d'utilité publique. La Chambre de commerce peut donc effectivement aménager et gérer la ZA avec une plus grande sécurité juridique.
- La précommercialisation des parcelles ne commence effectivement qu'en année (n +2). Or d'après la convention de financement, il convient que 50 % des parcelles soient précommercialisées pour que la convention entre en vigueur et donc que les fonds soient disponibles pour commencer les travaux. Cette précommercialisation de 50 % mettra plus de temps que prévu puisqu'une dévaluation intervient en année (n +2), entraînant un tassement temporaire de la demande de parcelles (38 % précommercialisés à cette date).
- Les 50 % de parcelles commercialisées ne sont atteints qu'en année (n +3). Les conditions suspensives de la convention de financement pour le décaissement des fonds peuvent alors être levées puisque dans le même temps (seconde condition suspensive), la Chambre de commerce justifie de son apport en autofinancement au projet d'un montant de 3 m. FRF (0,46 m€).
- La réalisation de l'étude technique d'aménagement peut donc débuter pour un déclenchement des travaux au début de l'année (n +4).
- Ensuite, les difficultés avec la société d'électricité pour faire réaliser les travaux à un coût acceptable entraînent de nouveaux contretemps. Le chantier qui aurait dû prendre 9 mois s'étale finalement sur 2 ans. La réception provisoire des travaux de la société d'électricité, dernier opérateur à intervenir sur le chantier, ne débute qu'en année (n +6).

La convention de financement a été signée en année n. Le premier versement est intervenu une année plus tard et le dernier versement au bout de 6 années. Le retard dans la mise en œuvre de ce projet est extrêmement important.

Les principales raisons de ce retard (quatre années par rapport au calendrier initial) tiennent à la complexité du montage juridique et financier, qui impliquait non seulement l'État mais aussi d'autres bénéficiaires finaux comme la Chambre de commerce et trois sociétés publiques. De plus, l'attentisme des opérateurs privés (bénéficiaires finaux du projet) après la dévaluation de 50 % de la monnaie de l'année (n +2) et les difficultés des négociations avec la société d'électricité ont contribué à prolonger les travaux. L'exécution technique et financière de ce projet s'est donc révélée délicate. Par ailleurs, le marché principal (voirie et drainage) a été attribué, après appel d'offres sur liste restreinte, à une entreprise dont le dirigeant occupe des fonctions éminentes à la Chambre de commerce ce qui pose un problème de principe. La contribution au projet de la Chambre de commerce a été finalement réduite de moitié après la dévaluation (0,46 m€ au lieu de 0,91 m€), limitant le budget de l'opération à 4,12 m€ contre 4,57 m.€).

Effet de la date de l'évaluation ex post sur la mesure de l'impact du projet.

L'évaluation ex post de ce projet a été diligentée deux années après la fin de l'exécution du projet. À cette date, les effets du projet étaient très limités (50 % des parcelles occupées alors que le projet avait lui-même pris beaucoup de retard).

La mise en valeur des parcelles s'est accélérée après l'année (n +6) pour atteindre 100 % en année (n +8). Celles qui n'ont fait l'objet d'aucun aménagement de la part des opérateurs ne représentent plus que 30 % de la totalité des lots. Les opérateurs économiques rencontrés sont satisfaits de leur implantation dans la zone. Après avoir craint que plus de 50 % des parcelles ne soient pas exploitées, on s'aperçoit avec le temps que les opérateurs commencent à mettre en valeur à leur rythme la plupart des parcelles.

131 parcelles sur 135 sont viabilisées dont 50 % en location-vente et 50 % en propriété. La zone d'activités a finalement contribué au désengorgement du centre-ville et cela d'autant plus que le marché central de la ville a brûlé. Un projet d'extension de la zone d'activité à 188 parcelles supplémentaires est à l'étude. L'ensemble des parcelles seraient vendues, la location-vente posant trop de problèmes.

Enseignements et recommandations

La complexité de mise en œuvre des projets « d'ingénieurs ». Il s'agit typiquement d'un projet d'ingénieur, certes fort intéressant et dont les objectifs sont louables, mais dont la complexité propre ajoute à la complexité déjà très grande du milieu dans lequel il tente d'intervenir. Complexité dans le choix des bénéficiaires puisqu'il existe un bénéficiaire primaire, l'État, et plusieurs bénéficiaires intermédiaires (sociétés publiques, Chambre de commerce) et enfin des bénéficiaires finaux (opérateurs économiques venant s'installer dans la zone). On multiplie ainsi les centres de responsabilités mais aussi les conflits d'intérêts potentiels. Complexité dans le mode opératoire puisque la mise en œuvre du projet fait appel à une Chambre de commerce, un opérateur technique et quatre sociétés d'État. Complexité du milieu d'intervention puisqu'il s'agit de susciter la création d'une nouvelle zone d'activités s'adressant à des opérateurs économiques dont on connaît relativement peu le milieu, les contraintes et les aspirations.

Mieux cerner les motivations des commerçants. Aucune étude préalable n'a été menée pour mieux cerner les motivations des commerçants ou petits industriels qui possèdent des lieux de stockage en centre-ville à proximité du marché.

Complexité dans le mode opératoire puisque les parcelles viabilisées doivent être mises en valeur selon un cahier des charges bien précis dont on se demande avec quels moyens la Chambre de commerce sera capable de le faire appliquer. Complexité des modes d'attribution des parcelles puisqu'elles peuvent être louées, prises en location-vente ou vendues. La location et la location-vente sont des modes d'appropriation qui sont peu compatibles avec la mise en valeur souhaitée des parcelles. En revanche, l'opérateur qui possède une parcelle en pleine propriété est bien plus à même de la mettre en valeur.

La très longue durée de mise en œuvre du projet montre bien la difficulté de la tâche entreprise, même si l'objectif de décongestionner le centre-ville et de créer un pôle d'activité à proximité de la gare routière internationale est tout à fait opportun. Tout projet s'exécute dans un milieu spécifique et complexe.

Éviter d'ajouter de la complexité à la complexité. Il convient donc d'éviter d'ajouter de la complexité à la complexité. Le concepteur d'un projet doit plutôt s'imprégner d'une réalité incontournable et tenter ensuite un projet pouvant s'inscrire et pourquoi pas modifier dans un sens positif cette réalité. C'est bien plus sain que de concevoir un projet ex nihilo et d'essayer ensuite de le réaliser.

L'amélioration possible de la gestion de la zone d'activités par la Chambre de Commerce. La gestion de la zone d'activités pourrait être améliorée. La Chambre de Commerce n'a pas utilisé les moyens humains suffisants pour gérer efficacement cet investissement. Le statut foncier de la zone d'activités n'est pas complètement défini. La comptabilité et la gestion financière de la Zone ne sont pas individualisées par rapport aux autres activités de la Chambre de commerce. Le remboursement de la Chambre de Commerce à l'État des sommes investies pour cette opération ne s'effectue pas normalement. Les ressources sont insuffisantes pour assurer le remboursement du prêt.

La date d'évaluation ex post pour juger des effets du projet est primordiale. On s'aperçoit avec le temps que les parcelles ont trouvé preneurs, ce qui n'était pas évident lors de l'évaluation ex-post. Un projet qui s'avérait trop complexe dans sa mise en œuvre semble beaucoup plus positif en ce qui concerne ses effets dans la durée.

Les opérations d'aménagement urbain ou d'aménagement du territoire prennent beaucoup de temps pour produire leurs effets. Il est donc très difficile d'évaluer un projet de ce type deux années après la fin de son exécution.

Exercice proposé

Lire attentivement le déroulé du projet et sa réalisation

1) Pour quelles raisons la réalisation du projet a mis plus de temps que prévu (mise en œuvre) ?
2) Qu'est-ce qu'une convention de rétrocession ?
3) Qu'est-ce qu'une condition suspensive à une convention de financement ?
4) Que pensez-vous du montage du projet ?
5) Quels enseignements et recommandations par rapport à l'évaluation de ce projet ?

6) Quelle est l'importance de la date d'évaluation ex post pour juger de l'impact du projet ?
7) La durabilité du projet vous semble-t-elle assurée ?
8) Notation du projet : pertinence des objectifs ? Réalisation des objectifs ? Efficacité ? Efficience ? Impact ?
9) Points forts ? Points faibles ?

Corrigé de l'exercice

1) Pour quelles raisons la réalisation du projet a mis plus de temps que prévu (mise en œuvre) ?

La lenteur dans la réalisation du projet a de multiples causes :

- Retard dans l'élaboration des conventions de rétrocession à la chambre de commerce et aux sociétés publiques (eau, électricité, téléphone) dû à la très lourde architecture du projet.
- Incertitude quant à la réforme de décentralisation
- Évolution dans le mode de commercialisation des parcelles avec une précommercialisation des parcelles en retard de deux années.
- Faible taux de commercialisation des parcelles après 3 ans (50 %)

2) Qu'est-ce qu'une convention de rétrocession ?

L'État était bénéficiaire direct du financement sous forme de subvention. La convention de rétrocession a pour but de rétrocéder ces financements obtenus du bailleur de fonds à d'autres entités (chambres de commerce, entreprises publiques).

3) Qu'est-ce qu'une condition suspensive à une convention de financement ?

Une condition suspensive d'une convention de financement est une condition à remplir par le bénéficiaire du financement s'il veut bénéficier, (1) effectivement du financement, (2) du premier décaissement, (3) parfois même des décaissements par tranches prévues dans la convention (4) de la continuité d'un financement jusqu'à son terme. Les conditions suspensives sont toujours mentionnées dans la convention de financement. Si elles ne sont pas levées, elles suspendent le financement, dès avant son démarrage ou pendant la période de décaissement. Ce sont en général les obligations strictes à respecter pour que le bailleur de fonds soit suffisamment sécurisé pour décaisser les fonds. On peut ainsi avoir des conditions suspensives au démarrage du financement du projet. On peut avoir des conditions suspensives au décaissement des fonds (exemple : décaissements par déblocages de tranches). On peut avoir des conditions suspensives générales (exemple : circuit de financement du projet, personnes de la maîtrise d'ouvrage habilitées à signer des documents pour le compte de la maîtrise d'ouvrage dans le circuit de financement du projet, détournements de fonds dûment constatés,) mais également des conditions suspensives particulières, spécifiques à l'opération (exemples : mesure réglementaire à prendre pour démarrer le projet et lui donner toutes les chances de succès, apport financier effectif du cofinancier du projet…).

4) Que pensez-vous du montage du projet ?

Le montage du projet est très complexe. Il fait appel à une multitude d'intervenants qu'il est difficile de bien coordonner dans la durée.

5) Quels enseignements et recommandations par rapport à l'évaluation ex-ante de ce projet ?

Le projet ne tient pas assez compte des réalités de terrain. Sa complexité dans la mise en œuvre est très élevée. Il y a trop d'intervenants, ce qui multiplie les centres de responsabilité et les situations de blocage. Les études préalables sont quasiment inexistantes. On ne connaît pas bien les opérateurs économiques qui pourraient être intéressés par ces parcelles. Le cahier des charges de la mise en valeur des parcelles semble déconnecté des réalités. Le mode d'attribution des parcelles est trop complexe.

6) Quelle est l'importance de la date d'évaluation ex post pour juger de l'impact du projet ?

Au moment de l'évaluation ex post du projet, l'impact du projet était jugé faible étant donné que de nombreuses parcelles étaient encore inoccupées. Plusieurs années après l'évaluation ex-post, on s'aperçoit que l'ensemble des parcelles sont finalement occupées et qu'un projet d'extension est en cours d'étude. Les objectifs poursuivis par le projet sont donc atteints.

7) La durabilité du projet vous semble-t-elle assurée ?

La durabilité du projet n'est pas complètement assurée car les capacités de gestion d'une telle zone d'activité par la Chambre de Commerce sont encore trop réduites.

Néanmoins, la mise en valeur de ce type de projet doit être jugée dans la durée. On ne change que très lentement les habitudes des opérateurs économiques, en centre-ville ou ailleurs. Ce changement prend du temps pour s'avérer effectif. À long terme, la durabilité du projet semble assurée.

8) Notation du projet. Pertinence des objectifs ? Réalisation des objectifs ? Efficacité ? Efficience ? Impact ?

Pertinence des objectifs : satisfaisante en termes de meilleurs aménagements de la ville.

Réalisation des objectifs : peu satisfaisante au moment de l'évaluation ex-post, le centre-ville est toujours aussi engorgé. Les parcelles sont très lentement mises en valeur.

Efficacité : les travaux prévus ont été réalisés avec beaucoup de retard. La mise en valeur des parcelles est demeurée faible très longtemps.

Efficience : les coûts ont été respectés même si le calendrier n'a pas été tenu.

Impact : sensible sur le développement du quartier avec la gare routière internationale à proximité, faible sur l'engorgement du centre-ville au moment de l'évaluation ex-post. En revanche, quelques années après l'évaluation ex-post, la mise en valeur des parcelles est satisfaisante. Le désengorgement du centre-ville est en cours. Les opérations d'aménagement du territoire doivent se juger dans leurs effets dans la durée.

9) Points forts ? Points faibles

Points forts :

- Aménagement intégré d'un quartier périphérique avec une desserte routière visant à améliorer la fluidité de l'activité économique en centre-ville.
- Installation progressive des opérateurs sur la zone.
- Localisation satisfaisante sur le plan environnemental à proximité d'un marché et donc des lieux d'échange.
- Effets de désengorgement de la ville à long terme

Points faibles :

- Complexité du montage du projet.
- Faiblesse de l'organisme de gestion (chambre de commerce).

5. Secteur de l'eau potable

16. Hydraulique urbaine en Guinée Conakry

Présentation

Les deux projets considérés se situent en Guinée Conakry, dans un PMA au sous-sol riche en matières premières. La population de ce pays est passée de 3,5 millions (m) d'habitants en 1960 à 13,5 m en 2021 (taux de croissance de la population de 2,4 % par an). La capitale de cet État, Conakry (50 000 habitants en 1958 contre 1,6 million en 2021) est particulièrement mal équipée en infrastructures publiques de base (voies de circulation, eau, électricité, services publics de base). La population, en croissance exponentielle, a eu à subir pendant de nombreuses années un régime politique très austère. Elle vit donc dans des conditions difficiles. Les services publics fonctionnent avec très peu d'efficacité. En 1995, les pertes techniques (fuites, branchements sauvages) du réseau d'adduction d'eau représenteraient près de 50 % de l'eau envoyée dans les conduites.

Depuis 17 ans, les financements du bailleur de fonds dans le secteur de l'hydraulique urbaine s'élèvent globalement à 38,22 m.€. Le champ de l'évaluation se limite aux derniers projets achevés, financés par :

- Un prêt de 4,76 m€ octroyé en année (n) pour un programme intérimaire d'hydraulique urbaine dans la capitale, Conakry, et dans une ville secondaire, Kindia. Conakry se caractérise par une forme géographique allongée ressemblant à une langue de terre étroite qui se jette dans la mer. La ville est donc tout en longueur et d'une largeur de plus en plus étroite.

- Une subvention de 19 m€ octroyée en année (n +5) dans le cadre d'un projet global d'alimentation en eau de la capitale piloté par la Banque mondiale et cofinancé par d'autres bailleurs de fonds.

Spécificité des deux projets

La spécificité des deux projets tient aux facteurs suivants :

- Apport d'un bien commun, l'eau potable, à une population urbaine pauvre
- Privatisation de la gestion d'un système de distribution d'eau dans un contexte de multidonateurs.
- Équilibre à définir entre société de patrimoine qui est le propriétaire des infrastructures et la société d'exploitation.
- Nécessité d'arbitrer entre intérêts financiers de l'opérateur exploitant et bon fonctionnement du réseau.

Programme d'hydraulique urbaine dans la capitale et dans la ville secondaire : prêt de 4,76 m. €.

D'une durée prévisionnelle de 18 mois, ce projet intérimaire poursuivait les objectifs suivants :

- Entreprendre la remise en état du réseau de la capitale et de la ville secondaire en attendant le démarrage d'un projet global piloté par la Banque mondiale.
- Appuyer les actions de formation de l'entreprise nationale de l'eau.
- Préparer la participation du bailleur de fonds à la réorganisation du secteur.

Exécution technique et financière du premier projet (4,76 m€ en prêt)

L'exécution technique et financière des travaux appelle les commentaires suivants :

- Lors des études préalables du projet, les travaux de réhabilitation de la station de traitement ont été sous-estimés. Deux avenants à la convention ont permis d'effectuer les travaux complémentaires nécessaires + 0,3 m.€). La Banque mondiale a dû également financer une partie de cette réfection + 0,12 m.€).

- Les travaux de distribution (canalisation tertiaire[27]) et les branchements sociaux (branchements pour les plus pauvres) ont été inférieurs aux prévisions : 1 592 branchements contre 2 350 prévus. Les branchements sociaux étaient effectués en régie par l'entreprise nationale de l'eau. L'équipe de pose, dont le budget de fonctionnement était mal assuré, n'a guère donné satisfaction.

À l'inverse, plusieurs composantes ont été menées à bien : formation des cadres de la société nationale de l'eau, réfection de la station de traitement de la ville secondaire, préparation de la réforme institutionnelle du secteur de l'hydraulique urbaine.

Ce projet a donc permis de faire le lien entre les premiers investissements financés par les bailleurs de fonds dans le secteur il y a plus de vingt ans et la transformation du schéma institutionnel qui s'est concrétisée en année (n +3), donc après ce premier projet.

Projet global d'alimentation en eau de la capitale

Exécution technique et financière du deuxième projet (19,06 m€ en subvention)

Le financement du bailleur de fonds s'intègre dans un projet plus vaste d'un coût global de 117 m $, piloté par la Banque mondiale (prêt IDA de 43,96 m $) et associant d'autres bailleurs de fonds : Banque africaine de développement (prêt de 25,44 m. $), Banque européenne d'investissement (prêt de 13,62 m $), et une participation de la Société nationale des eaux pour l'équivalent de 9,29 m. $. Les principaux objectifs de ce projet global d'alimentation en eau de la capitale étaient les suivants :

- Réorganisation institutionnelle du secteur par la création d'une société de patrimoine, d'une part, et d'une société d'exploitation majoritairement privée, d'autre part, ce qui constituait une première dans ce pays. Ce schéma (société de patrimoine d'un côté qui gère les investissements, société d'exploitation qui exploite les infrastructures de l'autre) a eu beaucoup de succès en Afrique et ailleurs. Il permet d'associer le public et le privé dans la gestion d'infrastructures publiques. Ainsi, on espère une exploitation optimisée par l'opérateur privé. La gestion de la société du patrimoine (investissements nouveaux, grosses réparations) continue d'être assuré par la société de patrimoine dont la rémunération est souvent perçue sous la forme d'une rétribution de la société d'exploitation pour justement exploiter les

27 / Le réseau de distribution d'eau d'une ville se compose en général de canalisations primaires (canalisations directement en aval de la station d'épuration), de canalisations secondaires (canalisations desservant les principaux quartiers) et enfin de canalisations tertiaires (canalisations présentes dans chaque rue). Le diamètre de ces différents types de canalisations va décroissant.

infrastructures. La difficulté de ce type de montage réside principalement dans les points suivants : (1) prévoir une compétence suffisante et une rétribution suffisante pour que la société de patrimoine puisse réellement investir et maintenir la qualité des infrastructures (2) avoir une société d'exploitation dont le contrat soit incitatif pour améliorer la gestion du service (3) fixer des prix de vente des services rendus (prix de l'eau, prix de l'électricité…) qui permettent à la société d'exploitation d'équilibrer ses comptes sans se couper de la demande des plus pauvres (4) Bien délimiter les attributions de la société de patrimoine et de la société d'exploitation qui doivent pouvoir travailler ensemble

- Renforcement de l'alimentation en eau de la capitale grâce à des investissements permettant de doubler les capacités de production d'eau à 100 000 m^3/jour et la pose de 15 000 branchements sociaux.
- Retour progressif à l'équilibre financier du secteur par une politique de soutien dégressif du prix de l'eau.

Sur le plan de l'exécution technique et financière du projet, les investissements ont été réalisés dans les règles de l'art et à des coûts inférieurs aux prévisions, permettant ainsi de disposer de nombreux reliquats (1,98 m€ pour le bailleur de fonds). La réforme institutionnelle a été menée à son terme par la création de deux sociétés autonomes : une société de patrimoine et une société d'exploitation (société d'exploitation avec prise de participation majoritaire d'intérêts privés français soit 51 % du capital). La direction de la Société d'exploitation est assurée par des intérêts privés français dans le cadre d'un contrat d'exploitation d'une durée de dix ans venant à expiration en année (n +13).

Fonctionnement du secteur de l'eau

En année (n +3) avant ce projet global, la distribution de l'eau dans la capitale n'était plus assurée correctement : coupures fréquentes, faible débit, mauvaise qualité de l'eau. De plus, la clientèle était facturée à 90 % sous forme de forfaits parfois très éloignés des consommations réelles. Une grande partie des pertes techniques du réseau était facturée à l'administration dont la consommation représentait ainsi plus de 59 % des ventes.

En année (n +12), après la réalisation de ce projet global, la situation s'est sensiblement améliorée : l'eau est de bonne qualité, les coupures ont disparu, la facturation se réalise d'après la consommation réelle et non de manière forfaitaire. L'administration et les gros consommateurs ne représentent plus que 40 % de la consommation d'eau de la capitale. Malgré ces avancées qui sont en partie des effets positifs du projet global, les perspectives du secteur demeurent incertaines :

- La faiblesse du rendement des installations gérées par la société d'exploitation demeure préoccupante (rendement technique proche de 52 % et ainsi encore 48 % de pertes techniques sur le réseau). Cette piètre performance ne peut plus s'expliquer par la vétusté du réseau tertiaire dont 89 % de la structure est récente ou réfectionnée. En réalité, la société d'exploitation ne semble pas avoir d'avantages financiers réels à mener une politique coûteuse de recherche et de réparation des pertes techniques ou commerciales. Le système de distribution de l'eau étant gravitaire - l'approvisionnement quantitatif des conduites en eau ne coûte pas trop cher -, les mesures d'optimisation du rendement technique du réseau ne semblent pas prioritaires pour l'exploitant dans le système de tarification actuel. De plus, la société d'exploitation, la société de patrimoine et les entreprises qui exécutent les marchés d'études et de travaux dans le secteur de l'eau souhaitent, pour des raisons diverses, une certaine permanence des investissements de capacité comme des investissements de distribution ou en termes de branchements. Le faible rendement du réseau les aide dans ce sens. Ainsi, la Banque mondiale finance depuis (n +11) le troisième projet global eau et assainissement de la capitale pour un montant de 25 m $ qui comporte encore des investissements visant à augmenter les capacités de production. On arrive donc à une situation relativement choquante : les capacités de production d'eau potable de la ville croissent alors que près de 50 % de l'eau envoyée dans le réseau sont perdues.

Le système de tarification qui organise la répartition des recettes de la vente de l'eau est devenu, par le jeu des indexations et des révisions, trop favorable à la société d'exploitation par rapport à la société de patrimoine. Ainsi, la baisse du chiffre d'affaires du secteur de l'année (n +8) à l'année (n +10) n'a pas empêché la croissance de la rémunération de la société d'exploitation. La société d'exploitation est rémunérée sur le volume de sa facturation (pertes incluses) et non sur le montant réel des factures recouvrées. Depuis (n +10), la société de patrimoine se trouve dans une position financière extrêmement délicate.

La croissance escomptée du chiffre d'affaires du secteur demeure nettement inférieure aux prévisions (pertes techniques). Le prix élevé de l'eau et la multiplication des branchements clandestins handicapent fortement la politique commerciale. Le prix de l'eau en valeur constante est passé de 0,18 €/m^3 à 0,78 €/m^3 entre l'année (n +4) et l'année (n +8). Le prix moyen courant est bloqué par le Gouvernement depuis (n +8). Cette hausse est l'une des plus rapides enregistrée dans les pays pauvres similaires et place le prix de l'eau dans ce pays pauvre à un niveau relativement élevé.

L'équilibre financier du secteur n'est assuré que grâce au soutien permanent des bailleurs de fonds. La société d'exploitation n'équilibre ses comptes qu'en sous-provisionnant ses créances clients. La Société de patrimoine ne peut assurer que 50 % du service de la dette du secteur.

La politique de commercialisation de l'eau demeure sommaire. Des efforts semblent nécessaires sur de nombreux points : politique de tarification, positionnement des bornes-fontaines (bornes-fontaines[28] pour les personnes ne pouvant avoir de branchements individuels) par rapport aux branchements sociaux et amélioration de leur gestion, connaissance par enquête de la clientèle potentielle, lutte contre les branchements clandestins qui perturbent fortement la commercialisation de l'eau, révision de prix du branchement et système de facturation.

Impacts des projets

Sur le plan institutionnel, l'impact du projet global est satisfaisant : les deux sociétés ont été créées et l'apport d'une gestion de type privé dans l'exploitation du réseau est globalement bénéfique. L'eau est partout disponible. Il n'y a plus de coupures. Les abonnés paient plus leurs factures.

Sur le plan financier, une partie des projets est financée sous forme de prêt en devises. Or, les recettes de la société d'exploitation d'eau sont des recettes en monnaie locale (vente de l'eau aux usagers). Le coût en devises et le risque de change à assumer sont donc élevés pour la partie financée sous forme de prêt en devises. En bonne orthodoxie bancaire, un prêt en devises devrait générer chez l'emprunteur des recettes supplémentaires en devises permettant de rembourser le prêt. Le risque de change sera assumé par l'emprunteur (en dernier ressort par l'État) et non par le prêteur. On peut donc légitimement s'interroger sur l'opportunité d'utiliser l'outil prêt en devises pour le bailleur de fonds auprès d'une société dont les recettes sont en monnaie locale, auprès d'un pays pauvre dont la situation financière est tendue. Le coût en devises est élevé.

Sur le plan économique, l'impact du projet global est cependant plus faible que prévu. Le taux de rentabilité interne économique s'établit à 3,6 % contre 10 % attendu dans le document d'évaluation ex ante.

L'impact sur la population et la santé des projets doit être sensible mais il n'a pu être calculé avec précision. À l'issue du projet global, les estimations de croissance de desserte de la population en eau potable ne sont guère convaincantes. Entre l'année (n +6) et l'année (n +11), les volumes facturés évoluent de 11,5 m m^3 à 14,6 m m^3. Avec une consommation journalière moyenne par habitant de 42 litres, la population urbaine desservie officiellement passerait de 28 % à 36 %. Les statistiques officielles ne donnent aucune indication sur l'évolution de la population entre ces deux dates. L'impact du projet global est important grâce à la meilleure qualité de l'eau et son accessibilité permanente (absence de coupures).

Les effets de ces interventions sur l'économie française sont significatifs : marchés de travaux exécutés par des entreprises nationales sur financement français mais également sur financement extérieur (35,83 m€), implantation d'un opérateur français à la direction d'une société d'exploitation.

28 / Le prix de l'eau payée aux bornes fontaines est plus élevé que celui payé pour les branchements sociaux. Les plus pauvres sont bien les plus défavorisés !

Les perspectives de pérennisation institutionnelle se sont améliorées même si elles restent encore fragiles sur le plan technique et financier.

Enseignements et recommandations

La difficulté d'équilibrer financièrement la gestion d'un service public de l'eau en Afrique ou ailleurs. Il s'avère très difficile de trouver un équilibre financier à ce type d'activité, même dans des pays développés où ce type de service bénéficie à l'investissement et parfois même à l'exploitation de subventions publiques. Il est encore plus difficile dans un pays en développement, où la clientèle potentielle est peu solvable, de trouver une rentabilité à ce type d'activité, quels que soient les montages institutionnels imaginés. Il convient donc d'accepter le principe d'une subvention publique à ce type d'activité (financée par l'État ou financer par un bailleur de fonds) et non pas la refuser, ou faire comme si on pouvait la refuser pour des raisons idéologiques (modèle libéral sans subventions). Plus généralement, les services publics de l'eau, de l'électricité, des transports urbains publics sont structurellement déficitaires partout dans le monde. En revanche, la subvention de cette activité devrait pouvoir se réaliser en contrepartie d'une saine gestion des investissements et de l'exploitation.

Le caractère inapproprié du financement en prêts en devises auprès d'une société qui ne génère que des recettes en monnaie locale, dans un pays pauvre.

En bonne orthodoxie bancaire, on ne devrait pratiquer le prêt en devises que dans des opérations qui engendrent des recettes en devises. De plus, dans un pays à faible revenu, on devrait utiliser la subvention de préférence au prêt de manière à ne pas endetter un État déjà fragile financièrement.

Le poids de la coordination des bailleurs de fonds dans l'évolution institutionnelle. L'association de plusieurs bailleurs de fonds de manière concertée et avec des moyens conséquents a permis de modifier l'environnement institutionnel de l'ensemble d'un secteur pour le plus grand bien des bénéficiaires finaux. Cette réussite montre que les cofinancements, lorsqu'ils sont bien coordonnés, procurent un effet de levier puissant favorisant l'évolution d'un secteur. La coordination des bailleurs de fonds qui interviennent dans un même secteur est une nécessité pour ne pas déstabiliser la maîtrise d'ouvrage.

Les conditions de réussite à la séparation d'un service public entre société de patrimoine et société d'exploitation. La politique de séparation entre société de patrimoine et société d'exploitation dans les services publics marchands a été très à la mode durant les années 1990. C'était un moyen commode de ne pas dessaisir l'État de prérogatives en matière de service public tout en insufflant les bienfaits d'une gestion privée pour l'exploitation d'un secteur. Les nombreux exemples mitigés de ce type d'évolution institutionnelle montrent qu'il convient de veiller à plusieurs points :

- Que le périmètre de responsabilité des deux sociétés soit bien défini.

- Que la société de patrimoine soit clairement chargée de la programmation des investissements.
- Que la société d'exploitation soit jugée et rémunérée sur ses résultats d'exploitation et non sur son chiffre d'affaires.
- Que l'attribution de la concession d'exploitation soit largement ouverte à la concurrence.
- Que la fixation des tarifs de l'eau réponde à la fois à une logique économique mais également à une logique sociale, sans tomber dans une gestion trop politique (les prix de l'eau, de l'électricité, de l'essence et de certaines denrées de première nécessité sont parfois fixés administrativement par l'État).

La contradiction entre la lutte contre la pauvreté et le paiement de l'eau. L'objectif de lutte contre la pauvreté s'accommode bien de la politique menée en matière de branchements sociaux. Toutefois, peut-on se satisfaire d'un prix de l'eau plus élevé aux fontaines destinées aux plus pauvres que pour les branchements sociaux ? Dans un pays démuni, le paiement d'un service de base par la population a pour effet mécanique d'exclure les plus pauvres de ce service qui ne peut néanmoins fonctionner que dans la mesure où il adopte une saine gestion. Il existe donc une contradiction bien difficile à résoudre entre lutte contre la pauvreté et paiement des services publics à un juste prix qui leur permettent de fonctionner. Doit-on s'offusquer sur le plan de la lutte contre la pauvreté du fait que les plus pauvres et les plus malins utilisent des branchements clandestins pour s'approvisionner en eau gratuite ou doit-on absolument rechercher la diminution des pertes techniques sur le réseau afin de pérenniser dans la durée un service de l'eau au risque d'exclure les plus pauvres et même de les pousser à recourir à des branchements clandestins ? L'équilibre à trouver entre lutte contre la pauvreté et paiement de l'eau n'est pas facile à définir. Si l'on veut que les plus pauvres, en nombre dans les PMA, aient accès à l'eau potable, il convient que le service soit subventionné pour bénéficier soit d'une tarification adaptée, soit de la gratuité.

La délicate question de la fixation des prix du service rendu. Le plus difficile à éviter est que l'État considère que c'est à lui de fixer le prix de vente des services publics au public, sans lien véritable avec les exigences d'une gestion économe dans la durée. L'État est donc tenté pour des raisons sociales de fixer le prix de l'eau à un niveau très bas. À l'inverse, le bailleur de fonds souhaite qu'il soit fixé très haut, pour assurer l'équilibre financier de l'activité et également le remboursement de ses prêts. De plus, quand un opérateur privé gère une concession et qu'il n'a pas la maîtrise de ses prix de vente, il est très difficile pour lui de s'investir dans la durée. La politique des prix pratiqués de vente de l'eau potable doit être replacée au cœur de la stratégie de développement du secteur (grille tarifaire et prix de l'eau, coût des branchements sociaux, subvention durable du secteur accompagnée d'une gestion efficiente).

L'importance des mesures d'impact sur la santé. Les mesures d'impact notamment sur la santé devraient être intégrées au dispositif de suivi évaluation de ce type de projet dont l'influence est forte sur le bien-être des populations.

Le bon calibrage des investissements entre rénovation et infrastructures nouvelles. Les investissements projetés par le projet global n'étaient pas pleinement adaptés à la situation du secteur. Les investissements de capacité (56,40 m€) n'ont pas été accompagnés d'un programme suffisant de réhabilitation du réseau ancien (2,21 m.€). On a donc privilégié les investissements plutôt que la gestion des installations existantes. Le niveau des investissements sous forme de branchements sociaux a été défini sans étude précise sur l'évolution de la demande solvable et dans un contexte de forte hausse des prix.

Fixer un cahier des charges précis à la gestion privée. En matière de développement, les avantages d'une gestion de type privé sont largement fonction des règles du jeu fixées à l'opérateur. La rémunération de la société française qui dirige la société d'exploitation ne dépend pas assez des performances techniques et commerciales de la société d'exploitation. La société d'exploitation est rémunérée sur le volume de sa facturation (pertes incluses) et non sur le montant réel des factures recouvrées.

Quelque temps après l'évaluation ex-post

La concession en faveur de la société d'exploitation n'a pas été renouvelée entraînant le départ de l'opérateur technique extérieur. On a donc assisté à une renationalisation de fait du secteur et à la reconstitution d'une seule société. Le service de l'eau dans la capitale fonctionne de plus en plus mal et les bailleurs de fonds se tiennent à l'écart de ce secteur.

Exercice proposé

Lire attentivement le descriptif de ses deux projets

1) Quel impact du développement démographique de la ville de Conakry sur le service public de l'eau ? Sur le développement de la Guinée Conakry plus généralement ?
2) Quel est l'objectif du premier projet (projet intérimaire) ?
3) Quel est l'objectif du deuxième projet ?
4) Quelles sont les attributions d'une société de patrimoine ?
5) Quelles sont les attributions de cette société d'exploitation ?
6) Quel est le mode de rémunération de la société d'exploitation ?
7) Quels sont les effets attendus d'une privatisation de l'exploitation de l'eau ?
8) Que pensez-vous du système de tarification de l'eau (répartition entre société de patrimoine/société d'exploitation, branchements sociaux/bornes-fontaines, évolution des prix de l'eau) ?
9) Pourquoi les pertes techniques sur le réseau sont demeurées élevées ?

Stéphane Madaule *La pratique du développement durable*

10) Que dire d'un taux de rentabilité économique à 3,6 % ?
11) Quels sont les principaux enseignements et recommandations de ces deux projets (prix de l'eau, coordination de plusieurs bailleurs de fonds, séparation société d'exploitation/société de patrimoine, apport d'une gestion privée, investissements de capacité/gestion technique et commerciale du réseau, lutte contre la pauvreté, impact sur la santé) ?
12) Pensez-vous que le secteur de l'eau peut équilibrer ses comptes sans apport extérieur ?
13) Utiliser pour financier une partie du projet un prêt en devises vous paraît-il légitime ?
14) Comment assurer la durabilité de cette exploitation ?
15) Notation du projet. Pertinence des objectifs ? Réalisation des objectifs ? Efficacité ? Efficience ? Impact ?
16) Points forts ? Points faibles ?

Corrigé de l'exercice

1) Quel impact du développement démographique de la ville de Conakry sur le service public de l'eau ? Sur le développement de la Guinée Conakry plus généralement ?

Un impact très sensible puisque la ville est passée de 50 000 habitants à 1,6 million d'habitants entre 1960 et 2021. Les besoins en infrastructures nouvelles sont très importants et hors de portée des finances publiques locales. On comprend mieux la difficulté pour Conakry de mettre en œuvre un service de l'eau potable de qualité : investissement et entretien du réseau déjà existant, investissement et entretien en production et en distribution du réseau à créer pour satisfaire les nouveaux arrivants. La croissance très rapide de la population est un handicap pour le développement durable de Conakry en particulier, du pays en général.

2) Quel est l'objectif du premier projet (projet intérimaire) ?

Entreprendre la remise en état du réseau de la ville de Conakry et de la ville de Kindia ; mener des actions de formation ; préparer la réorganisation institutionnelle du secteur.

3) Quel est l'objectif du deuxième projet ?

Réorganisation institutionnelle par la création d'une société de patrimoine publique et d'une société d'exploitation majoritairement privée ; investissement permettant de doubler les capacités de production d'eau dans la capitale ; pose de branchements sociaux ; retour à l'équilibre financier du secteur par une politique d'augmentation progressive des tarifs de l'eau.

4) Quelles sont les attributions d'une société de patrimoine ?

La société de patrimoine gère les infrastructures de production et de distribution de l'eau et leur maintenance dans la durée. Les infrastructures de distribution primaire (grosse conduite) et secondaire (moyenne conduite) sont à la charge de la société de patrimoine. Ce sont des investissements qui sont en général financés par la sphère publique. Il est normal que la société de patrimoine qui les gère soit également publique.

5) Quelles sont les attributions de cette société d'exploitation ?

La société d'exploitation gère l'exploitation du réseau, la politique commerciale, les petits investissements de réseau (canalisation tertiaire et branchements), les réparations sur le réseau.

6) Quel est le mode de rémunération de la société d'exploitation ?

Un système d'indexation et de révision de cette indexation selon une formule complexe répartit les recettes de la facturation de l'eau entre la société d'exploitation et la société de patrimoine.

La société d'exploitation est finalement rémunérée sur la base de l'eau facturée (ce qui inclut les pertes techniques) et non sur le montant réel des factures recouvrées auprès des clients. Cela veut dire que toute eau facturée, mais pas obligatoirement recouvrée, participe à la rémunération de la société d'exploitation.

7) Quels sont les effets attendus d'une privatisation de l'exploitation de l'eau ?

Une meilleure gestion du secteur de l'eau auprès des usagers par une diminution des pertes techniques (fuites d'eau qui affectent le réseau), une amélioration de la facturation (volume facturé en fonction de la consommation et non comme auparavant au forfait), une amélioration des factures recouvrées.

8) Que pensez-vous du système de tarification de l'eau (répartition entre société de patrimoine/société d'exploitation, branchements sociaux/bornes-fontaines, évolution des prix de l'eau) ?

La répartition des recettes entre société d'exploitation et société de patrimoine est trop favorable à la société d'exploitation. Même quand le chiffre d'affaires baisse, la rémunération de la société d'exploitation arrive à augmenter. Sa rémunération devrait être indexée sur le montant des factures recouvrées et non sur le montant des factures facturées.

Les prix de l'eau aux bornes-fontaines, qui s'adressent aux plus pauvres, sont plus élevés que pour les branchements sociaux. Les plus pauvres sont donc défavorisés. De plus, la répartition géographique des bornes-fontaines par rapport aux branchements sociaux n'est pas optimale.

L'évolution à la hausse du prix de l'eau pour le porter à un niveau élevé n'a pas eu les effets escomptés (atteinte d'un équilibre financier du secteur par une hausse des prix de l'eau, un passage d'une tarification forfaitaire à une tarification en volume, un recouvrement effectif des facturations d'eau auprès des clients). Elle semble avoir abaissé la distribution d'eau payante recouvrée par la facturation. Elle semble avoir entraîné une augmentation des pertes techniques et des branchements clandestins.

9) Pourquoi les pertes techniques sur le réseau sont demeurées élevées ?

Les pertes techniques sont demeurées élevées pour plusieurs raisons : la société d'exploitation, par son système de rémunération, n'avait pas d'incitation forte à réduire les pertes techniques. La faiblesse de la solvabilité de la demande en eau (population pauvre) engendre des branchements clandestins et des fuites dans le réseau. La hausse du prix de l'eau, dans le contexte d'une demande peu solvable, favorise les branchements clandestins. Enfin, le système gravitaire de distribution d'eau fait que l'on a privilégié l'augmentation de la production d'eau par des investissements de production d'eau, afin d'éviter les coupures quel que soit l'état du réseau, plutôt que la réduction des pertes techniques dues aux fuites dans le réseau, jugées au final peu coûteux dans un système de distribution en gravitaire.

10) Que dire d'un taux de rentabilité économique à 3,6 % ?

Le taux de rentabilité économique du secteur est faible. On le doit au fait que la facturation effective et effectivement recouvrée de l'eau n'a pas augmenté réellement. De plus, les investissements réalisés par les bailleurs de fonds ont majoritairement fait appel aux importations. Enfin, une grande partie des rémunérations touchées par la société d'exploitation, par les expatriés n'irrigue pas l'économie locale.

11) Quels sont les principaux enseignements et recommandations de ces deux projets (prix de l'eau, coordination de plusieurs bailleurs de fonds, séparation société d'exploitation/société de patrimoine, apport d'une gestion privée, investissements de capacité/gestion technique et commerciale du réseau, lutte contre la pauvreté, impact sur la santé) ?

Prix de l'eau : il ne doit pas être fixé trop haut par rapport à la solvabilité de la demande. Une tarification différenciée suivant le niveau de solvabilité de la demande est possible, mais s'avère très difficile à gérer.

Coordination de plusieurs bailleurs de fonds : elle s'est plutôt bien passée.

Séparation société d'exploitation/Société de patrimoine. Ce changement institutionnel ne s'est pas avéré la panacée pour améliorer structurellement le service rendu aux usagers. Les coupures sont moins fréquentes mais les pertes techniques demeurent très élevées (50 % contre 20 % au plus dans un réseau géré correctement comme en France).

Investissements de capacité/gestion technique et commerciale du réseau : l'augmentation de la production d'eau a pris le pas sur l'amélioration de la gestion technique et commerciale du réseau. Cependant, les coupures d'eau sont moins fréquentes. On peut donc prendre un abonnement et voir de l'eau coulée à son robinet qui vous sera facturée au volume.

Lutte contre la pauvreté : toute hausse du prix de l'eau va à l'encontre des plus pauvres qui n'ont pas dans ces pays les moyens de payer l'eau. Faire de l'eau potable un bien commun passe par sa gratuité.

Impact sur la santé : sensible car la production d'eau a beaucoup augmenté, sans qu'elle soit toujours payée. La population urbaine desservie par l'eau passerait de 28 % à 36 %.

Toutefois, le projet ne s'est pas donné les moyens de mesurer son impact effectif sur la santé.

12) Pensez-vous que le secteur de l'eau peut équilibrer ses comptes sans apport extérieur ?

Non, il s'agit d'un service public répondant à une demande peu solvable où les dépenses d'investissement, les coûts de fonctionnement sont élevés. Il n'existe pas dans le monde en développement comme dans le monde développé d'exemples de système de production et de distribution d'eau potable qui fonctionne dans la durée sans un appui public fort. Il convient donc d'accepter que ces services publics (eau, électricité, transport collectif urbain) soient subventionnés. Cela ne veut pas dire accepter qu'ils soient mal gérés. Il convient de savoir gérer le subventionnement de ses services publics qui améliorent le bien-être de la collectivité, tout en s'assurant que la gestion de ces services demeure optimale sur le plan technique et financier.

13) Utiliser pour financier une partie du projet un prêt en devises vous paraît-il légitime ?

Non. On est en présence ici d'une activité qui génère des recettes en monnaie locale. Le coût en devises et le risque de change sont élevés. De plus, on intervient dans un PMA. Tout endettement supplémentaire en devises dégrade la situation financière de ce pays pauvre qui devrait intégralement relever, pour ce type d'intervention, dont le caractère social est manifeste sans être toutefois exclusif, de la subvention.

14) Comment assurer la durabilité de cette exploitation ?

Un subventionnement par l'État ou par les bailleurs de fonds dans la durée est nécessaire pour délivrer un service de qualité de l'eau, accessible à tous même aux plus pauvres.

15) Notation du projet. Pertinence des objectifs ? Réalisation des objectifs ? Efficacité ? Efficience ? Impact ?

Pertinence des objectifs : très satisfaisante car rétablissement du service de l'eau et amélioration de la gestion du réseau par la privatisation de l'exploitation.
Réalisation des objectifs : satisfaisante en matière de rétablissement du service de l'eau, peu satisfaisante en matière de privatisation de l'exploitation.
Efficacité du projet : les travaux envisagés ont été réalisés dans les règles de l'art.
Efficience : les coûts prévus ont pratiquement été respectés.

Impact : sensible sur la disponibilité des populations en eau, moins sensible sur le bon fonctionnement institutionnel du secteur.

16) Points forts ? Points faibles ?

Points forts :

- Rétablissement de la distribution de l'eau dans la ville.
- Amélioration de l'exploitation du réseau sur le plan de la gestion de la clientèle grâce en partie à une bonne coordination des bailleurs de fonds.
- Privatisation partielle de l'exploitation entraînant une amélioration de la gestion.

Points faibles :

- Pertes techniques qui demeurent très importantes sur le réseau conduisant à des surinvestissements en matière de production de l'eau.
- Déséquilibre de la formule de répartition des revenus favorisant la société d'exploitation au détriment de la société de patrimoine.
- Modèle de rémunération de la société d'exploitation non basé sur les résultats techniques et l'eau réellement facturée et recouvrée.
- Contradiction entre une logique privée d'exploitation équilibrée sans subvention et une logique d'approvisionnement en eau de tous, car il peut s'agir d'un bien commun dont on ne peut exclure les plus pauvres.
- Difficulté à admettre le subventionnement de ce type d'activité de service public, assimilé à de la mauvaise gestion, notamment par un organisme comme la Banque mondiale.
- Financement d'une partie du projet en prêts en devises en faveur d'une société qui n'a que des recettes en monnaie locale, engendrant in fine un endettement en devises dans un pays pauvre.

17. Hydraulique villageoise au Bénin

Présentation

Projets d'hydraulique villageoise
Montants engagés : 4,34 m€ puis 7,32 m€ et 4,6 m€ respectivement
Nature des concours : prêt, prêt et subvention
Durée des travaux : 15 ans

Le Bénin est classé dans la catégorie des pays à faible revenu. Sa population est passée de 2,43 millions (m) en 1960 à 13 millions en 2021 (taux de croissance de la population de 2,8 %/an).

Trois projets d'hydraulique villageoise ont été financés par un bailleur de fonds en année n, (n +4) et (n +11) pour un montant global de 15,55 m€ sous forme de prêts et d'une subvention à un pays à faible revenu. Ces trois projets sont intégrés à un programme plus vaste de caractère régional. Le choix d'une approche régionale avait notamment pour objectif de normaliser les approches techniques dans les cinq autres pays proches.

Spécificité des projets

La spécificité de ces projets tient aux facteurs suivants :

- Mise à disposition d'un bien commun.
- Apport d'eau potable dans de nombreux villages pauvres.
- Gestion durable des points d'eau grâce à des pompes manuelles et au paiement de l'eau.
- Fixation du prix de l'eau de manière décentralisée et non en appliquant une grille tarifaire fixée par le gouvernement.
- Compatibilité entre la lutte contre la pauvreté (santé) et le paiement de l'eau pour un fonctionnement durable des pompes.

L'objectif poursuivi par ce programme régional n'a pas réellement varié dans le temps au cours de trois périodes successives. On peut le décrire ainsi : doter les villages pauvres qui subissent la sécheresse de points d'eau équipés de pompe à motricité humaine ou pompes manuelles permettant pour la première fois de donner aux populations rurales vivant dans ces villages un accès réel à l'eau potable et ce de manière durable pour ce bien commun.

Exécution technique et financière

Dans ce pays, la bonne exécution technique et financière des projets de ce programme régional a permis d'installer sur une période de quatorze ans près de 960 points d'eau équipés de 1 200 pompes manuelles tout en restant dans l'épure budgétaire prévue. Les quelques imperfections dans l'exécution technique et financière des projets ont porté sur les points suivants :

- Les pompes installées dans le cadre de la première phase de ce programme régional se sont révélées d'une qualité insuffisante ce qui a en partie motivé un programme de réhabilitation de 830 pompes dans la troisième phase de ce même programme régional.
- Les pompes installées dans le cadre de la seconde phase du programme régional ne sont plus suivies commercialement, c'est-à-dire que leur fabrication s'est arrêtée très vite sans que l'on puisse obtenir des pièces de rechange pour les réparer.
- Le programme d'installation de pompes dans la région de l'extrême Nord a pâti de la faillite de la société de fourniture de pompes qui a été ensuite reprise par un autre fournisseur.

La mise en place d'un système autonome de maintenance des points d'eau est plus difficile à obtenir : financement par les populations bénéficiaires regroupées en comités de point d'eau pour rendre pérennes ces investissements.

Les projets successifs ont permis de mettre en place un comité de point d'eau dans chaque village bénéficiaire. Le dispositif de maintenance des points d'eau est également opérationnel. Il est composé d'un villageois réparateur, d'un artisan réparateur et d'un revendeur de pièces détachées. Les fournisseurs des pompes manuelles de la troisième phase du programme approvisionnent normalement les circuits de distribution. Toutefois, la prise en charge financière par les populations bénéficiaires de la maintenance courante et de l'amortissement de la pompe n'est pas effective. Les moyens financiers dégagés par les villageois (41,62 €/an en moyenne) sont insuffisants pour assurer cette maintenance estimée suivant les marques de pompes de 175,70 €/an à 270 €/an. Les études préliminaires des projets n'ont pas estimé avec suffisamment de précision le point d'équilibre financier du point d'eau ainsi que les possibilités de contributions réelles des populations, très variables selon les zones.

Impact sur la santé des populations

Cet objectif n'est que partiellement atteint. En effet, la consommation d'eau à la pompe reste très variable et discontinue selon les villages et, dans un même village, selon les saisons. Pendant la saison des pluies, les autres sources d'approvisionnement en eau sont sollicitées en priorité car elles sont gratuites. Or, l'eau des puits et des marigots est souvent trouble et sa consommation sans chauffage préalable est considérée comme nuisible pour la santé. De plus, le système de paiement de l'eau à la consommation élaboré dans certains villages pour assurer la maintenance de certains points d'eau exclut les populations les plus pauvres de ce nouveau service.

Impact en termes de coûts

Les coûts de la création d'un point d'eau, de sa réfection et de sa maintenance sont variables. Toutefois, après estimation, le coût unitaire d'un point d'eau est estimé à 8 752 € pour la troisième phase de ce programme régional. Ce coût est en net retrait par rapport à la seconde phase. D'une part, la dévaluation de l'année (n +12) a minoré les dépenses locales. D'autre part, la baisse du coût unitaire d'un forage positif a été induite en grande partie par l'intervention d'entreprises locales dans ce secteur, de préférence à des entreprises d'origine occidentale. Les coûts des pompes installées par le bailleur de fonds et acceptées par le gouvernement local (de 1295 € à 1753 €) sont en hausse depuis 1984 et demeurent sensiblement supérieurs aux marques concurrentes (pour certaines 1 067 € et 990 € pour d'autres). La contribution demandée aux villageois pour la création d'un point d'eau est de 152,40 € par pompe, soit 1,7 % du coût de l'investissement pour la troisième phase de ce programme régional.

En €	Première phase (n +2)	Seconde phase (n +4)	Troisième phase (n +12)
Coût global point d'eau dont :	12250	16830	8750
Coût unitaire du forage	7250	10650	4030
Coût unitaire de la pompe	1290	1650	1750

Le coût global moyen de réhabilitation d'une pompe manuelle en matériel de base du projet est estimé à 2058 €. La contribution demandée aux villageois pour obtenir une réhabilitation est de 32 € par pompe, soit 1,5 % de l'investissement complémentaire.

Le coût de la maintenance courante de la pompe varie fortement en fonction du matériel utilisé. Les pompes d'un premier modèle nécessitent 97 €/an contre 29 € /an pour les pompes d'un modèle différent. Les villageois doivent consacrer au minimum entre 176 € et 271 €/an pour espérer assurer la maintenance courante et le renouvellement de la pompe. Ces montants sont bien supérieurs aux obligations contractuelles fixées par le gouvernement et le bailleur de fonds et appliquées par les comités de point d'eau. Ces comités se sont engagés à verser un minimum de 91,50 € /an pour assurer la maintenance et le renouvellement de la pompe. Ce montant n'est guère suffisant, il a été mal apprécié.

En euros	Pompe de base	Autre pompe
Maintenance courante	95	29
Amortissement de la pompe	175	147
sous-total	271	176
Amortissement appui (projet)	297	297
Sous total	567	473
Amortissement du forage	134	134
Maintenance globale du pe	702	607

Principaux résultats de l'enquête de terrain effectuée à la fin des projets

L'évaluateur a procédé à une enquête sur ce programme portant sur 35 points d'eau modernes équipés d'une pompe manuelle au cours des différentes phases. Les principaux résultats sont les suivants :

- Les points d'eau visités ont des modes de fonctionnement très divers. Il est extrêmement difficile de dresser une typologie de leur utilisation car chacun constitue pratiquement un cas particulier (exemple : comité de points d'eau avec ou sans paiement à la consommation, paiement intermittent, gratuité, autres sources d'eau concurrentes, autres pompes dans le village, richesse ou pauvreté de certains villages, zone sèche d'implantation, zone humide d'implantation…). Dans ces conditions, le passage à l'échelle, dans une optique de généralisation d'une bonne pratique expérimenté, est pratiquement impossible. La méthode d'expérimentation, popularisée par

Ester Duflo, ne permet pas dans ce cas un passage à l'échelle avec une espérance de réussite sensiblement améliorée.

- Les points d'eau installés sont en général systématiquement concurrencés par d'autres sources d'approvisionnement dans les villages. La consommation d'eau à la pompe est très faible, voire pratiquement nulle, pendant la saison des pluies.
- Les pompes de la phase deux et de la phase trois sont en état de fonctionnement ce qui n'est pas le cas des pompes de la phase une qui sont installées depuis 14 ans et sont toutes en panne.
- Les points d'eau sont dotés de comités de points d'eau. En revanche, ils ne possèdent pas tous un compte bancaire.
- Les recettes du comité de point d'eau proviennent de deux sources : la vente de l'eau (mais celle-ci demeure largement intermittente et n'est pas généralisée sur l'ensemble des sites), les cotisations villageoises qui ne sont pratiquement jamais des cotisations de précaution mais des apports demandés à la communauté villageoise en cas de panne.
- La vente de l'eau ne permet pas d'assurer l'entretien autofinancé des pompes sur l'ensemble des sites visités.
- La maintenance des pompes n'est pas assurée correctement. Il n'existe pas d'exemple de dépenses d'entretien préventif, les fonds nécessaires pour espérer renouveler la pompe ne sont jamais épargnés. Les recettes sont en moyenne de 41,60 €/an, ce qui ne permet pas d'assurer la maintenance et le renouvellement de la pompe (entre 176 €/an et 271 €/an suivant les modèles de pompes).
- Le rôle des femmes dépasse la seule tâche de nettoyage du point d'eau qui leur a été dévolue au départ. Elles participent également aux instances dirigeantes. Mais surtout en tant qu'utilisatrices presque exclusives des pompes (les corvées d'eau sont toujours assumées par les femmes ou par des petites filles), elles sont très présentes dans les discussions concernant le fonctionnement du point d'eau et font souvent office de fontainier quand l'eau est payante.

Impact des conditions de financement des projets

Une grande partie du projet (11,50 m€ sur 15,80 m€) a été financée sous forme de prêts en devises auprès de l'État béninois. Or, le projet ne génère pratiquement aucune recette directe pour rembourser le prêt. De plus, le prêt octroyé se rembourse en devises. Le mode de financement de ce projet a donc accru l'endettement en devises de l'État béninois. On peut s'interroger sur le bien-fondé d'une utilisation du prêt pour financer ce type d'opération, au surplus dans un pays à faible revenu d'Afrique. L'utilisation de la subvention semble plus adaptée à tous égards.

Enseignements et recommandations

Les conseils énoncés ci-après n'ont pas la prétention de révolutionner les pratiques ou même de donner des pistes nouvelles facilement utilisables. Elles sont simplement des axes de réflexions pour améliorer les approches des bailleurs de fonds dans ce secteur. Les conseils sont regroupés en plusieurs rubriques dont l'ordre de présentation ne suit aucun ordre de priorité.

Répondre à la diversité du fonctionnement réel des points d'eau visités en fixant des règles différenciées selon la situation du village. L'enquête a montré l'extrême diversité du fonctionnement des points d'eau initiés par les trois projets successifs. Il est pratiquement impossible de coupler plusieurs critères caractérisant les points d'eau et de bâtir à partir de cela une typologie qui rassemble des catégories homogènes. Cette diversité des situations est surtout sensible sur le plan économique et financier. La vente ou la gratuité de l'eau est de ce point de vue très caractéristique des possibilités de chaque communauté pour assumer le fonctionnement économique de la pompe. Il existe des points d'eau où la faiblesse du pouvoir d'achat n'autorise pas une telle vente. Dans certains villages, la vente est possible et en vigueur pour l'ensemble du village pendant la saison sèche. D'autres villages pratiquent une sélection dans la population : certains ne paient pas l'eau pour des raisons économiques pendant que la majorité de la population est assujettie à cette obligation. Certains villages ont pratiqué la vente de l'eau puis se sont abstenus de le faire car les points d'eau n'étaient plus utilisés par les populations. Il y a également les points d'eau qui affichent des prix variables en fonction des saisons pour mieux s'adapter à l'évolution de la demande. On voit enfin les points d'eau qui vendent uniquement les jours de marché à une clientèle de passage.

Toutes ces adaptations mettent en jeu des logiques économiques et sociales spécifiques que l'on ne peut que respecter. Un projet financé par un bailleur de fonds dans ce secteur devrait tenir compte de cette diversité. Il ne peut demander à chaque village de suivre les mêmes règles. Toutefois, la diversité des modes de gestion ne doit pas détourner de l'essentiel : la durabilité de fonctionnement des pompes. Les grands facteurs qui devraient influer sur le mode de gestion de l'eau sont les suivants : le pouvoir d'achat moyen des populations, la présence ou non d'une source d'approvisionnement concurrente ou complémentaire, la ressource en eau du village et son évolution pendant la saison sèche. L'économie du point d'eau ne peut être étudiée sans tenir compte de son contexte socio-économique. Les conditions socio-économiques sont si différentes qu'il est bien difficile de recommander un passage à l'échelle. De ce point de vue, la méthode Duflo d'expérimentation avec un groupe témoin, ne serait pas très utile, tant les réponses à trouver sont diverses et ne permettent pas de dire qu'une action apportant satisfaction dans un cas portera satisfaction dans un autre cas.

Les projets pourraient donc concevoir des offres différenciées suivant les caractéristiques des villages en fonction des critères socio-économiques proposés ci-dessus :

- Vente de l'eau de la pompe manuelle dans le cas où les revenus des habitants sont suffisants et les approvisionnements alternatifs faibles.
- Vente de l'eau de la pompe manuelle dans le cas où les revenus des habitants sont suffisants mais à un niveau restant compatible avec l'approvisionnement à partir d'autres sources abondantes.
- Vente de l'eau à bas prix dans le cas où les revenus sont faibles et les approvisionnements alternatifs faibles.
- Gratuité de l'eau dans le cas où les revenus sont faibles et les approvisionnements alternatifs abondants.

Cette grille d'analyse devrait également être modulable en fonction des saisons (saison sèche et saison des pluies). Un village équipé de pompe manuelle doit savoir gérer économiquement et financièrement l'abondance comme la pénurie d'eau suivant les apports du ciel.

Difficulté à prévoir un équilibre financier à ce type d'activité par la vente de l'eau. Ces projets montrent une fois de plus qu'il est bien difficile de trouver un équilibre financier pour apporter à ces populations ce type de service public. Les dépenses d'investissement et d'exploitation sont nettement supérieures aux recettes d'exploitation. Il convient donc de se résoudre à subventionner dans la durée ce type d'activité, sans faire de concessions sur la qualité de la gestion.

Ne pas recourir à des prêts en devises, pour financer un projet qui ne génère aucunes recettes directes, qui coûte en devises et donc en endettement supplémentaire à un État faisant partie des PMA.

L'utilisation du prêt en devises est un outil inapproprié de financement pour un projet qui ne génère pas de recettes en devises, qui ne génère pas de recettes en monnaie locale pour rembourser, qui s'adresse à un pays pauvre. L'utilisation de la subvention est recommandée dans ce type de situation.

Les objectifs des projets en matière d'autonomie financière des points d'eau, d'une part, et d'amélioration de la santé, d'autre part, peuvent être contradictoires.

Le paiement de l'eau potable, même s'il répond à une logique économique cohérente (ressource rare au coût de revient élevé) constitue pour les populations à faible pouvoir d'achat une contrainte difficilement supportable. Cette vente peut pousser les populations à rechercher d'autres sources d'approvisionnement. Or, une consommation d'eau potable par toute la population améliore la santé, ce qui d'ailleurs a des répercussions sur la capacité de travail et donc les revenus des populations. Dans le même temps, la pérennité de l'accès à cette eau potable n'est possible que si la prise en charge de la maintenance et du renouvellement de la pompe est assurée. Il convient donc de rendre ces objectifs compatibles ou de les hiérarchiser.

Élargissement des compétences du Comité de point d'eau à l'ensemble du fonctionnement des sources d'eau publiques du village concerné.

Jusqu'à présent, les prérogatives du comité de point d'eau concernent uniquement la gestion de la pompe manuelle. Or, dans l'ensemble des villages visités, ce type de point d'eau est en concurrence avec plusieurs sources d'eau qui peuvent être d'autres pompes, des puits ou des marigots. La gestion du point d'eau implanté ne peut être indépendante des autres sources publiques d'approvisionnement. À l'occasion de l'implantation d'une pompe manuelle, il conviendrait, dans la mesure du possible, d'étendre les prérogatives du comité de point d'eau, à l'ensemble des points d'eau publics du village. Les avantages de cette évolution pourraient être de plusieurs types :

- Le point d'eau équipé de pompe serait géré en fonction de la situation hydrique globale du village et non pas uniquement à partir d'une volonté, certes souhaitable, de maintenir la pompe installée en activité le plus longtemps possible.
- La gestion du patrimoine hydrique serait communautarisée au niveau du village. Les habitants seraient tenus de décider si la vente de l'eau est nécessaire au puits, à la pompe ou si l'eau potable doit seule générer des recettes.
- Le comité de point d'eau apparaît comme une organisation assez lourde et complexe pour gérer uniquement un point d'eau parmi d'autres dans un village. Le fait d'octroyer des prérogatives complémentaires au comité de point d'eau lui donnerait une légitimité plus grande.

L'insertion optimale des actions de réfection des pompes par des financements externes (bailleur, gouvernement) dans une logique de long terme.

Une politique de réfection des pompes qui serait menée trop généreusement pourrait fausser l'appréciation par le village du coût réel de l'investissement et donc de son renouvellement. La troisième phase du programme régional a permis la réfection de 830 points d'eau à des conditions très avantageuses pour la population. La participation du village à l'investissement de renouvellement était de 32 € par rapport à un investissement estimé à 2058 €. Dans ces conditions, une réelle prise en charge financière par les habitants de ce type d'investissement s'éloigne : les villageois avaient financièrement intérêt à voir réparer leurs pompes plutôt qu'à les entretenir.

La connaissance d'une possibilité de réfection à un niveau avantageux peut transformer l'attitude d'un village par rapport à sa pompe : l'évaluateur a rencontré des villages qui sciemment ne réparaient pas leur pompe car ils avaient connaissance d'une possibilité de réfection.

Une réfection des pompes peut également engendrer un manque à gagner important pour les artisans réparateurs et les revendeurs de pièces détachées. Leur chiffre d'affaires par pompe croît très sensiblement avec l'âge de la pompe.

Après trois ou quatre ans, les pannes sont plus fréquentes. Pour consolider le système de maintenance, il est donc contre-productif de procéder à la réfection des pompes dont la durée de vie n'est pas arrivée à son terme. On perturbe toute la filière que l'on a essayé de mettre en place.

L'amélioration des conditions techniques de vente de l'eau dans les villages ruraux : compteurs, prévente, vente au litre.

En année (n +16), le mode de paiement de l'eau fonctionne de manière très conventionnelle. Aucune formation des villages n'a eu lieu sur ce thème. Les techniques employées demeurent archaïques et fonction de paramètres relativement extérieurs à l'économie du point d'eau lui-même. Le paiement est tributaire du volume du récipient utilisé communément par les populations. Le coût de la bassine de 20 litres et de 36 litres est fixé en fonction des pièces de monnaie disponibles dans ce pays à savoir : la bassine de 20 litres est vendue contre une pièce de 0,01 € (la plus petite pièce existante) et la bassine de 36 litres est vendue 0,02 €. La fixation du prix de l'eau est donc particulièrement rigide, ce qui nuit à la bonne commercialisation. En effet, I'eau d'un point d'eau ne peut avoir la même valeur d'un village à l'autre et dépend des sources alternatives d'approvisionnement. De plus, dans un même village, les conditions de vente varient en fonction des saisons. Pendant la période des pluies où les sources alternatives sont nombreuses, le prix à la pompe devrait baisser, ce qui est techniquement difficile à faire si l'on en reste à la bassine de 20 litres et à la pièce de 0,01 €. L'absence de compteur qui est au demeurant un appareillage coûteux conduit à des approximations : le fontainier ne connaît pas la quantité exacte vendue dans la journée, il ne peut guère tenir de comptabilité sommaire. Son travail ne peut être contrôlé puisque personne ne peut savoir quelles quantités sont réellement sorties de la pompe. Or, l'entretien de la pompe dépend étroitement de son taux d'utilisation. L'absence de repères quantitatifs ne permet pas de mettre en place une véritable gestion technique et financière de la pompe manuelle.

Moduler les prix en fonction de la demande exigerait qu'il existe des systèmes plus sophistiqués de vente où le coût ne soit pas si étroitement corrélé aux disponibilités en pièces et aux disponibilités en récipients. L'amélioration des résultats de la vente de l'eau passe par un travail sur l'amélioration des techniques elles-mêmes qui pénalisent la vente. D'autres formules sont à imaginer et à tester.

Néanmoins à l'inverse d'autre système de gestion décentralisée d'un service publique (mini réseau d'eau ou d'électricité), l'autonomie dans la fixation des tarifs de ceux qui exploitent les infrastructures permet d'échapper à l'application de tarifs fixés d'en haut par l'État et qui n'ont rien à voir avec les conditions d'exploitation de ces services.

La maintenance et la gestion des pompes doivent être améliorées.

Les pratiques des villageois montrent que la maintenance des pompes n'est pas effective. La substitution d'autres sources d'approvisionnement (puits, eau de pluie récupérée) est possible. Quand le paiement de l'eau est institué, son produit ne permet pas de faire face aux coûts réels de l'entretien et du renouvellement de la pompe.

Dans ce dernier cas, il faut choisir entre le subventionnement du point d'eau ou sa fermeture. La distinction entre les villages qui peuvent assurer seuls la maintenance et ceux qui ne le peuvent pas doit s'établir sur des critères économiques objectifs.

Les bailleurs de fonds et le gouvernement local ont peut-être une part de responsabilité dans les difficultés de fonctionnement du système actuel. Les campagnes de sensibilisation réalisées lors de la troisième phase de ce programme régional ont surtout porté sur la maintenance courante, négligeant la nécessité du renouvellement de la pompe par les villageois. La contribution demandée aux villageois pour bénéficier d'un point d'eau moderne est si faible (152,40 € pour un investissement dont le coût à amortir chaque année est de 204,20 € (204,20 €) à 240 € /an) que les villageois n'ont pas conscience du coût de cet équipement et ne prévoient donc pas en conséquence le financement de sa maintenance.

L'engagement du fournisseur à être présent sur toute la durée de la vie de la pompe.

Les problèmes de suivi des pompes rencontrés au cours de la première phase du programme régional devraient conduire, dès la rédaction de l'appel d'offres pour la fourniture du matériel, à imposer au fournisseur de pompe d'assurer la mise à disposition de pièces de maintenance pendant une durée minimale de 10 ans.

La gestion d'un service décentralisé doit répondre aux conditions locales d'exploitation. Dans ce projet, c'était effectivement le cas même si les prix pratiqués ne permettaient pas une gestion équilibrée. Dans d'autres projets de gestion décentralisée de services publics (exemples : mini-adduction d'eau, mini-réseau électrique décentralisé non raccordé au réseau et raccordé à une source de production d'électricité verte), le prix du service continue à être fixé par l'État, sans prendre en compte les conditions locales d'exploitation. Il est dans ces conditions très difficile de mobiliser des gestionnaires de réseaux décentralisés dans la durée.

Exercice proposé

Lire bien attentivement le descriptif du projet, son exécution, ses impacts

1) Quels sont les principaux enseignements de l'enquête de terrain effectuée dans 35 points d'eau par l'évaluateur, notamment par rapport à la méthode expérimentale d'Esther Duflo ?
2) Que faudrait-il faire pour que les points d'eau installés aient un fonctionnement durable ? Est-ce possible ? Le désengagement total de l'État est-il envisageable ?
3) Effets positifs et effets négatifs du paiement de l'eau ? La gratuité de l'eau potable est-elle une solution ?
4) Comment assurer la maintenance des pompes dans la durée ?
5) Quel serait selon vous le bon fonctionnement d'un comité de point d'eau ?
6) Le rôle attribué aux femmes est-il conforme à leur investissement sur ce projet ?
7) La logique économique de fonctionnement d'un point d'eau dans la durée est-elle compatible avec une logique d'amélioration de la santé des populations ?
8) Comment gérer pour un projet la diversité des situations rencontrées dans les villages ? Est-ce possible ?
9) Faut-il mieux fixer les populations dans les villages en évitant l'exode rural ou favoriser cet exode vers les villes ?
10) Quels sont les principaux enseignements de ce projet ?
11) La durabilité du fonctionnement des pompes à motricité humaine est-elle assurée ? Comment assurer la permanence de ce service public de proximité ?
12) Que dire des conditions de financement d'une partie du projet en prêt en devises ?
13) Notation du projet : pertinence des objectifs ? Réalisation des objectifs ? Efficacité ? Efficience ? Impact ?
14) Points forts ? Points faibles ?

Corrigé de l'exercice

1) Quels sont les principaux enseignements de l'enquête de terrain effectuée dans 35 points d'eau par l'évaluateur, notamment par rapport à la méthode expérimentale d'Esther Duflo ?

Tous les points d'eau ont des modes de fonctionnement différents. Il est donc particulièrement difficile d'engager un passage à l'échelle sur la base de cette expérimentation. La méthode expérimentale mise en œuvre par Esther Duflo, dans son volet passage à l'échelle d'un test réussi, semble impossible à mettre en œuvre dans ce contexte.

Les points d'eau sont concurrencés par d'autres points d'eau.

Les pompes de la phase 1 ne sont plus en état de marche.

Les ventes de l'eau dégagent en moyenne des recettes de 41,60 €/an alors que la maintenance courante et le remplacement de la pompe demanderaient entre 176 € et 271 €/an suivant le modèle des pompes.

Le rôle dévolu aux femmes, par le projet comme par les autorités villageoises, dans le fonctionnement des points d'eau est bien plus étendu que celui qu'il leur a été assigné au départ (nettoyage des points d'eau). Elles s'occupent souvent en plus de la distribution effective de l'eau (fontainières), de percevoir les recettes, de gérer la caisse. Leur présence sur le terrain est essentielle au bon fonctionnement des comités de points d'eau.

2) Que faudrait-il faire pour que les points d'eau installés aient un fonctionnement durable ? Est-ce possible ? Le désengagement total de l'État est-il envisageable ?

Il faudrait que les recettes soient plus élevées. Or, cela n'est pas possible car nous avons à faire à des populations pauvres à très faible pouvoir d'achat. Le désengagement de l'État ou d'une autre source financière d'appui n'est pas possible si l'on veut que ce service aux populations soit durable. Le paiement de l'eau par les villageois, qui engendre de faibles recettes, n'est pas suffisant pour garantir une gestion des points d'eau dans la durée.

3) Effets positifs et effets négatifs du paiement de l'eau ? La gratuité de l'eau potable est-elle une solution ?

Les effets positifs sont les suivants : considérer l'eau potable comme un bien qui a une valeur ; réguler la consommation d'eau potable qui constitue une ressource rare ; s'organiser en comité pour rendre durable ce service public et en faire une sorte de bien commun ; éviter de chauffer l'eau (avec un recours à l'énergie souvent carbonée et/ou en coupant des arbres) pour la rendre potable.

Les effets négatifs sont les suivants : exclure d'emblée les plus pauvres de la consommation d'eau potable ; ne plus en faire un bien commun accessible à tous.

La gratuité de l'eau potable dans les villages aurait l'avantage de la rendre disponible pour tous comme bien commun. Ce service aurait un coût élevé pour fonctionner dans la durée, bien que l'on se trouve dans un pays pauvre. Elle aurait l'inconvénient de peser sur le budget de l'État. Cette gratuité, si elle était mal encadrée, pourrait aboutir à gaspiller, voire à faire disparaître cette ressource rare (pompage de trop grosses quantités dans la nappe phréatique, pollution de la nappe phréatique).

4) Comment assurer la maintenance des pompes dans la durée ?

Il est nécessaire de prévoir un appui financier extérieur (de la part de l'État, d'une collectivité publique, d'un bailleur de fonds).

5) Quel serait selon vous le bon fonctionnement d'un comité de point d'eau ?

Difficile de répondre à cette question. Les contextes sont différents dans chaque village. L'expérimentation sur le terrain a montré qu'à chaque contexte correspondait une manière différente de gérer les points d'eau, plus ou moins efficace. Il ne se dégage pas de l'expérimentation sur le terrain une bonne méthode à suivre. Les détails de mise en œuvre, qui donnent selon les cas une perception positive ou négative d'un type d'expérimentation, ajoutent à la complexité d'un passage à l'échelle (généralisation d'une opération jugée comme réussie dans d'autres lieux considérés comme adaptés à accueillir d'autres implantations du même type).

6) Le rôle attribué aux femmes est-il conforme à leur investissement sur ce projet ?

Non. Le rôle des femmes devrait être sur le plan institutionnel bien plus élevé, notamment en responsabilité effective et reconnue dans la gestion des comités de points d'eau.

7) La logique économique de fonctionnement d'un point d'eau dans la durée est-elle compatible avec une logique d'amélioration de la santé des populations ?

Oui si toute la population a accès à l'eau payante. Non si ce paiement exclut une partie de la population. Au surplus, il convient de s'assurer que l'eau potable tirée du point d'eau est transportée et manipulée dans des conditions d'hygiène favorables qui maintiennent sa potabilité.

8) Comment gérer pour un projet la diversité des situations rencontrées dans les villages ? Est-ce possible ?

Il est très difficile pour un projet de gérer une telle diversité autrement que d'accueillir le mieux possible cette diversité comme un signe d'appropriation positif tenant compte du contexte spécifique de chaque village. Néanmoins, cette acceptation de la diversité ne doit pas conduire à accepter les pratiques qui vont à l'encontre des objectifs attendus à savoir : distribution dans la durée d'eau potable à toute la population, même les plus pauvres. Laisser l'initiative des modalités de gestion des points d'eau aux villageois (forme de décentralisation) semble la meilleure solution tout en ne perdant pas de vue l'atteinte des objectifs poursuivis.

9) Faut-il mieux fixer les populations dans les villages en évitant l'exode rural ou favoriser cet exode vers les villes ?

Question difficile. Si un meilleur bien-être est possible dans les villages grâce notamment à la disposition d'eau potable en permanence, l'exode rural n'est pas nécessaire. En revanche, si les conditions de vie sont meilleures en ville car la distribution d'eau potable est mieux assurée, car moins onéreuse et plus facile, l'exode rural est alors préférable. Mais d'autres éléments entrent en ligne de compte dans ce choix assumé ou forcé : perspectives d'emploi ou non en ville ; surexploitation ou non des terres agricoles dans les villages ; dynamique démographique à l'œuvre dans les villes et dans les villages, perspectives de développement durable en ville et dans les villages.

10) Quels sont les principaux enseignements de ce projet ?

La diversité de gestion des points d'eau est manifeste. Le paiement de l'eau par les villageois n'est pas en mesure d'assurer la durabilité du fonctionnement des points d'eau. Il est nécessaire de prévoir un appui extérieur. Des offres différenciées de gestion de points d'eau pourraient être proposées en fonction du degré de solvabilité de la demande des villageois (eau payante pour des populations solvables, eau gratuite pour des populations peu solvables). L'autonomie des points d'eau peut exclure certaines populations de l'utilisation des points d'eau. Les objectifs de durabilité économique des points d'eau sont alors en contradiction avec une amélioration de la santé pour tous. La vente de l'eau n'est pas synonyme de durabilité. À l'inverse de la gratuité, la vente de l'eau n'en fait plus un bien commun du village.

11) La durabilité du fonctionnement des pompes à motricité humaine est-elle assurée ? Comment assurer la permanence de ce service public de proximité ?

Non pour différentes raisons : manque de moyens financiers pour assurer la maintenance et le renouvellement des pompes ; gestion de la maintenance et du renouvellement des pompes très difficile à assurer dans la durée. Comment s'assurer par exemple de la mise à disposition de pièces détachées dans la durée et de la disponibilité d'un réseau de distribution de pièces détachées et d'un réseau de réparation local dans la durée, face à des fournisseurs qui changent de modèles de pompes, face à des populations qui souhaitent que l'apport extérieur devienne permanent, face à des autorités locales qui préfèrent une suite ininterrompue de projets (générer des flux financiers externes) qu'un projet qui apporte dans la durée ?

L'appui de l'État semble nécessaire pour faire fonctionner dans la durée un service public de ce type.

12) Que dire des conditions de financement d'une partie du projet en prêt en devises ?

Même si nous nous trouvons dans un pays de la zone FCFA, les recettes des points d'eau sont en monnaie locale alors que l'endettement est en devises. L'orthodoxie bancaire n'est pas respectée. Le risque de change existe. Il est dans ce cas assumé par les autorités béninoises et non par le bailleur de fonds. Le Bénin est un pays pauvre. L'aide publique au développement adressée à ce pays devrait être sous forme de subventions et non recourir aux prêts.

13) Notation du projet : pertinence des objectifs ? Réalisation des objectifs ? Efficacité ? Efficience ? Impact ?

Pertinence des objectifs : très satisfaisante car volonté d'apporter un service d'eau potable permanent dans tous les villages ruraux.

Réalisation des objectifs : satisfaisante mais le service ne peut être considéré comme permanent.

Efficacité : peu satisfaisante au départ pour les premières phases (pompes défaillantes), satisfaisante pour la troisième phase.

Efficience : peu satisfaisante, coût d'un point d'eau élevé surtout si le forage et la pompe manuelle ont une origine occidentale.

Impact : sensible, mais non effectif dans la durée. Le paiement de l'eau risque d'exclure les plus pauvres.

Durabilité : non assurée sans appui externe au village.

14) Points forts ? Points faibles

Points forts :

- Mise à disposition d'eau potable dans les villages.
- Prise en charge par les villageois d'une partie des dépenses d'entretien des pompes manuelles.
- Standardisation du matériel de pompes manuelles utilisé dans l'ensemble du pays et sur un plan régional.

Points faibles :

- Équilibre financier des points d'eau non assuré.
- Mode de financement en partie en prêt en devises, inadapté aux recettes du projet.
- Non prise en compte suffisante du contexte et notamment de l'ensemble des ressources hydriques d'un village (puits, eau pluviale, marigots).
- Paiement de l'eau risque d'exclure les plus pauvres, on sort d'une logique de bien commun, sans atteindre l'objectif de maintenance sur le long terme.

La même étude de cas sous un autre angle

Le projet examiné ici est a priori des plus gratifiants. Il s'agit d'assurer la mise en place et le bon fonctionnement de points d'eau munis de pompes à motricité humaine dans quelques villages africains. Ce type d'équipement fait partie des moyens les plus efficaces pour apporter de l'eau potable à de nombreux habitants de ces régions. Pour le développeur, œuvrer dans le secteur de l'hydraulique villageoise est donc très motivant. On peut espérer apporter aux populations pauvres un bien-être qu'ils ne peuvent s'offrir seuls.

Le choix de la bonne cible

En première analyse, le projet semble même facile à monter, à la portée d'un bailleur de fonds, d'une organisation non gouvernementale (ONG) ou d'une association humanitaire qui souhaite intervenir concrètement et rapidement. Il n'a pas à affronter la concurrence avec l'extérieur comme un projet marchand. Il ne pose pas de problème d'endettement puisqu'il s'agit d'une subvention. Sa petite taille lui évite des problèmes institutionnels majeurs. Elle le soustrait aux tentations de détournement de l'aide. Les techniques utilisées sont maintenant bien maîtrisées pour ce genre de matériel. Une entreprise réalise un forage, il faut ensuite installer une pompe solide qui permettra aux villageois d'extraire manuellement de l'eau potable pendant de longues années. Oui mais voilà, la mise en œuvre effective n'est peut-être pas aussi simple qu'il y paraît.

Examinons de plus près ce petit village où nous nous apprêtions à apporter l'eau potable. La première difficulté qui saute aux yeux réside dans l'existence d'autres points d'eau dans les villages potentiellement concernés. Souvent, les habitants sont là depuis des générations. Ils n'ont pu vivre dans ce milieu sans apporter une réponse même partielle à ce problème vital. Première question incontournable : cette nouvelle source d'approvisionnement est-elle jugée indispensable parce que l'eau manque en permanence, va bientôt manquer, ou n'est pas accessible principalement à la saison sèche ? Dans la première et la seconde situation, ce questionnement se double d'une nouvelle interrogation plus importante encore : mon apport complémentaire en eau ne va-t-il pas permettre, à tort, le maintien quelque peu artificiel d'une population dans un milieu déjà très fragilisé ? La réponse n'est pas évidente. Apporteriez-vous votre concours à un village déshérité de montagne, de plus en plus isolé et coupé de tous les moyens de communication ou feriez-vous le choix de donner une seconde chance à ces populations, en les aidant à se placer dans un univers plus favorable ? Mais certains vous diront avec beaucoup d'assurance qu'en ne fixant pas ces populations sur place, l'exode rural va s'accroître, et que c'est une mauvaise chose. Mais est-ce vraiment une si mauvaise chose ? Après tout, la ville peut constituer une chance parmi d'autres d'extraire des populations d'un milieu difficile et ainsi leur procurer de nouvelles opportunités. La ville est aussi une réponse rationnelle et à un moindre coût à la satisfaction de besoins primaires puisqu'elle permet un accès à l'eau, l'électricité, au transport et bien d'autres services de base pour un espace à aménager relativement réduit. Enfin, le maintien à la campagne d'une population trop nombreuse n'est-elle pas une source potentielle de surexploitation de terres agricoles dont on aggrave ainsi les conditions d'exploitation. L'exode rural, quoi qu'on en dise, n'est pas obligatoirement une mauvaise chose pour des populations confrontées à un milieu hostile.

La logique de la demande (satisfaire les besoins dans leur diversité) ou de l'offre (planifier des interventions standards plus faciles techniquement et plus rapides) ?

Mais ne soyons pas trop regardants, considérons que nous ciblons notre opération sur le milieu idéal, celui de villages qui bénéficieraient déjà de plusieurs sources d'eau mais qui manquent d'eau potable surtout à la saison sèche. Il faut être capable d'identifier ces villages, de comprendre leurs demandes. Cette recherche peut demander un certain temps, c'est-à-dire plusieurs mois, pour obtenir un échantillon significatif. Mais une ONG et un bailleur de fonds sont-ils prêts à dépenser autant de temps et donc d'argent pour identifier explicitement un groupe de villages qui seraient dans la situation de recevoir éventuellement cette infrastructure ? Les administrateurs qui leur ont confié un budget seront bien vite enclins à s'étonner de la longueur et surtout du coût d'un tel processus avant même que le premier coup de pioche soit donné. Les autorités locales, soucieuses de parer au plus pressé et n'ayant à traiter par définition que des situations prioritaires trouveront bien curieux ce préalable coûteux en matière d'énergie et de moyens. Afin de contourner cet inconvénient, une approche technicienne peut alors tenter de réconcilier ces différentes exigences. Après tout, pour faire des économies d'échelle, il vaut mieux aller un peu plus vite, et ainsi prévoir que les forages ne soient pas trop éloignés les uns des autres et dans des zones où ils ont de fortes chances d'être positifs, même si le milieu d'implantation n'est pas toujours optimal. On bascule progressivement d'une logique de réponse à la demande à une logique de mise à disposition de l'offre. Oui mais voilà, il faut tenir compte à la fois des situations particulières de chaque village identifié et tout autant de leurs demandes spécifiques. Une enquête sur les motivations des populations qui veulent disposer de l'eau potable devient alors indispensable.

Mais cette enquête n'est pas facile à réaliser. Les villageois concernés ne déclarent jamais la nécessité de besoins complémentaires en eau, source effective de sécurisation. Si les villageois expriment leurs besoins sans tenir compte des contraintes, certains vous diront qu'ils préfèrent des puits, d'autres des pompes à motricité humaine, d'autres encore la modernisation de leurs points d'eau traditionnels. Et ces demandes exprimées ne sont pas toujours techniquement réalisables. D'ailleurs certains villages voudront participer financièrement à cette opération même s'ils ne correspondent pas aux critères techniques d'installation. De quelle manière répondre à cette demande hétérogène lorsque l'on sait que le coût du sur-mesure est souvent exorbitant en matière de développement.

Le coût économique et social de la pérennité

Admettons que l'enquête socio-économique soit bien faite et s'applique finalement à une demande relativement homogène. Les implantations de points d'eau équipés de pompe à motricité humaine ont été repérées et répondent à un réel besoin exprimé par les villageois. Avec l'accord de ces derniers et même parfois leur participation financière pour bien s'assurer de leur motivation, on peut donc commencer les forages et implanter les pompes. Le dispositif fonctionne car le matériel est de qualité. L'eau potable est donc disponible toute l'année dans le village. Pourtant, en termes de développement, le plus difficile reste à faire. Comment s'assurer de l'utilisation rationnelle de ces nouvelles infrastructures et de leur caractère pérenne (29) ? La formation de la population à la gestion de ces points d'eau s'avère indispensable. Les villageois doivent être capables de les entretenir, sans soutien financier de l'extérieur. Il faut donc savoir techniquement la façon dont fonctionnent les pompes, les réparer et les changer lorsqu'elles sont obsolètes. Mais cela coûte de l'argent, pas mal d'argent pour un petit village africain de trois cents âmes qui a déjà des difficultés à assurer sa subsistance. Comment faire ?

Demander à un comité villageois de points d'eau de gérer la pompe ? Faire payer l'eau pour engranger un revenu capable de financer les réparations ? Prévoir un système de cotisations individuelles et préventives de l'ensemble du village pour assurer le fonctionnement de la pompe ? En fait, vous apportez de l'extérieur une infrastructure supplémentaire à des populations pauvres, mais ce don a certaines exigences. Il va même coûter de l'argent et peut-être entraîner un changement profond des habitudes des habitants. En effet, comment accepter de payer l'eau dans un village pauvre quand on ne l'a jamais fait jusqu'à présent et que d'autres sources d'approvisionnement existent ? Comment organiser la maintenance d'une pompe qui utilise des pièces détachées et demande parfois l'intervention d'un spécialiste venu de l'extérieur ? Les gens sont pauvres et ils possèdent parfois un puits, vivent près d'un marigot ou recueillent l'eau de pluie à la saison humide. Leur motivation à participer au financement d'une telle infrastructure est donc souvent mal établie, les montants financiers nécessaires au fonctionnement de la pompe à motricité humaine sont donc très difficiles à obtenir. De plus, si l'eau est vendue à la pompe, certains, les plus pauvres, vont être exclus de ce nouveau service. Des dissensions sociales peuvent s'ensuivre.

Admettons encore une fois, ce qui est une hypothèse lourde de plus, que tous ces problèmes soient malgré tout résolus. Les ressources tirées du point d'eau doivent équilibrer le fonctionnement de la pompe et dans dix ans assurer son remplacement. Pour l'amortissement du forage, inutile d'y penser. Il coûte en général 25 fois plus que la participation de départ demandée à la population pour disposer d'une pompe. Les coûts d'investissement seront multipliés par trois ou quatre s'il s'agit d'un puits. En se limitant au financement autonome du maintien de la pompe en état, il faut donc que la consommation soit importante et que les recettes soient bien gérées. Pour ce faire, un fontainier doit être désigné pour s'occuper de la pompe. Or, ce travail mérite salaire. Les recettes de la pompe doivent déjà payer le fontainier avant de commencer à dégager un solde pour son entretien, puis encore un surplus, pour assumer son changement. La pompe à finances au vrai sens du terme s'est donc réellement amorcée. Or pendant la saison des pluies, l'eau continue de tomber gratuitement du ciel et les paysans sont au champ, les femmes à leur potager ou dans leur maison. Qui va donc

---

29 / L'objectif de pérennité des points d'eau est explicite depuis 1980 et sans cesse réaffirmé notamment lors de la dernière conférence internationale sur l'eau et le développement durable tenue à Paris en 1998.

accepter d'être fontainier ? La plupart du temps, peu de monde se précipite. Ce n'est pas un emploi bien rémunérateur. Quelques vieillards se présentent pour accomplir cette tâche. Ils ne feront payer qu'une fois sur deux car il est difficile de refuser de l'eau à un indigent ou à un enfant. Ils adopteront naturellement une gestion sociale du point d'eau. Dans certains cas extrêmes, le village résoudra le problème de l'accès sélectif à l'eau en nommant un fontainier aveugle. J'ai effectivement rencontré ce type de fonctionnement qui représente pour le village une manière comme une autre de respecter formellement ses engagements vis-à-vis de l'extérieur.

Les vertus de la santé retrouvée

Pour maintenir la consommation de la pompe à bon niveau, la solution est peut-être de vanter à juste titre les mérites de cette eau qui est potable et donc difficile à comparer aux autres eaux du village. Elle a des effets bénéfiques sur la santé ce qui explique qu'elle soit payante. L'objectif d'amélioration de la santé est donc placé au premier plan, même si au passage il convient de résoudre la petite contradiction entre paiement de l'eau et accès direct du plus grand nombre. Peu importe, l'argument santé peut décider les populations, si l'animation est bien faite, à recourir à cette source d'approvisionnement en permanence, même pendant la saison des pluies. Mais les effets bénéfiques de cette eau sur la santé sont-ils réellement certains ? À quoi sert de pomper de l'eau potable si l'on n'est guère capable de la transporter dans un récipient propre, si on ne peut la conserver assez longtemps, par des chaleurs importantes sans que sa qualité soit gravement altérée ? Et, une eau de puits traditionnel chauffée à plus de 100 °C et consommée immédiatement n'a-t-elle pas finalement des qualités presque comparables à celle qui est sortie de la pompe ?

Ne soyons pas trop regardants et inutilement critiques. Considérons les hypothèses suivantes comme satisfaites. Le village identifié a bien besoin d'une source d'eau complémentaire. Cette eau procure un mieux sur le plan de la santé. Elle est consommée toute l'année. Les villageois arrivent donc à équilibrer les comptes pour maintenir la pompe en marche. Une personne est formée pour la réparer. Un fontainier est payé pour la gérer. On peut donc respirer. Une étape dans la réussite du projet semble alors incontestablement franchie. Cependant, certains problèmes demeurent.

Le poids des intérêts contradictoires qu'il convient de faire cohabiter

En effet, un fabricant de pompe à motricité humaine doit continuer à livrer des pièces de rechange durant toute la durée de vie de la pompe (10 ans). Mais, la maximisation de ses gains n'est pas forcément liée à la fourniture, même en grand nombre, de pièces détachées. Il n'a pas non plus intérêt à mettre sur le marché des pompes qui tombent toujours en panne, sa crédibilité en serait fortement affectée. Cependant, son sens commercial lui dicte de privilégier quelques clients riches et solvables plutôt qu'une multitude d'acheteurs potentiels, demandant pour la vente hypothétique de quelques pièces détachées, la mise en place d'un gigantesque et coûteux circuit de distribution. Sa stratégie passe donc plutôt par la construction de pompes relativement solides qui puissent satisfaire simultanément le bailleur de fonds, l'État récipiendaire mais aussi les populations bénéficiaires. Toutefois, il a également intérêt à se maintenir dans la course à l'innovation. Tous les dix ans, il mettra sur le marché un nouveau modèle de pompe. Cela tombera plutôt bien puisque les pompes usagées qui ont été bien entretenues par les villageois ne pourront être, faute de moyens, financièrement remplacées par les bénéficiaires directs. Il peut espérer ainsi couvrir à la fois un nouveau marché potentiel mais aussi celui de ses bénéficiaires antérieurs. Il provoque ainsi de manière involontaire une obsolescence accélérée du matériel précédemment installé. D'autres facteurs externes peuvent également interférer sur le projet :

La volonté de l'État récipiendaire de se ménager un flux d'aide continu et non pas transitoire.

L'intérêt du bailleur de fonds à s'assurer de l'achat de pompes fabriquées dans son pays, même si elles coûtent plus cher et rendent ainsi plus difficile l'équilibre financier du système.

Les effets pervers de l'intervention d'un autre bailleur de fonds ou d'une ONG ayant la généreuse ambition d'implanter d'autres points d'eau dans le même village mais qui hélas n'a pas les mêmes exigences que le précédent bailleur.

Enfin, le petit village souhaite peut-être, à l'échelle d'une génération, voir repasser de temps en temps la puissance publique accompagnée d'un généreux donateur afin de tenter d'améliorer quelque peu l'ordinaire.

Ce court développement révèle simplement la difficulté de mener à bien des actions de développement efficaces. Le nombre de questions laissées sans réponse, les hypothèses lourdes à assumer à chaque étape du processus, soulignent le côté périlleux de ce type de défi. Or, des projets comme celui-ci, tout bon développeur essaie d'en promouvoir tous les jours. Quelques-uns sont des succès. De trop nombreux n'atteignent pas pleinement la réussite. À qui la faute ? Il est difficile de répondre à cette interrogation. S'agit-il d'une question de moyens ? Rien n'est moins sûr.

Le chemin véritable du développement semble bien tortueux et affaire de circonstances. Il nous mène parfois dans un labyrinthe à l'issue très incertaine. En fait, du choc de deux cultures, on espère tirer profit pour les deux parties. Il est bon pour cela de bannir tout esprit de système, d'éviter les recettes toutes faites, d'adapter en permanence son expérience à la diversité du milieu, d'être enfin d'une grande patience et à l'écoute de l'autre. Ce sont quelques-unes unes des qualités nécessaires à tout bon développeur. Mais restons réalistes. Le sort de ces populations n'est pas entre nos seules mains, même si nos responsabilités vis-à-vis d'elles sont réelles lorsque la souffrance se déclare. Heureusement, tous les habitants de ces pays ne sont pas chaque matin en train de nous dire qu'ils sont les malheureux laissés-pour-compte du monde moderne. Ils conservent un certain détachement vis-à-vis de cette modernité. De plus, ils s'adaptent, eux aussi, aux circonstances et peut-être avec une vivacité insoupçonnée.

Après tout, conservons un certain optimisme. Refusons tout d'abord le langage de la fausse compassion qui sied si bien au « fort » lorsqu'il s'épanche sur les malheurs du « faible ». En me promenant dans cette campagne africaine, je n'ai jamais rencontré autant de sourires et de gaieté. Moi qui étais pressé, j'étais entouré de personnes calmes, maîtresses de leur temps, disponibles[30]. Était-ce affaire de circonstances ? Les impressions sont parfois trompeuses. Ces hommes et ces femmes meurent souvent avant quarante ans et c'est triste. Ils souffrent plus que de raison. Dans certains cas, nous avons les moyens de les soulager, de les accompagner vers un mieux-être et l'aide au développement prend alors tout son sens. Son efficacité dépend alors de la qualité de sa mise en œuvre, c'est-à-dire de l'aptitude des différents protagonistes à tendre vers des objectifs partagés, créant ainsi les conditions d'un cheminement nouveau. Le champ de la coopération s'avère alors immense.

6. Secteur de l'électricité

18. Prêt de 70 m€ au secteur de l'électricité du Congo Brazzaville

Le Congo Brazzaville est un pays à revenu intermédiaire, riche en pétrole, d'une superficie équivalente à l'Allemagne (à ne pas confondre avec la République démocratique du Congo ou Congo Kinshasa, grand comme quatre fois la France), peu peuplé (5,8 millions (m) en 2021) mais dont le taux de pauvreté est supérieur à 45 %. La République du Congo ne manque pas de ressources (pétrole, minerais, forêts) mais ses dernières sont mal exploitées et mal réparties au sein de la population.

Sur le plan de l'électricité, il dispose d'une puissance installée de 750 MW grâce à des turbines à gaz pilotée par la société italienne ENI et quelques barrages hydroélectriques qui ont été construits avec l'aide de la Chine. Le taux d'électrification de la population est d'environ 45 % dont 62 % en ville et 5 % en zone rurale.

La disponibilité en électricité de qualité est un facteur essentiel au développement d'un pays comme la république du Congo. Pour la population, c'est l'assurance de conditions de vie améliorées (santé, lumière, chauffage, réfrigération, électroménager, déplacement). Pour les entreprises et les administrations, c'est l'assurance de pouvoir faire fonctionner correctement les machines ou les équipements nécessaires au secteur tertiaire.

30 / Lire le livre de Marshall Salhins intitulé *« Age de pierre, âge d'abondance »*, éditions Gallimard, bibliothèque des sciences humaines.

Le secteur de l'électricité du Congo ne fonctionne pas correctement à différents niveaux :

- Les coupures d'électricité sont fréquentes. À Brazzaville, elles sont journalières et certains quartiers sont systématiquement délestés.
- La qualité de l'électricité est médiocre avec des hausses et des baisses de tension qui mettent les appareils électriques professionnels ou domestiques à rude épreuve.
- Les pertes techniques sont importantes sur le réseau de transport comme sur le réseau de distribution.
- De nombreux branchements clandestins existent et les compteurs installés pas la Société Nationale d'Électricité (SNE) sont très souvent vandalisés.
- La production d'électricité est assurée en grande partie à partir d'une turbine à gaz située à Pointe-Noire et de quelques barrages hydroélectriques dont le fonctionnement laisse à désirer ou sont tout simplement à l'arrêt faute de maintenance (barrage du Djoué à Brazzaville). Pourtant, le potentiel de production hydroélectrique inexploité du Congo Brazzaville est immense autour du fleuve Congo et d'un bassin hydrique qui irrigue la forêt tropicale environnante.
- La Société Nationale d'électricité (SNE) n'est pas bien gérée. Elle ne maîtrise pas son programme d'investissement piloté directement par l'État. La fonction achat de la société donne lieu à de l'évaporation. Sa situation financière est dégradée. Elle se comporte comme une administration. Elle éprouve beaucoup de mal à recouvrer les factures qu'elle émet. Ses dettes croisées avec l'administration sont importantes.

Présentation du projet

Le prêt accordé par le bailleur de fonds a pour objectif de financer une amélioration du service de l'électricité délivrée par la Société Nationale d'Électricité (SNE) de la République du Congo. Il porte sur le transport, la distribution et la commercialisation de l'électricité. Ce prêt n'a été possible que parce qu'un opérateur technique de renommée internationale (EDF) était présent dans le secteur pour sécuriser le redressement attendu de ce secteur. La présence de l'opérateur a d'ailleurs constitué un élément primordial pour faire revenir des bailleurs de fonds internationaux dans ce secteur au Congo.

La maîtrise d'ouvrage du projet est assumée par le ministère de l'Énergie et de l'Hydraulique (MEH).

La maîtrise d'œuvre du projet est assurée par EDF qui a signé au préalable (n-1) sur financement congolais un contrat de prestation de service dans les domaines du transport de l'électricité, de la distribution, de la gestion commerciale et de la formation.

Avec l'appui de l'EDF, le ministère de l'Énergie et de l'Hydraulique (MEH) et la SNE ont bâti un important programme d'investissements dont une partie sera financée sur le prêt par le bailleur de fonds.

L'impact attendu de cette opération est de (1) fiabiliser l'approvisionnement en électricité, (2) de rétablir la qualité de la fourniture d'électricité, (3) de réduire les pertes en ligne (4) d'améliorer le recouvrement et la gestion de la SNE.

Les principaux investissements à financer par le prêt sont les suivants :

- Réhabilitation de la ligne 220 kV visant à fiabiliser l'interconnexion entre Pointe-Noire (capitale économique du Congo Brazzaville avec sa situation maritime et sa production de pétrole) et Brazzaville (capitale politique et administrative).
- Réhabilitation de la ligne 110 kV visant à fiabiliser l'évacuation de l'hydroélectricité d'un barrage.
- Réhabilitation des postes de transformation du réseau sud visant améliorer l'approvisionnement.
- Extension des capacités de transformation, visant à mettre fin aux délestages dans les zones saturées.
- Mise à niveau du dispatching (pilotage à distance du réseau).
- Réhabilitation de 14 départs moyenne tension de Pointe-Noire à Brazzaville.
- Fourniture de 50 000 compteurs à prépaiement.
- Mise en place de moyens logistiques.

Les points d'affection prévus dans le plan de financement du projet (annexe de la convention du financement) sont les suivants :

- 41,60 m€ dans le domaine du transport
- 4,10 m€ dans le domaine de la distribution
- 8,70 m€ dans le domaine commercial, de la gestion et des finances
- 8,70 m€ pour le développement des capacités et la formation professionnelle
- 6, 9 m€ pour divers et imprévus

Les études préalables de ce projet ont été réalisées correctement (faisabilité avec étude d'impact environnemental et social) grâce à un bon travail de suivi de la SNE appuyée par les équipes d'EDF.

La convention de financement de ce projet a été signée en année n. Le projet était toujours en phase de démarrage lors de la rédaction de cette étude de cas.

Nous allons donc nous intéresser aux différents éléments contenus dans la convention de financement afin de bien comprendre la signification et l'importance de ce document contractuel.

La convention de financement de ce projet a été signée entre le ministère des Finances du Congo qui assume directement l'endettement et le bailleur de fonds. C'est un document de 54 pages qui organise et traduit juridiquement les différentes interactions entre partenaires dans le cadre de la réalisation de ce projet de la phase de premier versement à la dernière échéance de remboursement du prêt 20 ans plus tard. La convention de financement cadre donc avec précision les devoirs et responsabilités de chacun dans la durée.

La convention de cette opération en prêt comporte plusieurs paragraphes qui ont tous une utilité particulière et que l'on va essayer de détailler. Les principaux paragraphes de la convention de financement sont les suivants :

Paragraphe : *définition et interprétation.* Il s'agit de bien s'entendre entre partenaires sur les termes employés dans la convention afin qu'aucune ambiguïté n'existe ou ne donne lieu à des litiges. Ce paragraphe renvoie aux deux premières annexes de la convention qui donnent la définition des termes employés et qui précisent leurs interprétations.

Paragraphe : *montant, destination et condition d'utilisation.* On s'assure ici que le montant du financement sera bien utilisé exclusivement sur les points d'affectation prévus du projet. On renvoie ici à deux autres annexes qui présentent la description du projet (les activités qui sont prévues) et le plan de financement (quel montant prévu pour chaque activité). Si le plan de financement est modifié substantiellement, la règle veut que l'on repasse devant le conseil d'administration du bailleur pour recevoir son accord sur cette modification. En effet, le conseil d'administration a donné son accord pour une opération précise, cadrée. Si les fonds débloqués sont utilisés différemment, il convient qu'il donne son accord ou pas à ces modifications envisagées. On évite ainsi les dérives possibles, du fait du bénéficiaire comme du fait d'ailleurs des équipes opérationnelles du bailleur. On crée donc une rigidité dans les affectations des fonds parfois difficiles à assumer. C'est pourquoi, le plan de financement prévoit un peu de souplesse avec une rubrique divers et imprévus. L'autre façon de s'accorder de la souplesse dans le cadre contractuel défini du plan de financement est de ne pas aller trop loin dans le détail des points d'affectation du projet. Enfin dans ce paragraphe, on renvoie également aux conditions d'utilisation liée à la levée des conditions suspensives du prêt.

Le but des conditions suspensives est de s'assurer que toutes les conditions sont bien remplies (1) pour signer la convention (2) pour décaisser le 1er versement (3) pour décaisser chaque versement (4) pour décaisser sur les différents points d'application du projet. Dans cette convention, il n'y avait que des conditions standards. Parfois dans d'autres conventions, le bailleur de fonds introduit ici des mesures réglementaires à prendre, des stratégies à adopter ou encore des financements préalables à apporter qui sont inscrites dans la convention comme des conditions suspensives particulières. Il s'agit pour le bailleur de s'assurer que les engagements pris par la maîtrise d'ouvrage et les opérateurs du projet sont bien effectifs avant de décaisser (exemples possibles : hausse du prix de l'électricité, nouvelle législation sur l'électricité, financement obtenu d'un autre bailleur de fonds, financement effectif par la maîtrise d'ouvrage d'une partie du projet auquel elle s'était engagée…)

Paragraphe : *modalité de versement.* On organise ici la façon dans les fonds seront décaissés à savoir : quelle sera la forme précise d'une demande de versement des fonds ? Qui pourra l'introduire et la signer ? Qui devra la valider au préalable avant envoi au bailleur de fonds (ici, la maîtrise d'ouvrage, la SNE, EDF) ? À quelle date l'introduire ? Comment le bailleur de fonds donnera au préalable son Avis de Non-objection ? À qui seront versés les fonds. Dans cette convention, les fonds décaissés peuvent (1) servir à financer des dépenses à payer par l'emprunteur (versement préalable à l'emprunteur de fonds sous forme de caisse d'avance qui sert à payer les menues dépenses. Cette caisse d'avance est reconstituée par le bailleur à mesure que l'emprunteur justifie les dépenses réalisées. Les fonds décaissés peuvent servir à refinancer les dépenses déjà payées par l'emprunteur. Les fonds peuvent (2) également être décaissés par versement direct aux entreprises qui ont été retenues par appel d'offres ou par gré à gré afin de réaliser une partie du projet. Ce circuit de financement permet de sécuriser l'emploi des financements en évitant (1) de verser l'intégralité des fonds au bénéficiaire avant que ce dernier n'en ait l'utilisation, (2) de verser les fonds au bénéficiaire en anticipation de son utilisation (3) de verser des fonds à une administration publique qui pourrait être tentée de les utiliser autrement. La contrepartie à ce système de sécurisation, c'est que le bénéficiaire d'un tel prêt ne voit jamais les flux d'une partie des montants qu'il a pourtant empruntés et qu'il devra donc rembourser.

Paragraphe : *Intérêt.* On fait le choix ici du type de taux d'intérêt qui sera appliqué. Est-ce que ce sera un taux fixe ? Un taux variable ? De quelle manière, selon le choix effectué, ce taux d'intérêt sera calculé ? Comment seront payés les intérêts ? Les intérêts de retard ou le moratoire sur les intérêts de retard ? Dans cette opération particulière, il a été choisi un taux fixe. Les intérêts sur les montants mis à disposition sont calculables dès l'entrée en vigueur de la convention sur la totalité du capital restant dû. En d'autres termes, l'emprunteur commence à verser les intérêts dès que la convention entre en vigueur même si le capital du prêt n'a pas encore été versé dans sa totalité.

Paragraphe : *commissions.* Il y a trois types de commission : (1) les commissions d'engagement. Elles servent à s'assurer que la ressource mise à disposition de l'emprunteur sera bien utilisée et donc que le premier versement sera bien effectif. Le prêteur a mobilisé cette ressource en empruntant sa contrevaleur sur le marché. S'il ne l'utilise pas selon le calendrier prévu, notamment du fait de l'emprunteur, il est mis en risque. La rémunération du prêteur n'intervient que sur les décaissements. Un projet qui se décaisse est un projet qui fonctionne.

Toutes ces raisons poussent le prêteur à faire acquitter une commission d'engagement pour pousser l'emprunteur à tirer sur les ressources du prêt. (2) Les commissions d'instruction. Souvent, le bailleur a engagé des fonds pour instruire cette opération. Il en fait supporter le coût par le prêteur. (3) Les commissions d'annulation. Si le prêt est annulé du fait de l'emprunteur en partie ou en totalité, le prêteur en fait supporter une partie du coût par le prêteur qui ne peut donc pas impunément renoncer à son engagement de prêt, (1) parce qu'il a trouvé finalement de meilleures conditions, (2) parce qu'il a changé d'avis sur les priorités de ses investissements. Dans cette opération, la commission d'annulation était de 2 %. Il n'y avait pas de commission d'engagement et d'instruction.

Paragraphe : *remboursement.* La période de différé de remboursement du capital du prêt est spécifiée. Dans cette opération, elle est de 5 ans pour un prêt sur 20 ans. On prévoit en général la durée du différé en fonction de la durée de décaissement du prêt. Ainsi, l'emprunteur (l'État congolais) ne commence à rembourser le capital du prêt que lorsque le projet fonctionne et est éventuellement à même de dégager un flux financier en rapport avec les échéances de remboursement. Les échéances sont semestrielles. La dernière échéance de remboursement du prêt est donc prévue en année n +20.

Paragraphe : *engagement.* La convention rappelle tous les engagements auquel doit se conformer l'emprunteur et par exemple : les lois et règlements du projet, tous les points mentionnés dans le document de projet, le mode de passation de marché, la responsabilité sociale et environnementale, tout emprunt supplémentaire qui viendrait complexifier le remboursement des prêts, toute décision qui viendraient amoindrir la garantie de remboursement du prêt… À ce titre, cette convention prévoit un engagement particulier demandant qu'un opérateur international soit recruté pour superviser les travaux en tant que maîtrise d'œuvre. Ce sera le rôle dévolu à EDF.

Paragraphe : *suivi, contrôle, évaluation du projet.* La convention indique quel type de suivi et selon quelle forme de suivi sera opéré sur le projet (dans ce cas, rapports d'exécution semestriel). Les contrôles peuvent être faits directement par le bailleur (missions, contrôles sur pièces) ou par l'intermédiaire d'audits. Des évaluations peuvent être prévues à mi-parcours et à la fin du projet. Ces paragraphes ont pour but de faciliter ce type de suivi.

Paragraphe : *droits applicables, compétence et élection de domicile.* La convention se réfère au droit français (on ne peut donc invoquer le droit anglo-saxon). Tout différent sera traité par une chambre d'arbitrage, à savoir la chambre de commerce internationale de Paris et en langue française. On évite ainsi toute contestation sur la juridiction susceptible d'arbitrer les différends.

Exercice proposé

Lire attentivement le descriptif du projet

1) Comment jugez-vous la situation du secteur électrique au Congo ?

2) Pourquoi et pour qui le bon fonctionnement du secteur électrique est important ?
3) Que pourriez-vous conseiller au Congo en matière de mix énergétique futur ?
4) S'agit-il d'un prêt souverain ou d'un prêt non souverain ?
5) Quelles sont les conséquences d'un prêt en devises pour financer ce type d'opération ?
6) Quels sont les points clés d'une convention de financement ?
7) Qu'est-ce qu'une période de différé de remboursement de prêt ? À quoi cela sert ?
8) Quels sont les différents circuits de versement des fonds ?
9) À quoi servent les avis de non-objection du bailleur de fonds dans la conduite d'un projet sur le plan technique et financier ?
10) Qui prend en charge le risque de change ?
11) Comment définir le plan de financement ?
12) Quels sont les éléments qui peuvent nous assurer de la durabilité du projet ?

Corrigé du projet

1) Comment jugez-vous la situation du secteur électrique au Congo ?

Mauvaise. Les coupures de courant sont quotidiennes. La Société nationale d'électricité est mal gérée et lourdement déficitaire. Le réseau électrique est mal entretenu.

2) Pourquoi et pour qui le bon fonctionnement du secteur électrique est important ?

Pour les usagers de l'électricité qui peuvent être des particuliers, des entreprises privées, des entreprises publiques. La non-disposition de l'électricité en permanence est un handicap lourd pour le développement du pays, comme pour le fonctionnement des services publics, comme pour le bien-être des populations.

3) Que pourriez-vous conseiller au Congo en matière de mix énergétique futur ?

De développer l'hydroélectricité qui est une énergie verte et dont les potentialités sont élevées au Congo avec les nombreux fleuves et rivières du Bassin du Congo, notamment à proximité des villes comme à Brazzaville.

4) S'agit-il d'un prêt souverain ou d'un prêt non souverain ?

Il s'agit d'un prêt souverain puisque c'est l'État congolais par l'intermédiaire du ministère des finances qui assume directement le remboursement du prêt. Le ministère des finances emprunte pour le compte de la société d'électricité. Cette opération est en partie sécurisée par la présence d'EDF qui en termes d'exploitation comme en termes d'investissements appuie le redressement de la société d'électricité. Si la situation de la société nationale d'électricité avait été satisfaisante, cette société aurait pu emprunter directement au bailleur de fonds. Le bailleur de fonds, afin de sécuriser son risque, aurait alors demandé la garantie de l'État sur cet emprunt, afin d'assurer, en cas de défaillance de la société, le remboursement du prêt.

5) Quelles sont les conséquences d'un prêt en devises pour financer ce type d'opération ?

L'endettement de l'État congolais s'en trouve accru. Les recettes du secteur financé sont des recettes en monnaie locale alors que l'endettement est en devises. L'orthodoxie bancaire n'est pas respectée. Le risque de change est assumé par l'État congolais. Le coût en devises est élevé pour l'État.

6) Quels sont les points clés d'une convention de financement ?

(1). Définition et interprétation. (2) montant, (3) destination et condition d'utilisation. (4) modalité de versement. (5) Intérêt. Commissions. (6) remboursement. (7) engagement. (8) suivi, (9) contrôle, (10) évaluation du projet. (11) droits applicables, (12) compétence et élection de domicile (13) annexe I : description succincte du projet (14) annexe II : plan de financement.

7) Qu'est-ce qu'une période de différé de remboursement de prêt ? À quoi cela sert ?

La période (5 à 7 ans en général) pendant laquelle le capital du prêt n'est pas remboursé. Elle sert à permettre que l'exécution technique et financière du projet, surtout s'il s'agit de constructions physiques, soit terminée avant d'entamer le remboursement du capital. L'idée est que les recettes additionnelles générées par le projet ne peuvent intervenir dans le temps avant la fin du projet et sa mise en fonctionnement. Les recettes générées vont pouvoir servir alors à rembourser le capital du prêt dans la durée. En revanche les intérêts du prêt sont remboursés durant la période de différé, calculés sur l'encours de dette qui reste alors constant.

8) Quels sont les différents circuits de versement des fonds ?

Deux circuits possibles : (1) financement par caisse d'avance des dépenses à payer par l'emprunteur ou refinancement des dépenses déjà payées par l'emprunteur. (2) versement direct par le bailleur de fonds aux entreprises. Cette seconde modalité de financement veut dire que les financements passent directement du bailleur de fonds aux prestataires du projet, sans transiter par le compte de l'emprunteur. Ce circuit direct permet de réduire les risques fiduciaires (circuit de la dépense publique). Toutefois, il prive l'emprunteur de décaisser lui-même les ressources qu'il a pourtant empruntées.

9) À quoi servent les avis de non-objection du bailleur de fonds dans la conduite d'un projet sur le plan technique et financier ?

À s'assurer que le projet est bien exécuté sur le plan financier et technique, conformément à la convention. Si les avis de non-objection donnés par le bailleur de fonds sont très nombreux, cela veut dire que l'exécution technique et financière du projet est extrêmement encadrée par le bailleur. La maîtrise d'ouvrage, la maîtrise d'œuvre, les entreprises prestataires sont alors en permanence dans l'obligation d'en référer au bailleur de fonds aux différentes phases de l'exécution du projet.

Dans tous les cas, chaque demande au bailleur de fonds de décaissement introduite par la maîtrise d'ouvrage fait l'objet d'une instruction par les services du bailleur de fonds du dossier accompagnant cette demande (demande accompagnée de pièces justificatives) afin de s'assurer que cette demande de décaissement est bien conforme à ce qui est prévu dans la convention. Sur le plan technique, le chef de projet du bailleur de fonds (l'ingénieur qui suit le projet et fait partie du personnel du bailleur de fonds) donne des avis de non-objection sur les documents techniques clés qui permettent ensuite d'opérer le décaissement.

10) Qui prend en charge le risque de change ?

Le risque de change est pris en charge par l'État congolais. Étant en zone FCFA, la parité entre le FCFA et l'euro est fixe. Toutefois un changement de parité peut intervenir, notamment lors d'une dévaluation et entraîner un risque de change.

11) Comment définir le plan de financement ?

Le plan de financement est un document annexe de la convention qui établit les points d'affectation du projet (les actions à financer) et prévoit les sources de financement de ces points d'affectation (bailleur, maîtrise d'ouvrage, autres). Dans le cas présent, la seule source de financement de ce projet était constituée par le bailleur de fonds.

12) Quels sont les éléments qui peuvent nous assurer de la durabilité du projet ?

Une gestion satisfaisante des investissements et de l'exploitation de la société nationale d'électricité. Un environnement réglementaire et une tarification de l'électricité favorables au bon fonctionnement de la société nationale d'électricité. Ce second élément est entre les mains de l'État congolais puisque c'est lui qui fixe les tarifs de l'électricité.

19. Société d'électricité en Nouvelle-Calédonie

Présentation

Quatre projets d'électrification au profit d'une société d'électricité
Durée des projets : 4 ans
Montants respectifs : 0,56 m€ ; 41,69 m€ ; 2,55 m€ ; 4,47 m.€
Nature : prêt
Emprunteur : société territoriale d'électricité

La Nouvelle-Calédonie est un territoire d'Outre-Mer où le développement territorial est inégal. Sa principale richesse économique provient de l'extraction et de la transformation sur place du nickel. Le sud est majoritairement peuplé de Caldoches (d'origine européenne), concentre l'activité économique et abrite la capitale Nouméa. Le Nord et les îles sont majoritairement peuplés de Kanaks (d'origine locale), peu développés et bénéficient d'une politique de rééquilibrage. Les accords de Nouméa signés en 1998 ont mis fin à des affrontements interethniques violents. En 2020, un référendum est remporté par les partisans d'une continuation d'un rattachement à la France.

Sur le plan institutionnel, la Nouvelle-Calédonie est dotée de l'administration du territoire et de trois provinces (Nord, Sud, îles). Les Kanaks ont la majorité dans les provinces Nord et des îles. Les Caldoches dominent la province Sud.

Dans ce contexte, la société d'électricité intervient sur l'ensemble du Territoire. C'est une société d'économie mixte (SEM), constituée en 1955, et dont le capital s'élève à 10 m.€. Celui-ci est réparti entre le bailleur de fonds (36 %), la région (18 %), les autres actionnaires pour le reste du capital.

Depuis sa création, la société territoriale d'électricité a bénéficié de 111,24 m€ de prêts du bailleur de fonds. En année (n), l'encours des prêts du bailleur de fonds est de 54 m.€. Le risque bancaire potentiel pour le bailleur de fonds se monte à 76,85 m€ ce qui le classe parmi les grands risques. Les quatre projets évalués (51,22 m€ d'engagements) sont les suivants :

- Financement partiel de la reconstruction d'une ligne de 150 kV (convention de l'année n-2 sous forme de prêt à 7 % de 0,57 m.€).
- Financement partiel de la construction d'une centrale thermique de 24 MW dans le nord et des organes de transport ou de contrôle associés (convention de l'année (n-2) sous forme de deux prêts de 21,88 m€ à 7 % et 19,8 m€ à 10,5 %) accordés par le bailleur de fonds et de 2,06 m€ à 10,35 % accordés par une société de développement.
- Financement partiel de la construction d'une ligne de 150 kV et de deux lignes de 33 kV (convention de l'année (n) sous forme de prêt à 7 % de 2,55 m.€).

- Financement partiel du troisième tronçon d'une ligne 33 kV entre deux agglomérations secondaires (convention de l'année (n) sous forme de prêt à 7 % de 4,46 m.€).

Spécificité des projets

La spécificité des projets tient aux facteurs suivants :

- Financement d'un investissement d'importance en faveur d'une entreprise publique d'un DOM-COM, sans assistance technique externe.
- Aménagement de la région avec tentative de rééquilibrage local entre une province Nord peu développée et une province Sud plus développée.
- Qualité de la gestion d'une société publique dans un DOM-COM.
- Les études préalables ont toutes été réalisées et financées par la maîtrise d'ouvrage, à savoir la société d'électricité. Il s'agit donc plus pour le bailleur de fonds d'une aide programme sectorielle qu'une aide projet car l'apport du bailleur de fonds est surtout un apport financier, pas un apport technique.

Exécution technique et financière

L'exécution technique et financière des projets est satisfaisante. La centrale thermique du nord, les nouvelles lignes de transport de l'électricité de 150 kV et 33 kV, le bureau central de téléconduite fonctionnent parfaitement. La société territoriale d'électricité a disposé d'une grande autonomie dans le suivi et la réalisation des travaux. Néanmoins, l'information dispensée au bailleur de fonds a été minimale, les dispositions des conventions qui prévoyaient des avis de non-objection sur le choix des entreprises et des rapports d'exécution technique et financier n'ont pas été respectées.

Performances techniques et financières

La centrale électrique proche de la ville principale est gérée par la société territoriale d'électricité mais appartient à une société minière. Le barrage hydroélectrique au sud est concédé par la région à la société d'électricité, avec une vente de 90 % de l'électricité produite en faveur de cette même société minière jusqu'en 2023. La société territoriale d'électricité dessert 26 communes, la partie la moins urbanisée de la région et le nord. Le sud et la ville principale, qui regroupe à elle seule près de 50 % de la population, sont par ailleurs concédés à une société privée.

Les performances techniques de la société territoriale d'électricité sont satisfaisantes. Dans l'ensemble, les performances de la centrale du nord s'améliorent et tendent progressivement vers les niveaux proches de la garantie constructeur (consommations spécifiques de fioul de 221 g/KWH contre 203,4 g/KWH annoncées, taux de disponibilité de 88,6 % contre 90 % annoncé).

En revanche, le personnel de maîtrise et d'encadrement de la centrale nord n'a pas fait preuve d'une stabilité suffisante permettant un processus d'accumulation d'expérience au sein de cette entité. Les agents postés sur place souffrent d'isolement et ont du mal à s'adapter à l'austérité des lieux.

Dans le court terme, l'investissement que représente la centrale du nord ne constitue pas un optimum sur le plan financier : coût élevé du carburant. Sur le plan technique - 6 MW utilisés dans le nord contre 24 MW disponibles dont le solde part donc dans le sud - il en va de même. Cependant, replacé dans une perspective de moyen terme, il permet d'encourager le développement du nord.

Le réseau transport de l'électricité est relativement performant (faibles pertes en ligne). Son étendue ne cesse de croître. Cette extension génère toutefois des coûts de maintenance qui viennent gonfler les charges pesant sur la distribution. Ce dernier secteur constitue le point faible de la société. L'exploitation d'un réseau électrique dans des zones relativement isolées n'est guère rentable. Les exigences des clients ne cessent d'augmenter.

L'évolution des comptes de la société sur les quatre derniers exercices montre un redressement relatif de l'équilibre d'exploitation de l'entreprise. La capacité d'autofinancement s'établit à 11,1 m€ en année (n +2) en augmentation de 51 % par rapport à l'exercice précédent. Le résultat net demeure négatif sur l'ensemble de la période (-1,42 m€ en (n +3)) mais les pertes se réduisent progressivement depuis (n). Ce déséquilibre persistant résulte en grande partie de la non-prise en compte, dans l'ajustement de la grille tarifaire applicable à cette région, de l'accroissement des frais financiers occasionnés par le financement de la centrale du nord, de la réduction des versements, de la péréquation entre les sociétés du secteur en faveur de la société territoriale d'électricité et enfin de l'extension du réseau de distribution qui demeure une activité déficitaire.

La hausse tarifaire de (n +3) permettrait d'obtenir un résultat positif à hauteur de 4,19 m€ pour l'exercice de l'année (n +4), sous réserve du versement effectif de la péréquation par l'autre société d'électricité de statut privé qui distribue dans la plus grande ville et dans les autres zones relativement urbanisées.

La structure financière de la société d'électricité s'est progressivement dégradée de l'année (n-1) à l'année (n +1) pour se redresser quelque peu par la suite. Le fonds de roulement ne couvre que 42,8 % du besoin en fonds de roulement en année (n +2). La trésorerie nette reste négative sur toute la période pour s'établir à – 5,82 m€ en année (n +2). Les créances clients ont tendance à diminuer en nombre de jours de chiffre d'affaires (80 jours) tandis que le poste crédits fournisseurs augmente sensiblement (32 jours en année (n +1) contre 73 en année (n +3)). Malgré cet ajustement destiné à minorer le besoin en fonds de roulement pour desserrer la contrainte de trésorerie, la structure financière de la société demeure trop déséquilibrée. La faiblesse de plus en plus criante de ses capitaux permanents (hausse de l'endettement à moyen et long terme, baisse des capitaux propres) milite en faveur d'une recapitalisation de la société.

Impact

Sur un chiffre d'affaires proche de 61,1 m€ en année (n +2), 30,2 m€ correspondent à de la création de valeur ajoutée locale. L'apport de la société territoriale d'électricité au tissu économique de la région est sensible : elle contribue efficacement à la politique d'aménagement de la province Nord en donnant des opportunités de développement aux zones isolées et défavorisées. Cette politique a toutefois un coût puisque le secteur distribution de la société est déficitaire de 5,87 m€ en année (n +2).

Les apports les plus significatifs de ces projets dans l'amélioration des conditions de vie des populations rurales tiennent à l'apport de l'électricité :

- Mécanisation possible des tâches pénibles de la vie quotidienne.
- Possibilité de conserver la nourriture dans de bonnes conditions d'hygiène.
- Contact facilité avec l'extérieur en cas de maladie.
- Accès à de nouvelles sources d'information qui amoindrissent le sentiment d'isolement.

La création de cette centrale thermique dans la province Nord pouvait avoir deux inconvénients majeurs pour l'environnement : le risque de marée noire dû au dépotage des navires dans une rade relativement fermée et la pollution de l'air par le rejet de soufre dans l'atmosphère entraînée par l'utilisation d'un fioul lourd particulièrement dense. Ces deux écueils ont été évités. La limitation à 9 000 t du tonnage des navires approvisionnant en fioul lourd la centrale permet de réduire les risques de pollution de l'eau. La construction de cheminées de rejet des fumées d'une hauteur de 40 mètres évite les retombées atmosphériques sur les populations les plus proches.

Toutefois à terme, il faudrait réfléchir à la possibilité de produire de l'électricité sans recours aux énergies fossiles.

Durabilité

Les stratégies poursuivies par les différents opérateurs ou clients importants de la filière électricité de la région sont divergentes. La société minière qui produit et consomme une grande partie de l'électricité tient à bénéficier de l'électricité au prix le plus bas possible car c'est un des éléments importants de sa compétitivité sur les marchés extérieurs : l'électricité entre pour 25 % dans son coût de revient. Le second souhait de la société minière est de disposer des sources d'approvisionnement en énergie les plus indépendantes possibles du réseau public, de manière à avoir l'assurance d'être approvisionnée quelles que soient les circonstances. Elle milite donc pour une baisse des tarifs et la construction d'une centrale thermique indépendante du réseau.

Les préoccupations des élus sont autres. Ils défendent le principe de la tarification unique sur l'ensemble de la Nouvelle-Calédonie et le raccordement au réseau de l'ensemble de la population, ce qui impose au secteur de l'électricité des contraintes de service public qu'il convient de financer.

De son côté, la société d'électricité privée, autre opérateur du secteur qui dessert les zones les plus rentables, manque d'espace pour développer son activité. Sa stratégie est donc d'agrandir son champ d'intervention en essayant de devenir un producteur d'énergie ou à défaut le distributeur de référence de la région, secteurs où son concurrent est déjà présent.

La société territoriale d'électricité est opérateur dans la production mais doit tenir compte des intérêts de la société minière dont une partie de la rentabilité dépend du bas prix de l'énergie. La société territoriale d'électricité est opérateur dans la distribution mais elle couvre les zones les moins rentables. Son développement suit donc une stratégie d'expansion dans les deux secteurs de la production et de la distribution en s'appuyant sur la volonté des élus locaux de mener une politique d'aménagement équilibré sur l'ensemble du territoire.

Il est donc difficile de concilier ces intérêts parfois divergents, ce qui fragilise la position institutionnelle de la société.

Sa viabilité technique est assurée. Le personnel est compétent, l'entreprise maîtrise correctement l'ensemble des secteurs d'intervention que sont la production, le transport et la distribution. À côté d'une approche technicienne, la Direction générale pourrait néanmoins favoriser une approche plus commerciale afin de mieux répondre aux souhaits de la clientèle.

Après plusieurs années difficiles, la situation financière de la société semble se redresser. Afin de conforter cette évolution favorable et permettre un nouveau progrès dans le secteur de la production, la société doit impérativement recourir à des modes de financement qui limitent l'accroissement de son endettement.

Le bailleur de fonds est le banquier de moyen et de long terme quasiment exclusif de la société. Il siège également au Conseil d'Administration de la société d'électricité au titre des actions qu'il détient en propre et pour le compte de l'État. Il est ainsi placé dans une situation ambiguë en ayant à défendre à la fois les intérêts de l'État et les siens qui sont ceux d'un prêteur.

Enseignements et recommandations

L'importance d'un contact commercial avec le client. La société d'électricité doit veiller à donner plus de poids à la fonction commerciale de manière à valoriser son image auprès de ses clients.

Le rôle de prêteur et le rôle d'actionnaire peuvent être contradictoires. Le bailleur de fonds devrait abaisser sa participation au capital de la société pour se recentrer sur son rôle de prêteur et conserver ainsi une approche financière de ce dossier où le risque à gérer est important. À titre d'exemple, en tant qu'actionnaire, d'autres actionnaires peuvent vous pousser à prêter plus qu'il ne faudrait.

Rétablir un niveau de capitaux propres permettant d'investir. La société d'électricité devrait recourir à une augmentation de son capital afin de rétablir sa structure financière, ce qui lui permettrait d'investir dans de bonnes conditions.

Simplifier l'architecture institutionnelle du secteur. Le regroupement des compétences des sociétés d'électricité en matière de production et de distribution d'électricité devrait devenir un objectif de moyen terme. Les montages institutionnels existants jusqu'à présent semblent indiquer que le privé (miniers, autres) gère la partie rentable du secteur de l'électricité alors que la partie la moins rentable est dévolue au secteur public.

Prêter attention aux conséquences environnementales des investissements. La construction d'une centrale thermique au Nord interroge car il s'agit d'une zone relativement protégée sur le plan environnemental. Même si toutes les sécurités semblent avoir été retenues, on peut craindre pour la préservation de l'environnement à terme. Les impératifs du développement économique doivent être compatibles avec les impératifs environnementaux. L'installation dans la province Nord d'une production d'énergie propre aurait été plus indiquée.

Exercice proposé

Lire attentivement le déroulé des projets

1) S'agit-il d'un financement projet ou d'un financement programme ?
2) Quelle est selon vous la raison politique et sociale de cette volonté de rééquilibrage du territoire au nord ?
3) Quelle est la différence entre le risque bancaire (76,85 m€) pour le bailleur de fonds et l'encours (54 m€) pour le bailleur de fonds ?
4) Que dire de la répartition du secteur de l'électricité sur le territoire entre une société publique, un opérateur minier et une société privée ?
5) En fonction de la consommation, les unités de production d'électricité sont-elles bien réparties sur l'ensemble du territoire ?
6) Que peut-on dire de cette opération sur le plan environnemental ?
7) Quelles sont les forces et faiblesses de l'exploitation de la société territoriale d'électricité ?
8) Quels sont les risques d'un raccordement à 100 % au réseau filière d'électricité ?
9) Quels sont les avantages pour les particuliers et les entreprises de l'accès à l'électricité ?
10) La structure financière de la société territoriale d'électricité est-elle équilibrée ?
11) Pourquoi le positionnement du bailleur de fonds est ambigu ? Expliciter ?
12) Quels enseignements et recommandations tirés vous de cette étude de cas ?
13) Durabilité de la société territoriale d'électricité ?

14) Notation. Pertinence des objectifs ? Réalisation des objectifs ? Efficacité ? Efficience ? Impact ? Points forts ? Points faibles ?

Corrigé de l'exercice

1) S'agit-il d'un financement projet ou d'un financement programme ?

Il s'agit plutôt de financement de projets au fil du temps (quatre opérations) avec une faible implication du bailleur de fonds sur le plan technique.

2) Quelle est selon vous la raison politique et sociale de cette volonté de rééquilibrage du territoire au nord ?

Donner aux populations de la province Nord, donc essentiellement les Kanaks, les mêmes conditions de vie que dans la province Sud, essentiellement peuplée par les Caldoches, dans une perspective de nouveau référendum sur l'autonomie, voire l'indépendance de l'île ou la continuation de son rattachement à la France.

3) Quelle est la différence entre le risque bancaire (76,85 m€) pour le bailleur de fonds et l'encours (54 m€) pour le bailleur de fonds ?

Le risque bancaire consolide tous les engagements de prêts du bailleur de fonds par rapport à cette société. Il s'agit donc du total (1) des prêts engagés et non décaissés (2) des prêts en cours de décaissement, (3) de la partie en capital non remboursée des prêts déjà décaissés qui sont déjà en cours de remboursement. L'encours est le montant des prêts en cours de remboursement, à savoir la dette de l'entreprise vis-à-vis du prêteur. À noter qu'il s'agit pour le bailleur de fonds d'un des risques les plus élevés de son portefeuille d'emprunteurs.

4) Que dire de la répartition du secteur de l'électricité sur le territoire entre une société publique, un opérateur minier et une société privée ?

Les zones les plus rentables sont desservies par une société privée (une partie de la province Sud). La société territoriale d'électricité essaie de couvrir l'intégralité du territoire (le reste du territoire avec une ambition de service public pour tous). L'opérateur minier (producteur d'électricité et propriétaire d'une centrale thermique) souhaite bénéficier de cette électricité produite par sa centrale thermique en priorité (disponibilité permanente avant même de satisfaire les besoins des consommateurs) et à un coût le plus bas possible. Le coût de l'électricité pour l'opérateur minier représente 25 % du coût de revient de la fabrication du nickel.

5) En fonction de la consommation, les unités de production d'électricité sont-elles bien réparties sur l'ensemble du territoire ?

Non. Avec cet investissement dans une centrale thermique localisée au nord, on va rééquilibrer les zones de production d'électricité. Toutefois, la production d'électricité au nord va excéder la demande au nord peu peuplé, par rapport au sud, qui ressemble une majorité des habitants.

6) Que peut-on dire de cette opération sur le plan environnemental ?

La construction de la centrale thermique au nord a fait l'objet de précautions sur le plan environnemental à savoir : limitation du tonnage des navires approvisionnant en fioul lourd la centrale ; construction de cheminées hautes afin d'éviter les rejets nocifs pour les populations.

Toutefois, la production d'électricité verte doit devenir un objectif. On pourrait se donner les moyens de sortir au moins en partie des énergies fossiles pour assurer la satisfaction des besoins de consommations courants et à terme pour l'industrie minière. Le mix énergétique de la Nouvelle-Calédonie est trop basé sur le seul recours aux énergies fossiles.

7) Quelles sont les forces et faiblesses de l'exploitation de la société territoriale d'électricité ?

Sa force est d'être producteur et distributeur sur l'ensemble du territoire. Elle représente l'intérêt commun de tous les Calédoniens. Sa faiblesse est liée au fait qu'elle n'est pas présente sur les segments de marché les plus rentables du secteur électrique, là où la consommation d'électricité est la plus concentrée géographiquement et où les coûts de distribution et de connexion au réseau sont faibles. L'étendue du territoire lui impose d'assumer des pertes d'exploitation sur la partie distribution. Sa rentabilité financière s'en trouve altérée.

8) Quels sont les risques d'un raccordement à 100 % au réseau filière d'électricité ?

Des coûts de distribution très élevés. Un mitage et donc une dispersion non contrôlée de l'habitat sur l'ensemble du territoire, avec des conséquences sur l'environnement.

9) Quels sont les avantages pour les particuliers et les entreprises de l'accès à l'électricité ?

Avantages en matière de bien-être pour les particuliers et de développement de l'activité économique pour les entreprises.

10) La structure financière de la société territoriale d'électricité est-elle équilibrée ?

La structure financière de la société demeure déséquilibrée. Le fonds de roulement ne couvre que 42,8 % du besoin en fonds de roulement. La trésorerie reste négative.

11) Pourquoi le positionnement du bailleur de fonds est ambigu ? Expliciter ?

Parce qu'il est à la fois prêteur et actionnaire de la société d'électricité. Or, les intérêts d'un actionnaire ne sont pas forcément les mêmes que celui d'un prêteur qui œuvre en plus pour le bien commun. Par exemple, un actionnaire peut avoir intérêt à retirer le maximum de dividendes de son actionnariat (retour sur investissement le plus rapide). Un prêteur de la société a intérêt à voir sécuriser le remboursement de son prêt par l'entreprise. Il sera plutôt favorable à voir le volume des dividendes versés aux actionnaires amoindris afin de ne pas amputer la capacité de remboursement du prêt par l'entreprise. L'intérêt du prêteur peut passer devant ou derrière celui de l'actionnaire. On recommande en général de dissocier les deux rôles pour qu'il n'y ait pas de conflit entre les deux.

Parfois ce n'est pas facile car le bailleur est sollicité par l'entreprise à la fois pour améliorer sa structure financière (accroître son capital) et pour continuer à investir (emprunt).

12) Quels enseignements et recommandations tirés vous de cette étude de cas ?

Pour la société d'électricité, il convient d'améliorer sa fonction commerciale et rétablir sa structure financière par une augmentation de capital.

Pour le secteur électrique en général, un regroupement en une seule entité des sociétés électriques serait souhaitable.

Pour le bailleur de fonds, abaisser sa participation au capital de cette société tout en accompagnant son développement par de nouveaux engagements en prêts.

13) Durabilité de la société territoriale d'électricité ?

La viabilité technique de la société territoriale est assurée. Sur le plan financier, elle doit améliorer sa structure financière et abaisser son besoin en fonds de roulement, de manière à retrouver une trésorerie positive. Le partage du secteur entre plusieurs opérateurs ne doit pas être systématiquement défavorable à la société territoriale d'électricité : secteurs les plus rentables aux autres opérateurs, secteurs les moins rentables pour la société territoriale.

14) Notation. Pertinence des objectifs ? Réalisation des objectifs ? Efficacité ? Efficience ? Impact ? Points forts ? Points faibles ?

Pertinence des objectifs : très satisfaisante, aménagement du territoire.
Réalisation des objectifs : très satisfaisante.
Efficacité : satisfaisante, les infrastructures sont de bonne qualité.
Efficience : Les coûts sont demeurés dans la norme.
Impact : sensible pour le développement potentiel au nord du territoire.

15) Points forts ? Points faibles

Points forts :

- Aménagement du territoire avec la volonté de rééquilibrage.
- Investissements conformes aux prévisions.
- Bonne gestion de la société territoriale d'électricité.

Points faibles :

- Niveau d'infrastructures et de production d'électricité en province Nord sont très supérieurs aux besoins (surinvestissement).
- Sur le plan environnemental, choix d'une production d'énergie au nord qui rejette du CO_2 (centrale thermique).

- Difficultés institutionnelles nées d'un nombre trop important d'opérateurs dans le secteur de l'électricité de ce territoire (public, privé, compagnie minière).

20. Société hydroélectrique en Polynésie

Présentation des projets

Sept projets en faveur d'une société d'hydroélectricité
Période d'octroi : 15 ans
Montant global de l'engagement : 66,6 m.€
Opérateur : société privée
Nature de l'engagement : prêt

La Polynésie est un territoire d'Outre-mer qui jouit d'une grande autonomie. L'essentiel de l'activité économique se concentre dans l'île de Tahiti qui abrite la capitale et sur l'île voisine de Moorea. Le profil géographique de l'île de Tahiti (ancien volcan avec des montagnes imposantes qui culminent à plus de 2000 mètres) se prête à la production d'hydroélectricité grâce à la construction de petits barrages.

L'opération étudiée a pour objet l'analyse de sept projets d'investissement en faveur de la société qui produit de l'électricité d'origine hydraulique et également de deux réaménagements financiers la concernant. L'entreprise d'hydroélectricité a été créée il y a près de 20 ans. À l'époque, les promoteurs s'étaient donné pour objectif de produire à terme à partir de la ressource hydroélectrique 50 % de l'énergie électrique consommée sur place afin de réduire sa dépendance aux énergies fossiles mais également d'aller vers plus d'autonomie grâce à de l'énergie décarbonée. Les concours octroyés par le bailleur de fonds ont été les suivants :

- Équipements hydroélectriques (octroi en année (n) de 5,45 m.€).
- Équipements hydroélectriques (octroi en année (n +2) de 10,56 m.€).
- Équipements hydroélectriques (octroi en année (n +3) de 8,89 m.€).
- Équipements hydroélectriques (octroi en année (n +6) de 7,37 m.€).
- Équipements hydroélectriques (octroi en année (n +7) de 14 m.€).
- Équipements hydroélectriques (octroi en année (n +8) de 2,06 m.€).
- Équipements hydroélectriques (octroi en année (n +8) de 17,61 m.€).

Le total des engagements de ces sept projets représente un montant de prêts de 65,97 m€ pour un encours global auprès de l'emprunteur de 47,59 m€ en année (n +13), année de l'évaluation. Il s'agit donc d'un risque financier important pour le bailleur de fonds. Ces concours financent les projets à hauteur de 70 %, les 30 % restants étant apportés soit en capital, soit par les mécanismes de défiscalisation.

Les deux réaménagements financiers qui sont intervenus durant la phase de montée en puissance de l'entreprise et dont le but était de réduire ses charges financières ont pris la forme suivante :

- En année (n +10), réaménagement d'un encours de 13,72 m€ sur une durée de 5,5 ans (six prêts du bailleur de fonds octroyés de l'année (n-5) à (n-1)) et 7,5 ans pour le dernier prêt (n +2) avec un taux de 5,9 %.
- En année n-1, réaménagement d'un encours de 12,04 m€ sur une durée de 12 ans avec un taux de 5 % et deux années de différé.

En année (n +13), une restructuration financière de la société d'électricité a été engagée. Elle a notamment impliqué le bailleur de fonds (allongement de 5 ans de la durée de remboursement de l'ensemble des prêts de second guichet représentant un encours de 35,06 m.€).

Le secteur électrique de Polynésie se compose des opérateurs suivants :

- Une société privée de distribution de l'électricité qui a le monopole de la distribution et qui produit également de l'électricité d'origine thermique. Cette société est une filiale d'un grand groupe français.
- Une société de transport d'électricité qui réunit dans son capital l'ensemble des acteurs de la filière (privés et publics). Elle a été créée ex nihilo.
- Une société d'électricité d'origine hydraulique qui fait l'objet des concours des bailleurs de fonds. Son capital était majoritairement détenu par les autorités régionales du DOM-COM associées à un groupe d'investisseurs locaux. La société d'électricité d'origine hydraulique est passée depuis le premier semestre de l'année (n +13) sous contrôle de la société privée de distribution de l'électricité de l'île.
- Les autorités régionales de ce DOM-COM octroient les concessions de distribution et fixent les conditions de production d'électricité. Elles établissent également les prix de l'électricité à la production et à la vente.

Spécificité des projets

La spécificité de cette opération qui regroupe plusieurs projets successifs tient aux facteurs suivants :

- Création et gestion d'un complexe hydroélectrique.
- Financement d'une succession de projets avec le même opérateur.
- Rapport entre le secteur privé et le secteur public dans un cadre décentralisé.
- Aide programme où le bailleur de fonds apporte un financement mais pas d'apport technique

Exécution technique et financière des projets

Ce programme de projets qui se sont succédé sans discontinuité de l'année (n) à (n +10) avait un mode d'exécution très particulier : toutes les études préalables ont été confiées au même bureau d'études, sans mise en concurrence. Ce bureau d'études était et reste dirigé par l'ancien directeur général de la société d'électricité hydroélectrique de l'année (n-7) à (n +12) qui assurait dans le même temps la maîtrise d'ouvrage du projet. C'est ainsi que la programmation des investissements de la société d'hydroélectricité et les études préalables étaient diligentées et contrôlées par une seule et même entité. De plus, la maîtrise d'œuvre du projet de même que les opérateurs que sont les entreprises ayant conduit les travaux ont fait appel au même partenaire tout au long de la période des investissements. Cinq entreprises locales se sont partagé pour l'essentiel le génie civil, les ouvrages d'art, la pose de canalisations et les pistes sans que la concurrence ne joue véritablement. Les mêmes services de contrôles ont été sollicités tout au long des investissements de la société d'hydroélectricité, à savoir un même bureau de contrôles pour la pose des conduites, une même société de contrôles pour les bâtiments et les centrales et enfin un laboratoire local pour les autres prestations de contrôles, notamment de résistance des matériaux. Cette imbrication très particulière entre maîtrise d'ouvrage, maîtrise d'œuvre, entreprises et sociétés de contrôles a dérogé aux règles de bonne conduite de projet. Elle n'a pas été sans conséquence sur les points suivants :

- Le coût final des investissements est élevé. À titre d'exemple, les investissements de première phase qui étaient prévus pour 50,31 m€ en année (n +1) ont finalement atteint 74,55 m€ en année (n +12). Or, l'inflation sur la période n'a pas dépassé les 16 %. Les différentes tranches de l'investissement affichent des coûts moyens de production plus élevés que pour les phases antérieures. Les derniers investissements ont été les moins rentables. Ils n'étaient pas explicitement prévus au départ.
- Les différences constatées entre prévisions et réalisations physiques. Les ouvrages de stockage d'eau sont moins importants que projetés. Ils ont été en partie remplacés par des captages secondaires relativement onéreux. La faiblesse des études préalables (étude de faisabilité ou avant-projet détaillé) explique en partie ces écarts. La programmation des aménagements s'est réalisée au fil de l'avancement des projets.

Toutefois, ce programme d'investissement de vingt ans a été lancé ex nihilo. Il n'a pu tirer son ambition que de l'esprit de pionnier de son équipe directionnelle. EDF avait déclaré qu'il n'y avait pas de place pour l'hydroélectricité dans ce DOM-COM. Grâce à ce programme fédérateur, les habitants de cette région ont démenti ce pronostic.

Les différents projets examinés n'ont pas fait l'objet d'un suivi particulier par la société d'électricité. À titre d'exemple, les cinq premiers (sur sept projets à évaluer), se sont allègrement mélangé les uns aux autres sans que l'emprunteur ni le bailleur de fonds ne réalisent de suivi particulier. Le financement sous forme de défiscalisation a accru le nombre de projets et ralenti les délais d'exécution.

Au total, les chantiers ont été menés à terme dans des délais raisonnables mais à coût élevé. Les installations hydroélectriques (barrages, captages, conduites enterrées, centrales hydroélectriques) sont toutes opérationnelles. Seules les pistes d'accès aux secteurs de production paraissent manquer d'entretien depuis près de deux ans.

Les deux réaménagements financiers n'ont amélioré sensiblement ni les résultats, ni la structure financière de la société d'électricité. Seul le bailleur de fonds a été mis à contribution. Le second réaménagement financier a réuni plus de partenaires et a eu une véritable ambition de restructuration financière. Ses effets ont été cependant fort modestes sur l'équilibre d'exploitation et la structure financière de la société, car cette action s'est conjuguée avec une baisse du prix de vente de l'électricité.

Fonctionnement de société d'électricité d'origine hydraulique

De la première charte de l'énergie favorable à l'investissement hydraulique à l'année (n +11), les autorités de la région ont fortement favorisé les investissements hydrauliques L'objectif était que 50 % de l'électricité consommée dans le DOM-COM soit d'origine hydroélectrique à l'horizon de l'année (n +11). Mais à cette date, une nouvelle charte de l'énergie s'est avérée beaucoup moins favorable à la société d'hydroélectricité : l'objectif n'était plus véritablement de produire de l'énergie d'origine hydroélectrique mais de faire baisser les prix de production de l'électricité. Cela a engendré une diminution des tarifs de vente au distributeur de l'électricité d'origine hydroélectrique et un gel de ses investissements. Il est vrai qu'ils avaient été massifs et peut-être inconsidérés face à la forte concurrence avec l'électricité thermique produite par la société privée du DOM-COM, à la fois producteur et distributeur en situation de monopole. Des aléas pluviométriques en année (n +11) pour cause d'inondations et en année (n +12) pour cause de sécheresse ont fini de déstabiliser la trésorerie de l'entreprise.

Grâce à la charte de l'énergie de l'année (n-1), l'équilibre institutionnel établi entre les autorités régionales, la société privée d'électricité, la société d'électricité d'origine hydraulique et la société qui transporte l'électricité avait favorisé le développement de l'usage de l'hydroélectricité et plus largement du secteur de l'électricité dans son ensemble. À partir de l'année (n +6), cet équilibre institutionnel s'est progressivement modifié. La concurrence entre la société d'électricité privée et la société d'électricité d'origine hydroélectrique s'est durcie. Une course à l'investissement s'est engagée entre société publique et société privée, qui n'a été stoppée que par la deuxième charte sur l'énergie de l'année (n +11).

À cela s'ajoute le jeu de la formule de révision des prix très complexe. Elle garantit une belle rémunération à la société de distribution et de production privée. Elle a participé au blocage des investissements de la société d'hydroélectricité et à la baisse affichée des prix de cession de l'électricité d'origine hydraulique. Les autorités régionales ont ainsi favorisé indirectement la stratégie d'extension de la société privée. Cette lutte s'est d'ailleurs terminée en année (n +13) par une nouvelle restructuration financière de la société d'électricité d'origine hydraulique donnant le contrôle de cette dernière à la société privée qui jouit maintenant d'un monopole de fait sur la distribution mais également sur la production.

Les deux réaménagements financiers conduits par le bailleur de fonds en année (n +10) et en année (n +11) ont été insuffisants pour assurer à la société d'électricité d'origine hydraulique une structure financière solide. La récente prise de contrôle de la société d'électricité privée met maintenant fin à la rivalité des deux entreprises. Toutefois, l'avenir de ce secteur est en grande partie lié au système de tarification appliqué. Jusqu'à présent, quoi qu'elles en disent, les autorités régionales ont négocié avec une formule automatique de révision des prix de l'électricité qui s'est avérée très favorable à cette société. Ce système permettait théoriquement un réajustement automatique des prix mais les autorités ont voulu continuer à contrôler les prix de cessions et à la consommation d'électricité. Il a donc été mis en place un système de péréquation particulièrement favorable à la société privée, permettant en effet d'annuler les répercussions inflationnistes indésirables de la formule sur les prix aux consommateurs qui sont restés très stables et élevés durant toute la période d'investissement.

Le prix d'achat du dérivé du fioul est ainsi tombé à 0,04 € le litre pour la société privée alors que le prix de marché était voisin de 0,21 € à 0,25 € le litre. La différence était subventionnée par la région grâce au système de péréquation, neutre pour son budget mais coûteux pour le consommateur, chargé de taxes additionnelles sur les autres formes d'énergie. La concurrence entre les deux entreprises de production d'électricité a été complètement faussée. La nouvelle formule de réajustement des prix appliquée après l'année (n +12) semble plus équilibrée. Elle assure toutefois encore jusqu'en année (n +18) une sorte de rente de situation à la société privée (subvention dégressive du prix du dérivé du fioul utilisé pour les centrales thermiques). Dans le même temps, on ne connaît toujours par le coût de revient du kWh thermique, faute d'informations suffisantes de la part de l'entreprise d'électricité privée. Cette information n'est d'ailleurs pas non plus disponible pour l'autre société d'électricité d'origine hydraulique.

Fonctionnement et impact des projets

La production d'énergie d'origine hydraulique n'a cessé de croître durant les années d'investissement. Le pic supérieur de production a été atteint lors des grandes pluies de l'année (n +11) avec 187,77 GWH, soit 47,1 % de la production totale d'électricité. L'objectif que s'était fixé la région en matière de niveau d'indépendance énergétique a donc été pratiquement atteint à cette date. Cette production demeure cependant largement dépendante des aléas de la pluviométrie, faute de moyens de stockage de l'eau. La société d'hydroélectricité pratique une production au fil de l'eau.

Lorsqu'il pleut, les torrents se chargent d'eau et la société turbine le plus possible. Lorsqu'il ne pleut pas, l'eau ne coule plus et les capacités de stockage sont trop faibles pour assurer une autonomie de production supérieure à 15 jours. Il est donc pratiquement impossible pour la société d'hydroélectricité de garantir une puissance disponible stable durant toute l'année. Sur le plan social, les projets ont donné du travail à une centaine de personnes en permanence sur toute la durée des sept projets. Toutefois, les cinq principales entreprises qui ont bénéficié des travaux ont toutes rencontré des difficultés de reconversion, une fois les chantiers de la société d'électricité terminés.

En l'absence d'étude d'impact environnemental, il est difficile d'apprécier de ce point de vue les effets réels des aménagements sur la région. Les infrastructures s'intègrent parfaitement dans le paysage du centre de ce DOM-COM qui n'est pratiquement pas habité et dont la faune a toujours été relativement restreinte. La production d'électricité d'origine hydraulique est moins polluante pour l'air que la production alternative d'origine thermique pratiquée par la société privée d'électricité. C'est très appréciable pour cette région qui tire l'essentiel de ses ressources de touristes attirés par l'authenticité de son cadre naturel.

Durabilité de l'entreprise

Elle dépend étroitement de la politique de son nouvel actionnaire majoritaire et des décisions tarifaires des autorités de la région. La société d'électricité privée peut privilégier l'énergie thermique au détriment de l'hydraulique et ainsi laisser progressivement la société d'hydroélectricité péricliter, faute d'investissements et surtout d'un entretien suffisant. La société privée peut également faire de l'hydroélectricité un bon complément à sa propre production lui permettant ainsi de différer quelques investissements tout en affichant des prix de revient de l'hydroélectricité relativement élevés. Ces mêmes prix seront ainsi mécaniquement très favorables en termes de marge sur son activité traditionnelle de production thermique. La société privée d'électricité peut enfin développer la société d'électricité comme producteur performant d'énergie dans une optique de complémentarité et de respect de l'environnement mais en bénéficiant cependant d'un monopole de production, toujours propice in fine, à des marges élevées.

L'avenir de la société d'électricité d'origine hydroélectrique est donc étroitement lié à la stratégie qui sera adoptée par la société privée, son actionnaire majoritaire, et aux choix de la région en matière de tarification. En termes de risques pour le bailleur de fonds, la prise de contrôle récente de la société d'électricité par la société privée est une excellente nouvelle. L'encours du bailleur de fonds demeure non seulement garanti par les autorités régionales à hauteur de 30 % mais également par la société privée, filiale d'un grand groupe français.

L'encours du bailleur de fonds (47,60 m€) est donc mieux garanti par cette récente prise de contrôle.

Quelque temps après l'évaluation

Le complexe fonctionne toujours bien sur le plan technique. Les équipements sont entretenus. Sur le plan financier, quelques années de pluviométrie très déficitaires ont mis la société dans une situation délicate. Les comptes ne sont pas à l'équilibre. Les tarifs de l'électricité n'ont pas baissé pour les usagers.

Enseignements et recommandations

Vingt ans d'investissements ont permis de créer un pôle cohérent de production hydroélectrique dans ce DOM-COM. C'est incontestablement un succès technique puisque toutes les infrastructures sont opérationnelles et pleinement utilisées en année (n +14).

Des études de faisabilité insuffisantes. Les études préalables qui ont justifié les investissements financés par le bailleur de fonds n'étaient pas suffisantes. Il s'agissait bien souvent d'avant-projets sommaires qui étaient réajustés une fois les travaux effectivement commencés sur le terrain. Cette imprécision a entraîné une succession de modifications au fur et à mesure de l'avancée des travaux, une maîtrise difficile de l'évolution du coût global du programme, une absence de suivi évaluation du projet à partir d'une comparaison entre prévisions et réalisations physiques et enfin de multiples approximations dans la prise en compte de la pluviométrie effective sur certains bassins-versants (surfaces qui reçoivent la pluie et qui par gravitation la versent à un point de passage relativement réduit permettant le turbinage).

L'absence de mises en concurrence et un opérateur unique. La façon dont ont été étudiés et réalisés les investissements s'écarte des règles habituelles de financement de projets applicables par le bailleur de fonds. L'absence de mise en concurrence en matière d'études, de maîtrise d'œuvre, de réalisations des travaux, de contrôle et de fourniture de matériel a certainement contribué à renchérir le coût des projets successifs du programme de la société d'électricité. Accepter qu'un seul opérateur ait été à la fois chargé de faire les études préalables pour la société d'électricité, représente la maîtrise d'ouvrage, assume la maîtrise d'œuvre et enfin choisisse et contrôle les entreprises qui travaillent sur ce chantier ne peut être satisfaisant.

La difficulté à fournir une puissance garantie. Le type d'aménagement élaboré (succession de deux à trois centrales dans une même vallée, petite retenue d'eau donnant une faible autonomie de production) associé à une pluviométrie très aléatoire d'une année sur l'autre ne prédispose pas la société d'électricité à fournir une puissance garantie. Son apport ne peut être que complémentaire à celui de la société d'électricité privée.

Des financements à périodes de remboursement trop courtes et des fonds propres trop faibles. Les instruments de financement retenus pour mener à bien ce programme d'investissement n'étaient pas adaptés à l'activité de la société d'électricité. Les durées de remboursement de prêt (15 ans) étaient trop courtes par rapport aux temps d'exploitation et donc d'amortissements normaux de certaines infrastructures (35 à 50 ans). Enfin, la règle qui veut que 30 % des investissements puissent être financés par un apport en fonds propres contre 70 % par de l'endettement ne convient pas à ce genre de projet. Les investissements préalables sont extrêmement lourds en matière d'hydroélectricité. Les produits d'exploitation sont en général trop faibles pour financer les charges financières et les amortissements des prêts durant la période de montée en puissance de la production. Un montage prévoyant 50 % d'apports en fonds propres et 50 % d'apports sous forme d'endettement serait plus logique pour ce type d'investissement.

Un mode de fonctionnement projet et non d'entreprise. La succession ininterrompue des travaux a retardé la mutation nécessaire de la société d'hydroélectricité - d'un fonctionnement projet - à un fonctionnement entreprise avec un compte d'exploitation, un bilan et une trésorerie à équilibrer. À partir de l'année (n +11), l'arrêt des investissements de capacité et la prise de contrôle par la société privée en année (n +13) ont contribué à accélérer cette nécessaire transformation.

Des réaménagements financiers plus que des restructurations financières. Les deux réaménagements financiers décidés en année (n +10) et en année (n +11) ont surtout mis le bailleur de fonds à contribution. Les autres partenaires et la société elle-même n'ont guère eu d'efforts à fournir. Ce caractère quelque peu unilatéral des efforts du bailleur de fonds enlève beaucoup de sens à ce type d'opération. Les problèmes financiers de la société d'électricité n'ont d'ailleurs pas été réglés à l'issue de ces deux interventions pourtant coûteuses en termes de marge pour le bailleur de fonds La seule véritable restructuration financière a eu lieu en année (n +13) et a associé dans un même effort l'ensemble des partenaires de la société et la société elle-même.

La prise de contrôle de la société d'hydroélectricité par la société privée de production et de distribution d'électricité peut concourir au renforcement de la complémentarité déjà perceptible entre les deux entreprises.

Les aléas de la formule de révision des prix. Les négociations autour de la formule de révision du prix de référence de l'électricité ont fortement perturbé l'équilibre du secteur. La variation automatique de cette formule a d'abord désigné à tort la société d'électricité d'origine hydroélectrique comme le principal responsable de toute hausse du prix de l'énergie acquitté par les consommateurs. Elle a poussé les autorités régionales, pour ne pas avoir à augmenter les prix, à subventionner très fortement les importations d'hydrocarbures pour la production thermique d'électricité de la société privée, faussant par là même la concurrence entre les deux entreprises productrices. Son évolution naturelle a poussé ensuite la région à exiger des baisses du prix de l'électricité cédée par la société d'hydroélectricité à la société privée au moment même où la première était en période de remboursement maximum de ses emprunts bancaires. Elle a enfin favorisé la prise de contrôle de la société d'hydroélectricité par la société privée. Une telle formule de révision des prix devrait être négociée entre tous les intervenants du secteur. De plus, les autorités de la région doivent accepter l'idée que l'énergie électrique puisse varier automatiquement à la hausse ou à la baisse, elles ne doivent pas chercher par des moyens assez artificiels à stabiliser les prix par la mise en place d'une péréquation qui fausse les équilibres économiques et institutionnels du secteur.

Enfin, les autorités locales doivent favoriser l'énergie verte et donc l'abandon de l'énergie carbonée.

Exercice proposé

Lire attentive le descriptif du projet, son fonctionnement, ses impacts, sa viabilité

1) Que peut-on dire du montage institutionnel du secteur de l'électricité dans ce territoire et de son évolution ?
2) S'agit-il pour le bailleur de fonds d'un financement projet ou d'un financement de programme ?
3) Quelles sont pour le bailleur de fonds les principales difficultés de suivi d'une telle opération ?
4) Quels sont les principaux points faibles des études préalables ?
5) Avec cet investissement, a-t-on un gain en énergie de base (puissance garantie) ou en reste-t-on à un supplément en énergie intermittente ?
6) Pourquoi les restructurations financières de la société n'ont pas eu les effets escomptés ?
7) Quels sont les enjeux de l'adaptation de la formule de révision des prix de l'électricité ?
8) Sur le plan technique, quelle est la principale faiblesse de la société de production d'hydroélectricité ?
9) Quels impacts ont suscité ces financements sur les entreprises locales, sur l'environnement ?
10) La société privée qui vient de prendre le contrôle de la société d'hydroélectricité a-t-elle avantage à continuer à produire de l'électricité hydroélectrique ?
11) Quelle est la durabilité du projet ?
12) Notation. Pertinence des objectifs techniques ? Atteinte des objectifs ? Efficacité ? Efficience ? Impact
13) Points forts ? Points faibles ?

Corrigé de l'exercice

1) Que peut-on dire du montage institutionnel du secteur de l'électricité dans ce territoire et de son évolution ?

Le montage institutionnel du secteur de l'électricité est relativement complexe pour un petit territoire (une société privée de distribution d'électricité qui a le monopole de la distribution mais qui produit également de l'électricité, une société de transport de l'électricité qui a le monopole du transport, une société d'électricité d'origine hydraulique, des autorités régionales qui fixent les règles entre tous ces opérateurs et qui régulent).

La société privée a pris le contrôle de la société d'hydroélectricité. Il convient que cette concentration n'entraîne pas une bascule vers des investissements thermiques rendus artificiellement plus rentables, grâce à l'application d'une formule de révision des prix favorable au thermique (subventionnement des prix du fioul). Les investissements hydroélectriques, favorables à l'environnement, ne doivent pas être délaissés. Le monopole de la société privée sur la production et la distribution simplifie l'architecture institutionnelle du secteur mais ne doit pas compromettre la production d'électricité verte.

Cet exemple montre que si la production d'énergie verte n'est pas soutenue par la puissance publique, elle a tendance à être supplantée par l'énergie carbonisée, et ce d'autant plus quand l'énergie carbonée bénéficie de subventions.

2) S'agit-il pour le bailleur de fonds d'un financement projet ou d'un financement de programme ?

Chaque projet a été individuellement financé par le bailleur de fonds. La succession de projets avec les mêmes opérateurs a finalement conduit le bailleur de fonds à financer un programme d'investissements successifs.

3) Quelles sont pour le bailleur de fonds les principales difficultés de suivi d'une telle opération ?

La succession de projets rapprochés dans le temps ne favorise pas le suivi du bailleur de fonds, projet par projet. C'est d'ailleurs ce qui s'est passé. L'imbrication dans une même structure de la maîtrise d'ouvrage, de la maîtrise d'œuvre qui contrôle les travaux, du bureau d'études qui réalisent les études préalables, déroge aux bonnes règles de la conduite d'un projet qui veut que les responsabilités de chacun soient bien séparées et identifiées, afin d'éviter les conflits d'intérêts, les ententes, et in fine l'accroissement des coûts et parfois même la baisse de la qualité des prestations par manque de mise en concurrence.

4) Quels sont les principaux points faibles des études préalables ?

Les études préalables n'étaient pas suffisantes. Il s'agissait plus d'avant-projets simplifiés, réajustés en permanence. Elles n'ont pas fait l'objet de mise en concurrence. Elles ont été réalisées par une seule entreprise qui représentait à la fois la maîtrise d'ouvrage, la maîtrise d'œuvre et donc le contrôle futur des travaux effectués par les entreprises prestataires des projets.

Il est à noter également l'absence d'étude d'impact environnemental.

5) Avec cet investissement, a-t-on un gain en énergie de base (puissance garantie) ou en reste-t-on à un supplément en énergie intermittente ?

En règle générale, l'énergie hydroélectrique est une énergie intermittente mais qui peut se stocker facilement et donc être rendu disponible aux moments de fortes consommations. Elle peut donc se rapprocher d'une énergie de base car elle peut se stocker et donc être mobilisable à la demande lorsque la puissance demandée par le réseau est forte. Mais dans le cas de ce complexe, pour des raisons géographiques, les bassins de stockage de l'eau qui va être ensuite turbinée ont une faible capacité de stockage. Ceci renforce le caractère très intermittent de la production hydroélectrique. En d'autres termes, lorsqu'il pleut, on turbine. Quand il ne pleut pas, la capacité à turbiner l'eau dans les bassins demeure limitée.

6) Pourquoi les restructurations financières de la société n'ont pas eu les effets escomptés ?

Parce qu'il s'agissait plus de réaménagements faisant appel exclusivement au bailleur de fonds et non à tous les partenaires. Parce que la formule de révision des prix de l'électricité était trop défavorable à la société hydroélectrique. La région a continué à subventionner le prix du fioul utilisé par la société privée pour produire de l'électricité.

7) Quels sont les enjeux de l'adaptation de la formule de révision des prix de l'électricité ?

La formule de révision des prix doit être adaptée, au minimum pour ne pas favoriser le développement d'une filière de production d'électricité à base de fioul grâce à des subventions, au détriment de l'énergie hydroélectrique pourtant renouvelable et propre. À l'inverse, on devrait taxer l'utilisation du fioul pour produire de l'électricité afin de permettre aux énergies renouvelables de se développer et ainsi éviter le réchauffement climatique.

8) Sur le plan technique, quelle est la principale faiblesse de la société de production d'hydroélectricité ?

La principale faiblesse tient aux faibles capacités de stockage de l'eau dans les bassins à turbiner.

9) Quels impacts ont suscité ces financements sur les entreprises locales, sur l'environnement ?

Les entreprises locales ont profité des chantiers pour se développer. Mais faute d'investissement au-delà de ce programme d'investissements, elles ont éprouvé ensuite des difficultés à survivre.

Sur l'environnement, l'effet global est positif même si une étude indépendante doit venir le confirmer.

10) La société privée qui vient de prendre le contrôle de la société d'hydroélectricité a-t-elle avantage à continuer à produire de l'électricité hydroélectrique ?

Oui, si cette production demeure rentable et lui permet au passage d'enregistrer de fortes marges sur la production d'électricité à base de fioul.

11) Quelle est la durabilité du projet ?

La prise de contrôle de la société hydroélectrique par la société privée doit permettre une continuation de l'exploitation de ce complexe hydroélectrique. On peut espérer que la société privée qui est en monopole aura à cœur de mettre en avant la pérennité de la production de cette énergie verte, pour défendre l'environnement, afin d'assurer des prix rémunérateurs pour l'ensemble de ses filières de production d'électricité.

12) Notation. Pertinence des objectifs ? Atteinte des objectifs ? Efficacité ? Efficience ? Impact

Pertinence des objectifs : satisfaisants sur le plan environnemental, peu satisfaisants sur le plan économique dans la mesure où les prix de l'énergie électrique n'ont pas baissé et demeurent très élevés pour le consommateur.
Réalisation des objectifs techniques : satisfaisante, le complexe hydroélectrique fonctionne mais ses coûts de revient demeurent élevés.
Efficacité : peu satisfaisante, les investissements ont été réalisés au fur et à mesure, sans réel schéma directeur prévisionnel.
Efficience : les coûts d'investissements ont été beaucoup plus élevés que prévu.
Impact : peu sensible sur les consommateurs finaux.
Durabilité de la société : assurée par une prise de contrôle de son concurrent privé.

13) Points forts ? Points faibles ?

Points forts :

- Construction d'un complexe d'hydroélectricité dans un environnement difficile démontrant la ténacité de certains opérateurs locaux.
- Effets supposés positifs sur l'environnement.

Points faibles :

- Conduite hétérodoxe des études et des travaux.
- Coût élevé des investissements.
- Bassins de stockage de l'eau à turbiner trop petits.
- Pas de baisse du prix de l'électricité pour les usagers.

7. Agro-industrie

21. Société sucrière au Tchad

Présentation

Date d'octroi	Objet du financement	Nature du concours	Montants octroyés	Montants décaissés	
Année (n)	Programme de restructuration technique et financière	Prêt	6,1 m.€	6,1 m.€	100 %
Année (n +4)	Financement partiel d'un programme d'investissements	Subv.	2,44 m. €	2,44 m.€	100 %
Financements accordés entre (n) et (n +4)			8,54 m.€	8,54 m. €	100%

Le Tchad est classé par les pays à faible revenu. Sa population est passée de 3 millions (m) d'habitants (1960) à 17 millions d'habitants en 2021 (taux de croissance de la population de 3,2 %/an).

La production de canne à sucre est emblématique de ce que l'on peut appeler une culture de rente (par opposition à une culture vivrière servant à nourrir les populations locales). La culture de rente est souvent une culture industrielle qui se réalise sur de grands domaines agricoles pour être vendue à l'exportation ou vers les villes qui consomment ce type de produits.

La culture de la canne s'est développée très tôt dès le XVIe siècle (Haïti, Caraïbes, Amérique…). La culture de la canne et sa transformation sont très exigeantes en main-d'œuvre. La coupe de la canne à la machette est particulièrement éprouvante. À titre d'exemple, il convient de trouver de la main-d'œuvre en nombre capable de couper des cannes qui ont parfois plus de 5 mètres de haut. Il faut que la coupe des cannes et le transport des cannes coupées vers l'usine soient très rapides. Lee taux de sucre contenu dans la canne baisse très vite une fois coupée. On doit donc apporter les cannes coupées le plus rapidement possible à l'usine pour qu'elles soient broyées immédiatement. Parfois, les champs de cannes sont à plusieurs kilomètres de l'usine. Le défi logistique est immense, surtout à des périodes où la mécanisation de ce type de travail agricole n'existait pas. Ceci nécessitait une main-d'œuvre très nombreuse, solide, mais qui ne demandait pas une formation très poussée pour effectuer ce travail de base.

C'est pourquoi la culture de la canne à sucre a favorisé l'esclavage et l'instauration du commerce triangulaire de triste mémoire. La canne à sucre a accompagné le développement de la colonisation : esclaves envoyés par bateau d'Afrique vers les zones de production de canne à sucre en Amérique du Sud et dans les Caraïbes, retour des bateaux chargés de sucre vers l'Europe, départ des bateaux vers l'Afrique emportant des produits de première nécessité vendus contre des esclaves.

Durant près de trois siècles, le commerce triangulaire, aussi appelé traite négrière, va ravager le continent africain. On estime qu'environ 22 millions d'Africains ont été capturés durant cette période. Près de 5 millions d'entre eux sont morts à la suite de cette capture, le plus souvent lors de leur transport vers le continent américain. Le voyage qui durait plusieurs mois s'effectuait dans des conditions sanitaires abominables et inhumaines. Également appelé Traite atlantique, le commerce triangulaire marque le début de la colonisation.

La culture de la canne à sucre a favorisé ce commerce triangulaire car elle demandait à l'époque une main-d'œuvre très nombreuse. La culture de la canne à sucre n'est donc pas neutre sur le plan historique et humain, surtout en Afrique.

La culture du coton dans le sud des États-Unis, très exigeante sur le plan physique et demandant une main-d'œuvre nombreuse et peu qualifiée, a joué un rôle similaire dans l'installation de l'esclavage dans les États du sud des États-Unis.

Le Tchad est un pays pauvre, enclavé au centre de l'Afrique à proximité du Sahara. Sa pluviométrie est faible. La main-d'œuvre est nombreuse et peu qualifiée.

Il y a près de 25 ans, une société française, a entrepris la réalisation à 300 km de la capitale, N'Djaména, d'un complexe sucrier pour satisfaire les besoins en sucre des centres urbains du pays. Le complexe comprend 3 360 hectares de plantations qui ont besoin d'être irriguées et une usine de broyage d'une capacité de 1 700 tonnes/jour (T/J) conçue pour produire 30 000 t de sucre raffiné par an. Pour faire fonctionner un tel complexe, les promoteurs pouvaient savoir compter sur une main-d'œuvre nombreuse et dure au labeur.

La production de sucre à partir de la canne se déroule selon les phases suivantes : production maximale de canne à sucre en volume ayant un taux de sucre maximum ; taille de la canne à sucre à la récolte le plus rapidement possible car le taux de sucre dans la canne coupée décroît très vite ; apport le plus rapidement possible de la canne coupée en usine pour être broyée et passées en usine pour en extraire le sucre. L'énergie du complexe est assurée par les tiges de cannes utilisées comme combustible. Il est donc nécessaire de faire une bonne culture de la canne avec de bon rendement et une teneur en sucre élevé. Une fois coupée, il convient d'usiner cette canne coupée le plus rapidement possible et, grâce au rendement usine le plus élevé possible, en tirer le maximum de sucre.

Une société nationale sucrière a été créée avec un statut de société d'économie mixte. Son capital au départ de 7,17 m€ a été porté à 8,84 m€ en année (n +10). Il est détenu en majorité par l'État.

En année (n +9), la production du complexe tournait autour de 30 000 t de sucre sous forme principalement, de sucre granulé, de sucre en morceaux, de pain de sucre et accessoirement de confiserie.

Entre l'année (n) et (n +4), le bailleur de fonds a en partie financé un programme de restructuration technique et financière d'un montant total de 7 m€, d'une part, et un programme d'investissements complémentaires de 3,96 m€, d'autre part. Le premier programme a été financé par :

- Un prêt du bailleur de fonds à la Société sucrière de 3,51 m€ d'une durée de 30 ans dont 10 ans de différé au taux de 1,5 % l'an pendant la période de différé et de 2 % pendant la période de remboursement.
- Un prêt du bailleur de fonds à la société sucrière de 2,59 m€ d'une durée de 15 ans dont 5 ans de différé au taux de 4,5 %.
- Un autofinancement par la société sucrière de 1,01 m.€.

Le second programme a pris la forme d'abord d'une subvention de 2,44 m€ à l'État rétrocédée sous forme de prêt à la société sucrière. Sa durée de remboursement est de 15 ans dont 5 ans de différé au taux de 7 %. Une partie du programme est autofinancée par la société sucrière pour un montant de 1,52 m.€.

Spécificité des projets

La spécificité des projets tient aux facteurs suivants :

- Financement d'un secteur agro-industriel avec une transformation sur place.
- Problématique de définition d'une politique de soutien à la production.
- Concurrence avec le marché mondial.

Exécution technique et financière

La partie du premier programme financée par le bailleur de fonds avait deux composantes :

- Un programme d'investissement de 2,59 m€ destiné au complexe agricole (vingt-six tracteurs, moteurs de motopompes, groupes électrogènes pour les pivots, bennes, épandeurs d'engrais) et à l'agglomérerie (formes à pain, wagonnets) pour faire du sucre en morceaux.
- Un appui à la restructuration financière de 3,51 m€ visant à réduire la dette financière de la société sucrière : remboursement des dettes vis-à-vis de l'État, des fournisseurs et couverture des besoins en fonds de roulement.

Le premier projet de 6,10 m€ a été réalisé comme prévu avec cependant un dépassement de 300 jours par rapport au calendrier initial imputable à l'obtention plus longue que prévu de l'aval de l'État sur le prêt et une modification rapide du programme prévisionnel d'investissement de la société sucrière. La société a finalement autofinancé 2,65 m€ d'investissements complémentaires durant les exercices (n) et (n +1) contre 1,01 m€ prévu initialement.

Les conditions suspensives de versements des fonds prévues dans la convention de financement ont permis des avancées substantielles pour remettre à flot la société : (1) accord du Conseil d'administration sur le plan de restructuration, (2) négociation d'un nouveau contrat d'assistance avec la société française initiatrice du projet, (3) répercussion effective par l'État de la remise de dettes de 3,03 m€ d'un prêt du bailleur de fonds, (4) négociation d'un moratoire avec les banques commerciales et l'État,
(5) respect des clauses fiscales de la convention d'établissement de la société sucrière, (6) suppression du prélèvement d'une Caisse de, (7) capitalisation en compte courant des avances de la Société française et de la Caisse de stabilisation du sucre. La bonne gestion des conditions suspensives d'un prêt peut s'avérer efficace pour obtenir des mesures positives.

Quelques points auraient pu être mieux pris en compte :

- La restructuration financière n'a pas traité le problème de la dette qui lors de la dévaluation de l'année (n +7) a fait croître très fortement l'endettement de la société.
- La société sucrière n'a pas respecté ses engagements en matière de rapports d'exécution et de suivi du projet, alors qu'ils étaient inscrits dans la convention de financement signée avec le bailleur de fonds.
- Le bailleur de fonds n'a pas demandé à être consulté sur les procédures d'acquisitions des investissements, qui ont fait l'objet de simples commandes avec un contrôle a posteriori.

L'autre projet de 2,44 m€ concernait à l'origine le financement partiel d'un programme d'investissement comprenant un accroissement des capacités de l'arrière usine de fabrication du sucre, des études de captage et de drainage, divers équipements destinés à améliorer la productivité et la qualité du complexe. Le projet exécuté a été sensiblement différent. Le volet étude de captage/drainage a été abandonné, les investissements de productivité notamment sur les pivots d'irrigation ont constitué l'essentiel du concours (1,83 m€ contre 0,75 m€ prévu au départ), l'extension de l'arrière usine a été effectuée en partie (67 % de taux de réalisation). Les délais de mise en œuvre du projet ont excédé de deux années le calendrier prévisionnel. Les principales remarques sur l'exécution de ce projet sont les suivantes :

- Les réaffectations successives du projet n'ont pas fait l'objet de consultations officielles auprès du bailleur de fonds sous prétexte qu'elles ne modifiaient soi-disant pas l'objet de la convention.

- Le reliquat de 0,52 m€ en année (n +6) destiné essentiellement à la réfection des pivots d'irrigation a servi à financer un programme d'investissements déjà autofinancé par la société sucrière un an plus tôt.
- Les documents de suivi et d'exécution du projet n'ont pas été fournis par la société sucrière et les procédures d'acquisition des matériels n'ont pas été conformes à la convention (pas d'accord préalable du bailleur de fonds ni d'appel d'offres).

Performances techniques et financières

Le tableau ci-après résume les principales performances techniques de la société.

Campagnes sucrières	n+2 Prév.	n+2 Réalis.	n+5 Prév.	n+5 Réalis.	n+7 Prév.	n+7 Réalis.	n+8 Réalis.
Cannes (T)	274 100	293 940	300 000	293 713	304 000	325 302	329 874
Rendement sucre/TC	9,85	10,35	9,85	9,49	9,85	8,90	8.67
Vente de sucre(T)	45 000	49 335	43 332	27 010	43 326	47 640	44 297
Production (T)	27 000	30 409	29 630	27 881	29 976	28 969	28 672
Vente produits importés (T)	18 000	18 929	13 702	0	13 350	18 671	15 625

Les principales évolutions sont les suivantes :

- Les réalisations par rapport aux prévisions pour la campagne (n +2) sont bonnes, voire excellentes. Tous les ratios sont dépassés. Les effets positifs du premier concours de 6,10 m€ ont donc été sensibles sur l'exploitation (hausse de la production de sucre) comme sur la situation financière de l'entreprise (baisse des frais financiers et hausse du résultat net).
- Les résultats de la campagne (n +5) sont, en revanche, en deçà des prévisions. Le second concours de 2,59 m€ du bailleur de fonds n'a pas atteint son objectif d'augmentation de la capacité de broyage. Par contre, l'augmentation de la production de cannes est significative grâce à une irrigation mieux maîtrisée, mais cet apport s'accompagne de deux inconvénients : la richesse de la canne en sucre se réduit, ce qui diminue la productivité du complexe, et l'allongement de la durée de la campagne amplifie cette baisse tendancielle de la richesse en sucre.

- Le rendement usine (rendement en sucre par tonne de canne broyée) est inférieur aux prévisions pour la campagne (n +7) : 0,95 point en moins, soit l'équivalent de 3 000 t de sucre. La production de sucre est conforme aux prévisions bien que la disponibilité en canne soit sensiblement supérieure.

Sur le plan organisationnel, les principales recommandations du bailleur de fonds de l'année n +8 n'ont pas été suivies d'effets : fonction audite insuffisante, pas de création à ce jour d'une direction commerciale, gestion du personnel insuffisante.

La société sucrière n'arrive plus à équilibrer ses comptes depuis l'exercice (n +4) (perte cumulée de 7,24 m€ sur les cinq derniers exercices). Les exercices (n +4) et (n +5) sont marqués par une hausse des importations frauduleuses qui réduit les marges de la société. La dévaluation en (n +7) engendre une hausse sensible des frais financiers due à l'endettement non traité lors de la restructuration financière. La hausse des produits d'exploitation entre l'année (n +7) et (n +9), soit 10,29 € est intégralement compensée par l'accroissement des consommations intermédiaires : 10,32 m.€. La capacité d'autofinancement (CAF) ne couvre pas l'accroissement du besoin en fonds de roulement, ni les remboursements d'emprunts qui sont justement, les deux emplois prioritaires de la CAF.

L'examen du bilan montre que la situation nette de l'entreprise demeure positive en année (n +9) grâce à deux réévaluations successives des actifs en (n +7) (6,39 m€ pour le complexe agricole) et en (n +8) (9,07 m€ pour l'usine). La trésorerie réelle de l'entreprise, en y intégrant les échéances impayées des emprunts, se dégrade fortement (- 4,1 m€- entre (n +8) et (n +9)) et est négative de 3,19 m.€.

Impact

Le mode de financement d'une partie projet, prêt en devises de 6,10 mM€ à la société cotonnière, pose la question de l'opportunité de prêter en devises à une société qui travaille exclusivement sur le marché intérieur et dont les recettes d'exploitation sont en monnaie locale. Cette situation est rendue possible car on se trouve en zone FCFA où le FCFA est lié à l'euro avec une parité fixe. Si on se réfère à l'orthodoxie bancaire, on ne devrait prêter en devises à un emprunteur que si ce dernier génère par son exploitation des recettes en devises, ce qui n'est pas le cas ici. Lors de la dévaluation de 50 % du FCFA par rapport à l'euro, l'endettement de devise euro de la société a donc été multiplié par deux.

Sur la balance des paiements du pays, l'impact global de la société sucrière est positif et estimé à 3,31 m€/an compte tenu des économies que son existence permet sur les importations de sucre mais qui sont hélas fortement atténuées par le poids des consommations intermédiaires importées. Cette situation montre le caractère artificiel de certaines productions agro-industrielles qui pour fonctionner ont recours à des importations massives.

La perte fiscale (droits de douane) induite par la non-importation de 30 000 t de sucre s'établit en moyenne annuelle à 5,5 m€/an. Elle n'est que partiellement compensée par la fiscalité supportée par la société sucrière qui s'élève à 3,41 m€/an, soit une perte globale de 2,09 m€/an. L'impact de la société sur le budget de l'État est donc apparemment négatif.

La faible réponse du tissu économique local aux besoins de la société (consommations intermédiaires largement importées, assistance technique étrangère) limite sensiblement l'intérêt économique d'une production locale se substituant aux importations.

La société emploie directement, de manière permanente ou temporaire, 2 700 agents qui font vivre de l'ordre de 27 000 habitants. La formation de cadres supérieurs locaux, de cadres moyens et d'agents de maîtrise demeure très appréciable. Les effectifs de ces catégories s'élèvent à 127 personnes dont 4 cadres supérieurs qui assument d'importantes responsabilités dans l'entreprise. La décroissance du nombre des expatriés accompagne cette africanisation réelle et continue de la société sucrière, qui demeure cependant très lente.

L'application de la clause d'origine pour tous les investissements financés par le bailleur de fonds (achat de fournitures françaises) a non seulement entraîné un taux de retour important (des achats en France) pour les entreprises françaises lors de l'investissement mais génère surtout un volume annuel d'affaires substantiel pour les investissements de renouvellement et les consommations intermédiaires.

Durabilité

La concurrence du sucre importé se fera de plus en plus vive avec la libéralisation du marché en année n +10. Or, malgré un taux de protection non négligeable (20 à 30 %), la société sucrière n'est pas en mesure de faire face à cette concurrence sauvage. Le coût de revient du sucre granulé, le plus exposé à la concurrence, demeure nettement plus élevé que les prix pratiqués sur le marché mondial (0,69 €/kg H.T. rendu N'Djaména contre 0,48 €/kg pour le sucre importé CAF H.T. rendu N'Djaména). Le niveau élevé requis de taxation pour permettre d'écouler des produits de la société sucrière explique la difficulté à lutter contre la fraude.

Les prix de vente appliqués depuis l'année (n +10) pour faire face à la concurrence induiraient un résultat brut négatif de 1,07 m€ pour l'exercice (n +9), d'après les premières projections de la société. Il conviendrait donc de réajuster rapidement les tarifs des produits qui génèrent des marges fortement déficitaires (pain de sucre particulièrement).

Les effets de la dévaluation de l'année (n +8) sont globalement négatifs. Certes, le sucre produit par ce pays est devenu dans un premier temps plus compétitif. Toutefois, cette compétitivité demeure insuffisante pour faire face aux importations sans bénéficier d'un fort taux de protection (32,5 % assis sur une valeur mercuriale de 0,56 €/kg) qui stimule à nouveau la fraude.

L'endettement extérieur de la société sucrière s'est fortement accru : perte de change sur les emprunts Coface (10,67 m €) et Fed (3,05 m.€).

La pérennité de l'activité de la société sucrière n'est pas assurée. Ses coûts de production élevés attisent la contrebande. La libéralisation du marché réduit ses marges et sa capacité d'autofinancement devient logiquement insuffisante pour couvrir ses emplois prioritaires. Son fort niveau d'endettement bloque tout nouvel investissement. Son environnement institutionnel (grande instabilité politique) demeure incertain.

Enseignements et recommandations

La concurrence déloyale des producteurs du Nord. Cet exemple illustre bien la problématique impossible qu'ont parfois à résoudre les PMA enclavés : ils se trouvent théoriquement protégés du marché mondial mais les prix pratiqués sur ce marché mondial n'ont rien à voir avec les coûts réels de production des pays du Nord qui exportent leurs surplus. Ces prix sont fortement subventionnés. Ce qui se passe pour le sucre, produit de base par excellence, se répète de la même façon pour les productions vivrières ou les productions animales. Les surplus du Nord bradés sur le marché mondial viennent concurrencer les productions du Sud, même dans des pays enclavés. À l'inverse des pays du Nord où seulement 3 à 8 % de la population vit de l'agriculture, les pays du Sud affichent des taux d'emploi dans ce même secteur de plus 50 % de la population active. Plus de la moitié de la population des pays du Sud est donc en quelque sorte potentiellement déstabilisée par le commerce international des produits agricoles et de d'élevage de base. « Le droit à produire pour vivre » est pratiquement refusé par les pratiques commerciales du Nord, qui prône cependant le libéralisme économique pour tous.

La nécessité de se protéger des cours mondiaux. La société sucrière génère une activité bénéfique pour ce pays pauvre mais ses contraintes de production et l'environnement de la société ne permettent pas d'envisager une exploitation équilibrée du complexe en l'absence de protection. Or, cette protection est pratiquement impossible à organiser dans un pays pauvre aussi vaste que celui qui nous occupe. Il peut difficilement contrôler toutes ses frontières. Il est donc illusoire de croire que l'on peut produire sans dommage du sucre au-dessus des cours mondiaux. L'enclavement ne constitue pas une protection naturelle suffisante lorsque l'écart de prix est si important.

Une situation financière dégradée. La capacité d'autofinancement de la société ne couvre pas ses emplois prioritaires, son niveau d'endettement paraît incompatible avec un financement par emprunt de tout nouvel investissement.

La nécessité d'une baisse du prix de revient. La baisse du prix de revient, seul moyen réel de limiter la fraude, devrait être l'objectif central préalable à un appui éventuel du bailleur de fonds à la société sucrière qui évolue maintenant dans un cadre concurrentiel. Une nouvelle restructuration financière de la société ne serait, à elle seule, pas susceptible d'assurer sa viabilité.

Quelque temps après l'évaluation ex-post

La société sucrière est considérée comme un exemple de privatisation réussie. La production de sucre oscille entre 28 000 t et 32 500 t par an. Le personnel en assistance technique a été réduit à quatre personnes. Les importations frauduleuses sont contenues grâce à l'instauration de liens techniques et capitalistiques avec les usines des pays voisins. La croissance de la consommation locale pourrait entraîner un nouveau programme d'investissement portant la capacité de production du complexe à 50 000 t.

Exercice proposé

Lire attentivement le descriptif de ce projet et de son déroulé

1) Que pensez-vous de l'incidence de la croissance démographique tchadienne sur le développement de ce pays ?
2) Pourquoi la production de sucre à partir de la canne est souvent associée à la traite négrière, à la colonisation ?
3) Quels sont les principaux points abordés par une convention de financement entre un bailleur de fonds et un bénéficiaire ?
4) Quels sont les effets des prêts en devises du bailleur de fonds sur l'équilibre financier de la société, sur sa dette, étant donné son mode de commercialisation du sucre ?
5) S'agissant du premier projet, quel rôle a joué la levée des conditions suspensives ?
6) La production de sucre à partir de canne est-elle bien intégrée à son milieu ?
7) Quels sont les effets induits par les clauses d'origine sur les investissements, la nature des consommations intermédiaires nécessaires au fonctionnement du complexe, le recours massif à des expatriés ?
8) Comment gérer la concurrence avec la production de sucre importée des pays voisins, vis-à-vis du marché mondial ?
9) Comment analyser l'évolution des performances techniques du complexe sucrier ?
10) Quelles sont les principales remarques que l'on peut faire sur l'exécution technique et financière du second projet de 2,44 m€ ?
11) Comment analysez-vous l'évolution de la situation financière de l'entreprise ?
12) Quels sont les impacts du projet sur la balance des paiements ?
13) Durabilité du projet ?
14) Notation des financements. Pertinence des objectifs ? Réalisation des objectifs ? Efficacité ? Efficience ? Impact ?
15) Points forts ? Points faibles ?

Corrigé de l'exercice

1) Que pensez-vous de l'incidence de la croissance démographique tchadienne sur le développement de ce pays ?

Les besoins nouveaux nés d'une croissance rapide de la population apparaissent comme très difficiles à satisfaire à un tel rythme. Avec un taux de croissance de la population de 3,2 %/an, il convient que la croissance économique du Tchad soit au minimum égale à 3,2 %/an pour que le bien-être de la population s'améliore. Cette croissance démographique très rapide constitue donc un handicap majeur au développement durable du pays et à la baisse de la pauvreté.

2) Pourquoi la production de sucre à partir de la canne est souvent associée à la traite négrière, à la colonisation ?

À partir du XVI siècle, le sucre est devenu en Europe une denrée très recherchée. La culture de la canne à sucre a besoin de chaleur et d'humidité. Cette culture est également très exigeante en volume de main-d'œuvre non qualifiée (coupe de la canne et transport vers l'usine très durs sur le plan physique). Toutes ces caractéristiques ont favorisé l'extension de la culture de la canne à sucre dans les zones tropicales humides et le recours au transfert d'une main-d'œuvre nombreuse dans les zones de production. Cette localisation de la production a favorisé le commerce triangulaire entre l'Europe (bateaux chargés de produits pour acheter des esclaves en Afrique), l'Afrique (esclaves échangés contre des produits), les zones de production de sucre (vente des esclaves aux grands planteurs dans les îles des Caraïbes, Haïti, Réunion, Île Maurice, Cuba, Amérique centrale…). Les exploitations dirigées par des Européens faisaient ainsi appel à des esclaves venus d'Afrique qui sont devenus ensuite des colonies. Des millions d'Africains ont subi la traite négrière durant plusieurs siècles.

3) Quels sont les principaux points abordés par une convention de financement entre un bailleur de fonds et un bénéficiaire ?

L'objet du financement, le montant, le taux d'intérêt, l'identité des partenaires, les conditions de décaissements des fonds, les conditions de remboursement lorsqu'il s'agit d'un prêt, les conditions de suivi, les conditions suspensives, les commissions, les tribunaux d'arbitrage en cas de conflit, le plan de financement.

4) Quels sont les effets des prêts en devises du bailleur de fonds sur l'équilibre financier de la société, sur sa dette, étant donné son mode de commercialisation du sucre ?

Cette société doit trouver des devises pour rembourser la partie prêt de ses financements. Or ses recettes (vente de sucre sur le marché local) sont en monnaie locale. Sa dette en devises s'accroît. Toutefois, elle bénéficie de la garantie de l'État.

5) S'agissant du premier projet, quel rôle a joué la levée des conditions suspensives ?

La levée progressive des conditions suspensives a permis le versement du prêt nécessaire à la restructuration financière de la société.

Stéphane Madaule *La pratique du développement durable*

6) La production de sucre à partir de canne est-elle bien intégrée à son milieu ?

Le complexe dispose des terres agricoles suffisantes. Mais les champs de canne ont besoin d'irrigation pour produire car la pluviométrie est faible. Cette irrigation obligatoire renchérit les coûts de production. Il n'y a pas pour l'instant de conflits d'usage dans l'utilisation de cette eau.

7) Quels sont les effets induits par les clauses d'origine sur les investissements, la nature des consommations intermédiaires nécessaires au fonctionnement du complexe, le recours massif à des expatriés ?

Les clauses d'origine (aide liée) ont favorisé les achats en France et donc le taux de retour vers la France en matière d'investissement, de consommations intermédiaires dans l'exploitation. On poursuit à la fois un objectif de développement et un objectif de retour sur investissement, ce qui peut conduire à des impasses (exemple : maximiser le taux de retour au détriment de la rentabilité du complexe).

8) Comment gérer la concurrence avec la production de sucre importée des pays voisins, vis-à-vis du marché mondial ?

Il est très difficile de gérer la concurrence avec les pays voisins car le Tchad maîtrise mal ses frontières. Le sucre produit localement peut donc être concurrencé par des importations de voisins non déclarées.

Vis-à-vis du marché mondial, le sucre local doit être concurrentiel par rapport à un marché mondial où les prix du sucre sont souvent subventionnés, notamment par la politique agricole commune de l'Europe. La concurrence est donc déloyale. Toutefois, le Tchad étant un pays enclavé, il bénéficie d'une protection géographique naturelle (coûts de transport élevés) de son marché de consommation de sucre.

9) Comment analyser l'évolution des performances techniques du complexe sucrier ?

Le rendement sucre/tonne de canne est en hausse à l'année n +2 puis en baisse constante jusqu'en année n +8. La production de canne augmente mais la richesse de la canne en sucre baisse. Le rendement de l'usine (sucre par tonne de canne broyée) est inférieur aux prévisions. Les résultats techniques du complexe sucrier (domaine agricole + usine) ne se sont pas améliorés.

10) Quelles sont les principales remarques que l'on peut faire sur l'exécution technique et financière du second projet de 2,44 m€ ?

Le projet a grandement évolué par rapport aux prévisions initiales en s'orientant, non pas exclusivement vers l'arrière usine, mais plutôt vers l'achat de pivots d'irrigation. Ces réaffectations n'ont pas fait l'objet d'un accord de la part du bailleur. Les documents de suivi du projet, conformément à la convention, n'ont pas été fournis au bailleur.

11) Comment analysez-vous l'évolution de la situation financière de l'entreprise ?

La société n'arrive toujours pas à équilibrer ses comptes. Les importations frauduleuses sont en hausse. La dévaluation du FCFA a engendré une hausse des frais financiers de l'entreprise. La hausse des consommations intermédiaires « mange » la hausse des produits d'exploitation. Au bilan, la situation nette de l'entreprise demeure stable grâce à deux réévaluations d'actifs. La trésorerie de l'entreprise se dégrade.

12) Quels sont les impacts du projet sur la balance des paiements ?

L'impact est positif mais modéré en raison des importations nécessaires au fonctionnement du complexe. Sur le plan fiscal, l'importation légale de sucre, taxée par des droits de douane, rapporterait plus au budget de l'État que la fiscalité qui s'exerce sur le complexe sucrier.

13) Durabilité du projet ?

La durabilité du projet ne semble pas assurée sans un soutien financier à échéance régulière, à moins que les importations frauduleuses soient maîtrisées et que l'exploitation du complexe soit sensiblement améliorée (baisse des consommations intermédiaires importées, baisse de l'assistance technique, hausse du rendement sucre du complexe). C'est ce qui semble être en cours à la suite de la privatisation de la société.

14) Notation des financements. Pertinence des objectifs ? Réalisation des objectifs ? Efficacité ? Efficience ? Impact ?

Pertinence des objectifs : satisfaisante, amélioration des conditions de production et abaissement du coût de revient mais dans un contexte très difficile (importations frauduleuses).

Réalisation des objectifs : satisfaisante pour la production, non complètement satisfaisante pour la baisse trop modérée du coût de revient.

Efficacité : satisfaisante bien que le second projet soit fort différent des prévisions initiales.

Efficience : les coûts ont été respectés.

Impact : la production a bien augmenté mais les coûts de revient demeurent élevés.

15) Points forts ? Points faibles ?

Points forts :

- Réalisation des investissements avec efficacité.
- Croissance de la production.

Points faibles :

- Coût de revient élevé par rapport au marché mondial du sucre.
- Lieu de production éloigné des centres de consommation.
- Assistance technique lourde et coûteuse.
- Volume élevé de consommations intermédiaires importées.
- Endettement en devises pour des recettes en monnaie locale

22 Société sucrière à Madagascar

Présentation du projet

Madagascar est un pays insulaire qui fait partie de la catégorie des pays à faible revenu. Sa population est passée de 5 millions d'habitants en 1960 à 29 millions d'habitants en 2021 (taux de croissance de la population de 2,4 %/an). Il y a 30 ans, la production de sucre de cannes était assurée par quatre complexes pour un volume global de 100 000 tonnes (T) par an, ce qui n'était pas suffisant par rapport à la demande de la population. Le gouvernement a décidé alors de créer un cinquième complexe sucrier dans une région excentrée de l'île à Morondava. C'est une région relativement délaissée, sans activité économique importante, qui vit en partie de la pêche. Les conditions climatiques sont parfois difficiles. Des cyclones sont fréquents dans la région.

Les études préliminaires ont conclu à la possibilité d'établir un tel complexe dans la zone sud-ouest de l'île. Elles ont été financées par la Banque mondiale.

La production de sucre à partir de la canne se déroule selon les phases suivantes : production maximale de canne à sucre en volume ayant un taux de sucre maximum ; taille de la canne à sucre à la récolte le plus rapidement possible car le taux de sucre dans la canne coupée décroît très vite ; apport le plus rapidement possible de la canne coupée en usine pour être broyée et passées en usine pour en extraire le sucre. L'énergie du complexe est assurée par les tiges de cannes utilisées comme combustible. Il est donc nécessaire de faire une bonne culture de la canne avec de bon rendement et une teneur en sucre élevé. Une fois coupée, il convient d'usiner cette canne coupée le plus rapidement possible et, grâce au rendement usine le plus élevé possible, en tirer le maximum de sucre.

La difficulté de réalisation de ce projet tient à la prise en compte de deux contraintes majeures :

- La production de cannes à sucre n'est possible que si cette culture bénéficie de l'irrigation, ce qui renchérit de beaucoup le coût de revient de la production, mais en espérant de meilleurs rendements de cannes avec des teneurs en sucre élevées. La pluviométrie est trop faible pour envisager une culture pluviale de la canne, comme dans les régions tropicales alliant chaleur et humidité.
- Le complexe envisagé est situé dans une zone très éloignée des centres de consommation de sucre, ce qui augmente les coûts d'acheminement.

Le volet industriel du complexe comprend une sucrerie d'une capacité de broyage de canne à sucre de 1000 T/jour. Avec une campagne de 210 jours, il est prévu une production de l'ordre de 20 000 t de sucre blanc. Le procédé de fabrication utilise une batterie de cinq moulins entraînés par trois turbines. L'énergie est produite par trois chaudières à bagasse (résidu de la canne) qui peuvent au besoin être alimentées par du gazole.

Le volet agricole prévoit la culture irriguée sur un domaine de 2 400 ha, répartis en surfaces rondes de 70 ha chacun. L'irrigation basse pression d'un plot se réalise par aspersion à l'aide d'une rampe pivotante d'une longueur de 480 m.

Le volet logements et infrastructures vise la construction d'un habitat pour les employés de l'usine et de l'exploitation agricole (dont 360 logements pour les ouvriers), d'un bâtiment administratif, d'un dispensaire, d'une école et de tous les travaux d'infrastructures attenants (adduction d'eau, électrification du village, des logements des employés...).

Les concours octroyés (4) par le bailleur de fonds entre l'année (n) et l'année (n +6) ont porté sur des prêts de 22,87 m.€. Leur objet principal était de financer l'étude du projet, la plantation d'une partie des 2 400 ha et l'assistance technique du projet. Les autres bailleurs de fonds ont été la Banque africaine de développement pour un montant de 23,78 m€ pour l'autre partie des 2 400 ha de plantation et les bâtiments annexes du complexe. La Chine a financé l'usine pour un montant équivalent à 16,77 m € tandis que l'État a participé pour sa part sur l'ensemble des volets pour un montant de 10,98 m.€.

Justification des études préalables et de l'évaluation ex-ante

Ces études préalables se justifient par les facteurs suivants :

- Il s'agit d'évaluer la construction d'un complexe et non son agrandissement ou sa réfection.
- Les études de faisabilité doivent permettre de savoir si l'irrigation de la canne est pertinente sur le plan technique et financier.
- Le calcul économique (TRE) et le calcul financier (TRI) sont nécessaires afin de cerner la rentabilité d'un tel investissement, la qualité de son insertion dans le tissu local.
- Ce projet s'avère être un pari risqué puisque l'on vise à produire du sucre en quantité supplémentaire dans un lieu excentré où la culture de la canne, demandant notamment une nombreuse main-d'œuvre, n'a pas encore été tentée.

Financement du projet

Le projet a été financé sous forme de prêts en devises à la société sucrière ayant obtenu la garantie de l'État. Or, le complexe sucrier vend le sucre sur son marché intérieur. Ses recettes sont donc en monnaie locale. Le risque de change assuré par la sucrerie, et délégué en cas de problème à l'État malgache est donc élevé. Il n'est pas assumé par les bailleurs de fonds qui financent le projet. L'orthodoxie bancaire voudrait (1) qu'à un prêt en devises correspondent des recettes en devises (2) que la subvention soit plutôt appliquée dans un pays pauvre afin de ne pas accroître l'endettement.

Sur le plan de l'équilibre en devises, on peut espérer que le bon fonctionnement du complexe évite d'autant des importations de sucre, ce qui peut équilibrer le bien en matière de devises.

Plusieurs bailleurs de fonds cofinancent ce projet. Leurs conditions de décaissement des fonds et de remboursement des fonds sont particulières à chacun. Il est donc très difficile sur le plan administratif pour la sucrerie de satisfaire à toutes les exigences particulières des bailleurs de fonds (exemples : modèles de reporting différents, conditions suspensives de décaissement des fonds différentes, circuit de décaissement des fonds différents...) Cette multiplicité des partenaires sur une même opération alourdit les coûts administratifs de gestion de ces concours financiers pour la compagnie sucrière.

On préconise en général que les conditions exigées par les différents bailleurs soient harmonisées. Toutefois, cela s'avère très difficile car pour le financement des projets, ils appliquent tous leurs propres manuels de procédures qui s'imposent à eux.

Exécution technique et financière

Responsabilité de l'exécution

L'exécution du projet s'est déroulée en deux phases.

La première phase consiste en la plantation de 510 ha de canne à sucre et en la construction de l'usine sur une période de 3 ans. La maîtrise d'ouvrage est alors assurée par le ministère de l'Agriculture. Deux bureaux d'étude internationaux font office d'assistant à la maîtrise d'ouvrage, d'une part, de maître d'œuvre du projet pour la partie agricole, d'autre part. Ce dernier bureau d'études avait participé aux études préliminaires de la partie agricole du projet, ce qu'il convient en général d'éviter (manque de distance du bureau d'études quand il réalise à la fois les études préalables et la maîtrise d'œuvre du projet, difficulté à admettre les erreurs de conception, prestation de maîtrise d'œuvre souvent plus onéreuse car financée sans faire appel à la concurrence). La construction de l'usine s'est réalisée sous l'entière responsabilité du bailleur de fonds chinois.

La seconde phase de 4 ans voit la création véritable de la société. C'est elle qui reprend la maîtrise d'ouvrage et la maîtrise d'œuvre du projet pour le reste du volet agricole (1 900 ha) et les bâtiments et les infrastructures du complexe. Deux bureaux d'études internationaux participent au projet. Les deux assistent tour à tour la maîtrise d'ouvrage et la maîtrise d'œuvre assumées par la même entité. Pour la partie maîtrise d'ouvrage, il s'agit d'un bureau différent de celui de la première phase. Pour la maîtrise d'œuvre du projet, il s'agit du même bureau que pour la première phase. Cette architecture de projet est critiquable. La société sucrière n'aurait pas dû assumer à la fois les fonctions de maîtrise d'œuvre et de maîtrise d'ouvrage. L'emploi de deux bureaux d'études auprès d'une même entité dans des tâches finalement connexes ne facilite pas non plus le bon déroulement d'un projet. Les deux bureaux d'études ont alors du mal à circonscrire avec exactitude le périmètre exact de leurs attributions et l'étendue réelle de leurs responsabilités.

	Prévisions	Réalisations	Délais	Qualité prest.
Usine	1 000 t/j	1 000 t/j	Respectés	Bonne
Plantation de cannes à sucre	2 400 ha	2 400 ha	Dépassés	Très bonne
Rampes pivotantes d'arrosage	33	33	Dépassés	Médiocre
Alimentation par canal	33	25	Respectés	Très bonne
Alimentation par pompage	0	8	Dépassés	Très bonne
Logements	360	161	Dépassés	Médiocre

Dans l'ensemble, les investissements projetés sont réalisés dans les règles de l'art. L'usine, d'une conception rustique (conception chinoise), a été livrée deux années après le démarrage effectif du projet. Par rapport aux études préliminaires, le changement le plus significatif a été le recours à huit forages pour alimenter huit pivots d'irrigation plus un dernier forage pour l'usine lequel n'est pas mentionné dans le tableau. Ce changement est justifié par la faiblesse du débit du fleuve qui grâce à un canal permet l'irrigation du complexe.

Les délais de livraison de l'exploitation agricole et des infrastructures ont été en général dépassés. L'explication de ce retard tient, d'une part, à la séparation des travaux en deux phases distinctes et, d'autre part, à la faiblesse des entreprises choisies pour construire la partie agricole du complexe. Les rampes pivotantes ont très mal fonctionné au départ et se sont révélées très fragiles et bien trop sensibles à la corrosion.

L'exécution financière du projet s'est déroulée dans de bonnes conditions. Les trois bailleurs de fonds du projet et l'État ont normalement assumé les financements annoncés. Le schéma de financement a été globalement respecté. Toutefois, la partie agricole ayant été plus longue que prévu, des transferts de reliquats apparus dans les financements de la BAD ont permis de rémunérer l'assistance technique jusqu'au bout du chantier tout en restant dans l'enveloppe prévisionnelle.

Performances techniques de l'entreprise sucrière

	Objet.	N +6	N +7	N +8	N +9	Moy(N +6) (N +9)	N +9/O bj.	Moy/ Object.
Plantation								
Surfaces (ha)	2190	2226	2259	2328	2111	2223	94,9	101,5
Rendement TC/ha (1)	90	127	99	102	95	105,8	90,1	117,5
Usine								
Production sucre (T)	20500	21106	20389	17126	14153	18193	77,7	88,7
Rendt TS (2)/ha	9,77	11,9	9,9	10	8,52	10,08	84	103

(1) Il s'agit du rendement agricole du complexe, c'est-à-dire le tonnage moyen que l'on peut sortir de canne par hectare.
(2) Il s'agit de la combinaison du rendement agricole du complexe, de la teneur en sucre de la canne et de la manière plus ou moins efficace de l'usine de prélever le maximum de sucre présent dans la canne (rendement usine).

Durant la période (n +6) à (n +9), les objectifs de production et de rendement ont pratiquement été atteints. Toutefois, l'ensemble des indicateurs est en baisse à la fin de la période. La potentialité de la partie agricole du projet n'est pas à remettre en cause. Le rendement du complexe agricole est satisfaisant. C'est-à-dire que les rendements de canne à l'hectare sont conformes aux prévisions avec une teneur en sucre acceptable. La canne une fois coupée est apportée à l'usine avec rapidité en conservant son taux en sucre à un niveau élevé. En revanche, l'efficacité de l'exploitation industrielle (rendement usine) n'est pas optimale. Les principaux facteurs explicatifs du mauvais fonctionnement de l'usine sont les suivants :

- L'usine est de conception chinoise. Les pièces détachées nécessaires à sa maintenance mettent entre 6 mois et deux ans après la commande pour arriver sur le site.
- L'augmentation continue des heures d'arrêt usine : 841 heures en année (n +9) contre 310 heures en année (n +6).
- Des changements incessants dans les caractéristiques de l'usine. Ainsi, la capacité de broyage est passée de 1000 T/j à 1300 T/j puis à 1500 T/j sans que cela soit vraiment nécessaire.
- La qualité du travail de transformation de la canne en sucre n'est guère satisfaisante. L'écart entre la richesse en sucre de canne à l'entrée à l'usine et le rendement en saccharose est supérieur à 4,9 points en année (n +9) pour une norme admise qui ne devrait pas dépasser 3 points.

- La consommation de gazole par tonne de canne broyée s'accroît, ce qui montre que le rendement des chaudières à bagasse a tendance à baisser.

Performances sur le plan financier

Les performances du complexe sucrier ne sont pas satisfaisantes comme le montre le tableau suivant en matière d'exploitation.

En M.€	N +3	N +4	N +5	N +6	N +7	N +8
Produits d'exploitation	3,51	5,79	4,88	5,64	6,71	5,64
Charges d'exploitation	2,74	5,18	4,27	3,51	3,05	3,05
EBE (1)	0,76	0,61	0,61	2,13	3,35	2,59
CAF (1)	-0,34	-1,28	-1,52	-1,68	0,76	0,23
Résultat net	-3,84	-9,04	-1,07	-5,95	-22,9	-3,43

(1) EBE : excédent brut d'exploitation. CAF : capacité d'autofinancement.

Le complexe n'arrive pas à équilibrer ses comptes. L'excédent brut d'exploitation demeure faible bien qu'il ait tendance à s'améliorer de l'année (n +6) à l'année (n +8). Les pertes exceptionnelles ou dotations aux provisions (pertes de change) déséquilibrent le résultat net de la société qui demeure déficitaire durant toute la période. Le prix de vente pratiqué par la société est d'ailleurs inférieur au coût de revient.

À l'examen du bilan de la société, on constate qu'elle n'arrive pas à payer ses dettes et que son « report à nouveau » est très négatif (accumulation des déficits). De plus, la société continue de provisionner des pertes sur remboursement d'emprunt. En effet, l'endettement de l'État est en devises alors que la production de la société est commercialisée en monnaie locale. La société est donc dans l'incapacité de rembourser les prêts rétrocédés par l'État.

Impact sur le plan de la rentabilité financière et de la rentabilité économique

Il s'avère intéressant sur ce cas précis de comparer le taux de rentabilité interne financier (TRI) et le taux de rentabilité économique (TRE).

Le calcul du TRI ne prend pas en compte le schéma de financement. Il s'effectue donc hors frais financiers. Les principales hypothèses de ce calcul sont les suivantes :

- Les dépenses d'investissement coïncident avec les périodes de décaissement des prêts des bailleurs de fonds.
- La durée de vie de l'entreprise est estimée à 25 ans.
- Les dépenses d'exploitation sont égales aux consommations intermédiaires, aux frais de personnel et aux charges externes.

Le calcul du TRE est effectué selon la méthode des effets, avec les paramètres suivants :

- La valeur ajoutée directe représente la différence entre les produits d'exploitation et les consommations intermédiaires.
- La valeur ajoutée amont est égale à la part de la consommation locale dans les consommations intermédiaires.
- La valeur ajoutée aval traduit le surcroît d'activité lié au transport du sucre du complexe sucrier et l'apport à une distillerie qui fonctionne avec la mélasse de ce même complexe.
- Le coût social du projet correspond à ce que coûte réellement à la collectivité nationale l'investissement du complexe sucrier. Il a été estimé aux dépenses en devises auxquelles s'ajoutent 50 % des dépenses réalisées en monnaie locale.
- La valeur ajoutée négative correspond à l'apport qu'aurait pu générer l'exploitation sur 1 500 ha de rizières à l'emplacement actuel du complexe. Cette hypothèse est d'autant plus plausible que la culture du riz est très pratiquée dans la région.

Les flux financiers générés par le projet en € pour le calcul du TRI sont les suivants :

An	1	2	3	4	5	6	7	8	9	10	11	25
Flux	-9,3	-3,7	-2,8	-7	-4,9	-3,8	-0,9	3,7	-1,2	3,6	5,3	5,3

Le TRI est de 7,8 % ce qui n'est pas très élevé. On table en général sur plus de 10 %. Cette faible performance s'explique par la longueur de la période de montée en puissance du complexe, qui a duré près de cinq ans. De plus, la baisse de production enregistrée juste avant l'évaluation pèse lourd dans les calculs ainsi que la baisse des prix du sucre (en monnaie constante) qui nuit à l'équilibre de l'exploitation.

An	1	2	3	4	5	6	7	8	9	10	11	25
Flux	-7,2	-0,6	-1,9	-2,9	-1,8	1,6	4,1	3,5	5,4	7,3	7,3	7,3

Le TRE est de 20,7 % ce qui est tout à fait honorable. Ce projet bien que relativement excentré par rapport aux grandes zones urbaines de l'île a un impact économique substantiel. On le doit au fait qu'il favorise la croissance de l'économie locale et nationale.

Durabilité

La durabilité du complexe n'est pas assurée sur le plan technique. Les carences industrielles du complexe n'ont jamais permis à l'entreprise d'usiner l'intégralité de la canne récoltable. Le volume d'eau disponible pour irriguer la canne est tout juste suffisant. La viabilité financière de la société est faible : sans le soutien de l'État, le complexe ne pourrait pas continuer son exploitation. Enfin, le complexe a été construit dans une zone exposée aux cyclones. Une année après l'évaluation, un nouveau cyclone s'est abattu sur la plaine endommageant gravement le complexe sucrier. Son fonctionnement ne s'en est jamais véritablement relevé.

Quelque temps après l'évaluation ex-post

Le complexe a été repris en location-gérance par les Chinois, constructeurs de l'usine. La production est remontée à 20 000 t/an. L'usine n'est plus en attente de pièces détachées. Les Chinois sont même candidats à la reprise de la gestion de l'autre grand groupe de l'île qui rassemble quatre autres complexes.

Enseignements et recommandations

Une localisation pénalisante par rapport aux zones de consommation. Le complexe sucrier n'est plus enclavé comme dans le cas sucrier du Tchad. Sa rentabilité vis-à-vis du marché mondial n'est pas assurée malgré une monnaie qui se dévalue rapidement. Sa localisation excentrée par rapport aux lieux de consommation explique en partie ce résultat.

Une irrigation trop coûteuse. L'exécution technique et financière du projet peut être qualifiée de satisfaisante. Toutefois, la faible rentabilité financière du complexe montre que les coûts de revient de l'irrigation ne permettent pas un équilibre d'exploitation : l'irrigation est trop coûteuse.

Le risque lié à une production dans une zone cyclonique. L'emplacement choisi pour construire ce complexe aurait dû être étudié avec plus de prudence. On savait déjà que des cyclones s'étaient abattus sur cette région. La période succédant à la construction du complexe a enregistré une catastrophe de ce type.

Des emprunts en devises pour des recettes en monnaie locale. Le fait que le complexe ait été construit en ayant recours à des emprunts en devises alors que le complexe vend son sucre sur le marché intérieur est une mauvaise chose. L'État dans ce cas doit prendre en charge le risque de change et ne pas le faire indirectement supporter à la société sucrière.

Le sens à donner au calcul du TRI et du TRE. Les calculs des TRI et des TRE sont des indications parmi d'autres de l'évaluation d'un projet. Il ne convient guère de leur donner trop d'importance car leur calcul s'appuie sur des hypothèses lourdes. Toutefois, ils permettent de qualifier un peu plus l'impact réel du projet à financer. Pour ce qui concerne le complexe sucrier, la rentabilité financière du complexe est médiocre. Avec une infrastructure de ce type, l'État ne gagnera certainement jamais d'argent, sera obligé à période régulière de renflouer l'affaire si les performances du complexe ne s'améliorent pas. En revanche et sur le long terme, l'activité économique complémentaire générée par le complexe est substantielle pour une région déshéritée où la main-d'œuvre est abondante.

Exercice proposé

Lire attentivement le déroulé du projet

1) Que peut-on dire du choix de l'emplacement pour implanter ce complexe sucrier ?
2) Quels sont les résultats obtenus en matière d'exécution technique et financière du projet ?
3) Qu'est-ce qui différencie le calcul du TRI financier du calcul du TRE ?
4) Dans le calcul du TRE par la méthode des effets, comment est traitée la valeur ajoutée ?
5) Quels sont les principaux facteurs qui nuisent au TRI du complexe ?
6) L'usine fonctionne-t-elle de manière satisfaisante ? Le rendement de l'usine est-il satisfaisant ?
7) Expliquer comment extraire le plus de sucre possible d'une canne à sucre (rendement de l'exploitation agricole puis rendement usine) ?
8) Quels sont les inconvénients de l'irrigation de la canne à sucre ?
9) Que représente l'indicateur de Tonne de sucre/hectare ?
10) Sur le plan financier, y a-t-il un problème de risque de change ?
11) Que peut-on dire de la gestion administrative par la compagnie sucrière de ces cofinancements ?
12) Quelle est la différence entre l'EBE, la CAF et le résultat net ?
13) Ce complexe est-il viable sans subventions de l'État ?
14) La durabilité du projet est-elle assurée ?
15) Notation. Pertinence des objectifs ? Réalisation des objectifs ? Efficacité ? Efficience ? Impact ?
16) Points forts ? Points faibles ?

Corrigé de l'exercice

1) Que peut-on dire du choix de l'emplacement pour implanter ce complexe sucrier ?

L'emplacement est très excentré par rapport à la consommation de sucre. D'un autre côté, c'est une manière de promouvoir de l'activité dans une région déshéritée et ainsi contribuer à l'aménagement du territoire. Cependant, les conditions climatiques semblent parfois difficiles avec des cyclones.

2) Quels sont les résultats obtenus en matière d'exécution technique et financière du projet ?

Les investissements projetés ont été réalisés dans l'ensemble dans les règles de l'art. L'usine (fabriquée par les Chinois) est de conception ancienne. Le changement le plus significatif par rapport aux études préalables se matérialise par le recours à des forages dans la nappe phréatique dont 8 pour alimenter l'irrigation du domaine agricole. Les quantités d'eau puisées dans le canal alimenté par un fleuve se sont avérées insuffisantes pour satisfaire aux besoins d'irrigation du complexe agricole.

Les délais de livraison de l'usine et du domaine agricole ont dépassé les prévisions. Les causes sont multiples : séparation des travaux agricoles en deux phases, appel à des entreprises locales peu performantes, rampes pivotantes pour l'irrigation très fragiles et sensibles à la corrosion provoquée par l'eau de la nappe phréatique.

3) Qu'est-ce qui différencie le calcul du TRI financier du calcul du TRE ?

Le taux de rentabilité interne financier calcule la rentabilité financière de l'investissement, sans tenir compte de ses conditions de financement. Le taux de rentabilité économique calcule les effets de l'investissement sur l'économie du pays : activités du complexe mais également activités locales supplémentaires générées par le projet lors de l'investissement, lors de l'exploitation ; importations en moins ou en plus, consommations intermédiaires locales ou importées.

4) Dans le calcul du TRE par la méthode des effets, comment est traitée la valeur ajoutée ?

On procède à une sommation des différentes valeurs ajoutées induites.

La valeur ajoutée directe : différence entre les produits d'exploitation et les consommations intermédiaires.

La valeur ajoutée amont : part de consommation locale dans les consommations intermédiaires.

La valeur ajoutée aval : surcroît d'activité en aval de la production du complexe (transport, distillerie fonctionnant avec la mélasse du complexe, activités de service).

La somme des valeurs ajoutée représente ce que génère pour l'économie du pays l'exploitation du complexe.

Sur la partie investissement, on sépare ce que coûte réellement le complexe en dépenses externes (importations, coût en devises) et on valorise les dépenses internes qui donnent de l'activité locale en plus.

La valeur ajoutée négative est égale à ce qu'aurait pu générer la production de riz sur les 1 500 ha qui ont finalement servi à la construction du complexe afin de répondre à la question suivante : a-t-on choisi le bon investissement par rapport à une autre utilisation possible de la surface ?

5) Quels sont les principaux facteurs qui nuisent au TRI du complexe ?

La longueur de la montée en puissance du complexe dont les flux financiers ne passent en positif que la dixième année, la baisse de la production juste avant l'évaluation ex-post combinée avec une baisse des prix de vente du sucre.

6) L'usine fonctionne-t-elle de manière satisfaisante ? Le rendement de l'usine est-il satisfaisant ?

Elle pourrait mieux fonctionner. Le rendement de l'usine n'est pas à l'optimum pour les raisons suivantes : difficultés à se procurer rapidement les pièces détachées chinoises (de 6 mois à deux ans) ; arrêts usine en hausse, qualité du travail de transformation de la canne dans l'usine (perte de richesse en sucre entre l'entrée et la sortie) ; consommation de gazole accrue (à mesure que le rendement bagasse des fours de l'usine baisse)

7) Expliquer comment extraire le plus de sucre possible d'une canne à sucre (rendement de l'exploitation agricole puis rendement usine) ?

Pour le complexe agricole, il convient d'avoir le tonnage de canne le plus élevé possible avec des cannes ayant une teneur en sucre maximale.

Pour l'usine, il convient de sortir le plus de sucre possible de la canne coupée.

Entre les deux, il convient d'apporter la canne coupée le plus rapidement à l'usine afin d'être usinée le plus rapidement possible. En effet, une fois coupée, la teneur en sucre de la canne baisse rapidement.

Le rendement du complexe s'exprime en Tonne de sucre/hectare. Dans le cas présent, en année n +9, on est à 84 % de l'objectif fixé. Sur la période considérée, on s'établit à 103 % de l'objectif fixé.

8) Quels sont les inconvénients de l'irrigation de la canne à sucre ?

L'irrigation accroît les coûts de production par rapport à une canne pluviale. Cet effet coût peut être amoindri par des rendements en canne plus élevés car moins sensibles à la variabilité de la pluviométrie.

S'agissant du cas présent, l'irrigation par pompage dans la nappe phréatique (eau du canal insuffisante pour irriguer l'ensemble du domaine) a engendré de la corrosion dans le système tubulaire d'irrigation entraînant une fragilisation de l'irrigation et des coûts supplémentaires.

9) Que représente l'indicateur de Tonne de sucre/hectare ?

Cet indicateur établit le rendement du complexe (rendement agricole X rendement usine)

10) Sur le plan financier, y a-t-il un problème de risque de change ?

Oui car les recettes du complexe sont en monnaie locale (vente de sucre localement) alors que l'endettement est en devises.

11) Que peut-on dire de la gestion administrative par la compagnie sucrière de ces cofinancements ?

Elle doit être relativement lourde à assumer car l'entreprise à plusieurs cofinanciers à gérer qui ont tous des exigences spécifiques à demander au complexe en fonction de l'application de leurs propres procédures : Banque mondiale, BAD, AFD, Chinois, État malgache.

12) Quelle est la différence entre l'EBE, la CAF et le résultat net ?

EBE : excédent brut d'exploitation. Ce que libère comme valeur l'exploitation du complexe une fois payée ses consommations intermédiaires + ses charges d'exploitation (salaire, autres dépenses d'exploitation).

CAF : capacité d'autofinancement. C'est l'EBE auquel on retire les charges financières supportées par l'entreprise.

Résultat net : la CAF à laquelle on retire la fiscalité.

13) Ce complexe est-il viable sans subventions de l'État ?

Lors de l'évaluation ex-post, étant donné ses performances, le complexe n'était pas viable sans subvention de l'État.

14) La durabilité du projet est-elle assurée ?

La durabilité du projet n'est pas assurée si (1) une amélioration de l'exploitation du complexe s'avère impossible si (2) à exploitation constante, le complexe ne reçoit pas une subvention de l'État. Le complexe est fragilisé par sa situation géographique dans une zone à cyclones

15) Notation. Pertinence des objectifs ? Réalisation des objectifs ? Efficacité ? Efficience ? Impact ?

Pertinence des objectifs : peu satisfaisant (création d'un complexe sucrier). Ce projet est très ambitieux car loin des centres de consommation.
Réalisation des objectifs : satisfaisante.
Efficacité : satisfaisante, les infrastructures fonctionnent à l'exception cependant des rampes d'aspersion, très fragiles.
Efficience : satisfaisante, les coûts ont été respectés. Ils étaient cependant très élevés car le complexe est très isolé.
Impact : sensible pour la région, peu sensible pour le consommateur de sucre.

16) Points forts ? Points faibles ?

Points forts :

- Réalisation des investissements avec efficacité.
- Donne de l'activité à cette région éloignée et déshéritée.

Points faibles :

- Aléas climatiques.
- Coûts de revient élevés à cause de l'irrigation.
- Complexe trop éloigné des centres de consommation.
- Problème du risque de change à assumer par la compagnie sucrière, voire l'État
- Coûts administratifs élevés de la gestion d'un cofinancement.

8. Projets de développement durable à effets climatiques

23 Chauffage à cogénération en Chine (production simultanée d'électricité et de chaleur) à partir d'une centrale à charbon

Présentation du projet

Avec 1,4 milliard d'habitants en 2021, la Chine représente la deuxième économie mondiale. Malgré ce statut, ce pays est toujours considéré comme faisant partie de la catégorie des pays en développement qui peuvent prétendre à bénéficier de la solidarité internationale au titre de l'aide publique au développement délivrée dans le cadre du comité d'aide au développement de l'OCDE. Nous devons cette étrangeté au fait que le revenu par habitant de la Chine, en phase de rattrapage, ne s'est pas encore assez élevé pour sortir la Chine de la liste des possibles récipiendaires de l'aide occidentale. À ce titre, certains bailleurs de fonds bilatéraux ou multilatéraux (Banque mondiale) continuent à lui octroyer de l'aide, le plus souvent sous forme de prêts non concessionnels, essentiellement au titre de l'appui à la lutte contre le changement climatique. Ce pays est pourtant devenu lui-même un grand bailleur de fonds émergents d'Aide, notamment en Asie et en Afrique.

En 2020 selon de GIEC, l'activité de la Chine représente 54 % de la consommation mondiale de charbon. Plus gros pollueur de la planète, le pays a rejeté quelque 31 % de l'ensemble des émissions de CO2 mondiales en 2020. Soit plus de deux fois plus que la première puissance économique mondiale, les États-Unis (14 %).

Dans ce contexte, les réseaux de chauffage urbain chinois à base de charbon se révèlent en moyenne moins efficaces que dans les pays développés en raison d'un sous-investissement dans cette activité et de l'emploi de technologies dépassées. Or, le secteur des bâtiments et des services représente près de 30 % de la consommation nationale d'énergie de la Chine. Le chauffage urbain est donc un secteur à enjeu énergétique et à enjeu environnemental majeurs pour la Chine, premier émetteur de gaz à effet de serre de la planète.

Le chauffage urbain est par ailleurs une source importante de pollution locale car il rejette du soufre et de la suie en étant presque exclusivement alimenté au charbon. Les réseaux de chauffage urbain sont directement implantés dans les quartiers résidentiels et sont parsemés de petites centrales à charbon qui n'améliorent pas la qualité de l'air à proximité des habitations individuelles.

Le programme d'investissements financés porte sur la construction d'un nouveau réseau de distribution de chaleur, équipé de stations d'échange de chaleur, alimenté par une seule centrale à cogénération à charbon pour une population couverte de 300 000 habitants.

Il a été encore possible de financer ce type de projet au titre de l'aide publique au développement car la Chine faisait toujours partie des allocataires possibles d'APD (liste des bénéficiaires possibles du CAD de l'OCDE même si ce pays ne bénéficie pas de taux d'intérêt bonifiés pour ses emprunts). Son revenu par habitant, moins élevé que celui des pays développés, lui permettait d'être encore dans cette catégorie bien qu'il s'agisse en 2022 de la deuxième économie au monde. Certains grands bailleurs de fonds (RU, Japon, États-Unis…) ont toutefois, décidé de fermer le robinet de l'aide à la Chine considérant que ce pays, deuxième puissance économique au monde, n'avait plus à bénéficier d'une aide publique au développement et donc de la solidarité internationale.

L'intérêt pour la Chine d'une telle coopération est d'essayer de capter des technologies qu'elle ne maîtrise pas complètement. Pour le bailleur de fonds, il s'agit d'accompagner la Chine vers un développement plus vertueux sur le plan environnemental, toute en essayant de promouvoir ses savoir-faire sur le plan commercial dans certains secteurs. On peut donc s'interroger sur la nature véritable de ce type de coopération : s'agit-il véritablement d'une coopération Nord/Sud ? Ne favorise-t-on pas ainsi l'ancrage de la Chine dans les pays du Sud, alors que le niveau de son développement devrait le responsabiliser, au même titre que les pays développés dans la lutte contre le changement climatique ? Les fonds de l'aide, insuffisants d'après les opérateurs de l'aide, ne seraient-ils pas mieux utilisés dans des pays à faible revenu qui en ont le plus besoin ? Les équipes techniques du bailleur ne seraient-elles pas mieux employées à appuyer le développement de pays plus pauvres qui ne sont pas en période de boom économique ?

L'investissement projeté se monte à 74 millions d'euros pour un apport demandé au bailleur de fonds de 28 m€ (prêt sur une période de remboursement de 17 ans dont 5 ans de différé avec un taux d'intérêt équivalent à euribor + 25 points de base) qui complète différents fonds gouvernementaux sous forme de subventions : subvention du gouvernement national de l'équivalent de 9,50 m€ et subvention du gouvernement local de la province de 36,50 m€.

Le gouvernement soutient activement le développement du chauffage urbain collectif et centralisé et particulièrement l'utilisation de centrales à cogénération comme sources de chaleur pouvant contribuer à atteindre l'objectif national de baisse de l'intensité carbone de 40 % par unité de PIB produite en n +10 par rapport à n-6.

La ville chinoise où se situe le projet ne possède pas encore de grand réseau centralisé de chauffage urbain. La surface à chauffer en ville est d'environ 16 km2 mais seule 35 % de cette surface sont chauffées par un réseau collectif de petite taille (chaufferies de quartiers fonctionnant au charbon). Le projet prévoit le remplacement de ces petites chaufferies par des sous-stations (87) alimentées à partir d'une seule centrale thermique située à la périphérie de la ville capable d'alimenter un réseau de 40 km représentant une surface chauffée de 10 km2. Le projet remplacera donc à peu près 80 % des 847 chaufferies.

La société de chauffage urbain financera l'investissement dont l'exploitation sera confiée à la société chinoise de chauffage urbain dont le début d'activité remonte à n-1.

Conformément à la réglementation chinoise sur les marchés publics financés sur capitaux étrangers, la passation de marchés, depuis l'établissement des dossiers d'appel d'offres jusqu'à la signature des contrats, sera confiée à une entreprise spécialisée appelée Tendering Company. Les points d'affectation du projet sont les suivants :
- Réseaux : 48 m€.
- Sous-stations : 16 m€.
- Ingénierie et autres dépenses : 9 m€.
- Non affecté : 1 m€.

Le financement sur prêt du bailleur de fonds est octroyé à l'État chinois puis est rétrocédé en cascade avec les échelons successifs suivants : ministère des Finances, puis département des finances provinciales, bureau des finances de la municipalité puis enfin société de chauffage urbain. La banque de rétrocession sera l'EXIM Bank qui acheminera les fonds auprès des bénéficiaires finaux. Le concours sera rétrocédé en euros, le risque de change étant à la charge des bénéficiaires finaux. Un tel schéma est classique en Chine et ne pose pas de problèmes particuliers malgré son apparente complexité. N'oublions pas que nous avons à faire dans ce pays à une administration particulièrement structurée.

Justification de l'évaluation

La rentabilité économique du projet est évaluée à 31 % et la rentabilité financière est estimée à 14 %.

Le projet a néanmoins été très discuté car il finance une centrale à charbon moins polluante à la place de petites centrales à charbon beaucoup plus polluantes. Les détracteurs de ce financement regrettent de voir un bailleur de fonds continuer à financer la filière charbon plutôt que des énergies vertes. Même si le charbon est mieux utilisé sur le plan de ses rejets de soufre et de CO2 dans l'atmosphère, il pérennise l'utilisation du charbon sur le long terme alors qu'il s'agit d'une énergie fossile qu'il conviendrait de ne plus utiliser. Les défenseurs de ce projet indiquent qu'il permet d'abaisser de beaucoup les rejets de CO2 et de soufre des vieilles installations qui fonctionnent encore.

Études préalables

Les études préalables (faisabilité) ont été entièrement prises en charge par la maîtrise d'ouvrage du projet, en lien avec les fournisseurs de ces nouvelles technologies.

Exécution technique et financière

Le projet a débuté en année n. Lorsqu'une visite de terrain a été effectuée sur place en n +1, le financement du bailleur de fonds n'était toujours pas versé. Pourtant, les premières stations d'échange de chaleur ont été installées et donnent pleinement satisfaction. Elles ont bénéficié d'un financement de la part de la puissance publique (partie subvention du plan de financement) dans l'attente et en substitution partielle des fonds mis à disposition par le bailleur de fonds. Le préfinancement de l'opération par la puissance publique chinoise est donc de mise, le bailleur de fonds ne venant que rembourser les sommes préfinancées.

La qualité de la maîtrise d'ouvrage chinoise permet donc de limiter les interventions du bailleur de fonds sur le plan technique. Son action se limite à refinancer des dépenses déjà prises en charge par la maîtrise d'ouvrage du projet.

Impact en matière de bilan carbone et sur l'environnement local

En prenant en compte le profil de la charge annuelle de chauffage, le projet de cette agglomération chinoise permettrait en période d'exploitation maximale d'éviter 408 000 tonnes de CO2. Ce n'était pas encore le cas au moment de l'évaluation car le projet est toujours en phase d'investissement.

Sur le plan local, les petites chaudières en fonctionnement, qui doivent être remplacées grâce au projet, sont une source de pollution importante. Le charbon parfois de mauvaise qualité est brûlé tel quel sans aucun dispositif de traitement des fumées.

Le remplacement de ce dispositif par un système de chauffage à cogénération doit entraîner une réduction de la pollution locale de SO2 (3 000 à 5 000 tonnes) et de suie (3 000 à 5 000 tonnes également). Cet impact ne pourra être mesuré avec exactitude qu'à l'issue de la phase d'investissement, lors de l'exploitation effective du nouveau réseau.

Si l'enjeu premier de ce projet est de produire et distribuer de la chaleur dans des conditions environnementales améliorées, il suppose en aval que la consommation de chaleur dans les habitations soit maîtrisée et régulée.

Or, les habitations desservies sont souvent des passoires thermiques qui ont besoin de chaleur l'hiver et ont recours pour certaines à de la climatisation l'été. Les efforts pour moins polluer dans la production de chaleur auraient dû s'accompagner d'un effort conjoint dans l'isolation des habitations. On se serait peut-être aperçu que le dimensionnement des capacités du chauffage urbain était à revoir à la baisse.

Durabilité

On ne peut encore se prononcer sur la durabilité du projet qui n'est pas encore achevé. Les principaux risques de cette opération sont les suivants :

- L'équipe du projet de cette ville est très motivée pour avoir recours à des technologies novatrices en Chine. Cependant, la maîtrise de ces technologies nouvelles requiert un haut niveau de formation et de la constance dans la durée. Ce niveau de formation sera-t-il véritablement acquit par la maîtrise d'ouvrage locale quand l'équipe projet se sera retirée ?

- Le fonctionnement de ce type de réseau (chauffage urbain résidentiel) est structurellement déficitaire dans la mesure où les prix de la chaleur, fixés par l'administration chinoise, ne reflètent pas les coûts de production de cette chaleur. Ce subventionnement nécessaire de ces réseaux de chaleur revient indirectement à subventionner le recours à la filière charbon, même si la production de charbon n'est peut-être pas directement subventionnée en Chine. Les promoteurs du projet ne disent pas si en Chine, la commercialisation du charbon s'effectue à prix coûtant ou si cette production est subventionnée ? Ce point est très important. Le marché du charbon est libéralisé en Chine et la commercialisation du charbon s'effectue à prix coûtant. Son prix varie donc en fonction du marché, bien qu'il ne supporte pas, ce prix, toutes les externalités négatives qu'il provoque. L'équilibre financier de l'exploitation de ce complexe de chauffage dépend donc de la capacité des collectivités locales à soutenir financièrement la compagnie de chauffage dont l'existence est par ailleurs très récente.

Enseignements et recommandations

La question épineuse de la continuation du financement de la filière charbon. Avec ce financement, le bailleur de fonds renforce la pérennité d'utilisation de la filière charbon. Il participe donc à l'utilisation de ce mode d'énergie polluante dans la durée. Or, ce même bailleur de fonds s'est engagé à ne plus financer des activités polluantes, surtout en Chine où l'amélioration de l'environnement constitue son motif d'intervention principal. On pourrait donc dire qu'il n'aurait pas dû financer ce projet.

À l'inverse, si l'on considère que ce financement permet de diminuer le niveau des rejets en CO2 par rapport à la situation existante précédemment, on peut considérer ce projet comme bénéfique pour le climat, par son impact sur l'atténuation du niveau des rejets de CO2 et de soufre dans l'atmosphère. Ces nuisances ne sont pas supprimées mais amoindries.

L'enjeu de la reproductibilité. L'enjeu majeur de ce projet est de permettre sa reproductibilité dans d'autres agglomérations afin que la maîtrise de cette technologie efficace permettant des économies d'énergie et une pollution amoindrie dans les villes chinoises soit effective dans l'ensemble des villes chinoises qui rassemblent maintenant plus de la moitié de la population de ce pays. En n +1, six villes chinoises font encore partie du classement des dix villes les plus polluées au monde. Toutefois, le risque de ce passage à l'échelle est de pérenniser l'utilisation du charbon en Chine dans le secteur du chauffage urbain. Le choix d'une technologie verte pour le chauffage urbain serait une meilleure solution sur le plan environnemental.

La satisfaction des populations. Une visite de terrain a permis de constater combien les populations qui bénéficient de cette nouvelle technologie sont satisfaites. Non seulement le chauffage par l'intermédiaire de petites chaudières à charbon était inefficace - il n'était pas rare d'enregistrer des températures dans les appartements de particuliers raccordés à ce système de 5 à 10 °C l'hiver avec un montant de facturation qui restait significatif — mais les pollutions par la suie et par le soufre étaient importantes. De ce point de vue, les immeubles construits en n-10, et autrefois alimentés en chaleur par de petites centrales à charbon, étaient noircis par la pollution lors d'un déplacement sur site en n +1. Ce problème est résolu avec la nouvelle technologie.

Le problème non réglé de l'isolation des logements. Cette visite de terrain a permis de s'apercevoir que l'impact de ce type de projet sera vraiment significatif lorsque les économies générées par un circuit de chaleur bien conçu seront consolidées par une isolation efficace des logements raccordés à ce système. En effet, la plupart des appartements sont équipés de système de climatisation, ce qui indique qu'il s'agit de passoires thermiques. Une lutte efficace contre les rejets de CO2 en Chine liés à l'habitat passe par le couplage de systèmes de chauffage urbain économes et de logements isolés sur le plan thermique, ce qui maximise globalement l'efficacité énergétique.

L'absence de protocole de mesure des effets du projet sur la santé. Une discussion avec les principaux responsables du projet a montré que les effets sur la santé d'un tel projet ne faisaient pas l'objet d'un protocole particulier de mesures. Pourtant, il s'agit bien d'un effet induit et positif du projet sur les populations urbaines, dans une province où le niveau de pollution de l'air est un des plus élevés de Chine.

Le questionnement que l'on peut légitimement avoir par rapport à une aide à la Chine au titre de la solidarité internationale. La deuxième économie du monde n'a peut-être pas besoin de bénéficier de cette ressource rare, l'aide publique au développement avec l'assistance technique et le transfert de technologie qui l'entourent, elle qui est déjà un des grands acteurs de la coopération Sud-Sud. On renforce sa volonté de faire toujours partie du groupe des pays du Sud, ce qui ne contribue pas à prendre des engagements de réduction d'émissions, les premières au monde, au même titre que les autres pays développés.

Le subventionnement de la filière charbon. On peut raisonnablement s'interroger sur l'intervention d'un bailleur de fonds dans un secteur où l'utilisation du charbon continue à être indirectement subventionnée par les autorités locales.

Exercice proposé

Lire attentivement l'énoncé du projet et sa réalisation

1) Le bailleur de fonds de cette opération a été très critiqué pour avoir financé ce type de projet. Pourquoi ?
2) Que pensez-vous d'une coopération avec la Chine au titre de l'aide publique au développement ?
3) Quel est le principe de la cogénération ?
4) Que peut-on dire du mode de financement de ce projet ?
5) La date choisie pour procéder à l'évaluation ex post du projet vous paraît-elle optimale ?
6) Sur le plan environnemental, comment qualifier ce projet ?
7) Quels sont les éléments manquants qui permettraient d'améliorer les résultats de ce projet ?
8) Que pensez-vous du subventionnement du chauffage urbain dans cette ville ? De la compatibilité de ce subventionnement avec la sortie d'un recours à l'énergie fossile ?
9) Que pensez-vous de la compatibilité entre subventionnement et économie de marché ?
10) Quels sont les enseignements majeurs de ce projet ?

11) Quelle est la durabilité de ce projet ?
12) Notation du projet. Pertinence des objectifs ? Réalisation des objectifs ? Efficacité ? Efficience ? Impact ?
13) Points forts ? Points faibles ?

Corrigé de l'exercice

1) Le bailleur de fonds de cette opération a été très critiqué pour avoir financé ce type de projet. Pourquoi ?

Car il s'agit d'un projet qui pérennise l'utilisation du charbon (énergie fossile) comme source d'énergie pour le chauffage urbain, tout en abaissant la quantité de charbon nécessaire pour faire fonctionner le chauffage urbain et donc en réduisant les rejets de CO2.

2) Que pensez-vous d'une coopération avec la Chine au titre de l'aide publique au développement ?

Elle devient anachronique à partir du moment où la Chine est devenue la deuxième puissance économique au monde. La Chine ne devrait plus relever d'appuis financiers et techniques au titre de la politique de solidarité internationale menée par les pays développés, même si son revenu par habitant est encore inférieur à certains pays développés.

3) Quel est le principe de la cogénération ?

La cogénération est la production simultanée de deux sources d'énergie dans une même unité industrielle. Dans ce cas, on fabrique de l'énergie électrique à partir du charbon et de la chaleur (issue de la production d'électricité) qu'on va envoyer dans les tuyaux de chauffage urbain.

4) Que peut-on dire du mode de financement de ce projet ?

Des subventions (46 m€) sont octroyées par la Chine. Un prêt non-concessionnel est octroyé par un bailleur de fonds pour 28 m€. Le prêt du bailleur a une durée totale de remboursement de 17 ans dont 5 ans de différé.

5) La date choisie pour procéder à l'évaluation ex post du projet vous paraît-elle optimale ?

Non, le projet n'était pas terminé et le prêt du bailleur de fonds n'était pas encore décaissé. Il semble qu'il va servir à refinancer des dépenses déjà réalisées.

6) Sur le plan environnemental, comment qualifier ce projet ?

Le projet permet d'abaisser les rejets de CO2 pour le chauffage urbain à base d'énergie charbon mais engendre néanmoins la pérennisation de l'utilisation du charbon qui devrait être proscrite. Ses effets sont donc ambigus sur le plan climatique.

Par ailleurs, le projet permet de diminuer les rejets soufrés dans l'atmosphère, les rejets de suie, et améliore donc la qualité de vie et la santé des habitants à proximité du complexe.

7) Quels sont les éléments manquants qui permettraient d'améliorer les résultats de ce projet ?

L'élément manquant principal est que le projet ne s'accompagne pas d'une politique active d'isolation des habitats. Cette isolation permettrait (1) de réduire la production de chaleur (2) de réduire les coûts du chauffage payés par les usagers (3) de permettre l'été de mieux se protéger de la chaleur sans avoir à acheter une climatisation comme c'est le cas. Les conditions de vie des populations en seraient améliorées.

On devrait également mesurer les effets sur la santé d'un tel projet.

8) Que pensez-vous du subventionnement du chauffage urbain dans cette ville ? De la compatibilité de ce subventionnement avec la sortie d'un recours à l'énergie fossile ?

Il ne faudrait pas subventionner le chauffage urbain à base de charbon, ce qui revient à favoriser son utilisation dans la durée. Ce subventionnement n'est pas compatible avec une sortie rapide de la Chine des énergies fossiles.

9) Que pensez-vous de la compatibilité entre subventionnement et économie de marché ?

Le marché du charbon est libre en Chine. Plus de subventions pour le produire. En revanche, certaines de ses utilisations (chauffage urbain) sont très subventionnées.

10) Quels sont les enseignements majeurs de ce projet ?

Ce projet n'a de sens que si un passage à l'échelle de ce type de technologie permet de dépolluer de grandes villes chinoises (6 font partie des 10 villes les plus polluées au monde), d'améliorer les conditions de vie des populations (chauffage efficace, baisse de la pollution). Il convient également d'améliorer l'isolation des maisons. Ce type de projet doit également être capable de mesurer ses effets sur la santé des populations.

L'appui d'autres technologies, en dehors de la filière charbon, est préférable.

11) Quelle est la durabilité de ce projet ?

On ne sait pas car il est très subventionné par l'État chinois.

12) Notation du projet. Pertinence des objectifs ? Réalisation des objectifs ? Efficacité ? Efficience ? Impact ?

- Pertinence des objectifs : contestée. Ce projet a bien un impact direct sur les rejets de CO2 et le bien-être des populations qui bénéficient de ce type de chauffage. Néanmoins, il ancre le fonctionnement de la filière charbon dans la durée. Dommage que les effets sanitaires de cette action ne soient pas mieux valorisés, surtout dans une province qui souffre de la pollution.
- Réalisation des objectifs : l'évaluation ex post du projet étant prématurée, il est encore impossible de se prononcer sur cette question.

- Efficacité : satisfaisante. Les infrastructures déjà installées fonctionnent correctement et l'équipe de direction qui exploite ces investissements nouveaux fait preuve d'une grande réactivité et d'un esprit d'innovation.
- Efficience : satisfaisante. Les coûts d'investissement ont été pour l'instant respectés. Toutefois, ce mode de chauffage demeure fortement subventionné par la puissance publique. La chaleur achetée par les utilisateurs n'est pas payée au prix réel. Un niveau élevé de subventions de la part des autorités publiques est nécessaire, ce qui revient à subventionner l'utilisation du charbon. La vérité des prix serait peut-être un moyen de réduire les consommations d'énergie et par là même les rejets de CO2 de la filière charbon. Elle aurait également un effet dissuasif sur le développement d'une telle technologie par rapport à la mise en place d'autres filières de chauffage à base d'énergie verte. Un équilibre demeure à trouver entre diffusion d'une nouvelle technologie et niveau de subventionnement par la puissance publique qui doit demeurer compatible avec une saine gestion budgétaire.
- Impact : positif pour l'agglomération concernée en matière d'accès à un chauffage efficace l'hiver, plus modéré au niveau de la planète en regard des rejets globaux de CO2. Négatif sur le plan du renforcement de l'activité de la filière charbon dans le temps.

13) Points forts ? Points faibles ?

Points forts :

- Réalisation d'investissements d'amélioration du bilan carbone d'une filière d'énergie fossile.
- Réalisation d'investissements utiles afin d'améliorer les conditions de vies des populations l'hiver et leur situation sanitaire (maladies respiratoires dues à la pollution générée par l'utilisation du charbon).

Points faibles :

- Pérennisation de la filière charbon
- Aide publique au développement à un pays qui est déjà développé
- Équilibre financier fortement dépendant des subventions reçues à l'investissement comme à l'exploitation de la part des autorités publiques. Le recours à la filière chauffage au charbon demeure donc subventionné par l'État.
- Perte d'efficacité énergétique dans les appartements raccordés à ce réseau, faute d'isolation.
- Faible mesure des effets sanitaires.
- Subventionnement du coût du chauffage aboutissant à une surconsommation venant en partie réduire les effets positifs de l'emploi de cette technologie améliorée.

24. Financement de la mise en place d'une unité de désulfuration pour une centrale thermique à charbon en Chine

Présentation du projet

Avec 1,4 milliard d'habitants en 2021, la Chine représente la deuxième économie mondiale. Malgré ce statut, ce pays est toujours considéré comme faisant partie de la catégorie des pays en développement qui peuvent prétendre à bénéficier de la solidarité internationale au titre de l'aide publique au développement délivrée dans le cadre du comité d'aide au développement de l'OCDE. Nous devons cette étrangeté au fait que le revenu par habitant de la Chine, en phase de rattrapage, ne s'est pas encore assez élevé pour sortir la Chine de la liste des possibles récipiendaires de l'aide occidentale. À ce titre, certains bailleurs de fonds bilatéraux ou multilatéraux (Banque mondiale) continuent à lui octroyer de l'aide, le plus souvent sous forme de prêts non concessionnels, au titre de l'appui à la lutte contre le changement climatique. Ce pays est pourtant devenu lui-même un grand bailleur de fonds émergents d'Aide, notamment à destination de l'Asie et de l'Afrique.

En 2020 selon de GIEC, l'activité de la Chine représente 54 % de la consommation mondiale de charbon. Plus gros pollueur de la planète, le pays a rejeté quelque 31 % de l'ensemble des émissions de CO2 mondiales en 2020. Soit plus de deux fois plus que la première puissance économique mondiale, les États-Unis (14 %).

Le projet se situe dans une Province au sud de la Chine. La centrale déjà en exploitation possède une capacité installée de 2 360 mégawatts, pour une production annuelle de 3 960 Gwh. Construite dans le cadre d'un montage Construction-Exploitation-Transfert (CET) faisant intervenir deux sociétés françaises, elle a été mise en service en n-5. Il s'agit du premier CET (ou BOT) dans le secteur de la production électrique en Chine mobilisant des fonds internationaux. Le consortium de constructeurs réunissant la société exploitante française et la société française livrant le matériel, fournisseur des turbines et des générateurs, a engagé en n-11l'équivalent de 450 m€, faisant de cette centrale l'un des principaux investissements français en Chine. Le terme du contrat de concession est fixé à n +7. Cette centrale au charbon émet chaque année plus de 40 000 tonnes de dioxyde de soufre (SO2). Le SO2 rejeté par la centrale peut se transformer en sulfates dans l'air ambiant et acidifier les précipitations (pluies acides). Ce polluant est également associé à de nombreuses pathologies respiratoires. Il peut entraîner des inflammations bronchiques, une altération de la fonction respiratoire, et des symptômes de toux.

Les oxydes de soufre émis dans l'atmosphère proviennent principalement de la combustion de l'énergie fossile contenant des proportions variables de soufre. Le charbon est le combustible fossile qui en contient le plus. Un des critères de qualité du charbon est sa teneur plus ou moins élevée en soufre.

Depuis n-3, la réglementation chinoise a fortement évolué en matière de rejets de soufre. Elle impose une limitation des émissions de SO2 de 2100 mg/Nm3 avec un objectif impératif à atteindre de 1200 mg/Nm3 en n +2. Cette nouvelle réglementation a été élaborée par le State Environmental Protection Administration (administration en charge de l'environnement s'étant transformée depuis en ministère de l'environnement).

Toutes les centrales thermiques à charbon installées sur le territoire chinois devaient donc être équipées d'unités de désulfuration avant n +2 sous peine de se voir retirer l'autorisation d'exploiter. Dans l'intervalle entre n-3 et n +2, les centrales émettrices de dioxyde de soufre étaient soumises à des pénalités financières de l'ordre de 60 € par tonne émise.

Au titre du contrat de concession entre les autorités chinoises et le consortium français et compte tenu du fait qu'il s'agit d'une évolution majeure de la réglementation, c'est la partie chinoise qui doit prendre en charge les pénalités par l'intermédiaire d'une société d'État qui gère les investissements de la Province.

La finalité du projet de désulfuration est multiple :

- Accompagner un partenariat public privé franco-chinois.
- Aider à la mise aux normes d'un actif français en Chine.
- Atténuer à l'échelle globale et régionale le phénomène des pluies acides, si préjudiciables à l'environnement et à la santé des populations.

Le projet porte sur la mise en place d'un système de désulfuration des fumées rejetées dans l'atmosphère par la centrale. La technique de désulfuration choisie est le procédé humide (réaction gaz/liquide) dont l'efficacité est de 90 à 95 %. La construction de l'unité de désulfuration a été confiée après appel d'offres à une entreprise attributaire d'un contrat clé en main. La durée des travaux était prévue pour 18 mois.

Le financement prévu était de 17,50 m€ dont 14 m€ pour le bailleur de fonds (prêt) et 3,50 m€ de financements locaux. On peut légitimement s'interroger sur le financement même en prêt non concessionnel au titre de la solidarité internationale d'un pays comme la Chine, deuxième puissance économique au monde.

Justification de l'évaluation

Les effets économiques directs du projet sont liés :

- À la vente possible de gypse produit après désulfuration des gaz de fumée.
- Au tarif de l'électricité : le recours à un financement concessionnel permettant d'atténuer la hausse du prix de l'électricité. Le taux de rentabilité interne de cet investissement est estimé à 8 %.
- Au non-paiement de pénalités évaluées à 3,90 m€/an grâce à la mise en service de l'unité de désulfuration.

Sur le plan environnemental, les effets attendus portent sur la diminution de 90 % des émissions de $SO2$ ainsi ramenées à environ 4 000 t/an.

Sur le plan sanitaire, la qualité locale de l'air sera améliorée diminuant les maladies respiratoires.

Exécution technique et financière

L'exécution technique et financière du projet a été très compliquée pour plusieurs raisons :

- Le montage institutionnel choisi avec la création d'une société dédiée chargée de gérer la désulfuration, distincte de la société d'exploitation de la centrale, n'a pas facilité le partenariat entre les intérêts de la partie française (consortium essentiellement de deux entreprises) et les intérêts chinois (administration locale).
- L'entreprise chinoise qui a été retenue pour effectuer les travaux s'est montrée défaillante. Le silo qui devait traiter les fumées de la centrale s'est effondré (problème de fondations). Cet incident a provoqué des surcoûts qui ont été intégralement assumés par les autorités chinoises. Le calendrier du projet a été retardé d'autant. Commencé en année n pour une période estimative de 18 mois, le projet n'était toujours pas terminé en n +3.
- Il n'a pas été prévu de mesures concernant les effets sur la santé publique de l'évolution des normes en matière de rejet de dioxyde de soufre.

Impact en matière de bilan carbone et sur l'environnement local

L'impact en matière de bilan carbone de ce projet est négligeable. Cette opération n'a d'effets que sur les rejets de soufre qui n'ont pas un impact global mais régional au niveau de l'acidité de l'air et donc des pluies.

Durabilité

La centrale avec son unité de désulfuration sera remise aux autorités chinoises à la fin de la concession, c'est-à-dire en n +7. Le type de concession dont a bénéficié le consortium de deux entreprises françaises qui devaient à l'origine ouvrir la voie à d'autres concessions n'a finalement pas essaimé sur d'autres sites industriels chinois. Les conditions d'exploitation de la centrale ne sont pas reproductibles ailleurs pour les motifs suivants :

- Le prix d'achat de l'électricité produite par la centrale a été fixé contractuellement à un niveau élevé et fixe. Le prix d'achat du charbon par la centrale est également fixe et garanti de manière contractuelle. Or, le prix du charbon est libre en Chine et en hausse constante. La centrale bénéficie donc d'une rente de situation, essentiellement due à des considérations politiques, qui ne peuvent pas être reproduites ailleurs pour d'autres centrales soumises aux aléas du marché en matière d'approvisionnement en charbon. D'ailleurs, les salaires versés aux employés de cette centrale sont trois fois plus élevés que ceux d'une centrale comparable qui se trouve sur le même site industriel.

- La société qui a fourni le matériel s'est immédiatement retirée du consortium, une fois assuré le contrat commercial nécessaire à la construction de la centrale en n-5.

Au total, le projet qui devait à l'origine être emblématique d'une coopération franco chinoise susceptible de se développer dans ce secteur en restera à un coup d'essai. Ses conditions économiques de fonctionnement sont trop éloignées de la réalité financière de ce secteur pour être reproductibles. On peut noter qu'en n +3, l'ensemble des centrales thermiques chinoises sont déficitaires. Le prix du charbon libéralisé ne cesse d'augmenter alors que le prix d'achat de l'électricité est fixé par les autorités publiques, soit une demi-mesure en matière de libéralisation qui cumule tous les inconvénients sur le plan économique et financier. Enfin, sur le plan technologique, les opérateurs chinois de ce secteur n'ont plus grand-chose à apprendre du savoir-faire occidental.

En n +3, une visite sur le site de la centrale montre que l'outil industriel fonctionne correctement. L'unité de désulfuration est opérationnelle et les rejets de dioxyde de soufre dans l'air ont bien été réduits de 90 %. L'agrément des autorités chinoises a été obtenu en n +2, soit un peu après la date prévue initialement.

Cependant, les paramètres de fonctionnement de cette centrale demeurent hors normes. Il se pose d'ailleurs en matière de viabilité un problème de retour aux conditions normales d'exploitation qui doit intervenir en n +7 et qui risque sur le plan social d'être difficile à faire accepter.

Enseignements et recommandations

Une opération non reproductible. Pour qu'une opération soit reproductible, il convient qu'elle s'élabore selon les conditions économiques normales du secteur économique en question, quel que soit le caractère plus ou moins administré du secteur considéré. Avec cet investissement, on s'éloigne de conditions économiques reproductibles pour aller vers une coopération franco chinoise répondant à un instant donné à une commande politique. Une opération saine sur le plan économique doit se nouer en raison de la manifestation d'intérêts conjoints des différents partenaires.

Les aléas du recours à une entreprise locale. S'agissant de l'investissement visant à la désulfuration des fumées de la centrale, il a donné lieu à des difficultés dues à la faiblesse de l'entreprise chinoise sélectionnée par appel d'offres.

Un montage institutionnel complexe. Le montage institutionnel du projet est beaucoup trop complexe pour être reproductible et ne pas poser des problèmes de responsabilités lors de la prise en charge d'une situation difficile (exemple : entreprise chinoise défaillante).

Le financement d'une filière polluante. On reste ici sur une centrale thermique à charbon que l'on rend moins polluante dans ses rejets en soufre. Ne vaudrait-il pas mieux financer des alternatives au charbon plutôt que rendre son utilisation pérenne mais moins néfaste pour l'environnement ?

Exercice proposé

Lire attentivement la description du projet et son déroulement ?

1) Que pensez-vous de l'exécution technique du projet ?
2) Quelles ont été les degrés d'implication des entreprises chinoises et des entreprises françaises dans la réalisation de ce projet ? Investissement fort ? Investissement faible ?
3) Cette opération sert-elle les intérêts de la France ?
4) S'agit-il d'une opération au titre de l'aide publique au développement ou à visées commerciales ?
5) Pourquoi cette opération n'est pas reproductible à grande échelle sur le plan économique et financier ?
6) S'agit-il d'un véritable projet environnemental ?
7) Comment peut-on approcher les effets sur la santé de ce projet ?
8) Quels sont les principaux enseignements de cette opération ?
9) Durabilité du projet ?
10) Notation. Pertinence des objectifs ? Atteinte des objectifs ? Efficacité ? Efficience ? Impact ?

Corrigé de l'exercice

1) Que pensez-vous de l'exécution technique du projet ?

Très complexe pour plusieurs motifs : montage institutionnel complexe ; l'entreprise chinoise effectuant les travaux s'est avérée défaillante : pas de mesure sur les effets sur la santé des populations de ce projet de désulfuration.

2) Quelles ont été les degrés d'implication des entreprises chinoises et des entreprises françaises dans la réalisation de ce projet ? Investissement fort ? Investissement faible ?

Les entreprises chinoises ne semblent pas très investies dans le projet. Les entreprises françaises sont plus investies car elles pensent que des marchés vont peut-être s'ouvrir derrière.

3) Cette opération sert-elle les intérêts de la France ?

Oui car c'est une technologie qui peut être potentiellement vendue aux Chinois.

4) S'agit-il d'une opération au titre de l'aide publique au développement ou à visées commerciales ?

C'est une opération qui utilise le véhicule de l'aide publique au développement mais en ayant essentiellement des visées commerciales.

5) Pourquoi cette opération n'est pas reproductible à grande échelle sur le plan économique et financier ?

Parce qu'elle est trop subventionnée (prix d'achat de l'électricité très élevé, prix d'achat du charbon stable et non variable comme en Chine, ce qui fait au total des conditions très favorables). Elle bénéficie d'avantages réglementaires et autres non reproductible ailleurs.

6) S'agit-il d'un véritable projet environnemental ?

Oui sur le plan de la maîtrise des rejets de soufre afin d'être conforme aux normes environnementales en vigueur en Chine (évite les pluies acides). Non car il pérennise l'utilisation du charbon (au surplus de mauvaise qualité) alors qu'il faudrait accompagner le désengagement de la Chine de cette énergie carbonée.

7) Comment peut-on approcher les effets sur la santé de ce projet ?

En mettant en œuvre une expérimentation sur le terrain avec un groupe cible qui bénéficie du projet, et un autre groupe témoin qui ne bénéficie pas du projet (méthode expérimentale popularisée par Ester Duflo).

8) Quels sont les principaux enseignements de cette opération ?

Cette opération n'est pas reproductible car elle bénéficie d'un encadrement non reproductible sur place allié à une complexité institutionnelle de mise en œuvre. Si les Chinois voulaient capter cette nouvelle technologie pour ensuite l'étendre à d'autres centrales, par eux-mêmes, c'est bien joué. Si la France pensait percer le marché chinois en vendant cette technologie sur plusieurs sites, c'est plutôt raté.

9) Durabilité du projet ?

Le projet n'est pas durable sans appui de l'État chinois. Il n'est pas reproductible. Pas de passage à l'échelle tel quel.

10) Notation. Pertinence des objectifs ? Atteinte des objectifs ? Efficacité ? Efficience ? Impact ?

- Pertinence des objectifs : moyenne. Il s'agissait de faire évoluer l'exploitation d'une centrale de manière à se conformer, comme toutes les autres centrales de Chine ont dû le faire, aux nouvelles normes chinoises en matière de rejets de SO2. Cette collaboration entre la France et la Chine permettait d'accompagner une opération pilote de coopération franco chinoise dans le domaine de l'exploitation d'une centrale thermique à charbon. Or, la Chine semble avoir la maîtrise nécessaire pour conduire ce genre d'évolution, sans appuis externes.
- Efficacité : faiblement satisfaisante. L'entreprise chinoise à l'œuvre pour construire l'unité de désulfuration a été défaillante.

- Efficience : les surcoûts et les retards de cet investissement n'ont pas permis que les objectifs fixés en matière d'efficience (efficacité en tenant compte des coûts) soient atteints.
- Impact : l'impact est sensible mais limité à cette seule unité, en matière de baisse des rejets de dioxyde de soufre traduisant la mise en conformité aux nouvelles normes chinoises en la matière.

11) Points forts ? Points faibles ?

Point fort :

- Mise aux normes en matière de rejets de SO2 d'une centrale thermique à charbon profitant à la santé des populations environnantes.

Points faibles :

- Pas d'apports véritables sur le plan technologique par rapport à une mise aux normes effectuées naturellement et sans appui extérieur par les autres centrales thermiques chinoises.
- Continuation du financement de la filière charbon
- Paramètres économiques de fonctionnement de la centrale considérée, différents de la norme ne permettant pas de rendre ce type d'opération reproductible.
- Montage institutionnel trop complexe.
- Absence de mesures sur les effets constatés sur le plan sanitaire de la désulfuration des fumées de la centrale.
- Pas de retombées commerciales à attendre pour la France, si tel était l'objectif caché.

25 Programme de carbone rural dans une province au sud de la Chine de 65,5 m €

Présentation du projet

Avec 1,4 milliard d'habitants en 2021, la Chine représente la deuxième économie mondiale. Malgré ce statut, ce pays est toujours considéré comme faisant partie de la catégorie des pays en développement qui peuvent prétendre à bénéficier de la solidarité internationale au titre de l'aide publique au développement délivrée dans le cadre du comité d'aide au développement de l'OCDE. Nous devons cette étrangeté au fait que le revenu par habitant de la Chine, en phase de rattrapage, ne s'est pas encore assez élevé pour sortir de la liste des possibles récipiendaires de l'aide occidentale. À ce titre, certains bailleurs de fonds bilatéraux ou multilatéraux (Banque mondiale) continuent à lui octroyer de l'aide, le plus souvent sous forme de prêts non concessionnels, au titre de l'appui à la lutte contre le changement climatique. Ce pays est pourtant devenu lui-même un grand bailleur de fonds émergents d'Aide, notamment en Asie et en Afrique.

D'après les estimations les plus sérieuses (GIEC), plus d'un tiers des gaz à effet de serre émis dans l'atmosphère est issu des activités agricoles et forestières. Le changement climatique, s'il se produit effectivement, risque donc d'accroître le stress hydrique et la pression sur la désertification des terres. Une des préoccupations affichées par le gouvernement chinois est donc de promouvoir un développement rural durable apte à lutter si possible contre le réchauffement climatique. Avec 7 milliards de tonnes annuelles de gaz à effet de serre (dont 15 % proviennent de l'agriculture), la Chine est devenue le premier émetteur de la planète (10 fois plus que la France en volume brut, 4,6 tonnes par habitant en Chine contre 6 tonnes pour la France et 20 tonnes aux États-Unis).

La Chine a pris conscience du rôle très important que pourrait jouer le développement de son couvert forestier et s'est engagée à l'étendre de plus de 40 millions d'hectares d'ici 2020 (à comparer aux 200 millions d'hectares de forêts existantes dont déjà 54 millions de plantations).

De même, les biodigesteurs (technologie permettant de récupérer le méthane rejeté par les déjections des porcs et des humains et d'en faire de l'énergie) et l'agriculture de conservation (culture respectant les terres) présentent des opportunités particulièrement intéressantes à l'avenir pour leurs effets également bénéfiques sur le changement climatique.

Dans ce cadre, le projet présenté ici, d'un montant global de 65,50 m€ financé en partie par un prêt de 35 m€ sur une durée de 5 ans (apport du bailleur de fonds) et par une subvention chinoise pour 30,50 m€, poursuit trois finalités complémentaires :

- La lutte contre le changement climatique.
- La gestion durable des forêts
- La préservation des sols.

Le volet forestier du projet comprend outre la création de plantations nouvelles, des actions de réhabilitation de plantations ou de forêts dégradées par l'introduction de systèmes de gestion raisonnée en « plan d'aménagement-exploitation ». Au total, 59 000 hectares font l'objet d'une intervention dont :

- 45 500 ha de plantations nouvelles. Elles comprendront 19 300 ha de noyers, 15 000 ha de bambous (espèce encore peu développée sous forme de plantations mais à très fort potentiel en matière de séquestration de carbone), 10 400 ha d'eucalyptus et 800 ha de pins autochtones. Le bambou n'est pas encore considéré comme un arbre dans la législation forestière chinoise. Un des enjeux du projet est de susciter cette reconnaissance du bambou comme faisant partie de la famille des arbres.
- 13 500 ha de couvert forestier à réhabiliter au moyen d'actions pilotes en matière d'aménagement/exploitation.

La direction des forêts de cette province du sud de la Chine est le maître d'ouvrage du projet. Sa mise en œuvre est assurée d'une part par les services forestiers dans une préfecture et par trois sociétés publiques forestières dans les deux autres préfectures. Des comités de pilotages et des unités de gestion devront être constitués pour coordonner la mise en œuvre des différents échelons concernés.

Les activités de foresterie seront menées de façon à pouvoir atteindre une certification reconnue au niveau international de type FSC (Forest Stewardship Council) assurant la légalité de la forêt exploitée pour produire le bois, sa gestion durable, l'absence de déforestation, la conservation de la biodiversité.

Le volet énergie rurale (biogaz et foyers améliorés) permet d'accélérer la réalisation du programme provincial d'installation de 24 000 biodigesteurs individuels d'un modèle simple et standardisé. Le programme sera complété par la fourniture de foyers améliorés permettant d'éviter une partie de la consommation habituelle de bois de chauffage.

Autour de ces deux volets principaux sera ajoutée une composante de renforcement des capacités s'agissant d'un projet novateur. Une composante agroécologie financée sur don et mise en œuvre par l'Académie des sciences agronomiques de cette province du sud avec l'appui du CIRAD (Centre de coopération Internationale en recherche Agronomique pour le Développement) est également envisagée. L'objectif poursuivi vise à l'élaboration et à la diffusion de paquets techniques d'agriculture de conservation sur 2 300 hectares.

Enfin, le projet s'attache à développer des outils et des méthodologies adaptées afin de permettre au carbone rural de faire son entrée sur les marchés régulés (mise en place d'une méthodologie reconnue dans le cadre du mécanisme de développement propre ou MDP du Protocole de Kyoto) ou volontaires. En matière d'impact, l'enjeu est de permettre la diffusion de cette approche à d'autres régions chinoises et ensuite pourquoi pas à l'Afrique, qui par la structure de son économie fortement tournée vers l'agriculture, pourrait ainsi prétendre à mieux capter une partie des retombées financières des projets MDP.

Justification de l'évaluation ex-ante

Le principal bénéfice économique attendu de ce projet concerne l'augmentation de la production de bois (bambous, pin, eucalyptus) et de noix. Le taux de rentabilité interne du projet, calculé sur une période de 20 ans, s'établit à 14 %, ce qui s'avère satisfaisant. L'intégration des bénéfices associés à l'utilisation du biogaz en termes d'économies de combustible acheté relève le TRI estimé du projet à 17 %.

Sur le plan local, les plantations forestières et l'agroécologie constitueront un moyen de limiter l'érosion des bassins-versants de cette province du sud et de restaurer la fertilité des sols. L'usage du biogaz par les ménages, outre son impact climatique, permet d'améliorer les conditions sanitaires (meilleure gestion des excréments humains et porcins) et de réduire la pollution (suies) à l'intérieur des habitations lorsqu'il vient en substitution au charbon. La déforestation est également ralentie lorsque le biogaz peut remplacer le bois de chauffage.

Exécution technique et financière

Le projet venait juste de débuter au passage sur le terrain de la mission d'évaluation ex-post. Le bailleur de fonds n'avait pas encore décaissé mais la partie autofinancée par la province et les fonds apportés par les sociétés partenaires de cette opération sont déjà en partie utilisés.

D'une visite de terrain, d'un contact avec l'ONG chargé du volet biodigesteur et d'une réunion avec les responsables d'une des sociétés chargées de gérer les plantations de bambous, il ressort les éléments suivants :

- Composante des biodigesteurs. L'ONG étrangère rencontrée, enregistrée officiellement par les autorités chinoises au registre des ONG étrangères, assurera l'assistance à la maîtrise d'ouvrage de ce projet. Cette ONG possède une grande expérience de l'installation de biodigesteurs en milieu rural (100 000 installés ou réhabilités après le tremblement de terre de mai 2008 dans le Sichuan). En Chine, elle intervient dans ce secteur depuis 2005. Les autorités chinoises revendiquent l'installation de 40 millions de biodigesteurs dont 50 % seraient en état de marche (le Vietnam et le Népal en comptent respectivement 300 000 contre pas plus de 100 000 en Inde). Un programme du gouvernement chinois a planifié la construction de 4 millions de biodigesteurs supplémentaires par an durant le XIIe plan. L'enjeu pour l'ONG est non seulement d'aider à réfectionner les biodigesteurs défaillants mais également de faire entrer le monde rural dans la finance carbone en essayant de valoriser financièrement les volumes d'émissions évitées. Par l'intermédiaire de Gold Standard, une fondation suisse créée par l'ONG Greenpeace, l'ONG essaie de promouvoir un standard de finance carbone permettant au monde rural de bénéficier de ces financements (le mécanisme MDP du protocole de Kyoto et les méthodologies afférentes ne conviennent qu'aux entreprises industrielles d'importance. Il serait contreproductif de s'inscrire dans cet objectif pour de si petites installations). En revanche, cette valorisation du CO2 évité pourrait se concrétiser sur un marché volontaire. Toutefois, la méthodologie est complexe à mettre en œuvre et s'avère coûteuse. Les certificateurs doivent réaliser un travail complexe par rapport à l'équivalent MDP d'un site industriel unique qui ne nécessite qu'un contrôle unique et paramétré. Cette démarche innovante et pilote est donc porteuse de potentialités nouvelles. À terme, elle vise à permettre au monde rural de bénéficier de la finance carbone, si cette dernière se développe encore effectivement, indépendamment des incertitudes concernant la prolongation du protocole de Kyoto après n +2. Les 24 000 biodigesteurs installés par le projet représentent potentiellement une réduction de 50 000 tonnes de CO2 par an. Les autres impacts positifs des biodigesteurs tournent autour de l'amélioration de la qualité de l'air, l'économie d'argent (50 €/an équivalent à 3 à 4 tonnes de charbon), une hygiène sanitaire et un assainissement de meilleure qualité.

- Composante Bambou. Une visite de terrain a permis de découvrir une pépinière de bambous et de tenir une réunion avec les principaux responsables de la société publique en étroite collaboration avec le département des forêts de la province concernée. Les plantations de bambous ont débuté il y a trois ans. Avec la société publique qui s'occupe de cette zone, les objectifs physiques sont de planter 10 000 ha de bambous en 3 ans et d'effectuer ensuite 2 années de maintenance. Les coûts sont partagés 50-50 entre le bailleur de fonds et la société publique. En n, 3 000 ha ont été plantés contre seulement 660 ha en n +1. On est donc loin du rythme des 10 000 ha en trois ans qui était escompté dans les documents prévisionnels. En première hypothèse, cet écart s'explique par le facteur suivant : les autorités locales donnent la priorité aux plantations de bambous en faveur des paysans. Le foncier disponible pour l'entreprise publique apparaît comme moins vaste que prévu et en concurrence avec une utilisation de type privé. Une réforme de la tenure des terres forestières est venue renforcer la priorité donnée aux paysans individuels dans l'allocation du foncier disponible. Ils semblent donc que ce soit les petits forestiers individuels qui se voient en priorité allouer les terres provinciales encore disponibles. Il n'est donc pas certain que la société publique de bambous puisse globalement disposer des 10 000 hectares nécessaires à la plantation de bambous, tel que prévu initialement. Enfin, une des ambitions fortes de ce projet est de promouvoir une certification FSC sur le bambou pouvant déboucher dans un second temps sur l'élaboration d'une méthodologie dans le cadre du mécanisme de développement propre (méthodologie MDP à mettre en place), assurant de manière pérenne à ce type de projet rural les bénéfices de la finance carbone.

Impact en matière de bilan carbone

S'agissant de la lutte contre changement climatique, les plantations, l'agroécologie et les biodigesteurs y contribueront positivement. D'après les estimations de l'étude de faisabilité, le bilan carbone du projet pourrait se traduire par l'évitement du rejet de 5,2 millions de tonnes de $CO2$ sur ses 20 ans de vie. Dans ce stock estimé, 82 % proviendraient de l'impact des plantations forestières. Le prix de la tonne de $CO2$ évité ($CO2$ évité par rapport au coût du projet) ressort à 12 €. Ce prix se situe à un niveau acceptable.

Durabilité

Il est encore trop tôt pour statuer sur la viabilité d'une telle opération. On peut simplement souligner sa forte ambition, la multiplicité de ses composantes, sa complexité institutionnelle, ce qui doit conduire à la prudence en matière de jugement sur la faisabilité réelle de son exécution technique et financière et sur sa pérennité future.

S'agissant du protocole de Kyoto, celui-ci a pris fin en 2020 et a été remplacé par l'Accord de Paris. S'agissant du MDP du Protocole, il a été remplacé par (article 6) de l'Accord de Paris.

Le mécanisme pour le développement propre (MDP ou en anglais : *Clean Development Mechanism*, CDM), établi par l'article 12 du Protocole de Kyoto, permettait à des entreprises issues des pays ayant souscrit à des engagements chiffrés de réduction des émissions au titre de l'annexe B du Protocole de Kyoto (pays développés) de réaliser et/ou de cofinancer des projets de réduction des émissions de GES dans des pays sans engagement chiffré (pays en développement, économies émergentes) et de se voir délivrer en contrepartie des crédits carbone, appelés unités de réduction certifiées des émissions (URCE ou en anglais : *certified emission reduction credits*, CER). Le montant des URCE accordées à l'investisseur correspond aux émissions de GES évitées grâce à la mise en œuvre du projet par rapport à un scénario de référence sans projet. Ces URCE sont vendables, chacune équivalant à une tonne de CO_2, qui peuvent être comptabilisés par les pays développés pour contribuer à atteindre leurs objectifs de réduction du Protocole de Kyoto.

L'article 6 de l'accord de Paris, entré en vigueur à partir de 2020, prévoit deux mécanismes de marché et une approche non fondée sur le marché :

1. Approches coopératives (transferts de réduction entre pays ou ITMO, crédits carbone),
2. Mécanisme de développement durable ou MDD (qui prend le relais du MDP dans le régime de Paris),
3. Approches non fondées sur le marché (pour renforcer les liens et créer des synergies entre atténuation, adaptation, financement, transfert de technologies et renforcement des capacités).

Il convient donc d'espérer que le projet dans son volet énergie rurale sera bénéficier du mécanisme de développement durable (MDD) de l'accord de Paris.

Enseignements et recommandations

La difficulté de tirer des enseignements à la suite de l'évaluation ex post trop prématurée d'un projet. C'est un des grands classiques de l'évaluation ex-post : comment fixer la bonne période d'évaluation ex-post ? Doit-on coller à la fin du projet et même l'anticiper au risque de ne pouvoir mesurer ses impacts ? Doit-on attendre une durée de 2 à 4 ans mais risquer de ne plus pouvoir interroger ceux qui en ont été les principaux responsables et animateurs ? Il n'y a pas de règle en la matière.

Tout dépend du contexte : effets attendus du projet rapides, effets attendus plus lents, deuxième phase de projet prévue ou non prévue.

Une opération très complexe à gérer. À ce stade du projet, il est difficile d'avancer des recommandations. La seule réflexion que peut inspirer la visite du projet est la découverte de sa réelle complexité qui peut engendrer des difficultés dans sa maîtrise. Il convient d'être innovant mais il est nécessaire également de ne pas multiplier les difficultés de mise en œuvre d'un projet pouvant rendre ce dernier difficilement gérable.

Les ouvertures possibles en matière de finance carbone. Il s'agit d'un projet pilote ambitieux permettant au monde rural de bénéficier de la finance carbone, dans un premier temps en Chine, mais pourquoi pas ensuite en Afrique dans l'hypothèse où ce type d'approche pourrait être repris dans un autre contexte où le secteur rural constitue parfois la principale, voire l'unique potentialité. Toutefois, le passage du protocole de Kyoto à l'Accord de Paris en 2020 complexifie le chemin vers la réussite du volet finance carbone.

Les biodigesteurs sont déjà une pratique courante en Chine. On ne voit pas exactement la raison de faire appel à un financement externe et à une expertise externe pour étendre cette pratique, au-delà d'inscrire cette activité dans la finance carbone et pouvoir ainsi en tirer des bénéfices sur le plan financier.

Une partie du financement est réalisée sous forme de dons par le bailleur de fonds extérieur. S'agissant d'un pays développé comme la Chine, même pour financer des études ou de l'assistance technique, le recours à de la subvention financée par un bailleur de fonds semble inapproprié.

Le financement de la Chine par un bailleur de fonds au titre de la solidarité internationale pose question. On peut légitimement s'interroger sur le bien-fondé d'un prêt non concessionnel à la Chine, deuxième puissance économique au monde, au titre de la solidarité internationale, même dans le secteur du climat.

Exercice proposé

Lire attentivement le déroulé du projet

1) Quels sont les trois secteurs d'intervention principaux du projet ? Ont-ils des points communs ?
2) Que peut-on dire à ce stade de réalisation du projet ?
3) S'agit-il d'un projet à fort impact environnemental ?
4) Qu'est-ce que le mécanisme MDP du protocole de Kyoto ?
5) Par quel mécanisme le mécanisme MDP a-t-il été remplacé ?
6) Le fonctionnement des marchés carbone est-il satisfaisant ? Quelles difficultés à surmonter pour créer un marché carbone dans le secteur agricole ?
7) Que pouvez-vous dire du financement d'une aide à la Chine au titre de la solidarité internationale ?

8) Que pensez-vous de la durabilité du projet ?
9) Notation du projet : pertinence des objectifs ? Réalisation des objectifs ? Efficacité ? Efficience ? Impact ?
10) Points forts ? Points faibles ?

Corrigé de l'exercice

1) Quels sont les trois secteurs d'intervention principaux du projet ? Ont-ils des points communs ?

Volet forestier, Volet énergie rurale (biogaz et foyers améliorés), volet méthode avec mécanisme de développement propre (MDP) pour le carbone rural.

Oui, ils visent tous les trois à améliorer le bilan carbone de la Chine bien qu'ils soient de nature et dans des secteurs très différents.

2) Que peut-on dire à ce stade de réalisation du projet ?

Le projet vient tout juste de débuter au moment de la mission d'évaluation. Ce n'est pas une évaluation ex-post mais une évaluation à mi-parcours.

Sur le volet énergie rurale, le projet n'a pas encore commencé. Il vise à installer 24 000 biodigesteurs avec l'aide d'une ONG internationale qui est déjà intervenue en Chine.

Sur le volet finance carbone, il s'agit d'aider la Chine à pouvoir bénéficier des marchés du carbone avec du carbone rural (projet novateur). Il s'agit de capter une partie des retombées financières des projets Mécanisme de développement Propre (MDP) du protocole de Kyoto. Toutefois, le protocole de Kyoto s'est arrêté en 2020 et l'accord de Paris a pris la suite (article 6) à cette période. Il est encore trop tôt pour savoir si le carbone rural sera opérationnel dans le cadre de l'accord de Paris.

Sur le volet forestier, les plantations ont commencé mais de manière inégale et à un rythme plus lent que prévu. Il manque de la surface foncière pour la structure publique. Le projet a privilégié les plantations privées auprès des paysans.

3) S'agit-il d'un projet à fort impact environnemental ?

Oui, le projet pourrait se traduire par l'évitement de 5,2 millions de T de CO_2 sur les 20 ans de vie.

4) Qu'est-ce que le mécanisme MDP du protocole de Kyoto ?

Le mécanisme pour le développement propre (MDP ou en anglais : *Clean Development Mechanism*, CDM), établi par l'article 12 du Protocole de Kyoto, permet à des entreprises issues des pays ayant souscrit à des engagements chiffrés de réduction des émissions au titre de l'annexe B du Protocole de Kyoto (pays développés) de réaliser et/ou de cofinancer des projets de réduction des émissions de GES dans des pays sans engagement chiffré (pays en développement, économies émergentes) et de se voir délivrer en contrepartie des crédits carbone, appelés unités de réduction certifiées des émissions (URCE ou en anglais : *certified emission reduction credits*, CER).

5) Par quel mécanisme le mécanisme MDP a-t-il été remplacé ?

L'article 6 de l'accord de Paris prévoit deux mécanismes de marché et une approche non fondée sur le marché :

– Approches coopératives (transferts de réduction entre pays ou ITMO, crédits carbone),
Mécanisme de développement durable ou MDD (qui prend le relais du MDP dans le régime de Paris),

– Approches non fondées sur le marché (pour renforcer les liens et créer des synergies entre atténuation, adaptation, financement, transfert de technologies et renforcement des capacités)

6) Le fonctionnement des marchés carbone est-il satisfaisant ? Quelles difficultés à surmonter pour créer un marché carbone dans le secteur agricole ?

Les fonctionnements des marchés du carbone ne sont pas encore satisfaisants. La volatilité des prix demeure forte. Ils ne couvrent pas tous les secteurs émetteurs. Ils ne couvrent pas l'ensemble des aires géographiques de la planète. Ils ont fait l'objet de multiples malversations (certifications non conformes).

7) Que pouvez-vous dire du financement d'une aide à la Chine au titre de la solidarité internationale ?

Il est difficile d'expliquer que la deuxième économie du monde bénéficie d'un mécanisme d'aide par le biais de la solidarité internationale, même si l'objet poursuivi, lutte contre le changement climatique, va dans le bon sens.

8) Que pensez-vous de la durabilité du projet ?

Il est encore trop tôt pour se prononcer.

9) Notation du projet : pertinence des objectifs ? Réalisation des objectifs ? Efficacité ? Efficience ? Impact ?

- Pertinence des objectifs : élevée. Il s'agit d'un projet qui ouvre le secteur du développement rural au bénéfice de la finance carbone. Son caractère innovant est plus financier (accès à la finance carbone) que technique (plantation d'arbres, biodigesteurs).
- Efficacité : moyennement satisfaisante sur les parties du projet déjà réalisées. On voit déjà poindre des écarts substantiels entre prévisions et réalisations, notamment sur le rythme et le volume des plantations de bambou qui seront gérées par l'entreprise publique qui ne semble pas avoir le foncier suffisant

pour réaliser ces plantations. La répartition de l'espace rural entre le public et le privé n'est pas encore consolidée.

- Efficience : il est encore trop tôt pour se prononcer étant donné le peu de degré d'avancement du projet.
- Impact : l'impact estimé est sensible en matière de baisse des rejets de CO2.

10) Points forts ? Points faibles ?

Point fort :

- Une opération, dans son volet finance carbone, qui peut ouvrir un champ nouveau d'activités rurales.

Points faibles :

- Projets à plusieurs composantes, difficile à réaliser.
- Bénéfice d'une aide incorporant un peu de subventions, difficile à justifier pour un pays comme la Chine.
- Pas d'apport externe sur le plan des techniques déjà maîtrisées localement (plantations de bambous, biodigesteurs).
- Effets d'aubaine pour la Chine de recevoir ce type d'aide.
- Passage du protocole de Kyoto à l'accord de Paris en 2020 peut faire craindre une complexification de la mise en jeu de la finance carbone/.

26 Prêt budgétaire pour lutter contre le changement climatique en Indonésie (troisième tranche de prêt budgétaire de 630 m €)

Présentation du programme

L'Indonésie est un des pays où la croissance des rejets de gaz à effet de serre atteint le rythme le plus élevé. D'après l'Indonesia GHG Abaternent Cost Curve, le scénario tendanciel des émissions est le suivant : 2,2 gigatonnes de CO2 en 2005, 3,6 gigatonnes en 2030, soit près de 5,2 % des émissions mondiales. Très peuplée (274 millions en 2021 avec un taux de croissance de la population de 0,7 %/an), l'Indonésie est le troisième émetteur de gaz à effet de serre au monde derrière la Chine et les États-Unis.

Les deux principaux secteurs d'émissions de ce pays sont celui de la tourbe (1,03 gigatonne) et la forêt (0,85 GT) en 2005. En tendance, les secteurs de l'électricité et des transports ont un potentiel considérable de croissance d'émissions (passage pour l'électricité de 0,11 GT à 0,75 GT de 2005 à 2030, passage pour les transports de 0,07 GT à 0,5 GT sur la même période).

S'agissant de la forêt, la tendance générale demeure à la déforestation avec un rythme en décélération. Selon le ministère des forêts, le niveau annuel de déforestation est passé de 2,8 millions d'hectares à 1,2 million d'hectares. La pression sur les massifs forestiers du pays demeure donc extrêmement forte. Un énorme effort est à accomplir pour tenter d'inverser la tendance. Un exercice de planification spatiale s'avère indispensable pour concilier les besoins de développement économique et la préservation des services environnementaux rendus par les forêts. L'exploitation illégale et le développement des plantations (palmier à huile, hévéa, eucalyptus) constituent une menace pour la ressource forestière dans un contexte de décentralisation inachevée où les pouvoirs locaux et centraux sont le plus souvent en opposition.

La définition de la politique générale relative aux changements climatiques relève du National Council on Climat Change (NCCC), organe créé en juillet de l'année n par le président de la République qui en préside personnellement les travaux. Le NCCC est composé de sept groupes de travail : adaptation, atténuation, financement, post-Kyoto, transfert technologique, forêt et usage des sols, inventaire des émissions de GES.

Chaque année, le gouvernement indonésien recourt à des aides programmes financées par un pool de bailleurs de fonds multilatéraux et bilatéraux pour couvrir son déficit budgétaire. En année n, pour la première fois, une partie de cette aide programme a été consacrée aux changements climatiques à travers le Climate Change Program Loan. Entre n-4 et n +1, le montant global des aides budgétaires est passé de 280 millions d'euros à 1 950 m €. Les principaux points d'application sont la dépense publique, les infrastructures et le changement climatique.

La finalité du financement budgétaire extérieur axé sur le changement climatique (aide programme ici et non aide projet) est d'accompagner les efforts de réduction des émissions de gaz à effet de serre (GES) du pays tout en renforçant les capacités nationales de gestion de la problématique climatique, en matière d'atténuation comme en matière d'adaptation.

Le partenariat de 20 milliards d'€ passé entre un groupe de bailleurs de fonds et l'Indonésie lors du G20 à Bali en novembre 2022 poursuit le même objectif avec cependant des moyens différents puisqu'il s'agit de financer la fermeture de centrales à charbon pour les remplacer par des énergies décarbonées de manière à produire de l'électricité propre.

Pour le programme ici considéré, le financement prévu accompagne et tente de renforcer les évolutions des politiques publiques dans ce domaine. En Indonésie, elles prennent la forme d'un plan d'action pour la réduction de GES (Roadmap for Climat Change). Ce plan vise une réduction de 0,767 GT par rapport à un scénario tendanciel en n +12 de 2,82 GT.

Cela signifie que l'Indonésie prévoit des émissions en réduction dans l'absolu de 2 à 3 % par an par rapport aux émissions actuelles, ce qui est très ambitieux et finalement atypique parmi les pays n'appartenant pas à l'annexe 1 de la CCNUCC (pays du Sud n'ayant pas de contraintes internationales de réduction de GES dans le cadre de la Convention Cadre des Nations Unies contre le Changement Climatique).

Ce programme est calé sur un cadre triennal (n, n +3) et a pris toute son ampleur grâce à l'implication directe du président de la République indonésienne d'alors. Le principe est que les décisions de politiques publiques ou des réalisations physiques pertinentes d'un point de vue climatique entraînent des versements de fonds par les partenaires financiers extérieurs. Ces décisions politiques sont suivies sous la forme *d'indicateurs à réaliser* réunis au sein de la policy matrix (matrice des politiques). Cette matrice se présente sous la forme d'un tableau de mesures à réaliser (les indicateurs à réaliser) en relation avec l'institution responsable localement et de mesures effectives de mise en œuvre sur le terrain (d'autres types d'indicateurs). Le calendrier et le statut réel de ces indicateurs sont précisés dans la matrice des politiques.

Au nombre de 54, l'évolution de ces indicateurs à réaliser et l'atteinte de leur cible objectif sont suivies régulièrement par un comité de pilotage. Toutefois, ces indicateurs à réaliser (les mesures à prendre, les mesures à mettre en œuvre) ne sont pas fixés une fois pour toutes. Ils peuvent être révisés ou modifiés d'une année sur l'autre par le gouvernement, en accord avec les bailleurs du programme. Le système est donc relativement souple car les contraintes de départ peuvent être modifiées, voire le plus souvent réduites. Les indicateurs à réaliser correspondent parfois à la mesure chiffrée d'une évolution avec un objectif à atteindre mais peuvent être également limités à l'adoption d'une mesure de nature politique, sans savoir si cette mesure sera effectivement appliquée sur le terrain. La matrice des indicateurs à réaliser devient donc en partie indicative, ajustable dans le temps. Un décalage certain peut donc apparaître entre les engagements qu'on espérait obtenir au départ et ceux dont on s'est finalement contenté pour verser les fonds. Ces indicateurs sont regroupés selon trois axes d'actions :

- Réduction des émissions de GES dans les trois secteurs de la forêt, de l'énergie et de l'industrie.
- Adaptation aux changements climatiques (eau et agriculture).
- Activités transversales (aménagement du territoire, développement du MDP,).

Cette multitude d'indicateurs et l'hétérogénéité des secteurs concernés par la matrice montrent qu'il est très difficile de circonscrire une thématique comme la lutte contre le changement climatique à un cadre limité, si possible réduit. Beaucoup d'opérations ou de politiques peuvent être retenues comme ayant potentiellement un effet sur le climat. Cette multitude et cette hétérogénéité de mesures à prendre de nature diverse rendent difficiles tout suivi globalisé des effets des mesures prises sur le plan quantitatif comme sur le plan qualitatif. Il est également ardu de devenir un spécialiste climat tant cette préoccupation est transversale et peut embrasser de nombreux secteurs.

Cette aide programme s'accompagne par ailleurs d'activités de suivi évaluation et d'une assistance technique ciblée auprès de la ou des administrations en charge de la mise en œuvre de cette thématique.

Exécution technique et financière

La qualité de l'exécution technique et financière d'un tel programme se mesure essentiellement à l'aune de l'impact qu'il peut avoir sur les politiques mises en œuvre sur le terrain par le gouvernement indonésien, elles-mêmes responsables ou non d'une inflexion chiffrable dans les rejets de gaz à effet de serre. Cette « inflexion chiffrable » pourrait être dans le meilleur des cas une baisse constatée des rejets, ce qui voudrait dire que malgré sa croissance économique, l'Indonésie parvient à réduire ses émissions et est donc bien entrée dans le cheminement vertueux du développement durable et d'une activité économique en voie de décarbonisation. Cette « inflexion chiffrable » pourrait être également mesurée par une simple décélération de l'augmentation des rejets de gaz à effet de serre. L'interprétation de cette tendance moins favorable serait alors beaucoup plus difficile à qualifier. S'agit-il d'une évolution liée à la modification naturelle de l'activité économique allant vers une production moins carbonisée ? S'agit-il de l'impact réel d'une politique environnementale active qui sur le plan des priorités et de la cohérence des politiques est mise sur le même plan que le développement économique ? S'agit-il enfin d'un effet plus conjoncturel (la baisse de l'activité mondiale) plus que structurel (le changement dans les modes de production en Indonésie) ? En 2022, le mix énergétique mondial reste composé à 85 % par les énergies fossiles. Toute production d'une unité supplémentaire de PIB entraîne 0,8 t supplémentaire de CO2 rejeté.

Comme prévu, les comités de pilotage du programme se sont tenus et ont examiné le degré de réalisation des mesures à prendre pour décaisser les différentes tranches. Le degré de réalisation des mesures à prendre a été jugé dans l'ensemble satisfaisant.

Toutefois, les indicateurs à réaliser en année n +1 et en année n +2 ont été modifiés au gré du déroulement des programmes. Le comité de pilotage a pris l'habitude de fixer chaque année de nouveaux indicateurs à atteindre.

Pour certains indicateurs à réaliser fixés au départ du programme, il n'est donc pas possible de suivre leur degré de réalisation dans la durée. Il s'opère donc une déconnexion entre les mesures à prendre envisagées au départ et les versements en tranche bénéficiant au gouvernement qui sont activés selon d'autres critères (les indicateurs ajustés au cours du temps).

Impact en matière de bilan carbone et autres impacts

Sur le plan méthodologique, il est pratiquement impossible de déterminer un lien de cause à effet entre les mesures de politiques lancées dans le cadre de la mise en œuvre de la matrice des politiques (policy matrix) et les effets chiffrés en termes de CO2 rejetés dans une perspective de protection du climat. En effet, les indicateurs utilisés ne sont pas des indicateurs quantitatifs mais qualitatifs. De plus, ces indicateurs poursuivent des objectifs annuels dans le cadre de budgets annuels. Une fois que la mesure est prise, on recherche donc une nouvelle mesure à prendre, le plus souvent très pertinente et qui constituera un nouvel indicateur.

L'analyse sur le plan climatique de cette aide programme manque donc d'une perspective de moyen terme (5 à 10 ans) permettant une comparaison effective et efficiente entre les mesures à prendre envisagées au départ et les mesures effectivement prises, entre les effets escomptés chiffrés et les effets effectivement enregistrés.

D'un côté, on a un gouvernement qui prend des engagements quantitatifs d'émissions de CO2 sur des temps très long (20 ans en Indonésie).

De l'autre, on a des indicateurs de suivi des politiques climatiques qui ont une durée de vie de 1 an et dont l'atteinte suffit aux bailleurs de fonds pour décaisser les financements.

L'impact mesurable de l'application de la matrice d'indicateurs à réaliser sur le changement climatique au niveau indonésien ne constitue pas un élément bloquant du processus de décaissement des fonds. Simplement, les bailleurs de fonds accompagnent le gouvernement dans la mise en place progressive d'une politique de lutte contre le changement climatique sans se donner les moyens de savoir si ces politiques auront véritablement des effets, ont un impact significatif ou restent anecdotiques. Autre problème, entre la prise de décision politique d'une décision et son application effective sur le terrain, il y a souvent un gap. Or, de nombreux indicateurs à réaliser étaient constitués de mesures politiques à décider, sans que l'on connaisse leur degré d'application ou même d'applicabilité sur le terrain. Il n'est donc pas possible de savoir quel a été l'impact de cette opération sur les rejets de CO2 de l'Indonésie.

Impact du mode de financement du projet en prêt par les bailleurs de fonds

Le pays qui finançait ce type de mesures avec ses ressources propres bénéficie de financements en prêt à des conditions de marché avantageuses. L'Indonésie profite des conditions de prêts offertes par des bailleurs de fonds qui sont plus favorables par rapport à ce qu'aurait emprunté seule l'Indonésie sur le marché.

En revanche, L'Indonésie s'endette en devises alors que le projet ne lui rapporte directement aucune rentrée en devises. L'Indonésie accroît donc son endettement externe.

Les bailleurs prêtent de devises car ils tablent sur la bonne santé financière du pays et donc sa capacité à rembourser. C'est donc le risque pays qui est primordial sur le plan financier ici et non le risque projet.

Durabilité des effets attendus

La durabilité des effets attendus de ce type de programme budgétaire dépend de deux paramètres :

- La capacité du gouvernement indonésien à financer réellement une politique de lutte contre le changement climatique ayant une composante d'atténuation et une composante d'adaptation.

- La permanence des effets à moyen et à long terme de cette politique active. Dans l'opération qui nous intéresse, il est encore trop tôt pour mesurer son impact effectif sur le terrain.

S'agit-il, ce programme, d'un appui à la prise de mesures efficaces sur le terrain permettant à l'Indonésie de s'écarter d'une trajectoire d'émission en croissance rapide ? S'agit-il plus simplement de mesures plus ou moins efficaces qui auraient été de toutes les façons prises par le gouvernement, mais finalement financées à des conditions de faveur par l'extérieur ? S'agit-il enfin d'un programme glissant de mesures à prendre dont on ne sait pas au juste l'efficacité sur le terrain ?

Enseignements et recommandations

La difficile évaluation de l'impact réel de cette aide-programme. Il est pratiquement impossible de faire un lien entre les mesures prises dans le cadre d'un prêt « climat » et leurs effets sur les rejets de CO2. Tels qu'ils sont construits actuellement, les prêts « climat » se limitent à des matrices annuelles qui semblent certes aller dans le bon sens mais dont l'efficacité et la traduction sur le terrain ne sont pas mesurables. Les quantifications d'économie de CO2 entre les différents secteurs économiques concernés sont difficilement comparables à cause de méthodologies souvent différentes, de calendriers non unifiés et de double comptabilisation possible.

L'exercice difficile d'influence des politiques de l'extérieur en matière d'appropriation. Par nature, ce type de financement – aide programme - est étroitement imbriqué aux politiques lancées par les pays receveurs. Ces appuis extérieurs ont pour objectif de les influencer directement dans le bon sens. L'appropriation des politiques par le pays receveur n'est donc pas immédiate. L'aide-programme si elle est trop intrusive et chargée de conditions à prendre pour être décaissée peut aller à l'encontre d'une appropriation (élaboration et mise en œuvre par le pays lui-même de sa politique). Il n'y a donc pas d'alignement du bailleur de fonds sur une politique préexistante définie préalablement par un gouvernement souverain. On se retrouve plus certainement dans une cogestion entre bailleurs et pays receveur. De ce point de vue, on est bien loin des principes de la Déclaration de Paris de mars 2005 sur l'efficacité de l'aide qui prône explicitement l'appropriation et l'alignement.

Les difficultés dues à l'application et aux effets réels d'une matrice d'indicateurs hétéroclites. Le suivi de la matrice qui comporte plusieurs dizaines d'indicateurs du type « valider un texte réglementaire », « expérimenter sur le terrain », « mener une opération pilote », « intervenir dans tel secteur nouveau (exemple : tourbe) », « édicter des normes » n'est pas facile car ces indicateurs n'ont pas forcément un impact direct sur le terrain.

La dimension nationale et l'applicabilité locale des indicateurs. Les effets des indicateurs dépendent bien souvent de leur applicabilité sur le plan local. À titre d'exemple, les mesures de protection de la forêt – enjeu majeur pour l'Indonésie ne produisent de réels effets que si un contrôle physique est organisé, que si des mesures dissuasives en cas d'infraction sont possibles. Par une approche par le haut – la définition de politique sectorielle générale - il est donc bien difficile de s'assurer de l'efficacité sur le terrain de telles matrices. Trouver la bonne échelle d'intervention (mesure globale, régionale et locale) en fonction de l'objectif à atteindre est donc un impératif d'efficacité. Pour le prêt climat indonésien, l'approche nationale et globale est systématiquement privilégiée alors que son efficacité dépend en réalité d'une capacité d'appropriation sur le terrain.

La difficile coordination de plusieurs départements ministériels. Le suivi de l'application de cette matrice implique de nombreux secteurs qui s'étendent à plusieurs départements ministériels, mobilise plusieurs bailleurs de fonds, ce qui rend son processus de suivi ardu et chronophage. Les priorités retenues résultent des consensus multiples dont la réalisation et le choix même sont par nature aléatoires.

Les limites des engagements annuels par rapport à des engagements pluriannuels. Dans le cas de l'Indonésie, les engagements pris par le gouvernement et cogérés par les bailleurs de fonds sont annuels. Des engagements sur une base pluriannuelle seraient plus pertinents. Ils assureraient une prévisibilité supplémentaire pour tous les acteurs (maîtrise d'ouvrage comme bailleurs) et un lien possible entre mesures prises et effets constatés sur le terrain.

Des émissions de CO2 qui n'ont pas cessé de croître ainsi que la déforestation. Encore une fois, cet arsenal de mesures intégrées dans la matrice des politiques n'empêche pas pour l'instant l'Indonésie de voir croître ses émissions de gaz à effet de serre et sa déforestation sans que l'on sache véritablement si la politique environnementale menée par le gouvernement avec l'appui des bailleurs de fonds est réellement efficace.

Des effets d'adaptation bien difficiles à mesurer. Il est également bien difficile de préciser les mesures d'adaptation aux changements climatiques car ces évolutions sont encore peu sensibles et difficilement individualisables par rapport aux aléas climatiques qui s'inscrivent normalement sur nos calendriers depuis la nuit des temps. Comment de ce point de vue discerner ce qui provient du changement climatique de ce qui provient d'un aléa climatique qui surviendrait de toute façon ?

Politique économique ou politique environnementale prioritaire ? Dans leurs conceptions actuelles, les prêts « climat » Indonésie font le pari que des mesures prises au niveau central auront des répercussions régionales et locales et auront une efficacité sur les rejets de CO2. Mais si les préoccupations majeures des populations concernées sur le terrain sont tournées vers l'objectif de se nourrir au jour le jour, mais si la politique environnementale menée n'est pas prioritaire par rapport à une politique économique de croissance ayant des effets contraires sur le plan des rejets de CO2, il sera bien difficile de considérer qu'il s'agit d'une politique active à un niveau suffisant, qu'il y a une véritable cohérence entre les différentes politiques du gouvernement.

L'efficacité des prêts climat reste à démontrer. Les prêts « climat » sont de nouveaux outils d'intervention pour les bailleurs de fonds dont l'efficacité demeure encore à démontrer. S'ils prenaient un caractère pluriannuel, si les indicateurs de suivi intégraient quelques performances à atteindre en matière de rejet de CO_2, s'ils prenaient le pas sur des considérations économiques et parfois sociales, ces prêts seraient plus opérationnels.

Exercice proposé

Lire attentivement la présentation du projet

1) Sur le plan environnemental, que signifie « atténuation », « adaptation », « services environnementaux ? Pays de l'annexe 1 de la CCNUCC ?
2) Quels sont les principaux secteurs émissifs en matière de CO_2 en Indonésie ?
3) Quels sont les points d'affectation de ces aides budgétaires ?
4) Que pensez-vous du fonctionnement de la policy matrix avec ses 54 indicateurs ?
5) Quels effets sur le terrain de l'atteinte des indicateurs tels qu'ils sont construits ?
6) Quelle critique peut-on faire au comité de pilotage ?
7) Quels sont les effets réels de cette aide budgétaire sur les rejets de CO_2 ?
8) Que pensez-vous des procédures de décaissement ?
9) Que peut-on dire du mode de financement par les bailleurs de fonds ?
10) Durabilité de l'opération ?
11) Notation du projet. Pertinence des objectifs ? Réalisation des objectifs ? Efficacité ? Efficience ? Impact ?
12) Points forts ? Points faibles ?

Corrigé de l'exercice

1) Sur le plan environnemental, que signifie « atténuation », « adaptation », « services environnementaux ? Pays de l'annexe 1 de la CCNUCC ?

L'atténuation mesure la baisse des émissions de CO_2. L'adaptation concerne la résilience au changement climatique. Les services environnementaux sont les zones géographiques qui captent naturellement le CO_2 et donc rendent un service à la planète (forêts, zones humides…). Les pays de l'annexe 1 sont les pays qui s'étaient engagés à baisser leurs émissions, notamment dans le protocole de Kyoto, de manière contraignante (pays développés).

2) Quels sont les principaux secteurs émissifs en matière de CO_2 en Indonésie ?

Le secteur de la tourbe et de la forêt, à cause de la déforestation.

3) Quels sont les points d'affectation de ces aides budgétaires ?

Il n'y a pas à proprement parler de points d'affection. Il s'agit d'une aide programme. Le décaissement de cette aide budgétaire s'effectue par tranche (programme de trois ans avec décaissement de 2 tranches) en fonction de l'avancement des mesures prises par le gouvernement en matière de lutte contre le changement climatique. Ces mesures prennent la forme d'indicateurs à valider. Ces indicateurs sont rassemblés dans la matrice des politiques (policy matrix) qui prévoit dans la durée les indicateurs à valider.

4) Que pensez-vous du fonctionnement de la policy matrix avec ses 54 indicateurs ?

Il s'agit d'un système très complexe. De plus, les indicateurs à atteindre ont été réajustés par le comité de pilotage au cours du temps. Enfin, les effets sur le terrain (mesure prise puis application effective) de la validation des indicateurs ne sont pas pris en compte comme indicateurs dans la matrice des politiques.

5) Quels effets sur le terrain de l'atteinte des indicateurs tels qu'ils sont construits ?

L'analyse sur le plan climatique de cette validation d'indicateurs est difficile à effectuer. Il manque de la durée (5 à 10 ans) pour mesurer sur le terrain les effets des mesures prises, véritablement appliquées sur le terrain.

6) Quelle critique peut-on faire au comité de pilotage ?

D'avoir ajusté les indicateurs au cours du temps. De ne pas se soucier de l'application effective des indicateurs sous forme de mesures sur le terrain.

7) Quels sont les effets réels de cette aide budgétaire sur les rejets de CO2 ?

Impossible de le dire exactement. Les indicateurs utilisés sont qualitatifs et non quantitatifs. On accompagne simplement des mesures de politique qui vont dans le bon sens sur le plan de la lutte contre le changement climatique mais dont on ne mesure pas quels seront les effets. Le gouvernement se donne des objectifs à 20 ans en matière d'évolution des émissions. La matrice fonctionne sur 3 ans. Une déconnexion dans la durée existe entre les deux.

8) Que pensez-vous des procédures de décaissement ?

Elles permettent de décaisser de gros montants en une seule fois. Le versement par tranche est beaucoup plus facile et rapide à gérer qu'un décaissement par points d'affectation de type projet.

9) Durabilité de l'opération ?

On ne sait pas exactement. La durabilité de cette opération (reproduction d'un prêt climat) dépend de deux paramètres : (1) la possibilité pour le gouvernement d'emprunter pour mener une politique de lutte contre le changement climatique avec un risque fiduciaire faible à savoir que les fonds levés servent effectivement à ce à quoi ils étaient prévus (2) que les effets à moyen et à long terme de cette politique soient réels et positifs. L'adoption en novembre 2022 au G20 de Bali d'un prêt climat à l'Indonésie pour 20 milliards (Mds) de dollars afin de réduire sa dépendance au charbon montre que ce type d'opération se répète. On peut souhaiter que ce type de prêt climat induise véritablement des effets positifs et ne soit pas uniquement un effet d'aubaine (emprunt budgétaire à des conditions favorables).

10) Notation du projet. Pertinence des objectifs ? Réalisation des objectifs ? Efficacité ? Efficience ? Impact ?

- Pertinence des objectifs : élevée. Les objectifs poursuivis sont pertinents.
- Efficacité : moyennement satisfaisante. Les effets de cette aide-programme sur les rejets de CO_2 de l'Indonésie ne sont pas encore mesurables (troisième émetteur au monde). Il est même à craindre que les liens de cause à effet soient si difficiles à déterminer qu'une technique permettant de tels calculs ne puisse être mise sur pied. Toutefois, la prise en compte de l'importance de l'environnement dans le futur de l'Indonésie fait maintenant partie du discours dominant dans ce pays.
- Efficience : il est encore trop tôt pour se prononcer étant donné le degré d'avancement du projet.
- Impact : l'impact est difficilement mesurable en matière de baisse des rejets de CO_2. En effet, les mesures prises ont-elles un impact réel sur le terrain ? À quelle échéance ?

11) Points forts ? Points faibles ?

Points forts :

- Une opération qui interagit directement sur les politiques en soutenant la prise en compte du développement durable dans le nouveau modèle de développement à mettre en place dans ce pays émergent.
- L'association de plusieurs bailleurs de fonds au sein d'une même dynamique, ce qui donne de la cohérence à leur action.
- La prise en compte au plus haut niveau (président de la République) de l'importance du développement durable afin de placer le pays sur une dynamique de long terme favorable à la préservation du climat et non de privilégier l'activité de court terme en détruisant les ressources naturelles du pays.

Points faibles :

- Une difficulté à mesurer concrètement les effets d'une telle politique qui doit dépasser le stade de la prise de conscience.
- Une difficulté à mesurer l'impact de l'intervention des bailleurs de fonds, la réelle additionnalité de leurs financements par rapport aux mesures qui auraient été de toute façon prises ?
- Une incertitude quant à la pérennisation d'une telle opération par le gouvernement indonésien.

27. Programme d'aménagement d'une société d'exploitation forestière pour un montant de 1,31 million d'euros au Congo Brazzaville

Présentation du projet

Le Congo Brazzaville est un pays à revenu intermédiaire, riche en pétrole, d'une superficie équivalente à l'Allemagne (à ne pas confondre avec la République démocratique du Congo ou Congo Kinshasa, grand comme quatre fois la France), peu peuplé (5,8 millions en 2021) mais dont le taux de pauvreté est supérieur à 45 %. Il ne manque pas de ressources (pétrole, minerais, forêts) mais ses dernières sont mal exploitées et mal réparties au sein de la population.

Depuis la conférence de Rio en 1992, l'opinion publique internationale attache une importance de plus en plus grande à la gestion durable des forêts en milieu tropical car il s'agit de zones qui captent le plus de CO2. Parmi les pays d'Afrique, le Congo Brazzaville a entamé une réforme de sa législation forestière incitant les entreprises de ce secteur à franchir le pas d'un aménagement forestier durable avec des permis d'exploiter sur longue période prévoyant explicitement une préservation de la ressource.

Le Congo Brazzaville fait partie des pays qui composent le bassin du Congo qui abrite une forêt tropicale humide de grande dimension. Le Bassin du Congo (Cameroun, République centrafricaine, République démocratique du Congo, République du Congo, Guinée équatoriale et Gabon) représente le second poumon de la Terre après la forêt amazonienne mais devant la forêt du sud-est asiatique centrée sur l'Indonésie. La protection du bassin du Congo, des forêts qui le composent) représente donc un enjeu majeur à dimension mondiale pour l'équilibre écologique mondial (régulation climatique mais également conservation de la biodiversité). Le programme d'aménagement présenté dans cette étude de cas s'inscrit dans ce contexte de gestion durable de la forêt.

D'un côté, il s'agit d'éviter des exploitations forestières, avec ou sans permis, qui permettent à certaines entreprises de couper l'intégralité des arbres d'une parcelle (2 ha en général) alors qu'elles n'exploitent que quelques essences dans cette parcelle, en provoquant ainsi des dégâts considérables pour l'environnement et le réchauffement climatique, sans parler de la perte de biodiversité.

De l'autre côté, il s'agit d'éviter également qu'au nom de la protection des forêts et de la biodiversité (certaines ONG poussent à cette solution), certaines aires forestières soient complètement protégées de toute intervention humaine, allant même jusqu'à exclure les populations autochtones ayant toujours vécu dans ces lieux.

Entre ces deux extrêmes, on ambitionne de trouver une voie intermédiaire équilibrée, permettant une exploitation durable de la forêt permettant sa régénération en ne prélevant dans chaque parcelle exploitée (2 ha) qu'un ou deux sujets seulement, et en laissant ensuite cette parcelle sans exploitation durant plusieurs années. On vise ainsi à rendre compatible la protection de la forêt et son exploitation durable ou raisonnée.

Les compagnies forestières qui exploitent la forêt du Congo Brazzaville (permis d'exploiter du domaine public) sont pour certaines présentes sur zone depuis le début de la colonisation à la fin des années 1890. Elles ont obtenu des permis d'exploiter, sans cesse renouvelés sur des périodes de 25 à 30 ans, sur des surfaces immenses qui représentent parfois plus d'un million d'hectares. Au début du XIX siècle, ce sont des sociétés qui étaient très décriées à juste titre (maltraitance et même esclavage de leurs employés) car il s'agissait de véritable État dans l'État, se substituant à une administration coloniale sans grands moyens d'intervention pour faire respecter la loi. Certaines se sont si mal comportées que le courant anticoloniale s'est appuyé sur ces exemples pour stigmatiser les dérives engendrées par la colonisation.

Depuis les indépendances et jusqu'à l'époque contemporaine, ce système de grandes compagnies forestières perdure. Les propriétaires ont progressivement changé. On compte de plus en plus de propriétaires asiatiques. Les conditions de vie du personnel dans ces grandes compagnies forestières se sont normalisées. De grandes compagnies font de la gestion durable de leur exploitation l'élément central de leur activité. D'autres compagnies demeurent très prédatrices du milieu.

Pour un gouvernement responsable, l'enjeu est de parvenir à une gestion durable des forêts pour tous et par toutes les compagnies forestières.

Une exploitation raisonnée de la forêt est compatible en aval avec le développement d'une industrialisation de la filière bois dans ce secteur. En contrepartie d'un allongement des permis d'exploitation forestière qui sécurise ainsi leurs ressources exploitables, les sociétés forestières concernées s'engagent à restituer à l'issue de la période de concession d'exploitation un couvert végétal ayant les mêmes effets qualitatifs et quantitatifs sur l'environnement.

Depuis quelques années, le gouvernement congolais réfléchit également à s'inscrire dans la dynamique du mécanisme REDD + (Reducing Emissions from Deforestation and Degradation ou réduction des émissions dues à la déforestation et à la dégradation des forêts) qui vise, en contrepartie d'une incitation financière des bailleurs de fonds, à permettre l'entretien et la reforestation des couverts forestiers des pays en développement, singulièrement dans des zones prioritaires comme le bassin du Congo, véritable poumon de la Terre au même titre que la forêt amazonienne. Le principe du mécanisme REDD + est simple : on rémunère la faculté du gouvernement à faire croître dans la durée son couvert forestier ou a minima de le maintenir au même niveau de surface. Cette rémunération couvre les efforts du gouvernement pour faire croître les services environnementaux offerts par la forêt dont bénéficie l'ensemble de la planète sur le plan climatique, mais pourquoi pas également sur le plan de la préservation de la biodiversité. Il y a donc une certaine logique à ce que les bailleurs de fonds dont les populations bénéficient de cette politique à effets globaux la rémunèrent. Toute la difficulté de mise en œuvre d'un tel mécanisme se concentre sur la mesure réelle d'une situation de référence (surface du couvert végétal et densité de ce dernier) et de son évolution au cours du temps (capacité à mesurer les évolutions, capacité à contrôler sur le terrain). De ce point de vue, les images satellites peuvent être d'un grand secours.

Le projet financé vise à assumer une gestion durable des concessions forestières attribuées à la société d'exploitation titulaire des permis, sur le plan strictement forestier, mais également sur le plan socio-économique et environnemental. Le programme d'aménagement forestier durable doit viser, tout en assurant une production soutenue et durable de bois d'œuvre, à ce que les grandes fonctions écologiques de la forêt ne soient pas menacées sur le long terme, et à ce que les services locaux (activité humaine par exemple) et globaux (climat et biodiversité) fournis par la forêt ne soient pas menacés sur le long terme.

Le programme d'aménagement forestier durable du projet comporte trois volets :

- Volet forestier avec comme objectifs : (1) une meilleure connaissance de la ressource forestière exploitée par la société en réalisant un inventaire d'aménagement (inventaire forestier avec les quantités et les essences à l'hectare) et une cartographie des peuplements forestiers, (2) un plan d'aménagement du couvert forestier avec les zones d'exploitation dans la durée, les zones non exploitées en protection, les zones concédées aux habitants de la forêt (3) un programme d'approvisionnement durable en bois d'œuvre en fonction des capacités de production et de renouvellement de la forêt, (4) la mise en place d'un système de planification à court terme de l'exploitation (programme d'exploitation annuel).
- Volet social avec comme objectifs : (1) le développement d'activités alternatives à l'exploitation de la forêt permettant la production autonome de produits frais, (2) un inventaire sur l'ensemble des concessions des produits de la forêt autres que le bois utilisé par les populations locales, (3) un programme de santé avec la construction d'un hôpital.
- Volet faune avec comme objectif général le maintien de la biodiversité en limitant l'impact de l'exploitation forestière sur l'environnement.

Le gouvernement congolais, représenté par le ministère d'économie forestière en tant que propriétaire de la forêt en cours d'aménagement, est en charge de la responsabilité de l'exécution de ce projet qui associe une organisation non gouvernementale spécialisée dans la protection des forêts.

La réalisation du plan d'aménagement devra se faire sur une période de trois ans comportant un programme d'actions sur le long terme intégrant une prévision de rotation de l'ordre de 30 à 40 ans environ.

Exécution technique et financière

Le projet a été réalisé comme prévu. Les inventaires des forêts sont disponibles. Les plans d'aménagement sont finalisés. Ces deux séries de documents sont indispensables pour évaluer correctement la ressource et l'exploiter avec efficience afin de lui octroyer une réelle durabilité.

Impact en matière de bilan carbone et autres impacts

L'impact en matière de bilan carbone de cette opération n'a été ni estimé préalablement ni mesuré a postériori. L'impact principal recherché par le plan d'aménagement était d'assurer à une société d'exploitation forestière un approvisionnement durable de ses industries de bois d'œuvre, en passant par un programme économiquement viable sur le long terme, et respectueux de l'environnement. En d'autres termes, il s'agissait de marier une exploitation de la forêt générant un revenu et la préservation d'une ressource sur le long terme aux effets globaux sur le changement climatique. On ne peut dire faute de mesures fiables que ces objectifs ont été réellement atteints.

En année n, la société d'exploitation forestière emploie près de 1500 personnes en direct et 6 000 personnes dépendent directement des activités de cette entreprise.

À cette même date, la société d'exploitation forestière était la seule entreprise au Congo à avoir initié un programme aussi vaste d'aménagements forestiers durables. La réussite de ce programme devait permettre non seulement sa réplicabilité mais également être un moteur pour initier la réforme de la législation forestière dans le sens souhaité. Malgré les difficultés de mesure des résultats obtenus, cette opération a bien fait office de pilote auprès des autorités locales et des sociétés forestières pour faciliter la mise en place d'une gestion durable des forêts.

Durabilité

La durabilité d'un tel projet dépend de trois facteurs principaux :

- La capacité de l'administration forestière congolaise à contrôler la mise en application du plan d'aménagement de la société.
- La capacité du gouvernement congolais à édicter une législation forestière qui permette une exploitation durable des massifs forestiers.
- La sincérité de l'engagement de la société forestière à pratiquer effectivement une gestion durable de la forêt.

Ces trois conditions ont été partiellement remplies et ont permis d'ouvrir une nouvelle ère dans l'exploitation durable de la forêt dans le bassin du Congo, un des deux poumons forestiers de la planète avec la région amazonienne.

Enseignements et recommandations

Le difficile équilibre de l'exploitation forestière sans tarir la ressource et ses effets environnementaux. La réussite d'un tel programme résulte de la conjonction d'une ambition étatique, tirer le maximum de revenus de l'exploitation forestière sans tarir la ressource, tout en permettant à l'opérateur privé d'engager une exploitation durable sur longue durée.

La difficulté de l'inventaire. La difficulté la plus ardue consiste à faire un inventaire exact de la ressource de manière à contrôler au fil du temps l'évolution positive de cette dernière.

La difficulté des plans d'aménagement. Les plans d'aménagements sont basés sur les inventaires. Parfois les entreprises sont de petites tailles ou ne sont pas coopératives. Il convient alors d'avoir une administration locale assez forte et faiblement corrompue pour faire respecter le code d'exploitation forestière. Les surveillances satellites aident à faire respecter les réglementations.

La définition des plans de coupe annuels. Ils doivent normalement découler des plans d'aménagements. Mais tous les exploitants forestiers ne font pas obligatoirement des inventaires ou n'appliquent pas à la lettre les plans d'aménagements auxquels ils se sont engagés. Si d'autres entreprises du même secteur n'appliquent pas le même cahier des charges, il devient difficile de faire coïncider l'intérêt général et les intérêts particuliers. La concurrence entre les sociétés est faussée.

Les vertus d'une opération pilote. L'opération avec la société d'exploitation forestière a permis d'anticiper sur la législation à mettre en place afin de faire des forêts au Congo Brazzaville une ressource durable dont bénéficient à la fois le gouvernement et les populations directement concernées.

La forêt, un enjeu global. La forêt fait partie des enjeux Nord-Sud puisque de l'efficience de son exploitation dépendent à la fois la qualité de vie des populations avoisinantes mais aussi le bien-être de la population mondiale dans son ensemble. C'est un bien commun qui offre naturellement des services environnementaux.

Exercice proposé

Lire attentivement le déroulé du projet

1) Quels sont les différents volets d'un plan d'aménagement forestier durable ?
2) Quelle est l'autre voie possible permettant la protection de la forêt ?
3) Quels sont les avantages d'une approche d'aménagement durable des forêts ?
4) Comment procéder dans la durée à une exploitation durable des forêts ? Comment contrôler cette exploitation durable ?

5) Comment définir le mécanisme REDD +, les services environnementaux, un inventaire forestier ?
6) Les trois volets de ce projet vous paraissent-ils complémentaires ?
7) Ce projet a-t-il eu un impact carbone mesurable ?
8) Quels étaient les autres impacts possibles de ce projet précurseur ?
9) Quel est le rôle de l'État et de l'administration forestière dans ce type de projet ?
10) Quelle est la durabilité de ce projet ?
11) Notation de ce projet. Pertinence des objectifs ? Réalisation des objectifs ? Efficacité ? Efficience ? Impact ?
12) Points forts ? Points faibles ?

Corrigé de l'exercice

1) Quels sont les différents volets d'un programme d'aménagement forestier durable ?

Trois volets :

Volet forestier avec comme objectifs : (1) un inventaire permettant une meilleure connaissance de la ressource forestière possiblement exploitée par la société. Il s'agit de comptabiliser, hectare par hectare, toutes les espèces d'arbres présentes (2) un plan d'aménagement du couvert forestier avec les zones d'exploitation dans la durée, les zones non exploitées en protection, les zones concédées aux habitants de la forêt (3) un programme dans la durée d'approvisionnement durable en bois d'œuvre en fonction des capacités de production et de renouvellement de la forêt, (4) la mise en place d'un système de planification à court terme de l'exploitation (programme d'exploitation annuelle : autorisation de coupe annuelle).

Volet social avec comme objectifs : (1) le développement d'activités alternatives à l'exploitation de la forêt permettant la production autonome de produits frais, (2) un inventaire sur l'ensemble des concessions des produits de la forêt autres que le bois utilisé par les populations locales, (3) un programme de santé avec la construction d'un hôpital.

Volet faune avec comme objectif général le maintien de la biodiversité en limitant l'impact de l'exploitation forestière sur l'environnement.

2) Quelle est l'autre voie possible permettant la protection de la forêt ?

La protection totale du couvert forestier avec l'interdiction de toute activité humaine dans la zone. On demande donc aux populations vivant dans ces forêts (pygmées) ou à proximité de ces forêts (chasseurs) de ne plus y pénétrer. On demande également aux États de se priver de toute ressource d'exploitation du bois de ces forêts.

3) Quels sont les avantages d'une approche d'aménagement durable des forêts ?

On permet une protection de la forêt tout en exploitant durablement ses ressources, au bénéfice des populations et du pays, au bénéfice des équilibres écologiques mondiaux, sans interdire aux populations vivant dans la forêt de partir, ou aux populations vivant à proximité de la forêt d'y prélever une ressource.

4) Comment procéder à une exploitation durable des forêts ? Comment contrôler cette exploitation durable ?

En élaborant des programmes d'aménagement de la forêt sur l'ensemble des forêts où des permis d'exploitation sont délivrés à des sociétés forestières ; en les mettant effectivement en place sur le terrain ; en étant capable de les faire respecter dans la durée, année après année ; en contrôlant efficacement leur stricte application.

Le troisième point (contrôle) est crucial et le plus difficile à réussir. Il s'agit en effet de surveiller des milliers d'hectares, d'avoir donc les moyens de financer des gardes forestiers efficaces et qui ne se laissent pas corrompre. Il ne faut pas également que l'administration centrale se fasse corrompre de même que l'administration des douanes.

Le contrôle du couvert forestier par image satellite est un nouvel outil qui améliore le suivi de l'exploitation de la forêt. Il ne peut cependant remplacer le travail des gardes forestiers qui évitent les coupes sauvages.

5) Comment définir le mécanisme REDD +, les services environnementaux, un inventaire forestier ?

Le mécanisme REDD + (Reducing Emissions from Deforestation and Degradation) peut se résumer ainsi : on rémunère la faculté du gouvernement à faire croître dans la durée son couvert forestier ou à défaut à le maintenir. On rémunère les services environnementaux procurés à la communauté mondiale par une gestion durable de la forêt à la planète entière.

Un inventaire forestier est une comptabilisation, hectare par hectare, répertoriée sur une carte, des arbres selon leurs essences. À cette occasion, on peut également répertorier la faune et la flore.

6) Les trois volets de ce projet vous paraissent-ils complémentaires ?

Oui, car ils combinent exploitation et protection, respect de la vie sur place, respect de la biodiversité.

7) Ce projet a-t-il eu un impact carbone mesurable ?

L'impact carbone n'a pas été mesuré a priori ou a posteriori. C'est un manque du projet.

8) Quels étaient les autres impacts possibles de ce projet précurseur ?

Permettre un développement économique sur place et de l'emploi. Faire tache d'huile et amener d'autres sociétés forestières à réaliser, sous la pression de l'État, d'autres programmes d'aménagement.

Stéphane Madaule *La pratique du développement durable*

9) Quel est le rôle de l'État et de l'administration forestière dans ce type de projet ?

Faire réaliser par les sociétés forestières, avec l'appui du bailleur de fonds, des programmes d'aménagement forestier par les compagnies forestières et en contrôler l'application dans la durée.

10) Quelle est la durabilité de ce projet ?

La durabilité d'un tel projet dépend de trois facteurs principaux :

- La capacité de l'administration forestière congolaise à contrôler la mise en application du plan d'aménagement de la société.
- La capacité du gouvernement congolais à édicter une législation forestière qui permette une exploitation durable des massifs forestiers.
- La sincérité de l'engagement de la compagnie forestière à pratiquer effectivement une gestion durable de la forêt.

11) Notation du projet

- Pertinence des objectifs : élevée. Les objectifs poursuivis sont pertinents.
- Efficacité : satisfaisante. Cependant, la mesure et le suivi sur longue période de l'état de la ressource forestière exploitée par la société demeurent une difficulté. Après dix ans d'exploitation, on ne peut encore conclure avec certitude à la réalité d'une exploitation durable de la forêt par la société forestière en question.
- Efficience : globalement, elle est bonne puisqu'elle est censée permettre de concilier des intérêts qui apparaissaient autrefois divergents en passant d'une exploitation de prédation à une exploitation forestière durable.
- Impact : l'impact de l'opération en elle-même est encore difficilement mesurable et ne prendra sa pleine signification qu'au terme de la concession. En revanche, cette opération pilote a permis de populariser un mode d'exploitation de la forêt en diffusant un modèle durable à base de plan d'aménagement forestier à mettre en œuvre par des opérateurs privés respectant la forêt sur le long terme. En république du Congo, plusieurs compagnies forestières des plans d'aménagement.

12) Points forts ? Points faibles ?

Point fort :

- Une opération qui se trouve à la croisée des chemins entre les intérêts bien compris des pays du Nord (services environnementaux de la forêt et des pays du Sud (exploitation durable de la forêt).

Point faible :

- Une difficulté à mesurer concrètement les effets d'un tel mécanisme (plan d'aménagement et respect dans la durée) qui ne peuvent s'apprécier que dans la durée. Le temps politique est d'une durée bien plus limitée que « le temps de la durabilité environnementale » qui demande la constance dans les efforts sur plusieurs décennies. La durée courante des projets (5 ans) n'est pas compatible avec une mesure sérieuse de son impact à terme. Parfois, il faudrait revenir 15 à 20 ans après pour constater de l'application ou non de plan d'aménagement continuant à respecter la ressource.

28. Projet de petite hydroélectricité dans un comté chinois pour un financement de 40 millions d'euros (32 m € en prêt et 8 m € en fonds propres de l'entreprise opératrice)

Présentation du projet

Avec 1,4 milliard d'habitants en 2021, la Chine représente la deuxième économie mondiale. Malgré ce statut, ce pays est toujours considéré comme faisant partie de la catégorie des pays en développement qui peuvent prétendre à bénéficier de la solidarité internationale au titre de l'aide publique au développement délivrée dans le cadre du comité d'aide au développement de l'OCDE. Nous devons cette étrangeté au fait que le revenu par habitant de la Chine, en phase de rattrapage, ne s'est pas encore assez élevé pour sortir de la liste des possibles récipiendaires de l'aide occidentale. À ce titre, certains bailleurs de fonds bilatéraux ou multilatéraux (Banque mondiale) continuent à lui octroyer de l'aide, le plus souvent sous forme de prêts non concessionnels, au titre de l'appui à la lutte contre le changement climatique. Ce pays est pourtant devenu lui-même un grand bailleur de fonds émergents d'Aide, notamment en Asie et en Afrique.

Le comté de cette province qui réunit 31 millions d'habitants voit son système de production et de distribution électrique mis sous forte pression par une demande en forte croissance (+ 10 %/an). En n +5, la production d'énergie est essentiellement à base de charbon. Ce dernier est de mauvaise qualité, ce qui génère une forte pollution (rejets importants car combustion difficile, soufre dans l'atmosphère, gaz à effet de serre). Le comté considéré (510 000 habitants) est le plus pauvre de la province. Ses ressources sont essentiellement agricoles. Du fait de sa géographie en moyenne montagne et de sa bonne pluviométrie, le comté est déjà doté d'un important potentiel hydroélectrique.

Le projet de petite hydroélectricité poursuit trois objectifs principaux :

- Croissance de la production d'électricité d'origine renouvelable.
- Croissance des revenus du comté par la valorisation d'une ressource naturelle.
- Création d'emplois locaux grâce à la réalisation et à l'exploitation de petites centrales réparties dans la vallée.

Le projet consiste à réaliser au fil des rivières une série d'aménagements qui fourniront au total 60 MW de puissance et généreront 225 GWh chaque année. Les infrastructures nécessaires comportent la construction de six barrages associés à six équipements hydroélectriques ayant une capacité comprise entre 5 MW et 20 MW.

Sur le plan institutionnel, les autorités du comté ont confié la maîtrise d'ouvrage du projet à une entreprise publique sous tutelle qui a réalisé et exploite déjà des petites centrales hydroélectriques. Cette société publique assume également la responsabilité des études préliminaires, de la réalisation des aménagements et de leur exploitation, en s'appuyant sur des instituts d'ingénierie pour les études et pour la maîtrise d'œuvre des travaux. Cette entreprise publique se voit confier non seulement les études préalables mais la réalisation et l'exploitation de l'investissement. Dès le départ, dans le montage institutionnel du projet, il n'y a donc pas de double regard ou de partage des responsabilités entre la phase d'instruction du projet et la phase d'exécution du projet.

Par ailleurs, le promoteur du projet est assuré que toute sa production sera rachetée par la compagnie locale d'électricité à un tarif contrôlé par la commission de la réforme et du développement.

La commission de la réforme et du développement de la province agrée les dispositions techniques et environnementales du projet, ainsi que ses aspects contractuels et tarifaires, après un contrôle au niveau national (équivalent du ministère du plan).

Le ministère des finances, signataire de la convention de prêt, rétrocède ce financement au bureau des finances de la province, le remboursement étant assuré par l'entreprise opératrice grâce aux ventes d'électricité.

Les effets attendus du projet sont les suivants :

- Multiplication par trois de la production d'électricité par le comté.
- Création de 4 000 emplois pendant les travaux et de 250 postes permanents afin d'assurer l'exploitation des centrales dans des vallées demandeuses d'activités.
- Réduction de 200 000 tonnes d'émissions de CO2.
- Relance de la petite hydroélectricité en Chine qui s'était focalisée sur des grandes réalisations depuis plusieurs années, au détriment de la petite hydroélectricité.

Les risques du projet, évalués par la mission d'évaluation du bailleur de fonds, étaient considérés comme limités et contrôlés. Moins de 100 familles au total étaient déplacées, selon des procédures qui paraissaient équitables et dont l'application serait contrôlée. Le déplacement des populations et les conditions dans lesquelles il s'effectue sont souvent à l'origine de difficultés importantes lors de la construction de barrages.

Justification de l'évaluation ex-ante

L'évaluation réalisée par le bailleur de fonds a pris la forme du mandatement d'une expertise indépendante afin d'examiner la qualité de la mise en œuvre des procédures environnementales et sociales. À la suite de l'évaluation, l'entreprise a bien mis en place un Plan d'action environnemental et social : ou PGES faisant apparaître un budget dédié et spécifique pour traiter convenablement les effets négatifs du projet en matière environnementale et sociale. Les projets de construction de barrages sont toujours considérés comme sensibles sur le plan environnemental et social (infrastructures lourdes, déplacements de population) et sont donc classés en A en termes de risques environnementaux et sociaux (A équivaut à un risque élevé, B à un risque moyen, C à un risque faible). Un projet classé A (c'est le cas de tous les projets de barrage) demande impérativement la constitution d'un PGES. Pour un projet classé B, le PGES n'est pas une obligation mais peut s'avérer fortement recommandé dans certaines situations. Pour un projet classé C, le PGES n'est pas une nécessité.

Exécution technique et financière

Le projet a été identifié en juin de l'année n. Or, en n +5, soit 5 ans après, il n'était toujours pas terminé. La convention de financement a été signée en décembre de l'année n et le premier décaissement n'est intervenu qu'un an après, c'est-à-dire en décembre n +1.

Cette opération a dû faire face à une succession de difficultés :

- Risque géologique dans les premiers sites envisagés obligeant à un changement d'implantation géographique avec une contrepartie importante en matière de personnes déplacées supplémentaires (200 familles et non 100 familles comme il était prévu dans les études préalables).
- Éloignement des chantiers rendant les exercices de supervision externe très difficiles et onéreux.
- Accident sur le chantier de construction dû à une crue non anticipée du cours d'eau.
- Obligation de suspendre les décaissements pour cause de difficultés de communication entre la maîtrise d'ouvrage et le bailleur de fonds.
- Défection de l'entreprise locale chargée d'assurer la construction des aménagements pour cause de non-maîtrise du chantier et reprise de l'opération par une entreprise ayant un savoir-faire et une surface financière plus adaptés avec une dimension régionale et non locale.
- Variation des taux de change entre le yuan et l'euro non anticipée.
- Gros problèmes liés aux déplacements des populations (chantage au suicide).
- Expert social mandaté pour trouver des solutions aux déplacements des populations s'avérant finalement peu efficace et ayant un effet contraire à celui recherché (suscitant des antagonismes au lieu de les réduire).
- Surcoût du projet de 10 à 20 m € par rapport à l'étude de faisabilité prise en charge par les autorités chinoises.

Impact en matière de bilan carbone

Les études préalables ne correspondent plus à la réalité. Le chantier a été beaucoup plus long que prévu, plus onéreux, sans que l'on puisse encore affirmer que les investissements financés seront pleinement opérationnels. Le coût à la tonne de CO2 évitée a crû sensiblement, réduisant à proportion l'efficience du projet sur ce plan.

Impact en matière sociale

Le chantier a bien suscité des emplois complémentaires. L'exploitation des infrastructures permettra la création d'emplois permanents. En revanche, le nombre de personnes déplacées a pratiquement doublé entre le chiffre avancé dans les études préalables et la réalité de terrain après l'exécution technique proprement dite. De plus, malgré tous les efforts du bailleur de fonds pour améliorer les conditions de déplacement des populations, il convient de reconnaître que les méthodes employées par les autorités chinoises sont beaucoup plus autoritaires et agressives que dans la culture occidentale. Il s'agit d'un fait culturel qu'il s'avère très difficile de faire évoluer. Les conditions de déplacement des populations posent donc un problème humain et d'image au bailleur de fonds car cette opération délicate s'effectue selon des normes culturelles qu'il réprouve et qu'il ne peut guère modifier à court terme.

Durabilité

Il est encore trop tôt pour statuer sur la durabilité de cette opération. À ce stade, on peut simplement indiquer qu'il est très difficile de conduire un chantier de ce type (construction de barrages en Chine) selon des normes internationales. Il faut dire que ce pays possède ses propres règles, sa propre expérience, sa propre mentalité en la matière. À lui seul, il met en chantier près de la moitié des barrages hydroélectriques dans le monde. Son savoir-faire est donc réel et les conditions de réalisation se sont forgées selon des normes locales humaines, sociales et économiques sur lesquelles un bailleur de fonds externe a peu de prises. Le changement des normes et des comportements acquis au cours du temps s'avère très difficile.

Enseignements et recommandations

- *Les petits projets ne sont pas obligatoirement les plus faciles à réussir.*
- *Une société qui cumule tous les rôles* (bureau d'études puis opérateur lors de l'exécution en tant que maîtrise d'œuvre) tout au long du cycle du projet est beaucoup moins contrôlable que lorsque les responsabilités sont partagées. En général, il convient d'éviter que l'entreprise qui réalise les études préalables soit également l'entreprise qui conduise les travaux.
- *Il existe parfois un gros écart entre les études préalables et la réalité de terrain.* Plus les études préalables sont fouillées, plus la réalité risque de se rapprocher de ce

qui était prévu. Ici, les conditions des sols et donc d'implantation des barrages n'avaient pas été assez travaillées.

- *Le poids des différences culturelles.* Une opération qui apparaissait très simple sur le papier s'est révélée très difficile à réaliser dans de bonnes conditions. Les contraintes culturelles (déplacement des populations) ne doivent pas être sous-estimées car toute évolution dans ce domaine est obligatoirement très lente.
- *Les défis d'un contexte d'isolement.* Lorsqu'il s'agit de réaliser un projet dans une zone relativement isolée, il est préférable de prendre une entreprise solide. Les difficultés logistiques plaident pour un renforcement de la maîtrise d'œuvre.
- *La fierté du savoir-faire national.* La Chine possède une expertise en matière de construction de barrages. Il est illusoire de croire que le financement d'un projet de ce type peut faire évoluer des habitudes qui sont ancrées dans l'expérience.
- *L'épineuse question de la gestion du déplacement de population dans les projets de barrages.* Une des plus grosses difficultés inhérentes à la construction des barrages concerne le déplacement des populations. Les prescriptions nationales dans ce domaine doivent être proches des normes internationales car sinon les risques pour la population et les risques d'image pour le bailleur de fonds sont élevés. De la faune et de la flore endémiques complexifient parfois également la réalisation d'un barrage.

Exercice proposé

Lire attentivement le descriptif du projet

1) En matière de montage du projet, quelle est la particularité de cette opération ?
2) Quel est l'intérêt du système de rétrocession du prêt à un opérateur local qui remboursera le ministère des finances ?
3) Qu'est-ce qu'un PGES ? Pourquoi faire un PGES ? Comment et pourquoi les projets sont notés A, B, C sur le plan environnemental et social ?
4) Avantages et inconvénients de la construction d'un barrage hydroélectrique sur le plan environnemental et social ?
5) Que pensez-vous de l'exécution technique et financière du projet ?
6) Pour l'évaluation ex-ante de ce projet, le bailleur de fonds a eu recours à une évaluation externe par un bureau d'études. Pourquoi ?
7) Les Chinois peuvent-ils apprendre de l'approche occidentale de construction et d'exploitation d'un barrage hydroélectrique ?

8) Que pensez-vous d'une aide à la Chine dans le cadre d'une politique de solidarité internationale ?
9) Durabilité du projet ?
10) Notation du projet. Pertinence des objectifs ? Réalisation des objectifs ? Efficacité ? Efficience ? Impact ?
11) Points forts ? Points faibles ?

Corrigé de l'exercice

1) En matière de montage du projet, quelle est la particularité de cette opération ?

Les autorités chinoises ont confié la maîtrise d'ouvrage du projet à une entreprise publique qui assume également les études préliminaires, la réalisation des aménagements et leur exploitation. Il n'y a pas dans ce cas une césure entre la phase d'instruction, confiée à des prestataires, et la phase d'exécution du projet, confiée à d'autres prestataires. Ce type de montage a l'avantage de la simplicité. Toutefois, il ne permet pas de confronter les points de vue entre des prestataires qui instruisent le dossier et une maîtrise d'ouvrage et une maîtrise d'œuvre différentes qui vont contrôler la bonne exécution d'un projet et gérer l'infrastructure.

2) Quel est l'intérêt du système de rétrocession du prêt à un opérateur local qui remboursera le ministère des finances ?

Les ventes d'électricité par la société publique qui exploite les petits aménagements récoltent des recettes en monnaie locale. Elle remboursera le prêt en monnaie locale au ministère des finances qui pour sa part remboursera le bailleur de fonds en devises puisque le prêt est en devises. Le ministère des finances assumera donc le risque de change de cette opération. Pour le prêteur, c'est une garantie supplémentaire d'être bien remboursé. Pour l'emprunteur, c'est un risque supplémentaire à assumer puisque la devise d'emprunt n'est adossée à des recettes en devises permettant de rembourser l'emprunt.

3) Qu'est-ce qu'un PGES ? Pourquoi faire un PGES ? Comment et pourquoi les projets sont notés A, B, C sur le plan environnemental et social ?

Un Plan de Gestion Environnemental et Social (PGES) a pour but de gérer les effets possiblement négatifs du projet sur le plan environnemental et social afin qu'ils soient neutres en la matière. Dans le cas présent, le projet a des effets négatifs à traiter : déplacement de population, destruction possible d'une partie remarquable sur le plan de la flore et de la faune, à cause de l'immersion de surfaces terrestres. Sur l'échelle des risques environnementaux et sociaux à gérer, les barrages hydroélectriques sont classés A comme tous les barrages qui ont un fort impact environnemental et social. Le classement d'une infrastructure en A demande que soit élaboré un PGES. À titre d'information, la Banque mondiale a souvent hésité à financer la construction de barrages hydroélectriques dans le monde à cause de la difficulté à gérer les impacts négatifs de ce type d'infrastructures.

4) Avantages et inconvénients de la construction d'un barrage hydroélectrique sur le plan environnemental et social ?

Les avantages sont les suivants : mise à disposition d'une énergie verte, non émettrice en CO2 durant toute sa phase d'exploitation, se substituant dans le cas présent à l'utilisation du charbon.

Les inconvénients sont les suivants : déplacement de population à prévoir, possibilité de noyer des espèces végétales ou animales remarquables.

5) Que pensez-vous de l'exécution technique et financière du projet ?

L'exécution technique et financière du projet a rencontré de nombreuses difficultés : risque géologique déclaré entraînant des changements d'implantation géographique des petits barrages, personnes déplacées en nombre du fait de ce changement d'implantation géographique des barrages, suivi et contrôle difficile à exécuter à cause de l'éloignement des zones du projet, accident de chantier dû à une crue, difficulté entre la maîtrise d'ouvrage et le bailleur de fonds ayant entraîné une suspension des décaissements de fonds, défection de l'entreprise locale initialement chargée d'effectuer les travaux, variation des taux de change, gros problème lié au déplacement des populations, surcoût du projet (doublement).

6) Pour l'évaluation ex-ante de ce projet, le bailleur de fonds a eu recours à une évaluation externe par un bureau d'études. Pourquoi ?

Il s'agissait pour le bailleur de fonds de s'assurer qu'un PGES serait bien réalisé par la partie chinoise, selon des normes internationales. Il y a en effet un décalage important entre les exigences couramment admises au niveau international et les exigences beaucoup plus souples mises en œuvre par les Chinois. L'enjeu était de rendre les maîtrises d'ouvrage chinoises plus sourcilleuses en matière de prise en compte des effets des barrages, petits ou grands, sur le plan environnemental et social. Le recours à un bureau d'expertise indépendant permettait de soigner particulièrement cette partie de l'instruction du projet en espérant que ces bonnes pratiques fassent école et soient ainsi reprises par la partie chinoise sur l'ensemble des projets de barrage.

7) Les Chinois peuvent-ils apprendre de l'approche occidentale de construction et d'exploitation d'un barrage hydroélectrique ?

Les Chinois possèdent un savoir-faire certain en matière de construction de barrage puisqu'un barrage sur deux construit dans le monde est chinois. Il est donc quelque peu présomptueux de prétendre pouvoir changer les pratiques des Chinois en la matière.

8) Que pensez-vous d'une aide à la Chine dans le cadre d'une politique de solidarité internationale ?

Cette opération a été lancée dans un secteur où la pratique chinoise est déjà très affirmée et ancrée. La Chine n'a peut-être pas besoin de la solidarité internationale pour changer ses pratiques et être ainsi plus conforme au respect et au bien-être des populations directement concernées. C'est une question de choix politique. La Chine n'a pas besoin de l'aide internationale modifier ses pratiques. C'est une question de volonté politique plus que de maîtrise technique.

9) Durabilité du projet ?

Pour ce type d'investissement, la durabilité s'examine sur le long terme. Il est donc trop tôt pour statuer sur cette question. Le changement des normes sociales et environnementales n'est pas une question de savoir-faire technique mais une question politique.

10) Notation du projet. Pertinence des objectifs ? Réalisation des objectifs ? Efficacité ? Efficience ? Impact ?

- Pertinence des objectifs : intéressants sur le papier mais incertains dans la réalité car très ambitieux. Un petit projet de ce type peut-il faire évoluer les pratiques de la Chine, en modifiant son approche de la construction des barrages, en relançant la petite hydroélectricité ?
- Efficacité : faible. Le montage institutionnel du projet faisait une part trop importante à une maîtrise d'œuvre n'ayant pas la surface technique et financière suffisante. L'entreprise locale a été défaillante.
- Efficience : faible. Les dérapages en termes de calendrier, les changements dans les sites d'installation des barrages, les conditions de déplacement des populations ont entraîné des dépassements de coûts très élevés (doublement), pris en charge complètement par la partie chinoise.
- Impact : faible. Cette opération d'un faible montant éprouvera des difficultés à faire école en Chine. Les conditions de réalisation des barrages se révèlent déjà très ancrées dans les mentalités locales. Il est difficile de savoir si elles sont véritablement influençables de l'extérieur.

11) Points forts ? Points faibles ?

Point fort

- Substituer à l'énergie charbon de l'énergie verte à base d'hydroélectricité

Points faibles :

- Une opération choisie dans un secteur où l'expertise locale est déjà très affirmée.
- Un montage du projet laissant trop de responsabilités à un seul opérateur.
- Des déplacements de population réalisés à la chinoise, selon des normes chinoises et non des normes internationales.
- Un appui au titre de la solidarité internationale vis-à-vis d'un pays qui se situe au deuxième rang mondial sur le plan économique.

9. Projets dans le domaine de la santé, de l'éducation, de la formation, de la protection sociale

Contrairement à d'autres projets qui ont été évalués dans cet ouvrage en majeure partie une fois achevés, les projets présentés ici ont été suivis par l'auteur sur place. Mis à part le premier présenté, ils n'étaient pas encore terminés pour certains. La prise en compte des éléments de contexte local des projets est ainsi plus présente. Ces projets ont fait ensuite l'objet d'un nouveau regard 5 ans après pour mieux évaluer leurs impacts réels.

29. Appui à la formation continue des personnels paramédicaux au Congo Brazzaville

Présentation du projet

Intitulé	Montant	Nature	Part. État	Durée initiale	Durée Finale
Projet d'appui à la formation continue des personnels paramédicaux	**4,60 m€**	**Subvention**	**Faible**	**3 ans**	**6 ans**

Le Congo Brazzaville est un pays pétrolier ayant les caractéristiques suivantes : faible population (5,8 millions) étant donné sa superficie (340 000 km2), richesses du sous-sol et des forêts à exploiter ou à préserver, taux de pauvreté de la population proche de 45 %.

Le Projet d'appui à la formation continue du personnel paramédical a été mis en place avec pour objectif l'amélioration de la qualité des prestations de soins et services de santé offerts au niveau des centres de santé et des hôpitaux du pays, pour trois catégories de personnels paramédicaux : les infirmiers diplômés d'État, les sages-femmes et les techniciens de laboratoire.

Ce projet s'inscrit dans les orientations stratégiques d'un plan national de développement de la santé élaboré par le ministère de la santé. Il a été financé par un bailleur de fonds primaire à travers une délégation de fonds à un bailleur délégataire à hauteur de 4,6 millions d'euros pour une période de trois ans. Cette formule permet au bailleur primaire de faire piloter le projet par un bailleur délégateur qui suivra l'instruction et la mise en œuvre du projet, pour le compte du bailleur primaire et contre rémunération. La maîtrise d'ouvrage a été assurée par le ministère de la Santé à travers la direction générale de l'administration et des ressources humaines qui a dans ses attributions, le développement des compétences des personnels paramédicaux au travers de la formation initiale et continue. La maîtrise d'œuvre, sous forme d'assistance technique, a été assumée par un consortium de bureaux d'études.

Exécution technique

Ce projet a été lancé en année n sous forme d'une délégation de crédits. Il a nécessité de longs mois de négociations entre les autorités locales, le bailleur de fonds primaire et le bailleur de fonds délégataire pour trouver un montage technique et financier adapté. La convention de délégation de fonds entre le bailleur de fonds primaire et le bailleur délégataire a été signée en (n + six mois). La convention de financement de ce projet (bailleur délégataire Congo), pourtant initié en année n, n'a été signée qu'en année n +2. Les premiers décaissements sur cette convention ne sont intervenus qu'en année n +3 au démarrage effectif du projet. Le montage institutionnel de ce projet s'est donc avéré particulièrement long et complexe à mettre en œuvre.

La relation technique et financière entre le bailleur de fonds primaire et le bailleur de fonds délégataire s'est avérée difficile. Le bailleur de fonds primaire s'est montré particulièrement exigeant dans l'application de la convention et surtout de ses points d'affection si bien qu'il était particulièrement difficile d'adapter a minima le projet aux circonstances et aux possibilités réellement offertes sur le terrain.

Les circuits d'approvisionnement du compte projet par le bailleur primaire ont été très longs. Les justificatifs exigés par le bailleur primaire pour décaisser ont suscité des blocages entre le bailleur primaire et la maîtrise d'ouvrage, cette dernière n'arrivant pas toujours à satisfaire le degré d'exigence du bailleur primaire, sans que l'on puisse parler de laxisme à cet égard.

Le bailleur primaire, en fonction de ses cadres affectés au suivi de cette opération sur place, s'est montré plus ou moins interventionniste par rapport à l'exécution du projet. Dans un premier temps (démarrage du projet), le bailleur primaire était très présent et voulait pratiquement co-piloter le financement de l'opération avec le bailleur de fonds délégataire. Ensuite, un nouveau cadre local a pris le relais chez le bailleur primaire et le partage des rôles s'est rééquilibré rendant l'opération plus facile à exécuter pour la maîtrise d'ouvrage et le bailleur de fonds délégataire. En fin de projet, un nouveau cadre suivant ce projet est arrivé chez le bailleur primaire. Il s'est montré à nouveau particulièrement sourcilleux sur le respect total des procédures, sans ajustement possible (exemple : absence de possibilité de prolonger le projet), ce qui a rendu plus difficile la fin du projet : dernière session de formation non réalisée, faible transition entre fin du projet et la reprise des formations par les autorités locales, difficultés à solder l'opération sur le plan financier entre le bailleur de fonds primaire et le bailleur de fonds délégataire.

Les principales réalisations du projet ont été les suivantes :

- Élaboration des modules théoriques et pratiques de mise à niveau, pour chaque catégorie de personnel.

- Mise en place de procédures de formation et d'encadrement pratique des formateurs. Il s'agit de la mise en place des curricula de formation des formateurs des filières infirmiers, sages-femmes et techniciens de laboratoires. Dans le cadre de ce projet, les formateurs sont des moniteurs des stages d'application des cours théoriques organisés au titre de la formation continue.
- Curriculum de formation des formateurs des infirmiers
- Curriculum de formation des formateurs sages-femmes
- Curriculum de formation des formateurs de la composante techniciens de l- laboratoire.
- Formalisation des procédures liées à la formation et à l'encadrement pratique pour les formateurs.
- Curricula de formation des prestataires sages-femmes
- Curricula de formation des prestataires infirmiers
- Curriculum de formation des prestataires techniciens de laboratoire
- Organisation des sessions de formation.
- Formation des prestataires
- Généralisation des outils et méthodes de supervision. Des exercices de supervision ont été réalisés avec des outils appropriés, au lendemain de la tenue des sessions de formation. Ces supervisions ont concerné aussi bien les formateurs que les prestataires infirmiers, sages-femmes et techniciens de laboratoires. Elles ont permis de relever aussi bien les acquis des apprentissages que des insuffisances constatées auprès des agents supervisés.

Exécution financière

Sur le plan financier, les documents à fournir par le bailleur délégataire pour obtenir le versement des fonds du bailleur primaire se sont avérés très difficiles à réunir auprès de la maîtrise d'ouvrage (une maîtrise d'ouvrage faible malgré l'appui d'une assistance technique). Les coûts de gestion de cette délégation de fonds pour le bailleur délégataire ont été particulièrement élevés et donc supérieurs à la rémunération prévue à cet effet. Quelques exemples pour s'en convaincre : premièrement, le bailleur délégataire a exigé de nombreux justificatifs pour réapprovisionner le compte projet. Or, un opérateur qui avait livré du matériel attendait désespérément d'être réglé de ses livraisons. Le bailleur délégataire a dû pendant pratiquement trois mois batailler avec le bailleur primaire pour que les fonds nécessaires soient enfin versés et que le prestataire ne soit plus en impayés. En fin de projet, le bailleur primaire a exigé que le projet ne soit pas prolongé en matière de financement alors qu'il était dans sa phase active de formation des personnels paramédicaux. De ce fait, les dernières sessions de formation n'ont pas pu avoir lieu. Enfin, le paiement des dernières tranches du projet au bailleur délégataire on fait l'objet d'échanges de courriers pendant plus d'un an pour solder le projet, après la fin officielle du projet et donc l'arrêt du financement des sessions de formation.

Ces quelques exemples montrent la difficulté à gérer des fonds délégués pour une autre institution financière (souvent un autre bailleur de fonds), lorsque les procédures des uns et des autres ne sont pas forcément pleinement compatibles, lorsque cette délégation se traduit par un interventionnisme sourcilleux du délégataire des fonds à tous les stades du projet.

Par exemple, un bailleur de fonds peut être beaucoup plus exigeant qu'un autre dans les justificatifs à apporter par la maîtrise d'ouvrage pour accepter le décaissement des fonds : plus ou moins strict sur le respect des points d'affection et leur évolution possible, plus ou moins strict sur le nombre la qualité et la forme des pièces justificatives à fournir pour décaisser, plus ou moins strict sur la durée de décaissement du projet, plus ou moins strict sur la mise en concurrence des prestataires, sur le degré de mise en concurrence en fonction des montants à engager…

Impacts du projet

Réseau de formateurs, pour la formation continue des prestataires infirmiers, sages-femmes et techniciens de laboratoires. Ce pool de 54 formateurs constitue un réseau à fort impact sur lequel le ministère en charge de la santé devrait pouvoir compter pour la formation continue du personnel paramédical, d'autant plus qu'ils sont disséminés dans plusieurs villes du pays.

Formation continue des prestataires infirmiers, sages-femmes et techniciens de laboratoires. Au total, 1 510 prestataires ont bénéficié des sessions de formation continue par le projet, répartis comme suit ; infirmiers : 895 soit 59 % de l'effectif global ; sages-femmes 401 soit 26,5 % et techniciens de laboratoires 214 soit 14,1 %. Les effectifs prévisionnels indiquaient la formation respectivement de 900 infirmiers, 300 sages-femmes et 250 techniciens de laboratoires. Ce qui indique des taux de réalisation respectifs de 99 % pour les prestataires infirmiers, 134 % pour les sages-femmes et 86 % pour les techniciens de laboratoires.

Durabilité des acquis du projet

Le projet a apporté ponctuellement une assistance technique et logistique aux services techniques de la direction générale de l'administration et des ressources humaines. Au-delà de l'acquisition des équipements, et des véhicules, les acquis réalisés en termes de renforcement des capacités d'organisation et de gestion de la formation continue des personnels paramédicaux n'apparaissent pas de façon évidente.

Les prestataires qui ont bénéficié de la formation continue organisée par le projet représentent moins de 25 % de l'effectif global des personnels paramédicaux des trois catégories professionnelles concernées. Dans certains établissements, les effectifs formés varient de 6 % à 45 % en fonction des catégories professionnelles. Et nombreux sont les centres de santé dont aucun agent n'a bénéficié de cette formation.

De toute évidence, la masse critique des prestataires qui ont bénéficié des sessions de formation continue est insuffisante pour créer une réelle dynamique dans l'amélioration de la quantité et la qualité de l'offre de soins et services de santé fournis par les prestataires infirmiers, sages-femmes et techniciens de laboratoires.

La direction des ressources humaines, à travers le service de la formation continue et des stages, est le point d'ancrage de toutes les activités à envisager dans le cadre de la pérennisation des acquis du projet. Le service de la formation continue et des stages est une structure administrative dont l'organisation, le fonctionnement et le financement n'ont pas été établis pour répondre aux fonctions et exigences opérationnelles d'un projet ou d'un programme.

Au regard de l'ampleur des besoins et de l'importance des enjeux liés à la formation continue des personnels de santé et fort des leçons apprises de la mise en œuvre du projet, une option forte serait de mettre en place un cadre dédié à la formation continue des personnels des personnels de santé. En attendant, les limites actuelles du service de la formation continue et des stages indiquent la nécessité de prendre des dispositions spécifiques, telles que la contractualisation de ces actions avec un cabinet conseil local, afin de répondre aux besoins de la pérennisation des acquis du projet.

Les activités à envisager pour la pérennisation des acquis du projet pourraient être bâties autour des lignes d'action suivantes :

- Assurer le suivi post-formation des prestataires formés au cours des sessions organisées par le projet, en mettant à contribution les membres du réseau de formateurs disséminés à travers le territoire.
- Développer les outils de supervision des prestataires infirmiers, sages-femmes et techniciens de laboratoire, sur la base des curricula de formation continue développés par le projet, et les vulgariser dans les districts sanitaires.
- Encourager les directeurs des établissements hospitaliers et les médecins chefs des districts sanitaires à faire recours aux membres du réseau des formateurs pour organiser in situ, des sessions de formation continue des infirmiers, sages-femmes et techniciens de laboratoires en fonction dans leurs institutions.
- Renforcer les compétences des membres du réseau de formateurs en ingénierie de la formation

- Évaluer l'impact des sessions de formation organisées par le projet sur l'amélioration des compétences des personnels paramédicaux ciblés et de la qualité des soins et services fournis par ces derniers.
- Donner une existence juridique aux sites de formation continue, en les créant comme des structures placées sous tutelle des directions départementales de la santé et nommer dans chaque district sanitaire et chaque établissement hospitalier une responsable de la formation continue.
- Assurer un financement approprié des activités de formation continue
- Organiser la mise à jour et l'identification des besoins et élaborer un programme de formation continue des personnels de santé, d'envergure nationale.

Toutefois, quelques années après la fin du projet (5 ans), faute de financement interne ou externe, le gouvernement n'a pas été en mesure de continuer les actions de formation entreprises par le projet. Les centres de formation réhabilités et équipés à travers le pays ont été laissés sans activité. Il n'y a plus de formation continue du personnel paramédical. On ne procède plus à la formation des formateurs.

Enseignements et recommandations sur le plan du montage institutionnel

Les difficultés de la gestion de la délégation de fonds. Le montage du projet s'est avéré complexe et particulièrement long à exécuter. La délégation de fonds est délicate à gérer sur le terrain. En effet, le bailleur primaire a plus ou moins d'exigences, est plus ou moins procédurier vis-à-vis du bailleur délégataire sur le plan des opérations qui doivent concorder avec les besoins et les exigences de la maîtrise d'ouvrage (le ministère congolais de la santé et de la population) tout en répondant à la stratégie d'intervention du bailleur délégataire.

Sur le terrain, les experts du bailleur primaire ont été tentés de faire du micromanagement de projet demandant au bailleur délégataire de l'informer et de l'associer en permanence à la phase d'exécution de ce projet (participation aux comités de pilotage, communication externe sur le projet, invitation à prendre la parole sur ce projet dans les médias).

En cas de gestion de fonds délégués, il est difficile de trouver un bon équilibre entre le partenaire qui met à disposition les fonds (le bailleur de fonds primaire) et le bailleur délégataire qui signe la convention de financement avec la maîtrise d'ouvrage (le bailleur délégataire). Il convient donc de donner un maximum de souplesse au bailleur délégataire dans son suivi exécution du financement à décaisser de manière à coller à la nécessaire adaptation au milieu et à la conjoncture locale.

À ce titre, il est bien évident que les contreparties financières à verser par la maîtrise d'ouvrage au projet étaient bien plus difficiles à obtenir en fin de projet en raison de la crise financière que l'État congolais a subi en fin de projet.

Une respiration doit être permise au projet, en fonction de l'évolution des circonstances locales, pour que le projet, sans pour autant modifier ses objectifs et ses grands points d'affectation, puisse s'adapter à l'évolution du contexte.

De ce point de vue, les conventions de délégations de fonds doivent s'avérer plus souples pour permettre effectivement ces modifications à la marge.

La composante humaine est également importante dans ce type de situation. On constate effectivement que selon la personnalité du représentant du bailleur de fonds primaire, le projet s'est trouvé plus ou moins facile à exécuter.

Une expérience sur le terrain montre qu'il convient de s'adapter en permanence à des impératifs non prévus au départ qu'il convient de surmonter. Cela ne veut pas dire que l'on modifie les objectifs du projet. On peut leur rester fidèle tout en aménagement certaines dispositions, non prévues au départ, mais qui s'avèrent indispensables. Une trop grande rigidité dans l'exécution de certains projets est à proscrire. En cas de délégation de fonds, l'institution qui délègue les fonds doit être tenue à distance respectable du projet et devrait également s'avérer plus à l'écoute des évolutions de terrain. Pour un développeur, il convient donc de veiller à négocier en amont avec le délégataire de fonds un mode de relation adapté à la situation de terrain : passerelles pour éviter les blocages, adaptation possible du projet à l'évolution du contexte, flexibilité dans la durée d'exécution du projet, modification à la marge des points d'affectation, dispositif de réaménagement du projet en cas de modification de la conjoncture économique surtout si des montants élevés de fonds de contreparties avaient été prévus au départ et sont ensuite difficiles à mobiliser par la partie locale…

Enfin, les difficultés de ce projet montrent également qu'il est difficile parfois de faire travailler deux bailleurs de fonds ensemble, car ils ont des procédures différentes qu'il est difficile de conjuguer. Une délégation satisfaisante devrait pouvoir faire le choix de l'emploi des procédures du bailleur délégataire, sans chercher à répondre également aux procédures différentes du bailleur primaire.

Enseignements et recommandations en matière de formation des formateurs.

D'une manière globale, les meilleurs scores ont été réalisés par les formateurs techniciens de laboratoires.

Les résultats des évaluations réalisées au terme des sessions ont montré que hormis les formateurs techniciens de laboratoires, les formateurs infirmiers et sages-femmes ont clairement montré leurs insuffisances dans l'utilisation du matériel pédagogique informatique, du matériel audiovisuel et des technologies de l'information et de la communication. Ces limites expliquent au moins en partie les faiblesses des scores réalisés par les formateurs infirmiers et sages-femmes.

Enseignements et recommandations sur les acquisitions effectuées par les prestataires infirmiers, sages-femmes et techniciens de laboratoires.

Les résultats des prétests effectués au début des sessions de formation ont montré que les apprenants avaient généralement un niveau relativement limité en ce qui concerne les aspects théoriques des unités d'enseignements. Toutefois, ils ont fait montre d'une expérience pratique indéniable, quelle que soit la filière considérée.

Les évaluations effectuées au terme des sessions de formation ont montré des gains substantiels, au regard des performances réalisées par les prestataires. Au-delà de ces évaluations, les avis et opinions collectées auprès des bénéficiaires des formations, des majors des services et chefs d'établissements, principaux utilisateurs de prestataires formés, renseignent sur ces performances.

Enseignements et recommandations sur la durabilité des acquis du projet

Un quart seulement du personnel formé. Les personnels formés dans les trois domaines d'activité (sages-femmes, techniciens de laboratoire, infirmiers) auront certainement une pratique bénéfique pour les patients qui bénéficieront de leur plus grand professionnalisme. Toutefois, la proportion de personnel formé grâce au projet n'est pas suffisante pour envisager une amélioration globale des prestations délivrées aux patients. Les prestataires qui ont bénéficié de la formation continue organisée par le projet représentent moins de 25 % de l'effectif global des personnels paramédicaux des trois catégories professionnelles concernées.

Seul l'État peut pérenniser par ses financements ce type de formation pour l'amélioration de la santé des populations. Sans une prise en charge par l'État, et particulièrement du ministère de la santé, de la continuation de ces formations selon le mode efficace proposé par le projet, l'impact du projet demeurera limité pour les patients concernés mais également en termes d'amélioration globale du professionnalisme de ces trois corps de personnel de santé. En matière de formation, l'impact réel des projets dépend de leur continuation dans la durée. Dans le cas présent, il n'y a pas eu de pérennisation des financements apportés par l'État.

Exercice proposé

Lire attentivement le descriptif du projet

1) Par qui est réalisé le Plan national de développement de la santé ?
2) Quels sont les rôles respectifs d'un bailleur de fonds primaire et d'un bailleur de fonds délégataire ?
3) Qu'est-ce qui peut pousser un bailleur de fonds primaire à déléguer ses fonds à un bailleur délégataire ?
4) Que pensez-vous de l'exécution technique de ce projet ?
5) Que pensez-vous de l'exécution financière de ce projet ?
6) Quel impact du projet à court terme ?
7) La durabilité du projet est-elle assurée ?

8) Quels enseignements sur le plan du montage institutionnel ?
9) Notation du projet. Pertinence des objectifs ? Réalisation des objectifs ? Efficacité ? Efficience ? Impact ?
10) Points forts ? Points faibles ?

Corrigé de l'exercice

1) Par qui est réalisé le Plan national de développement de la santé ?

Le Plan national de développement de la santé a été réalisé par le ministère de la santé. Il s'agit d'un cadre général qui élabore les priorités du gouvernement sur une période de 5 ans. Toutes les actions financées avec des ressources externes ou avec des ressources internes doivent s'inscrire dans cet exercice de planification. Ce type de document est en général un préalable, demandé par les bailleurs de fonds, pour financer le secteur. Ces derniers veulent y voir clair sur les intentions du gouvernement et donc inscrire leurs actions dans le cadre d'une stratégie déjà élaborée (permet l'appropriation, permet l'harmonisation des interventions éventuelles des bailleurs). Le problème est que l'élaboration de ce type de document est souvent financée par les bailleurs de fonds. L'internalisation et l'appropriation de ce type d'exercice par le gouvernement ne sont alors pas complètes. Les engagements pris par le gouvernement, sur le plan technique et financier, afin de mener à bien la politique de santé future qui en découle, demeurent indicatifs.

2) Quels sont les rôles respectifs d'un bailleur de fonds primaire et d'un bailleur de fonds délégataire ?

Le bailleur de fonds primaire apporte les financements sur la base d'un projet, plus ou moins élaboré, à financer. Dans ce cas précis, il s'agissait de répondre à une requête du gouvernement s'inscrivant dans le cadre du plan national de développement. Le bailleur de fonds primaire n'a donc pas de rapports opérationnels avec la maîtrise d'ouvrage dans l'exécution technique et financière. Il apporte simplement des fonds au bailleur délégataire.

Le bailleur de fonds délégataire réalise le vrai travail de financement opérationnel du projet, de la phase d'instruction (études préalables comprises) à la phase d'exécution.

Une convention de délégation de fonds entre le bailleur primaire et le bailleur délégateur précise les obligations de chacun l'un par rapport à l'autre.

3) Qu'est-ce qui peut pousser un bailleur de fonds primaire à déléguer ses fonds à un bailleur délégataire ?

Ce type de mécanisme est utilisé dans les cas suivants : volonté de simplifier l'intervention des bailleurs de fonds dans un secteur précis par la désignation d'un chef de file récoltant ainsi des délégations de fonds d'autres bailleurs (un seul bailleur devient l'interlocuteur de la maîtrise d'ouvrage) ; appui d'un bailleur de fonds généraliste sur un autre bailleur de fonds plus compétent dans le secteur considéré ayant le savoir-faire technique pour évaluer et suivre sur le terrain l'exécution d'un projet. Ce bailleur de fonds, spécialiste du secteur, manque parfois de ressources financières adéquates pour financer lui-même ce projet.

Dans le cas présent, le bailleur de fonds primaire avait les financements disponibles correspondant à sa stratégie d'intervention en République du Congo, mais n'avait pas le personnel suffisant pour instruire et suivre le projet sur place.

4) Que pensez-vous de l'exécution technique de ce projet ?

Le projet a enregistré 3 années de retard dans son exécution technique, du fait de la complexité du montage institutionnel. Il est apparu également rapidement que le degré de délégation entre le bailleur primaire et le bailleur délégataire était sujet à interprétation : simple délégation de fonds ou volonté pour le bailleur primaire de s'impliquer dans le suivi du projet sur le terrain ? De plus, sur le plan opérationnel, le point le plus difficile à gérer entre les deux bailleurs était l'alimentation du compte projet permettant au bailleur délégataire de financer le projet : approvisionnement par tranches successives par le bailleur primaire sur la base de pièces justificatives de dépenses du projet permettant au fur et à mesure de réabonder le compte projet. Le bailleur de fonds primaire s'est montré très scrupuleux dans le respect des points d'affectation du projet, bien spécifiés dans la convention de délégation, faisant qu'aucune adaptation du projet au contexte changeant du Congo n'était possible. Le bailleur de fonds primaire s'est montré très pointilleux dans les pièces justificatives à fournir pour permettre la prise en charge sur les fonds du projet des dépenses du projet. Le bailleur de fonds délégataire a dû composer avec les contraintes de terrain, en termes d'affection des fonds. Le bailleur de fonds délégataire a dû batailler avec la maîtrise d'ouvrage, non seulement pour faire respecter les points d'affectation, mais également permettre aux dépenses du projet d'être effectivement prises en charge par le bailleur primaire.

Concrètement, le bailleur de fonds primaire n'a pas hésité plusieurs fois à rejeter des dépenses du projet qui avaient été acceptées par le bailleur délégataire. Le bailleur primaire a fixé une date limite de décaissement des fonds qui a stoppé le projet alors que ce dernier n'était pas terminé.

Ces difficultés illustrent comme il est difficile, en cas de délégation, de marier les procédures (et donc les exigences particulières) des deux bailleurs de fonds, face à une maîtrise d'ouvrage. Il convient que la délégation de fonds entre les deux bailleurs facilite le financement du projet et non le bloque.

Plus généralement, ces difficultés illustrent la difficulté des délégations de fonds. Elles illustrent également comme il doit être difficile pour une maîtrise d'ouvrage, sur un même projet en cofinancement de plusieurs bailleurs de fonds, de répondre aux exigences particulières et spécifiques de chaque bailleur de fonds, notamment en matière de décaissement des fonds.

Le rapprochement ou au moins la compatibilité des procédures des bailleurs de fonds devrait être un objectif de la communauté des bailleurs de fonds.

5) Que pensez-vous de l'exécution financière de ce projet ?

Elle s'est avérée difficile. Le niveau d'exigence du bailleur primaire et du bailleur délégataire n'était pas le même. De plus, la maîtrise d'ouvrage n'a jamais été en mesure de fournir les pièces justificatives attendues pour permettre le décaissement des fonds. Le réapprovisionnement du compte projet chez le bailleur de fonds délégataire s'en est trouvé perturbé. Les coûts de gestion ont été très élevés. La durée du projet n'a pu être prolongée. Les justificatifs de financement reçus par le bailleur délégataire ont donné lieu à de nombreux échanges avec le bailleur primaire qui rejetait une partie de ces pièces justificatives.

6) Quel impact du projet à court terme ?

À court terme, le Congo s'est doté d'un réseau de formateur, a augmenté son nombre d'infirmiers, de sages-femmes et de techniciens de laboratoire. Toutefois, la proportion de personnel formé (25 %) grâce au projet n'est pas suffisante pour envisager une amélioration globale des soins.

7) La durabilité du projet est-elle assurée ?

La durabilité du projet n'est pas assurée. Le gouvernement n'a pas continué sur ses propres moyens le travail entrepris grâce au projet.

8) Quels enseignements sur le plan du montage institutionnel ?

La gestion de fonds délégués demande de la souplesse. Si le bailleur primaire a trop d'exigences qui ne correspondent pas aux possibilités offertes par le terrain et la maîtrise d'ouvrage, le projet peut se bloquer très rapidement. On doit éviter que le bailleur primaire se mette à faire du micromanagement de projet et vide de sa substance le sens de la délégation. Le bailleur délégataire doit également être dans la capacité de satisfaire, via la maîtrise d'ouvrage, les exigences justifiées du bailleur primaire.

Chacun des bailleurs de fonds doit tenir compte des procédures de l'autre pour éviter les blocages.

9) Notation du projet. Pertinence des objectifs ? Réalisation des objectifs ? Efficacité ? Efficience ? Impact ?

Pertinence des objectifs : satisfaisant dans la mesure où ce type de personnel paramédical est indispensable au bon fonctionnement des structures de soins (hôpitaux, centres de santé)

Réalisation des objectifs : moyennement satisfaisant car le nombre de personnes formées est inférieur aux objectifs de départ. Exécution technique et financière rendue difficile par les exigences et les procédures particulières du bailleur de fonds primaire.

Efficacité : satisfaisante, les actions prévues ont été réalisées.

Efficience : le coût par formation est demeuré dans la fourchette fixée au départ.

Impact : sensible en termes de formation, plus mesuré en matière d'amélioration des soins pour les patients.

10) Points forts ? Points faibles

Points forts :

- Planification des interventions
- Ingénierie éducative avec une préparation du projet avec la confection d'instruments pédagogiques adéquats
- Nombre de personnes formées sur l'ensemble du territoire conforme aux prévisions

Points faibles :

- Pas de continuité du côté public à la clôture de ce projet.
- Durabilité faible due à l'absence de moyens budgétaires pour poursuivre cette opération.
- Exécution budgétaire et technique rendue difficile par les exigences du bailleur primaire par rapport au bailleur délégataire et à la maîtrise d'ouvrage.

30. Refondation du système de formation professionnelle au Congo Brazzaville

Contexte du projet

Intitulé	Montant	Nature	Contrib. État	Durée I.	Durée F
	6 m€	Subvention	Élevée	5 ans	10 ans

Le Congo Brazzaville est un pays à revenu intermédiaire, riche en pétrole, d'une superficie équivalente à l'Allemagne (à ne pas confondre avec la République démocratique du Congo ou Congo Kinshasa, grand comme quatre fois la France), peu peuplé (5,8 millions en 2021) mais dont le taux de pauvreté est supérieur à 45 %. Il ne manque pas de ressources (pétrole, minerais, forêts) mais ses dernières sont mal exploitées et mal réparties au sein de la population.

La population du Congo a beaucoup souffert durant les années de conflits qui ont touché la grande majorité des dix départements du pays durant la période de guerre civile (1993-2001).

Le fonctionnement du système éducatif a été très perturbé et ce aux différents niveaux d'enseignement. La scolarité a été interrompue dans de nombreuses zones et en moins de dix ans, la qualité des dispositifs – fréquentation, qualité des enseignements — s'est profondément dégradée. Dans un contexte post-crise, le gouvernement du Congo a souhaité engager les nécessaires réformes de son système d'éducation et de formation pour l'adapter aux réalités socio-économiques du pays. L'appui du bailleur a été requis, notamment pour aider les départements ministériels concernés à matérialiser les réformes souhaitées :

- Au niveau de l'éducation de base, il s'agit d'aider les équipes du ministère de l'enseignement primaire, secondaire et de l'alphabétisation à finaliser une politique budgétairement soutenable et à préparer un programme cohérent au financement duquel les bailleurs de fonds pourraient contribuer. Le travail à conduire est facilité par un récent diagnostic réalisé dans le cadre d'un rapport sur le système éducatif national.
- Pour l'enseignement technique et professionnel, le ministère de l'enseignement technique a sollicité le concours du bailleur pour l'aider à matérialiser la refondation souhaitée, laquelle vise la mise en place de dispositifs de formation répondant aux besoins des secteurs porteurs

Objectifs et contenu du projet
Défini en relation avec les services des ministères concernés, le projet vise à :
- Améliorer les capacités de maîtrise d'ouvrage des ministères en charge de l'éducation et de l'enseignement technique et professionnel.
- Aider à la création, en relation avec les milieux économiques, de centres de formation dédiés aux métiers de la maintenance à Pointe-Noire et du bâtiment à Brazzaville. Le but est d'ouvrir l'enseignement technique au monde professionnel en allant vers une cogestion, afin de mieux répondre aux besoins du marché du travail. L'enseignement technique était jusqu'à présent une chasse gardée du public.
- Aider la mise en place et le développement de partenariat avec des instituts locaux et étrangers pour la formation des formateurs et enseignants.

Le projet, prévu au départ pour une durée de 5 ans, a soutenu les efforts du ministère de l'enseignement primaire et secondaire et le ministère de l'enseignement technique en finançant des activités articulées autour de trois composantes :
- Composante 1 : renforcement des capacités de définition et de pilotage des stratégies en matière d'éducation de base et de formation
- Composante 2 : appui à la création de deux centres de formation et d'apprentissage
- Composante 3 : formation des formateurs et des enseignants

Intervenants et mode opératoire

La **maîtrise d'ouvrage du projet** a été assurée par le ministère de l'enseignement technique, sauf pour le renforcement des capacités du ministère de l'enseignement primaire et secondaire de la composante 1, sous la maîtrise d'ouvrage du ministère de l'enseignement primaire, secondaire et de l'alphabétisation.

Un **comité de pilotage** réunissant les responsables du ministère de l'enseignement technique et du ministère de l'enseignement primaire, secondaire et de l'alphabétisation devait se tenir deux fois par an pour faire le point sur les actions programmées.

L'unité de coordination des projets de l'enseignement technique et professionnelle récemment créée par le ministère de l'enseignement technique assure le suivi de la mise en œuvre du projet.

Les **partenaires** sont nombreux autour du projet : les organisations professionnelles congolaises représentatives des secteurs économiques concernés par les formations, les responsables d'entreprises siégeant au sein des comités de gestion des centres de formation et d'apprentissage, les associations locales appuyant les efforts d'insertion des publics formés, et enfin les établissements français impliqués dans les activités de perfectionnement pédagogique des enseignants et formateurs congolais dans le cadre du « plan enseignement français à l'étranger ».

Les **différents prestataires** mobilisés par le ministère de l'enseignement primaire, secondaire et de l'alphabétisation ou le ministère de l'enseignement technique (cabinets et bureaux d'études, entreprises de bâtiment, fournisseurs d'équipements, centres étrangers en appui aux centres de formation et d'apprentissage) seront sélectionnés après mises en concurrence effectuées sur la base de dossiers préalablement soumis à la non-objection du bailleur.

Tous les projets de contrats préparés par le ministère de l'enseignement primaire, secondaire et de l'alphabétisation ou le ministère de l'enseignement technique ont été soumis avant signature à la non-objection du bailleur.

Coût, financement du projet et signature de la convention

Le bailleur de fonds participe à hauteur de 6 millions d'euros (sur subvention du bailleur de fonds) pour un coût total (hormis les salaires des personnels locaux pris en charge par la partie congolaise) de 9,4 millions d'euros (3,40 m€ apportés par le gouvernement sous forme de fonds de contreparties).

La convention de financement d'un montant de 6 m€ a été signée pour une durée initialement fixée à cinq ans.

Principaux effets qui étaient attendus au démarrage du projet

En appuyant les efforts d'actualisation des stratégies sectorielles au sein d'une politique éducative plus cohérente, le projet entend contribuer à une meilleure articulation entre les différents niveaux d'enseignement et de formation : enseignement primaire et secondaire par rapport à l'enseignement technique et professionnel.

En associant à la gestion des nouveaux centres de formation les représentations des organisations professionnelles, le projet vise à garantir une meilleure adéquation des formations au marché du travail.

Exécution technique et financière du projet

Les activités sont mises en œuvre, d'une part, par l'unité de coordination des projets du ministère de l'enseignement technique (volet ministère de l'enseignement technique de 5,40 m€) et d'autre part, par le ministère de l'enseignement primaire et secondaire (volet de 0,60 m€).

Après plusieurs années de retard (5 ans de retard sur la fin du projet programmée au départ), les deux centres de formation ont ouvert officiellement avec des effectifs réduits.

Cette avancée a été possible après la finalisation de la construction des centres de formation et d'apprentissage et après la livraison des équipements. Grâce à l'action dynamique du nouveau ministre de l'Enseignement technique, grâce à l'appui d'expertise France (prestation d'accompagnement au démarrage des deux centres de formation et d'apprentissage), les équipes d'encadrement et de formation des centres de formation et d'apprentissage ont été nommées et un budget de fonctionnement a été débloqué.

Sur le plan technique, la plupart des contraintes à l'ouverture des centres de formation et d'apprentissage ont été levées à savoir :

- Abonnement adéquat à la société nationale d'électricité (assez de puissance pour faire tourner les machines de formation) et montage de l'inverseur pour le branchement des groupes électrogènes (y compris conformité et adéquation des installations électriques).
- La livraison des infrastructures et des équipements suffisants pour démarrer les formations
- Formateurs formés à leur utilisation par les fournisseurs
- Arrêté de nomination du chef des travaux du centre de formation et d'apprentissage de Pointe-Noire publié.
- L'inventaire des équipements existants par filière est établi
- Identification des filières qui peuvent matériellement démarrer
- Communication : installation téléphonie et internet
- Enseignants des matières à caractère général nommés et affectés
- Personnels non-enseignants sont affectés / recrutés et informés sur les dispositifs de formation

La mise en œuvre du projet a donc rencontré des difficultés d'exécution à plusieurs reprises et a connu un retard significatif qui a conduit à deux reports successifs de la date limite de versement des fonds.

Plusieurs avenants à la convention de financement ont étendu progressivement la durée totale du projet à plus de 10 ans.

Une insuffisante autonomie des centres de formation et d'apprentissage et l'absence de participation des milieux économiques à leur gestion pourraient dans le futur constituer des risques institutionnels majeurs. Souhaitant traiter en partie ces obstacles, le ministre de l'Enseignement technique et professionnel a insisté en faveur de l'adoption de textes permettant une gestion autonome des centres.

Compte tenu de la jeunesse de ces centres et du caractère novateur au Congo de la pédagogie de l'alternance, il semble prématuré de lancer dès à présent d'autres expériences de ce type avant de les avoir testées dans la durée. En effet, les prochains mois seront particulièrement cruciaux pour les centres de formation et d'apprentissage qui commencent à accueillir leur première promotion d'élèves en formation initiale, tout en implémentant de nouvelles méthodes pédagogiques. Il faut par ailleurs souligner l'importance pour les centres de formation et d'apprentissage d'une remobilisation rapide des entreprises après une longue période pendant laquelle la dynamique partenariale s'est essoufflée. Obstacle supplémentaire, la période de crise économique actuelle qui voit les entreprises sensiblement débaucher, n'est pas complètement propice à un engagement fort des entreprises dans la formation de leurs employés. Pourtant, les conseils d'administration des centres de formation et d'apprentissage doivent rapidement intégrer le monde de l'entreprise et tendre vers une plus grande autonomie.

Le centre de formation et d'apprentissage de Pointe-Noire fonctionne avec 52 apprenants (pour une capacité possible de 120 apprenants). Le centre de formation de Brazzaville fonctionne avec 120 apprenants. Le coût de la formation des apprenants est pris en charge par les centres qui sont en recherche d'entreprises pour assurer une alternance effective.

Impact

Près de 10 ans après la signature de la convention de ce projet, l'impact du projet demeure très limité puisque moins de 150 apprenants viennent simplement de commencer une formation. On peut espérer que les deux centres de formation et d'apprentissage vont maintenant monter en puissance et pouvoir accueillir un plus grand nombre d'apprenants en alternance.

Durabilité

La durabilité des deux centres de formation et d'apprentissage n'est pas assurée. Les sommes allouées à leur fonctionnement par le budget de l'État ont certes permis leurs ouvertures mais ne sont pas suffisantes pour couvrir toutes les dépenses de fonctionnement d'une année complète. Le ministère de l'enseignement technique a très vite prévu leur autonomie financière au bout de 2 années seulement grâce à la commercialisation de leurs formations auprès du secteur privé et à la vente des objets produits par les apprenants lors de leur formation. Ce calendrier est beaucoup trop ambitieux. Les entreprises congolaises auront du mal à se lancer dans des programmes de formation en alternance payant, alors qu'elles cherchent en priorité à réduire leurs coûts.

Le projet n'est maintenu en fonctionnement que par l'appui permanent des bailleurs de fonds. Un nouveau concours de 8 m€ a été nécessaire pour faire perdurer le fonctionnement de 5 CEFA dont les 2 financés initialement par le projet.

Initialement prévu pour une durée de 5 ans, le projet se prolonge depuis plus de 15 ans et est maintenu à flot grâce à l'appui permanent des bailleurs de fonds. Les entreprises locales se montrent réticentes à se lancer dans la formation en alternance. Le ministère de l'enseignement technique éprouve des difficultés à faire de la place aux entreprises en tant que cogestionnaires de la formation technique.

Enseignement et recommandations

Un projet trop ambitieux voulant associer public et privé. Ce projet était trop ambitieux dès le départ. Même s'il voulait accompagner une évolution institutionnelle bienvenue, cogestion par l'administration et le secteur privé de modules de formation professionnelle, c'était sans compter sur la résistance de certains ministres de l'enseignement technique qui considéraient que les questions d'enseignements devaient être dévolues exclusivement à l'administration. Ainsi depuis le lancement de ce projet, au gré des changements de ministres, l'objectif de cogestion a été plusieurs fois remis en cause. Vu l'attachement congolais aux prérogatives publiques de son système d'enseignement, l'association du privé à la gestion d'un établissement public anticipait de beaucoup sur la capacité de réforme de la société congolaise sur ce point. De plus, entre formation permanente en général dévolu et financée par le secteur des entreprises et formation initiale en général mise en œuvre par l'enseignement technique, il y a des différences qui sont difficilement conciliables.

Un projet qui dérape sur le plan de la durée. Des retards très conséquents sont à déplorer. Cela a nui à la crédibilité de la maîtrise d'ouvrage comme du bailleur de fonds.

Un projet à problèmes est difficile à arrêter. Le bailleur de fonds s'est engagé pour une nouvelle phase de 8 m€ pour ne pas perdre la face après plus de 15 ans d'investissement continu. On peut craindre que le résultat de ce projet à problèmes n'en soit pas amélioré pour autant.

Des centres de formation à l'autonomie financière limitée. Il semble plus facile de construire des bâtiments (les deux centres de formation et d'apprentissage) que d'appuyer la mise à disposition de centre de formation autonome, doté d'un budget, répondant à une demande de l'économie locale, et capable d'une certaine autonomie financière.

Des composantes trop nombreuses. Les deux autres composantes du projet (formation des formateurs, appui à la stratégie de l'enseignement de base) ont élargi trop fortement les objectifs de ce projet qui aurait dû se concentrer sur la mise en œuvre et le fonctionnement des centres de formation et d'apprentissage. Les points d'application de ce projet peuvent apparaître comme trop dispersés, ce qui complexifie le pilotage de ce projet.

Exercice proposé

Lire attentivement le déroulé du projet

1) Que dire du montage institutionnel du projet ?
2) Que dire de son exécution technique et financière ?
3) Quel est l'enjeu de ce projet dans le mode de fonctionnement choisi pour les centres de formation CEFA ?
4) Pourquoi le projet a-t-il eu du retard ?
5) Quel est l'impact de ce projet ?
6) Quelle durabilité pour ce projet ?
7) Quels sont les principaux enseignements du projet ?
8) Notation du projet. Pertinence des objectifs ? Réalisation des objectifs ? Efficacité ? Efficience ?
9) Points forts ? Points faibles ?

Corrigé de l'exercice

1) Que dire du montage institutionnel du projet ?

Le montage institutionnel visait à faire évoluer la prise en charge de l'enseignement technique. Ce dernier était piloté par le secteur public. Le projet avait pour objectif de l'ouvrir à la cogestion avec le secteur privé avec comme ambition de mieux répondre aux besoins.

Le montage institutionnel est particulièrement complexe : maîtrise d'ouvrage assurée par le ministère de l'enseignement technique, comité de pilotage du projet réunissant le ministère de l'enseignement technique le ministère de l'enseignement primaire le ministère de l'enseignement secondaire ; unité de coordination technique propre au ministère de l'enseignement technique assurant le suivi de tous les projets ; les partenaires techniques (organisations professionnelles, responsables d'entreprises, établissements français intervenant dans le secteur…) les bureaux d'études.

Tout ceci s'avère très lourd à faire fonctionner dans la durée.

2) Que dire de son exécution technique et financière ?

Elle s'est prolongée dans la durée. Elle a été ballottée par les changements de ministre de l'Enseignement technique qui d'une personnalité à l'autre était tantôt en faveur d'un système de formation ouvert et cogéré par les entreprises et le monde professionnel, tantôt partisan du tout public pour l'enseignement technique. Le gouvernement n'a jamais apporté un appui suffisant au projet. Le secteur professionnel, très intéressé au départ, s'est finalement peu impliqué dans le fonctionnement des CEFA. Ces établissements n'ont jamais réussi à être autonomes financièrement.

3) Quel est l'enjeu de ce projet dans le mode de fonctionnement choisi pour les centres de formation CEFA ?

L'implication du secteur privé pour une meilleure réponse aux attentes du marché du travail.

4) Pourquoi le projet a-t-il eu du retard ?

Des changements de ministre. Une faible implication des milieux professionnels. Des financements publics insuffisants. Une complexité de mise en œuvre trop grande. Une propension à copier un système français ouvert sur le monde professionnel, alors que le contexte local est différent.

5) Quel est l'impact de ce projet ?

L'impact de ce projet demeure très limité. Très peu d'élèves ont été accueillis dans les centres de formation depuis 15 ans. Le monde professionnel demeure toujours aussi hésitant à s'engager dans la durée à côté et en cogestion avec le public afin d'assurer la formation du personnel.

6) Quelle durabilité pour ce projet ?

Aucune durabilité pour ce projet. Problème de financement de la part de l'État. Problème de motivation du secteur privé.

7) Quels sont les principaux enseignements du projet ?

Le projet était trop ambitieux par rapport aux possibilités du contexte local. Il demeure très difficile de faire travailler ensemble le secteur public et le secteur privé. Quand un projet s'étire dans la durée, les changements de ministres fragilisent les stratégies retenues en matière d'enseignement technique Tout public ? Privé/Public ? Tout privé ?). D'autres composantes du projet, au-delà du fonctionnement des CEFA, sont venues complexifier le pilotage du projet. Transposer un système de formation professionnelle qui fonctionne en France dans un autre pays n'est pas l'assurance d'une réussite.

Une fois engagé dans une telle opération, il semble très difficile pour un bailleur de fonds d'arrêter un projet à problème, de peur de perdre la face.

8) Notation du projet. Pertinence des objectifs ? Réalisation des objectifs ? Efficacité ? Efficience ?

Exécution technique et financière : peu satisfaisante (retard de 10 à 15 ans) qui s'explique par des changements incessants de ministre à l'Enseignement technique, remettant en cause, selon les cas, le choix du caractère paritaire des conseils d'administration des centres de formation par l'apprentissage. Il s'en est suivi des retards importants dans la mise en œuvre du projet

Pertinence des objectifs : assez satisfaisant mais certainement trop ambitieux par rapport à la faculté réelle du secteur public à travailler avec le secteur privé

Réalisation des objectifs : faiblement satisfaisant. Les premiers apprenants sont encore peu nombreux. Les CEFA continuent à fonction car ils sont sous perfusion d'une aide internationale qui est devenue permanente.

Efficacité : faible

Efficience : faible

Impact : faible

9) Points forts ? Points faibles ?

Points forts :

- Stratégie mise en place de partenariat public privé visant à mieux coller aux demandes des entreprises, dans un pays où le chômage est élevé.

Points faibles :

- Trop ambitieux dans l'évolution institutionnelle du pays (paritarisme entre secteur privé et secteur public dans la gestion de centres de formation publics).
- Budget de fonctionnement des CEFA non assuré
- Durabilité faible due à l'absence de moyens budgétaires accordés à ce projet par l'État dans la durée.
- Implication réelle du secteur privé encore à démontrer

31. Appui à la refondation de la formation en travail social au Congo Brazzaville

Contexte du projet

Intitulé	Montant	Nature	Contr. État	Durée I	Durée F
	4 m€	**Subvention**	**Forte**	**3 ans**	**6 ans**

Le Congo Brazzaville est un pays à revenu intermédiaire, riche en pétrole, d'une superficie équivalente à l'Allemagne (à ne pas confondre avec la République démocratique du Congo ou Congo Kinshasa, grand comme quatre fois la France), peu peuplé (5,8 millions en 2021) mais dont le taux de pauvreté est supérieur à 45 %. La République du Congo ne manque pas de ressources (pétrole, minerais, forêts) mais ses dernières sont mal exploitées et mal réparties au sein de la population.

La situation au Congo Brazzaville reste marquée par les conséquences économiques et sociales des conflits armés des années 1990 et 2000. Une grande partie de la population vit en situation de vulnérabilité ou de fragilité économique (38 % sous le seuil de pauvreté d'après des statistiques des Nations unies qui demeurent néanmoins d'une fiabilité relative). Certains groupes sont en situation de vulnérabilité extrême (haut risque d'abus et d'exploitation), tels que les populations autochtones (anciennement pour la plupart appelés les Pygmées), les personnes handicapées, certaines personnes âgées chefs de famille, en particulier celles qui sont veuves ou qui vivent seules, ainsi que les enfants des rues ou victimes de la traite, les orphelins et les enfants vivants séparés de leurs parents biologiques.

Face à cette situation, un dispositif de soutien aux groupes les plus vulnérables a été mis en place par le ministère des affaires sociales sur la base de l'approche des quatre « P » : la prévention des situations de précarité, la protection des personnes les plus vulnérables, la prise en charge des cas de détresse et la promotion de l'autonomisation. Mais ces initiatives se heurtent aux faiblesses opérationnelles de l'actuel système de protection sociale non contributive et notamment au manque de personnels qualifiés, public et privé, au niveau central comme sur le terrain. Avec l'appui de l'UNICEF et de la coopération française (ministère des affaires étrangères et un institut social d'une région française), le ministère des affaires sociales a engagé ces dernières années un processus d'élaboration d'une politique nationale action sociale et de renforcement des compétences de ces personnels, qu'il entend développer dans le cadre du présent projet.

Objectifs et contenu du projet

Le projet vise à renforcer la lutte contre la précarité sociale au Congo à travers un dispositif d'action sociale plus performant. À cet effet, le projet a pour objectif la refondation du système de formation professionnelle des travailleurs sociaux.

Le projet permettra en premier lieu d'appuyer la conception, la construction et le démarrage d'un institut supérieur de formation professionnelle aux métiers du social, l'Institut national du travail social du Congo, doté d'une autonomie et qui sera co-piloté par les représentants de l'État, du secteur privé et de la société civile. L'institut national du travail social devrait accueillir environ 700 apprenants par an et développer des services d'information et de recherche pour le secteur.

Le projet financera à cet effet (i) la mise en place d'un cadre partenarial des pouvoirs publics et des acteurs privés intéressés par la création de l'institut national du travail social, (ii) les constructions et les équipements, ainsi que les études correspondantes, (iii) la mise au point des formations qui seront développées, (iv) la sélection et la mise à niveau des personnels et la mise en place des modalités de gestion de l'Institut, (v) l'installation du centre de ressources de l'Institut et (v) celle du centre de recherche composé d'une équipe de chercheurs qualifiés.

Le projet permettra également d'appuyer le ministère des affaires sociales concernant (i) l'actualisation de la stratégie nationale de développement social et sa mise en œuvre, (ii) la définition et la mise en œuvre d'un plan pluriannuel de formation continue des travailleurs sociaux.

Intervenants et mode opératoire

Le ministère des affaires sociales assurera la maîtrise d'ouvrage du projet en lien avec un comité d'orientation stratégique et technique. Il s'appuiera sur une unité de coordination du projet, rattachée au cabinet du ministre. Un manuel de procédures décrira l'ensemble des procédures administratives, comptables et financières. Un budget programme annuel, ainsi qu'un plan de passation de marchés, seront élaborés chaque année et feront l'objet d'une validation par le bailleur. L'unité de coordination du projet préparera également les rapports trimestriels d'exécution technique et financière du projet.

L'unité de coordination du projet recrutera sur appel d'offres une expertise technique résidentielle pour l'accompagnement général du projet. Elle s'appuiera également sur un bureau d'assistance technique pour (i) la conception administrative et pédagogique du futur Institut, (ii) la définition et le développement des curricula des formations, (iii) la formation des formateurs et de l'équipe de direction, (iv) la mise en place du modèle de gestion et l'accompagnement au démarrage. Cette assistance technique sera également chargée d'accompagner le ministère des affaires sociales pour les renforcements qui le concernent directement. L'unité de coordination du projet recrutera, d'autre part, une assistance à maîtrise d'ouvrage spécialisée pour l'appuyer dans le programme de travaux et d'équipements de l'Institut national du travail social. Enfin l'unité de coordination du projet mobilisera sur appel d'offres un cabinet spécialisé en charge des audits administratifs, comptables et financiers du projet.

Coût et financement

Le montant global du projet est estimé à 7 m€. La contribution du bailleur de fonds s'élèvera à 4 m€. Le différentiel, estimé à 3 m€, sera pris en charge par l'État congolais.

Composantes (en m€)	**Bailleur**	**État Congolais**	**Total**
Construction et équipement de l'Institut	1,90	2,35	4, 25
Appui à la conception démarrage et fonctionnement de l'Institut	0,50	0,30	0,80
Renforcement des capacités du ministère des Affaires Sociales	1,20	0,30	1,50
Audits	0,10	0	0,10
Divers et imprévus	0,30	0,05	0,35
TOTAL	**4,00**	**3,00**	**7,00**

Principaux effets attendus au démarrage du projet

Le renforcement des capacités de pilotage, de gestion et de mise en œuvre du ministère des affaires sociales, et la création de l'institut national du travail social contribueront au développement de l'action sociale dans le pays et à l'amélioration de l'efficacité des soutiens apportés aux populations fragiles et vulnérables.

Principaux risques anticipés

L'efficacité de l'Institut dépend en partie des statuts et de l'autonomie de gestion qui lui ont été conférés. Le bailleur de fonds a fait de ce point un élément de dialogue essentiel avec le ministère des affaires sociales, auquel il est demandé de s'engager à consulter le bailleur sur les dispositions envisagées.

Le projet implique également un cofinancement de l'État estimé à 3 m€, notamment pour financer la construction d'hébergements pour l'Institut national du travail social dont le site est éloigné de Brazzaville. À cet effet, le bailleur de fonds demande que l'État s'engage à inscrire ces dépenses sur les trois exercices budgétaires du ministère des affaires sociales et à ce que ces dépenses soient exécutées sous la responsabilité de l'unité de coordination du projet, comme les autres dépenses du projet.

Exécution technique et financière

Composante 1 : construction et équipement de l'Institut national du travail social

L'avant-projet sommaire du projet de construction de l'Institut national du travail social a été validé en année n +2. On peut constater des retards dans la transmission des avant-projets détaillés, des retards qui sont imputables à bureau d'études (maîtrise d'œuvre du projet pour la partie construction qui s'est avérée défaillante). Devant cette situation, le projet a eu recours à un nouvel architecte conseil afin de revalider et corriger au besoin le travail réalisé par le bureau d'études. Il s'agit de produire également une méthodologie de suivi et contrôle des travaux (chronogramme prévisionnel des travaux, méthodologie de suivi, production d'un dossier d'exécution des travaux). Finalement devant tant de difficultés et la faible implication du gouvernement sur le plan financier, le nouvel INTS n'a pas été construit.

Composante 2 : appui à la conception, au démarrage et au fonctionnement de l'Institut national du travail social.

Tous les textes ont été promulgués. L'Institut National du Travail Social est un établissement public administratif, doté de la personnalité morale et de l'autonomie financière. L'institut national du travail social a été créé en année n +2. L'INTS a pour missions d'assurer la formation initiale et continue dans le domaine du travail social ; de développer la recherche-action et la recherche appliquée dans ce domaine.

L'Institut national du travail social a démarré les activités de formation en année n +2 (deux années de retard). Fin 2022, l'INTS fonctionne toujours.

Impact

Les cours dispensés aux travailleurs sociaux ont débuté en année n +2. Toutefois, les effectifs formés chaque année (100 apprenants par an contre plus de 700 prévus) sont bien inférieurs aux objectifs. Les retards dans le déroulement de ce projet amoindrissent sensiblement l'impact du projet.

Durabilité

La durabilité du projet n'est pas assurée, faute de ressources nécessaires suffisantes au ministère de l'action sociale pour faire fonctionner l'Institut national du travail social. La crise financière et budgétaire associée du Congo Brazzaville depuis le début de l'année n +3 ne permet plus à ce ministère d'assurer le financement du fonctionnement de structures nouvelles l'institut national du travail social. Les dotations de l'État au budget du ministère sont trop faibles, voire proche de zéro tant l'exécution budgétaire de ce type de département ministériel est faible. Il est illusoire que les fonds de contrepartie prévus (équivalent de 3 m€) à ce projet seront versés par la partie congolaise.

Enseignements et recommandations

Les retards dans les travaux. Ces retards associés à la non-participation de l'État ont conduit à l'abandon de la construction d'un nouvel INTS.

En période de crise, les budgets sociaux se réduisent en premier. Autre enseignement, en période de crise financière, les budgets des ministères sociaux font souvent les frais du manque de ressources de l'État qui les touchent directement et en priorité. Cela doit conduire les bailleurs de fonds à ne pas trop compter sur le budget de l'État pour accompagner (fonds de contreparties) ou continuer les opérations qu'ils financent sur des fonds extérieurs. Pourtant, toute infrastructure nouvelle demande un budget de fonctionnement nouveau. Il ne suffit donc pas de construire une infrastructure nouvelle pour délivrer un nouveau service.

Le délicat équilibre entre juste participation de l'État à un projet et autonomie de ce projet par rapport à des fonds de contreparties attendus. Les projets des bailleurs de fonds doivent anticiper une situation budgétaire tendue et ne pas tabler sur le financement par l'État de coûts de fonctionnement additionnels.

La prise en charge par un bailleur de fonds des coûts de fonctionnement d'une infrastructure. Le bailleur de fonds doit être en mesure d'assurer et d'assumer financièrement le fonctionnement de l'infrastructure qu'il vient de financer, surtout dans les pays qui sont exsangues sur le plan budgétaire. Ceci demande de financer non seulement la partie investissement mais également la partie fonctionnement au moins sur une période de 5 ans. Dans ce cadre, il conviendrait d'allonger la durée de vie des projets à une dizaine d'années : 5 ans pour la phase d'investissement, 5 ans pour la phase de « préfonctionnement » pour des projets de 10 ans et non de 4 ou 5 ans comme habituellement.

Néanmoins, dans le cas de la République du Congo, pays à revenu intermédiaire, les autorités locales ne peuvent pas dire qu'elles n'ont pas les moyens de financer une politique sociale. Les bailleurs de fonds ne doivent pas tomber dans le piège de financer seuls une politique sociale, alors que le gouvernement priorise des dépenses budgétaires dans d'autres secteurs.

Exercice proposé

Lire attentivement le descriptif du projet

1) Comment décrire schématiquement la stratégie du ministère des affaires sociales dans sa lutte contre la pauvreté ?
2) Indiquer l'axe principal d'intervention du projet ?
3) Que dire de l'exécution technique et financière du projet ?

4) Le plan de financement du projet prévoit le versement de fonds de contreparties par la partie congolaise. Avantages et inconvénients d'un tel montage ?
5) Quelle est la durabilité du projet ?
6) Quels sont les principaux enseignements du projet ?
7) Notation du projet. Pertinence des objectifs ? Réalisation des objectifs ? Efficacité ? Efficience ? Impact ?
8) Points forts ? Points faibles ?

Corrigé de l'exercice

1) Comment décrire schématiquement la stratégie du ministère des affaires sociales dans sa lutte contre la pauvreté ?

L'approche par les quatre P : la Prévention des situations de précarité, la Protection des personnes les plus vulnérables, la Prise en charge des cas de détresse, la Promotion de l'autonomisation.

On essaie donc de combattre la pauvreté par tous les angles, de la réponse aux situations d'urgence à la prévention des groupes vulnérables.

2) Indiquer l'axe principal d'intervention du projet ?

Le renforcement des compétences du personnel qui s'occupe de l'action sociale avec la mise en place d'un Institut Supérieur des Travailleurs Sociaux (INTS) pouvant accueillir en formation près de 700 personnes par an.

3) Que dire de l'exécution technique et financière du projet ?

Construction, équipement et fonctionnement de l'INTS : il n'a finalement pas été construit, faute de moyens dégagés par la partie congolaise. Le terrain choisi (45 km du centre de Brazzaville) paraissait de toute façon très éloigné du lieu de vie des personnels intéressés à suivre ce type de formation En substitution, le site provisoire de l'Institut, qui a commencé à être opérationnel avec deux années de retard, a été pérennisé. Le projet va s'achever fin 2022 seulement après avoir commencé 8 ans plus tôt.

4) Le plan de financement du projet prévoit le versement de fonds de contreparties par la partie congolaise. Avantages et inconvénients d'un tel montage ?

L'avantage est de s'assurer que la partie congolaise a bien comme priorité cette intervention et donc qu'elle manifeste par un engagement financier notable son attachement à sa réussite. L'inconvénient est de lier le déroulement du projet à la participation financière du gouvernement. Pour ce projet, les engagements financiers de l'État n'ont jamais été tenus.

5) Quelle est la durabilité du projet ?

Elle est faible tant que le gouvernement ne fait pas de la budgétisation de la dépense sociale une priorité effective.

6) Quels sont les principaux enseignements du projet ?

L'abandon de la construction d'un nouveau l'INTS est le résultat de la non-participation de l'État au projet à raison de 3 m€. En période de crise, les budgets sociaux se réduisent en premier. Il existe un juste équilibre à trouver, difficile à définir, entre juste participation de l'État à un projet et autonomie de ce projet par rapport à des fonds de contreparties attendus.

La prise en charge par un bailleur de fonds des coûts de fonctionnement d'une infrastructure de ce type devrait être à l'ordre du jour.

La notion de préfonctionnement pourrait servir à allonger la durée des projets de ce type de manière à intégrer, en phase de démarrage, l'appui financier du bailleur de fonds à la partie fonctionnement et non pas uniquement à la partie investissement du projet.

Toutefois, dans un pays à revenu intermédiaire, le bailleur de fonds ne peut se substituer aux transferts sociaux à réaliser par l'État.

7) Notation du projet. Pertinence des objectifs ? Réalisation des objectifs ? Efficacité ? Efficience ? Impact ?

Pertinence des objectifs : très satisfaisant. Dans un pays qui souffre des inégalités, toutes les opérations qui visent à soutenir les plus démunis sont les bienvenues.

Réalisation des objectifs : moyennement satisfaisant : les formations des travailleurs sociaux ont bien débuté mais avec un volume réduit. La construction d'un nouvel Institut n'est plus d'actualité. L'exécution technique et financière est moyennement satisfaisante

Efficacité : moyenne

Efficience : moyenne

Impact : assez satisfaisant

8) Points forts ? Points faibles ?

Points forts

- Stratégie de lutte contre la pauvreté et les inégalités bien structurée dans un pays à revenu intermédiaire où le taux de pauvreté est élevé.
- Formation effective des travailleurs sociaux
- Maîtrise d'ouvrage forte

Points faibles

- Construction abandonnée de l'INTS, placé trop loin de la capitale (40 km)
- Budget du ministère des affaires sociales en baisse drastique et placé dans la difficulté de contribuer comme prévu sous forme de fonds de contreparties.

- Incapacité de l'État à faire de la politique sociale une priorité budgétaire dans un pays à revenu intermédiaire de la tranche inférieure.

32. Protection sociale par les filets sociaux au Congo Brazzaville

Intitulé	Montant	Nature	Contr. État	Durée I	Durée F
	8 m€	Subvention	Forte (15 m$)	3 ans	7 ans

Présentation du projet

Le Congo Brazzaville est un pays à revenu intermédiaire, riche en pétrole, d'une superficie équivalente à l'Allemagne (à ne pas confondre avec la République démocratique du Congo ou Congo Kinshasa, grand comme quatre fois la France), peu peuplé (5,8 millions en 2021) mais dont le taux de pauvreté est supérieur à 45 %. Il ne manque pas de ressources (pétrole, minerais, forêts) mais ses dernières sont mal exploitées et mal réparties au sein de la population.

Dans un pays à revenu intermédiaire, la réduction effective de la pauvreté n'a pas été suffisamment significative pour permettre d'atteindre les objectifs fixés par le gouvernement conformément aux Objectifs du millénaire pour le développement (objectif 1 de lutte contre la pauvreté). Les bénéfices de la croissance ne profitent pas à l'ensemble de la population et le risque lié à la dégradation du climat social menace à terme la stabilité du pays, la cohésion sociale et les progrès réalisés à ce jour.

À l'image des engagements pris par un nombre croissant d'États (y compris Africains), la mise en place d'un socle de protection sociale s'est imposée ces dernières années comme étant un instrument efficace en faveur d'une mondialisation plus juste et plus équitable.

Le ministère du travail et de la Sécurité sociale congolais s'est récemment engagé dans un processus de réforme et de refonte du système de Sécurité sociale et de prestations sociales dont l'objectif est, à terme, d'assurer la couverture universelle en santé.

Parallèlement, le ministère des affaires sociales s'est engagé à construire un système de protection sociale non contributive à large échelle basé sur la notion de solidarité et de droit, et financé en grande partie par le budget de l'État. Les filets sociaux, progressivement mis en place dans 22 pays d'Afrique subsaharienne avec l'appui technique et financier des bailleurs de fonds (essentiellement la Banque mondiale), constituent un élément important des stratégies de développement conçues dans le but de réduire durablement la pauvreté. Cet outil, basé sur une aide régulière, fiable, ciblée vers les ménages pauvres contribue à prévenir les effets des chocs exogènes ou les problèmes socio-économiques (gestion du risque), à répondre aux besoins essentiels (consommation de produits et accès aux services de base) et à stimuler la mise en place d'activités productrices et génératrices.

Cette nouvelle stratégie doit beaucoup aux travaux d'Esther Duflo et de toute son équipe qui ont démontré par expérimentation randomisée (avec groupe témoin) que les transferts monétaires non contributifs et non conditionnés étaient efficaces pour lutter contre la pauvreté. Qu'il n'y avait pas de risque de tomber dans un système pervers d'assistanat, ce que l'on croyait jusqu'à présent. Que les populations en cause utilisaient correctement cet appui financier qui leur permettait de rebondir et donc d'améliorer leur capabilité.

Le Congo s'est également doté d'une politique sectorielle, la politique nationale d'action sociale dont la mise en œuvre est assurée par le ministère des affaires sociales.

L'objectif global de la politique nationale d'action sociale est de fournir à l'ensemble de la population un socle de protection sociale non contributive, c'est-à-dire un paquet de mesures de base en vue de réduire la vulnérabilité des ménages et des individus, de les aider à mieux gérer les risques sociaux et de leur garantir la dignité humaine. C'est un instrument central de lutte contre les inégalités par la redistribution des revenus pour une meilleure cohésion sociale.

La mise en place de filets sociaux à travers des programmes à large échelle de transferts non contributifs et conditionnés est un des trois axes stratégiques de la politique nationale d'action sociale. Cet axe d'intervention doit constituer à terme un socle de protection sociale contribuant à réduire la précarité économique identifiée comme principal facteur des risques sociaux.

Dans le cadre de la politique nationale d'action sociale, le gouvernement congolais, en cofinancement avec la Banque mondiale, a créé un fonds destiné à soutenir financièrement 10 000 ménages (environ 60 000 personnes) sur deux années (2015-2016). Le présent concours du bailleur de fonds (8 m€ en subvention) constitue un cofinancement à ce projet.

Le projet, financé conjointement par le gouvernement et la Banque mondiale a été lancé le 19 septembre 2014. L'État congolais s'est engagé à verser 15 m USD (12,50 m€), en cofinancement avec la Banque mondiale dont la participation est fixée à 2 m USD (2 m€). La contribution du bailleur, de 8 m€ sur subvention permet d'étendre la couverture en intégrant 4 nouveaux quartiers et en augmentant de 70 % le nombre de bénéficiaires ciblés.

Le passage à l'échelle permettrait d'atteindre 180 000 ménages, soit environ 20 % de la population congolaise. La maîtrise d'ouvrage du projet est confiée au ministère des affaires sociales.

L'objectif de ce projet est de soutenir la création d'un système de filets sociaux au Congo. Ce projet ciblera les populations les plus pauvres par des transferts monétaires non contributifs et conditionnés. Ce mécanisme vise à augmenter la quantité et la qualité de la consommation des ménages (besoins essentiels), à améliorer la situation nutritionnelle des enfants, à encourager l'éducation et l'utilisation des services de santé, à stimuler les investissements vers des activités productives permettant d'assurer l'autonomisation des ménages en situation de précarité économique et sociale.

Le projet s'articule autour de trois volets :

Volet 1 : la mise en place des piliers administratifs essentiels d'un programme national de filets sociaux, avec l'établissement des bases d'un registre unifié et d'un système d'information et de gestion. Cette composante implique l'amélioration des capacités locales

Le projet permet la création des bases d'un registre unifié des bénéficiaires potentiels des programmes des filets sociaux. Lors de cette première étape, l'approche de ciblage sera à la fois catégorielle et socio-économique visant les ménages pauvres et extrêmement pauvres. Ce système de ciblage est précisé et allégé pour permettre sa soutenabilité financière lors du passage à l'échelle.

Ce projet pilote permet de tester les modalités de récolte et de compilation de données qui permettront à terme d'alimenter le système national d'information sur l'action sociale. L'objectif à terme du système national d'information sur l'action sociale est la création d'un registre unique permettant de créer les passerelles avec les mécanismes d'assistance sociale et d'inclusion productive.

Il est programmé la création d'un système d'information et de gestion dont les principaux modules assureront l'identification et l'inscription des bénéficiaires (carte biométrique), le calcul du niveau de prestations (en fonction de la composition du ménage), le suivi des paiements, le suivi des conditionnalités, le suivi/évaluation et la production de rapports et statistiques.

Volet 2 : la mise en œuvre d'un programme pilote de transferts monétaires pour améliorer l'accès aux services de santé et d'éducation des ménages les plus pauvres dans sept localités de trois départements du pays (Pool, Kouilou et Cuvette)

Les **critères d'éligibilité** ont été prédéfinis sur base des critères socio-économique et concertation du ministère des affaires sociales avec les principaux acteurs œuvrant dans le champ de la protection sociale. Le programme de transferts monétaires couvre environ 10 000 ménages en situation de pauvreté extrême (catégorie identifiée sur base d'une enquête socio-économique) sur les 15 000 pré-identifiés. Le processus d'identification des ménages bénéficiaires a été développé avec l'expertise de la Banque mondiale et combine un ciblage géographique, un ciblage à base communautaire impliquant les représentants locaux, religieux et la société civile (plateforme concertée pluriactive financée par le bailleur de fonds regroupant 98 organisations de la société civile congolaises et 15 organisations de la société civile françaises). Ce ciblage est en cours de réalisation.

Le **montant des transferts** par ménage et par mois est établi sur la base de la composition du ménage. L'allocation de base est de 10 000 FCFA (15 €) par ménage et par mois. A cela s'ajoutent : (a) une allocation variable de 5 000 FCFA par femme enceinte et par enfant de 0 à 14 ans jusqu'à trois enfants ; et (b) une allocation variable de 10 000 FCFA par personne âgée de plus de 60 ans jusqu'à trois personnes âgées dans le ménage. Le transfert maximal pour ces ménages est fixé à 45 000 FCFA.

Les prestations sont versées de façon trimestrielle sur une période de deux ans.

Le projet est associé à un établissement bancaire public (la Banque postale au Congo qui a remporté l'appel d'offres ouvert) qui mettra à disposition des bénéficiaires un guichet pour le projet dans son réseau d'agences. Les cartes biométriques remises aux bénéficiaires (les mères étant les récipiendaires préférentielles) servent de carte de retrait.

Pour les ménages avec enfants, le versement des allocations est conditionné à des critères de santé et d'éducation.

Les transferts variables reçus pour chaque enfant sont conditionnés à l'investissement du ménage dans le capital humain de ces derniers. L'objectif est de garder les enfants plus longtemps à l'école, d'accroître le taux de graduation et d'améliorer l'utilisation des soins de santé préventifs.

Conformément aux protocoles officiels fixés par les ministères concernés, les bénéficiaires doivent respecter les conditions suivantes :

Santé : visites régulières dans une formation sanitaire, incluant des examens pré et postnataux, ainsi que des examens de routine et des vaccinations obligatoires à un âge donné. Plus spécifiquement :

- 4 examens de soins prénataux et 2 examens postnataux dans les 40 jours suivant l'accouchement.
- Vaccination obligatoire des enfants de 0 à 9 mois
- Examen mensuel de routine des enfants de 0 à 11 mois et examen bimensuel de routine des enfants de 12 à 23 mois pour le suivi de la croissance.
- Examen de routine bimensuel des enfants de 24 à 59 mois

Éducation : un minimum de 80 % de fréquentation régulière de l'école primaire par mois. Les enfants bénéficiaires qui achèvent le cycle primaire recevront des prestations jusqu'à l'âge de 14 ans. Les agents sociaux des circonscriptions d'action sociale suivent ces enfants afin de transmettre les informations auprès des structures scolaires et d'assurer le soutien nécessaire à la poursuite de leurs études au cycle secondaire.

Les bénéficiaires s'engagent à respecter ces conditionnalités à travers un contrat moral qui est signé en présence des représentants des structures de services. Un dispositif est également prévu en cas de non-respect de ces conditionnalités.

Le niveau de l'offre est régulièrement évalué pour suivre le niveau de disponibilité et apprécier la stimulation par le financement de la demande.

L'inclusion productive visant à l'autonomisation des ménages est abordée sous plusieurs formats. Un premier format permettra d'intégrer les bénéficiaires du projet aux différents programmes de formation et d'accompagnement technique pour soutenir les ménages à s'engager dans des activités productives et rémunératrices : programme de développement des compétences pour l'employabilité et projet d'appui à la diversification de l'économie tous deux sous financement Congo/Banque mondiale ; projet d'appui à la réinsertion socio-économique des groupes défavorisés financé par l'État congolais.

Le projet développe également l'accès des ménages bénéficiaires aux formations assurées par centre de formation et de production Songhaï situé dans le département Cuvette. Ce centre qui bénéficie d'un appui de l'État et des bailleurs de fonds (PNUD et du bailleur) propose des formations techniques dans le secteur agricole dans le but de contribuer à l'amélioration des outils de production et transformation.

Volet 3 : la gestion du projet et le suivi évaluation

Cette composante est dédiée à la constitution et l'animation de l'équipe du programme. L'équipe doit assurer la mise en œuvre du projet en conformité avec les procédures déjà définies entre la Banque mondiale et le gouvernement congolais.

Le plan de financement initial du projet est le suivant :

En m€	*Année 1*	*Année 2*	*Année 3*	*Total*	*État*	*BM*	*AFD*
Volet 1	*1*	*0*	*0*	*1*		*1*	
Volet 2		*9,5*	*9*	*18,5*	*12,5*	*0*	*6*
Volet 3	*1*	*1*	*1*	*3*	*0*	*1*	*2*
Total					*12,5*	*2*	*8*

Le volet 1 représente les dépenses d'investissement (ciblage, fichier informatique) estimées à 1 m€ en amont de la période de transfert.

Le volet 2 représente les transferts pour les 10 000 ménages avec un coût moyen des transferts annuels de 9 m€/an.

Le volet 3 représente les dépenses annuelles de la structure projet estimées à 1 m€/an.

Principaux effets attendus au démarrage du projet

- Instaurer un effet levier contribuant à la création d'un socle de protection sociale à travers une politique de redistribution des richesses à large échelle.
- Permettre de faire bénéficier rapidement les catégories sociales les plus défavorisées des fonds du projet afin de sortir durablement de la trappe à pauvreté.

- Abonder des mécanismes de transferts sociaux déjà en place permettrait un décaissement rapide des fonds. À titre d'exemple, un ménage identifié comme vulnérable composé d'un couple d'adultes et de 3 enfants bénéficie d'environ 38 € par mois. Un appui à 5 000 ménages supplémentaires de ce type représenterait donc une allocation de 190 000 euros par mois soit 2 280 000 € par an.
- Accompagner les catégories sociales les plus défavorisées vers une sortie définitive de l'extrême pauvreté
- La complémentarité des actions proposées qui s'inscrivent dans les différents axes de la politique nationale d'action sociale permettrait d'accompagner les ménages bénéficiaires des transferts monétaires vers une réinsertion économique via des formations pratiques court terme dans un premier temps qui pourraient être suivies par une offre de formation professionnelle plus structurante à terme.
- Proposer des modalités pour une mise en œuvre rapide
- L'objectif de ce projet est de venir abonder le fonds commun créé par le gouvernement congolais et permettre d'élargir la cible initiale fixée à 5 000 ménages. Idéalement, 15 000 ménages faisant partie de la base de données pourraient bénéficier du projet, dont le démarrage est prévu à la fin de premier semestre 2015. Un travail sur les conditionnalités pourrait être mené au cours du premier semestre 2015, et notamment une étude sur les coûts de respect des conditionnalités (inscription scolaire, coûts relatifs à l'utilisation des services de santé).

Deux types de populations cibles ont été identifiés :
- Les ménages les plus pauvres avec une femme enceinte ou des enfants de 0 à 14 ans (ce qui permettra de soutenir, à travers le projet, les résultats de santé chez la mère, les nourrissons et les jeunes enfants, et d'autre part, d'appuyer l'avancement scolaire au cours du cycle d'éducation primaire)
- Les personnes âgées de plus de 60 ans les plus pauvres (ce qui permettra d'améliorer la consommation et diminuer la pauvreté actuelle de cette catégorie d'individus).

L'exercice de ciblage d'environ 15 000 ménages associant les principaux représentants des communautés et acteurs sociaux œuvrant dans les 66 quartiers identifiés est en cours.

La mise en place d'un programme de filets sociaux a fait l'objet d'un débat au parlement congolais et d'une loi marquant l'accord de financement du projet (inscription dans la loi de Finances). L'État congolais qui s'est engagé à hauteur de 15 mUSD (12,50 m€) est le principal contributeur. Les fonds des contreparties (Banque mondiale et du bailleur de fonds) ne seront versés qu'après confirmation du versement des fonds de l'État sur le compte du projet.

La durabilité du dispositif de filets sociaux doit reposer sur une implication budgétaire dans la durée et croissante de l'État congolais, aboutissant à une prise en charge complète du dispositif.

Un comité d'orientation stratégique intersectoriel a été instauré pour superviser la mise en œuvre du projet. Il est présidé par le ministre des Affaires sociales, accompagné du Ministre délégué chargé du plan et de l'intégration, qui agit en qualité de vice-président. Les membres de ce Comité sont les ministères engagés dans le domaine de la protection sociale, notamment, les ministères en charge de l'économie, de l'éducation, de la santé, de l'agriculture, de la promotion de la femme, et du travail.

Exécution technique et financière du projet en 2017

Les premiers ménages cibles ont bénéficié sur fonds Banque mondiale des transferts en 2015. Hélas, depuis le début de l'année 2016, les fonds de contreparties (contribution du gouvernement) nécessaires au fonctionnement du projet ne sont plus versés par le gouvernement. Le projet est donc à l'arrêt depuis cette date et le volet financé par le bailleur de fonds ne peut guère commencer (ciblage des ménages additionnels et transfert des fonds).

Cette situation est due en large partie à la crise financière que subit le Congo depuis la chute des prix du baril de pétrole en octobre 2014 qui a brutalement asséché les recettes budgétaires de l'État qui proviennent à 80 % de la fiscalité et des taxes perçues sur l'exploitation pétrolière.

Or, le projet a été construit en intégrant le versement par l'État congolais d'une contribution financière élevée (15 m$).
L'État n'a plus les disponibilités financières pour dégager la somme de 15 m$.

Le ministère de l'action sociale se bat pour obtenir ses fonds auprès du ministre des Finances et du 1er ministre, sans succès jusqu'à présent. Afin de tenter de sauver le projet, Les bailleurs de fonds tentent d'assouplir leurs conditions de versement des fonds afin de se substituer en partie aux obligations non tenues du gouvernement congolais.

Exécution technique et financière en décembre 2022

Le projet a bénéficié au total à 4 700 ménages.

Sur le plan technique, les études réalisées dans le cadre du projet montrent que selon les cibles choisies, la baisse du taux de pauvreté des bénéficiaires oscille entre 23 % et 39 %. Sur le plan technique, le système de ciblage de la population, le système de versement de revenu sans contrepartie par l'intermédiaire de la Banque postale ont bien fonctionné.

Sur le plan financier, les montants attribués au projet ont été bien plus faibles que prévu, ne permettant pas de toucher toute la population qui avait été envisagée au départ (4 700 ménages sur 10 000 ménages prévus au départ, soit environ la moitié). Le financement de l'AFD (8 m EUR) s'est clôturé fin décembre 2022. La contribution de l'État n'a pas été effective. La Banque mondiale a injecté un financement additionnel de 83 millions de dollars sous la forme d'un nouveau prêt à des conditions concessionnels pour pallier les déficiences de l'État en matière de contribution budgétaire aux filets sociaux. Ce nouveau prêt a été accordé le 16 mai 2022. Le système de filets sociaux continue d'exister, et sera même élargi, grâce à l'appui exclusif d'un bailleur de fonds. Ce que le gouvernement ne veut pas faire ou ne peut pas faire sur le plan budgétaire, contribuer de manière pérenne à cette politique de lutte contre la pauvreté, le gouvernement le met en œuvre en partie, grâce à un endettement supplémentaire auprès de la Banque mondiale.

La durée initiale du projet était de 3 ans. Le projet a finalement duré 7 ans.

Durabilité du projet

La viabilité du projet (et donc de cette politique sociale dans la durée) n'est pas assurée faute d'une contribution budgétaire sécurisée dans la durée du gouvernement au financement de ces filets sociaux, sorte de socle de protection sociale pour les plus pauvres. Le projet ne peut continuer qu'avec les ressources additionnelles octroyées par la Banque mondiale sous forme de prêt. C'est donc in fine par endettement de l'État congolais que le projet continue après la période de 7 ans. Qu'en sera-t-il quand les fonds empruntés auront été totalement décaissés ?

Enseignement et recommandations

Les difficultés à financer dans la durée pour l'État. Cette situation très difficile à gérer montre à l'évidence la difficulté pour un gouvernement de participer dans la durée à un financement de projet, sans disposer au préalable de ressources stables au niveau budgétaire.

Les dépenses sociales sont rarement prioritaires. Les dépenses sociales passent après d'autres dépenses (sécurité, défense) qui conservent une priorité absolue. La protection sociale et la lutte contre les inégalités ne sont pas partout prioritaires

Le mode de financement sur prêt en devises (Banque mondiale) de ce type de projet pose questions. Le gouvernement s'endette en devises pour une opération à caractère social qui n'a pas de rentabilité à court terme. En bonne orthodoxie bancaire, un projet financé par du prêt en devises devrait rapporter des recettes en devises pour le rembourser. Dans le cas présent, on n'est pas du tout dans cette situation. Le bailleur de fonds pallie temporairement les défaillances du budget de l'État en prêtant à nouveau des fonds qui creusent un peu plus l'endettement du pays. La continuation du projet est donc assurée par un endettement supplémentaire.

Le montage de projet dans un univers instable sur le plan budgétaire doit encourager les bailleurs de fonds à demeurer extrêmement prudents sur la faculté dans la durée pour un gouvernement de dégager les ressources nécessaires au fonctionnement d'un projet, même s'il s'y engage formellement à un moment donné. De ce point de vue, sur un plan plus général, tous les projets multilatéraux qui prévoient un plan de financement avec une contribution élevée du gouvernement local (fonds de contrepartie), sont particulièrement fragiles dans les pays à faible revenu, mais également dans les pays à revenu intermédiaire qui éprouvent des difficultés financières. Il convient de ne pas trop compter sur ce type de ressources budgétaires de l'État, même si l'on a affaire à un pays classé comme étant à revenu intermédiaire.

Cette approche de la protection sociale (filets sociaux et transferts monétaires) est en concurrence avec une approche ciblée sur l'amélioration par la formation des compétences (capabilités des populations) afin de les sortir durablement de la trappe à pauvreté. On ne se contente pas de transfert monétaire mais on travaille alors sur le rehaussement des capacités d'insertion des populations dans la société dans laquelle il évolue par une meilleure adaptation de leurs compétences. Bien des querelles de chapelle existent entre ces deux approches. En fait, plusieurs études qu'elles ont toutes les deux leurs vertus et leurs défauts :

- *Les filets sociaux, après ciblage, permettent aux plus pauvres de bénéficier rapidement d'un revenu monétaire.* Les transferts peuvent être massifs et toucher rapidement une grande partie de la population. On les sort donc effectivement de la trappe à pauvreté. Ce socle financier leur permet parfois de relancer une activité professionnelle, de reconstruire spontanément une trajectoire de réinsertion dans la vie professionnelle. Toutefois, tous les bénéficiaires de ces filets sociaux n'ont pas le ressort nécessaire pour enclencher cette dynamique positive. Le risque est alors de tomber pour certains dans l'assistanat
- *L'approche par l'amélioration des compétences a le mérite de traiter entre guillemets le mal à la racine en tentant d'améliorer les compétences de chacune ou de chacun par de la formation.* On permet ainsi aux populations qui bénéficient de cet appui de se réinsérer durablement dans la société. Néanmoins, le travail a engagé est beaucoup plus long et complexe. Il convient d'être en capacité pour chaque personne de cibler le bon appui, la bonne formation, pour ensuite tenter de la réinsérer dans le monde du travail. On ne peut donc travailler à la même échelle en matière de bénéficiaire et il n'est pas sûr que les appuis dispensés soient véritablement efficaces pour sortir de la trappe à pauvreté. En période de crise économique et financière, il s'avère très difficile de s'insérer sur le marché de l'emploi, même avec une bonne formation.

Pour conclure, il n'y a pas de choix à faire entre les deux approches (filets sociaux d'un côté, développement des capabilités de l'autre) qui doivent être complémentaires. C'est d'ailleurs ce qui va être tenté au Congo avec la mise en œuvre d'un second projet de protection sociale basée sur le développement des compétences des populations cibles en situation de pauvreté. Il est encore trop tôt pour en prévoir les résultats.

Exercice proposé

Lire attentivement le descriptif de la réalisation de ce projet

1) Quelle est la stratégie poursuivie par ce projet en matière de lutte contre la pauvreté ?
2) Que pensez-vous de la mise en place de filets sociaux ? De leur caractère automatique sans contribution des bénéficiaires ?
3) Que recouvre la notion de socle de protection sociale ? Socle de protection sociale non contributive par rapport à une protection sociale contributive ?
4) À quoi se heurte un système de protection sociale contributif dans un pays comme le Congo Brazzaville ? En général dans les pays en développement ?
5) Comment sont ciblées les populations bénéficiaires ?
6) Quel est le mode de distribution des fonds ?
7) Que dire de l'exécution technique du projet ?
8) Que dire de l'exécution financière du projet ? Essayer de construire le plan de financement effectif du projet sur 7 ans ?
9) Pourquoi le gouvernement n'a pas versé les fonds de contrepartie du projet auquel il s'était pourtant engagé ?
10) Quels sont les principaux enseignements de ce projet ?
11) Quelle durabilité pour ce projet ?
12) Notation du projet. Pertinence des objectifs ? Réalisation des objectifs ? Efficacité ? Efficience ? Impact ?
13) Points forts ? Points faibles ?

Corrigé de l'exercice

1) Quelle est la stratégie poursuivie par ce projet en matière de lutte contre la pauvreté ?

L'objectif de ce projet est de soutenir la création d'un système de filets sociaux afin de mettre en place un socle de protection sociale pour les plus pauvres. Les populations les plus pauvres sont ciblées par des transferts monétaires non contributifs et conditionnés. Cela veut dire que l'on ne demande aucune contrepartie aux populations pauvres pour recevoir cet appui à partir du moment où elles rentrent dans les critères d'attribution.

Cette nouvelle stratégie a été lancée en Afrique par la Banque mondiale dans 22 pays. Il s'agit d'une aide régulière, fiable, ciblée vers les ménages les plus pauvres.

Cette nouvelle stratégie doit beaucoup aux travaux d'Esther Duflo et de toute son équipe qui ont démontré par expérimentation randomisée (avec groupe témoin) que les transferts monétaires non contributifs et non conditionnés étaient efficaces pour lutter contre la pauvreté. Qu'il n'y avait pas de risque de tomber dans un système pervers d'assistanat, ce que l'on croyait jusqu'à présent.

Que les populations en cause utilisaient correctement cet appui financier (besoins essentiels, retour à l'activité) qui leur permettait de rebondir et donc d'améliorer leur capabilité.

2) Que pensez-vous de la mise en place de filets sociaux ? De leur caractère automatique sans contribution des bénéficiaires ?

Il y a deux systèmes de protection sociale au Congo :

- Le système de Sécurité sociale animé par le ministère du travail. Dans ce cadre, le salarié contribue et reçoit en échange des prestations sociales. C'est un système contributif de protection sociale.
- Le système de filets sociaux animé par le ministère des affaires sociales. Dans ce cadre, les plus pauvres reçoivent une contribution sans apport préalable de leur part. C'est un système non contributif de protection sociale.

Le système des filets sociaux touche vraiment les plus pauvres. Le caractère automatique des versements rompt avec les pratiques habituelles en matière de protection sociale où l'on demandait une contribution aux bénéficiaires en échange d'une prestation. Avec les filets sociaux, on dépasse la critique de l'assistanat en anticipant que les populations bénéficiaires sauront dépenser cet appui financier le mieux possible.

3) Que recouvre la notion de socle de protection sociale ? Socle de protection sociale non contributive par rapport à une protection sociale contributive ?

Un socle de protection sociale vise à assurer à toute la population d'un pays un minimum social. C'est une notion qui a été conceptualisée par l'Organisation Internationale du Travail (OIT) comme un droit fondamental. L'idée est d'assurer à chacun des droits sociaux de base. Le caractère contributif est en général lié au paiement de cotisations sociales par les salariés et les employeurs. Pour en bénéficier, il convient donc d'avoir un travail salarié. Dans le cas du versement d'une prestation sans contribution préalable, on vise à toucher les plus pauvres, ceux qui n'ont pas d'activité, en allant parfois encore plus loin, en ne conditionnant pas cette prestation à une contrepartie quelconque.

4) À quoi se heurte un système de protection sociale contributif dans un pays comme le Congo Brazzaville ? En général dans les pays en développement ?

La faiblesse de la population salariée qui cotise. Les bénéficiaires de ces systèmes de protection sont donc très peu nombreux. En général, dans les pays en développement, l'activité informelle est très développée par rapport à l'activité formelle. Les systèmes de protection sociale qui ne s'appuient que sur les cotisations de salariés ou d'employés du secteur formel touchent donc une fraction faible de la population (10 %).

5) Comment sont ciblées les populations bénéficiaires ?

Par le volet 1 du projet : établissement grâce au projet des bases d'un registre unifié des bénéficiaires potentiels des programmes de filets sociaux. Ciblage à la fois catégoriel et socio-économique visant à identifier les ménages pauvres et extrêmement pauvres. Le processus d'identification des ménages bénéficiaires a été développé avec l'expertise de la Banque mondiale et combine un ciblage géographique, un ciblage à base communautaire impliquant les représentants locaux, religieux et la société civile. Ce volet est essentiel à la réussite du projet. Sans ciblage précis, on risque de ne pas toucher les plus pauvres. Il faut que la base de données ainsi créée ne soit pas trop lourde à gérer et puisse être réactualisée en permanence. La mixité sociale dans un quartier, plutôt à encourager, rend le ciblage des pauvres encore plus complexe (telle famille a droit aux prestations, telle famille vivant parfois sous le même toit n'y a pas droit).

6) Quel est le mode de distribution des fonds ?

Les prestations sont versées de façon trimestrielle par la Banque postale qui mettra à disposition des bénéficiaires un guichet dans toutes ces agences. Les cartes biométriques remises aux bénéficiaires servent de carte de retrait.

7) Que dire de l'exécution technique ?

Le montage technique du projet s'est avéré performant. La phase délicate de ciblage de la population a bien fonctionné. La distribution des revenus par la banque postale aux ménages ciblés a donné de bons résultats. Cependant, l'exécution technique a beaucoup pâti du manque de financement de l'État puisque seuls 4 700 ménages ont été bénéficiaires du projet.

8) Que dire de l'exécution financière ? Essayer de construire le plan de financement effectif du projet sur 7 ans ?

Elle a beaucoup pâti du non-versement par l'État de sa contribution financière au projet, ce qui a amoindri très sensiblement le nombre de bénéficiaires réels du projet (4 700 contre les 10 000 escomptés au départ). Le passage à l'échelle qui permettrait d'atteindre 180 000 ménages, soit environ 20 % de la population congolaise, est loin, très loin d'être en vue.

Sur le plan du financement de ce projet social par du prêt en devises, on peut s'étonner de ce mode de financement qui accroît l'endettement du pays, pour une opération qui n'a pas de rentabilité à court terme. Il vaudrait mieux la financer sur don. On s'aperçoit également que pour faire durer quelque peu un projet en difficulté, la Banque mondiale remet au pot et reprête des financements un État qui s'endette à nouveau. Le non-versement des fonds de contreparties par l'État à partir de son budget sont ainsi curieusement pallié par de l'endettement supplémentaire de l'État, qui pourtant se trouve en situation financière délicate.

Le plan de financement du projet sur 7 ans est le suivant :

m€	1	2	3	4	5	6	7	État	BM	AFD
Volet1	1							0	1	0
V. 2		4,5	4,5	4,5	4,5	4,5	4,5	0	21	6
V.3	1	1	1	1	1	1	1	0	5	2
Total								0	27	8

Le chiffre de 4,50 m€ correspond à la moitié du coût annuel des transferts prévus initialement, soit 4,50 m€ pour une année de transfert pour 4 700 ménages (contre 9 m€ prévus pour 10 000 ménages).

Les autres dépenses sur les volets 1 et 3 sont demeurées inchangées par rapport au plan de financement prévisionnel.

Les fonds de la Banque mondiale pour financer ce projet provenant d'un prêt, c'est en réalité le Congo Brazzaville qui finance finalement le projet par de l'endettement supplémentaire auprès de la Banque mondiale.

9) Pourquoi le gouvernement n'a pas versé les fonds de contrepartie du projet auquel il s'était pourtant engagé ?

Le gouvernement a mis en avant les effets sur les finances publiques de la crise financière qu'il subit depuis lors. On pourrait lui rétorquer qu'il pourrait prioriser ce type de dépenses budgétaires qui bénéficient au plus pauvres plutôt que d'autres dépenses de sécurité qui ne semblent pas impacter par la crise financière.

10) Quels sont les principaux enseignements de ce projet ?

Quatre enseignements majeurs : (1) Difficulté pour un gouvernement à participer à un tel projet sans dégager au préalable des ressources budgétaires stables. Au Congo, les ressources budgétaires dépendent à 90 % de la fiscalité sur le pétrole ; (2) Dépenses sociales ne sont pas une priorité budgétaire pour le gouvernement congolais par rapport à d'autres dépenses ; (3) Pour les bailleurs de fonds, éviter d'utiliser le prêt qui endette pour financer ce type de projet, ne pas surestimer dans le montage d'un projet, la contribution possible du gouvernement ; (4) les filets sociaux constituent une voie d'intervention complémentaire à l'amélioration des compétences des populations pauvres par de la formation.

11) Quelle durabilité pour ce projet ?

La durabilité du projet est faible sans un effort financier permanent du gouvernement congolais par l'intermédiaire de son budget. La continuation du projet après la période de 7 ans n'est possible que par un endettement supplémentaire du Congo auprès de la Banque mondiale. Une fois que les fonds empruntés à la Banque mondiale par l'État congolais auront été totalement décaissés, la continuation de cette action politique de transferts sociaux se reposera.

12) Notation du projet. Pertinence des objectifs ? Réalisation des objectifs ? Efficacité ? Efficience ? Impact ?

- Pertinence des objectifs : très satisfaisant. Des filets sociaux dans un pays très inégalitaire et en crise financière aiguë sont judicieux pour soutenir les plus pauvres.
- Réalisation des objectifs : moyennement satisfaisant : Les bailleurs de fonds ont accepté de financer une partie des fonds de contreparties. L'exécution

technique et financière a été améliorée grâce au soutien permanent des bailleurs de fonds et notamment la Banque mondiale, faute de contribution budgétaire de l'État.

- Efficacité : moyenne
- Efficience : moyenne
- Impact : le taux de pauvreté des 4 700 ménages bénéficiaires, faisant partie des plus pauvres, a baissé significativement. Mais en comparaison des 180 000 ménages pauvres à soutenir, qu'un passage à l'échelle aurait permis, on est encore très loin du compte.

13) Points forts ? Points faibles ?

Points forts

- Stratégie effective de lutte contre la pauvreté et les inégalités dans un pays à revenu intermédiaire.
- Filets sociaux qui permettent à des familles de bénéficiaires de rebondir et de se réinsérer assurant ainsi les bases d'un socle de protection sociale.
- Ciblage des ménages les plus pauvres bien effectué

Points faibles

- Très faible contribution du budget de l'État qui n'en fait toujours pas une priorité de dépenses.
- Mode de financement du projet aléatoire. Recours au prêt critiquable car il endette un pays en situation déjà très fragile sur le plan financier.

Glossaire explicatif des principaux termes employés dans le manuel du développement durable

Aide budgétaire globale. C'est l'aide destinée à financer le budget de l'État sans affectation à des dépenses à un secteur précis. Elle est inscrite en ressources du budget de l'État et décaissable selon certains critères prédéfinis : indicateurs de mise en œuvre des CSLP, d'amélioration de la gestion des finances publique.
Aide budgétaire ciblée. Elle finance un secteur précis des dépenses de l'État, ce qui permet plus facilement de s'assurer de sa bonne utilisation dans les pays où la gouvernance est fragile. Elle n'est pas recommandée par l'OCDE. Elle ne peut être considérée comme de l'aide budgétaire globale.
Aide budgétaire sectorielle. Aide destinée à financer les dépenses du budget de l'État et la mise en œuvre d'une politique sectorielle commune, sous la conduite de l'État partenaire. Elle est exécutée selon les procédures nationales d'exécution de la dépense publique.
Aide Publique au Développement (APD). L'aide publique au développement se définit sur le plan comptable comme la mesure d'un transfert effectif sous forme de dons ou sous forme de prêts concessionnels (prêt comportant un élément don) vers un bénéficiaire public de ces fonds, c'est-à-dire un pays en développement faisant partie de la liste des pays en développement du CAD de l'OCDE.
Aide au développement. L'aide au développement est constituée de l'ensemble des efforts consentis sous forme de transferts des pays développés et parfois des pays émergents, des organisations non gouvernementales, des collectivités publiques, des entreprises, des particuliers, vers les pays en développement (pays les moins avancés, pays à faible revenu, pays à revenu intermédiaire, pays émergents) dans le but de favoriser un processus de développement. Le concept d'aide au développement est donc beaucoup plus large, moins précis que celui d'aide publique au développement. Il ne se limite pas aux efforts consentis par les acteurs publics comme pour l'APD mais intègre également les efforts des acteurs privés (ONG, fondations, entreprises, coopération décentralisée, particuliers…). Il peut intégrer des prêts concessionnels ou à conditions de marché, des dons, des investissements étrangers dans les pays en développement, les transferts des ONG et des fondations. Il n'existe aucune définition statistique des flux pouvant être considérés comme de l'aide au développement. Les pays émergents peuvent être source d'aide au développement comme récepteurs d'aide au développement.
Aide projet / project aid. L'aide projet peut prendre, selon les pays concernés et les bénéficiaires, plusieurs formes : (1) dons accordés aux pays les plus pauvres, (2) prêts à conditions très favorables, accordés aux États ou à des entreprises avec l'aval des États dans les pays à revenu intermédiaire, (3) prêts accordés à des

entreprises ou à des banques, sans l'aval des États, à conditions améliorées ou à des conditions proches de celles du marché.
Aide programme / programme aid. Par opposition à l'aide projet, l'aide programme regroupe l'aide budgétaire globale (ABG) et l'aide budgétaire sectorielle (ABS). L'aide programme peut prendre plusieurs formes : aide à la balance des paiements, soutien à un secteur déterminé (aide sectorielle) ou à certaines dépenses budgétaires (aide ou appui budgétaire).

Aide liée, Aide déliée / tied-aid, untied-aid. L'aide est « liée » lorsqu'elle permet de financer l'acquisition de biens et de services exclusivement auprès de fournisseurs appartenant au pays qui a apporté les fonds d'aide. Elle est « déliée » lorsqu'elle peut être utilisée pour acheter ces biens et services auprès de n'importe quel pays partenaire. L'aide peut être partiellement déliée. Le CAD de l'OCDE publie chaque année une statistique sur le taux de déliement de chaque pays donateur.
Agence multilatérale de développement ou agence de développement. Ce sont les agences spécialisées du système des Nations unies qui opèrent dans le secteur du développement, essentiellement sous forme de dons, qui ont le statut de programme ou d'agence. On compte dans ce groupe notamment le PNUD (Programme des Nations unies pour le développement), la FAO (Organisation des Nations unies pour l'agriculture et l'alimentation), la CNUCED (Organisation des Nations unies pour le commerce et le développement), le PNUE (Programme des Nations unies pour l'environnement), l'ONUDI (Organisation des Nations unies pour le développement industriel), le PAM (Programme alimentaire mondial). Leurs instances de décision sont en général dominées par les pays en développement. Leur capacité financière d'intervention est bien moindre que celle des banques de développement (5 milliards de $ annoncés par le PNUD en 2009 contre 14 milliards pour la seule Association internationale de développement de la Banque mondiale sur la même période). Elles sont en général dominées par les bailleurs de fonds occidentaux qui en assurent le financement et participent tous les trois ans à la reconstitution de leurs ressources concessionnelles.
Agenda 21. Programme d'actions nationales destinées à traduire dans les faits les principes et visées du développement durable, défini à Rio lors du deuxième Sommet de la Terre organisé sous l'égide des Nations unies. Les villes et les autres collectivités territoriales sont également invitées par ce moyen à s'approprier des politiques selon un agenda 21 local qui est alors une déclinaison des agendas nationaux.

Aire protégée. Zone protégée par des lois, des règlements ou une politique d'aménagement du territoire afin d'en limiter l'occupation ou les activités humaines. Les aires protégées comprennent des paysages protégés, des parcs nationaux, des zones d'aménagement intégré et des parcs naturels.

Ajustement structurel / Structural adjustment assistance. Les programmes d'ajustement structurel regroupent les conditions posées par le FMI au rééchelonnement de la dette des pays en développement à partir des années quatre-vingt. Visant au rétablissement des balances commerciale et financière extérieures, ils préconisent un équilibre des finances publiques, ainsi que des mesures structurelles du type privatisations ou libre circulation des capitaux.

Alignement. Processus par lequel les bailleurs de fonds prennent comme cadre de référence les politiques nationales sectorielles ou macroéconomiques définies par les pays partenaires, notamment dans les CSLP. Ce terme est utilisé depuis la Conférence internationale de Monterrey de mars 2002.

Analyse des risques / risk analysis. Analyse ou appréciation de facteurs (appelés hypothèses dans le cadre logique) qui contribuent, ou pourraient contribuer, à l'atteinte des objectifs d'une intervention donnée. Examen détaillé des conséquences non voulues et négatives qu'une action de développement pourrait avoir sur la vie humaine, la santé, la propriété ou l'environnement. Processus visant à identifier systématiquement les conséquences indésirables et les risques, avec quantifications de leur probabilité d'apparition et de leur impact.

Annexe I de la Convention cadre sur les changements climatiques. Liste des pays devant réduire de 5,2 % par rapport à la référence de 1990 leurs émissions de gaz à effet de serre sur la période 2008-2012 (membres de l'OCDE et pays européens à économie de transition ayant signé le protocole de Kyoto).

Annexe B du Protocole de Kyoto. Liste de pays très proche de celle de l'annexe 1 devant réduire impérativement leurs émissions de gaz à effet de serre pour la période 2008-2012 par rapport à 1990.

Approche sectorielle / sector-wide approach (SWAP). Elle est destinée à permettre à un bailleur de fonds de combiner ses ressources financières avec celles de l'emprunteur lorsque des objectifs à l'échelle d'un secteur ont été convenus et que la gestion financière et les moyens de contrôle fiduciaire de l'emprunteur ont été, après évaluation, jugés satisfaisants.

Appropriation / ownership. Processus par lequel un pays partenaire prend en charge sa politique dans le secteur donné et assure lui-même la coordination des bailleurs.

Association internationale de développement (IDA). Cette institution membre du groupe Banque mondiale accorde des crédits sans intérêts et des dons aux 79 pays les plus pauvres au monde. Ses engagements ont atteint le montant total record de 14 milliards de dollars au titre de l'exercice 2009. Dans le souci d'apporter un appui rapide aux pays touchés par la crise, 990 millions de dollars compris dans ces crédits et dons ont été mis à disposition au titre du Mécanisme d'intervention rapide établi par l'IDA.

Audit, contrôle / audit. Activité de contrôle en matière de qualité, exercée de façon objective et indépendante, et destinée à améliorer les opérations d'une organisation et à en accroître la valeur. L'audit est l'un des instruments d'une approche systématique et rigoureuse d'amélioration de l'efficacité de la gestion des risques, du contrôle et des processus de gouvernance. Il faut distinguer l'audit de régularité (il porte surtout sur la conformité avec les procédures et les règlements en vigueur) de l'audit de performance (qui s'intéresse à la pertinence, à l'efficience et à l'efficacité). L'audit interne fournit une appréciation des contrôles internes exercés par une unité rendant compte à la direction, tandis que l'audit externe est exécuté par un organisme indépendant.

Avantage absolu. Concept formulé en premier par l'économiste britannique Adam Smith, selon lequel les agents économiques – individus, entreprises, pays – grâce à une productivité supérieure peuvent échanger un produit ou un service à un prix moins élevé que les autres agents économiques des autres pays. La théorie des avantages absolus permet au pays le plus compétitif de prendre l'ascendant sur les pays moins compétitifs. Pour reprendre l'exemple célèbre de Ricardo, si le Portugal a un avantage sur l'Angleterre à produire du vin et des draps, il produira ces deux produits et les exportera vers Angleterre qui ne pourra plus les produire en échange ouvert. Il n'y aura pas de partage de l'activité entre une Angleterre produisant des draps et les exportant au Portugal et un Portugal produisant et exportant uniquement du vin (avantages comparatifs). Il y a donc des perdants et des gagnants à l'échange international ouvert.

Avantage comparatif. Concept formulé par l'économiste britannique David Ricardo, selon lequel les agents économiques — individus, entreprises, pays — sont le plus efficaces lorsqu'ils s'en tiennent à ce qu'ils font le mieux. Cette notion est d'une importance particulière sur les marchés mondiaux, où les pays ont le plus à gagner s'ils produisent et exportent les biens et services qu'ils peuvent produire d'une manière plus efficace pour un coût moindre, en utilisant moins de capital physique, humain et naturel que d'autres. À la différence de la théorie des avantages absolus, les agents économiques n'ont pas besoin d'être les plus efficaces pour tirer avantage d'une ouverture sur le commerce international. Une spécialisation internationale au bénéfice de tous est donc possible, entre pays ou agents économiques ayant des niveaux de productivité différents suivant les secteurs.

Avant-projet simplifié (APS). L'avant-projet simplifié est souvent la première étude faite par un concepteur de projet à partir de la programmation réalisée par la maîtrise d'ouvrage. En effet, certains projets sont relativement complexes. Avant de prendre une décision, le maître d'ouvrage et le bailleur de fonds ont parfois besoin de faire le point sur la base d'une première étude sommaire.

Avant-projet détaillé (APD). La maîtrise d'ouvrage et le bailleur de fonds s'étant mis d'accord, le concepteur désigné est chargé d'une étude détaillée du projet.

Banque mondiale. La Banque mondiale est une institution multilatérale d'aide de la famille des banques de développement fonctionnant essentiellement sur prêts dont les trois organismes principaux sont la BIRD (Banque internationale pour la reconstruction et le développement) qui pratique une aide aux pays à revenu intermédiaire, l'IDA (Association internationale de développement) qui apporte une aide aux pays à faible revenu et la SFI (Société financière internationale), qui apporte une aide au secteur privé.

Banque internationale pour la reconstruction et le développement (BIRD). C'est une institution membre du Groupe de la Banque mondiale qui fournit des financements, des produits de gestion du risque et d'autres services financiers aux pays. Ses engagements ont fortement augmenté au cours de l'exercice 2009, s'établissant à 32,9 milliards de dollars pour 126 opérations, contre 13,5 milliards de dollars durant l'exercice 2008. L'actuel volume d'engagements dépasse le niveau record précédemment établi durant l'exercice 1999 où la BIRD avait engagé 22,2 milliards de dollars pour riposter à la crise financière asiatique. À travers ses activités de renforcement des capacités, de conseils sur les mesures à prendre et d'assistance technique, la BIRD aide aussi les pays à évaluer les causes sociales et structurelles de la vulnérabilité, à rechercher des solutions aux insuffisances sous-jacentes sur le plan institutionnel et en matière de politiques et à gérer les réponses apportées comme riposte aux conséquences de la crise mondiale.

Bénéficiaires / bénéficiaires : individus, groupes ou organisations qui bénéficient de l'action de développement.

Bien public mondial ou global / global public good. Transposition au niveau international du concept de biens, services et ressources collectifs, c'est-à-dire dont l'existence est bénéfique à la communauté internationale. Dans leur définition la plus pure, ces biens ne s'épuisent pas lorsqu'on les consomme (propriété de non-rivalité) et nul n'est exclu de leur consommation (propriété de non-exclusion). Leur gestion pose de ce fait des problèmes importants de financement et d'action au plan international. Elle nécessite une coopération entre tous les pays, qu'ils soient développés ou en développement. Quelques exemples de BPM : les biens « environnementaux » (biodiversité, couche d'ozone), les biens « humains » (santé, connaissance scientifique, héritage culturel mondial) ou encore les questions de politique mondiale (paix, stabilité financière).

Bonification. La bonification est le différentiel de taux entre un prêt au taux du marché et un prêt concessionnel qui peut ainsi, si la concessionnalité est suffisante, être déclaré en aide publique au développement.

Cadre de dépenses à moyen terme. Instrument de planification budgétaire de la mise en œuvre d'un CSLP ou d'un programme, généralement établi à trois ou cinq ans, et validé par les autorités locales.

Cadre de développement intégré de la Banque mondiale / comprehensive development framework. Les projets financés par la Banque mondiale se veulent l'expression concrète des stratégies nationales de réduction de la pauvreté, lesquelles s'articulent autour des quatre principes du Cadre de développement intégré. Présenté au Conseil des gouverneurs de la Banque mondiale en 1998, ce Cadre traduit l'évolution profonde de la conception du développement intervenue depuis les années quatre-vingt-dix : les stratégies de développement doivent être globales et définies par une vision à long terme. Chaque pays doit concevoir et piloter son propre programme de développement en s'appuyant sur la participation des citoyens. Les gouvernements, les bailleurs de fonds, la société civile, le secteur privé et les autres parties prenantes doivent collaborer, sous la direction des pays bénéficiaires pour mener à bien les stratégies de développement. Le bilan des activités de développement doit être fondé sur des résultats mesurables.

Cadre logique / logical framework. Outil visant à améliorer la conception des actions, le plus souvent au niveau des projets. Cela suppose d'identifier les éléments stratégiques (ressources, extrants, réalisations, impacts) et leurs relations causales, les indicateurs, ainsi que les facteurs extérieurs (risques) qui peuvent avoir une influence sur le succès ou l'échec d'une action. Le Cadre logique facilite ainsi la conception, l'exécution et l'évaluation d'une intervention de développement. Terme connexe : gestion axée sur les résultats (result-based management)

Cadres stratégiques de lutte contre la pauvreté (CSLP) / poverty reduction strategy papers (PRSP). Les cadres stratégiques de lutte contre la pauvreté sont des programmes nationaux de réduction de la pauvreté, élaborés par les autorités des pays concernés. Une fois approuvés par les institutions de Bretton Woods, ces programmes ouvrent accès à un allégement de la dette (initiative PPTE) ainsi qu'à des financements à taux privilégié. La préparation des CSLP implique notamment une large concertation avec les différentes composantes de la société ainsi que les partenaires extérieurs du développement. Les CSLP sont inscrits dans les DSRP, Documents stratégiques de réduction de la pauvreté.

Capacité d'absorption de l'aide. Capacité pour le pays partenaire à mettre en œuvre et décaisser les financements de façon efficace. La capacité des pays en développement à absorber l'aide peut s'apprécier à deux niveaux : institutionnel et macroéconomique.

Capital humain. Ce vocable désigne les êtres humains et leurs capacités de production économique. L'éducation, la formation et les soins de santé contribuent à accroître le capital humain.

Cible quantifiée des OMD : les 8 Objectifs du Millénaire (2000-2015)

1. Réduire l'extrême pauvreté et la faim. Cible 1 : réduire de moitié la proportion de la population dont le revenu est inférieur à un dollar par jour. Cible 2 : réduire de moitié la proportion de la population qui souffre de la faim.

2. Assurer l'éducation primaire pour tous. Cible 3 : donner à tous les enfants, garçons et filles, les moyens d'achever un cycle complet d'études primaires.

3. Promouvoir l'égalité des sexes et l'autonomisation des femmes. Cible 4 : éliminer les disparités entre les sexes dans les enseignements primaire et secondaire d'ici à 2005 si possible, et à tous les niveaux de l'enseignement en 2015 au plus tard.

4. Réduire la mortalité infantile. Cible 5 : réduire de deux tiers le taux de mortalité des enfants de moins de 5 ans.

5. Améliorer la santé maternelle. Cible 6 : réduire de trois quarts le taux de mortalité maternelle.

6. Combattre le VIH/ SIDA, le paludisme et d'autres maladies. Cible 7 : stopper la propagation du VIH/ sida et commencer à inverser la tendance actuelle. Cible 8 : maîtriser le paludisme et d'autres grandes maladies, et commencer à inverser la tendance actuelle.

7. Assurer un environnement durable. Cible 9 : intégrer les principes du développement durable dans les politiques nationales ; inverser la tendance actuelle à la déperdition des ressources environnementales. Cible 10 : réduire de moitié le pourcentage de la population qui n'a pas accès de façon durable à un approvisionnement en eau potable. Cible 11 : améliorer sensiblement la vie d'au moins 100 millions d'habitants de taudis, d'ici à 2020.

8. Mettre en place un partenariat mondial pour le développement. Cible 12 : poursuivre la mise en place d'un système commercial et financier multilatéral ouvert, fondé sur des règles, prévisible et non discriminatoire. Cela suppose un engagement en faveur d'une bonne gouvernance, du développement et de la lutte contre la pauvreté, aux niveaux tant nationaux qu'international. Cible 13 : s'attaquer aux besoins particuliers des pays les moins avancés. La réalisation de cet objectif suppose l'admission en franchise et hors contingents de leurs exportations, l'application du programme renforcé d'allègement de la dette des pays pauvres très endettés, l'annulation des dettes bilatérales envers les créanciers officiels, et l'octroi d'une aide publique au développement plus généreuse aux pays qui démontrent leur volonté de lutter contre la pauvreté. Cible 14 : répondre aux besoins particuliers des États enclavés et des petits États insulaires en développement. Cible 15 : traiter globalement le problème de la dette des pays en développement par des mesures d'ordre national et international propres à rendre leur endettement viable à long terme. Cible 16 : en coopération avec les pays en développement, créer des emplois décents et productifs pour les jeunes. Cible 17 : en coopération avec l'industrie pharmaceutique, rendre les médicaments essentiels disponibles et abordables dans les pays en développement. Cible 18 : en coopération avec le secteur privé, mettre les avantages des nouvelles technologies, en particulier des technologies de l'information et de la communication, à la portée de tous.

Clause d'origine. La clause d'origine a pour but de contraindre les responsables d'un projet à acquérir les inputs d'un projet (les prestations nécessaires au projet) dans un champ limité de concurrence. Ainsi, le bien ou service à fournir pour le projet pourra provenir seulement d'un pays ou d'un groupe de pays. Le bien ou le service fourni devra contenir une valeur ajoutée minimale venant de ce même pays ou de cette même zone. La finalité de la clause d'origine est d'orienter les achats de la structure projet vers des prestataires en provenance d'une zone géographique choisie. On peut afficher ainsi un taux de retour plus ou moins élevé vers le pays d'origine qui a financé l'opération de développement. Pour le bailleur de fonds, c'est un moyen d'offrir des contrats à des entreprises qui partagent la même origine. On peut alors parler d'un taux de retour très important qui n'a rien à voir avec la compétitivité des entreprises nationales mais plutôt avec le degré élevé de liaison de l'aide. La clause d'origine a tendance à disparaître ou à être fortement assouplie sous l'influence d'institutions internationales comme l'OCDE qui veillent à ce que la concurrence soit le plus large possible.

Club de Paris. Le Club de Paris est un groupe informel de créanciers publics (en majorité les prêteurs publics des pays de l'OCDE) dont le rôle est de trouver des solutions coordonnées et durables aux difficultés de paiement de pays endettés (emprunteurs ou débiteurs publics). Les créanciers du Club de Paris leur accordent un allègement de dette pour les aider à rétablir leur situation financière. Cet allègement de dette peut être obtenu par un rééchelonnement ou, en cas de traitements concessionnels, une réduction des obligations du service de la dette pendant une période définie (traitements de flux) ou jusqu'à une date fixée (traitements de stock).

L'origine du Club de Paris remonte à 1956 lorsque l'Argentine accepta de rencontrer ses créanciers publics à Paris. Depuis, le Club de Paris a conclu 415 accords avec 87 pays endettés. Depuis 1956, le montant total de la dette traitée par les accords du Club de Paris s'élève à 543 milliards de $.

Club de Londres. Le Club de Londres est un groupe informel de créanciers privés (banques commerciales) dont le rôle est de trouver des solutions durables aux difficultés de paiement des pays endettés (emprunteurs ou débiteurs publics). Le Club de Londres a pour but de veiller à ce que toutes les banques créancières obtiennent le même traitement tout en fixant les conditions du rééchelonnement qui doivent permettre de rétablir la solvabilité du pays endetté.

Cohérence des politiques. Cette thématique est présente principalement dans l'Union européenne qui met en œuvre des politiques qui peuvent parfois apparaître en contradiction les unes par rapport aux autres. À titre d'exemple, la politique agricole commune, dont les effets sont négatifs sur le développement de l'agriculture des pays en développement qui importent. Les exportations à bas prix des surplus communautaires ou éviction des marchés intracommunautaires sous forme d'aide alimentaire sont souvent dénoncées et peuvent sembler incohérentes avec les efforts déployés par l'Union pour développer le secteur vivrier des pays en développement au moyen de l'aide communautaire.

Comité d'aide au développement de l'OCDE (CAD) / Development Assistance Comittee (DAC). Le CAD (Comité d'aide au développement) est l'organe de l'OCDE chargé des questions de coopération avec les pays en développement. Rassemblant 22 pays donateurs plus la Commission européenne (la Banque mondiale, le FMI et le PNUD y sont observateurs), il constitue une instance stratégique où s'élaborent les mesures tendant à renforcer l'efficacité des efforts en faveur du développement. Le CAD établit tous les 3 ans, sur la base du critère de revenu annuel par habitant, la liste des pays en développement et des pays en transition. La croissance rapide de l'aide Sud-Sud, qui échappe à l'examen du CAD de l'OCDE, fragilise cette institution.

Comité interministériel de coopération internationale et du développement (CICID). Créé en janvier 1999 et présidé par le Premier ministre, il réunit l'ensemble des membres du gouvernement concernés par la politique d'aide au développement, et a vocation à se réunir une ou deux fois par an. Il a pour objectif de définir les arbitrages entre les contributions et les priorités géographiques et thématiques assumées conjointement par le ministère des finances (DGTPE) et le ministère des affaires étrangères.

Commission du développement durable des Nations unies. Son objectif est de mesurer les progrès réalisés dans l'application globale de l'agenda 21.

Concessionnalité. On parle en général de concessionnalité d'un prêt afin d'indiquer que ses conditions (taux, durée, période de différé) sont plus favorables que les conditions qu'offre le marché grâce en général à l'effort du bailleur de fonds qui bonifie par de la subvention les conditions du prêt. Le taux de concessionnalité mesure la part d'élément don contenue dans un prêt. L'élément don est la différence entre la valeur nominale du prêt et la somme de la valeur actuelle des futurs paiements que devra effectuer l'emprunteur au titre du service de la dette (capital + intérêts), exprimée en pourcentage de la valeur nominale (Élément don = valeur nominale – valeur actuelle/valeur actuelle*100). Si le taux d'intérêt du crédit est inférieur au taux d'actualisation, la valeur actuelle de la dette est inférieure à sa valeur nominale et la différence correspond à l'élément don (positif) du prêt. Le taux d'actualisation qui sert à calculer la valeur actuelle du prêt est une hypothèse fondamentale dans le calcul de l'élément don et donc du taux de concessionnalité qui en découle. Les taux d'actualisation dont se sert le FMI sont les « taux d'intérêt commerciaux de référence » (TICR) propres à chaque devise considérée publiés par l'OCDE.

Conditionnalités. Lorsqu'un pays, une entreprise ou encore une collectivité locale emprunte auprès d'une institution financière ou reçoit une subvention, il arrive que ce bailleur de fonds demande en contrepartie des engagements. Très critiquées parce qu'allant jusqu'à imposer de l'extérieur de nouvelles politiques à certains États dans les années 1980 et 1990 (ajustement structurel), les conditionnalités tendent à devenir plus souples et moins dogmatiques à partir de 2010.

Conditions suspensives d'un prêt ou d'une subvention contenue dans une convention d'ouverture de crédit. Le bailleur de fonds souhaite parfois soumettre à des conditions particulières le décaissement de ses fonds. Autrement dit, il considère que le bénéficiaire du concours financier doit remplir certaines conditions préalables pour que les fonds soient effectivement décaissés. Les conditions suspensives particulières sont souvent utilisées par le bailleur de fonds comme un levier pour faire évoluer dans le sens qu'il souhaite l'environnement institutionnel du bénéficiaire ou plus simplement son mode de fonctionnement (dans le cas où le bénéficiaire est une entreprise, notamment).
Consolidation. Opération qui consiste à faire passer en taux fixe des décaissements en taux révisable. La consolidation est effectuée en règle générale à la fin des décaissements. Elle peut intervenir à des étapes intermédiaires, à la demande du client, sous réserve que l'encours des décaissements faisant l'objet de la consolidation, atteigne un minimum de 3 m€.
Contrat désendettement développement C2D. Les contrats désendettement - développement (C2D) constituent le volet bilatéral additionnel français de l'initiative PPTE d'allègement de la dette des pays en développement. Il s'agit d'un mécanisme de refinancement par don des échéances de remboursement de la dette par les pays concernés. Les financements sont concentrés sur un nombre restreint de « points d'affectation » choisis dans quatre secteurs : (1) l'éducation de base et la formation professionnelle, (2) les soins de santé primaire et la lutte contre les grands fléaux sanitaires (plus particulièrement la lutte contre le Sida), (3) les équipements et les infrastructures des collectivités locales, (4) l'aménagement du territoire et la gestion des ressources naturelles.
Convention d'ouverture de crédit. C'est le document officiel qui organise les rapports contractuels entre le bailleur de fonds et le bénéficiaire du concours. Il est important que cette convention précise bien ses principaux objectifs chiffrés, les modalités de décaissement des fonds, le mode de suivi du projet et enfin son schéma de financement. C'est le document officiel qui engage les moyens nécessaires à la réalisation du programme fixé par le maître d'ouvrage. Dans le processus de décaissement des fonds, le bailleur de fonds inclut souvent des conditions particulières (conditions suspensives) à remplir par le bénéficiaire du concours pour débuter ou poursuivre ses décaissements. Si ces conditions ne sont pas remplies, le bailleur suspend ses décaissements.
Convention cadre des Nations unies sur le changement climatique (CCNUCC). Il s'agit d'un accord international (165 États ou Parties) visant par des efforts communs à une réduction significative des émissions de gaz à effet de serre et pour retarder et atténuer le réchauffement du globe. Cette convention, adoptée le 9 mai 1992, est entrée en vigueur le 21 mars 1994.

Croissance pro-pauvres. Elle a été définie par la Banque mondiale en 2001 comme étant la croissance positive accompagnée d'une augmentation de la part du revenu national détenue par les pauvres. Elle conduit mécaniquement à une réduction de la pauvreté plus forte que si le revenu des pauvres augmente moins ou aussi vite que celui du reste de la population. Deux approches permettent de définir la croissance pro-pauvres : (1) l'approche relative : la croissance est dite pro pauvres lorsque les plus pauvres bénéficient plus que les autres des fruits de la croissance, (2) l'approche absolue : la croissance est dite pro pauvres lorsqu'elle se traduit par une réduction de l'incidence de la pauvreté. Cette approche est cohérente avec l'OMD n° 1.

Croissance inclusive. La croissance ne creuse pas les inégalités mais profite à toutes les couches de la population. Ce type de croissance permet d'accroître le bien-être et la prospérité de tous.

Déclaration de Rio. Les 27 principes du développement durable constituent la Déclaration de Rio adoptée à l'unanimité par 178 États en juin 1992.

Découplage. On envisage un découplage entre les rejets de gaz à effet de serre et la croissance économique grâce à un mode de développement plus sobre.

Défaillances du marché. Situations dans lesquelles une économie de marché n'offre pas à la population la quantité voulue de certains biens et services. Elles peuvent survenir lorsque le marché ne produit pas assez de biens publics et de biens aux externalités positives, lorsqu'il produit trop de biens aux externalités négatives, lorsque le jeu des monopoles naturels a pour effet de gonfler les prix des produits, et lorsque les agents économiques n'ont pas accès à des informations suffisantes, telles que celles relatives à la qualité de certains biens de consommation. Ces défaillances justifient en général l'intervention économique de l'État, mais il y a toujours un risque de défaillance de l'État lui-même par exemple lorsque les déficiences au niveau des processus politiques ou des structures institutionnelles empêchent les mesures gouvernementales d'améliorer effectivement le bien-être social.

Dette souveraine. Il s'agit d'une dette (les échéances d'un ou plusieurs prêts à rembourser) de l'État ou de la banque centrale d'un pays à l'égard des bailleurs de fonds. Il peut également s'agir de la dette d'une entreprise publique dont le remboursement est garanti par l'État et qui est donc assimilée à de la dette souveraine.

Dette non souveraine. Il s'agit d'une dette (les échéances d'un ou plusieurs prêts à rembourser) d'un emprunteur privé (une contrepartie privée) qui n'est pas garantie par l'État. Le risque du bailleur de fonds se situe donc sur cette contrepartie privée.

Développement durable / sustainable development. Développement qui satisfait les besoins de la génération actuelle sans priver les générations futures de la possibilité de satisfaire leurs propres besoins (définition de Gro Harlem Brundtland). Les projets de développement durable associent en général une composante économique (croissance économique), une composante sociale (lutte contre la pauvreté), et une composante environnementale (protection de l'environnement).

Développement organisationnel. Approche qui considère qu'une entité, une organisation ou un groupe d'organisations sont la clé du développement. Partant d'une approche systémique, la plupart des ouvrages consacrés au développement organisationnel se soucient autant du fonctionnement interne d'une organisation que de ses relations avec son environnement extérieur.
Différé. Période correspondant au délai accordé au bénéficiaire d'un prêt avant qu'il ne commence à rembourser le principal.
Distorsion. Les politiques de développement durable peuvent être distorses et donc introduire des distorsions dans la concurrence par notamment les protections d'un marché qu'elles peuvent mettre en œuvre (normes écologiques, protections tarifaires à des fins de relocalisation) ou encore les subventions qu'elles peuvent distribuer pour favoriser le développement de certaines activités propres.
Document cadre de partenariat (DCP). Document sur lequel l'administration française définit pour un pays donné sa stratégie d'intervention au titre de l'aide publique au développement.
Économie informelle / informal economy. Production et échange de biens et de services non enregistrés dans les comptes officiels. L'économie informelle, qui échappe généralement à l'impôt, inclut des biens et des services très variés.
Écotaxe. Les écotaxes sont des taxes frappant un produit mis à la consommation, en raison des nuisances écologiques qu'il est réputé générer. L'écotaxe est un instrument fiscal au service de l'environnement.
Éducation de base / primary education. La communauté internationale a approuvé en 1990 à Jomtien (Thaïlande), la Déclaration mondiale sur l'éducation pour tous, où il est stipulé que l'éducation de base comprend « aussi bien les outils d'apprentissage essentiels (tels que lecture, écriture, expression orale, calcul, résolution de problèmes) que les contenus éducatifs fondamentaux (tels que connaissances, aptitudes, valeurs, attitudes) dont l'être humain a besoin pour survivre, développer son plein potentiel, vivre et travailler dans la dignité, participer pleinement au développement, améliorer la qualité de son existence, prendre des décisions éclairées et continuer à apprendre. Le champ des besoins éducatifs fondamentaux et la manière dont il convient d'y répondre varient selon les pays et les cultures et évoluent inévitablement au fil du temps. » (Article 1).
Efficacité de l'aide / effectiveness. (I) Mesure selon laquelle les objectifs de l'action de développement ont été atteints, ou sont en train de l'être, compte tenu de leur importance relative. Ce terme est également utilisé comme système de mesure globale du mérite et de la valeur d'une activité. (II) Mesure selon laquelle une intervention a atteint, ou est en train d'atteindre, ses principaux objectifs pertinents, de façon efficiente et durable, et avec un impact positif en termes de développement institutionnel.

Efficience / efficiency. Il s'agit de la capacité d'une entreprise ou d'un organisme à réaliser une production donnée (définie quantitativement et qualitativement) avec

une consommation minimale de ressources (fonds, expertise, temps etc.). Termes connexes : résultats, réalisation.
Élément de libéralité ou élément don d'un prêt selon le FMI (Taux de concessionnalité). Le degré de concessionnalité d'un prêt se mesure à partir de son « élément don ». L'élément don est la différence entre la valeur nominale du prêt et la somme de la valeur actuelle des futurs paiements que devra effectuer l'emprunteur au titre du service de la dette, exprimée en pourcentage de la valeur nominale :

$$\text{Élément don} = \frac{\text{Valeur nominale} - \text{Valeur actuelle}}{\text{Valeur nominale}} * 100$$

Si le taux d'intérêt du crédit est inférieur au taux d'actualisation, la valeur actuelle de la dette est inférieure à sa valeur nominale et la différence correspond à l'élément don (positif) du prêt. Le taux d'actualisation qui sert à calculer la valeur actuelle du prêt est une hypothèse fondamentale dans le calcul de l'élément don. Les taux d'actualisation dont se sert le FMI sont les « taux d'intérêt commerciaux de référence » (TICR) propres à chaque devise considérée, publiés par l'OCDE (exemple 4,62 % pour une durée supérieure à 17 ans en euros en août 2011 et non 10 % comme dans le cas du calcul de l'APD). Concrètement, les TICR moyens sur dix ans sont utilisés pour les crédits dont l'échéance est d'au moins 15 ans, et les TICR moyens sur six mois pour les crédits dont l'échéance est plus courte.
Emissions anthropiques. Fait en général référence aux gaz à effet de serre provenant des activités humaines par opposition aux gaz à effet de serre venant des émissions naturelles.
Encours. Montant du capital non échu (CNE) auquel sont ajoutés tous les impayés (capital, frais, intérêts, etc.) et sont retranchés tous les avoirs. L'encours correspond donc au solde du concours restant dû. Par conséquent, les concours financés par des produits du type subvention ont toujours un encours nul.
Empreinte écologique. L'empreinte écologique comptabilise la demande exercée par les hommes envers les "services écologiques" fournis par la nature. Plus précisément, elle mesure les surfaces biologiquement productives de terre et d´eau nécessaire pour produire les ressources qu´un individu, une population ou une activité consomme et pour absorber les déchets générés, compte tenu des technologies et de la gestion des ressources en vigueur. Cette surface est exprimée en hectares globaux (ha), c´est-à-dire en hectares ayant une productivité égale à la productivité moyenne.

Engagement sur un prêt. Montant maximum octroyé à titre de prêt à un bénéficiaire, le crédit peut être mobilisé partiellement ou en totalité. L'ensemble des octrois

au cours d'une année constitue les engagements annuels qui se traduisent ensuite par des décaissements, une fois que ces engagements ont été effectivement contractualisés par des conventions de financement.
État des lieux / base-line study. Analyse décrivant la situation avant le lancement de l'action de développement et par rapport à laquelle on pourra apprécier des améliorations éventuelles ou établir des comparaisons. Inventaire de la situation de départ, il s'agit d'une étape importante pour pouvoir effectuer les mesures à venir et élaborer les références.
Étude de faisabilité (ou de factibilité). L'étude de faisabilité d'un projet est généralement réalisée par un concepteur ou une personne-ressource qui restera par la suite en dehors de la phase opérationnelle de mise en œuvre du projet. L'étude de faisabilité doit répondre en premier lieu aux termes de référence particuliers fixés par la maîtrise d'ouvrage ou le bailleur de fonds. Elle est basée sur le programme du projet. Les points que doit obligatoirement traiter une bonne étude de faisabilité sont les suivants : (1) déterminer avec exactitude les objectifs du projet et son contexte, (2) déterminer avec exactitude les conditions de mise en œuvre du projet, autrement dit l'architecture du projet à mettre en place pour optimiser son fonctionnement, (3) proposer un schéma technique et financier de réalisation du projet parmi d'autres voies possibles et démontrer que les choix opérés sont les meilleurs. Il convient également de définir les contraintes mais aussi les potentialités du contexte local et institutionnel. Il faut déterminer l'intérêt économique et financier du projet par le calcul d'indicateurs de rentabilité. Il faut enfin bâtir un système fiable de suivi du projet qui permette par le choix d'indicateurs pertinents de mesurer le taux de réalisation des objectifs. L'étude de faisabilité se confond souvent avec l'avant-projet détaillé ou APD.
Euribor (index usuel du marché monétaire) / (Euro Interbank Offered Rate). C'est la référence du prix de l'argent emprunté pendant des durées d'une semaine à douze mois sur le marché interbancaire de la zone euro.
Évaluation / évaluation ex-ante. Appréciation systématique et objective d'un projet, d'un programme ou d'une politique, projeté, en cours ou terminé, de sa conception, de sa mise en œuvre, et de ses résultats. Le but d'une évaluation est de déterminer la pertinence et l'accomplissement des objectifs, l'efficience en matière de développement, l'efficacité, l'impact et la pérennité. Une évaluation devrait fournir des informations crédibles et utiles permettant d'intégrer les leçons de l'expérience dans le processus de décision des bénéficiaires et des bailleurs de fonds. À noter que l'évaluation peut porter non seulement sur l'action de développement, mais aussi sur les acteurs eux-mêmes ou sur les relations entre les différents intervenants.

Évaluation conjointe, partenariale / joint evaluation. Évaluation à laquelle participent différents organismes bailleurs et/ou leurs partenaires. Il peut y avoir plusieurs degrés de partenariat selon que les partenaires coopèrent plus ou moins au processus d'évaluation, regroupent leurs ressources et restituent ensemble les résultats. Les évaluations conjointes peuvent aider à traiter les problèmes d'attribution en appréciant l'efficacité des programmes et des stratégies, la complémentarité des efforts des différents partenaires ainsi que la qualité de la coordination de l'aide, etc.

Évaluation ex ante / ex ante evaluation. Évaluation qui est conduite avant la mise en œuvre d'une action de développement. Terme connexe : appréciation préalable

Évaluation ex post / ex post evaluation. Évaluation d'une action de développement une fois celle-ci terminée. Remarque : ce type d'évaluation peut être réalisé immédiatement après l'achèvement de l'intervention ou longtemps après. Le but est d'identifier les facteurs de succès ou d'échec, d'apprécier la durabilité des résultats et des impacts, et de tirer des conclusions qui pourront être généralisées à d'autres actions.

Évaluation externe / external evaluation. Évaluation d'une action de développement conduite par des services et/ou des personnes extérieures au bailleur de fonds et à l'organisation responsable de la mise en œuvre de l'action.

Évaluation participative / participatory evaluation. Méthode d'évaluation selon laquelle les représentants des agences d'aide et des autres parties prenantes (y compris les bénéficiaires) collaborent pour concevoir et conduire une évaluation et en tirer des conclusions. La participation à l'évaluation peut être totale, ou bien se limiter à certaines étapes seulement.

Évaluation du projet. Il peut s'agir d'une évaluation ex ante avant le démarrage du projet. Il peut s'agir d'une évaluation à mi-parcours. Il peut s'agir d'une évaluation ex post. Le bailleur de fonds peut souhaiter pour son seul usage réaliser sa propre évaluation du projet (évaluation ex ante) sur la base de l'étude de faisabilité. Il intègre alors les données apportées par l'étude de faisabilité, les amende au besoin en fonction de ses propres contraintes et apporte enfin sa réflexion à la définition des objectifs et des moyens qu'il souhaiterait voir pris en compte. C'est donc un exercice qui débouche sur un document de projet relativement exhaustif, fruit d'un processus interne au bailleur de fonds, et qui synthétise ses positions définitives. Tout ce travail de maturation doit prendre corps dans un rapport d'évaluation qui constitue alors le document de référence du projet pour le bailleur de fonds. Ce document doit être très clair sur les choix techniques finalement adoptés, sur le cadre institutionnel, sur l'organisation du projet, sur ses retombées économiques et financières, sur les impacts attendus sur le plan social, environnemental ou du genre (homme/femme). Il doit également spécifier les risques encourus par le projet et proposer une batterie d'indicateurs de suivi.

Évaluation économique d'un projet selon la méthode des effets. Cette méthode doit permettre d'évaluer les impacts d'un projet sur l'économie en fonction des politiques sectorielles et des objectifs macroéconomiques poursuivis par l'État récipiendaire. Elle emprunte le même cheminement que celui de la planification normative en adoptant l'instrument de la comptabilité nationale et le concept central de valeur ajoutée. Elle vise donc à décomposer : (1) le compte d'exploitation d'un projet, soit la somme de valeurs ajoutées directes du projet mais également la somme des valeurs ajoutées indirectes ventilées par agents économiques qui représentent les avantages du projet procurés à l'extérieur, (2) la somme de coûts directs et indirects du projet liés au prix de l'investissement, à son exploitation. La comparaison des avantages et des coûts (souvent l'importance des importations nécessaires) permet de déterminer le supplément net de valeur ajoutée apporté par le projet. Le calcul d'actualisation des soldes annuels des valeurs ajoutées produits par le projet pendant toute la durée de vie de ce dernier permet de calculer le taux de rentabilité interne économique du projet.

Évaluation économique d'un projet selon la méthode des prix de référence. Cette méthode consiste à utiliser des prix virtuels des biens et des services lorsque les prix de marché du pays dans lequel est réalisé le projet ne correspondent pas à la valeur économique réelle des coûts du projet en raison de distorsions de marché d'origines diverses : pratiques commerciales restrictives, prix, fiscalité, subventions, barrières non tarifaires. Les prix virtuels qui sont calculés à partir d'une batterie d'indicateurs spécifiques à chaque pays permettent ainsi d'établir un nouveau taux de change, un nouveau coût de la main-d'œuvre, de nouveaux taux d'intérêt censés reproduire une situation d'optimum économique. La détermination des prix de référence dépend donc de coefficients de conversion qui transforment les prix de marché constatés en prix de référence. Cette méthode est couramment utilisée par les grandes institutions internationales comme la Banque mondiale.

Externalités. Effets que les activités d'une personne ou d'une entreprise ont sur d'autres parties, sans compensation. Les externalités peuvent nuire ou bénéficier aux autres parties autrement dit, être négatives ou positives. Exemple d'externalité négative : la situation créée par une entreprise qui, pour assurer sa production, pollue l'environnement local sans fournir de compensation aux résidents affectés. À l'opposé, l'enseignement primaire peut être créateur d'externalités positives, car il bénéficie non seulement aux élèves du primaire mais à l'ensemble de la société. L'État peut limiter les externalités négatives en réglementant et en taxant les produits qui en créent. Inversement, il peut renforcer les externalités positives en subventionnant les produits qui en sont porteurs, ou en fournissant directement ces produits.

Facilité pour la réduction de la pauvreté et la croissance (FRPC) / Poverty Reduction and Growth Faculity (PRGF). La facilité pour la réduction de la pauvreté et pour la croissance (FRPC) est le guichet par lequel le FMI accorde des prêts assortis de faibles taux d'intérêt aux pays à faible revenu. Elle a été créée en septembre 1999 par le FMI afin de placer les objectifs de lutte contre la pauvreté et de promotion de la croissance au centre de ses opérations de prêts dans ses pays membres les plus pauvres. Les programmes appuyés par la FRPC reposent sur des stratégies globales d'allégement de la pauvreté qui sont pilotées par les pays. Ces stratégies sont définies dans le Document de stratégie pour la réduction de la pauvreté (DSRP).

Facteur 4. La diminution d'un facteur 4 dans deux ou trois décennies des consommations d'énergie et de matières premières pour la production d'un même service devrait permettre de doubler le niveau de vie de la population mondiale tout en diminuant par deux les pressions sur l'environnement et les ressources naturelles.

Fast track. L'initiative Fast track vise à donner à un certain nombre de pays, choisis en fonction de critères de performance, des financements importants pour développer l'accès à l'éducation primaire. Il s'agit de rejoindre l'objectif du millénaire qui vise à ce que tous les enfants, filles comme garçons, puissent achever un cycle primaire complet de qualité. Les pays choisis bénéficient, de la part de la communauté internationale, d'une garantie de ressources à long terme (au moins dix ans) se traduisant par des engagements successifs sur des périodes triennales. Les critères privilégient les pays bénéficiant de l'initiative PPTE et, plus généralement, les pays d'Afrique.

Fiabilité / reliability. Cohérence et consistance des informations sur la base desquelles se fondent l'évaluation et les jugements qui en découlent. La fiabilité fait référence à la qualité des techniques, procédures et analyses utilisées pour collecter et interpréter les données. L'information est fiable si des observations répétées utilisant les mêmes outils dans des conditions identiques produisent des données similaires.

Fonds pour l'environnement mondial / Global Environment Facility. Créé de manière pérenne en 1994, le Fonds pour l'environnement mondial est un mécanisme financier destiné à promouvoir la coopération internationale et à encourager des initiatives pour la protection de l'environnement mondial. Les subventions et les financements fournis par le Fonds à des conditions concessionnelles viennent théoriquement compléter les formes traditionnelles d'aide au développement en finançant les coûts supplémentaires. Le FEM est chargé de gérer les mécanismes financiers institués au titre de la Convention sur la diversité biologique et la Convention cadre sur les changements climatiques. Les trois principales agences d'exécution du FEM sont la Banque mondiale, le Programme des Nations unies pour le développement (PNUD), le Programme des Nations unies pour l'environnement (PNUE). Son budget est de 3,3 Mds $ pour 4 ans.

Gouvernance. Ce terme désigne l'ensemble des règles, procédures et pratiques concernant la manière dont les pouvoirs sont exercés au sein d'une institution ou d'un pays. Pour ce qui est de l'Union européenne, l'objectif consiste à rapprocher davantage l'Union des citoyens européens, à la rendre plus efficace, à renforcer la démocratie en Europe et à consolider la légitimité de ses institutions. L'article 9 de l'Accord de Cotonou définit la « bonne gouvernance » comme étant la « gestion transparente et responsable des ressources humaines, naturelles, économiques et financières en vue du développement équitable et durable ». Cette méthode vise à optimaliser la gestion des capacités institutionnelles, le processus de décision des autorités publiques et la gestion des fonds publics, dans le respect de la démocratie, de l'État de droit, des droits de l'homme et des libertés fondamentales.

Groupe cible, population cible / target group. Personnes ou organisations visées soit directement, soit indirectement par l'action de développement. On peut distinguer le groupe-cible prioritaire au bénéfice duquel l'action est directement menée et le groupe-cible secondaire qui bénéficie indirectement des résultats de l'action entreprise.

Groupe d'experts intergouvernementaux sur l'évolution du climat (GIEC)/ Intergovernmental Panel on Climat Change IPCC. Il a été mis en place en 1998. Son rôle est d'évaluer toute information scientifique technique et socio-économique intéressante pour la compréhension du risque des changements climatiques induits par les activités humaines. Il rassemble plus de 1500 scientifiques et publie des rapports à échéance régulière.

Harmonisation de l'aide. Définie en février 2003 par la Déclaration de Rome, elle est un processus engagé par les bailleurs de fonds, bilatéraux et multilatéraux, visant : (1) le partage de l'information, (2) la rationalisation et à la simplification des systèmes et procédures, (3) la mise en œuvre de l'APD selon des procédures communes pouvant aller jusqu'à des prises de décisions communes dans le but d'une meilleure efficacité de l'aide.

Identification d'un projet. Diagnostic d'une situation dans laquelle on identifie à l'aide des indicateurs nécessaires des possibilités d'intervention permettant d'améliorer une situation. L'identification doit prendre en compte la situation objective et les besoins exprimés par les partenaires et les bénéficiaires locaux. Elle doit examiner l'adéquation des réponses envisagées par rapport aux besoins exprimés et la faisabilité de l'action envisagée.

Ingénieur conseil. Son rôle est d'apporter son expertise technique sur le projet en cours, auprès de la maîtrise d'ouvrage d'un projet ou de la maîtrise d'œuvre selon les cas. Cette fonction est souvent assurée par des bureaux d'études spécialisés.

Intensité énergétique. L'intensité énergétique représente le rapport de la consommation d'énergie rapporté au Produit intérieur brut.

Impacts / impacts. Effets à long terme, positifs et négatifs, primaires et secondaires, induits par une action de développement, directement ou non, intentionnellement ou non.

Indicateur / indicator. Facteur ou variable, de nature quantitative ou qualitative, qui constitue un moyen simple et fiable de mesurer et d'informer des changements liés à l'intervention de développement, ou d'aider à apprécier la performance d'un acteur du développement.

Indicateur de performance / performance indicator. Indicateur permettant de vérifier les changements intervenus en cours d'action ou les résultats obtenus par rapport à ce qui était planifié. Terme connexe : mesure des performances.

Indicateur du développement humain (IDH) / human development index (HDI). Indicateur composite regroupant plusieurs indicateurs sociaux et permettant de faire de larges comparaisons au niveau de plusieurs pays, même s'il fournit peu d'informations spécifiques sur chacun. Utilisé pour la première fois dans le Rapport mondial sur le développement humain (1990) du Programme des Nations unies pour le développement. Il inclut, entre autres indicateurs : (1) l'espérance de vie à la naissance, (2) le niveau d'instruction, c'est-à-dire la durée moyenne de scolarisation couplée au taux d'alphabétisation, (3) le PIB réel par habitant calculé en parité de pouvoir d'achat.
Investissement direct à l'étranger (IDE). Investissement étranger prenant une participation financière durable dans une entreprise ou permettant d'en contrôler effectivement la gestion. Il peut consister à acheter des parts de capital d'une entreprise basée dans un autre pays, à réinvestir les bénéfices d'une entreprise sous contrôle étranger dans le pays où elle est basée, ou, dans le cas de sociétés mères, à accorder des prêts à leurs filiales étrangères.
Maîtrise d'ouvrage d'un projet / owner. Le maître d'ouvrage d'un projet est une personne physique ou morale qui manifeste sa volonté de faire réaliser un ouvrage, qui décide de cette réalisation et enfin fait réaliser les ouvrages par d'autres. C'est donc l'entité qui définit les grandes lignes du projet qu'elle entend financer seule ou avec l'appui d'un ou plusieurs bailleurs de fonds. Les grandes lignes du projet sont contenues dans le programme du projet que le maître d'ouvrage définit avec la clarté et la précision le plus grand possible, sans préjuger cependant de l'itinéraire technique qui sera proposé par le concepteur pour réaliser ce programme.
Maîtrise d'ouvrage déléguée. C'est un positionnement intermédiaire entre la maîtrise d'ouvrage et la maîtrise d'œuvre dont le terme est quelque peu impropre puisqu'une maîtrise d'ouvrage ne se délègue pas. Ce type de structure est souvent créé lorsque la maîtrise d'ouvrage a du mal à assumer son rôle dans la définition et la conduite d'un projet. L'opération engagée peut être très technique et demander de s'assurer que la programmation initiale est bien réalisée comme il se doit. L'opération engagée peut demander des procédures de contrôle ou de décaissement allant au-delà du savoir-faire de la maîtrise d'ouvrage. C'est en effet bien souvent une manière de pallier les carences de la maîtrise d'ouvrage que de lui adjoindre une maîtrise d'ouvrage déléguée.
Maîtrise d'œuvre d'un projet. Le maître d'œuvre d'un projet est un concepteur assurant en plus le contrôle d'exécution de l'ensemble des ouvrages à réaliser. Le terme de concepteur désigne tout prestataire d'ingénierie et / ou d'architecture distincte du maître d'ouvrage, concevant un projet sur la base d'un programme. C'est ensuite l'entité qui organise et contrôle l'exécution d'un projet tel qu'il est défini précisément notamment dans le document de programme et dans toutes les études complémentaires préliminaires. Il a donc pour tâche de sélectionner les entreprises qui vont concourir à la réalisation du projet en faisant jouer la concurrence. Il a également pour tâche d'organiser une concertation entre les

entreprises qui vont travailler dans le cadre du projet tout en tenant compte du contexte local. Il a enfin la tâche de contrôler le travail des entreprises pour s'assurer qu'elles ont bien rempli leur mission.

Marché des permis d'émission. Ce mécanisme établi par l'article 17 du Protocole de Kyoto permet à un pays de l'annexe B qui a réduit ses émissions de gaz à effet de serre au-delà de son objectif de réduction, de vendre à un autre pays de l'annexe B les permis d'émission qu'il n'aura pas utilisés, au lieu de les reporter à une période d'engagement ultérieure. Le pays acheteur ne peut avoir recours à ce mécanisme qu'à titre complémentaire à des mesures domestiques.

Mécanisme de développement propre MDP. Il permet aux pays développés ou en transition, dans le cadre du Protocole de Kyoto (article 12), de satisfaire, grâce à un dispositif de compensations, à leurs engagements de limitation des émissions de gaz à effet de serre en mettant en œuvre des projets environnementaux dans des pays en développement. Ces projets permettent d'obtenir des droits d'émissions supplémentaires pour les pays ayant des objectifs contraignants.

Mécanisme de flexibilité. Ce mécanisme prévu par le Protocole de Kyoto permet aux pays ayant des objectifs contraignants (annexe B ou I) de satisfaire à ces objectifs en mettant en œuvre des projets de développement durable dans les pays en développement (Mécanismes de Développement Propre (MDP) par création de droits d'émission), dans d'autres pays de l'annexe B ou I (mise en œuvre conjointe en recevant des unités de réduction d'émission), ou encore en échangeant des quotas de droits à polluer sur le marché du CO2. Ces mécanismes de flexibilité ne réduisent par les engagements des pays de l'annexe B ou I mais permettent de les atteindre plus facilement.

Microcrédit. Dispositif permettant d'offrir de très petits crédits à des individus ou à des familles exclues du secteur bancaire pour les aider à développer des activités productives ou génératrices de revenu.

Microfinance. On entend par microfinance l'offre de services financiers (microcrédit, micro-assurance, etc.) aux populations pauvres, exclues du système bancaire, sans ressource ni droit de propriété.

Mise à niveau des entreprises. Il s'agit d'un processus qui vise à préparer et à adapter les entreprises des pays en développement et leur environnement aux exigences du libre-échange : (1) en aidant à lever certaines contraintes qui altèrent le climat des affaires (environnement institutionnel défaillant, réglementations, etc.), (2) en aidant les entreprises à devenir compétitives en termes de prix, de qualité, d'innovation, (3) en étant capables de suivre et de maîtriser l'évolution des techniques et des marchés.

Modernisation des instruments de l'aide. Processus comprenant un ou plusieurs des éléments suivants : alignement, intégration des projets dans des approches programmes, utilisation de l'aide budgétaire (quand les conditions le permettent), coordination entre les bailleurs, partage des diagnostics et études, adoption de procédures communes d'acheminement de l'aide, missions communes.

Nouveau partenariat pour le développement de l'Afrique (NEPAD) / New Partnership for Africa's Development. Le Nepad est une initiative d'États africains qui proposent une appréhension globale de leur développement autour d'une approche continentale et régionale. Aujourd'hui, les cinquante-trois pays membres de l'Union Africaine adhèrent à cette initiative. L'une des innovations du NEPAD réside dans le constat partagé qu'une bonne gouvernance est le préalable indispensable pour renouer avec une dynamique de développement.

Objectifs de développement durable (ODD pour 2015-2030). Ils ont été validés par l'assemblée générale des Nations unies en septembre 2015 et font suite aux Objectifs du millénaire pour le développement (OMD) qui étaient au nombre de 9 et devaient être atteints en 2015. Les ODD sont au nombre de 17 (traduction en 169 cibles à l'horizon 2030), ont un caractère universel (tous les pays développés ou en développement ont des objectifs), font une place de choix à la prise en compte du respect de l'environnement et devront être atteints à l'horizon 2030. O1 : éliminer la pauvreté sous toutes ses formes et partout dans le monde. O2 : éliminer la faim, assurer la sécurité alimentaire, améliorer la nutrition et promouvoir l'agriculture durable. O3 : permettre à tous de vivre en bonne santé et promouvoir le bien-être de tous à tout âge. O4 : assurer à tous une éducation équitable, inclusive et de qualité et des possibilités d'apprentissage tout au long de la vie. O5 : parvenir à l'égalité des sexes et autonomiser toutes les femmes et les filles. O6 : garantir l'accès de tous à des services d'alimentation en eau et d'assainissement gérés de façon durable. O7 : garantir l'accès de tous à des services énergétiques fiables, durables et modernes, à un coût abordable. O8 : promouvoir une croissance économique soutenue, partagée et durable, le plein-emploi productif et le travail décent de tous. O9 : bâtir une infrastructure résiliente, promouvoir une industrialisation durable qui profite à tous et encourager l'innovation. O10 : réduire les inégalités dans les pays et d'un pays à l'autre. O11 : faire en sorte que les villes et les établissements humains soient ouverts à tous, sûrs, résilients et durables. O12 : établir des modes de consommation et de production durables. O13 : prendre d'urgence des mesures pour lutter contre les changements climatiques et leurs répercussions. O14 : conserver et exploiter de manière durable les océans, les mers et les ressources marines aux fins de développement durable. O15 : préserver et restaurer les écosystèmes terrestres, en veillant à les exploiter de façon durable, gérer durablement les forêts, lutter contre la diversification, enrayer et inverser le processus de dégradation des terres et mettre fin à l'appauvrissement de la biodiversité. O16 : promouvoir l'avènement de sociétés pacifiques et inclusives aux fins du développement durable, assurer l'accès à tous à la justice et mettre en place, à tous les niveaux, des institutions efficaces, responsables et ouvertes à tous. O17 : renforcer les moyens de mettre en œuvre le Partenariat mondial pour de développement durable et le revitaliser.

Objectifs du millénaire pour le développement (OMD) / Millenium development goals (MDG) pour 2000-2015. Les objectifs du millénaire pour le développement ont été adoptés lors de l'Assemblée générale de l'ONU en 2000 et visent à améliorer, d'ici à 2015, la situation des populations les plus défavorisées. Ils se composent de huit objectifs principaux. O1 : réduire l'extrême pauvreté et la faim. O2 : assurer l'éducation primaire pour tous. O3 : promouvoir l'égalité des sexes et l'autonomisation des femmes. O4 : réduire la mortalité infantile. O5 : améliorer la santé maternelle. O6 : combattre le VIH le paludisme et les autres maladies. O7 ; assurer un environnement durable. O8 : mettre en place un partenariat mondial pour le développement. La communauté internationale fait un point régulier, dans le cadre des Nations unies, sur l'atteinte de ces objectifs.

Organisation de coopération et de développement économiques (OCDE) / Organisation for Economic Co-operation and Development (OECD). Organisation chargée de la coordination des politiques entre pays développés. Les pays membres de l'OCDE échangent des données économiques et mettent en place des politiques unifiées afin d'optimiser leur propre croissance économique et d'aider les pays non-membres à se développer plus rapidement. L'OCDE est issue de l'Organisation européenne de coopération économique (OECE), créée en 1948 dans le but d'administrer le Plan Marshall en Europe. Une fois que celui-ci a pris fin, en 1960, le Canada, l'Espagne et les États-Unis ont rejoint les membres de l'OECE pour former l'OCDE.

Organisation mondiale du commerce (OMC) / World Trade Organisation (WTO). Organisation internationale créée le 1er janvier 1995 pour succéder à l'Accord général sur les tarifs douaniers et le commerce (GATT). Elle sert de forum pour les négociations commerciales multilatérales et contribue au règlement des différends commerciaux entre ses pays membres.

Partenariat public privé (PPP) / Public private partnership (PPP). Projet conjoint entre des autorités publiques et des entreprises pour concevoir, financer, construire, gérer ou préserver un projet d'intérêt public. Les PPP supposent un partage de responsabilité et de propriété entre le gouvernement et le secteur privé, garanti par un contrat de longue durée. Entre les deux extrêmes que sont la privatisation et l'étatisation, les formules de partenariat sont multiples, tout comme les secteurs potentiellement concernés : l'eau potable, l'assainissement, les transports, les télécommunications, mais aussi certains volets liés à la santé et à l'éducation.

Partenariat stratégique avec l'Afrique (PSA) / strategic partnership with Africa (SPA). Présidé par la Banque mondiale et créé en 1987, il est le principal forum régional de coordination de l'aide. Le PSA a favorisé la coopération entre bailleurs de fonds et pays d'intervention en matière d'analyse et de réflexion sur la politique publique, et a incité les donateurs à apporter davantage d'aides budgétaires directes pour soutenir la mise en œuvre des stratégies de réduction de la pauvreté et de développement durable élaborées par les pays eux-mêmes.

Pays les moins avancés. Dans sa définition de 2003, le Conseil économique et social des Nations unies a retenu trois critères pour déterminer la liste des PMA : (1) revenu par habitant basé sur une estimation moyenne du produit intérieur brut

par habitant pendant trois années (s'il est inférieur à 900 $ US, le pays est retenu pour la qualification de PMA), (2) retard dans le développement humain basé sur un indice composite incluant des indicateurs de santé, nutrition et scolarisation, (3) vulnérabilité économique basée sur un indice composite incluant des indicateurs sur l'instabilité, la production et les exportations agricoles, le manque de diversification de la production, et le handicap d'être un petit pays. Depuis la création de cette catégorie en 1971, le nombre de PMA est passé de 25 représentants à 50 représentants dont 30 se situent en Afrique.
Pays à faible revenu (PFR) / low-income country (LIC). Ce sont les pays dont le revenu par habitant est égal ou inférieur à 1036 dollars US en 2020.

Pays IDA. Les pays IDA (74 en 2022) sont les pays les plus pauvres de la planète qui n'ont pas la capacité financière d'emprunter à la BIRD. Les crédits de l'IDA sont assortis de conditions très favorables. Il s'agit de prêts sans intérêts et de dons accordés pour des programmes tendant à accélérer la croissance économique et à améliorer les conditions de vie. Lors du dernier exercice annuel de la Banque clos au 30 juin 2021, l'IDA a engagé 36 Mds $ dont 22 Mds $ de prêts et 12 Mds de dons.
Pays à revenu élevé / High-income country. Pays dont le produit national brut (PNB) annuel par habitant était égal ou supérieur à 12 535,00 dollars en 2020. La plupart des pays à revenu élevé ont des économies industrielles. La population totale de ces pays s'élève à 0,9 milliard d'habitants environ, soit moins du sixième de la population mondiale.
Pays à revenu intermédiaire (PRI) de la tranche inférieure. Pays dont le revenu national brut (RNB) annuel par habitant est compris entre 1036 $ et 4 045 $ en 2020.
Pays à revenu intermédiaire (PRI) de la tranche supérieure. Pays dont le revenu national brut par habitant est compris entre 4 046 $ et 12 535 $ en 2020.
Pertinence / redevance. Mesure selon laquelle l'action de développement correspond aux attentes des bénéficiaires, aux besoins du pays, aux priorités globales, aux politiques des partenaires et des bailleurs de fonds. Rétrospectivement, la question de la pertinence consiste souvent à examiner a posteriori le caractère approprié de l'action, tant au niveau de sa conception que de ses objectifs, compte tenu de l'évolution du contexte des pays partenaires.
Point de base (pips). Unité de mesure utilisée principalement pour des taux d'intérêt : 100 points de base correspondent à 1 %.
Point de décision. Dans le cadre de l'initiative PPTE, les conseils d'administration du FMI et de la Banque mondiale décident de la date de l'éligibilité d'un pays au bénéfice de la remise de dette (cette date est appelée point de décision). La communauté internationale s'engage alors à fournir à la date d'achèvement une aide suffisante pour permettre au pays de se maintenir à un niveau d'endettement « soutenable » calculé au point de décision.

Point d'achèvement. Dans le cadre de l'initiative PPTE, la communauté internationale s'engage à une date précise appelée point d'achèvement à fournir une aide suffisante pour permettre au pays d'atteindre un niveau d'endettement soutenable.

PPTE (Initiative) pays pauvres très endettés / heavily indebted poor countries initiative (HIPCI). L'initiative PPTE est le mécanisme d'allègement de la dette des pays en développement mis au point par la Banque mondiale et le FMI en 1996. L'une des innovations majeures de l'initiative est qu'elle se fonde sur la participation intégrale des créanciers multilatéraux, notamment le FMI, la Banque mondiale et les banques régionales de développement. Ces institutions, qui bénéficiaient depuis toujours du statut de créancier privilégié et n'avaient à ce titre jamais rééchelonné leurs prêts, se sont pour la première fois engagées à un allégement de leurs créances. L'objectif est de réduire de façon substantielle l'endettement extérieur public des pays concernés. Pour être éligible, le pays doit élaborer, faire approuver et mettre en œuvre un « cadre stratégique de lutte contre la pauvreté » (CSLP), et conclure un accord avec le FMI sur le cadrage macroéconomique et budgétaire du pays pour une durée de trois ans.

Prêt bonifié. Prêt dont le taux d'intérêt est abaissé par rapport aux conditions de marché grâce à une bonification financée par le budget de l'État.

Prêt non concessionnel. Prêt qui n'incorpore pas d'élément don (l'élément concessionnel) dans son montage. Le prêt non concessionnel est par définition octroyé aux conditions du marché.

Prêt non souverain. C'est un prêt octroyé par un bailleur de fonds à un autre agent économique que l'État. Il peut s'agir d'un prêt à une entreprise privée ou à une entreprise du secteur public sans aval de l'État. Le risque pris par le bailleur de fonds est alors beaucoup plus grand que dans le cas d'un prêt souverain. En cas de non-remboursement du prêt, il n'a rien à espérer des annulations de dettes publiques ou des mesures d'abandon ou de restructuration de dettes publiques opérées dans le cadre des sessions du Club de Paris.

Prêt souverain. Engagement financier pris ou avalisé par un État souverain (garantie) ou sa banque centrale. Ce prêt fait partie des catégories des créances publiques reconnues comme telles sur le plan international.

Prévention. La différence entre précaution (présomption de risque grave et irréversible) et prévention (risque identifié) est importante, car les deux situations conduisent à des décisions qui ne sont pas de même nature. Au sens strict, la prévention ne peut intervenir qu'au moment où l'observation des faits et la connaissance des mécanismes en jeu permettent d'estimer les dommages (financiers en non), et de proposer une action qui proportionne aux coûts estimés les mesures d'évitement. Elle correspond à des risques connus. En revanche, la précaution se situe dans un domaine où l'existence et l'ampleur du risque ne sont pas établies avec certitude.

Principe de précaution. Le principe de précaution sous-tend que l'absence de certitudes, compte tenu des connaissances scientifiques et techniques du moment, ne doit pas retarder l'adoption de mesures effectives et proportionnées visant à prévenir un risque de dommages graves et irréversibles à l'environnement à un coût économiquement acceptable.
Procédure d'appel d'offres. Elle permet d'organiser la concurrence entre plusieurs opérateurs externes voulant œuvrer dans le cadre du projet. Cette mise en concurrence peut concerner plusieurs types d'intervenants au projet : bureau d'étude chargé de la faisabilité, maîtrise d'ouvrage déléguée, ingénieur conseil, maîtrise d'œuvre, fournisseurs de prestations. Les responsables du projet (maîtrise d'ouvrage et bailleur de fonds) ont un intérêt opérationnel certain à faire jouer la concurrence à tous les niveaux du projet. En général, on évite à cette occasion qu'un même prestataire intervienne à plusieurs stades du projet. C'est ainsi qu'un bureau d'études ayant réalisé l'étude de faisabilité ne devrait pas se voir confier la maîtrise d'œuvre du même projet. Les procédures d'appel d'offres sont de forme très variée. Elles s'adaptent à la prestation demandée. S'il s'agit de la fourniture d'une prestation selon des normes communément admises sur un marché où les intervenants sont nombreux, la procédure d'appel d'offres est rédigée de manière à sélectionner le moins disant, donc celui qui présente l'offre la moins élevée. Si les prestations souhaitées demandent une certaine technicité et pour tout dire des références dans le secteur, la procédure d'appel d'offres choisira le mieux disant, c'est-à-dire pas obligatoirement l'offre la moins élevée (le moins disant). Dans ce cas précis, l'offre est à la fois analysée d'un point de vue technique (note technique du dossier d'appel d'offres présenté par l'opérateur) et d'un point de vue financier (note financière). La note technique a souvent dans ce cas une pondération beaucoup plus élevée que la note financière dans la note finale de l'offre. La maîtrise d'ouvrage ou le bailleur de fonds peut également souhaiter que pour un projet complexe, la sélection entre opérateurs se déroule en plusieurs étapes. Le dossier d'appel d'offres peut ainsi prévoir que l'opérateur s'engage à l'occasion du dépôt de son offre à faire une première étude sommaire du projet ou avant-projet sommaire. Une première sélection peut alors intervenir entre opérateurs à ce stade en ce qui concerne la réalisation des études préalables. En définitive, le système d'appréciation d'une notation d'une offre doit au mieux refléter les objectifs prioritaires de la maîtrise d'ouvrage ou du bailleur de fonds du projet (coût, calendrier, exécution technique et financière).
Procédure d'appel d'offres restreint ou sur liste restreinte. On emploie également parfois le terme d'appel d'offres restreint qui signifie que la concurrence pour une prestation donnée n'est ouverte en réalité qu'à certaines entreprises. Avant le lancement de l'appel d'offres, le maître d'ouvrage a donc opéré une présélection dans la liste des opérateurs pouvant être amenés à concourir. Ce type de procédure est parfois utilisé pour écarter les sociétés qui n'ont pas a priori les compétences techniques ou financières pour assumer la tâche qui leur serait confiée. Toutefois, l'appel d'offres sur liste restreinte cache parfois également des

motivations moins avouables, comme celle de favoriser une ou un type d'entreprises.

Procédure de gré à gré ou de marché négocié. Dans ce cas, la concurrence n'est pas ouverte. L'opérateur est désigné par la maîtrise d'œuvre avec l'accord de la maîtrise d'ouvrage. C'est un mode de procédure de sélection très risqué car la gestion contractuelle des marchés avec l'opérateur retenu est beaucoup plus difficile. Aucun élément de comparaison n'est possible entre l'offre avancée par l'opérateur et d'autres offres éventuelles. Le maître d'ouvrage est alors trop impliqué dans le choix du prestataire pour conserver un jugement suffisamment distancié sur la qualité des prestations effectuées.

Programme établi par le maître d'ouvrage. Le programme est le document dans lequel le maître d'ouvrage dit d'une manière claire, nette et surtout définitive ce qu'il veut : (1) le besoin à satisfaire (et non la manière de le satisfaire), (2) ses exigences et dans quelles conditions se fera la réalisation (3) les contraintes de réalisation. Le document de projet réalisé ensuite dans la phase de conception (avant-projet sommaire, avant-projet détaillé) traduit donc sous la forme d'un document de projet le programme élaboré par le maître d'ouvrage. Le programme est en conséquence l'élément essentiel de démarrage du projet. Une maîtrise d'ouvrage qui n'établit pas de programme se place d'emblée en situation de faiblesse dans le cycle du projet.

Programme sectoriel. Série d'actions de développement dans un secteur déterminé d'un ou plusieurs pays, contribuant ensemble à l'atteinte d'un objectif de développement spécifique. Un secteur inclut des activités de développement habituellement regroupées dans la perspective d'une action publique telle que la santé, l'éducation, l'agriculture, les transports, etc….

Rapport Brundtland. « Notre avenir à tous ». Ministre de l'environnement de la Norvège puis Premier ministre, Gro Harlem Brundtland a présidé la Commission mondiale sur l'environnement et le développement des Nations unies qui a publié en 1987 le rapport intitulé « Notre avenir à tous ». Ce rapport a servi de base aux discussions de la Conférence de Rio. Il définit le concept de développement durable, qui avait été énoncé auparavant par l'UICN.

Redevabilité / accountability. Le fait de rendre compte que le travail du « développeur » a été conduit selon les règles et les normes convenues. Il rend compte de façon claire et impartiale des résultats et des performances obtenus, au regard du mandat et/ou des objectifs fixés. Cela peut exiger une démonstration précise, voire juridique, du fait que le travail a été accompli selon les termes du contrat. En ce qui concerne les évaluations, le terme évoque la responsabilité de fournir des appréciations de performance et des rapports d'avancement précis, impartiaux et crédibles. La redevabilité englobe deux ensembles de principes et de mécanismes : (1) ceux par lesquels les individus, les organisations et les États rendent compte de leurs actions et engagent leur responsabilité, (2) ceux par lesquels les individus, les organisations et les États peuvent en toute sécurité et légitimité exprimer préoccupations, plaintes et abus et garantir réparation lorsqu'il y a lieu.

Référence, étalon / benchmark. Norme permettant d'apprécier la performance ou les résultats obtenus. La référence est liée à des résultats obtenus dans un passé récent par d'autres organisations comparables, ou à ce qu'on pensait pouvoir raisonnablement atteindre dans un contexte donné.

Renforcement des capacités / capacity building. « Le renforcement des capacités est le processus par lequel les individus, les organisations et la collectivité dans son ensemble libèrent, créent, renforcent, adaptent et préservent les capacités au fil des ans ». Cette définition du CAD illustre l'interdépendance entre les trois niveaux de renforcement des capacités : individuel (connaissances et compétences des individus), organisationnel (qualité des organisations) et général (institutions, structure de l'autorité et du pouvoir). Le renforcement des capacités est alors un processus multidimensionnel qui ne se résume pas uniquement à des actions de formation, mais qui inclut un renforcement organisationnel. Il fait appel au concept de capacité qui allie les notions de compétence, performance et gouvernance.

Requête de financement. C'est le document par lequel le maître d'ouvrage d'un projet définit les grandes caractéristiques d'une idée de projet qu'il soumet à un bailleur de fonds. Cette requête de financement doit être la plus détaillée possible et doit clairement montrer les motivations de la maîtrise d'ouvrage. L'idéal serait que la maîtrise d'ouvrage établisse sa requête sous la forme d'un programme de projet.

Responsabilité environnementale et sociale (RES). On vise à l'application par les acteurs économiques des principes du développement durable. Pour les projets de développement, il s'agit d'appliquer les normes sociales édictées par le Bureau international du travail (BIT) et de traiter ou de compenser tous les effets négatifs que pourraient avoir les projets sur le plan environnemental.

Ressources non renouvelables. Ressources naturelles dont le stock ne se renouvelle pas (minéraux, pétrole, charbon, etc.), mais dont la durée d'utilisation, de valorisation ou de consommation par la population humaine peut être allongée, au moyen d'une gestion raisonnée (réduction des consommations, réutilisation des ressources, recyclage).

Rétroaction / feedback. Transmission des constatations, des conclusions, des recommandations et des leçons de l'expérience résultant du processus d'évaluation à ceux qui peuvent en tirer des applications utiles et pertinentes afin de favoriser un meilleur apprentissage.

Risque pays. Risque spécifique de perte pour le bailleur si son encours ne peut être remboursé par le pays bénéficiaire du prêt.

Seuil de pauvreté / poverty line. Niveau de revenu nécessaire aux individus pour se procurer l'essentiel — nourriture, vêtements, logement — et satisfaire leurs besoins essentiels sur le plan socioculturel. Il évolue avec le temps et varie selon les régions. Également appelé minimum vital.

Seuil de pauvreté international. Niveau de revenu défini par la Banque mondiale en vue d'évaluer l'importance de la pauvreté à travers le monde, et fixé à 1 dollar par jour et par personne aux prix de 1985 et ajustés sur la base de la parité de pouvoir d'achat (PPA). Une personne est considérée comme pauvre si elle vit dans un ménage dont le niveau de revenu ou de consommation journalier est de moins de 1 dollar par personne. Bien que le seuil de pauvreté soit utile pour les comparaisons internationales, il est impossible d'établir un indicateur de pauvreté qui soit strictement comparable d'un pays à l'autre. Le niveau de 1 dollar par jour et par personne est proche des seuils de pauvreté nationaux établis dans les pays à faible revenu, mais nettement inférieur à ceux établis dans les pays à revenu élevé.
Sommet de la terre. C'est ainsi que l'on désigne les Conférences des Nations unies sur l'environnement et le développement. Le premier Sommet de la terre a eu lieu à Stockholm en 1972, le deuxième à Rio en 1992, le troisième à Johannesburg en 2002, le quatrième à RIO en 2012.
Stock de dettes. Encours cumulé des prêts octroyés.
Suivi / monitoring. Processus continu de collecte systématique d'informations, selon des indicateurs choisis, pour fournir aux gestionnaires et aux parties prenantes d'une action de développement en cours, des éléments sur les progrès réalisés, les objectifs atteints et l'utilisation des fonds alloués. Termes connexes : indicateur, suivi des performances.
Taux d'intérêt. On distingue : (1) le taux fixe (taux inchangé pendant toute la durée du prêt), (2) le taux révisable / adjustable rate taux prédéterminé et inchangé pendant une période courte – de 1 semaine à un an – et révisé de période en période (exemple : Euribor 3 mois, Libor 6 mois), (3) le taux variable (taux connu a posteriori et s'appliquant à la période d'intérêts échus).
Taux d'actualisation. C'est une méthode économique qui permet d'intégrer le temps dans l'évaluation économique des projets. Un taux d'actualisation de 7 % signifie que le gain ou la perte de 100 euros aujourd'hui est équivalent à 93,50 euros l'année prochaine et 50,80 euros dans dix ans. Un taux d'actualisation élevé diminue considérablement les éventuels coûts qui pourraient être induits dans un futur lointain par un projet. Dans le domaine environnemental, certains spécialistes proposent un taux nul notamment dans le cadre des économies d'énergie et du réchauffement planétaire ou des biens naturels dans leur ensemble partagé en copropriété avec les générations futures.
Taux de rentabilité interne financier. Il vise à calculer la rentabilité financière d'un projet, donc les recettes financières qu'il procure au regard des charges d'exploitation hors frais financiers qu'il occasionne et de son coût d'investissement sur une période de temps relativement courte (7 à 10 ans). C'est donc un travail sur le compte d'exploitation du projet entre recettes d'un côté et charges d'exploitation de l'autre. Ce taux est souvent calculé ex ante. Il convient alors de bâtir un compte d'exploitation prévisionnel afin de le déterminer avec le plus de précision possible. Si l'analyste qui procède à ce type de calcul est amené

à intégrer des hypothèses lourdes (hypothèses dont la probabilité de réalisation est relativement faible), il peut se lancer alors dans le calcul de plusieurs taux de rentabilité interne financiers en faisant varier les hypothèses les moins assurées. On procède alors à des tests de sensibilité. In fine, le taux de rentabilité interne financier obtenu doit être supérieur au coût des ressources que l'on s'est procuré pour monter l'opération. Ce type de calcul est particulièrement adapté pour un projet ayant pour cadre une entreprise. En revanche, il n'a pas beaucoup de sens pour des structures projet qui n'ont pas la forme d'une entreprise. Ce taux peut être également calculé ex post. On veut alors savoir ce que l'investissement a vraiment rapporté à la structure qui en a bénéficié. Il est alors conseillé d'intégrer dans la détermination des flux financiers directement générés par le projet toutes les charges d'exploitation et notamment les frais financiers des emprunts complémentaires contractés à l'occasion de l'investissement.

Taux de rentabilité économique. Ce taux mesure les effets du projet sur le revenu national net. C'est donc l'impact économique du projet qui est apprécié et non pas simplement ses effets sur le plan financier. Ce calcul est donc non seulement bien adapté à un projet d'entreprise mais également à tout autre projet qui touche aux conditions de vie des différents agents économiques d'un pays au sens de la comptabilité nationale. Deux méthodes de calcul sont possibles. La méthode anglo-saxonne des prix de référence utilisée notamment par la Banque mondiale et l'OCDE. Son avantage provient de sa rapidité de mise en œuvre. Son principe est de recalculer, au moyen de coefficients correcteurs, des prix de référence qui permettent de déterminer les recettes économiques, les charges économiques et le coût économique du projet. Ce calcul s'effectue grâce à des coefficients de conversion (taux d'actualisation pour le capital, taux de salaire de référence de la main-d'œuvre non qualifiée, coût réel des devises, coût réel de l'investissement, etc.) qui sont censés établir les véritables prix de référence des différents facteurs dans un cadre virtuel qui modélise pour le projet un contexte de situation de concurrence pure et parfaite tendant à l'optimum économique. L'autre méthode d'inspiration française dite méthode des effets permet également de calculer le taux de rentabilité interne économique. C'est une approche par la valeur ajoutée directe et indirecte générée par le projet au regard de son coût pour la collectivité qui est employée. De manière particulièrement intéressante, elle renseigne sur les effets du projet en faveur ou au détriment des agents économiques que sont l'État, les ménages, les entreprises et les banques. Elle utilise le tableau entrées sorties (TES) de la comptabilité nationale afin de déterminer pour chaque consommation locale sa part importée et sa part véritablement générée localement. Cette méthode est beaucoup plus longue à mettre en œuvre que la méthode des prix de référence. Néanmoins, elle se construit à partir du réel et non pas d'un modèle reconstitué. Cependant, elle demande d'avoir à disposition un appareil de comptabilité nationale relativement fiable.

Taux de sortie. Taux d'intérêt à la charge des bénéficiaires des prêts, appliqué à l'encours en capital et redevable à une échéance récurrente.

Taux directeur. Taux à court terme fixé par les banques centrales et instrument de politique monétaire. Pour la Banque centrale européenne, le taux directeur est le taux minimal auquel les banques peuvent soumissionner pour leur refinancement (par appel d'offres tous les 14 jours).
TEG taux effectif global. Pour protéger les particuliers et éviter qu'ils ne puissent être induits en erreur par des publicités trompeuses, le législateur a créé la notion de Taux Effectif Global (TEG) et en a rendu la publication obligatoire (Loi Scrivener du 13 juillet 1979). Le TEG définit un mode de calcul global du coût total du prêt sur toute la période de remboursement contractuel, qui prend en compte l'ensemble des frais obligatoires liés au financement :(1) le taux d'intérêt du prêt ou taux d'intérêt nominal, (2) les frais de dossier, (3) les primes d'assurance décès invalidité et incapacités temporaires de travail obligatoires, (4) les frais de garantie (parfois également appelés frais de constitution des sûretés réelles). Grâce au TEG, les particuliers sont en mesure de s'appuyer sur un indicateur qui s'applique à tous les agents financiers.
Termes de l'échange. Rapport entre les prix à l'exportation et les prix à l'importation. Un rapport d'un niveau élevé est à l'avantage d'une économie, car le pays concerné peut alors financer un gros volume d'importations grâce au produit d'un volume limité d'exportations. En cas de dégradation des termes de l'échange, le pays devra exporter davantage pour se procurer le même volume d'importations.
Termes de référence d'une étude de faisabilité. Les termes de référence décrivent les conditions de réalisation de l'étude de faisabilité prenant en compte la programmation du projet voulu par la maîtrise d'ouvrage ou le bailleur de fonds. Sur trois à dix pages, les termes de référence doivent au minimum : (1) décrire le contexte de l'opération (2) définir la finalité et les grands objectifs de l'opération, (3) préciser les résultats attendus, (4) indiquer les moyens techniques et financiers disponibles en première analyse pour y parvenir, (5) mesurer le temps, le coût et les compétences requises pour réaliser l'étude, (6) spécifier les indicateurs de suivi de l'opération dont la maîtrise d'ouvrage entend disposer. Les termes de référence permettent l'étude préalable du projet. Ils doivent demeurer le plus proches de la requête de financement de la maîtrise d'ouvrage.
Traitement concessionnel. La concessionnalité peut correspondre soit à une annulation d'une partie des créances, soit à un rééchelonnement de la dette sur une longue période à un taux d'intérêt inférieur au taux de marché approprié. On parle de concessionnalité lorsque le traitement de la dette se traduit par une diminution de sa valeur actuelle nette.
Viabilité (Pérennité, durabilité) / sustainability. Continuation des bénéfices après la fin de l'intervention. Probabilité d'obtenir des bénéfices sur le long terme. Situation par laquelle les avantages nets sont susceptibles de résister aux risques.

Liste des sigles et des acronymes

ADEME	Agence de l'Environnement et de la Maîtrise de l'Énergie
AEP	Adduction d'Eau Potable
AET	Agence d'Exécution des Travaux
AID	Association Internationale de Développement (Banque mondiale)
AFD	Agence Française de Développement
APD	Aide Publique au Développement
APE	Accord de Partenariat Économique
APS	Avant-Projet Simplifié
APD.	Avant-Projet Détaillé
ACP	Afrique Caraïbe Pacifique
BEI	Banque Européenne d'Investissement
BIRD	Banque Internationale pour la Reconstruction et le Développement
CAD	Comité d'Aide au Développement de l'OCDE
CCCE	Caisse centrale de coopération économique (devenue AFD)
CCNUCC	Convention Cadre des Nations Unies sur le Changement Climatique
CET	Construction-Exploitation-Transfert
CNUCED	Conférence des Nations Unies sur le Commerce et le Développement
CNUED	Conférence des Nations unies sur l'Environnement et le Développement (1992 : sommet de la terre de Rio)
CPIA	Country Policy and Institutional Assessment
CI	Conservation International (ONG environnementale)
COP	Conférence des Parties (d'une convention internationale)
DAO	Dossier d'Appel d'Offres
DFID	Departement For International Development (coopération britannique)
DOM-COM	Département d'Outre-Mer, Collectivité d'Outre-Mer
DSRP	Document de Stratégie de Réduction de la Pauvreté
FAO	Food and Agriculture Organization (Nations Unies)
FED	Fonds Européen de Développement
FEM	Fonds pour l'Environnement Mondial (GEF en anglais)
FMI	Fonds Monétaire International
GATT	General Agreement on Tariffs and Trade
GES	Gaz à Effet de Serre
GIEC	Groupe intergouvernemental d'Etude sur le Climat
GIZ	Deutsche Gesellschaft für Internationale Zusammenarbeit (coopération technique allemande)

GTZ	Deutsche Gesellschaft für Zusammenarbeit (coopération technique allemande devenue GIZ en janvier 2011)
IDE	Investissement Direct à l'Étranger
IDH	Indice de Développement Humain
IFPRI	International Food Policy Research Institute
KFW	Gesetz Kreditanstalt für wiederaufbau (banque de développement)
MDP	Mécanisme de Développement Propre
NRE	Nouvelle Régulation Environnementale
ODD	Objectifs de Développement Durable
ODM	Objectifs de Développement du Millénaire
OIT	Organisation Internationale du Travail
OMC	Organisation Mondiale du Commerce
ONG	Organisation Non Gouvernementale
ONU	Organisation des Nations Unies
ONUDI	Organisation des Nations Unies pour le Développement Industriel
OTAN	Organisation du Traité de l'Atlantique Nord
PeD	Pays en Développement
PEFA	Public Expenditure and Financial Accountability
PGES	Plan de Gestion Environnementale et Sociale
PIB	Produit Intérieur Brut
PMA	Pays les Moins Avancés
PNUD	Programme des Nations Unies pour le Développement
PNUE	Programme des Nations Unies pour l'Environnement
PPTE	Pays Pauvre Très Endetté
PRI	Pays à Revenu Intermédiaire
REDD	Reducing Emissions from Deforestation and forest Degradation
RSE	Responsabilité Sociale et Environnementale
SDN	Société Des Nations
TNC	The Nature Conservancy (ONG environnementale)
TRI	Taux de Rentabilité Interne
TRE	Taux de Rentabilité Economique
TVA	Taxe sur la Valeur Ajoutée
UICN	Union Internationale pour la Conservation de la Nature
URE	Unité de Réduction des Emissions
URCE	Unité de Réduction Certifiée des Emissions
UQA	Unité de Quantité Attribuée

La Table des matières

Partie 2. Les études de cas : conception, réalisation, évaluation, exercices pratiques et corrigés (125)

Structures éditoriales du groupe L'Harmattan

L'Harmattan Italie
Via degli Artisti, 15
10124 Torino
harmattan.italia@gmail.com

L'Harmattan Hongrie
Kossuth l. u. 14-16.
1053 Budapest
harmattan@harmattan.hu

L'Harmattan Sénégal
10 VDN en face Mermoz
BP 45034 Dakar-Fann
senharmattan@gmail.com

L'Harmattan Cameroun
TSINGA/FECAFOOT
BP 11486 Yaoundé
inkoukam@gmail.com

L'Harmattan Burkina Faso
Achille Somé – tengnule@hotmail.fr

L'Harmattan Guinée
Almamya, rue KA 028 OKB Agency
BP 3470 Conakry
harmattanguinee@yahoo.fr

L'Harmattan RDC
185, avenue Nyangwe
Commune de Lingwala – Kinshasa
matangilamusadila@yahoo.fr

L'Harmattan Congo
219, avenue Nelson Mandela
BP 2874 Brazzaville
harmattan.congo@yahoo.fr

L'Harmattan Mali
ACI 2000 - Immeuble Mgr Jean Marie Cisse
Bureau 10
BP 145 Bamako-Mali
mali@harmattan.fr

L'Harmattan Togo
Djidjole – Lomé
Maison Amela
face EPP BATOME
ddamela@aol.com

L'Harmattan Côte d'Ivoire
Résidence Karl – Cité des Arts
Abidjan-Cocody
03 BP 1588 Abidjan
espace_harmattan.ci@hotmail.fr

Nos librairies en France

Librairie internationale
16, rue des Écoles
75005 Paris
librairie.internationale@harmattan.fr
01 40 46 79 11
www.librairieharmattan.com

Librairie des savoirs
21, rue des Écoles
75005 Paris
librairie.sh@harmattan.fr
01 46 34 13 71
www.librairieharmattansh.com

Librairie Le Lucernaire
53, rue Notre-Dame-des-Champs
75006 Paris
librairie@lucernaire.fr
01 42 22 67 13

www.ingramcontent.com/pod-product-compliance
Lightning Source LLC
LaVergne TN
LVHW021131061026
849535LV00002B/207